Capitalismo global

Jeffry A. Frieden

Capitalismo global

História econômica e política do século XX

Tradução:
Vivian Mannheimer

Revisão técnica:
Arthur Ituassu
Professor de relações internacionais na PUC-Rio

OUT/2009

ZAHAR
Jorge Zahar Editor
Rio de Janeiro

Título original:
Global Capitalism
(Its Fall and Rise in the Twentieth Century)

Tradução autorizada da primeira edição norte-americana,
publicada em 2006 por W.W. Norton & Company, Inc.,
de Nova York, EUA

Jorge Zahar Editor Ltda.
rua México 31 sobreloja
20031-144 Rio de Janeiro, RJ
tel.: (21) 2108-0808 / fax: (21) 2108-0800
e-mail: jze@zahar.com.br
site: www.zahar.com.br

Capa: Sérgio Campante
Fotos da capa: Stock.xchng; *em sentido horário, a partir da esquerda*:
Jari Lehtikangas, James K, Jay Lopes, Luke Partridge, Bob, Boris Peterka, Peter Mueller

CIP-Brasil. Catalogação-na-fonte
Sindicato Nacional dos Editores de Livros, RJ.

Frieden, Jeffry A., 1953-
F946c Capitalismo global: história econômica e política do século XX / Jeffry A. Frieden; tradução Vivian Mannheimer; revisão técnica Arthur Ituassu. — Rio de Janeiro: Jorge Zahar Ed., 2008.

Tradução de: Global capitalism: its fall and rise in the twentieth century
Inclui bibliografia
ISBN 978-85-378-0067-6

1. Relações econômicas internacionais – História – Século XX. 2. Capitalismo – História – Século XX. 3. Globalização – Aspectos econômicos – História – Século XX. 4. Finanças internacionais – História – Século XX. 5. História econômica – Século XX. I. Título.

CDD: 337
08-1050 CDU: 339

Sumário

Apresentação

De todas as maneiras pelas quais o século XX reivindica um lugar especial na história, poucas se igualam em importância à enorme transformação da vida econômica. Se um fazendeiro de Illinois ou um camponês de Bangalore, ambos lutando pelo sustento por volta de 1900, fossem trazidos de volta ao nosso planeta nos dias de hoje, ficariam chocados com a transformação pela qual ele passou. O imenso crescimento da produtividade e da riqueza, as inimagináveis novas tecnologias e a melhora do conforto material os teriam deixado sem fala. Ainda mais chocados, contudo, ficariam com os muitos distúrbios e retrocessos ocorridos na economia mundial nesse intervalo de cem anos, os quais, é claro, eles não poderiam ter adivinhado.

Relembrar essa história é a tarefa que o professor Jeffry A. Frieden tomou para si em *Capitalismo global*, e que faz de forma esclarecedora, equilibrada e com vasto conhecimento. Esta obra trata de um tema vigoroso de forma direta, ajudando o leitor a ter uma idéia do todo. Este não é um livro qualquer de história econômica, embora certamente será utilizado em muitas salas de aula.

Na essência, residem os "ventos criativos" do capitalismo mundial moderno (tomando emprestada a famosa frase de Joseph Schumpeter). Já no fim do século XIX, esses ventos sopravam ao redor do globo criando novas estruturas de produção, comércio e finanças, e tornando obsoletas as formas anteriores. Tais ventos coexistiam com as forças como a do nacionalismo e a do militarismo, que seguiam seu curso de maneira tão avassaladora quanto onipresente. Essa mistura explosiva produziu, em seqüência, destruição e mortes na Primeira Guerra Mundial, e as calamitosas reverberações econômicas e políticas das duas décadas que a sucederam.

Sugerir uma única parte da impressionante obra do professor Frieden para ser lida com atenção especial é uma tarefa difícil, mas, para mim, o debate sobre a economia política entre as duas guerras mundiais parece, de fato, maravilhoso. Frieden mostra o quanto o capitalismo de mercados livres e *laisser-faire* se tornou problemático, o que ocorreu não apenas pelo fracasso do sistema em oferecer suficiente riqueza e empregos, mas também em função das reações contra o capitalismo liberal na esfera política. Com a URSS fazendo pressão pelo "socialismo em um só país", os Estados fascistas praticando uma mistura de autarquia econômica e agressão externa e os Estados Unidos (já na época a maior potência) se retirando dos palcos mundiais, o velho sistema não poderia sobreviver. Tudo se despedaçou.

Os pedaços se juntariam novamente com a retomada do envolvimento norte-americano com as questões mundiais após Pearl Harbor, um comprometimento que duraria por toda a Guerra Fria e cuja natureza era amplamente coetânea: o capitalismo global não poderia sobreviver sem o poderio militar ou a vontade política do Ocidente, a qual só se sustentaria com o sucesso produtivo do sistema capitalista. Dessa vez, todos os pedaços se mantiveram unidos.

A história que o professor Frieden nos conta não é de forma alguma triunfante como as idéias oferecidas pelos economistas conservadores, defensores do livre-mercado dos dias de hoje. Ele é bem ciente – como antes dele eram Marx, Schumpeter e Keynes – de que o capitalismo por natureza gera tanto perdedores quanto vencedores. Suas opiniões sobre o desemprego em massa de 1930 são bastante sóbrias e a análise da "catástrofe africana" dos dias atuais (ver Capítulo 19) é profundamente entristecedora. Acima de tudo, Frieden é sábio o suficiente para não concluir esta grande pesquisa de forma suprema e presunçosa, mas sim propor diversas perguntas sérias sobre a economia do nosso mundo, que flui oscilante pela primeira década do século XXI. Como conseqüência, o leitor terminará este livro não apenas impressionado pelo arranjo de conhecimentos e análises, mas também um tanto perturbado com as perspectivas para o campo do comércio, das finanças e dos mercados. O fim deste livro com certeza nos leva a um estado de profunda reflexão. Os ventos criativos de Schumpeter ainda não cessaram. O mérito de *Capitalismo global* está em nos lembrar de que o nosso sistema de trocas econômicas traz tanto riscos quanto muitos benefícios.

Paul Kennedy

Prefácio

As economias nacionais estão hoje mais abertas umas às outras do que nunca. Com o comércio internacional atingindo um nível sem precedentes, muito do que consumimos é importado, e muito do que produzimos é exportado. A atividade empresarial envia imensas quantidades de capital para outras nações. Em alguns países, mais da metade dos investimentos vêm de fora. Milhões de pessoas migram a cada ano em busca de trabalho. Produtores, fazendeiros, mineradores, banqueiros e comerciantes devem pensar de forma global sobre cada decisão econômica com a qual se deparam. Tecnologias, movimentos artísticos, práticas empresariais, tendências musicais, moda e modismos atingem todas as esquinas do mundo desenvolvido de forma mais ou menos instantânea. Economia global e cultura formam uma rede quase homogênea na qual as fronteiras nacionais são cada vez mais irrelevantes para o comércio, os investimentos, as finanças e outras atividades econômicas.

Atualmente, muitos são os que se referem à globalização como um processo tão inevitável quanto irreversível. Após décadas de integração econômica internacional, muitos dos centros econômicos mundiais consideram o capitalismo global o estado natural das coisas, certos de que ele continuará por um futuro próximo, ou até mesmo para sempre.

A situação na virada do século XIX para o XX parecia bastante semelhante. No início dos anos 1900, a integração econômica internacional era encarada como uma verdade absoluta. Essa foi a norma que por 60 anos conduziu a liderança econômica mundial, do Reino Unido, e que por 40 anos regeu as outras principais nações industriais e agrícolas. Relações de livre comércio, finanças internacionais, investimentos e imigrações internacionais sem obstáculos e uma ordem monetária comum sob o padrão ouro foram, por gerações, os princípios organizadores do mundo moderno.

Mas foram necessários apenas alguns meses para que toda a estrutura da globalização entrasse em colapso. A Primeira Guerra Mundial estourou em agosto de 1914 e arrasou as fundações preexistentes da ordem econômica global. Durante anos, os líderes econômicos e políticos do mundo tentaram, sem sucesso, restaurar a economia internacional pré-1914. A ordem internacional se desintegrou e implodiu brutalmente na Grande Depressão de 1930 e na Segunda Guerra Mundial.

A globalização foi uma escolha, não um fato consumado. Por décadas, o capitalismo global parecia intocado em seus princípios básicos, mas a Primeira Guerra Mundial mostrou que havia uma série de questões nessa longa e tortuosa trajetória. A globalização degringolou tão rapidamente que seus participantes não tiveram a chance de impedir o colapso. A ordem internacional, cujos componentes econômicos, políticos, sociais e culturais definiram o mundo por décadas antes de 1914, desapareceu completamente.

Por 80 anos, após 1914, a integração econômica global existiu apenas na imaginação de teóricos e historiadores. No decorrer da década de 1920, as tentativas de reconstruir a economia mundial anterior fracassaram por diversas vezes. Em 1930, as nações do mundo se esquivaram das conexões econômicas internacionais em busca de auto-suficiência. Após a Segunda Guerra Mundial, o mundo comunista recusou o capitalismo global por princípio, enquanto o mundo em desenvolvimento o rejeitou na prática. Durante as décadas de 1950 e 1960, as nações industriais da Europa ocidental, a América do Norte e o Japão rumaram em direção a laços econômicos mais fortes, mas os governos continuavam a controlar a maior parte do comércio, dos investimentos e da imigração. Somente após 20 anos de crises e turbulências, no início da década de 1990, foi que as nações em desenvolvimento se voltaram para o exterior, os países comunistas abandonaram a economia planificada em favor dos mercados internacionais e os Estados industrializados se livraram de boa parte do controle prévio às relações econômicas do globo. Era o retorno triunfal da globalização.

Assim como ocorreu há cem anos, muitos agora tomam a economia mundial integrada como um fato. Referem-se a ela como o estado natural das coisas e esperam que esse modelo dure para sempre. No entanto, as bases sobre as quais o capitalismo global se ergue atualmente não são muito diferentes das de 1900, e o potencial para um rompimento é tão presente nos dias de hoje quanto era naquela época.

A globalização continua a ser uma escolha, não um fato consumado. É uma opção feita por governos que, de forma consciente, decidem reduzir as barreiras do comércio e dos investimentos, adotar novas políticas em relação ao capital e às finanças internacionais e traçar novos caminhos econômicos. As decisões tomadas por cada governo estão interconectadas. As finanças internacionais, o comércio internacional e as relações monetárias internacionais dependem da ação conjunta de governos nacionais ao redor do mundo. Políticas domésticas e relações entre governos são a fonte da globalização e determinam sua duração.

A globalização necessita do apoio dos governos, que para tal precisam de apoio político doméstico. As questões econômicas internacionais dependem do respaldo político das nações poderosas e de grupos de poder dentro desses países. A economia mundial integrada vigente antes de 1914 necessitava de ações dos governos para se sustentar. Quando essas políticas se tornaram impopulares, não puderam mais ser mantidas, e com elas desmoronou a ordem econômica internacional. A economia global de hoje também depende dos pilares políticos domésticos gerados por decisões nacionais.

O que deve ser feito em relação à economia mundial? A globalização contemporânea é inevitável? É desejável? Durará para sempre? Sabemos agora que a percepção que se tinha do capitalismo global de 1900 era enganosa. À aparente estabilidade do início do século XX, seguiram-se décadas de conflitos e de grandes mudanças. Hoje, a ordem econômica internacional também parece segura, mas dentro de uma perspectiva histórica isso pode significar apenas um breve interlúdio. As forças que deram forma à economia do século XX continuam a influenciar a versão atual da globalização e decidirão o seu destino.

Introdução: Rumo ao século XX

Em junho de 1815, 300 mil soldados se reuniram nos arredores de Bruxelas para a batalha que pôs fim às Guerras Napoleônicas. As forças de Grã-Bretanha, Prússia, Áustria, Rússia e Holanda se juntaram contra os franceses para definir qual grande potência controlaria o mundo. À meia-noite de 18 de junho, a derrota francesa era evidente. Do outro lado do canal, dois dias e meio depois, a notícia da vitória de Wellington chegava à reunião de cúpula do governo britânico em Londres, a 320 quilômetros do campo de batalha. Napoleão fora derrotado e se iniciava a era da supremacia britânica.

A vitória dos britânicos e aliados nas Guerras Napoleônicas foi o ponto mais alto de um período de 300 anos de monarquia absolutista e da ordem econômica que a apoiava. As grandes potências européias se organizaram para lutar por territórios e interesses, mandando seus exércitos para uma série de guerras dinásticas. Os governantes das regiões financiavam a parafernália militar por meio de um sistema chamado mercantilismo, que eles utilizavam para manipular suas economias em busca de vantagens militares. Questões políticas e diplomáticas eram prioridade; as relações econômicas eram usadas como ferramentas para fortalecer e reforçar o poder dinástico, e as fortunas privadas dependiam do favorecimento das famílias reais. O desafio revolucionário francês a essa ordem política e econômica foi vencido em 1815 nas cercanias de Bruxelas.

Após 1815, a combinação da supremacia britânica, da derrota francesa e do equilíbrio de poder na Europa acalmou os incessantes conflitos no continente. O período subseqüente passou a ser conhecido na história como a Paz dos Cem Anos, porque a guerra entre grandes potências praticamente não existiu no período. No entanto, assim que a ordem dinástica se estabilizou, sua base econômica ruiu. No século entre o fim das Guerras Napoleônicas e o começo da Primeira Guerra Mundial, as relações entre monarcas e mercados mudaram drasticamente.

Do mercantilismo ao livre comércio

Os monarcas absolutistas que governaram a Europa e o mundo antes de 1800 se preocupavam com as alianças geopolíticas, a extração colonial e o tamanho e o poder de seus Estados nacionais. Eles controlavam suas economias como parte das vicissitudes das políticas dinásticas, manipulando o comércio por meios militares.

Nesse período, os Estados soberanos da Europa utilizavam o sistema de controle econômico conhecido como mercantilismo para explorar os mercados coloniais e fortalecer a dominação da realeza. Por vezes, os exércitos da Coroa supervisionavam a extração de recursos naturais – por exemplo, ouro e prata das minas da América do Sul. Na maior parte do tempo, a Coroa trabalhava com príncipes mercadores – monopólios oficiais da realeza, como as Companhias Britânica e Holandesa das Índias Orientais – para extorquir os mercados coloniais monopolizados pela metrópole. O mercantilismo enriqueceu a Coroa, que utilizava seus ganhos para ampliar o poderio militar. "Riqueza é poder", escreveu o filósofo inglês Thomas Hobbes, "e poder é riqueza". Outro pensador similar do mercantilismo estabeleceu as seguintes conexões: "Comércio externo produz riqueza, riqueza produz poder, e poder preserva nosso comércio e religião."[1]

Sob o regime mercantilista, o poder colonial forçava suas possessões a comercializar com a metrópole para enriquecer o governo e aqueles que o apoiavam. Os países dominados eram obrigados a vender exclusivamente para a potência, que pagava um valor abaixo do preço do mercado mundial por produtos agrícolas e matérias-primas – em Londres, tabaco da Virgínia; em Madri, açúcar cubano. A política mercantilista também exigia que as colônias comprassem muitos produtos das metrópoles, garantindo à pátria-mãe o direito de vendê-los acima do valor do mercado mundial.

O sistema mercantilista abriu grande parte do mundo ao comércio, mas tal atividade era regulada pela força militar em benefício do poder dominante. Os defensores intelectuais do sistema poderiam justificar essa lógica econômica exploradora argumentando que os dominadores utilizavam parte das riquezas acumuladas para proteger os subjugados, e que muitos nas colônias, de fato, apreciavam a proteção. Na América do Norte, por exemplo, a força militar britânica protegeu os colonos dos franceses, espanhóis e nativos norte-americanos a eles aliados. Alguns colonos norte-americanos reclamaram, especialmente agricultores da Virgínia e mercadores da Nova Inglaterra, cujas atividades eram mais diretamente afetadas pelo controle mercantilista britânico. Mas, para muitos, parecia uma troca justa: o poder militar permitia o crescimento econômico, e o crescimento econômico sob o controle mercantilista financiava o poder militar.

À época das Guerras Napoleônicas, o mercantilismo já começava a se enfraquecer. A partir de 1750, os industriais britânicos introduziram uma enxurrada de inovações tecnológicas que revolucionaram a produção. Empregadores juntaram dezenas – e até mesmo centenas – de trabalhadores em grandes fábricas, utilizando novas máquinas, fontes de energia e formas de organização. A fiandeira e o tear mecânico transformaram a indústria têxtil. O aperfeiçoamento na utilização de energia hídrica e o subseqüente desenvolvimento do vapor fizeram com que as máquinas ficassem ainda mais poderosas. As fábricas britânicas podiam vender mais barato que a concorrência para quase todos os mercados. Os interesses econômicos criados pela Revolução Industrial britânica consideravam o mercantilismo irrelevante ou danoso.

Os fabricantes britânicos queriam eliminar as barreiras comerciais do país. Permitir que estrangeiros vendessem produtos à Grã-Bretanha prometia vários aspectos positivos. Os fabricantes da nação poderiam reduzir seus custos de forma direta, comprando matérias-primas a preços mais baixos, e indireta, uma vez que a importação de comida barata permitia que os donos das fábricas pagassem salários menores sem que houvesse uma redução no padrão de vida dos empregados. Ao mesmo tempo, se os estrangeiros ganhassem mais ao vender para a Grã-Bretanha, teriam condições de comprar mais produtos do país. Os industriais britânicos também se deram conta de que se os estrangeiros pudessem comprar todos os produtos manufaturados que precisassem dos baratos produtores britânicos, aqueles teriam menos necessidade de desenvolver uma indústria própria. Por esses motivos, as classes e as regiões fabris da Grã-Bretanha desenvolveram uma antipatia pelo mercantilismo e um forte desejo pelo livre comércio.

À medida que a City de Londres se tornava o centro financeiro mundial, ela adicionava a sua influência a outros interessados no livre comércio. Os banqueiros internacionais da Grã-Bretanha tinham um forte motivo para abrir os mercados do país aos estrangeiros. Afinal, os estrangeiros eram seus clientes. O acesso dos norte-americanos ou argentinos ao próspero mercado britânico tornaria mais fácil o pagamento das dívidas desses países com Londres. Os interesses financeiros e industriais organizaram um ataque conjunto ao que o antimercantilista ferrenho Adam Smith chamou de "o sórdido e maligno expediente do sistema mercantil".[2] Em 1820, esses mecanismos mercantilistas "malignos" já enfrentavam desafios constantes. Os opositores ao mercantilismo se focaram nas Corn Laws, taxas impostas à importação de grãos (milho, em termos britânicos) durante as Guerras Napoleônicas, o que aumentou de forma substancial o preço doméstico do produto.

Os fazendeiros britânicos, no entanto, estavam ávidos para manter as restrições à importação de produtos agrícolas. Eles se apoiavam nas altíssimas tarifas impostas aos grãos por essas leis e argumentavam que a revogação delas seria um desastre para a agricultura da nação. Os defensores de tais leis invocaram o desejo de serem auto-suficientes na produção de alimentos, a importância da produção agrícola para o estilo de vida britânico e os dolorosos ajustes que a enxurrada de grãos baratos imporia. Os que pregavam o livre comércio se ativeram aos benefícios do acesso a produtos de baixo custo, especialmente a comida barata que a revogação das Corn Laws traria. Os fazendeiros protecionistas lutavam contra os fabricantes e banqueiros que defendiam o livre comércio.

Os defensores do livre comércio venceram, mas não sem antes travarem uma guerra dolorosa e prolongada. A derrota do mercantilismo exigiu reformas importantes nas instituições políticas britânicas, mudanças no sistema eleitoral, redução na influência das zonas rurais e o aumento do poder das cidades e de seus residentes de classe média. Mesmo com a reforma eleitoral implantada, o resultado final dos votos em 1846 e 1847 foi extremamente apertado e rachou o Partido Conservador. Poucos anos depois, o Parlamento removeu os últimos vestígios do controle mercantilista britânico no comércio exterior.

Quando a Grã-Bretanha, a economia mais importante do mundo, descartou o mercantilismo, os outros países se depararam com novas opções. Os problemas políticos da era mercantil – alianças militares e monopólios – abriram caminho para os grandes debates do século XIX, sobre como, e se, os países deveriam participar do mercado global. Com a Grã-Bretanha liberalizando o comércio, muitos dos clientes e fornecedores do país fizeram o mesmo.

Em 1860, a França se juntou à Grã-Bretanha em um abrangente tratado comercial que liberalizou o comércio entre os dois países e conduziu grande parte do restante da Europa nessa mesma direção. Quando os Estados Germânicos seguiram rumo à unificação em 1871, criaram uma área de livre comércio e depois abriram seus mercados para o resto do mundo. Muitos dos governos do Novo Mundo também liberalizaram o comércio, assim como fizeram as possessões coloniais remanescentes das potências européias adeptas do livre intercâmbio de mercadorias. O mercantilismo morreu e a ordem do dia era a integração aos mercados mundiais. No decorrer do século XIX, o comércio dos países avançados cresceu de duas a três vezes mais rápido que suas economias. No fim do período, a parcela da atividade comercial na economia mundial era sete ou oito vezes maior do que no início do século.[3]

Os transportes e as comunicações também se desenvolveram de forma substancial. Na época da Batalha de Waterloo, as viagens de longa distância e os meios de transporte e de comunicação eram todos muito caros e lentos. Até o fim do século XIX, telégrafos, telefones, navios a vapor e ferrovias substituíram cavalos, pombos, mensageiros e barcos a vela. As estradas de ferro, principal avanço para o transporte terrestre desde os tempos dos gregos, modificaram a velocidade e o custo do frete de cargas por terra. O navio a vapor revolucionou o envio transoceânico, reduzindo a travessia do Atlântico de mais de um mês, em 1816, para menos de uma semana em 1896. Além disso, os navios a vapor podiam viajar mais rápido, carregar mais carga e operar com menos custos que os barcos a vela.

As novas tecnologias expandiram o mercado efetivo da maioria dos produtos, reduzindo para poucos dias a distância entre todo o mundo moderno. Em 1830, o custo para transportar via terrestre uma tonelada de carga por cerca de 480 quilômetros era de mais de 30 dólares – do centro da Pensilvânia a Nova York, de Berlim a Bonn, de Lyon a Paris – e outros dez dólares para enviá-la pelo Atlântico. Este era um gasto proibitivo para os produtos pesados, como trigo ou barras de ferro; uma tonelada de cada produto custava quase os mesmos 40 dólares do transporte, por terra ou mar, dessa quantidade de mercadoria. Assim, antes de meados do século XIX, a maioria dos produtos comercializados de forma internacional era extremamente cara, leve e não perecível: especiarias, tecidos finos, metais preciosos e produtos agrícolas com uma alta relação custo/peso, como algodão e tabaco. No século XIX, as ferrovias reduziram em 4/5 o custo do transporte terrestre, e o navio a vapor reduziu em mais de 2/3. Para se transportar uma tonelada de carga por terra pelos mesmos 480 quilômetros, o custo agora era de cinco dólares em vez de dez. O preço médio do transporte dessa tonelada de produtos do interior dos Estados Unidos até a Inglaterra diminuiu de 40 para oito dólares, de quase o mesmo preço da tonelada de trigo ou barra de ferro para 1/5 de seu valor.

A revolução nos transportes aumentou em 20 vezes a capacidade do envio de mercadorias durante o século XIX.[4] A Europa inundou o mundo com manufaturados ao mesmo tempo que era inundada pelos produtos agrícolas e matérias-primas das pradarias e pampas, da Amazônia e da Austrália.

Com as novas tecnologias nos meios de transporte e o triunfo do livre comércio britânico, o mundo dos mercantilismos militarizados nacionais abriu espaço para um mercado verdadeiramente internacional. A velha ordem defendida com armas em Waterloo terminou e fora substituída por um novo capitalismo global. A força dominante passou a ser o mercado, não o monarca. Por telégrafo e telefone, as notícias corriam o mundo em minutos, não mais em semanas ou meses. Investidores, de Londres a Paris, passando por Nova York,

Buenos Aires ou Tóquio, teciam uma rede de capital global quase homogênea. Desde a batalha de Waterloo, o mundo mudava em todas as dimensões: políticas, tecnológicas, financeiras e diplomáticas.

Da prata ao ouro

O padrão ouro se tornou o princípio organizador do capitalismo global durante o século XIX. Por centenas de anos antes de 1800, a maioria dos países utilizava o ouro e a prata como moedas intercambiáveis. Os mercadores preferiam a prata, o cobre e outros metais baratos para as transações locais, e o ouro, mais valioso, para as internacionais. Em 1917, no entanto, Sir Isaac Newton, *master of the mint*, o cargo mais alto na Casa da Moeda Britânica – a Royal Mint – padronizou a moeda inglesa e pôs o país, na prática, no padrão ouro (senão também na teoria; a prata continuava a ser legalmente oferecida mas deixou de ser usada). O Reino Unido era praticamente o único país monometálico. A nação se desviou do padrão ouro, temporariamente, apenas uma vez após as Guerras Napoleônicas. Quase todos os outros Estados eram bimetálicos e utilizavam tanto o ouro quanto a prata. Centenas de anos de utilização mista de ouro e prata chegaram abruptamente ao fim na década de 1870. Novas descobertas reduziram o preço da prata e desestabilizaram o câmbio entre as duas moedas de modo que os governos teriam de modificar a taxa ou optar por um dos metais. Enquanto isso, como o comércio e os investimentos internacionais cresciam, o ouro, meio internacional de troca, se tornou mais atraente que a prata, moeda doméstica. Por fim, o status da Grã-Bretanha como líder do mercado global atraiu outros países para a utilização do mesmo sistema monetário.

Na década de 1870, as principais nações industriais aderiram ao padrão ouro. Quando o governo de uma nação adotava o sistema, comprometia-se a trocar sua moeda por ouro a uma taxa preestabelecida. A moeda do país se tornava equivalente ao ouro e podia ser trocada a uma taxa fixa pela de qualquer outro Estado que também tivesse adotado o mesmo padrão. A Alemanha adotou o padrão ouro em 1872, a Escandinávia em 1873, a Holanda em 1875, a Bélgica, a França e a Suíça em 1878 e os Estados Unidos em 1879. Enquanto em 1871 apenas a Grã-Bretanha e algumas de suas colônias (e Portugal, aliado do país) haviam adotado o sistema, em 1879 a maior parte do mundo industrial seguia o padrão ouro.

Com a situação na qual as principais moedas do planeta podem ser diretamente convertidas em ouro a taxas fixas, o mundo industrial basicamente compartilhava de uma moeda corrente internacional. De fato, para os Estados que adotaram o padrão, o ouro era a moeda global comum, mas com nomes distintos – marco, franco, libra, dólar – em países diferentes. O dinheiro lastreado em ouro investido pelos alemães no Japão ou pelos belgas no Canadá era devolvido em montantes equivalentes de dinheiro lastreado em ouro. Os preços acordados não flutuavam, uma vez que as taxas de câmbio eram fixas. Sob o padrão ouro, tais taxas para trocas entre a libra e o marco, o franco e o dólar, e outras moedas, eram as mesmas por tanto tempo que, como é dito, nas escolas as crianças as sabiam de cor, por serem tão estáveis quanto a tabuada. A previsibilidade do padrão ouro facilitou o comércio, os empréstimos, os investimentos, a migração e os pagamentos internacionais. Banqueiros e investidores se sentiam seguros com as dívidas sendo pagas em quantidades equivalentes de ouro e com a obtenção de lucros nas moedas correntes fixadas no metal.

Outras forças também facilitavam as finanças internacionais. Com o desenvolvimento do telégrafo, a informação podia ser transmitida de forma instantânea de qualquer área desenvolvida a investidores em Londres, Paris ou Berlim. O jornalismo financeiro se tornou internacional, com acontecimentos passados em Buenos Aires estampados, no dia seguinte, nas primeiras páginas dos jornais de Londres ou Paris.

Os investimentos internacionais dispararam. Cidadãos dos países ricos investiram grandes porções de suas economias no exterior. Os investimentos estrangeiros, amplamente feitos por meio de ações e títulos, correspondiam a 1/3 das economias inglesas, a 1/4 das francesas e a 1/10 das alemãs.[5] Os mercados mundiais de produtos e capitais eram ligados mais fortemente do que nunca pelo livre comércio, pelo padrão ouro e pelas novas tecnologias de transportes e comunicações.

Ameaças à ordem global

Nem todos deram boas-vindas à integração econômica. Com a abertura da economia mundial e a aplicação de novas tecnologias de transportes, os grãos baratos do Novo Mundo invadiram o mercado mundial. A queda dramática dos preços agrícolas devastou muitas áreas rurais do Velho Mundo e levou muitas regiões, da Escandinávia à Sicília, a uma situação próxima da fome.

A mudança tecnológica também não foi algo inofensivo. As novas técnicas de fabricação tornaram os artesãos obsoletos, e com os avanços na produtividade agrícola os trabalhadores do campo perderam importância. A produção de quase todos os bens agrícolas aumentou de forma significativa devido às mudanças tecnológicas, mas os benefícios desses avanços não eram distribuídos de forma proporcional. Quando uma máquina e cinco homens passaram a fazer o trabalho de cem deles, o benefício para a sociedade era evidente. Mas mesmo que alguns dos outros 95 homens tenham sido empregados para produzir as máquinas, a maioria precisou abandonar a vida que estava acostumado a ter e buscar outras formas de sustento. Ou seja, o comércio e as tecnologias que aumentaram a renda agregada também arruinaram milhões de trabalhadores e produtores agrícolas.

A nova economia mundial também teve um duplo impacto nos países pobres. Algumas regiões subdesenvolvidas cresceram de forma veloz, mas outras na África, Ásia e América Latina – ou nas áreas de "colonização recente" onde as fronteiras se diluíam, como a América do Norte – teriam apreciado um mundo sem metralhadoras de Gatling, navios a vapor e ferrovias, que concediam aos europeus a vantagem de afirmar sua dominação. Com efeito, entre os avanços tecnológicos mais devastadores estavam as armas de destruição em massa, cujo potencial fora demonstrado de fato apenas depois de 1913. O abismo tecnológico e industrial que se aprofundou ainda mais entre as nações pobres e ricas gerou uma nova rodada de conquistas coloniais.

O fenômeno macroeconômico que eclodira na história como a Grande Depressão de 1873-1896 contribuiu para a insatisfação com o livre comércio e o padrão ouro. O nome talvez fosse enganoso, uma vez que a Depressão não foi um colapso econômico, mas uma queda gradual e contínua dos preços ao redor do mundo. De 1873 a 1896 os preços caíram cerca de 22% no Reino Unido, 32% nos Estados Unidos e numa percentagem ainda maior em outros lugares.[6] Essa depressão nos preços, que originou o nome do episódio, gerou problemas sérios. Ganhos e preços diminuíram, mas o ônus da dívida permaneceu o mesmo. A expectativa de futuras quedas no valor dos produtos causou pessimismo e incerteza. O fato mais importante era que a queda dos preços não havia sido uniforme. O valor dos produtos não manufaturados incluídos no comércio mundial caiu particularmente rápido. Matérias-primas como o trigo, o algodão e o carvão sofreram reduções de 59%, 58% e 57%, respectivamente. Mas o valor de outros produtos e serviços não diminuiu, ou ocorreu de forma mais lenta. Por exemplo, os preços dos bens agrícolas norte-americanos foram reduzidos em mais de 1/3, o valor dos minérios caiu pela metade, mas os custos na construção permaneceram constantes.[7] A mudança nos preços desencadeou protestos sociais nas regiões agrícolas e mineradoras do mundo.

Os produtores atingidos pela queda dos preços buscavam alívio se protegendo das importações. Produtores agrícolas e fabricantes exigiam, e freqüentemente recebiam, tarifas protecionistas que invertiam a tendência anterior da busca por um comércio mais livre. França e Itália se engajaram numa guerra comercial ainda mais dura. Os Estados Unidos, já nessa época a maior economia mundial, ergueram muros de proteção ao redor de seu mercado doméstico, e a Alemanha, a segunda maior potência econômica, aumentou as tarifas de muitos produtos. Quase sozinhos, a Grã-Bretanha e os Países Baixos continuavam a insistir no livre comércio, mas mesmo nessas regiões os fabricantes começavam a exigir um governo que os defendesse dos importados feitos pela mão-de-obra barata da Europa continental e da América do Norte.

Para os que acreditavam estar do lado perdedor da economia global, o padrão ouro se tornou um símbolo poderoso da odiada *Pax Britannia* econômica.[8] Os norte-americanos que se opunham ao ouro insistiam: "Uma vasta conspiração contra a humanidade foi organizada em dois continentes e está rapidamente tomando conta do mundo."[9] De acordo com a ativista antipadrão ouro, Mary Elizabeth Lease, os defensores do metal foram cooptados por essa conspiração: "O país pertence a Wall Street ... O dinheiro é que manda, e o nosso vice-presidente é um banqueiro de Londres."[10]

Enquanto os preços caíam de forma particularmente radical no início da década de 1890, as reclamações contra o sistema ganhavam força. Produtores agrícolas e mineradores acreditavam que se abandonassem o padrão, os governos poderiam aumentar os preços. Nos Estados Unidos, ativistas contra o padrão ouro ganhavam uma eleição após outra nas regiões mineradoras e agrícolas do país. Na América Latina e na Ásia, a impopularidade do sistema fazia com que poucos países da região aderissem a ele. Itália, Espanha e Portugal o abandonaram. Os impérios russo e austro-húngaro resistiram a adotá-lo. A força do padrão ouro que mantinha o capitalismo global unido parecia se enfraquecer.

Com o estremecimento do padrão ouro, o sistema financeiro internacional começou a demonstrar sinais de cansaço. A Grande Depressão atingiu de forma particularmente dura as nações devedoras, minando sua capacidade de pagar os credores. As finanças sul-americanas enfraqueceram e, em 1890, rumores de que a Argentina daria um calote na dívida provocou o colapso do Baring Brothers de Londres, um dos maiores bancos de investimentos do mundo. Um pânico financeiro alastrou-se pelos Estados Unidos e, em 1893, os investimentos estrangeiros passaram a evitar o país, que na época era o que mais solicitava empréstimos no planeta. Após quase 30 anos de crescimento ininterrupto, os fluxos financeiros diminuíram.

Entre as principais potências, a Grande Depressão provocou atritos ainda maiores que os que já existiam havia décadas. Na maior parte do século XIX, a luta por mercados externos limitava-se principalmente à competição comercial, e os impérios coloniais europeus haviam sido substancialmente reduzidos. No entanto, na última década do período, uma nova rodada de expansões coloniais se iniciou na África, no Oriente Médio e na Ásia. Em parte, isso pode ser explicado pela busca desesperada dos países produtores ricos por mercados. Ocasionalmente, essa aspiração colonial reacendida se alimentava de outras tendências geopolíticas para exacerbar atritos adormecidos.[11]

Na década de 1890, as sombras da guerra já pareciam estar por toda parte. Tropas francesas cruzaram o Sudão em marcha até Fashoda, reivindicando territórios que os britânicos alegavam ser de sua propriedade. O aventureiro britânico L. Starr Jameson liderou um ataque repentino ao Transvaal, a gota d'água que desencadeou a Guerra dos Bôeres. Tropas etíopes e italianas se enfrentaram de forma dura nas montanhas da Etiópia, assim como britânicos e soldados ashantis na África ocidental. Japão, Rússia e as potências européias disputavam posições no Extremo Oriente, enquanto insurgentes nas Filipinas espanholas e nos locais colonizados pela Companhia Holandesa das Índias Orientais lutavam pela independência de suas ilhas. No Ocidente, as atividades dos norte-americanos baseados em Cuba que lutavam pela liberdade da ilha suscitaram o fantasma dos distúrbios políticos no Caribe e acirraram as já tensas relações entre norte-americanos e espanhóis.

No fim do século XIX, os acontecimentos pareciam ameaçar a essência do capitalismo global. Tudo era questionado: o livre comércio, o padrão ouro, as finanças internacionais e até mesmo a paz entre as grandes potências. Em todo o mundo, vozes ecoavam pela proteção do comércio, e contra o ouro e a integração econômica. A cada nova crise, desencadeavam-se novos conflitos violentos de interesses e idéias.

parte I

Os últimos e melhores anos da Era de Ouro, 1896-1914

1

Capitalismo global triunfante

Quando a primavera de 1896 chegava às Grandes Planícies norte-americanas, os fazendeiros enfrentavam temerosos o período do plantio. O valor dos produtos agrícolas continuava a cair. O *bushel** do trigo, que por décadas havia se estabilizado em um dólar, chegou ao fim de 1892 valendo menos de 90 centavos, em 1893 custava por volta de 75 centavos e no fim de 1894 mal podia ser vendido a 60 centavos. No fim do inverno de 1895-1896, o preço do *bushel* foi abaixo dos 50 centavos. Nas Dakotas, e em outras regiões remotas, isso significava que o valor pago aos fazendeiros era cerca de 30 centavos, apenas 1/3 do que eles esperavam receber.

Enquanto os preços agrícolas despencavam, os insumos que os produtores agrícolas necessitavam estavam mais caros do que nunca. Os valores de maquinário, ferramentas e fertilizantes permaneciam altos. Os custos do transporte terrestre se mantiveram estáveis e até subiram. O preço dos empréstimos seguia da mesma forma, sem demonstrar piedade aos fazendeiros, que ganhavam metade ou 1/3 do que recebiam quando pediram o dinheiro emprestado.

Desamparados, os produtores agrícolas norte-americanos organizaram o primeiro verdadeiro movimento de massa. O Movimento Populista e seu Partido elegeram centenas de legisladores estaduais, dezenas de senadores federais e membros no Congresso de todas as regiões agrícolas de sul e oeste do país. Em 1892, o candidato à Presidência pelo partido recebeu mais de um milhão de votos.

O programa populista exigia primeiramente, e acima de tudo, que os Estados Unidos abandonassem o padrão ouro. A plataforma

* Unidade de medida para a comercialização de grãos, equivale a cerca de 27 quilos. (N.T.)

do partido denunciava que sob o padrão ouro "o fornecimento de moeda se resumia, propositadamente, a engordar a usura, levar empresas à falência e escravizar a indústria".[1] A solução para aquilo, o que os populistas chamavam de "a questão do dinheiro", era se livrar do esquema liderado pelos britânicos para enriquecer os banqueiros, investidores e comerciantes internacionais à custa de produtos provenientes da agricultura e da mineração. Em vez disso, os Estados Unidos deveriam abandonar o ouro e adotar a prata a uma taxa de câmbio desvalorizada, o que aumentaria os preços agrícolas e reduziria os juros.

Com a piora nas condições agrícolas, os fazendeiros norte-americanos prestaram atenção às sugestões da ativista populista Mary Elizabeth Lease, de "produzir menos trigo e mais confusão". Com raiva, os produtores agrícolas atacavam os defensores do ouro, cuja insistência por um padrão global estava destruindo a existência dos fazendeiros. Milhares deles clamavam pela alternativa do padrão prata, a salvação para os produtores agrícolas e mineiros.

O Partido Democrata, então no poder, não podia ignorar a concorrência dos populistas. O presidente Grover Cleeveland fora um fiel defensor do padrão ouro, mas agora seu Partido Democrata estava tomado por amargurados opositores ao padrão, que acusavam Cleeveland, e outros líderes do partido, de traidores. Como os preços dos produtos agrícolas permaneciam baixos em julho, realizou-se em Chicago a Convenção Nacional dos Democratas. Toda a discussão girou em torno de como os populistas e aqueles que os apoiavam estavam transformando a campanha presidencial de 1896 em uma célebre "batalha de padrões".

Ativistas antiouro tomaram de assalto a convenção e o Partido Democrata. Um jovem representante do Nebraska no Congresso incitou os participantes da convenção e o país com um provocativo chamado às armas. William Jennings Bryan ignorou o apelo dos líderes financeiros do partido:

> Vocês vêm até aqui nos dizer que as grandes cidades são a favor do padrão ouro. Respondemos que as grandes cidades dependem de nossas amplas e férteis pradarias. Ponha fogo nas suas cidades e abandone nossas fazendas; suas cidades renascerão como num passe de mágica. Mas destrua nossas fazendas e a grama crescerá nas ruas de cada cidade do país.

Em nome da maioria do partido, Bryan desafiou os defensores do ouro em casa e no exterior: "Vocês não podem pressionar essa coroa de espinhos contra a testa dos trabalhadores; vocês não podem crucificar a humanidade com uma cruz de ouro."

A oposição irredutível de Bryan ao padrão ouro e às finanças internacionais rendeu a ele a nomeação como candidato democrata às eleições presidenciais. A vitória foi um surpreendente repúdio à elite empresarial do nordeste do país. O jornal *The Times* de Londres informou de Chicago:

> Esta não é mais uma convenção, e sim uma insurreição política. O Partido Democrata ... daqui em diante será governado como Bismarck disse que o mundo não poderia ser governado, de baixo para cima. Houve uma revolta na nata da política e estranhas criaturas surgiram.[2]

Os líderes financeiros da Europa e do mundo assistiam chocados às violentas críticas contra o padrão ouro e o desafio às bases da ordem econômica internacional. Os Estados Unidos eram a maior economia do mundo, o principal solicitador de empréstimos e o mais importante destino do capital internacional e também de imigrantes. Agora, impunham uma grande ameaça à ordem econômica global. "A questão não é mais apenas entre a prata e o ouro, mas entre a sociedade e uma forma muito rudimentar de socialismo",[3] escreveu um repórter do *Times*. A nova plataforma do Partido Democrata, bradava o correspondente britânico, "era a doutrina do repúdio público e privado à falta de lei, à guerra contra a propriedade e aos direitos públicos e privados".[4] Os termos talvez fossem exagerados, mas a preocupação era real: se os democratas vencessem e implementassem sua plataforma política, o padrão ouro correria perigo no resto do mundo.

Quando o frenesi político chegou ao auge, as tendências mundanas começaram a abalá-lo. Novas descobertas de minas de ouro trouxeram para o mercado mais quantidades do metal precioso. Uma vez que o suprimento de ouro aumentou, os preços subiram. No fim de agosto de 1896, o preço do trigo começou a subir, primeiro lentamente e depois de forma mais rápida. Até o fim de outubro, com a proximidade das eleições norte-americanas, o preço do trigo estava quase 50% mais alto do que estivera durante o verão.

Em 3 de novembro, os eleitores norte-americanos derrotaram, por uma pequena margem, os democratas e suas críticas ao padrão ouro. Os defensores do ouro se organizaram em massa, e empresas do nordeste norte-americano contribuíram com somas milionárias para a campanha presidencial do republicano William McKinley. O aumento nos preços agrícolas suavizou o descontentamento, especialmente nas regiões que oscilavam entre os democratas-populistas e os republicanos. No fim, a margem foi pequena, mas o jornal *The Times* esperava que aquilo fosse suficiente para "acabar de enterrar o bryanismo, o 'silverismo', o socialismo e todas as propostas revolucionárias da plataforma de Chicago". O correspondente do jornal reportou da capital financeira da nação:

> O cenário em Nova York supera qualquer descrição. À meia-noite multidões continuam a encher as ruas ... Bandas tocam, bandeiras se agitam, luzes piscam, corações batem, o céu é iluminado; e em cada quarteirão os sorrisos radiantes continuam a fluir com grande alegria das boas novas de que mais uma vez essa República – utilizo a frase de Lincoln – irá viver, e não morrer! O significado do triunfo republicano de hoje reside neste fim.[5]

E assim terminou a Grande Depressão de 1873-1896. Em seu lugar, emergiu o grande feito da Era de Ouro do capitalismo global: duas décadas de crescimento e globalização.

O fortalecimento do padrão ouro

Os anos entre 1896 e 1914 foram o auge da integração econômica internacional. A deflação de 1873-1896 foi interrompida e as ameaças ao capitalismo global se dissiparam. Pela primeira vez em 20 anos, os preços cresciam de forma contínua: entre 1896 e 1913, cerca de 16% na Grã-Bretanha e por volta de 41% nos Estados Unidos. O valor das matérias-primas e produtos agrícolas aumentou particularmente rápido. Os preços dos produtos agrícolas norte-americanos, que caíram 38% entre 1875 e 1896, aumentaram 78% de 1896 a 1913. O tão importante preço do trigo norte-americano caiu para menos de 50 centavos o *bushel* em 1896, mas voltou a custar um dólar dez anos depois. Produtores agrícolas e mineiros podiam concentrar-se em inverter a promessa populista produzindo mais milho e menos confusão.

Diante do relaxamento das tensões no início e em meados da década de 1890, governos entregaram, com entusiasmo, suas economias aos mercados mundiais. À medida que o comércio internacional crescia, os conflitos comerciais se enfraqueciam. Os empréstimos e investimentos internacionais avançaram, de modo que antes da Primeira Guerra Mundial a Grã-Bretanha exportava mais da metade do total de seu capital. De forma geral, a hostilidade em relação ao padrão ouro, às finanças internacionais e à economia global desapareceu. Até mesmo os conflitos militares e políticos entre as grandes potências se atenuaram.

Os anos de abertura do século XX foram o mais próximo de um mercado mundial sem barreiras para produtos, capitais e trabalho que o planeta já vira. Levaria cem anos até que o mundo atingisse novamente esse nível de globalização. Além disso, a economia internacional integrada crescia na maior velocidade já registrada pela história. A produção e a renda aumentaram, e não apenas nas nações ricas. Muitos países relativamente subdesenvolvidos cresceram de forma dramática. As economias do Canadá e da Argentina mais do que triplicaram e a renda per capita desses países quase dobrou.[6] Em menos de 20 anos essas duas nações deixaram de ser muito mais pobres do que a França e a Alemanha e se tornaram bem mais ricas que esses dois países.

A reviravolta dos preços que suavizou as críticas ao padrão ouro era, em parte, gerada pelo próprio sistema. Em um mundo onde as principais moedas tinham base no ouro, um declínio dos preços dos produtos significava o mesmo que um aumento no valor do metal. Quando os preços de um *bushel* de trigo caíram de um dólar-ouro para meio dólar-ouro, o mesmo dólar-ouro podia comprar duas vezes mais trigo. O preço baixo dos produtos acarretava o alto preço do ouro, e tal preço alto era um bom motivo para se procurar mais do metal. Exploradores percorreram o mundo e começaram a fazer novas descobertas importantes no fim da década de 1880. A corrida pelo ouro se dava de forma sucessiva, da África do Sul à Austrália passando por Yukon e pelo oeste norte-americano; e no fim da década de 1890, o novo estoque mundial de ouro era duas vezes maior do que o da década anterior. Quando o novo suprimento de ouro foi despejado nas reservas financeiras, o valor do metal diminuiu. Já que ouro era dinheiro, um declínio no valor do ouro era o mesmo que um aumento no preço dos produtos; uma redução pela metade no valor do metal significava a duplicação dos preços dos produtos em termos de taxa-ouro. Dessa forma, novas reservas de ouro levaram a um aumento generalizado dos preços.

Enquanto os preços aumentavam após 1896, o ouro se tornou menos objeto de controvérsias políticas, e países que o evitavam aderiram a ele – o Japão e a Rússia em 1897; a Argentina em 1899; o Império Austro-Húngaro em 1902; o México em 1905; o Brasil em 1906; a Tailândia em 1908. Até mesmo a Índia, que adotava a prata havia séculos, foi empurrada pelos britânicos para uma variação do padrão ouro, um processo complicado que inspirou um trecho da peça escrita por Oscar Wilde em 1895, *A importância de ser prudente*. A pudica Srta. Prism dá instruções à sua pupila Cecily: "O capítulo sobre a baixa da rúpia pode ser omitido. É demasiado sensacionalista. Até mesmo esses problemas monetários têm seu lado melodramático."[7] Em 1908, a China e a Pérsia eram os únicos países que praticavam alguma importação a permanecer fora do padrão ouro.

O padrão ouro era central para a integração econômica internacional. Gerava uma previsibilidade e uma estabilidade que facilitavam muito o comércio, os investimentos, as finanças, a migração e as viagens internacionais. Empresários, investidores e imigrantes não precisavam se preocupar com mudanças nas taxas de câmbio, com controles monetários nem com qualquer outro impedimento à movimentação de dinheiro ao redor do mundo. O impacto no comércio foi substancial; estima-se que a adoção do padrão ouro nesse período tenha aumentado cerca de 30% a 70% o comércio entre dois países quaisquer.[8]

O padrão ouro era mais importante para as finanças internacionais do que para o comércio. Os financistas internacionais julgavam a adoção do padrão ouro uma obrigação dos membros bem-comportados da economia mundial clássica; um sinal de que um país era economicamente confiável.[9] Os investidores tinham bons motivos para focar no compromisso dos governos com o padrão ouro. Manter-se no padrão poderia ser difícil e, sobretudo, exigiria conter uma certa resistência política. Os investidores sabiam que um governo que desejasse, e fosse capaz de, superar a oposição ao ouro provavelmente também honraria a dívida externa, mesmo diante de protestos domésticos. Como viria a ser também anos mais tarde, especialistas financeiros britânicos e norte-americanos – ou o Fundo Monetário Internacional – davam garantias aos emprestadores aprovando políticas governamentais. Dessa forma, para um país qualquer, ser membro do "clube do ouro" já de início lhe conferia uma certa bênção.

O padrão ouro significava integridade financeira por exigir dos governos políticas econômicas que se ajustassem às pressões da economia global. A adesão ao ouro forçava as economias nacionais ao ajuste quando elas gastavam além do que podiam. Se uma nação abrisse um déficit ao importar mais do que exportar, gastaria uma quantidade de dinheiro – ou seja, de ouro – superior ao montante recebido com as vendas internacionais para pagar pelas importações. Com a saída de ouro do país, a oferta interna de dinheiro diminuiria, assim como o poder de compra da nação. Isso reduziria a demanda e dificultaria as vendas dos produtores nacionais, que precisariam reduzir os preços e forçar uma queda nos salários. Dessa forma, pelo próprio funcionamento do padrão ouro, o país que gastasse mais do que recebesse estaria fadado a reduzir os preços e salários, a gastar menos e a produzir de forma mais barata. Se o processo se desse de maneira constante, logo a economia reagiria. Assim que os salários e preços caíssem, os estrangeiros comprariam mais produtos desse país e os locais adquiririam menos bens de fora. Portanto, o preço dos importados diminuiria e as exportações cresceriam, devolvendo o equilíbrio ao Estado.

O padrão ouro agia como um regulador, impondo restrições aos salários e aos preços. Na década de 1750, o filósofo escocês David Hume identificou esse processo regulador, que recebeu o nome de "modelo de fluxo de moedas metálicas", uma vez que mudanças nos preços levavam a fluxos específicos de moeda (ouro) que tendiam a forçar os preços e as economias a recuperar o equilíbrio. Qualquer país no padrão ouro que gastasse mais do que ganhasse (ou pudesse pegar emprestado) seria forçado, pela forma como o sistema operava, a inverter esse quadro; reduzir gastos e salários, retomando o equilíbrio. Os governos do padrão ouro privilegiavam os laços internacionais em detrimento das demandas internas, impondo austeridade e cortes de salários a uma população relutante, a fim de aderir ao regime. Isso fez do padrão ouro o teste de fogo que os investidores internacionais utilizavam para julgar o grau de confiabilidade financeira de governos nacionais.[10]

O estímulo do padrão ouro ao comércio, investimentos e migração internacionais foi ajudado por avanços tecnológicos nas áreas de transportes e comunicações, por condições macroeconômicas geralmente favoráveis, e pela atmosfera pacífica entre as grandes potências. Todos esses fatores permitiram que as economias do mundo ficassem cada vez mais intimamente integradas à medida que a Era de Ouro avançava.

A utilização de ferrovias e navios a vapor, ambos já em curso em 1870, se expandiu ainda mais rapidamente a partir desse momento. Houve uma corrida extraordinária para a construção de ferrovias em regiões subdesenvolvidas nas décadas que precederam 1914. Em 1870, a imensidão da América Latina, Rússia, Canadá, Austrália, África do Sul e Índia contava com quase a mesma quilometragem de linhas férreas que a Grã-Bretanha. Em 1913, o tamanho da malha ferroviária dessas regiões já era dez vezes maior do que a da Grã-Bretanha. A Argentina, sozinha, passou de umas poucas centenas de quilômetros de ferrovias para um sistema mais extenso que o britânico.[11] O desenvolvimento de turbinas a vapor na década de 1890 aumentou a velocidade dos navios e, posteriormente, novas embarcações movidas a petróleo, com sistema de combustão de diesel, passaram a competir com a energia a vapor. O desenvolvimento do sistema de refrigeração fez com que, pela primeira vez, o transporte de produtos perecíveis fosse possível, permitindo que a Argentina exportasse carne resfriada e Honduras, banana. Todos esses adventos reduziram, de forma dramática, o tempo e os custos para se levar esses produtos aos mercados. Nos 20 anos que precederam 1914, o custo do envio transoceânico de produtos à Grã-Bretanha caiu em 1/3, ao passo que, em média, os preços dos produtos exportados cresceram na mesma proporção.

Empurrado pelos avanços nos meios de transporte, o comércio internacional, que em 1896 correspondia a menos de 8 bilhões de dólares, passou a atingir mais de 18 bilhões em 1913. Mesmo com as correções devido à inflação, esse valor era quase o dobro. Para a maior parte dos produtos havia algo como um mercado mundial integrado, de forma que os preços se tornavam mais parecidos com o passar do tempo – mesmo entre os países separados por milhares de quilômetros. O trigo e o ferro são bons exemplos. Em 1870, esses dois produtos significavam custos quase proibitivos para o comércio, o que resultava em grandes diferenças de preços dos dois produtos entre os países. O trigo, que em Chicago custava US$100, valia 158 em Liverpool. De forma semelhante, o ferro-gusa na Filadélfia custava 85% a mais do que em Londres. Em 1913, o aperfeiçoamento tecnológico havia reduzido os custos dos transportes e padronizado os preços. Agora, o preço do trigo era apenas 16% mais alto em Liverpool do que em Chicago, e o ferro-gusa custava somente 19% a mais na Filadélfia do que em Londres. Os preços das *commodities* mais importantes do mundo convergiram em Sydney e Chicago, Odessa e Buenos Aires.[12]

Em momentos anteriores, quando o comércio internacional era caro e incerto, não participar dele tinha poucos custos. Era fácil abdicar das oportunidades comerciais que eram arriscadas e periféricas. Mas quando o transporte internacional evoluiu de barcaças e barcos a vela para ferrovias e navios a vapor, os produtores tinham mais incentivos para exportar e os consumidores para importar. Os custos do isolamento aumentavam à medida que a abertura se expandia.

Ao mesmo tempo, o telégrafo mundial significava uma transmissão instantânea de informação de qualquer área dotada de algum avanço para os bancos de investimentos e comerciantes de Londres, Paris e Berlim. O desenvolvimento do telefone, que era bem mais conveniente que o telégrafo, facilitou enormemente as telecomunicações. Os investidores expandiram os interesses globais, e os investimentos internacionais cresceram ainda mais rápido que o comércio mundial, atingindo 44 bilhões de dólares às vésperas da Primeira Guerra Mundial. Grande parte do rápido crescimento das regiões em desenvolvimento, como os Estados Unidos e a Austrália, foi financiada por investidores estrangeiros. Os estrangeiros eram responsáveis por mais de 1/3 dos investimentos recebidos pelo Canadá e por volta de 3/4 dos destinados a alguns países da América Latina. Em 1913, os investidores de fora eram donos de 1/5 da economia australiana e de metade da atividade econômica argentina. O fluxo de dinheiro vindo de outros lugares não era apenas importante para os países em rápido crescimento que utilizavam o capital, mas também era fundamental para as economias européias que faziam esses investimentos. No começo do século XX, os investimentos externos eram os responsáveis por algo em torno de 1/4 a 1/3 da riqueza das principais potências.[13]

A imigração internacional também disparou. Milhares de pessoas tomaram conhecimento das dinâmicas regiões do Novo Mundo, assim como de outros lugares, e deixaram as cidades pobres da Europa e da Ásia. Na primeira década do século, a emigração atingiu 3% da população de Grã-Bretanha, Itália e Suécia, 5% dos cidadãos espanhóis e 7% dos portugueses. Do lado receptor, os imigrantes nessa década formavam 6% da população norte-americana, 13% da canadense e surpreendentes 43% da população argentina. Às vésperas da Primeira Guerra Mundial, grandes parcelas dos habitantes das economias que mais cresciam no mundo eram formadas por imigrantes. Na verdade, metade dos 1,3 milhão de moradores de Buenos Aires havia nascido no exterior.[14]

O número dos que deixaram suas terras nativas na Ásia era quase o mesmo dos que abandonaram a Europa. A maioria era de chineses, que foram para o Sudeste Asiático e o Novo Mundo. Os indianos foram em massa para terras africanas e asiáticas ao longo do Oceano Índico e para o Caribe. Muitos dos migrantes asiáticos iam com contratos preestabelecidos* e eram obrigados a trabalhar – principalmente nas grandes plantações – nos locais de destino. Uma ampla proporção deles retornava à terra natal, em parte devido ao próprio acordo, em parte porque as condições de vida em Trinidade ou nas Filipinas era menos atraente do que em São Francisco e Sydney. Muitos, porém, ficaram, e estabeleceram comunidades chinesas, indianas, e de outros países asiáticos, de Lima a Cidade do Cabo, de Cingapura ao Havaí.

A reversão da grande deflação de 1873-1896, o desenvolvimento tecnológico e a relativa estabilidade econômica contribuíram para a rápida integração da economia global antes de 1914. O padrão ouro, o comércio e as finanças internacionais mantinham a economia mundial mais coesa do que nunca.

Especialização e crescimento

Os países que se lançaram na economia global desses anos dourados se remodelaram de acordo com as novas posições que encontraram no mercado mundial. Cada região se especializou no que sabia fazer de melhor. A Grã-Bretanha gerenciava os investimentos, operava os sistemas comercial e financeiro mundial, além de garantir e supervisionar os mecanismos de comunicação e de envio de mercadorias. A Alemanha produzia ferro, aço, produtos químicos e equipamento pesado para as ferrovias, minas, plantações e rotas de envio de carga. Argentina, África do Sul e Austrália usavam capital britânico e maquinário alemão para estabelecer novas minas e fazendas e para transportar o minério de volta para a Alemanha a fim de manufaturá-lo. Parte dos ganhos era destinada à Grã-Bretanha como juros pelos investimentos.

Países, grupos e regiões se tornavam cada vez mais especializados. Pessoas, empresas, áreas e nações desistiram das atividades que não desempenhavam tão bem para que pudessem se concentrar naquelas em que eram particularmente bons. Em outros tempos, os países tentariam a auto-suficiência, mas agora se dedicavam a produzir e exportar aquilo que mais sabiam e comercializar o resto.

As indústrias da Europa ocidental inundaram o mundo com maquinário e equipamentos para o cultivo das fazendas, o funcionamento das minas e a construção de estradas de ferro e portos que escoassem seus produtos até os

* Do inglês *indenture*, que eram contratos de serviços por tempo determinado nos países coloniais. (N.T.)

mercados. Investidores europeus forneciam o capital para financiar os enormes projetos das construções onde esses equipamentos seriam empregados. As regiões do Novo Mundo, Ásia e África, ricas em recursos, se concentravam em trazer sua riqueza mineral e agrícola para o mercado. Os trabalhadores excedentes do interior da Europa e da Ásia foram mandados para ajudar nas novas minas, plantações e usinas. E à medida que os pampas e as pradarias, Yukon e Witwatersrand, Trinidad e Sumatra entregavam suas riquezas, os industrialistas, investidores e imigrantes eram pagos com os lucros originados no que haviam investido.

O capitalismo global tornou a especialização algo possível. Países, fabricantes, fazendeiros e mineiros podiam se concentrar, unicamente, em produzir seus melhores bens e serviços caso tivessem acesso a mercados grandes o suficiente para vender o que produzissem e comprar o que consumissem. Agora, pela primeira vez, isso era possível. O padrão ouro, o livre comércio e os novos meios de transporte criaram um mercado global conveniente, acessível e previsível. Grãos, cobre, minério de ferro, carvão e até mesmo carne e banana podiam ser enviados por navio a quase qualquer lugar ao redor do mundo a baixos custos. Investidores podiam comprar ações e títulos de empresas de governos distantes e monitorar seu progresso com facilidade. Os europeus podiam comprar comida barata do Novo Mundo e concentrar seus esforços produtivos nas técnicas industriais que inovaram e aperfeiçoaram. Os argentinos poderiam se concentrar em trabalhar a terra das planícies mais férteis do mundo para plantar grãos e criar gado e utilizar os lucros para importar produtos manufaturados da Europa.

Produtores agrícolas e mineiros nas regiões recém-especializadas expandiram a produção em uma velocidade extraordinária. Nos 20 anos que precederam a Primeira Guerra Mundial, a quantidade de terras destinadas à plantação de trigo na Argentina e no Canadá aumentou de 7 a 8 milhões de hectares em cada país para cerca de 32 milhões de hectares. Uma vez que os agricultores passaram a cultivar novas terras e intensificaram a produção das já existentes, a quantidade de trigo, café, chá e algodão produzidos no mundo mais do que dobrou de 1870 a 1913.[15] No mundo em desenvolvimento, os produtores de outros bens recém-negociáveis avançaram de forma ainda mais rápida. Em menos de 50 anos, da virada do século à Primeira Guerra Mundial, a produção mineradora das áreas em desenvolvimento quase triplicou. Entre 1880 e 1910, a produção mundial de banana cresceu de 30 mil para 1,8 milhão de toneladas; a de cana-de-açúcar passou de 1,9 milhão a 6,3 milhões de toneladas; a de cacau foi de 60 mil para 227 mil toneladas e a de borracha, de 11 mil para 87 mil toneladas.[16]

Os teóricos da economia clássica aprovariam o processo. Adam Smith em seu texto fundador da economia clássica, *A riqueza das nações*, de 1776, tornou a especialização – a divisão do trabalho – o ponto central de sua teoria. Ele e seus contemporâneos do liberalismo econômico argumentavam, contra os mercantilistas, que a auto-suficiência era uma tolice. Em um famoso exemplo, Smith indicou que, trabalhando sozinho, um operário de uma fábrica de alfinetes podia no máximo produzir 20 unidades por dia. No entanto, nas fábricas da época, o processo de produção de alfinetes estava divido em cerca de oito etapas diferentes, cada uma realizada por um ou dois trabalhadores especializados. Dessa forma, uma fábrica com dez trabalhadores produzia 48 mil alfinetes por dia, fazendo com que cada indivíduo fosse cerca de 240 vezes mais produtivo do que o seria trabalhando sozinho.[17] A especialização gerava produtividade, e a produtividade alimentava o crescimento econômico.

Nesse contexto, *produtividade* não tem o mesmo significado do termo utilizado pelos gerentes para convencer os funcionários a trabalhar mais horas. Refere-se ao montante produzido por uma unidade de trabalho com os outros fatores de produção à disposição, especialmente capital e terras. Na agricultura, por exemplo, a mesma quantidade de trabalho é mais produtiva em solos férteis do que em solos pobres; é mais produtiva com máquinas, fertilizantes e irrigação do que sem esses aparatos. Tal fato é verdadeiro, mesmo que os trabalhos agrícolas em questão sejam idênticos. Em 1900, os produtores de trigo alemães não eram tão produtivos quanto os produtores de trigo canadenses, não porque trabalhassem menos ou fossem menos qualificados, mas porque as terras alemãs eram pouco adequadas ao cultivo de grãos. Da mesma forma, o fato de a produtividade do trabalho norte-americano em 1913 ser duas vezes e meia mais alta do que a dos italianos não significava que um trabalhador norte-americano trabalhasse duas vezes e meia mais do que um trabalhador italiano. Se esse fosse o caso, por que milhões de italianos teriam ido para os Estados Unidos trabalhar? Isso quer dizer que em uma hora um trabalhador norte-americano produzia duas vezes e meia a mais do que um trabalhador italiano devido ao capital bem mais abundante à disposição de cada trabalhador. De fato, o número de máquinas ao dispor dos trabalhadores nos Estados Unidos em 1913 era três vezes maior até mesmo do que na Grã-Bretanha, líder industrial do mundo.[18]

Os economistas clássicos enfatizavam que especialização requer acesso a grandes mercados. Adam Smith e seus colegas argumentavam que restringir as possibilidades de oferta e demanda retardava o crescimento econômico, desafiando assim o pensamento mercantilista, que por sua vez tentava limitar o acesso aos mercados. Um vilarejo isolado do resto do mundo e forçado à auto-suficiência precisa produzir tudo o que necessita. Entretanto, se esse vilarejo fizer parte de um mercado maior, nacional ou global, ele pode se especializar no que sabe fazer de melhor. Os produtores precisam de mercados amplos para se especializarem; a divisão do trabalho depende do tamanho do mercado.

Mercados globais levam à especialização global. Smith deve ter ficado ainda mais certo de suas idéias ao ver que à medida que os países se comprometiam com a economia global e ganhavam acesso a mercados, imediatamente começavam a se especializar. As idéias dele eram confirmadas pela experiência de dezenas de regiões. Países com acesso a mercados mais extensos se especializavam. Com a especialização a produtividade aumentava, da mesma forma que o crescimento e o desenvolvimento de suas economias.

A divisão internacional do trabalho das décadas que precederam a Primeira Guerra Mundial transformou continentes inteiros. Novas áreas agrícolas e mineradoras extraordinárias foram atraídas pelos mercados mundiais, inundando a Europa com comida e matéria-prima a preços baixos. Produtos industriais inovadores e baratos brotavam das fábricas européias e iam para regiões que sempre contaram com o artesanato. Países que antes cultivavam todos os seus alimentos passaram a importar grande parte destes. As regiões nas quais seus habitantes se vestiam com tecidos produzidos de forma artesanal e utilizavam ferramentas feitas à mão passaram a utilizar tecidos de algodão mais baratos feitos em máquinas e equipamentos manufaturados. Cidades e regiões inteiras concentravam seus esforços na extração de minério de ferro, na fabricação de tecidos, no cultivo de arroz ou na produção de trilhos para ferrovias, enviando esses produtos para o resto do mundo em busca de mercados.

Do ponto de vista global, o processo funcionava perfeitamente. Trabalho e capital circulavam pelo mundo, indo de onde produziam menos para onde produziam mais. Camponeses poloneses ou portugueses improdutivos, que não podiam competir com os produtores de grãos argentinos e canadenses, viravam trabalhadores urbanos produtivos em Varsóvia e Lisboa ou emigravam, tornando-se operários produtivos nas fábricas de Toronto ou trabalhadores do campo nos pampas. Capitalistas buscavam regiões ao redor do mundo onde seus investimentos gerassem mais lucro. Abdicavam da construção de mais uma ferrovia ou usina de geração de energia na Inglaterra por algum projeto novo e ousado no Quênia. Efeitos iguais podiam ser sentidos mesmo sem a movimentação de pessoas e de dinheiro, simplesmente por meio do comércio. Um país com excesso de trabalhadores podia enviar emigrantes para áreas de colonização recente ou empregar a mão-de-obra barata em fábricas que produziam manufaturados a serem mandados para essas mesmas regiões. Enviar trabalhadores da Itália para a Austrália tinha efeito similar a enviar produtos cuja manufatura era intensiva em mão-de-obra: trabalhadores italianos eram empregados de uma forma mais produtiva, e a Austrália passava a ter acesso a mão-de-obra barata de forma direta ou indireta.

A especialização não era fácil, tampouco sem custos. O processo transformava economias e sociedades e, com freqüência, destruía as formas tradicionais de vida. A especialização agrícola – a abertura dos pampas e pradarias que inundava o mercado mundial com grãos baratos – gerou uma grave crise na agricultura européia. Produtores agrícolas europeus destituídos de suas terras eram despejados nas cidades para trabalhar em fábricas repugnantes. Outros se mudavam para regiões do Novo Mundo ou para outras áreas de colonização recente, as quais haviam desencadeado o problema. Os agricultores que não conseguiam sobreviver na Itália ou na Suécia podiam tentar a sorte nos estados de São Paulo ou do Minnessota. As dezenas de milhares de produtores agrícolas forçados a deixar o campo em direção à cidade, ou a cruzar o oceano para as novas terras, com freqüência encontravam pobreza, discriminação, doença e isolamento, em vez da tão esperada prosperidade. A nova divisão internacional do trabalho separou famílias, vilarejos e países, forçando o despedaçamento de sociedades tradicionais coesas.

Por mais doloroso que tivesse sido esse processo, a integração econômica e a especialização tornou tanto o Velho quanto o Novo Mundo mais eficientes. Os agricultores europeus que não podiam competir passaram a desempenhar novas atividades. Eram mais produtivos nas fábricas européias do que em suas terras relativamente pobres. Caso tivessem permanecido na atividade agrícola, eram mais produtivos no Novo Mundo que no Velho. Em todo o planeta, os agricultores e trabalhadores deslocados sofreram, mas, provavelmente, ao menos seus filhos e netos usufruíram de melhores condições.

Essa divisão global do trabalho aumentou a produtividade tanto em termos nacionais quanto internacionais. Seria pouco provável que fosse de outra maneira: a otimização das formas de utilização do trabalho e do capital, por definição, aumentaria a produtividade. Os agricultores miseráveis da Alemanha Oriental e do sul da Itália foram para as modernas fábricas de Berlim ou Chicago. O interior da Argentina e o do Canadá, recém-acessíveis aos mercados mundiais, se transformaram de regiões indígenas de caça nos melhores campos de trigo do planeta. Pessoas, fábricas e campos produziam mais. Os ganhos aumentaram e as economias cresceram.

Na Era de Ouro, os benefícios do intercâmbio econômico internacional proporcionaram os ganhos advindos da especialização. Sem acesso à imigração entre os países e através dos oceanos, os agricultores teriam ficado presos às suas terras inférteis. Sem o acesso a um mercado mundial, os mineradores sul-africanos e os criadores de gado australianos não teriam onde vender seus produtos. Sem o comércio e as finanças internacionais para enviar, garantir, fornecer e gerenciar, Londres teria se tornado o centro nevrálgico de apenas uma pequena ilha, e não do mundo todo. O mundo intercambiava equipamentos para máquinas por alimentos, cobre por tecido e títulos estrangeiros por aço, e os produtores e compradores de peças, alimentos, cobre, tecido, títulos estrangeiros e aço lucravam.

Descontentes com o globalismo

O fato de a Era de Ouro ter abandonado o mercantilismo parecia amplamente justificável. A profunda rejeição à época dominada pelo amplo controle dos governos sobre a economia trouxe benefícios significativos. Livre comércio, movimentação de capitais e imigração reduziram o controle estatal. O padrão ouro pressupunha que os governos autorizassem a livre conversão de dinheiro em ouro e vice-versa, o que permitira, ao invés de impedir, os ajustes econômicos domésticos. Certamente, os governos intervinham, com freqüência e de forma coerciva, para garantir o direito de propriedade privada dos investidores e comerciantes. Mas a ideologia e a ordem do dia alardeavam um governo que não fosse além de salvaguardar as operações do mercado.

Entretanto, abaixo da superfície já havia tensões e abusos no capitalismo global pré-1914. Uma das fontes de insatisfação era a subjugação de povos e nações pobres. Mesmo que governos na Europa, nos Estados Unidos e no Japão celebrassem o poder do mercado, eles usavam forças de diferentes tipos – artilharia, canhoneiras, infantaria – para dominar centenas de milhões de novas colônias na África, Ásia e América Latina.

Outro problema era que nem todo mundo se beneficiava da integração econômica global. Muitas sociedades tradicionais se estagnaram ou se desintegraram. Mesmo nas regiões do mundo que mais cresciam, os frutos do crescimento não eram distribuídos de forma justa. Sociedades que abandonavam as atividades econômicas menos produtivas com freqüência também abandonavam aqueles que estavam presos a elas. É de fácil entendimento a lógica por trás do abandono do cultivo do trigo em terras medíocres ou do fechamento de tecelagens artesanais pouco eficientes frente à abertura das prósperas planícies dos Estados Unidos e dos pampas, ou à disponibilidade de tecidos melhores e mais baratos feitos à máquina. Mas o que seria feito dos camponeses e tecelões cujas terras e habilidades não tinham mais valor, cujas formas tradicionais de vida não eram mais possíveis?

A integração econômica gerou uma enorme tensão naqueles que produziam o que não podia mais competir com as mercadorias dos novos líderes mundiais. Os consumidores não precisavam mais dos grãos europeus, dos emprestadores latino-americanos, do artesanato chinês nem dos tecidos indianos. Indústrias, regiões e classes inteiras tornaram-se dispensáveis, e entre os que estavam do lado perdedor da especialização e da integração econômica havia menos disposição em aceitar um governo pouco ativo que não fazia nada para aliviar seu sofrimento.

O entusiasmo com a Era de Ouro do capitalismo global não foi universal. Tanto os mercados abertos quanto o pagamento das dívidas aos estrangeiros e o padrão ouro implicavam sacrifícios, normalmente da parte dos mais pobres e fracos. Raramente, esses sacrifícios eram feitos por vontade própria. Mesmo nos países que estavam crescendo havia resíduos de conflitos sociais e políticos nos requisitos e pré-requisitos nacionais para a integração econômica. Também houve países inteiros que adotaram uma atitude cautelosa ou hostil em relação aos laços econômicos mundiais, e governos que restringiram e regularam de perto o comércio e os investimentos internacionais.

O capitalismo global do fim do século XIX e início do XX foi quase inteiramente bom para o crescimento global, para as economias da maior parte dos países e, até mesmo, para a renda da maioria das pessoas. Mas não foi igualmente bom para todos e foi ruim para muitos. Não obstante, o sucesso dessas décadas parecia confirmar os argumentos dos defensores da integração da economia global, que eram a favor das finanças internacionais, do livre comércio e do padrão ouro. Eles também pareciam defender a idéia clássica liberal que favorecia uma limitada intervenção dos governos no mercado, apenas o suficiente para garantir a plena participação na economia global. Para muitos povos, especialmente aqueles das economias que lideravam o mundo, as décadas que precederam a Primeira Guerra Mundial evidenciaram que o mercado e a economia global eram mecanismos poderosos para a prosperidade e até mesmo para a paz.

2

Os defensores da economia global

Em 1919, enquanto os veteranos regressavam dos sangrentos campos de batalha da Primeira Guerra Mundial, John Maynard Keynes escrevia, saudoso dos idos tempos de relações econômicas cordiais:

> Que episódio extraordinário do progresso econômico da humanidade foi a era que chegou ao fim em agosto de 1914 ... Enquanto bebericava o chá da manhã na cama, um habitante de Londres podia, pelo telefone, encomendar vários produtos de todo o planeta, na quantidade que lhe fosse conveniente e, geralmente, recebia a entrega cedo na porta de casa; ao mesmo tempo, e pelo mesmo meio, podia se aventurar investindo sua riqueza nos recursos naturais e novos empreendimentos em qualquer parte do mundo, e usufruir dos possíveis frutos e vantagens, sem esforço ou mesmo problemas; podia optar por entregar a segurança de sua fortuna à boa-fé dos habitantes de qualquer cidade de relativo tamanho em qualquer continente que a tendência ou a informação recomendassem. Podia conseguir, imediatamente, se assim desejasse, meios de transporte baratos e confortáveis para qualquer ambiente ou país, sem passaporte ou outra formalidade; podia mandar um empregado à agência bancária mais próxima para pegar o quanto precisasse do metal precioso, e, então, seguir para o exterior sem conhecimento da religião, língua ou costumes desses locais, carregando o dinheiro consigo; e ficaria surpreso ou acharia que fora maltratado diante da mínima interferência. No entanto, o mais importante de tudo: consideraria esse como o estado natural das coisas, certo e permanente, exceto se fosse para melhor, e qualquer desvio seria uma aberração e um escândalo que poderia ser evitável.[1]

Não importa que Keynes, "um habitante de Londres" que tinha telefone, empregado e o luxo de tomar seu chá da manhã na cama, fizesse parte de uma pequena parcela da população. Não importa que as oportunidades que Keynes associa a esse capitalismo global maravilhoso fossem irrelevantes para a população empobrecida da Ásia e da África. Não importa que a nostalgia de Keynes não fosse compartilhada pelos milhões que eram atraídos pelo socialismo ou por outros movimentos radicais em resposta aos deslocamentos sociais da época.

As declarações de Keynes de que "a vida social e econômica" experimentou uma "internacionalização ... a qual, na prática, estivera perto de ser completa"[2] captaram a essência do capitalismo global de antes da Primeira Guerra Mundial. Por décadas, a economia mundial esteve, fundamentalmente, aberta à movimentação de pessoas, dinheiro, capital e produtos. Os principais empresários, políticos e pensadores do momento consideravam uma economia mundial aberta o estado natural das coisas. Eles supunham que pessoas e capital iriam circular pelo mundo com pouca, ou nenhuma, restrição. A proteção comercial, apesar de comum, era vista como uma exceção aceitável à regra, causada pelas exigências de políticas domésticas ou internacionais de curto prazo. O capitalismo era mundial e o mundo, capitalista.

O sistema econômico internacional funcionava como um clube de cavalheiros* de Londres. Os membros prestavam assistência uns aos outros quando necessário para que o clube seguisse funcionando regularmente, e aceitavam novos aspirantes a afiliados, caso eles se enquadrassem nos padrões do clube. As exigências eram grandes: compromisso com a abertura econômica, com a proteção do direito de propriedade além-fronteiras, com o padrão ouro e com uma intervenção limitada na macroeconomia. Os países que cumprissem esses requisitos desfrutariam dos benefícios destinados aos membros do clube. Na maior parte do tempo, os Estados pareciam ansiosos para se qualificarem à afiliação.

Muitos europeus partiam do princípio de que sempre haveria um amplo apoio econômico, político e intelectual à integração econômica internacional. Mas, pela experiência, sabemos que esses anos dourados da globalização não eram o estado natural das coisas. As exigências para a participação no clube dos globalizadores se tornaram pesadas demais para a maioria das nações, inclusive para alguns dos membros fundadores. Como, então, essa era de integração econômica se sustentou por tanto tempo?

---

* Clubes formados pela classe alta londrina, em que seus membros se reuniam para jogar ou discutir temas como política ou literatura. (N.T.)

Apoio intelectual à Era de Ouro

Antes de 1914, quase todos os que eram politicamente influentes, nos países economicamente importantes, acreditavam que seus governos deveriam privilegiar os laços econômicos com o exterior. Os compromissos com a economia internacional eram tarefas governamentais mais importantes do que o desemprego na indústria ou a aflição dos agricultores. Poucos líderes políticos acreditavam que os governos podiam ou deviam fazer algo pelas empresas nacionais, pela falta de trabalho ou pela pobreza. De fato, muitos dos defensores ortodoxos do sistema argumentavam que uma intervenção substancial do Estado nos mercados interferiria no curso natural do padrão ouro. Acreditavam que seguro-desemprego, ajuda a agricultores em apuros e programas sociais extensivos aos pobres impediriam os ajustes exigidos pelo padrão ouro; tais programas evitariam que os salários e preços caíssem, como era necessário para manter a economia em equilíbrio.

No entanto, os governos eram necessários, uma vez que controlavam as relações financeiras, a moeda e o comércio entre as nações. Os governos também aplicavam o direito de propriedade, interna e externamente, o que era uma forma de garantir aos seus cidadãos os benefícios da economia global. De modo semelhante, as classes governantes, tanto das nações pobres quanto das industrializadas, fizeram o possível para provar sua integridade econômica, mas pouco contribuíram para o gerenciamento da economia doméstica.

Os proponentes do globalismo da Era de Ouro geralmente atribuíam o sucesso da época às suas idéias iluminadas – como membros de um clube exclusivo que justificam o fascínio exercido pela associação às qualidades de seus participantes, e não pelos benefícios materiais trazidos com a participação. De forma precisa, as novas políticas de abertura seguiram os preceitos do liberalismo como exposto pelos economistas clássicos britânicos. Os sucessores de Adam Smith aplicaram à economia internacional as idéias do pensador sobre os benefícios da especialização e aprimoraram o seu argumento contra o mercantilismo.

O banqueiro londrino David Ricardo foi o mais influente teórico clássico do comércio internacional e se concentrou na comparação dos custos dos produtos dentro dos países e entre eles. É dele o famoso exemplo elaborado com base nas relações econômicas anglo-portuguesas. A tese de Ricardo tem início em um mundo sem comércio. Se a Inglaterra produz tecidos de forma mais eficiente que vinho, o tecido inglês será barato em relação ao vinho do país. Se Portugal produz vinho de forma mais eficiente que tecido, então o vinho português será barato em relação ao tecido português. Se os dois países se abrirem ao comércio, eles comprariam no exterior o que lá é mais barato: os ingleses comprariam o vinho de Portugal e os portugueses adquiririam os tecidos da Inglaterra. Ricardo acrescentou que a Inglaterra deveria comprar todo o vinho que consumisse de Portugal, que por sua vez deveria adquirir todo o seu tecido da Inglaterra. Dessa forma, cada país poderia se concentrar naquilo que poderia produzir mais barato.

Essa vantagem comparativa ricardiana pressupõe que os países devem produzir aquilo que melhor sabem – não em comparação com outros países, mas o que fazem de melhor em relação a outras atividades que desempenham. Mesmo que a produção tanto de vinho quanto de tecidos da Inglaterra fosse melhor que a de Portugal, o país deveria continuar produzindo apenas tecidos e comprando todo o seu vinho de Portugal. A comparação contida no termo refere-se às atividades desempenhadas dentro de uma nação (agricultura inglesa e manufatura inglesa), e não entre as nações (agricultura inglesa e agricultura portuguesa).

A teoria das vantagens comparativas aplica os princípios da especialização aos países. Assim como as pessoas, as nações devem se concentrar naquilo que fazem melhor, independente do quão bem os outros realizem a mesma atividade. Dizer que um indivíduo deve se especializar no que faz melhor não diz nada sobre como as habilidades desse indivíduo se comparam com as aptidões de outros. Um excelente *chef* que também lava bem a louça deve continuar contratando alguém para lavar os pratos, mesmo que seja alguém medíocre, já que o tempo do cozinheiro é melhor gasto no fogão do que na pia. Um carpinteiro experiente deve contratar um trabalhador menos especializado para cortar e lixar a madeira, mesmo que o próprio carpinteiro desempenhe essas atividades melhor. O mesmo se aplica às regiões: se as terras do Iowa são melhores para o cultivo de milho do que para a criação de gado leiteiro, então os trabalhadores rurais do Iowa devem se especializar em produzir milho e os de Wisconsin, laticínios. Da mesma forma, as nações ganham mais ao exportar o que produzem de forma mais eficiente e importar os melhores produtos dos outros países.

O princípio da vantagem comparativa tem claras implicações no livre comércio. Uma vez que um país sempre se beneficia ao seguir as suas vantagens comparativas, e as barreiras comerciais impedem que ele seja capaz de fazê-lo, a proteção comercial nunca é benéfica à economia como um todo. Políticas governamentais que evitam a importação simplesmente forçam os países a produzir mercadorias fora de suas vantagens comparativas. Proteção comercial aumenta o preço das importações e diminui a eficiência da produção doméstica.

A economia política clássica aboliu o pensamento mercantilista anterior. Os mercantilistas desejavam restringir as importações e encorajar as exportações para estimular a economia nacional. Os economistas clássicos pensavam de outra forma: importações são os lucros do comércio ao passo que exportações são os custos. Importar permitia que as nações concentrassem sua energia produtiva, gerando o que elas sabiam fazer melhor. Há um claro paralelo entre essa teoria e o funcionamento de uma pequena propriedade rural. A família "exporta" (vende seus produtos) para poder "importar" (adquirir os bens e serviços de que precisa). Uma propriedade familiar que deseja maximizar as importações precisa, portanto, ganhar mais; e a melhor forma de aumentar os ganhos é por meio da produção daquilo que lhe é mais eficiente. Os economistas clássicos mostraram que da mesma forma que os agricultores, os trabalhadores e as firmas ganham ao se especializarem e ao comercializarem o máximo possível, o que também se aplica aos países. O livre comércio leva um país a seguir suas vantagens comparativas, o que é a melhor política possível – mesmo se adotada unilateralmente.

Na década de 1850, a Grã-Bretanha, o berço da teoria econômica clássica, já havia abraçado com entusiasmo o padrão ouro e o comércio, a movimentação de capitais e a imigração sem barreiras. O resto do mundo fez o mesmo nos 60 anos seguintes com graus variados de entusiasmo. A economia política clássica venceu na esfera intelectual.

No entanto, as idéias clássicas sozinhas não foram a causa da era de abertura econômica global. Sobretudo, os argumentos contra a intervenção governamental no comércio e investimentos além-fronteiras são muito antigos. Adam Smith destruiu o pensamento mercantilista em 1776; David Ricardo, junto com James Mill e Robert Torrens, formulou toda a teoria das vantagens comparativas antes de 1820.[3] Mesmo assim, apenas em 1846 o Parlamento britânico aboliu as principais tarifas agrícolas do país, as Corn Laws. Outros países fizeram o mesmo, mas apenas de forma parcial e gradual. O período glorioso do livre comércio europeu veio cem anos após Smith ter demonstrado o quão desejável seria essa atividade.

Na verdade, os países não seguiam os princípios econômicos clássicos de forma estrita, e os argumentos intelectuais mais fortes eram os menos obedecidos. O caso da teoria do livre comércio foi o mais predominante, mas, de fato, apenas a Grã-Bretanha e os Países Baixos praticavam o livre comércio; todos os outros governos eram protecionistas, em maior ou menor grau.[4] Quase todos os países, por outro lado, acataram o padrão ouro ou aspiravam fazê-lo, apesar da fraqueza da base teórica do argumento em prol do sistema. Com efeito, muitos economistas clássicos se referiam ao compromisso com o ouro como algo que ia pouco além de um fetiche por metais preciosos.

O poder teórico das idéias clássicas não garantiu a adoção de políticas clássicas. Além disso, apesar do triunfo de tais teorias, as políticas da Era de Ouro não perduraram. Após esse momento seguiu-se um período de 30 anos sem que os governos retomassem os níveis anteriores de integração econômica.

Governos e cidadãos não poderiam ter optado pela abertura apenas por acreditarem na superioridade e no poder intelectual de sua base teórica, a menos que essa opção tivesse sido causada por um quadro de amnésia coletiva. A teoria econômica clássica, assim como a neoclássica que passou a vigorar após esse momento e continua até os dias de hoje, fornece argumentos poderosos contra as restrições à livre movimentação de capital, produtos e pessoas. Países seguiram, e continuam a seguir, esses princípios em graus bastante diversos, e a orientação geral do mundo em relação à integração econômica tem variado tremendamente. Havia algo além de idéias operando.

Nathan Mayer Rothschild, 1840-1915

Os poderosos defendiam seus interesses conduzindo, de país a país, a abertura da economia mundial. Nathan Mayer Rothschild foi uma figura política e economicamente central para a Era de Ouro.[5] Sua vida acompanhou o período: nascido em 1840, a poucos anos da abolição das Corn Laws, ele morreu em 1915, quando a economia global se desintegrava sob o peso da Primeira Guerra Mundial.

Mayer Amschel Rothschild criou a Casa Rothschild em Frankfurt no fim do século XVIII. Mandou, então, seus cinco filhos para outras capitais européias; logo o banco estaria estabelecido em Viena, Nápoles, Paris e Londres. Assim como ocorrera com muitos outros empresários judeus desse período, a combinação de experiência financeira e comercial precoce com conexões familiares por toda a Europa proporcionou aos Rothschild uma boa posição. Nathan Mayer, o terceiro filho de Amschel, dirigia o escritório de Londres. Durante as Guerras Napoleônicas, como muitos outros banqueiros londrinos, Rothschild fornecia serviços financeiros à Coroa britânica, emprestando dinheiro e transferindo o pagamento dos soldados para o continente. Na época da batalha de Waterloo, Nathan Mayer estava tão preocupado com as implicações financeiras do conflito, que montou uma equipe particular de mensageiros para ser informado das últimas notícias da guerra. A equipe do banqueiro cobria os 330 quilômetros de Bruxelas a Londres em uma velocidade sem precedentes, e em 24 horas trazia as notícias para Rothschild – tão rápido que o governo costumava não acreditar nele quando as notícias eram passadas na manhã seguinte.

Sua façanha durante as Guerras Napoleônicas ajudou a confirmar a liderança de Rothschild na cidade de Londres. Lionel, o filho mais velho de Nathan Mayer, continuou a traçar o caminho da firma rumo ao centro da política internacional e financeira de Londres. O filho dele também foi chamado de Nathan Mayer e quando o segundo Nathan Meyer (apelidado de Natty) assumiu a firma em 1879, o nome Rothschild era sinônimo de riqueza, conexões globais e influência diplomática. A firma tinha representação em todas as capitais financeiras e movimentava fundos de maneira tão rápida que os governos não podiam perder a oportunidade de ter o apoio dessa poderosa família.

Os Rothschild se tornaram o protótipo do banqueiro internacional judeu bem-sucedido. Os Hapsburgo da Áustria elevaram a família à nobreza com o titulo de barões. Em 1858, Lionel, o pai de Nathan, foi o primeiro judeu a se tornar membro do Parlamento britânico. No ano seguinte, Nathan foi um dos primeiros judeus a ingressar na Universidade de Cambridge, e em 1885 ele se tornou o primeiro nobre judeu da história britânica. Apesar de ofensivos ataques anti-semitas, Lord Nathan Mayer Rothschild era um membro poderoso da comunidade financeira mundial e da cidade de Londres, e estava envolvido de forma apaixonada com a política. Laços familiares, especialmente do proeminente lado francês e, de forma mais ampla, da rede financeira internacional, tornaram a influência de Rothschild poderosa em todo o continente.

Nathan Rothschild usou sua posição para reforçar os três principais pilares da economia internacional da Era de Ouro: finanças internacionais (sua própria empresa), o padrão ouro e o livre comércio. As atividades bancárias de Nathan eram, em particular, intimamente ligadas ao padrão ouro. Assim como outros banqueiros internacionais, ele considerava o padrão ouro como central para o capitalismo global. Investidores internacionais emprestavam dinheiro aos países que haviam adotado o sistema do ouro, negavam o empréstimo àqueles que o recusaram, e utilizavam sua influência financeira e política para encorajar os Estados a aderirem ao metal.

Os Rothschild prestavam uma atenção especial nos Estados Unidos, o país que mais tomava empréstimos no século XIX e início do XX. Na década de 1830, à medida que a importância econômica dos Estados Unidos crescia, os Rothschild mandaram um empregado de Frankfurt para o outro lado do Atlântico. Ao chegar aos Estados Unidos, August Schönberg, mudou seu nome do alemão/ídiche "bela montanha" para o francês "Belmont". Para o desgosto de seus patrões, August Belmont também se converteu ao cristianismo. Ele se tornou bastante influente nos ciclos econômicos, políticos e sociais, e se casou com a filha do comodoro Mathew Perry, que muitos afirmam ter "aberto" a economia japonesa após uma visita ao país em 1854. Na década de 1860, Belmont já era um dos principais empresários da nação. Em grande parte, devido à sua ligação com os Rothschild.

De forma insistente, os Rothschild e seu agente August Belmont apoiaram a abertura da economia norte-americana ao resto do mundo. Gastaram muita energia tentando influenciar o debate sobre o ouro nos Estados Unidos. O padrão ouro era crucial para a segurança dos investimentos internacionais da família. No entanto, durante a Guerra Civil, os Estados Unidos abandonaram o ouro e permaneceram com o papel-moeda verde até mesmo depois da guerra. Muitos dos líderes políticos e empresariais acreditavam que o ouro não se adequava às necessidades de uma economia que crescia rapidamente. Em meados da década de 1870, Belmont e os Rothschild pressionaram os Estados Unidos vigorosamente para convencer o país a participar do clube do padrão ouro. A medida foi controversa e o Congresso derrotou muitas das tentativas de levar o país ao ouro. Mas Belmont argumentou que "a política financeira assim como o amor pelo nome do nosso país pareciam" exigir que a administração do presidente Ulysses Grant demonstrasse "uma hostilidade inflexível ao frenesi cego e desonesto que tomara conta do Congresso".[6] Grant terminou por concordar com a adoção do padrão ouro e sua vontade prevaleceu em detrimento à de um Congresso em fim de mandato. Quando chegou o momento, Belmont e os Rothschild forneceram mais da metade do dinheiro que o governo necessitava para acumular reservas suficientes para fixar o dólar no ouro.

O compromisso norte-americano com o ouro, contudo, permaneceu fraco e foi novamente desafiado pelas críticas populistas da década de 1890. Após 1893, enquanto o movimento contra o ouro assolava o país, os investidores estrangeiros começaram a vender dólares para se protegerem da ameaça de desvalorização. As reservas de ouro do governo norte-americano estavam se esvaziando e, em fevereiro de 1895, Washington mais uma vez recorreu a Nathan Rothschild e seus representantes nos Estados Unidos, agora August Belmont, Jr. Belmont e J.P. Morgan, um financista norte-americano em ascensão, que formaram um sindicato a fim de suprir o Tesouro com todo o ouro necessário para os 18 meses seguintes, até as eleições presidenciais. Quando os opositores ao padrão ouro foram derrotados em 1896, o metal se estabilizou, mas a moeda norte-americana certamente não teria sido protegida sem a ajuda dos Rothschild.

Em outros lugares do Novo Mundo, Nathan Rothschild também defendeu e financiou a abertura econômica. Por muito tempo, a família foi credora oficial do Brasil e também exercia grande influência no Chile. Na Argentina, seus concorrentes do Baring Brothers predominavam no início, mas essa competição não enfraqueceu o compromisso dos Rothschild com a estabilidade financeira internacional. Em 1890, quando o calote argentino levou o Baring Brothers à falência, trazendo a ameaça de um amplo pânico financeiro, Nathan Rothschild interveio. Mesmo considerando a falência resultado da imprudência do próprio Baring Brothers, ele liderou, energicamente, outros bancos privados e o governo britânico em amplos esforços de resgate. Rothschild afirmou que sem tais medidas, "muitos outros grandes bancos londrinos também teriam falido".[7] Dessa forma, o Baring estava fora de perigo e a crise foi resolvida. Rothschild mediou o comitê que supervisionou as renegociações da dívida argentina e a volta do país aos mercados financeiros de Londres alguns anos mais tarde.

A séria crise de 1907 demonstrou como os Rothschild podiam utilizar seus recursos financeiros e contatos internacionais para encorajar a cooperação entre as principais potências econômicas. A crise se iniciou como um pânico financeiro nos Estados Unidos, mas rapidamente se transformou em uma desconfiança generalizada. A corrida norte-americana aos bancos assustou os investidores de todo o mundo. O correspondente em Berlim da *Economist* escreveu:

> Os preços flutuam, para cima e para baixo, sob a maldição dos telegramas norte-americanos, e quando outras influências entram em cena para de alguma forma elevarem os preços, elas são logo obliteradas por novas preocupações com a situação nos Estados Unidos.[8]

Nathan Mayer Rothschild acertara em culpar a política norte-americana pela crise, mas à medida que a questão se aprofundava, isso se tornava irrelevante. Rothschild, que era o presidente* do Banco da Inglaterra, acreditava que as autoridades deveriam cooperar a fim de acalmar os mercados. Ele lembrou a seus primos franceses "o quão íntimas e necessárias eram as ligações entre os países". Era crucial assegurar que o "Banco da França e outros [agissem] de forma generosa nestas ocasiões". Rothschild persuadiu seus companheiros, dos quais um fazia parte da diretoria do Banco da França, a estimular seus governos a se unirem ao Banco da Inglaterra para resolver a crise. O Banco da França, de fato, emprestou dezenas de milhões de francos ao Banco da Inglaterra para ajudá-lo a contornar a turbulência financeira, assim como o fizeram as autoridades alemães. A rede de interesses econômicos dos Rothschild ajudou a garantir os esforços multinacionais, organizados pelos formuladores de políticas, para estabilizar os mercados financeiros e manter o padrão ouro.[9]

É evidente que os Rothschild eram fervorosos defensores do comércio mundial. Do outro lado do Canal da Mancha, Alphonse, o cunhado de Nathan, estava preocupado com a França, achando que o país "morreria sufocado pelo protecionismo" e afirmou aos cada vez mais poderosos políticos socialistas que "o melhor do socialismo é a livre troca da produção internacional".[10] Até o fim da vida de Nathan Rothschild, sua ortodoxia em relação ao livre comércio se suavizaria um pouco, não por qualquer adesão à causa protecionis-

* No original: *governor*. O *governor* do Banco da Inglaterra – o Banco Central inglês – é a posição mais alta na instituição. (N.E.)

ta, mas sim devido aos meandros das políticas do Partido Conservador. Até o início do século XX, muitos dos industriais membros do Partido Conservador se tornariam favoráveis à concessão de algum tipo de preferência comercial ao Império colonial da Grã-Bretanha. O plano para a preferência imperial foi liderado pelo prefeito de Birmingham, Joseph Chamberlain, um ex-fabricante de parafusos e poderoso líder do Partido Conservador. Como conservador convicto, Rothschild tinha grande interesse em manter a unidade do partido e lutou para que este adotasse alguns dos programas de Chamberlain. Não obstante, o compromisso de Rothschild com a integração econômica perdurou até o fim de sua vida.

Rothschild trabalhou de forma incansável na Europa e no Novo Mundo para manter o mercado financeiro global acessível e estável. Ele também financiou empreitadas ambiciosas no sul da África, a fim de atrair novos investimentos para o mercado mundial. Há tempos os Rothschild se interessavam pela riqueza mineral da região. De fato, o interesse deles em metais preciosos ia muito além do apoio ao padrão ouro. Os Rothschild da Inglaterra e da França investiam pesado na prata e no mercúrio da Espanha, nos rubis de Burma (hoje Mianmar), no ouro da Venezuela, no níquel da Austrália e de Nova Caledônia, no cobre do México e de Montana e no petróleo da Rússia. No entanto, o subsolo mais lucrativo de todos parecia estar na África do Sul.

À medida que o preço do ouro aumentou em relação aos outros bens durante a Grande Depressão de 1873-1896, exploradores de todos os lugares buscaram novas minas. Nenhuma descoberta fora tão importante como a de Witwatersrand, na África do Sul, que viria a se tornar a região de maior produção de ouro do mundo. As descobertas em Rand, como a região era chamada, e o desenvolvimento de novas tecnologias para extração em terras profundas tornaram a África do Sul a maior produtora mundial de ouro. Nathan Mayer Rothschild e seus parceiros começaram a participar da extração desde o início da descoberta, por meio de sua empresa de exploração. Quase ao mesmo tempo em que acumulavam lucros nos campos de ouro sul-africanos, os Rothschild ganhavam terreno nas lucrativas minas de diamante da região.[11]

O filho de Nathan Rothschild se uniu a Cecil Rhodes, um dos mais ricos magnatas da mineração de diamantes da região. Juntos, os dois controlavam 98% da produção de diamantes da África do Sul por meio de sua empresa, a De Beers Mining Company. Rothschild se vangloriava de que a história do esforço deles em conjunto com a De Beers era "simplesmente um conto de fadas" e se maravilhava por ter alcançado "praticamente o monopólio na produção de diamantes".[12] Rhodes tinha ambições maiores. Economicamente, ele cobiçava uma porção maior dos campos de ouro da área. Politicamente, Rhodes, o primeiro-ministro da Colônia do Cabo após 1890, queria trazer as áreas ricas em ouro da África do Sul para o controle britânico. Os obstáculos dele eram os governos do Estado Livre de Orange e Transvaal (na parte norte do que hoje em dia é a África do Sul), duas repúblicas independentes governadas pelos africâneres, descendentes dos colonizadores holandeses, os quais eram hostis ou indiferentes aos interesses dos mineradores, tanto britânicos quanto de outras nacionalidades.

Nathan Mayer e os outros Rothschild se encontravam em uma situação difícil no sul da África. Por um lado, tinham interesses substanciais nas minas de ouro do Transvaal, uma área controlada pelos africâneres, e desejavam manter relações cordiais com o governo local. Por outro lado, eles teriam preferido um governo mais amigável – até mesmo uma extensão da britânica Colônia do Cabo ao sul – no controle da sua lucrativa propriedade. Para que a situação ficasse ainda mais complexa, Rothschild tinha ligações estreitas com Cecil Rhodes, o qual tinha planos definidos para as duas repúblicas africâneres. Assim como os Rothschild, o Ministério das Relações Exteriores britânico era forçado a uma combinação de ameaças aos africâneres e esforços para acalmá-los.

Rothschild e os outros investidores prefeririam uma solução corporativa, mas o conflito de interesses e pessoas em questão fez com que isso fosse impossível. Os mineradores britânicos e outros colonos invadiram o Transvaal e o governo africâner se viu cercado por estrangeiros hostis. Rhodes, governando a contígua colônia britânica, lutava por seus sonhos imperiais fomentando o conflito com os africâneres. Nos lívidos dias de 1895, L. Starr Jameson, sócio de Rhodes, liderou um pequeno grupo de homens armados para depor o governo do Transvaal. O ataque foi um fracasso vergonhoso e Rhodes foi obrigado a renunciar, mas pôs africâneres e britânicos em uma rota de colisão que culminou na Guerra dos Bôeres, em 1899. Em 1902, meio milhão de soldados britânicos já haviam forçado toda a África do Sul a se submeter ao controle do Império, mas a um custo alto. A guerra foi difícil e longa. O fato de os britânicos terem maltratado os civis africâneres gerou comoção mundial, e a colonização que se seguiu deixou o governo da União da África do Sul sob o controle efetivo da comunidade africâner do país.

Cecil Rhodes e Nathan Mayer Rothschild não realizaram todos os seus sonhos em relação à África do Sul. Rhodes morreu antes do fim da Guerra dos Boêres, e seus planos para a construção de uma estrada de ferro ligando a Cidade do Cabo ao Cairo permaneceu na fantasia. A África do Sul pertencia agora à Grã-Bretanha, mas os africâneres, inimigos de Rhodes, controlavam o governo. Rothschild esteve perto de ser bem-sucedido mantendo intactos os interesses da família em relação ao ouro e aos diamantes. Mas as conseqüências políticas da guerra foram sérias. Rothschild escreveu a Rhodes:

> A comoção neste país [está] altamente presente no momento em relação a tudo ligado à guerra, e há uma considerável inclinação, nos dois lados da dinastia, a jogar a culpa pelo que tem acontecido nos ombros dos capitalistas e dos interessados na mineração sul-africana.[13]

O descontentamento popular com a Guerra dos Boêres, o envolvimento de Joseph Chamberlain como Ministro das Colônias e as insinuações de uma conexão entre a empreitada militar e os ganhos financeiros ajudou a condenar o Partido Conservador de Nathan Rothschild a uma celebrada derrota nas eleições gerais de 1906.

Uma empresa e uma família tão envolvidas na política e na economia globais não podiam ignorar que derrotas viriam. No entanto, os Rothschild foram extraordinariamente longe. Essa foi a primeira família de capital internacional, e Nathan Mayer Rothschild foi, indiscutivelmente, o indivíduo mais poderoso do mundo por várias décadas. Os Rothschild usaram a fortuna e influência política para apoiar a integração econômica global e extraíram enormes benefícios financeiros da vitória mundial pela abertura econômica. O comércio internacional, o padrão ouro e os investimentos internacionais foram se fortalecendo pouco a pouco, bem como os Rothschild.

Os partidários do livre comércio

Assim como os Rothschild, um poderoso emaranhado de interesses se beneficiou das relações econômicas internacionais e lutou por mais liberdade no comércio mundial. Até mesmo David Ricardo, o grande teórico do argumento das vantagens comparativas para o livre comércio, era um ativista político que debatia as medidas econômicas britânicas. Com efeito, Ricardo vinha da comunidade financeira, um dos mais importantes grupos pelo livre comércio do Reino Unido. Banqueiros e investidores internacionais queriam que seus países se abrissem às importações, permitindo aos devedores ganhar dinheiro para pagar suas dívidas.

Os produtores para a exportação constituíam outro influente grupo favorável à integração global. Eles apoiavam a liberalização do comércio, o que disponibilizava insumos mais baratos para a produção. Tal fato diminuiria os gastos dos produtores e os tornaria mais aptos a competir nos mercados mundiais. Isso se aplicava a qualquer exportação, fosse ela o algodão cru da Lousiana ou os tecidos feitos de algodão de Lancashire. Os fazendeiros que exportavam queriam ser capazes de importar equipamentos, maquinário e fertilizantes baratos, assim como os fabricantes que vendiam para o exterior queriam poder importar algodão barato. Barreiras protecionistas impostas aos seus insumos apenas prejudicavam a competitividade das empresas ou fazendas que lutavam pelos mercados mundiais. Os exportadores também abominavam a proteção porque barreiras ao comércio eram um convite a represálias, o que os expunha ao risco de serem retirados dos mercados.

Os partidários do livre comércio eram grupos tipicamente ligados a atividades econômicas semelhantes às vantagens comparativas de seus países. Banqueiros de Londres, fabricantes alemães, criadores de gado argentinos e seringueiros indochineses se especializavam naquilo que de melhor ofereciam suas respectivas regiões, e compartilhavam do interesse por uma ordem econômica que recompensasse quem se concentrasse nas vantagens comparativas de suas nações. Os consumidores também se beneficiavam de um comércio mais livre que reduzisse o custo de vida, mas eles eram pouco organizados e mal representados. Foram, basicamente, os grupos poderosos a favor do livre comércio os que efetivaram a luta para manter as tarifas baixas antes da Primeira Guerra Mundial.

Havia, contudo, quem desafiasse os defensores políticos e intelectuais do livre comércio. Mesmo aqueles que acreditavam na teoria de que o livre comércio é uma boa idéia para a economia como um todo poderiam ter opiniões completamente diferentes quanto ao seu valor para eles mesmos. Vantagens comparativas lidam com o bem-estar social agregado, os benefícios em rede para a sociedade como um todo. Isso diz respeito ao bem-estar da sociedade em geral, considerando mais eficiência como um ponto positivo e a ineficiência como um ponto negativo. Mas os benefícios do acesso a novos mercados podem melhorar a situação de um segmento da sociedade, enquanto os custos de enfrentar a competição estrangeira podem afetar outro. O benefício em rede contabiliza os pontos positivos e os negativos. Economistas clássicos argumentavam que a maior eficiência trazida pelo livre comércio poderia ser distribuída de forma a recompensar aqueles do lado perdedor, gerando mais ganhos para todos. No entanto, tirar dos vencedores para dar aos perdedores nem sempre é algo viável do ponto de vista político.

O apelo econômico da abertura pode ser claro em termos de idéia e resultado agregado, mas os governos precisam responder aos eleitores, os quais provavelmente não estariam dispostos a sacrificar suas regiões, classes, empresas ou fazendas em nome de um crescimento econômico nacional a longo prazo. Os efeitos agregados do livre comércio podem ser positivos, mas seu impacto *distributivo* separa grupos e pessoas em vencedores e perdedores. A liberalização do comércio redistribui a riqueza e a renda ajudando os produtores mais eficientes, mas prejudicando os menos competitivos.

Os fazendeiros dos países industrializados e os industriais das nações agrícolas queriam proteção. Esses dois grupos amplos eram um exemplo dos que desempenhavam atividades econômicas que não eram condizentes com a vantagem comparativa de seus países. Produtores agrícolas relativamente pouco eficientes, especialmente na Europa, sofriam à custa dos produtos do Novo Mundo, da Rússia e de seus antípodas. Autorizar a importação de trigo na Europa em 1900 certamente teria tornado economias mais eficientes, forçando as fazendas pouco produtivas a fechar ou se adequar. Tal medida estaria de acordo com os interesses dos exportadores industriais da região, evitaria retaliações e permitiria o acesso a recursos baratos. Isso seria importante para os banqueiros internacionais da Europa, pois estes queriam que os norte-americanos e russos exportassem para diminuir as dívidas. O livre comércio de grãos teria reduzido o preço dos alimentos, motivo pelo qual muitos movimentos trabalhistas socialistas e diversos empregadores nas áreas urbanas eram a favor da liberalização do comércio dos produtos agrícolas. Grãos mais baratos, no entanto, teriam exacerbado as más condições agrícolas e arrasado milhões de fazendeiros europeus e suas comunidades coesas. Considerando-se todos os fatores, os produtores agrícolas europeus preferiam ver menos grãos importados e mais banqueiros arruinados.

Os empresários da manufatura de nações em estágios iniciais de industrialização formavam o segundo maior grupo protecionista. Especialmente nos países de desenvolvimento tardio, os donos dessas fábricas acreditavam que apenas prosperariam se fossem protegidos das potências industriais já estabelecidas, principalmente da Grã-Bretanha. Esse apelo à proteção das indústrias nascentes – tarifas de importação a produtos de setores fabris em estágio embrionário até que estes se tornassem grandes e fortes o suficiente para competir – foi ouvido em quase todos os lugares, até mesmo em países relativamente ricos. Indústrias demandavam barreiras comerciais de forma mais exaltada nos países onde a produção industrial lutava para se estabelecer, como no Novo Mundo, nas áreas de colonização recente e nos países mais atrasados do sul e do leste da Europa. Todas essas nações argumentavam com veemência que a indústria nacional cresceria devagar se precisasse competir, sobretudo, com os britânicos e alemães.

Os protecionistas foram bem-sucedidos em muitos aspectos. A proteção concedida aos que permaneciam distantes das vantagens comparativas dependia do cenário político. A batalha foi travada entre interesses poderosos específicos, pois os consumidores das classes média e trabalhadora eram pouco representados em qualquer parte, mesmo onde tinham (pelos menos os homens) o poder do voto. Conglomerados de bancos e indústrias e grandes fazendeiros tendiam a ser mais bem representados nos debates e costumavam conseguir o que queriam, seja proteção ou livre comércio, dependendo do país e das circunstâncias.[14]

Às vésperas da Primeira Guerra Mundial, o Império Austro-Húngaro, a França, a Alemanha, a Itália e outros produtores pouco eficientes de grãos contavam com tarifas de cerca de 40% sobre o trigo. Os governos também concederam alguma proteção aos industriais, até mesmo na França e na Alemanha – ainda que fosse apenas uma parte do que foi concedido aos trabalhadores agrícolas. De fato, os países da Europa ocidental eram apenas medianamente protecionistas; por exemplo, em 1913, as grandes economias do continente tinham tarifas médias que iam de 12% a 18%.

Fora da Europa, o protecionismo se espalhava. As tarifas sobre as importações de manufaturados em países como Brasil, México e Rússia eram duas ou três vezes mais altas do que as da Europa continental. O protecionismo comercial nos Estados Unidos e em outras áreas de colonização européia recente – Oceania, Canadá e diversas partes da América Latina – também tendia a ser bastante amplo. As tarifas ainda aumentaram em quase todos os lugares nas décadas que precederam 1914.[15]

O país mais populoso do mundo optou por não seguir completamente a integração econômica internacional. Os líderes imperiais chineses temiam que os efeitos desordenados da economia mundial atingissem a sociedade e afetassem o lugar que nela ocupavam, e tentaram controlar, com cuidado, as atividades dos comerciantes e investidores internacionais. Na virada do século, cada vez mais chineses, especialmente aqueles que tinham algum contato com as oportunidades da economia global e queriam mais, questionavam o isolamento do sistema imperial. No entanto, apenas muito perto da Primeira Guerra Mundial – com a eclosão da revolução nacionalista de 1911 – é que houve alguma possibilidade real de a nação rumar para a integração econômica.

A maior democracia do mundo não era um modelo de globalização. A formulação de políticas nos Estados Unidos era dominada pelos protecionistas. A visão deles não era extremada. Eles estavam contentes pelo fato de os produtores agrícolas e os mineradores norte-americanos venderem o que pudessem no exterior, e pelos estrangeiros investirem o que quisessem nos Estados Unidos, mas insistiam em reservar a maior parte do mercado nacional de manufaturados para eles mesmos. A opção pelo fechamento não seguiu livre de desafios. Os agroexportadores de algodão e tabaco do sul e os banqueiros anglófilos do nordeste resistiram ao protecionismo dos industrialistas, da mesma forma que o Partido Democrata. Mas, como ocorreu na China, apenas após a eleição de 1912, que levou Woodrow Wilson à Presidência, é que os democratas prevaleceram.

Apesar de algumas exceções, a Era de Ouro foi caracterizada por uma liberalização sem precedentes. Grupos importantes dos países tinham ligações mais livres do que em qualquer época, antes ou depois daquele momento. Esse grupo de países incluía os bastiões tradicionais do livre comércio: a Grã-Bretanha, a Holanda e a Bélgica. As nações industriais menores tendiam a evitar o protecionismo comercial, uma vez que os benefícios do livre comércio eram maiores para os países com um mercado nacional limitado.

Os países em desenvolvimento mais pobres também rumavam em direção ao livre comércio. Alguns deles eram incapazes de resistir à pressão das potências, tanto das européias como as de outras regiões, para que abrissem os seus mercados. Na realidade, muitas nações extremamente pobres quase não tinham o que proteger; produziam matérias-primas e bens agrícolas para exportação e fabricavam poucos, ou nenhum, manufaturados. A Pérsia e o Sião,* por exemplo, eram quase tão abertos ao comércio quanto a Grã-Bretanha ou a Holanda.

Por fim, as colônias não tinham outra escolha que não permitir o livre comércio com a metrópole. As colônias britânicas e holandesas eram forçadas a seguir as diretrizes britânicas ou holandesas por comércio livre. Mas aqui também havia exceções. Os territórios britânicos autogovernados (conhecidos, de forma menos elegante, como os domínios brancos: Canadá, Austrália, Nova Zelândia e África do Sul) usufruíam de uma independência efetiva e determinavam muitas de suas políticas comerciais. A Índia lutou pela autonomia tarifária e, por fim, a conquistou. Em todos esses casos, a opção foi por um protecionismo maior do que teria permitido o livre comércio britânico. As principais potências coloniais, por outro lado, concordaram em liberar o comércio na Bacia do Congo. Ironicamente, a política comercial alemã para as colônias era menos protecionista do que para seu mercado interno. Dificilmente as colônias serviriam como uma propaganda da livre escolha pelo livre comércio, mas muitas delas, no entanto, compartilhavam da tendência global em direção à integração comercial.

O poder político era a chave para o triunfo da abertura econômica. Sem dúvida, a abertura comercial contou com a assistência da solidez intelectual, da estabilidade macroeconômica e dos avanços tecnológicos, mas sua verdadeira fonte fora o poder político daqueles que se beneficiavam dela. Os defensores do livre comércio venceram a batalha política doméstica, permitindo que o intercâmbio comercial internacional crescesse bem mais rápido do que a produção, e cada vez mais países rumavam para a fabricação de bens a serem exportados e para o consumo de importados. Às vésperas da Primeira Guerra Mundial, o comércio internacional era quase duas vezes mais importante para a economia do mundo do que havia sido 14 anos antes.

* Antiga denominação da Tailândia. O nome mudou em 24 de junho de 1939. (N.E.)

Os adeptos dos pilares dourados

Os proponentes do padrão ouro internacional estavam tão ocupados e cheios de compromissos quanto os defensores do livre comércio. A comunidade financeira mundial contava com o sistema monetário internacional vigente para manter próximos credores e tomadores de empréstimos, investidores e seus investimentos, e para salvaguardar os contratos e propriedades além-fronteiras. Ao lado dos poderosos interesses financeiros estavam as empresas que gerenciavam o comércio internacional, os seguros do envio de cargas e outras atividades similares. A maioria dos fabricantes voltados para a exportação também fazia parte do bloco defensor do ouro, já que um sistema estável de pagamentos propiciava um mercado próspero para seus produtos.

Grupos de interesse poderosos fora do centro financeiro europeu também defendiam o padrão ouro a fim de proteger seus objetivos. Tomadores de empréstimos e seus credores dependiam do capital europeu e consideravam o ouro essencial para que o dinheiro continuasse a fluir. Banqueiros norte-americanos, de August Belmont a J.P. Morgan, defendiam o ouro com veemência, uma vez que gerenciavam grande parte dos investimentos europeus nos Estados Unidos. Aqueles em áreas de colonização recente, nas colônias e no mundo em desenvolvimento, que geralmente dependiam do comércio, de pagamentos, do transporte de mercadorias e de outros serviços de ordem internacional para viver, também advogavam pelo padrão ouro.

Os partidários de sistemas financeiros alternativos – principalmente da moeda lastreada na prata ou apenas do papel-moeda – lançavam críticas contínuas ao padrão ouro. Muitos países de peso alternavam a adoção e o abandono do padrão ouro. Apenas após 1896, quando os preços começaram a subir, é que a adesão ao sistema tornou-se praticamente universal. A adoção do ouro gerava custos substanciais. O governo que se comprometesse a fixar sua moeda no ouro não podia utilizar políticas monetárias, como desvalorizar a moeda ou reduzir a taxa de juros, para contornar dificuldades econômicas domésticas. As regras do jogo do padrão ouro – livre conversão da moeda em ouro, permitindo que os salários e preços internos variassem livremente para cima e para baixo de modo a manter o valor em ouro da moeda – exigiam que os governos abdicassem de políticas monetárias pró-ativas, mesmo quando as justificativas para tais políticas fossem de ordem local.

A pressão para o abandono do ouro parecia ser grande, principalmente diante do pânico dos bancos, do desemprego em massa e da turbulência social. Havia uma legião de inimigos da moeda lastreada no ouro, e, em tempos difíceis, esse número aumentava. Os principais adversários do ouro eram os que ganhariam mais com a desvalorização ou com uma flexibilidade monetária maior. Em muitos casos, uma desvalorização aumentaria o preço dos produtos agrícolas e dos minérios, aliviaria o ônus real da dívida e reduziria o desemprego. Mas o ouro tornava a desvalorização algo impossível.

A adoção do ouro facilitava o acesso a mercados, capital e investimentos estrangeiros, mas restringia a habilidade dos governos de reagir a dificuldades econômicas. Era preciso pôr de um lado da balança os benefícios de um câmbio previsível e do acesso ao capital estrangeiro e, do outro, os custos gerados pela abdicação da ferramenta política mais poderosa de que os governos dispunham. Tornava-se difícil a avaliação das vantagens econômicas trazidas pelo padrão ouro diante dos sacrifícios domésticos. Mesmo nos dias de hoje, não é unânime entre os acadêmicos a opinião de que o padrão ouro foi uma boa opção. Defensores e opositores se enfrentavam no campo de batalha político, em um conflito que se tornava ainda mais amargo porque os que mais se beneficiavam do padrão ouro não eram os mesmos que arcavam com os custos gerados pela adesão. Manter os Estados Unidos, a Rússia ou o Brasil sob o padrão ouro significava benefícios para alguns e malefícios para outros, e a polêmica política parecia não ajudar.

Por todo o mundo, os defensores do ouro e os que a ele se opunham travavam a "batalha dos padrões". Geralmente, essa era uma luta dos produtores agrícolas, que desejavam uma moeda desvalorizada, contra os interesses internacionalistas, que por sua vez queriam a estabilidade de uma moeda lastreada no ouro. O resultado dessa briga dependia da força dos interesses e de sua representatividade. Os interesses pró-ouro nos países desenvolvidos eram particularmente importantes devido a uma elite financeira e comercial influente que defendia o metal; e até mesmo nos países democráticos, os produtores agrícolas, mineradores, devedores e trabalhadores não eram páreo para os que respaldavam o ouro. Nos países em desenvolvimento, a situação era diferente. Os proprietários de terras e mineradores dominavam muitas dessas nações oligárquicas, e devido aos interesses dos setores primários – agricultura e matérias-primas – ao longo do período de depressão, a maior parte desses países passou mais tempo fora do que dentro do regime. Os dois lados se enfrentaram de forma violenta nos campos de batalha altamente politizados dos Estados Unidos, país que abrigava de um lado produtores agrícolas e mineradores poderosos e, de outro, uma comunidade financeira igualmente forte – além de uma democracia eleitoral em funcionamento.

Dadas as controvérsias quanto ao comércio e ao padrão ouro, é surpreendente a forma como a economia internacional se manteve tão integrada por tantas décadas até 1914. De modo geral, e impressionante, o comércio mundial se manteve aberto apesar das pressões protecionistas. Isso se aplicava não apenas aos países extremamente pobres e às colônias, mas também a algumas das potências industriais mais poderosas do mundo. E mesmo com as dificuldades impostas pela adesão ao ouro, quase todas as grandes nações permaneceram nesse sistema por décadas, até a Primeira Guerra Mundial.

Redes globais para uma economia global

Conexões econômicas, políticas e sociais poderosas, além das fronteiras e dos oceanos, uniam os defensores da integração da economia global na Era de Ouro. Em muitos países, os partidários do livre comércio e os defensores do padrão ouro se apoiavam e se encorajavam mutuamente. Em termos de políticas comerciais, as importações de um país tinham uma clara relação com as exportações de outro. Os exportadores britânicos de bens industriais queriam o algodão e o cobre sul-americanos, ao passo que os produtores agrícolas e mineradores sul-americanos desejavam o maquinário para agricultura e mineração dos britânicos. O comércio entre britânicos e argentinos, ou chilenos, fazia com que os argentinos, ou chilenos, dessem apoio à entrada de produtos britânicos. A preocupação com as retaliações também unia os defensores do livre comércio da Europa e da América do Sul: os fabricantes europeus tinham esperança de que as políticas comerciais de seus países levassem a uma abertura pelo Atlântico, enquanto os exportadores de produtos agrícolas e de mineração da América do Sul aguardavam uma liberalização comercial de seus produtos que favorecesse os clientes e investidores europeus.

Há tempos que os ativistas pelo livre comércio britânico entenderam a importância das ligações além-fronteiras entre os grupos de interesse. Na década de 1840, ao lutar pela revogação das Corn Laws, os adeptos do livre comércio reconheceram a importância das políticas comerciais para os Estados Unidos, onde conflitos sectários jogaram os exportadores do sul, defensores das trocas comerciais sem barreiras, contra os fabricantes protecionistas do norte. Os britânicos partidários do livre comércio perceberam, por exemplo, que as Corn Laws colocavam os principais estados produtores de grãos do Meio-Oeste dos Estados Unidos nos braços dos protecionistas. Richard Cobden, líder dos livre-comerciantes britânicos, alegou que com o protecionismo "não oferecemos nenhum incentivo para que eles se retirem das cidades – abandonem suas fábricas prematuras – para cavar, arar e lavrar o solo para nós". Um dos aliados de Cobden no Parlamento argumentou: "Transformamos nossos melhores clientes não apenas em rivais comerciais, mas em inimigos comerciais." Durante as discussões na Casa, outro observara:

> Na última eleição, um grande acordo fora firmado em relação às tarifas; e no Congresso, a vasta maioria era a favor de um abrandamento das políticas comerciais.

> Nunca houve um momento em que ficasse tão evidente que se a Inglaterra flexibilizasse suas políticas, se depararia com semelhante flexibilização nos Estados Unidos.[16]

A eventual mudança na política comercial britânica solidificou a aliança transatlântica pelo livre comércio: desde a revogação das Corn Laws até a Guerra Civil, os exportadores norte-americanos de produtos agrícolas se opuseram, verdadeiramente, às barreiras comerciais impostas aos produtos manufaturados britânicos, apesar da objeção das indústrias do norte.

Durante décadas, dezenas de países repetiram esse padrão. Os produtores e credores europeus favoráveis ao livre comércio encontraram aliados entre os que exportavam matérias-primas e solicitavam empréstimos nos países em desenvolvimento. Os industrialistas e investidores britânicos estabeleceram laços econômicos com os produtores agrícolas brasileiros e egípcios, banqueiros norte-americanos e mineradores australianos. Tais laços eram, com freqüência, culturais e sociais, como podia ser demonstrado pela difusão da língua inglesa, do futebol, da política econômica britânica e pelas grandes e influentes comunidades britânicas e anglófilas de Buenos Aires a Xangai. Cada uma das nações que se lançava no comércio mundial logo formava grupos de interesses poderosos, geralmente aliados a grupos influentes no exterior, que faziam pressão para a consolidação da integração comercial. Os cafeicultores da Colômbia, seringueiros do sul da Ásia e produtores de nitrato e cobre do Chile deviam grande parte da influência que exerciam em seus respectivos países a seus contatos rentáveis com os mercados mais importantes do planeta.

A Grã-Bretanha era o centro da rede de livre comércio. O país e seu Império eram responsáveis por cerca de 1/3 de todo o comércio internacional. As políticas britânicas eram comprometidas incessantemente com a integração global. Um décimo do produto interno britânico vinha de investimentos estrangeiros, fretes de carga, seguros ou outros serviços internacionais – e isso nem incluía os ganhos com as exportações.[17] A atividade comercial que não envolvia diretamente a Grã-Bretanha muitas vezes fazia parte de um sistema mais amplo de comércio liderado pelos próprios britânicos, o que reforçava a opção dos parceiros dessa nação pela livre troca de mercadorias. Por exemplo, a Dinamarca exportava laticínios e derivados de porco para o mercado britânico e comprava manufaturados de outros países. No início do século XX, o comércio da Dinamarca com a Alemanha e os Estados Unidos era extremamente desequilibrado: o país importava o triplo do que exportava. Em contrapartida, a Dinamarca compensava essa assimetria por meio de um comércio desequilibrado com a Grã-Bretanha, no qual os dinamarqueses exportavam três vezes mais do que importavam. Esse triângulo comercial compensador dependia de um sistema internacional e generalizado de livre comércio.[18]

O compromisso inabalável dos britânicos com o livre comércio também implicava a adoção de políticas similares na Bélgica, na Holanda e em outras pequenas nações da Europa. Uma Grã-Bretanha defensora do livre comércio também significava que as trocas internacionais sem tarifas eram a base das relações comerciais do maior Império mundial, mesmo que alguns de seus membros se desviassem desse caminho. A Grã-Bretanha da livre troca de mercadorias puxou o Peru, o Japão e o Sião para um sistema interligado de comércio, investimentos, transportes e comunicações.

Talvez o mais importante foi que a disponibilidade imediata do mercado britânico ajudou a solidificar a vocação internacional dos que ali vendiam, comercializavam e faziam empréstimos. Mesmo tendo a Alemanha adotado uma política protecionista, os exportadores e banqueiros do país enriqueceram – e, por fim, tornaram-se mais influentes – por comercializar com a cidade de Londres, ou por intermédio dela. O mesmo se aplicava a credores, exportadores e aqueles que solicitavam empréstimos em todo o mundo. A essência do funcionamento da economia da Grã-Bretanha exigia, ao mesmo tempo que reforçava, o desejo dos britânicos, e de outros, em manter o sistema comercial aberto. Dessa forma, o comércio mundial continuava a crescer, inserindo dezenas de países em uma rede densa que se auto-reforçava. Apesar da tentação do protecionismo e de alguns terem se rendido a ele, de forma geral o comércio mundial estava aberto.

Os defensores do padrão ouro também eram internacionalmente conectados. Os principais banqueiros e financistas das maiores potências econômicas – Grã-Bretanha, França, Alemanha e Holanda, entre outros – mantinham contato freqüente e compartilhavam do interesse pela manutenção da ordem monetária global. Também nos países que solicitavam empréstimos, grupos poderosos, com fortes laços econômicos – donos de plantações na Malaia, empresários do ramo de estradas de ferro no Brasil, mineradores na África do Sul, banqueiros no Peru –, tinham todas as razões para salvaguardar a ordem financeira e monetária que lhes concedeu acesso ao capital da Europa. Todos os que tinham ligações com os investimentos e as finanças internacionais consideravam o padrão ouro essencial para o bom funcionamento do sistema, e partilhavam do compromisso de mantê-lo.

O padrão ouro dependia da cooperação implícita ou explícita entre as principais potências financeiras e monetárias. Em tempos extremamente difíceis, como o pânico econômico de 1907, as autoridades financeiras de Grã-Bretanha, França, Alemanha e, por vezes, de outros países trabalhavam juntas para evitar fissuras sérias no sistema. O padrão ouro também dependia de uma relação forte entre os banqueiros internacionais da Europa e seus clientes nos países em desenvolvimento. Missões rumavam dos principais centros financeiros para Constantinopla e Lima, Rio de Janeiro e Bancoc, com o objetivo de aconselhar os devedores sobre como deveriam gerenciar suas economias. Esse conselho muitas vezes era a adoção do padrão ouro. Quando as dívidas se agravavam, comitês de credores supervisionavam as renegociações, o que em geral incluía programas para a adesão ao padrão ouro.

Além do comércio, uma das principais fontes de energia do padrão ouro era o extraordinário poder da Grã-Bretanha. Ludwig Bamberger, banqueiro e político que ajudou a implantar o padrão ouro na Alemanha, disse certa vez: "Não optamos pelo ouro porque ouro é ouro, mas porque a Grã-Bretanha é a Grã-Bretanha."[19] O ouro melhorou o acesso à rede financeira britânica, e, na virada do século, Londres era responsável por quase metade de todos os investimentos internacionais. A confiança no capital britânico era uma boa razão para que nações em desenvolvimento ao redor do mundo seguissem a liderança inglesa. Já que o Reino Unido tecera uma rede econômica internacional tendo Londres como centro, era natural que os participantes fossem atraídos para um sistema monetário britânico fixado no ouro. Quanto mais países adotassem o ouro, maiores seriam os incentivos para que outros se mantivessem, ou entrassem, no padrão. Para um país, ser um dos muitos a adotar o sistema bimetálico ou o papel-moeda não era muito prejudicial, mas ser o único fora do sistema implicava o risco de rebaixamento à segunda classe da economia global.

Na década de 1890, o comércio, o dinheiro e as finanças internacionais já operavam como um ciclo virtuoso. À medida que o comércio mundial crescia, surgiam mais grupos de exportadores, e as exportações se tornavam mais importantes para eles. Quanto mais importantes se tornavam os mercados externos para os produtores domésticos, mais eles relutavam em aceitar o risco de retaliações gerado pelas tarifas nacionais. Quanto mais ampla e atrativa era a variedade de produtos disponíveis no mercado internacional, mais insistente tornava-se a demanda pelo acesso a tais benefícios do comércio. Esse fato se aplicava até mesmo aos países altamente protecionistas. Com o crescimento das exportações de matérias-primas e de produtos agrícolas dos Estados Unidos, a hostilidade dos fazendeiros e mineradores do sul e do oeste em relação ao protecionismo comercial se tornou mais acirrada e profunda. Possivelmente, muitos fabricantes se beneficiaram do sistema comercial mundial aberto. Entre 1890 e 1910, a participação dos manufaturados norte-americanos, cujas exportações representavam 5% dos ganhos do país, cresceu dramaticamente de 1/4 para 2/3 dessa economia nacional.[20] Em 1910, o país foi pressionado a abolir o quase embargo que impunha às importações de manufaturados. A mudança se refletia na política norte-americana que passou a fortalecer os democratas, que advogavam pelo livre comércio; e até mesmo o discurso dos protecionistas republicanos ganhou um tom mais moderado. Em 1912, quando os democratas conseguiram ocupar a Presidência e dominar o Congresso, a primeira medida foi uma redução dramática nas tarifas norte-americanas. Nos Estados Unidos, assim como em outros lugares, o rápido crescimento do comércio enfraqueceu os protecionistas e fortaleceu os que defendiam as trocas comerciais livres de barreiras.

Um círculo vicioso também operava no padrão ouro. Quanto mais sólido ele se tornava, mais razões para salvaguardá-lo tinham seus defensores. À medida que o sistema internacional financeiro crescia, um número maior de investidores internacionais se arriscava, e eles forneciam uma base mais sólida às políticas governamentais. Sobretudo aqueles que eram contra o sistema do ouro tinham motivos para crer em uma conspiração internacional do metal. Os que acreditavam na ordem monetária dominante tinham muitos interesses em comum e se esforçavam para protegê-los. Já que os opositores ao ouro lutavam, prioritariamente, pela autonomia nacional, e não pela harmonização monetária internacional, o estabelecimento de qualquer tipo de coordenação global nessa direção tornava-se impossível.

A integração econômica global se auto-reforçava. Quanto mais países adotassem o padrão ouro, maiores seriam os níveis de comércio, investimentos, empréstimos e migração no plano internacional. Quanto mais atividade econômica fosse gerada entre as fronteiras, mais forte era o apoio ao padrão ouro como o guardião de um equilíbrio econômico previsível e de um sistema confiável de créditos. Quanto mais amplo e profundo fosse o compromisso com o ouro, melhor se posicionariam aqueles cujo sustento dependia do padrão ouro e seus desdobramentos. E, dessa forma, os pilares da Era de Ouro aumentavam tanto sua extensão quanto sua força. Sua rede de defensores tornava-se mais densa; e sua resolução mais elevada, na medida em que cada vez mais países adotavam o ouro, e o comércio e os investimentos se expandiam.

Migração internacional de indivíduos e capital

Embora o livre comércio e o padrão ouro fossem as características mais óbvias do capitalismo global do período pré-Primeira Guerra Mundial, a movimentação de indivíduos também influenciava a ordem econômica. Não havia, contudo, um sistema ou uma política global que se aplicasse a todos os países, como ocorria em relação ao comércio e ao capital. Em vez disso, pressupunha-se que tais movimentações deveriam ser essencialmente livres, pressuposto este que raramente era questionado e, de forma ainda mais rara, se provava errado.

Tanto os países que enviavam migrantes quanto aqueles que os recebiam tinham pouco interesse em restringir essa movimentação. Os que investiam fora do país ou imigravam certamente o faziam com grandes expectativas. Geralmente estavam certos. A taxa média de lucros gerados pelos investimentos britânicos no exterior era de 70 a 75% maior do que a produzida internamente. Essa diferença era ainda mais acentuada no todo-poderoso setor ferroviário, para o qual se destinava metade de todo o investimento da Grã-Bretanha no exterior. As ferrovias britânicas no exterior arrecadavam cerca de duas vezes mais que as do Reino Unido.[21] Os ganhos com os empreendimentos internacionais eram imensos para os países dos grandes investidores. Na virada do século, a supremacia dos britânicos nos investimentos internacionais dependia substancialmente dos lucros que obtinham no exterior. Com efeito, uma década antes de 1914, a Grã-Bretanha enfrentou um déficit comercial equivalente a 6% do Produto Interno Bruto (PIB) do país, uma quantia considerável que era compensada com alguma folga pelos ganhos líquidos dos investimentos externos de 7% do PIB.[22] Esse fato levou os defensores do sistema, como Winston Churchill, em um discurso proferido durante a campanha eleitoral de 1910, a falar com entusiasmo eloqüente sobre os investimentos internacionais britânicos:

> Os investimentos internacionais e o retorno que proporcionam estimulam o sistema industrial britânico de forma vigorosa ... eles remuneram o capital do país com uma parcela da nova riqueza de todo o mundo, a qual está gradualmente se tornando controlada pela desenvolvimento científico.[23]

Os salários nos países de destino eram, drasticamente, mais altos do que aqueles pagos nos lugares de onde os imigrantes vinham. Em 1910, por exemplo, os salários nos Estados Unidos e no Canadá eram cerca de três vezes mais altos do que na Itália ou na Espanha, ao passo que na Argentina eles eram o dobro. Os salários norte-americanos e canadenses eram cerca de duas vezes mais altos do que os pagos na Irlanda e na Suécia e quase o dobro dos pagos na Grã-Bretanha.[24] Apesar de a vida dos imigrantes não ser fácil, ela seria mesmo assim ainda mais difícil se eles tivessem ficado em seus países. As nações de origem desses imigrantes tinham poucos motivos para se opor à partida deles, já que isso aliviava as pressões econômicas e sociais em lugares superpovoados. A imigração também suscitava a esperança pelas remessas de dinheiro que os imigrantes mandavam para os que haviam sido deixados para trás.

Investidores internacionais, imigrantes e seus países de origem certamente apoiavam a liberdade de movimentação para si e seu dinheiro. Os países nos quais investiam ou se estabeleciam tinham razões para dar-lhes as boas-vindas. Na época, assim como agora, os países recém-desenvolvidos estavam ávidos por dinheiro. Como mostra a comparação entre os salários, estas também eram regiões típicas de escassez de mão-de-obra, onde receber novos trabalhadores motivados seria uma contribuição vital para o desenvolvimento nacional. A avidez por trabalhadores em muitos dos locais de destino dos imigrantes era tão grande que governos subsidiavam esse deslocamento. No Brasil, após a abolição da escravatura, em 1888, os cafeicultores estavam tão desesperados por trabalhadores que convenceram os governos local e nacional a oferecer passagens de graça a europeus que quisessem vir trabalhar no país. Nos 20 anos que se seguiram, cerca de 3 milhões de europeus foram para o sul do Brasil, remodelando a economia e a estrutura social desses lugares.

O entusiasmo com a imigração e os investimentos internacionais não era, contudo, universal. Nos países de onde o dinheiro escoava havia uma certa preocupação de que isso estaria restringindo o fornecimento de fundos para empreendimentos domésticos rentáveis. Mesmo que as análises econômicas feitas posteriormente tendam a ser céticas nessa conta,[25] certamente muitas empresas na Europa se ressentiam dos enormes empréstimos concedidos por financiadores europeus ao czar ou à província de Buenos Aires, enquanto eles não podiam tomar emprestado. Joseph Chamberlain, um dos principais críticos dos investimentos britânicos, bradava contra o que considerava ser o descaso da comunidade londrina partidária do livre comércio e dos investimentos externos para com a indústria:

> A atividade bancária não é a causa de nossa prosperidade, e sim a criação dela; não é a causa de nossa riqueza, e sim a conseqüência dela; e se a força industrial e o desenvolvimento, os quais têm estado em curso neste país por tantos anos, forem deixados para trás ou atenuados, então as finanças e tudo aquilo que elas significam irão seguir o comércio, rumando para os países mais bem-sucedidos que o nosso.[26]

Em algumas partes dos países que solicitavam empréstimos também pairava a preocupação de que a confiança no capital externo fosse malconduzida. Tal sentimento nacionalista era, evidentemente, mais popular quando se tratava do pagamento de empréstimos. As preocupações não eram de todo infundadas. Poucos eram os argumentos que serviam como justificativas aos cidadãos brasileiros ou chineses forçados a reduzir o consumo para pagar dívidas que aumentariam a fortuna de imperadores, empresários favorecidos ou políticos corruptos.

Na maioria dos casos, no entanto, a exportação de capital não era uma questão controversa. Esse capital tendia a rumar dos países que o tinham em abundância para os Estados que o desejavam e podiam pagar por ele. Os principais receptores não eram as regiões paupérrimas da África ou Ásia, mas as de colonização recente européia em rápido desenvolvimento. Em 1914, de fato, 3/4 dos investimentos britânicos estavam no Canadá, Austrália, África do Sul, Índia e Argentina.[27] Nesses países, a maior parte do dinheiro era usada em estradas de ferro, portos, usinas de geração de energia e outros projetos cruciais para o desenvolvimento.

A imigração gerou um descontentamento maior. Os trabalhadores europeus ou asiáticos que iam para Sydney, Toronto ou São Francisco se tornavam competidores diretos da mão-de-obra que já estava lá. Na época, assim como ocorre nos dias de hoje, multidões de trabalhadores não-especializados se agrupavam nas profundezas do mercado de trabalho, desempenhando as tarefas mais pesadas e menos almejadas. Na maioria dos casos, a imigração não significou uma queda nos salários dos trabalhadores especializados, mas certamente reduziu o valor pago aos menos qualificados, aqueles que competiam diretamente com os imigrantes. Um estudo sobre as condições nas cidades norte-americanas na virada do século mostrou que: quanto maior era a população vinda de outros países, menores eram os salários dos trabalhadores. Apesar de os salários dos artesãos não terem sofrido alterações, o impacto causado na mão-de-obra não-qualificada dos Estados Unidos fora significativo. Cada ponto percentual acrescido nas taxas de imigração diminuía os salários dos trabalhadores em 1,6%.[28] Análises mais amplas confirmavam os resultados norte-americanos de que, por razões óbvias, a imigração causava imenso impacto no abastecimento de trabalhadores em muitos dos países receptores. Entre 1870 e 1910, a imigração tornou, no último ano, a força de trabalho argentina 75% maior do que seria se o país não tivesse recebido imigrantes. O Canadá e a Austrália contavam com 1/3 a mais de trabalhadores, e os Estados Unidos com 1/5. Os resultados da crescente oferta de mão-de-obra foram salários notadamente mais baixos do que seriam sem a imigração: 1/3 menores na Argentina, cerca de 1/4 no Canadá e na Austrália e até 1/8 menor nos Estados Unidos.[29]

Os trabalhadores, portanto, tinham motivos para tentar restringir novos fluxos de imigração. Geralmente, os novos imigrantes eram a maior ameaça econômica para quem havia acabado de chegar e agora ocupavam as posições mais baixas na escala social local. Nos Estados Unidos, os irlandeses eram uma ameaça para os italianos, que eram uma ameaça para os judeus, e todos eram uma ameaça para os migrantes internos, os negros vindos do sul do país. Mas, ao passo que os trabalhadores estavam receosos quanto à imigração, os empregadores tinham todos os motivos para desejá-la. Certamente, eles eram os que mais se beneficiavam com os salários baixos, principalmente na indústria, setor que necessitava de trabalho não-qualificado. Os imigrantes correspondiam a 1/5 da força de trabalho masculina dos Estados Unidos, a 2/3 da mão-de-obra da indústria têxtil e a mais da metade dos empregados das fundições de ferro e aço.[30]

O resultado foi um conflito direto de interesses, assim como ocorrera em relação ao comércio e ao padrão ouro. Nos países-destino, a mão-de-obra não-especializada desejava que os novos trabalhadores não-qualificados se mantivessem afastados, ao passo que os empregadores os desejavam. As aparentes diferenças étnicas, religiosas ou raciais entre os grupos exacerbavam ainda mais os conflitos. Os lugares onde o trabalho era uma questão política particularmente forte, em geral, enfrentavam restrições severas à imigração. A Austrália talvez seja o melhor exemplo. No país, a grande quantidade de mão-de-obra concedera aos sindicatos um poder que provavelmente não existia em nenhuma outra parte do mundo, poder esse que era utilizado para impor restrições severas à imigração. Devido às razões econômicas e raciais, o principal alvo eram os imigrantes asiáticos. Eles eram cultural e fisicamente diferentes e, por serem mais pobres que os europeus, geralmente estavam dispostos a trabalhar por menos. O resultado foi uma segregação racial severa – a política da "Austrália branca" – adotada com o Ato de Restrição à Imigração de 1901. Nos Estados Unidos, o sentimento antiimigração concentrava-se no oeste. No país, assim como na Austrália, a mão-de-obra era escassa devido à distância. Nos EUA, conforme ocorrera na Austrália, a escassez de mão-de-obra implicou salários mais altos para os que chegaram primeiro, os quais tentavam limitar a entrada dos demais. O principal alvo era a imigração asiática. Isso resultou em uma série de restrições a imigrantes chineses e japoneses que durou muitas décadas.

Os exemplos de restrições impostas à imigração são muitos. Entretanto, no nível global, eles eram relativamente escassos. Raramente, os trabalhadores possuíam força suficiente para mudar as políticas de imigração, o que ocorreu apenas em alguns países. Em nações como a Argentina e o Brasil, onde a sociedade e o governo eram dominados pelos interesses dos proprietários de terras e industrialistas, que desejavam a maior quantidade possível de imigrantes, os governos eram pró-ativos no estímulo ao abastecimento crescente de trabalhadores. Mesmo em regiões onde algumas restrições foram impostas, como no Canadá e nos Estados Unidos, as fronteiras permaneciam praticamente abertas à maioria dos imigrantes, principalmente os europeus. A imigração, assim como o comércio, os investimentos e o padrão ouro, ajudou a construir uma estrutura mais ampla para a abertura econômica. Muitos dos imigrantes esperavam voltar para casa, de vez ou de passagem, comprar uma propriedade em seus países e enviar dinheiro para os parentes que lá ficaram. Eram gratos às fronteiras abertas e à facilidade com que podiam transferir fundos entre as moedas fixas no ouro. Em contrapartida, contribuíam para a integração econômica ao ajudar no estabelecimento de novas terras e indústrias em locais que, de outra forma, continuariam carentes de mão-de-obra.

Globalização

O capitalismo global do fim do século XIX e início do XX chegou perto do ideal clássico. Todos os elementos que o compunham – imigração, comércio ou investimentos internacionais – gozavam de relativa liberdade e estavam unidos pelo bem estabelecido padrão ouro. Os donos de firmas, minas, fazendas e plantações em todos os continentes produziam para os mercados globais utilizando a mão-de-obra e o capital de todo o globo. Os que prosperavam constituíam uma força poderosa, e em crescimento contínuo, para o avanço da integração econômica. Nessas condições, a economia mundial cresceu mais rapidamente do que nunca. O padrão de vida aumentava à medida que cada país atingia, ou ultrapassava, o nível de desenvolvimento da Grã-Bretanha, a nação-líder em industrialização.

A liberalização do comércio se auto-reforçava, o padrão ouro também, e cada um deles reforçava um ao outro. O padrão ouro tornava o comércio e as finanças internacionais mais atrativas, as quais por sua vez aumentavam o poder de atração do padrão ouro. A abertura econômica global levou a meios de transporte mais rápidos, a um melhor sistema de comunicações, a moedas mais confiáveis, a políticas comerciais mais livres e a uma maior estabilidade política. E todos esses fatores estimulavam uma maior abertura econômica. O ciclo virtuoso ou a espiral de abertura econômica crescente resultante se expandiu a níveis jamais vistos durante o fim do século XIX e início do XX.

O clube de cavalheiros que era o capitalismo global da Era de Ouro foi fundado tendo a Grã-Bretanha e a Europa ocidental como núcleo. Mas o clube também estava aberto ao Novo Mundo e a outras regiões, e na virada do século, os Estados Unidos, a Austrália e a Argentina obtiveram a afiliação. Outras nações que cresciam rápido e se integravam globalmente, como o Brasil e o Japão, também eram membros do clube, apesar de não gozarem do mesmo status que os franceses, britânicos e alemães. Os governos dos países que pertenciam ao clube, fossem eles membros seniores ou juniores, eram altamente conscientes de que precisavam manter um padrão de conduta de acordo com suas obrigações: abertura econômica completa, compromisso com o padrão ouro e uma interferência mínima nos mecanismos de funcionamento dos mercados globais e nacionais. O clube crescia e prosperava, e seus membros tinham poucos motivos para reclamar.

3

Histórias de sucesso da Era de Ouro

A Exposição Internacional de Paris de 1900 foi a maior que o mundo já viu. Essa foi a última de uma série de sete feiras internacionais na França e na Grã-Bretanha que teve início com a exposição de 1851 no Palácio de Cristal. As feiras anteriores mostraram os avanços industriais do passado; a de Paris apontava em direção ao século XX.

Os visitantes da feira de 1900 podiam caminhar do Trocadero à Torre Eiffel, que havia sido erguida para a exposição de 1899. Os portões da feira se abriram para um *mix* internacional:

> Carrilhões flamengos de sinos medievais, cânticos muezins com o tinido de cincerros; as cidades de Nuremberg e Louvain, moradias húngaras, monastérios romenos, palácios javaneses, bangalôs senegaleses e castelos dos Cárpatos formavam uma maravilhosa miscelânea internacional sob o céu cinzento da quaresma.[1]

Os avanços industriais e científicos tomaram conta da exposição. Para um francês, parecia que "o mundo mudava tão depressa que nos deixava tontos ... confusos em meio ao turbilhão do progresso".[2] Os visitantes podiam ver as últimas tecnologias: um telégrafo sem fio; o telescópio mais poderoso do mundo; uma torre de eletricidade. "Eletricidade!", escreveu um entusiasmado visitante:

> Nascidos no paraíso como verdadeiros reis! A eletricidade triunfou na exposição, como a morfina triunfara nos *boudoirs* de 1900. O público ria das palavras – "perigo de morte" – escritas nas torres, pois eles que pensavam que a eletricidade poderia curar todas as doenças, até mesmo a neurose, tão na moda; isso era o progresso,

a poesia tanto dos ricos quanto dos pobres, a fonte de luz, o grande sinal; esmagou o acetileno assim que surgiu ... A eletricidade é acumulada, condensada, transformada, engarrafada, armazenada em filamentos, enrolada em bobinas, depois descarregada na água, em fontes, disposta livremente no topo das casas ou deixada perdida entre as árvores; é o flagelo e a religião de 1900.[3]

Os visitantes podiam chegar ao novo metrô de Paris, circular pelos pavilhões de esteira rolante e andar na primeira escada rolante (apenas para cima) em direção aos surpreendentes novos aparatos.

No pavilhão de ótica, podia-se ver – visão repugnante – uma gota das águas do Sena aumentada 10 mil vezes, e um pouco mais adiante, a apenas um metro de distância, avistava-se a lua. O dr. Doyen, um cirurgião dado à autopromoção, utilizou até mesmo uma invenção nova, um cinematógrafo que o mostrava realizando uma operação ... Em outro ponto, a voz de um fonógrafo estava sincronizada com imagens em movimento.[4]

Um escocês maravilhado com as novas tecnologias e com aqueles que as desenvolveram afirmou:

Os engenheiros e eletricistas em meio a patentes da Siemens ou do Lord Kelvin, os mestres do ferro se aglomerando para comprar a colossal máquina a gás que reutiliza a energia gasta pelos altos-fornos e literalmente acumula a força de milhares de cavalos contra o que tem sido até o momento um poluidor inútil do ar ... a mostra de automóveis, as últimas lentes telefotográficas, as rivais das máquinas de escrever, as macieiras mais bem podadas, os filtros e antissépticos mais recentes.[5]

Em meio a tantos indícios do progresso tecnológico, os 50 milhões de visitantes da feira devem ter percebido outra realidade: a liderança industrial parecia se afastar da Grã-Bretanha e de outros países que também se industrializaram cedo, como a França e a Bélgica. Para um inglês, a exposição fora um presságio da "norte-americanização do mundo". No entanto, de forma geral, a feira foi dominada pela Alemanha, "como se a nação tivesse se tornado a responsável por todo o maquinário da Terra. Insistia na beleza do aço, e a poltrona de Luís XV foi banida. Ela irá esmagar e pulverizar o mundo."[6]

"Ouvi os mais velhos dizendo", escreveu um menino francês: "'Viram os alemães? São incríveis! Eles engarrafam o ar! Fabricam o frio!'" A Alemanha, um país que havia 30 anos era considerado um local atrasado, apenas de agricultores, chocava os visitantes com seu pavilhão:

Sob seu aspecto rústico, suas torres de madeira verdes e amarelas, o palácio do Reich escondia uma verdadeira explosão de método, ciência e trabalho que resultava em um imenso sistema de medidas práticas. A maior instância de envolvimento comercial que o mundo já viu.[7]

O visitante francês foi ainda mais longe:

Nenhuma outra raça, até agora, havia sido bem-sucedida em extrair resultados tão estupendos da terra sem suar a camisa. Veja, me lembro bem da grande impressão que me causaram o enorme dínamo de Hélios de 2 mil cavalos de força, produzido em Colônia e acelerado por turbinas a vapor, os outros tipos de geradores de Berlim e Magdeburgo, e o guindaste que levanta 25 toneladas, dominando a galeria; diante dessas máquinas, as dos outros países parecem brinquedos.[8]

Veteranos de guerra da derrota francesa de 30 anos antes baixaram a cabeça com tristeza, relembrando a decisiva Guerra Franco-Prussiana: "A exposição é um sedã comercial."[9] Houve rumores de que os alemães se ofereceram para fornecer toda a energia da feira, mas os franceses, humilhados pelo simbolismo da subordinação industrial da França, recusaram.

Ainda mais surpreendente foi a ascensão econômica de um Estado insular asiático conhecido por seu exotismo e não por sua indústria. "Esse jovem vitorioso começou bem o século", disse um observador.[10] Outro visitante estava apreensivo, percebendo uma sombra da Alemanha, e de seu poderio militar, surgindo da Ásia:

O Japão parece ser o eco oriental da grande voz do Reno, celebrando o trabalho, a pátria e enobrecendo a guerra ... Qual o significado de toda essa armadura prateada, dessas caldeiras tubulares, dessas políticas aventureiras, dessa arrogância comercial? Sobre Nagasaki e suas luzes nós sabemos, mas e sobre Kobe e seus altos-fornos?[11]

Para muitos cidadãos das nações mais industrializadas, os avanços econômicos de outros lugares revelados na exposição eram perturbadores. "Esses países que estão criando uma vida nova para si", escreveu um francês, "nada sabem sobre política e sobre a atitude neurótica e degenerada do *fin-de-siècle*. Contra quem eles estão propondo usar sua força?"[12] Da Europa central à Austrália, da Argentina ao Japão, o ex-centro industrial do mundo estava sendo superado por uma série de países fora desse núcleo. Os visitantes da feira de Paris de 1900 devem ter se perguntado como o noroeste da Europa perdeu a sua posição inquestionável de líder da economia mundial.

A Grã-Bretanha fica para trás

À medida que as economias se integravam, as modernas fábricas se expandiam de sua limitada base na Grã-Bretanha e no nordeste da Europa, em direção ao resto do continente, à América do Norte e, até mesmo, ao Japão e à Rússia. Em 1870, a Grã-Bretanha, a Bélgica e a França, juntas, eram responsáveis por quase metade da produção industrial do mundo, mas em 1913 esses países mal conseguiam produzir 1/5 dela. A produção industrial da Alemanha era maior que a da Grã-Bretanha; e a produção norte-americana era mais que o dobro da britânica.[13] Em 1870, áreas urbanas industriais eram raras até mesmo na Europa, mas até 1913 todos os países da Europa ocidental, exceto Espanha e Portugal, se industrializaram. Nas terras austríacas e tchecas do Império Austro-Húngaro, dos Estados Unidos e do Canadá, da Austrália e Nova Zelândia, da Argentina e do Uruguai, a parcela agrícola da população era menor do que na França e na Alemanha.[14] Em 1913, podia-se dizer com certeza – como não poderia ter sido dito em 1870 – que grande parte do mundo era industrializada: de Chicago a Berlim, de Tóquio a Buenos Aires.

A Grã-Bretanha, a primeira nação manufatureira do mundo e líder industrial por muitos anos, havia sido deixada para trás por diversos países, e se encontrava na iminência de ser superada por outros. Vários eram os indícios que atestavam o fato. O padrão de vida nos Estados Unidos, na Austrália e na Nova Zelândia era mais alto do que no Reino Unido, e estava crescendo rápido na Argentina e no Canadá. As fábricas da Alemanha e dos Estados Unidos produziam bem mais do que as da Grã-Bretanha, especialmente aquelas dos principais setores. Em 1870, a produção britânica de ferro e aço era maior que a das duas nações juntas, ao passo que em 1913, a Alemanha e os Estados Unidos, juntos, ultrapassaram a produção britânica na proporção de cerca de seis para um. A Grã-Bretanha também havia perdido sua supremacia tecnológica. Os alemães avançaram de forma significativa no campo da engenharia elétrica e da indústria química, e os norte-americanos introduziram métodos revolucionários de produção em massa.[15] O berço da Revolução Industrial estava sendo deixado para trás.

Eram muitos os que se industrializavam rapidamente. Os Estados Unidos e a Alemanha, que já começaram prósperos, eram economias agrícolas e comerciais produtivas e que rumaram, de forma mais ou menos suave, em direção às manufaturas. Outros países que rapidamente se industrializaram, como Itália, Império Austro-Húngaro, Rússia e Japão iniciaram o processo bem mais pobres. Eram economias agrícolas atrasadas (nos casos de Rússia e Japão, estavam apenas um passo à frente do feudalismo), mas desenvolveram setores manufatureiros dinâmicos no início do século XX. Essas nações continuavam a ser amplamente agrárias, e, com freqüência, as economias rurais eram bem mais atrasadas que as cidades; mas acabaram construindo uma base industrial impressionante.

As experiências de Japão e Rússia foram especialmente dramáticas. Ambos os países eram acometidos pela pobreza e a sua renda per capita em 1870 era bem semelhante à de outros pobres da Ásia, e muito menor que a dos Estados da América Latina. Mas na reta final do século XIX, ambos seguiram o ímpeto vigente de industrialização. Seus respectivos governos se concentraram em expandir as exportações e atrair capital estrangeiro para alimentar a indústria.

A autocracia da Rússia czarista buscava investimentos no exterior, exportava matéria-prima e grãos a fim de arrecadar moeda estrangeira para a indústria, além de proteger os produtos manufaturados domésticos com tarifas comercias altas. A indústria russa cresceu em uma velocidade notória. A produção de aço aumentou em seis vezes de 1890 a 1900 e, depois disso, mais do que dobrou de 1905 a 1913 (os anos do início do século foram marcados pela guerra contra o Japão e por uma revolução democrática fracassada). A produção de carvão e de ferro-gusa aumentou em seis vezes de 1890 a 1913, e as indústrias de bens de consumo cresceram de forma quase tão rápida. Em 1914, a Rússia possuía 2 milhões de trabalhadores nas modernas indústrias, além de algumas das maiores fábricas do mundo.[16] No entanto, o cultivo agrícola permanecia, majoritariamente, pré-moderno. A Rússia se industrializou rapidamente, mas de maneira altamente desordenada. Algumas poucas ilhas de modernidade eram cercadas por áreas rurais extremamente atrasadas.

O Japão passou por um processo de desenvolvimento econômico mais equilibrado. A retomada da Dinastia Meiji em 1868 derrotou a ordem militar dos senhores feudais do xogunato. O novo governo imperial reformista tinha como objetivo a modernização econômica por meio da participação completa na economia mundial. De forma ávida, o país buscava tecnologia e capital estrangeiros, e em poucos anos já exportava com sucesso para os mercados europeus. A agricultura japonesa era relativamente eficiente, diferentemente do que ocorria com a russa, e o crescimento industrial dependia tanto do comércio exterior quanto de um desenvolvimento econômico mais amplo – o que incluía um aumento na renda das zonas rurais. O início do crescimento industrial do Japão estava intimamente ligado às suas vantagens comparativas, especialmente o comércio da seda. Até 1914, a seda ou os produtos feitos a partir dela correspondiam a 1/3 de todas as exportações.[17] Com o auxílio da abundante e relativamente bem-educada força de trabalho japonesa, a indústria de produtos de algodão também cresceu rapidamente. Entre 1890 e 1913 a produção de fios de algodão cresceu de 190 mil para 3 milhões de toneladas.

As exportações do produto, que em 1890 eram inexistentes, atingiram 850 mil toneladas em 1913, e as de tecidos, que também não existiam, chegaram a 390 milhões de centímetros cúbicos no mesmo ano, quando os tecidos de algodão correspondiam a mais de 1/5 de todas as exportações japonesas.[18]

Os japoneses demonstraram os frutos férteis de seu sucesso econômico derrotando a China na guerra de 1895, tomando Taiwan, aumentando a influência que exerciam sobre a Coréia e conseguindo uma posição na luta por esferas de influência na China. Eles se afirmaram de forma ainda mais impressionante na guerra contra a Rússia em 1904. O Japão arrasou a Rússia e foi a primeira vez na história moderna que uma potência asiática derrotou uma européia. O ataque naval no estreito de Tsushima em maio de 1905, particularmente, chocou os europeus. A armada japonesa se mostrou mais rápida, mais moderna e melhor equipada do que a frota russa, que foi completamente destruída.

A ciência alemã, a tecnologia norte-americana e o poderio militar japonês ofuscaram o núcleo industrial do mundo. Uma série de países que em meados do século XIX estavam fora do círculo da sociedade industrial moderna pularam para o centro dele no início do XX. Tornaram-se membros ativos do clube de cavalheiros da Era de Ouro da economia mundial.

Novas tecnologias e o novo industrialismo

Mudanças nas bases manufatureiras promoveram a rápida propagação da industrialização. A difusão do uso de energia elétrica e de formas mais baratas de produção de aço, além do desenvolvimento da indústria química moderna e de outras tecnologias, transformaram a produção industrial. Uma enxurrada de invenções também introduziu novos produtos no mercado, como a máquina de escrever, a bicicleta, o fonógrafo, as câmeras portáteis e a "seda artificial", chamada raiom. O mecanismo de combustão interna levou à invenção do veículo motorizado e ao lançamento da indústria mais importante do século XX. Em meados de 1800, os manufaturados eram basicamente produtos têxteis, vestimentas e calçados, mas no fim do século o foco passou para o aço, químicos, máquinas elétricas e automóveis.

A produção e o consumo em massa cresciam juntos. No início, os produtos industriais atendiam principalmente às necessidades básicas. Uma vez que a renda per capita na Europa, na América do Norte e nas áreas de colonização recente cresceu duas vezes entre 1870 e 1913, a demanda por bens de consumo além de comida, roupa e moradia mais do que duplicou. Ao mesmo tempo, as invenções recentes possibilitaram a criação de uma série de eletrodomésticos. Agora, muitas famílias tinham luz elétrica, máquinas de costura, telefones, fonógrafos e, algumas delas, automóveis e rádios. A tendência de produzir máquinas para o consumo de massa, especialmente os novos aparatos domésticos, era liderada pelos Estados Unidos. A América do Norte sofria com a falta crônica de trabalhadores, o que significava que empregados domésticos eram caros demais para as classes médias, e que as mulheres norte-americanas eram mais inclinadas a trabalhar fora do que as européias. Isso criou uma avidez por aparatos que aliviassem o peso do trabalho doméstico e liberassem os indivíduos para outras atividades.

O automóvel era um produto industrial exemplar que levou a novos padrões de produção e consumo. A "carruagem sem cavalo"* supria a demanda por um meio de transporte individual, que crescia junto com a renda e a disponibilidade de tempo para o lazer. As linhas de montagem levaram o carro a motor, originalmente um artigo de luxo feito artesanalmente, ao alcance da classe média. O *boom* inicial da indústria automobilística ocorreu dez anos antes da Primeira Guerra Mundial. O fenômeno foi essencialmente norte-americano. A Europa não aderiu seriamente à era automotiva até a década de 1920. Em 1905, havia cerca de 160 mil veículos motorizados no mundo, sendo que a metade estava nos Estados Unidos. Em 1913, cerca de 1,7 milhão de carros rodavam nas estradas, dos quais 3/4 nos Estados Unidos. As inovações de Henry Ford reduziram o preço do Ford modelo T de US$700 para US$350 entre 1910 e 1916 – quando os preços dos outros produtos aumentaram em média 70%. Com o aumento dos salários durante esse período, um trabalhador médio norte-americano, em 1910, conseguia ganhar o suficiente para comprar um Ford T em um ano. Em 1916, esse tempo foi reduzido para seis meses. Com a produtividade disparando, os preços caíram e a demanda aumentou. A produção de carros Ford cresceu de 34 mil unidades em 1910 para 73 mil. O país tinha cerca de 1,5 milhão de carros – três ou quatro vezes mais do que a quantidade *existente* no resto do mundo. Com o surgimento do automóvel, a indústria moderna jamais seria a mesma.[19]

O automóvel fora o mais impressionante dos novos bens de consumo duráveis, como eram chamados para que fosse estabelecida uma diferenciação entre esses e os outros produtos menos permanentes, como sapatos ou carne enlatada. A produção de bens duráveis utilizava uma quantidade maior de recursos intermediários – produtos em estágio médio de acabamento, como aço, fios de cobre e vidro – que os bens de consumo não-duráveis, que eram quase matérias-primas. Os duráveis também necessitavam de um maquinário mais sofisticado.

* Do inglês *horseless carriage*, expressão utilizada para carros no início do desenvolvimento da indústria automobilística. (N.T.)

As novas indústrias tendiam a gerar fábricas e empresas muito maiores. Antes da década de 1890, a maior parte dos produtos manufaturados poderia ser feita em pequenas lojas. Fábricas com 40 ou 50 empregados podiam facilmente pôr em prática as vantagens da especialização, das máquinas modernas e da energia a vapor. Mas as novas tecnologias geralmente exigiam um número maior de pessoas e equipamentos. As usinas siderúrgicas foram os primeiros exemplos: em 1907, 3/4 dos empregados do setor de ferro e aço da Alemanha trabalhavam em fábricas com até mil trabalhadores; em 1914, uma usina siderúrgica média nos Estados Unidos contava com 642 trabalhadores.[20] O tamanho médio das fábricas de produtos como químicos, metais, máquinas e aparatos de engenharia – e até mesmo de pequenos negócios de outrora, como o têxtil – cresceram de maneira substancial. A típica fábrica se transformou de uma pequena oficina em uma indústria imensa. As economias de escala eram muito mais importantes para essas fábricas complexas do que para os setores típicos da primeira Revolução Industrial. As fábricas de automóveis e químicos eram – como continuam sendo – bem maiores que as de artigos de vestuário.

Os novos bens de consumo duráveis eram produtos caros que as pessoas compravam para usar durante anos, de modo que a reputação de serviços e a confiabilidade tinham importância. Dessa forma, uma identificação com a marca fazia a diferença, e não é por coincidência que a propaganda moderna existe desde os primeiros bens de consumo. Quando o atendimento, a identificação e outros fatores que contribuem para a reputação de uma marca tornam-se importantes, o mercado tende a ser dominado por poucas grandes empresas. E foi isso o que aconteceu. A Singer, a Ford, a General Electric e a Siemens entraram em cena com o crescimento da indústria de bens de consumo duráveis.

As nações de rápida industrialização se beneficiaram por terem iniciado o processo tardiamente. A Alemanha e os Estados Unidos, por exemplo, estavam bem posicionados, o que facilitou a adoção dos novos padrões de produção e consumo que tornavam as fábricas maiores e as empresas mais abundantes. Os alemães, os norte-americanos e outros que se desenvolveram tarde puderam começar o processo com instalações e equipamentos mais modernos, produzindo o que havia de mais novo em fábricas imensas, utilizando tecnologia de ponta. No entanto, o peso da história foi sentido pelo setor manufatureiro britânico com suas indústrias mais antigas, fábricas menores e empresas lentas demais para alcançar a produção em escala das imensas empresas dos Estados Unidos e do resto da Europa continental. A segunda leva de países industrializados se utilizaram das inivações para vencer os britânicos no seu próprio jogo industrial.[21]

Os recém-industrializados dependiam de uma economia mundial aberta. A difusão internacional de novas tecnologias necessitava da integração global;

a maior parte das novas indústrias também precisava mais das proporções de um mercado global do que dos restritos mercados nacionais. Londres e outras capitais européias estavam prontas para emprestar capital a qualquer projeto viável.

A Suécia, uma grande história de sucesso do período, ilustra o papel central que a integração econômica desempenhou nessa segunda onda de desenvolvimento industrial.[22] Em 1870, o país era um dos mais pobres da Europa ocidental, mas o crescimento de outras regiões aumentou a demanda pelas exportações suecas, especialmente de madeira serrada e de produtos feitos desse material, como fósforos de segurança. O *boom* dessa matéria-prima permitiu à Suécia construir novas indústrias voltadas para os mercados externos de aço de alta qualidade, máquinas e outros bens. A industrialização na Suécia também foi alimentada pelo capital estrangeiro, que financiou cerca de 90% dos empréstimos feitos pelo governo. Grande parte do capital estrangeiro fora destinado, direta ou indiretamente, para a construção de ferrovias, instalações e infra-estrutura para portos. Para a Suécia, assim como para os outros países recém-industrializados, as fábricas modernas vieram de mãos dadas com o acesso aos mercados externos e com a tecnologia e capital estrangeiros.

Protegendo as indústrias nascentes

Apesar de os países que desafiavam a supremacia industrial britânica contarem com acesso a mercados, tecnologia, capital e fornecedores do exterior, eles também tendiam a utilizar barreiras comerciais para proteger suas indústrias. Geralmente, suas empresas e líderes políticos favoreciam o investimento estrangeiro, as finanças internacionais e a imigração livre. Eles viam o comércio como uma peça importante para o crescimento, mas muitos industrialistas, que se consideravam internacionalistas econômicos, também apoiavam firmemente a proteção comercial para suas próprias indústrias. Os graus de proteção defendidos variavam – os fabricantes norte-americanos eram bem mais protecionistas que seus colegas alemães ou japoneses –, mas quase todos os países em vias de industrialização, de alguma forma, protegeram suas indústrias. As fábricas protegidas da concorrência estrangeira podiam ajustar os preços domésticos acima dos níveis mundiais e obter lucros altos que podiam ser reinvestidos na indústria.

Essa industrialização artificialmente rápida era exatamente o que esperavam, e desejavam, aqueles que acreditavam no protecionismo como um meio justificável para fins industriais. O mais conhecido dos primeiros teóricos da industrialização por meio do protecionismo foi Friederich List, um economista político e ativista alemão do século XIX. List considerava o livre comércio o objetivo final, mas argumentava que o protecionismo comercial temporário era necessário para equalizar as relações entre as grandes potências: "Para permitir que a liberdade de comércio opere naturalmente, as nações menos avançadas precisam antes se erguer por meios artificiais até atigirem o mesmo estágio de desenvolvimento que a nação inglesa alcançou artificialmente."[23]

List e os outros defensores da proteção focaram nos argumentos da indústria nascente e nas necessidades genuínas da indústria moderna de produção em larga escala: "O único, e exclusivo, motivo que justifica o sistema de proteção é o *desenvolvimento industrial* da nação."[24] De acordo com eles, não é possível construir uma indústria moderna de aço aos poucos. É necessário começar com uma grande quantidade de enormes usinas integradas. Eles argumentavam que em um estágio inicial as usinas talvez fossem ineficientes, mas, com o passar do tempo, logo se tornariam competitivas e a proteção poderia ser retirada. Os protecionistas diziam que nenhum país havia se industrializado sem barreiras protecionistas; o Reino Unido se livrara do controle mercantilista sobre o comércio *apenas* após ter atingido um bom desempenho industrial. E, com freqüência, eles argumentavam que a segurança nacional exigia a maior auto-suficiência possível. De fato, o argumento de List era relevante principalmente para os países grandes e relativamente ricos, onde a indústria era crucial para o poder e a influência da nação. Não importa quais fossem os sacrifícios de curto prazo impostos pelo protecionismo, os benefícios de longo prazo valiam o preço: "A nação precisa se sacrificar e abrir mão de uma série de bens materiais para que desenvolva a cultura, as habilidades e a força para uma produção unificada; deve sacrificar algumas vantagens imediatas para garantir futuras."[25]

O argumento de que as indústrias em estágios iniciais necessitavam do apoio do governo era até aceito, embora com cuidado, pelos principais pensadores da teoria comercial clássica, tais como John Stuart Mill, contemporâneo de List. O mesmo se aplicava ao debate sobre a indústria nascente, que, de forma geral, era reconhecida por muitos economistas neoclássicos no início do século XX. Contudo, Mill e os neoclássicos sempre pensaram o protecionismo como um artifício muito mais a ser tolerado do que abraçado.

Não importa o que pregasse a teoria. Em termos políticos práticos, na maioria dos países de industrialização tardia, os fabricantes queriam proteção e eram poderosos o suficiente para consegui-la. Praticamente todos os que se industrializaram de forma rápida, dos Estados Unidos ao Japão, e da Rússia à Itália, contavam com tarifas industriais relativamente altas. O governo russo impôs uma das tarifas mais altas da história moderna, 84% sobre os produtos manufaturados (quase o dobro da que era considerada a segunda maior tarifa, os 44%, em média, impostos pelos Estados Unidos).[26] Além de desenvolver a indústria em pouco tempo, o protecionismo gerou uma estrutura industrial peculiar. Níveis muito altos de proteção tendem à criação e à defesa de monopólios. Tarifas comerciais altas contribuem ainda para que a indústria seja dominada por estrangeiros, já que as empresas européias, impossibilitadas de vender para os mercados russos, contornavam as barreiras tarifárias estabelecendo suas empresas dentro do Império. Com efeito, os teóricos contemporâneos destacam dois aspectos que caracterizaram a indústria russa. Ambos são relacionados aos padrões de industrialização buscados pelo regime czarista: larga escala e amplo domínio estrangeiro. Cerca de 40% da indústria pertencia a estrangeiros e mais de 40% do total da mão-de-obra trabalhava em fábricas com mais de mil empregados. Sem dúvida, essa grande concentração pouco usual de trabalhadores em fábricas enormes facilitou a atividade de grupos revolucionários que organizaram o proletariado antes e durante a Primeira Guerra Mundial.[27]

As barreiras comerciais do Japão eram bem mais modestas que as da Rússia ou dos Estados Unidos. Estima-se que as tarifas japonesas eram, no máximo, semelhantes àquelas da Europa continental.[28] O país dependia muito das exportações de produtos manufaturados simples (tecidos de algodão e seda) e, claramente, conduziu sua indústria na direção da economia internacional. As fábricas passaram a ser subsidiadas pelo governo e os resultados econômicos foram arrebatadores, como o mundo testemunhou durante a Guerra Russo-Japonesa.

A proteção comercial gerou alguns efeitos problemáticos. A teoria clássica do comércio há tempos apontava para dois resultados indesejáveis das barreiras comerciais. Em primeiro lugar, por aumentar os preços, o protecionismo transferia renda dos consumidores para os produtores. Tarifas sobre sapatos tornavam o produto mais caro, beneficiando quem fabricava o produto e prejudicando quem os comprava. Em segundo lugar, o protecionismo fazia com que o país se desviasse de suas vantagens comparativas. Por tornar as atividades protegidas artificialmente mais lucrativas, o protecionismo comercial deslocava recursos para usos ineficientes. Ao impor tarifas sobre os sapatos, o país passava a produzir mais unidades do que deveria de acordo com suas vantagens comparativas. O primeiro efeito causado é de ordem distributiva: taxar os consumidores para beneficiar os produtores. O segundo efeito é uma redução na eficiência (ou no bem-estar agregado), o que desvia recursos de atividades produtivas para outras menos eficientes.

Além disso, as tarifas eram ligadas a cartéis, combinações formais ou informais entre as grandes corporações. Às vezes, um cartel existente demandava proteção comercial. Os membros dos cartéis concordavam em limitar o fornecimento e manter os preços altos artificialmente, que não se sustentariam caso os importados pudessem entrar. Os produtores estrangeiros que não faziam parte dessa combinação ofereciam preços mais baixos. Assim, a estabilidade do cartel exigia proteção contra a competição estrangeira. Algumas vezes, o processo se dava ao revés, e o protecionismo criava cartéis. Das duas formas, o surgimento de trustes nos Estados Unidos se sobrepôs à expansão da proteção comercial. O crescimento do truste do açúcar, do truste do aço e de outras formações de oligopólios seria impossível sem as altas barreiras tarifárias.

As indústrias da Europa continental funcionavam de forma semelhante. Eram altamente cartelizadas e bastante protegidas. O governo alemão, por exemplo, restringiu as importações de ferro e aço apesar de as empresas do país estarem entre as mais eficientes do mundo. Isso permitia que as maiores empresas da indústria do ferro e aço criassem cartéis formais – e legais – para manter os preços altos. Os cartéis forneciam às empresas alemães, altamente integradas, um lucro extra de centenas de milhões de marcos, mas operavam contra as companhias menores que não faziam parte dos arranjos e, evidentemente, contra os consumidores, que pagavam valores altos pelos produtos.[29]

Os vencedores e perdedores da proteção comercial com freqüência se enfrentavam em batalhas políticas duras. Os produtores agrícolas norte-americanos resistiam a políticas comerciais que os forçassem a vender trigo e algodão a preços internacionais e a comprar fertilizantes, maquinário e roupas com preços 40% mais altos do que a média mundial. Essa situação, reclamavam, gerava uma taxação de fato em cima da produção agrícola. A situação na Europa era semelhante, apesar de no continente terem sido os trabalhadores das manufaturas que protestaram contra as altas tarifas sobre a carne e os grãos importados. Em 1913, o Partido Trabalhista (socialista) da Bélgica queixava-se:

> O alto custo dos alimentos se faz sentir em todos os lugares, mas os países protecionistas, incluindo a Bélgica, são os que mais sofrem ... As medidas protecionistas tomadas em nosso país beneficiam apenas os proprietários de terras, e o fechamento das fronteiras para a importação de gado impede que a classe trabalhadora coma de forma adequada.[30]

A contribuição da proteção comercial para a rápida industrialização do fim do século XIX e início do XX foi controversa e o julgamento da história sobre o fato permanece ambíguo. A proteção comercial foi danosa para os consumidores: a indústria pagava mais aos fornecedores e as famílias pagavam mais por comida, roupas e outros artigos de primeira necessidade. A produção era deslocada para a indústria protegida, independentemente de sua eficiência. Com certeza, a proteção acelerou o desenvolvimento da indústria. O sistema de tarifas cartelizado foi, ao menos em parte, responsável pelo fato de a produção alemã de aço dobrar a cada seis ou sete anos ao longo de décadas, até 1913. É uma questão em aberto se os custos superaram os benefícios extraídos pelas sociedades. Os Estados Unidos e a Alemanha certamente se industrializariam sem tarifas e talvez tivessem sofrido menos sem tantas indústrias pesadas, mas essa não teria sido uma opção popular para os industriais do país, tampouco para a sua política externa ou elites militares.

De maneira geral, ao mesmo tempo em que a proteção à indústria nascente era comum nas décadas que precederam a Primeira Guerra Mundial, isso não interferia na abertura da economia mundial. As barreiras à importação proliferavam, mas eram direcionadas, em vez de amplamente aplicadas. As nações que se industrializavam com velocidade, e protegiam suas indústrias, em geral permitiam a entrada livre, ou quase livre, de matérias-primas e bens agrícolas, que não competissem com a produção doméstica, e de recursos intermediários indisponíveis no local. A atividade comercial crescia muito rápido, inclusive nos países mais protecionistas. Em 1913, todas as grandes potências exportavam uma quantidade maior da produção e importavam bem mais para o consumo interno que em 1870.[31] Aqueles que rapidamente se industrializavam na virada do século XX participavam com entusiasmo do comércio e dos investimentos mundiais, mas estavam dispostos a burlar as regras do livre comércio em nome da industrialização e de lucros imediatos.

Áreas de colonização recente

Na década de 1890, os europeus, além de outros povos, já haviam se estabelecido em grandes áreas de colonização recente e praticavam a agricultura, a mineração e outros tipos de atividades. Essas regiões, que antes mal participavam da economia global, cresciam em uma velocidade extraordinária. Elas possuíam recursos naturais, mas a extração só se tornou economicamente viável com as recentes transformações tecnológicas, migrações e exploração.

É evidente que os pampas, as Grandes Planícies e as pradarias sempre existiram, assim como o *outback** australiano e os depósitos de minerais sul-africanos. Em alguns dos casos, os europeus não sabiam da existência dessas áreas. Em outros, eles não podiam explorá-las até que fossem desenvolvidas novas tecnologias, como navios refrigerados capazes de trazer carne de vaca ou de carneiro dos confins do mundo para a Europa. Uma vez que as possibilidades se concretizaram, indivíduos corriam para transformar o potencial dessas áreas em dinheiro vivo. Toda a extensão, ou parte, de Austrália, Nova Zelândia,

* Designação para as regiões áridas do interior da Austrália. (N.T.)

Canadá, Estados Unidos, África do Sul e do Cone Sul da América Latina (Argentina, Uruguai, Chile e o sul do Brasil) foi invadida por essa nova atividade.

Esses países se tornaram ricos por seus recursos naturais: a agricultura e a mineração alimentaram um crescimento econômico mais amplo. A criação de gado gerou abatedouros, instalações para o empacotamento da carne, curtumes e fábricas de sapatos. O cultivo do trigo fez emergir celeiros, estaleiros e estradas de ferro. Os que trabalhavam em armazéns, ferrovias e portos precisavam de um lugar para morar; a indústria da construção civil cresceu e, em seguida, as olarias, usinas de aço e outros locais de fabricação de materiais se desenvolveram. Portos e entroncamentos ferroviários demandavam energia elétrica, instalações e estações de tratamento de água. A população crescente necessitava de vestimenta, telefones, lâmpadas e livros, e logo as manufaturas locais se expandiram vertiginosamente. Onde as bases manufatureiras já existiam, como era o caso da América do Norte, o *boom* dos recursos acelerou o processo de crescimento industrial. Onde existiam poucas fábricas – ou nenhuma –, mas havia *know-how*, capital e espírito empreendedor, a indústria moderna se proliferou rapidamente.

As regiões de colonização recente se distinguiam do resto do mundo. Elas eram pouco povoadas e, em muitos dos casos, a população que vivia nelas foi expulsa ou exterminada. Seus habitantes estavam criando economias modernas prósperas – fazendas e minas, rodovias e ferrovias, municípios e cidades, fábricas e portos –, onde antes existia pouca atividade econômica.[32] Não foram muitos os interesses ali arraigados que permaneceram no caminho do desenvolvimento comercial ou da exploração dos recursos primários (agrícolas e minerais) da região.

As instituições locais também ajudaram no desenvolvimento econômico dessas áreas. Algumas eram ramos diretos da sociedade britânica e importavam – além de milhões de britânicos – algumas variantes dos sistemas legal e político da Grã-Bretanha. Isso significava principalmente uma tradição de respeito pelos direitos de propriedade privada, tanto na esfera política quanto na legal. Tais direitos eram restritos, evidentemente, aos europeus, e não se aplicavam às populações indígenas, cujas propriedades eram tomadas com impunidade. Diferentemente de muitas outras áreas em desenvolvimento, estas eram, em geral, estáveis na esfera política e previsíveis no campo legal. Os produtores agrícolas que trabalhavam para a melhoria de suas terras podiam estar certos de que outros, ou o governo, não as tomariam de forma arbitrária. As instituições políticas, que incorporavam novos grupos sociais, faziam com que as elites econômicas acreditassem que seus interesses seriam levados a sério pelos governos. O ceticismo quanto a essa questão era comum em outras nações do mundo em desenvolvimento, o que tendia a atrapalhar o processo de crescimento. Mas nas áreas de colonização recente, a riqueza era uma obsessão nacional, e a propriedade, algo quase sagrado. O Cone Sul da América Latina ainda apresentava resquícios das instituições coloniais ibéricas, que de certa forma eram menos adequadas a fins desenvolvimentistas, mas, em relação a regiões que nunca conheceram uma idéia estável de direito de propriedade, essa área era também bastante avançada.[33]

As áreas de colonização recente também gozavam da vantagem de um clima temperado, adequado à criação de gado e à produção de culturas delicadas. As tecnologias desenvolvidas para a agricultura de climas temperados, que durante séculos foi responsável pelo extremo desenvolvimento da Europa ocidental, podiam ser diretamente aplicadas a essas terras. A produção de grãos por acre nas regiões de clima temperado era de duas a três vezes maior do que em outras áreas agrícolas, e com a mecanização a produção por pessoa se tornara ainda mais alta.[34] Índices de produtividade agrícola, semelhantes aos da Europa, permitiam que as áreas de colonização recente pagassem salários nos moldes europeus e, portanto, atraíam imigrantes vindos do continente. Nas regiões tropicais e subtropicais, os níveis de produtividade e de tecnologia agrícola, assim como o padrão de vida, eram bem mais baixos. Sendo assim, os europeus não se mudariam para essas áreas como meros trabalhadores ou agricultores.

O que tornava essas áreas mais produtivas que as outras eram as condições da produção agrícola, e não algo inato dos europeus; os poucos lugares (como em algumas partes da América Latina) onde produtores agrícolas japoneses ou chineses se estabeleceram também prosperavam. Mas os europeus se aglomeravam em áreas extremamente produtivas, cujo padrão de vida era mais alto que o de seus países de origem.

Ondas de imigração européia afluíam para as regiões temperadas pouco povoadas a fim de construir novas sociedades de base agrícola, pecuária ou mineradora. Nessas regiões recém-colonizadas, eles atingiam níveis de produção e de renda per capita que geralmente superavam os da Europa. Em contrapartida, a renda alta gerava um mercado doméstico grande para os produtos locais. No início, fazia mais sentido produzir internamente o que era de difícil importação – energia elétrica, materiais pesados, serviços como a construção civil – e foi assim que a indústria local começou. Com o passar do tempo, como Buenos Aires e Rio de Janeiro se transformaram em cidades de mais de um milhão de pessoas, alguns de seus habitantes se beneficiaram da prosperidade dessas regiões para estabelecer fábricas, especialmente para o processamento de produtos primários locais.

As extensas planícies uruguaias eram ideais para a criação de animais e o cultivo de grãos, e em 1870 o país começou a crescer muito rápido com base nas exportações de produtos agrícolas e pecuários para a Europa. Centenas de milhares de espanhóis, italianos e outros europeus rumaram para o Uruguai (país que, apesar de pequeno para os padrões latino-americanos, é bem maior que a Inglaterra). Logo, o porto de Montevidéu florescia, e os padrões de vida do país passaram a ser tão altos quanto os da França ou Alemanha. Nos anos do início do século XX, a ordem política do Uruguai foi reestruturada de acordo com a sua recente prosperidade. José Battle y Ordóñez serviu à Presidência uruguaia por dois mandatos, entre 1903 e 1915, e conduziu as reformas. Battle introduziu educação gratuita para todos; um sistema de saúde abrangente; amplos direitos para as mulheres; legalizou o divórcio; e implantou leis trabalhistas progressivas que incluíam uma jornada de oito horas, aposentadoria garantida pelo governo e compensações para os trabalhadores; além de outras medidas que passaram a caracterizar as sociedades desenvolvidas do fim do século XX. Isso pode ser comprovado nas vezes em que o Uruguai é considerado o primeiro Estado de bem-estar social moderno. Tudo isso foi possível graças ao padrão de vida gerado pela lucrativa economia de base nas exportações agrícolas e pecuárias.

Assim como o Uruguai, as outras áreas de assentamento recente cresceram porque tinham acesso aos mercados globais, e suas economias eram organizadas de forma a exportar para a Europa. Essas regiões foram povoadas por milhões de imigrantes europeus, e o capital vindo do continente foi responsável por grande parte de seu crescimento econômico, financiando de ferrovias e usinas de geração de eletricidade a abatedouros e fábricas.

A Era de Ouro da economia mundial foi uma das principais fontes para a prosperidade alcançada por argentinos, canadenses, australianos e uruguaios. As áreas de colonização recente possuíam as características perfeitas para extraírem vantagens das oportunidades geradas pelos avanços nas comunicações e nos meios de transporte, e tiveram um desempenho extraordinário nos anos que precederam a Primeira Guerra Mundial. Em 1896, Austrália, Canadá e Argentina produziam cerca de 80 milhões de *bushels* de trigo, aproximadamente 1/6 do que a Europa ocidental produzia. Porém, em 1913, esses três países juntos passaram a gerar 438 milhões de *bushels* de trigo, mais do que toda a produção da Europa ocidental.[35] Esse crescimento não dependia apenas do cultivo agrícola. Em 1913, Canadá, Austrália e Nova Zelândia já fabricavam mais manufaturados per capita do que qualquer outro país europeu, exceto a Grã-Bretanha. A Argentina produzia mais do que a Itália ou a Espanha. E isso nem incluía os Estados Unidos, onde muitas regiões tinham as mesmas características de outras áreas de colonização recente. Essas regiões – Austrália, Nova Zelândia, Argentina, Chile, Uruguai, sul do Brasil e a área dos Estados Unidos a oeste do Mississipi – contavam com uma população de 12 milhões de pessoas em 1870, o que equivalia, aproximadamente, a 1/3 dos habitantes da França. Em 1913, todos esses países de colonização recentes juntos tinham uma população de 50 milhões, 1/4 maior do que a da França.

Seja qual for o indicador, esses países desenvolveram suas economias de forma notória. Muitos viajantes, surpresos e admirados, escreveram sobre esse feito. Um britânico que visitava Buenos Aires às vésperas da Primeira Guerra Mundial relatou ao conhecer o distrito de Palermo:

> Um misto de Hyde Park e Bois de Bologne – ruas limpas, árvores charmosas, um *boulevard* duplo com esculturas de mármore comemorativas no centro, jardins bem cuidados, flores radiantes e uma banda tocando. Dirigindo por Palermo ficamos boquiabertos em saber que estamos a 9.700 quilômetros da Europa. Em nenhum outro lugar do mundo vi tamanha quantidade de automóveis caros, milhares deles.

Ao fazer um resumo de suas impressões, disse o britânico:

> Não é possível conhecer o país, perceber sua fertilidade, entrar nas casas estonteantes de La Plata e Buenos Aires, ver no oceano os navios carregados de carne com a *Union Jack** balançando sobre a popa, visitar os elevadores de grãos dos portos de Bahía Blanca e Rosário com seus canais por onde o trigo destinado ao consumo europeu escoa para dentro das embarcações, sem que nossa imaginação seja estimulada diante do limiar de possibilidades desta nova Terra.[36]

Crescimento nos trópicos

Outras regiões do mundo ricas em recursos também se desenvolveram rapidamente. Assim como as áreas de colonização recente, elas tinham bens naturais promissores, mas uma população bem maior. Essas regiões eram tipicamente tropicais ou semitropicais e já estavam envolvidas no comércio internacional. Suas exportações e atividade econômica de maneira geral foram fortemente empurradas (ou puxadas!) pelos avanços tecnológicos e pelo crescimento global.

Muitas partes da América Latina, África e Ásia participaram do rápido crescimento da economia global. As histórias bem-sucedidas tendiam a ser ofuscadas na memória histórica pelos muitos e proeminentes fracassos, como o da China. Da mesma forma, as vitórias econômicas geralmente eram relegadas a segundo plano pela expansão dramática do colonialismo, que também

---

* Bandeira do Reino Unido. (N.T.)

atingia algumas dessas regiões. No entanto, um olhar cuidadoso sobre o que hoje poderia ser chamado de Terceiro Mundo revelava algumas tendências de ordem econômica impressionantes.

O centro da América Latina era densamente povoado, diferentemente do Cone Sul e da região amazônica. O continente tinha uma longa experiência de comércio internacional, datada da época do colonialismo espanhol e português. Após 1870, a expansão comercial teve um impacto mais dramático na Argentina e no Uruguai, mas outros países não ficaram muito atrás. As minas de prata e cobre do México despejavam seus metais nos mercados mundiais. O ditador Porfirio Díaz, que governou o país de 1876 a 1910, desejava atrair investimentos estrangeiros para a riqueza mineral do país e fazer com que esta logo fosse levada aos mercados externos. Em seguida, a descoberta de petróleo gerou uma dupla bonança na costa do Caribe. Até 1910, o petróleo e a mineração eram responsáveis por aproximadamente 1/10 da atividade econômica nacional. Mas esse foi apenas o primeiro passo do México em direção a um crescimento mais rápido. A agricultura moderna se expandiu de maneira veloz, especialmente nas fazendas produtoras em larga escala (*haciendas*), que dominavam a oferta voltada para exportação. A economia se diversificou e fábricas foram criadas. Em 1910, a indústria local fornecia 97% dos tecidos que eram consumidos internamente. Em 1913, a renda per capita do México podia ser comparada à de Portugal, Rússia ou Japão – países pobres, para sermos exatos, mas que estavam prestes a se desenvolver.[37]

Mais ao sul, o Brasil garantia a liderança no mercado de café, sendo responsável por cerca de 4/5 das exportações mundiais do produto até 1900. O governo utilizava mecanismos sofisticados para manter o preço do produto em alta, e os maciços ganhos gerados fluíam para o estado de São Paulo, onde se concentravam os produtores. Metade das terras cultiváveis do país passou para o café, e 2/3 da produção agrícola era exportada. As exportações de café – e a expansão da borracha na região amazônica – alavancaram o desenvolvimento econômico. São Paulo tornou-se um centro industrial importante. Auxiliada por altas tarifas, a produção industrial de 1915 incluía 122 milhões de metros de tecido de algodão, muitos outros milhões de metros de tecido de seda, lã e juta, assim como 5 milhões de pares de sapato e 2,7 milhões de chapéus. Toda essa produção quase não existia 20 anos antes.[38] A partir desse ponto, mais da metade dos produtos industriais consumidos pelos brasileiros era produzida em casa.

Os colombianos se beneficiaram da habilidade brasileira em manter o preço alto do café, expandindo o cultivo do produto para as montanhas do oeste do país, aumentando a produção de 13.500 para 63 mil toneladas entre 1890 e 1913.[39] Muitas das nações menores da América Central também participaram do *boom* do café. Apesar de algumas particularidades, em outros lugares da América Latina a situação era semelhante. Fortunas eram geradas pelo desenvolvimento de algum produto primário, que era enviado para a Europa ou América do Norte – nitrato e cobre do Chile; açúcar de Cuba; algodão e açúcar das plantações costeiras do Peru; prata e cobre das Cordilheiras dos Andes; e borracha da Amazônia. Capitalistas estrangeiros forneciam empréstimos para a construção de rodovias, ferrovias, portos e outros tipos necessários de infraestrutura. Os lucros eram reinvestidos no desenvolvimento da mineração, da agricultura e, ocasionalmente, em empreendimentos industriais. Às vésperas da Primeira Guerra Mundial, os principais países da região já haviam começado a se industrializar.

A África ocidental também se voltou para os mercados internacionais. O envolvimento da região no comércio datava do século XIV. O tráfico de escravos criou, apesar de toda a miséria que gerava, uma classe importante de negociantes nativos que se lançaram no comércio "legítimo" de importações e exportações, quando a escravidão terminou. Evidentemente, poderosas empresas estrangeiras de comércio também se estabeleceram na região. Os laços internacionais da África ocidental se fortaleceram por conta das disputas entre as grandes potências européias, que deixaram quase toda a região – na verdade, quase todo o continente – em mãos coloniais. A importância dos interesses econômicos externos para a expansão colonial continua sendo uma questão controversa. Parece claro, todavia, que as expectativas européias quanto ao potencial econômico da área contribuíram para as políticas que levaram França, Alemanha e Grã-Bretanha a se apossarem da região.[40]

No período que se seguiu à apropriação européia, o comércio da África ocidental cresceu rapidamente – as exportações da região quadruplicaram entre 1897 e 1913.[41] O *boom* se concentrou nas quatro colônias mais prósperas, as britânicas Nigéria e Costa do Ouro* e as francesas Senegal e Costa do Marfim. Essas regiões já produziam sementes (amendoim), óleo de palma e outros cultivos semelhantes, produtos que tinham grande demanda devido ao rápido desenvolvimento industrial e ao aumento do consumo da classe trabalhadora na Europa e nos Estados Unidos. O óleo de palma era utilizado para lubrificar máquinas e fabricar latas. A noz de palma era usada para produzir sabão, velas e margarina, que acabara de ser inventada. O óleo de amendoim servia como um substituto barato para o de oliva. Quando a demanda européia por esses produtos cresceu, os africanos expandiram o cultivo do amendoim e passaram a plantar palma, em vez de apenas coletá-la. As exportações aumentaram imensamente, em especial com a melhora dos meios de transporte. Em

* Nação que passou a se chamar Gana a partir da independência, em 1957. (N.E.)

1911, a construção de uma estrada de ferro ligando Kano, no norte da Nigéria, à costa foi concluída. Quando os fazendeiros e comerciantes se deram conta do quanto os produtores de amendoim poderiam lucrar no mercado europeu, em dois anos, o preço local do produto quintuplicou. Em menos de dez anos, a quantidade de amendoim exportada pela Nigéria passou de alguns milhões de toneladas para 58 milhões.[42]

Diante da expansão da produção de bens tradicionais, as exportações dos produtos novos (ou daqueles que passaram a receber atenção) cresceram de forma ainda mais rápida. O cacau da Costa do Ouro, que era insignificante, passou a dominar o mercado mundial. As exportações de madeira da Costa do Marfim aumentaram seis vezes em 20 anos, e o café e alguns minerais também dispararam. Os produtos eram cultivados principalmente por pequenos agricultores e inseriram uma proporção sem precedentes da população na economia moderna. No entanto, o desenvolvimento da indústria moderna na África ocidental foi relativamente pequeno. Os mercados locais para manufaturados eram menos receptivos que os da América Latina, onde a renda per capita era duas ou três vezes mais alta e as cidades, assim como a infra-estrutura, se desenvolveram mais e melhor. Sobretudo, o sistema colonial restringia as possibilidades de proteção comercial das manufaturas locais, diferentemente do que ocorria na América Latina. No entanto, as bases para um crescimento econômico sustentável estavam lá.

As áreas bem-sucedidas do sul e sudeste da Ásia também expandiram a produção agrícola já existente ou iniciaram o cultivo de novas terras para lucrarem com o mercado crescente das exportações. Burma e Tailândia cultivavam arroz havia muito tempo, mas a produção se destinava exclusivamente ao consumo local. Novas políticas e condições econômicas permitiram que os dois países se tornassem um dínamo exportador, que passou a abastecer os mercados do resto da Ásia e de outras regiões. A monarquia independente da Tailândia era favorável ao comércio – apesar de não se entusiasmar com a indústria –, e, sob sua administração, as exportações de arroz do país cresceram dez vezes em 40 anos, de aproximadamente 100 mil para um milhão de toneladas. No início do século XX, metade da produção se destinava à exportação.[43] Os agricultores do delta do Irrawaddy também já cultivavam arroz havia tempos, mas não de forma intensiva, já que o governo proibia as exportações. Quando a Grã-Bretanha tomou a região e a forçou a se abrir ao comércio, a zona costeira foi invadida por plantadores de arroz. Logo, o produto começou a inundar o exterior. Nas palavras de um historiador, Burma deixou de ser um lugar "subdesenvolvido, atrasado e pouco povoado do Império Konbaung para se transformar no maior exportador de arroz do mundo".[44] Com o regime francês voltado para o comércio na Indochina, as terras vietnamitas dedicadas ao cultivo do arroz quintuplicaram e a colônia se tornou a terceira principal produtora do mundo.

O Ceilão, que acabou tornando-se colônia britânica, levou coco e chá para os mercados mundiais. A Malaia produzia mais da metade do estanho do planeta. Após 1900, os dois países aumentaram a produção de borracha – que até então era inexpressiva – e se tornaram importantes no mercado. As Índias Orientais Holandesas também se juntaram à corrida para superar a borracha amazônica, complementando as exportações de café, tabaco e açúcar. As Filipinas, agora uma colônia norte-americana, aumentaram a produção de açúcar para penetrar no imenso mercado dos Estados Unidos. Taiwan, na época uma colônia japonesa, fora desenvolvida pelas autoridades coloniais, de forma mais ou menos explícita, para abastecer a metrópole com arroz e açúcar.

O impacto do *boom* exportador foi fortemente sentido em muitos desses casos. O arroz era em geral cultivado por pequenos produtores, e a prosperidade gerada pelas exportações do início do século aumentou a renda de grandes camadas da população da Tailândia e de Burma. O chá do Ceilão também era cultivado principalmente por pequenos produtores. O estanho malaio era altamente controlado por proprietários chineses e minerado por trabalhadores do mesmo país, os quais rumaram em hordas para o Sudeste Asiático. Mesmo onde os europeus controlavam as fazendas e plantações mais prósperas – como na Indochina, nas Índias Holandesas Orientais e nas áreas de borracha da Malásia –, a ampla demanda por trabalhadores gerou um aumento na renda local. Assim como na África ocidental, a indústria não cresceu de forma significativa. Devido ao padrão de vida baixo da região, os mercados locais para os manufaturados modernos eram pequenos, e as potências coloniais desestimulavam o desenvolvimento industrial, de forma explícita ou implícita.

Essas regiões pobres e densamente povoadas se atiraram – ou foram atiradas pelos novos governantes coloniais – nos mercados mundiais e emergiram como grandes promessas de prosperidade. Às vésperas da Primeira Guerra Mundial, grande parte da população do amplo grupo de países e colônias das regiões tropicais e semitropicais em crescimento – do México e Brasil a Costa do Marfim e Nigéria, passando por Burma e Indochina – produzia matérias-primas para exportação. Café, amendoim, cacau, borracha, óleo de palma, estanho, cobre, prata e açúcar fluíam dessas regiões de rápido crescimento para a Europa e a América do Norte. Dinheiro e produtos manufaturados faziam o caminho inverso. A modernidade chegava aos trópicos.

As elites que dominavam o governo e a sociedade em todas as regiões de rápido crescimento, tanto nas áreas temperadas de colonização recente quanto nas zonas semitropicais densamente povoadas, consideravam que a chave da prosperidade e do sucesso estava na economia mundial. Por que ir aos pampas e pradarias se não fosse com o objetivo de cultivar essas áreas para os mercados mundiais? Muitos imperialistas europeus, norte-americanos e japoneses argumentavam que as colônias eram valiosas, principalmente como fontes de matérias-primas e produtos agrícolas. Os regimes coloniais pressionavam as novas possessões com entusiasmo, apesar de muitas vezes com uma visão estreita, a exportar produtos primários.

Proprietários de terra, mineradores e comerciantes locais perceberam que os lucros poderiam ser imensos. Os governos locais vislumbraram outras oportunidades, o que incluía vender novas e valiosas terras ou cobrar impostos dos novos e lucrativos exportadores. Ambas as medidas fortaleceriam o poder dos governantes. O processo era facilitado pelo capital que escoava da Europa ocidental, que parecia não ter fim. Esse capital era extremamente necessário para o estabelecimento de novas terras, para levar os produtos agrícolas e os minérios aos mercados e para que os governos pudessem satisfazer as demandas de suas populações.

O estereótipo da América Latina da virada do século era hostil, uma sociedade oligárquica dominada por uma aliança entre os investidores europeus e interesses exportadores: a oligarquia rural, os agroexportadores, os setores de produtos primários para exportação e os *vendepatrias* (vendedores de países), os quais mais tarde se tornariam inimigos demonizados dos líderes nacionalistas. Esses países tinham características comuns, uma identificação nos canais de poder e influência que os uniam e os levavam na direção da economia mundial. Dependiam das exportações de produtos primários, exigiam acesso a capital e mercados europeus, possuíam uma visão europeizada do futuro e, certamente, tinham pouco interesse em dividir sua riqueza com as massas empobrecidas. Faltavam novas oportunidades econômicas geradas por esse crescimento de viés exportador – até mesmo se examinarmos os 35 anos do ditatorial *porfiriato* no México – que estivessem disponíveis de forma ampla e profunda para as sociedades locais, incluindo parcelas da classe média, do campesinato e da crescente classe operária urbana.

Os grupos dominantes de muitas das regiões em desenvolvimento estavam bastante comprometidos em levar seus países ao *mainstream* da economia internacional. Eles permitiam, estimulavam e até mesmo forçavam os produtores agrícolas, e outros, a venderem para o exterior; convidavam os investidores estrangeiros, banqueiros e comerciantes; tomavam empréstimos grandes em Londres, Paris e Berlim; construíam ferrovias, portos e aproveitavam os rios; criavam sistemas de energia e telefonia utilizando, dessa forma, os ganhos obtidos com o comércio mundial para enriquecer. Em geral, onde os grupos dominantes obtinham sucesso, grande parte da sociedade também prosperava – embora não tanto quanto as elites. Nas áreas de colonização recente, na América

Latina e em partes da Ásia e da África, a expansão liderada pelas exportações determinou as bases para o crescimento econômico moderno.

Heckscher e Ohlin interpretam a Era de Ouro

Em 1919, após esse capitalismo global ter sido banido pela Primeira Guerra Mundial, o economista sueco Eli Heckscher tentou dar um sentido à extraordinária experiência econômica pré-1914. Junto com seu aluno Bertil Ohlin, Heckscher formulou uma explicação para o envolvimento das diferentes nações no comércio mundial, o que revolucionou o pensamento econômico e também serviu para entender essa complexa realidade. Heckscher e Ohlin acreditavam na teoria das vantagens comparativas – tanto como uma prescrição do que os países deveriam fazer quanto uma descrição do que geralmente faziam. De fato, os países tendiam a exportar o que produziam melhor e a importar aquilo em que não eram tão eficientes. O problema é que essa fórmula era quase tautológica: como se poderia saber com antecedência o que um país produzia melhor senão observando o sucesso ou o fracasso das exportações?

Os dois suecos, então, tentaram explicar os modelos nacionais de vantagens comparativas. É evidente que as vantagens comparativas não eram simplesmente um resultado do empenho. Eles sabiam que as dificuldades dos produtores agrícolas suecos não eram causadas pela falta de trabalho duro por parte das populações rurais. O problema era a escassez de terras do país e não a preguiça de sua população. Onde havia pouca oferta e as terras eram caras, a agricultura era dispendiosa; onde era abundante e barata, a produção agrícola podia ser feita a custos baixos. Eles notaram que os países se diferenciavam quanto a fatores de produção: alguns eram ricos em terra, outros possuíam mão-de-obra em abundância e terceiros dispunham de capital. Esses fatores, supunham eles, determinariam as vantagens comparativas nacionais e as importações e exportações dos diferentes países. Se houvesse dois Estados com quantidades idênticas de indivíduos e capital, a nação com pouca terra arável estaria em desvantagem comparativa na agricultura, ao passo que o país com uma oferta quase ilimitada de terras cultiváveis teria vantagem comparativa.

Desse pensamento resultou a teoria comercial de Heckscher e Ohlin, cuja idéia básica era simples: um país exportará bens de uso intensivo dos recursos que possui em abundância. Países com grandes extensões de terras se especializarão em produtos agrícolas que necessitam de grandes extensões de terras. Nações ricas em capital se concentrarão nos produtos intensivos em capital, especialmente manufaturados sofisticados. Regiões com abundância de mão-de-obra produzirão bens ou cultivos que exigem trabalho intensivo. Esses padrões de especialização levam a padrões análogos de comércio. Países ricos em terras, mas pobres em capital, produzirão culturas de grandes extensões de terra e importarão produtos manufaturados de capital intensivo. A idéia dos suecos também se aplica à movimentação de capital e indivíduos, assim como ao comércio. Segundo eles, esperava-se que os países ricos em capital exportassem capital, e os ricos em mão-de-obra exportassem mão-de-obra (evidentemente, terras não podem ser comercializadas internacionalmente sem que haja uma mudança nas fronteiras!).

A abordagem de Hecksher e Ohlin é extremamente eficiente para explicar como funcionavam os processos de migração, comércio e investimentos internacionais no período.[45] A Europa ocidental rica em capital, mas pobre em terras, exportava produtos manufaturados que necessitavam de capital, ou capital intensivo, para o resto do mundo e importava bens agrícolas cultivados em grandes extensões de terras. O sul e o leste da Europa, ricos em mão-de-obra, exportavam emigrantes. As áreas temperadas e tropicais subdesenvolvidas ricas em terras vendiam produtos agrícolas para o exterior. Eram pobres em capital e importavam manufaturados de capital intensivo. Na categoria dos países em rápido desenvolvimento e ricos em terras, os trópicos africanos, asiáticos e latino-americanos contavam com uma força de trabalho abundante, e assim exportavam mais produtos agrícolas de trabalho intensivo do que as nações pobres em mão-de-obra como América do Norte, Austrália e Argentina. O crescimento de todas essas áreas foi maior do que o alcançado até o momento. Com efeito, a América do Norte e a América do Sul eram as regiões do mundo que mais cresciam entre 1870 e 1913.

A teoria comercial de Heckscher e Ohlin ajuda a explicar o sucesso dos países que se concentraram no uso de seus fatores abundantes na divisão internacional do trabalho. Os países ricos em terras, que fizeram o que estava ao seu alcance para desenvolver a agricultura, prosperaram; assim como fizeram os países ricos em capital, focados nos investimentos externos. Os criadores do capitalismo industrial invadiram o mundo com produtos manufaturados de capital intensivo. Das vastas extensões dos pampas e pradarias escoaram grãos e carne bovina. Das terras e montanhas tropicais fluíram produtos feitos de palma, amendoim, borracha, café e chá. A abertura econômica internacional tornou possível industrializar e desenvolver sociedades de forma que elas pudessem alcançar as nações ricas do noroeste da Europa. O abismo entre os países ricos e aqueles das regiões que rapidamente cresciam fora reduzido.

4

Desenvolvimentos fracassados

O cônsul britânico da colônia conhecida como Estado Livre do Congo não tinha mais esperança quanto ao destino dos oprimidos habitantes do local, quando escreveu, em 1908:

> Nos perguntamos em vão quais os benefícios que essa gente extraiu da elogiada civilização do Estado Livre. Olhamos em vão para qualquer tentativa de benefício ou recompensa pela enorme riqueza que eles têm ajudado a despejar no Tesouro do Estado. As indústrias nativas estão sendo destruídas, sua liberdade lhes tem sido tomada e eles têm diminuído em número.[1]

Apesar da revolução econômica da Era de Ouro, a maior parte do mundo permaneceu opressivamente pobre. Enquanto as regiões em rápido desenvolvimento subiam a escada do sucesso industrial, grande parte da Ásia, da África, do Oriente Médio e até mesmo áreas da Rússia, da América Latina e do sul e leste da Europa caíam para degraus ainda mais baixos.

De fato, quase todas as partes do mundo cresceram, mas as disparidades nos índices eram grandes. As diferenças – um ponto percentual aqui ou ali – podem parecer pequenas, mas o impacto de um crescimento mais lento tornou-se pior ao longo das décadas. Por exemplo, em 1870, China e Índia eram cerca de 20% mais pobres que o México, utilizando uma base per capita – diferença que se aproximava da que existia entre a Europa ocidental e os Estados Unidos em 2000. Nos 40 anos que se seguiram, os índices de crescimento dos gigantes asiáticos eram, em média, cerca de 1,5% menor que os do México. Em 1913, esse país era três vezes mais rico que as duas nações asiáticas (quase a mesma diferença que existia entre os Estados Unidos e o México em 2000).[2] Em linhas gerais, a Europa ocidental, as áreas de colonização recente e a América Latina cresceram cerca de quatro vezes mais rápido do que a Ásia e duas vezes mais devagar do que o sul e o leste da Europa.

As classes dominantes eram as principais responsáveis pela incapacidade dessas sociedades em tirar proveito das novas oportunidades econômicas. Muitos dos dominantes não podiam, ou não queriam, criar condições para um crescimento econômico sustentado. Alguns deles eram colonizadores estrangeiros, que se utilizavam de meios mercenários e parasitários para explorar as populações locais. O Congo talvez tenha sido o exemplo mais gritante de uma sociedade que sofrera abusos chocantes por parte dos colonizadores.

O rei Leopoldo e o Congo

William Sheppard, um missionário afro-americano, foi à África central a fim de converter a população ao presbiterianismo. Quase por acaso, ele se viu no centro de um escândalo global que expôs um dos mais sangrentos regimes coloniais dos tempos modernos.[3]

Sheppard nasceu na Virgínia, nas últimas semanas da Guerra Civil norte-americana. Veio de uma família de negros livres. Foi ordenado pastor presbiteriano aos 23 anos e logo foi voluntário para trabalhar na África como missionário. Em 1890, Sheppard e Samuel Lapsley, um pastor norte-americano branco, formaram uma missão em Luebo, na remota região de Kasai, no centro da Bacia do Congo.

A presença dos dois jovens norte-americanos nessa região isolada deve-se aos planos e à persistência da monarquia européia obcecada pelas riquezas da África. No momento em que Sheppard chegara à África, havia 20 anos que o rei Leopoldo atuava para a consolidação de seu império pessoal no continente. Leopoldo sabia que a sua Bélgica natal nunca daria a ele uma colônia – o país não tinha uma Marinha nem navios mercantes, e o próprio Leopoldo era praticamente o único belga proeminente com aspirações imperialistas. Por essa razão, ele se apresentava como um benfeitor que desejava trazer o cristianismo para a população africana. Opunha-se, principalmente, ao tráfico de escravos do continente, o que havia se tornado uma questão interna envolvendo traficantes nativos e árabes desde a década de 1840, quando as potências européias proibiram o comércio transatlântico de escravos. Leopoldo pregava que a exploração de "seres inocentes reduzidos brutalmente a prisioneiros e condenados em massa ao trabalho forçado ... envergonha a nossa época".[4]

O rei começou sua carreira na África como patrono de exploradores, financiando a expedição de Henry Stanley, o primeiro a ir da nascente do rio Congo ao Atlântico. Quando conquistou credibilidade, Leopoldo convenceu as potências européias a conceder a ele o comando pessoal de toda a Bacia do Congo, uma área do mesmo tamanho da Europa ocidental, onde se suspeitava haver enormes riquezas naturais. O sucesso dele em obter o controle do Congo não fora resultado de suas habilidades, tampouco da influência geopolítica da Bélgica, já que ambos eram ignorados. Para as potências européias que estavam dividindo toda a África, o novo Estado Livre do Congo era uma nação-tampão útil por separar as colônias francesas, britânicas, alemãs e portuguesas da região. Leopoldo concordou em permitir que todos os estrangeiros tivessem igual acesso às riquezas da área, e, assim, os europeus não precisavam se preocupar com a possibilidade de não poderem entrar no local.

Sheppard, Lapsley e outros missionários protestantes norte-americanos serviram aos interesses de Leopoldo. Eles contiveram a influência dos missionários católicos franceses e portugueses, que eram acusados pelo rei de favorecer suas respectivas terras natais. Como norte-americanos, eles podiam construir uma base de apoio nos Estados Unidos para as ambições belgas. Além disso, os protestantes também poderiam ajudar no desbravamento de áreas do interior congolês para o Estado Livre de Leopoldo, cuja influência era limitada devido à extensão do país. Leopoldo conheceu Lapsley quando os dois missionários foram para a África, e o ingênuo rapaz de 24 anos se comoveu com a aparente simpatia do rei pela missão:

> A expressão dele era muito gentil, e sua voz fazia jus a ela ... Me pergunto como Deus mudou os tempos para que um rei católico sucessor de Felipe II conversasse sobre as missões estrangeiras com um rapaz norte-americano e presbiteriano.[5]

Leopoldo estimulou Lapsley a ir com Sheppard para a região de Kasai. O rei disse que as tropas do Estado Livre poderiam protegê-los melhor lá do que em qualquer outro lugar. Na verdade, Leopoldo queria que os jovens norte-americanos fossem para Kasai porque esta era uma área que as autoridades do Estado Livre não conheciam, ou não controlavam bem, e as missões poderiam ajudar a garantir a influência e a autoridade da administração do rei.

Sheppard se envolveu com a África e seus habitantes desde o início. Aprendeu as línguas locais e construiu uma rede de amigos e aliados. Quando Lapsley morreu, menos de dois anos depois de ambos terem se mudado para Kasai, Sheppard administrou sozinho a nova missão presbiteriana por cinco anos. O pastor estudou as sociedades nativas com grande interesse e sucesso, e passou a ter livre acesso à corte do rei da poderosa, e quase desconhecida,

Kuba. Ele impressionava o público europeu e norte-americano com seus relatórios e coleções de artefatos. Em 1893, Sheppard tornou-se o primeiro afro-americano e um dos mais jovens a ser eleito para a Real Sociedade Geográfica Britânica, provavelmente o título de maior prestígio concedido a um explorador. A sociedade também nomeou um lago na região de Kasai em homenagem a Sheppard, quem o havia "descoberto".

Mas outra descoberta, de natureza mais mundana, como registros comerciais, causou um impacto maior no Congo. No fim da década de 1890, Edmund Dene Morel trabalhava para a companhia britânica de navegação que tinha o monopólio do frete comercial do Congo e freqüentemente ia à Antuérpia em viagens de negócios. Morel, um adepto fervoroso do livre comércio e um defensor entusiasmado da empreitada de Leopoldo, notou um fato suspeito. Quase tudo o que a companhia de navegação enviava da Antuérpia para o Congo eram armamentos e munição para as tropas do Estado Livre. A transação não poderia vir de outro lugar, pois a companhia detinha um monopólio. Aos africanos do Congo não era permitido usar dinheiro, então se estes não estavam sendo pagos em bens, eles também não estavam recebendo nada pelo fornecimento de marfim e borracha. Mais tarde, chegando a uma conclusão inevitável, Morel escreveu:

> Somente o trabalho forçado, do tipo mais terrível e contínuo, poderia explicar tais lucros obscuros ... trabalho forçado do qual o governo do Congo era o beneficiário imediato; trabalho forçado coordenado pelos súditos mais próximos do próprio rei.[6]

Morel havia descoberto a lógica econômica do reino de Leopoldo. O rei esperava obter enormes lucros no Congo. Mas, primeiro, a região precisava ser conquistada e governada, o que era imensamente caro. Tão caro que Leopoldo precisou de empréstimos pesados para manter seu Estado Livre. Durante uma década, o marfim da região forneceu parte do dinheiro que Leopoldo necessitava, mas em meados da década de 1890 a borracha superou o marfim como o produto mais importante da colônia. A demanda mundial por borracha disparou, uma vez que inovações técnicas tornaram o material mais versátil, e novos produtos, tais como bicicletas e automóveis, deram um novo sentido para a utilização das rodas de borracha.

A borracha selvagem do Congo era um recurso muito conveniente para o rei ávido por dinheiro vivo, uma vez que ela brotava naturalmente e não gerava custos de plantação. O problema era que atingir os campos selvagens tornou-se difícil e doloroso: eles estavam espalhados pela densa floresta tropical e, muitas vezes, a única forma prática de transformar a seiva em borracha era o coletor espalhá-la em seu corpo, esperar secar e tirá-la, com pêlos e tudo. A coleta era tão difícil que os administradores de Leopoldo não conseguiam voluntários congoleses para realizar a tarefa em trocas de bens. Assim, o Estado Livre optou pela força, impondo "taxas" aos congoleses a serem pagas em borracha.

Os soldados do Estado Livre utilizavam uma série de métodos para obrigar a população a coletar o produto. Às vezes, faziam reféns mulheres e crianças do vilarejo e apenas as libertavam quando os homens entregavam uma determinada quantidade de borracha. Outras vezes, os líderes locais eram subornados para forçar a população a trazer o produto. Quando todos os métodos falhavam, os soldados ateavam fogo nos vilarejos rebeldes e massacravam os habitantes para que as áreas vizinhas ficassem cientes do preço da desobediência.

Ocasionalmente, as notícias das atrocidades cometidas pelo Estado Livre extrapolavam o Congo. Em 1899, a missão presbiteriana mandou William Sheppard investigar relatos do conflito entre Kuba e uma tribo canibal chamada Zappo Zaps, que participava do comércio de escravos. Sheppard voltou à capital de Kuba e, para o seu desespero, encontrou uma região devastada. O sistema brutal de coleta de borracha havia chegado a Kuba, que resistiu e foi punida com trabalho forçado. O Estado Livre do rei Leopoldo contratou os Zappo Zaps e os enviou para que pacificassem Kuba, onde instauraram o terror.

Eventualmente, Sheppard se encontrava com um grupo de Zappo Zaps, cujo líder o reconheceu. Mlumba, o comandante local, se orgulhava de ter destruído vilarejos inteiros. Ele sabia que Sheppard era estrangeiro e supôs que fosse aliado dos belgas. O próprio Sheppard viu pilhas de pedaços de corpos, que haviam sido cortados em bifes para o consumo dos soldados. "Mlumba", escreveu Sheppard, "nos conduziu para uma armação feita de varas, sob a qual ardia um fogo baixo. E lá estavam elas, as mãos direitas. Eu as contei: 81 no total." Mlumba explicou a Sheppard: "Aqui estão as nossas provas. Preciso sempre cortar a mão direita daqueles que matamos para mostrar ao Estado quantos foram mortos."[7] A lógica de Leopoldo também operava ali. O Estado Livre havia entregado armas e munição a seus mercenários, mas descobriu ser mais provável que estes as utilizassem mais em caçadas do que em defesa dos interesses do Estado. Para provar que estavam cumprindo suas tarefas, os soldados precisavam demonstrar que as armas e a munição do Estado estavam sendo usadas para fins militares. As mãos das vítimas conservadas pela fumaça provavam que o dinheiro do Estado não estava sendo desperdiçado.

Em poucas semanas, os relatos de Sheppard sobre as atrocidades testemunhadas na região de Kasai ganharam os jornais do mundo. Ao mesmo tempo, Edmund Morel continuava com suas descobertas sobre a fraude comercial de Leopoldo, e se empenhava, de forma sistemática, em revelar ao mundo a realidade congolesa. Ele fundou um jornal que publicava os detalhes terríveis da brutal administração do rei. Alguns meses após as revelações de Sheppard,

Edgar Canisius, um empresário norte-americano, testemunhou uma expedição punitiva dos soldados do Estado Livre. Canisius disse que em seis semanas as tropas "haviam matado mais de 9 mil nativos, homens, mulheres e crianças", pelo objetivo de "acrescentar ... 20 toneladas de borracha à produção mensal".[8] Com a proliferação de relatos como esses, em 1903 a Câmara dos Comuns britânica se opôs oficialmente ao reinado de Leopoldo. O Ministério das Relações Exteriores da Grã-Bretanha levou essa questão adiante, enviando seu cônsul ao Congo para uma viagem investigativa de meses pelo interior do país, o que confirmou as suspeitas dos que criticavam Leopoldo de forma mais severa.

A Associação Britânica de Reforma do Congo, criada por Morel, mobilizou a opinião pública contra o rei Leopoldo e a devastação causada por ele no país. Rapidamente, o movimento ganhou força e conquistou o apoio de antiimperialistas como Mark Twain, cujo *King Leopold's Soliloquy* tornou-se uma obra-prima amarga de sátira política. Mesmo os imperialistas convictos se uniram no clamor contra o rei Leopoldo, uma vez que as atrocidades por ele cometidas desacreditavam os governos coloniais "responsáveis". Com efeito, em janeiro de 1905, um dos líderes imperialistas dos Estados Unidos, o presidente Theodore Roosevelt, recebeu William Sheppard na Casa Branca e endossou seus esforços em nome dos congoleses. O lado mais pragmático das potências européias preocupava-se com o fato de Leopoldo não honrar seu compromisso de manter o Congo aberto ao comércio e aos investimentos de outros países, e de se utilizar de métodos corruptos para reservar as oportunidades de lucro para seus aliados.

O poderoso Partido Socialista da Bélgica e outros reformistas se uniram nas críticas pedindo que o reino africano de Leopoldo fosse devolvido ao governo belga e fosse conduzido de forma mais responsável por um poder colonial mais apropriado. Apenas os radicais consideravam a possibilidade de independência, uma vez que naquele momento apenas dois países em toda a África Subsaariana não eram mais colônias. Leopoldo reagiu nomeando uma comissão de inquérito. Mas a comissão do próprio Leopoldo depôs contra ele: "Cobrar dos nativos impostos a serem pagos com trabalho é tão opressivo que eles têm pouca, se é que alguma, ... liberdade. Os nativos são praticamente prisioneiros em seu próprio território." A comissão condenou as freqüentes "expedições punitivas ... cujo objetivo era aterrorizar os nativos para que pagassem um imposto ... que os comissários consideraram desumano".[9] Em seguida, Leopoldo foi obrigado a devolver o controle da colônia ao governo belga, que eliminou os excessos mais graves.

Os conflitos entre William Sheppard e as autoridades congolesas não haviam terminado. Em 1907, ele escreveu de forma eloqüente sobre quanto o comércio da borracha havia destruído a estrutura social de meio milhão de indivíduos da tribo de Kuba:

> Há apenas alguns anos, os viajantes deste país os encontravam morando em casas grandes, de um a quatro quartos cada, amando e vivendo felizes com seus filhos e mulheres. Essa era uma das mais prósperas e inteligentes tribos africanas, apesar de viver em uma das mais remotas áreas do planeta. ... Mas, nos últimos três anos, quantas mudanças! Suas fazendas cultivam pragas e selva, seu rei é praticamente um escravo, a maioria das casas é de um cômodo, muitas foram abandonadas e outras estão construídas apenas parcialmente. As ruas de suas cidades não estão limpas e bem varridas como um dia estiveram. Até mesmo seus filhos choram por pão. Por que isso mudou? Vocês saberão em poucas palavras. Há guardas armados de companhias de comércio da Coroa forçando homens e mulheres a passar a maior parte de seus dias e noites na floresta fazendo borracha, e o valor que recebem é tão insuficiente que não podem viver dele.[10]

Os ultrajantes diretores da companhia local de comércio ligada à Coroa, a Kasai Company, mais uma vez foram à justiça congolesa contra Sheppard. Morel e os presbiterianos organizaram uma rede global de apoio a Sheppard quando ele foi julgado em Kinshasa. O governo dos Estados Unidos questionou o julgamento, e o líder do Partido Socialista belga correu para o Congo para atuar como advogado de Sheppard. O espetáculo apenas enfatizou a natureza vil do governo de Leopoldo e os lucros obtidos pelas empresas favorecidas por ele. Mais tarde, o juiz considerou as acusações contra Sheppard improcedentes. Após quase 20 anos no Congo, ele estava pronto para voltar para casa. Aposentou-se do trabalho missionário e passou os 20 anos restantes de vida como pastor em Louisville, Kentucky. Em 1909, pouco depois da vitória de Sheppard, Leopoldo morreu – mais desonrado do que qualquer rei em exercício poderia estar.

O Estado Livre do Congo fora o epítome do mal colonial moderno. Sir Arthur Conan Doyle, autor das histórias de Sherlock Holmes, chamou a exploração de Leopoldo no Congo de "o maior crime de toda a história, o maior por ter sido perpetrado sob uma odiosa pretensão de filantropia".[11] Por mais que pareça exagerado, isso expressa a reação popular aos horrores da má gestão colonial, uma reação apresentada de forma literária pelo *jazz poet** Vachel Lindsay em seu poema épico *The Congo*:

> Listen to the yell of Leopold's ghost
> Burning in Hell for his hand-maimed host

---

* Movimento literário surgido na década de 1920 nos Estados Unidos, que propunha uma fusão da poesia com o ritmo do jazz. (N.T.)

Hear how the demons chuckle and yell
Cutting his hands off, down in Hell.*

Os 25 anos da má administração de Leopoldo saquearam o país, e a violência causou a morte não natural de milhões de congoleses. Mas tal má gestão gerou danos bem maiores, como a destruição de boa parte da estrutura social da região. Os mestres coloniais dilaceraram ou devastaram as sociedades locais, exacerbaram os conflitos entre os habitantes da área e não deram nenhuma oportunidade para que os congoleses aderissem ou se adaptassem ao que o exterior oferecia de útil. A administração colonial fez com que os habitantes de uma região com recursos naturais extraordinários não conseguissem utilizá-los para o desenvolvimento da economia. Leopoldo nunca visitou o Congo; os interesses dele eram econômicos e políticos, não pessoais. Mas o senhorio ausente e seu Estado Livre fizeram estragos enormes na região. Eles são os principais culpados pelo triste desempenho econômico da colônia centro-africana durante esse período e, em grande parte, são responsáveis pela estagnação econômica do país nas décadas subseqüentes.

Colonialismo e subdesenvolvimento

Mark Twain chamou o rei Leopoldo e todos os de sua laia de "as bênçãos da civilização do truste". Escreveu Twain sobre o truste: "Há mais dinheiro, mais território, maior soberania e outros tipos de ganhos do que existe em qualquer outro jogo."[12] Assim como Leopoldo, muitos dos membros do truste eram obcecados pela extração de riquezas de suas possessões. Eles extraíam todos os recursos que podiam de enclaves auto-suficientes em minas de cobre e ouro ou em plantações de banana e cana-de-açúcar. Os donos, clientes e algumas vezes até mesmo a mão-de-obra desses enclaves não tinham qualquer interesse de longo prazo na região, e o impacto causado na economia local era mínimo. Com freqüência, quando a estrutura requeria trabalhadores, como no caso do Congo, as autoridades coloniais impunham o trabalho forçado aos que ali residiam.

Tais enclaves eram praticamente um roubo organizado. Retiravam-se recursos valiosos sem que qualquer riqueza, tecnologia ou treinamento fosse deixado para trás. Os colonizadores algumas vezes submetiam os habitantes nativos a condições quase escravagistas, dilacerando a forma como viviam e

---

* Ouçam os gritos do fantasma Leopoldo / Queimando no inferno pela sua horda mutiladora de mãos / Ouça como os demônios regozijam-se e urram / Cortando suas mãos no inferno. (N.T.)

destruindo a economia local. O rei Leopoldo no Congo e os portugueses em suas colônias foram os exploradores locais de maior proeminência. Tais regimes foram predatórios de uma forma tão gritante que até mesmo na época causavam comoção generalizada, como ocorrera no Congo.

As concessões comerciais eram levemente menos nocivas do que os enclaves extrativistas. Eram uma volta ao mercantilismo europeu dos séculos XVII e XVIII, quando os monopólios da Coroa, como a Companhia Holandesa das Índias Orientais e a Companhia da Baía de Hudson, controlavam colônias inteiras. Nos casos mais modernos, a metrópole designava regiões promissoras a concessionárias comerciais. Nas palavras de um dos gerentes da Companhia Britânica da África do Sul, que administrava a Rodésia do Norte (hoje Zâmbia), "o problema da Rodésia do Norte não é de colonização ... o problema é saber como desenvolver melhor de forma científica um grande Estado para que ele gere a maior quantidade possível de lucros para o seu proprietário".[13] Se sucesso comercial e desenvolvimento econômico caminhassem juntos estaria tudo bem, mas onde eles entram em conflito, a principal responsabilidade das concessionárias seria com seus acionistas.

Quando pequenos grupos de europeus colonizavam áreas com grandes populações nativas, o potencial para abusos era o mesmo dos casos de puro saqueio colonial. Essas colonizações de povoamento foram fundamentalmente diferentes das migrações européias em massa para áreas pouco habitadas, como os pampas argentinos e as pradarias canadenses, onde os imigrantes e seus descendentes eram praticamente toda a população local. As colônias de povoamento, em contrapartida, eram governadas por uma classe estrangeira que dominava e controlava numerosas populações nativas. Algumas autoridades coloniais estimulavam esse tipo de colonização para que fossem desenvolvidas fontes de produção agrícola; alguns enxergavam os colonos como escudos contra a população nativa e outras potências concorrentes, mas desenvolvimento econômico por meio da colonização de povoamento era quase sempre um fracasso.

Esse tipo de colonização em geral envolvia a concessão de terras a europeus para que fossem cultivados produtos rentáveis que normalmente não eram produzidos pelos nativos. Com freqüência, as colônias de povoamento revelavam a sabedoria dos habitantes locais em não cultivarem esses produtos, uma vez que as fazendas fracassavam de forma miserável. De fato, os colonos destruíam as atividades econômicas tradicionais para forçar os "nativos" a trabalhar para eles nas novas fazendas. Muitos colonos apenas foram bem-sucedidos na agricultura comercial devido a subsídios concedidos pelas autoridades: créditos e isenção de impostos, infra-estrutura barata, acesso privilegiado a mercados, expropriações locais. Para conseguir que 6 mil europeus se estabelecessem no Quênia por volta de 1913, os britânicos precisaram vender a eles terras próximas a novas ferrovias a preços irrisórios, expulsar milhares de habitantes das tribos Masai e Kikuyu de suas terras, rever a captação e a cobrança de impostos de moradia, a fim de estimular os africanos a trabalhar para os colonos, e – como era alegado – coagir os trabalhadores por meio de líderes locais aliados. Mas, mesmo assim, a agricultura da colonização de povoamento no Quênia continuava a ser um grande fracasso.[14]

Houve alguns casos bem-sucedidos em que os colonos conseguiram desenvolver fazendas produtivas. Na Argélia, centenas de milhares de europeus estabelecidos ao longo da costa do Mediterrâneo após o domínio francês haviam se consolidado em meados do século XVIII. A topografia e o clima da região eram semelhantes aos do sul da França, e o solo era adequado para o plantio de produtos já conhecidos dos franceses. Logo, os colonos estavam exportando grãos e vinho, e a competitividade deles era fortalecida por políticas favoráveis da metrópole e pela mão-de-obra local barata. Na outra extremidade do continente, algumas áreas do sul da África, como a Rodésia e a Província do Cabo, também eram bem-sucedidas economicamente. Nessas regiões, as colônias de povoamento tornaram-se lucrativas, em grande parte devido a produtos agrícolas rentáveis.

No entanto, até mesmo as colônias de povoamento mais prósperas eram governadas pelas políticas coloniais que beneficiavam os assentados – colonos argelinos, rodesianos brancos – e excluía os habitantes locais. Os colonos, cercados por sociedades nativas populosas, dependiam do tratamento desigual e segregado. Se fossem concedidos direitos iguais ao resto da população, a posição privilegiada dos colonos sofreria com a concorrência dos árabes ou africanos dispostos a trabalhar mais por menos. O que muitos colonos desejavam não era o desenvolvimento geral da agricultura nativa, mas uma força de trabalho cativa e barata. Os esforços em prol da melhora nas condições dos "nativos" se dissipava diante da necessidade de mão-de-obra barata dos colonos. Portanto, a maioria dos colonizadores era contra a incorporação de outros sujeitos coloniais nos sistemas político, social e econômico.

A recusa dos assentados em inserir as populações locais na sociedade às vezes gerava conflitos com as próprias potências coloniais.[15] No princípio, os governos europeus escolhiam uma certa quantidade de homens franceses ou britânicos para supervisionar suas possessões. No entanto, a população local não podia ser eternamente subjugada à força, e os impérios coloniais, ocasionalmente, queriam estimular o envolvimento dos habitantes nativos na sociedade – a fim de atraí-los para a Nova Ordem. Os assentados eram contra essa incorporação porque isso implicava a redução de seus privilégios especiais. Caso fossem ourtorgados aos árabes argelinos ou aos negros rodesianos e quenianos o pleno acesso à terra, aos serviços públicos e ao voto, logo haveria fortes pressões para eliminar os favores concedidos aos europeus.

A oposição dos assentados à inclusão dos habitantes locais no sistema colonial muitas vezes boicotava as bases para uma integração econômica internacional ampla e para o desenvolvimento econômico em geral. Os colonos impediam que os habitantes locais, e seus aliados mais próximos, prosperassem; com a maioria dos habitantes locais excluída, havia poucas chances para um crescimento econômico amplo. Se a Rodésia ou a Argélia fossem mais includentes, do ponto de vista econômico, social e político, essas regiões poderiam ter expandido as oportunidades financeiras de suas metrópoles, razão que, juntamente com a busca por mais governabilidade, motivava a França e a Grã-Bretanha a considerar a inclusão. Ao boicotarem a democratização, os colonos também boicotavam o desenvolvimento social e econômico da região e, assim, obtinham – como aconteceu – a fatia maior de um bolo menor.

Mesmo onde a ordem estrangeira não era tão perniciosa quanto as colonizações de povoamento ou de extração, ela também poderia estancar o crescimento local. Algumas potências imperialistas restringiram o comércio a formas que se assemelhavam ao mercantilismo europeu, contra o qual lutaram os movimentos de independência do Novo Mundo e os liberais europeus. Os mercantilistas forçavam as colônias a vender para os mercados das metrópoles e delas comprar, exagerando nos preços das vendas e pagando abaixo do valor nas compras. Além de utilizar os preços contra as colônias, algumas vezes os mercantilistas desestimulavam ou proibiam o desenvolvimento das manufaturas locais. Algumas potências imperialistas modernas utilizavam políticas ao estilo mercantilista a fim de impor seu comércio e seus investimentos por meio das vias coloniais. Essas práticas negavam às colônias o pleno acesso a bens, capitais e tecnologias da vibrante economia mundial. Algumas das grandes potências também forçavam países em desenvolvimento independentes a assinarem acordos desiguais que concediam tratamento preferencial às nações industriais.

O neomercantilismo global e os tratados neocoloniais significavam alguns impedimentos ao desenvolvimento, mas não de forma substancial. Os Impérios britânico e alemão praticavam o livre comércio, assim como toda a África central. Onde impostas, as tarifas comerciais eram baixas, e o desvio que o comércio informal representava não era muito custoso para as colônias. Os tratados comerciais desiguais também tinham efeito limitado: países que desejavam impor tarifas altas, como o Brasil, a Rússia e os Estados Unidos, nunca chegavam a um acordo, e aqueles que concordavam tinham pouco interesse nelas. Com efeito, quando Estados como o Sião e o Japão eram liberados dos tratados comerciais desiguais, as políticas comerciais desses países pouco mudavam.

Dessa forma, por mais que as potências imperiais de fato manipulassem o comércio com as nações mais pobres, tal manipulação não era tão devastadora a ponto de retardar o crescimento econômico como um todo.

Na verdade, a maioria das potências imperiais insistia na participação de suas colônias na economia internacional. A motivação não era causada por benevolência colonial, mas pelo fato de que levar os recursos das colônias aos mercados em geral exigia um envolvimento local ativo. Em muitas sociedades, os bens destinados à exportação eram produzidos pelos agricultores locais. Isso se aplicava a grande parte da África ocidental, Ceilão e Sudeste Asiático, e os governos coloniais dessas regiões, assim como os de outros locais, lutavam para inserir seus produtos nos mercados mundiais. Construíam ferrovias, estradas e portos; estabeleciam a ordem jurídica e monetária; e estimulavam os comerciantes a buscar produtores e consumidores no interior desses países.

As classes dominantes coloniais sempre fizeram pouco – se é que algo – para que as colônias tivessem acesso aos mercados internacionais. Algumas vezes, isso podia ser explicado pelo fato de o proprietário imperialista ter adquirido territórios para fins não-econômicos, como abrigar tropas de soldados ou abastecer navios. Algumas vezes, a explicação era o atraso abissal da metrópole, como no caso das colônias portuguesas e espanholas. Algumas vezes, isso se dava porque a potência colonial contava com governantes locais que temiam os efeitos da economia internacional sobre o controle social que exerciam. Nesse sentido, a provisão inadequada de oportunidades econômicas aos sujeitos coloniais – em especial aos que não fossem brancos – era a principal falha da maioria das potências.

Sir Arthur Lewis analisou o impacto final até mesmo das colonizações mais benevolentes com a eloqüência e o comedimento que lhe são peculiares. Escrevendo por experiência própria – ele fora a primeira "pessoa de cor" e o primeiro cidadão de uma colônia a receber o Prêmio Nobel de Economia (ele nasceu em Santa Lúcia, nas Índias Orientais) –, Lewis comentou na década de 1970:

> O atraso dos países menos desenvolvidos de 1870 só poderia ter sido revertido por pessoas preparadas para modificar certos costumes, leis e instituições e para tirar o balanço de poder político e econômico das mãos dos proprietários de terra e das classes aristocráticas. Mas a maioria das potências imperialistas aliou-se aos blocos poderosos que já existiam. Eram particularmente hostis aos jovens instruídos, os quais, por meios de segregação racial, geralmente mantinham-se afastados dos cargos onde pudessem ganhar experiência administrativa, seja no serviço público ou em empresas privadas. Tais indivíduos, diriam eles, não podiam ser empregados em cargos superiores, tanto pela falta de experiência administrativa quanto

> pela ausência do tipo de formação cultural necessária para que essa competência pudesse florescer. Como um dos resultados disso, talentos brilhantes foram mandados para as longas e penosas lutas anticoloniais, enquanto poderiam ter sido utilizados com criatividade em setores do desenvolvimento.[16]

Esses eram sinais mais de omissão do que de delegação. Envolviam mais uma atenção inadequada aos pré-requisitos do desenvolvimento econômico do que uma oposição ativa a eles. Mas tais sinais eram reais e suficientemente importantes para gerar fracassos de desenvolvimento nos anos que precederam 1914.

O colonialismo suprimia o desenvolvimento a ponto de bloquear a integração econômica da colônia com o resto do mundo, ou de impedir que os sujeitos coloniais participassem do projeto. Essa conclusão vai de encontro à idéia que considera o comércio e os investimentos internacionais a causa do problema. Muitos ativistas anticoloniais da época criticavam o comércio, o que continua popular até hoje em alguns círculos. Eles acusavam as grandes potências de terem jogado as colônias nas mãos impiedosas da economia global, sujeitando regiões pobres à coerção dos mercados mundiais. A acusação é injusta por pelo menos dois motivos. Primeiro, os governos coloniais mais nocivos e questionáveis fizeram uso de *restrições* ao comércio, e não do livre comércio, para drenar os recursos de suas colônias. Segundo, o compromisso com os mercados mundiais em geral aumentava o crescimento econômico da colônia de forma acentuada. Não é coincidência que a parcela da economia da América Latina, região de rápido crescimento, dedicada à atividade comercial fosse três vezes maior do que a da Ásia, que apresentava um crescimento lento. Isso significava um comércio seis vezes maior numa base per capita. Quando os povos da região conseguiam o acesso às oportunidades, eles perseguiam com vigor as possibilidades de enriquecimento oferecidas pelo capitalismo global. As áreas coloniais de crescimento mais rápido foram aquelas em que os governos conseguiram de forma mais eficiente garantir o bom funcionamento dos caminhos que levavam ao mercado global, de ida e de volta. Os problemas relativos ao desenvolvimento eram mais severos onde os regimes coloniais não desejavam, ou não podiam permitir, que os povos das colônias tirassem proveito do que a economia global tinha a oferecer.

O colonialismo fora apenas um entre os muitos fatores que afetaram o crescimento do mundo em desenvolvimento, e nem sempre era negativo. Governos coloniais eficazes aceleravam o avanço econômico da mesma forma que a exploração mercenária o retardava. Economicamente, a maioria das colônias encontrava-se no meio do caminho. Contavam com uma módica administração e outros benefícios, sujeitavam-se a uma modesta quantidade de tributos e discriminação comercial. A relativa pouca importância da colonização para os desdobramentos do desenvolvimento torna-se clara sob uma perspectiva mais ampla: a variação nos níveis de progresso era tão grande entre as não-colônias quanto nas regiões coloniais. Por exemplo, enquanto grande parte da América Latina cresceu rapidamente, algumas áreas, da América Central ao Nordeste brasileiro, estagnaram-se. Os dois fracassos mais óbvios em termos de desenvolvimento, a China e o Império Otomano, eram independentes. Algumas colônias se estagnaram, da mesma forma que certos países independentes; outros países colonizados cresceram rapidamente, assim como outras nações independentes. Exceto em casos como o do claro saqueio leopoldiano e de algumas colônias de povoamento privilegiadas, de forma geral o colonialismo não fora um obstáculo intransponível ao desenvolvimento econômico.

Má gestão e subdesenvolvimento

As políticas econômicas dos governantes de uma nação eram os principais determinantes do desenvolvimento econômico, fossem os governantes coloniais ou locais. Crescimento econômico exigia investimentos, fácil contato com clientes domésticos ou internacionais, especialistas locais e acesso a tecnologia e capital estrangeiros. Nada disso podia ser conseguido sem o apoio, ou pelo menos a permissão, dos governantes.

Quatro quintos da economia das sociedades pobres da virada do século XX correspondiam à agricultura, que era extremamente atrasada. Em comparação, em 1700 a Grã-Bretanha era menos rural do que isso e as suas fazendas apresentavam uma produtividade maior.[17] Para se modernizarem, os produtores agrícolas precisavam aperfeiçoar suas terras, aprender novos métodos e cultivar outros produtos. As áreas que cresceram rápido – as planícies de arroz da Tailândia e Burma, as regiões de cacau da África oriental, as zonas de café do Brasil e da Colômbia – contavam com uma grande quantidade de produtores agrícolas independentes trabalhando para o desenvolvimento de suas terras. E os governos dessas áreas facilitavam o acesso de seus cidadãos às vantagens das oportunidades econômicas.

Infra-estrutura e serviços que facilitassem a atividade econômica eram pré-requisitos para o crescimento. Os agricultores necessitavam de créditos, informação sobre técnicas e mercados, e meios de transporte para trazer o maquinário e levar a produção. Os governantes que se interessavam pelo crescimento econômico garantiam confiáveis sistemas de transportes, comunicação e finanças.

O desenvolvimento também exigia condições políticas e legais sofisticadas, em especial a garantia de direitos de propriedade. O comprometimento com a proteção da propriedade privada não era necessariamente uma concessão de privilégio; nas sociedades pobres os principais donos de terras eram os agricultores. Para que pudessem se beneficiar das oportunidades da nova economia eles precisavam gastar dinheiro, energia e tempo para melhorar o solo. O produtor agrícola arriscava seu sustento para plantar árvores de café, transformar florestas em campos de cultivo ou irrigar. Como eles optariam por um investimento tão arriscado se não tivessem a garantia de que veriam os frutos de seu trabalho? Se bandidos pudessem roubar seus animais e incendiar seus campos? Se funcionários dos governos locais pudessem extorquir qualquer riqueza que vissem sendo ganha? Se os governos nacionais taxassem todos os lucros?

Educação, para aprimorar as habilidades dos trabalhadores, e alfabetização também causavam um impacto direto na produtividade. De fato, o sucesso econômico e a escolaridade caminhavam quase de mãos dadas. Nos Estados Unidos e na Alemanha, 3/4 ou mais das crianças em idade escolar freqüentavam instituições de ensino; no Japão, metade; e na Argentina e no Chile, 1/4 das crianças tinha acesso à educação. Além disso, saneamento e saúde pública também eram importantes, tanto devido a razões sociais óbvias quanto por permitirem às pessoas se tornarem membros produtivos da sociedade.

A má gestão era a principal barreira ao desenvolvimento econômico. Ela impedia que produtores agrícolas e mineradores levassem seus produtos aos mercados mundiais e também que a África ocidental ou a América Central aprimorassem suas cidades e terras. De fato, fosse das autoridades coloniais ou dos governos independentes, a má gestão impedia o desenvolvimento, e vários governantes, independentes ou coloniais, eram indiferentes ou hostis à necessidade de desenvolvimento econômico.

Alguns sinais claros de má administração eram a ausência de sistemas adequados de comunicação e transporte, a escassez de bancos e a falta de confiança da população na moeda nacional. A primeira linha ferroviária da China fora construída 25 anos após a da Índia por mercadores estrangeiros e, um ano depois, o governo chinês a destruiu e jogou os pedaços no oceano.[18] Em 1913, o sistema de trens da China era menor do que o do pequeno Japão, o qual correspondia a apenas 1/5 da quilometragem ferroviária da Índia.

Outro sinal de má gestão era a falta de um comprometimento claro por parte do governo em relação a um ambiente econômico confiável. Assim, a população não podia aproveitar as oportunidades que a economia mundial em crescimento oferecia. Os governantes tradicionais em geral relutavam em garantir os direitos dos investidores. Respeitar o direito de propriedade privada, sobretudo, significava a restrição de regalias do governo. Foi apenas nos primeiros anos do século XX que a China tomou a medida básica de adotar um código de leis para as corporações, permitindo as empresas a operar normalmente. Até então, com freqüência as autoridades ignoravam os direitos dos cidadãos.

Uma má administração também incluía o desinteresse do governo em melhorar a qualidade de vida e trabalho dos indivíduos. Na Índia, apenas uma em cada 20 crianças freqüentava a escola.[19] Em 1907, 92% da população adulta do Egito era analfabeta, e o governo não demonstrava qualquer interesse em reduzir esses números.[20] Muitos governantes – independentes, neocoloniais e coloniais – falharam, de forma vil, em fornecer educação básica, saneamento ou saúde pública.

Por que as classes dominantes condenavam suas sociedades à estagnação? Nas colônias, a resposta talvez fosse que os governantes imperialistas não tinham interesse nas condições econômicas locais. Mas muitos dos fracassos desenvolvimentistas eram politicamente independentes e podemos presumir, com segurança, que a maior parte dos governantes preferia o crescimento da economia de suas sociedades ao retrocesso – mesmo que fosse apenas para gerar mais impostos. Não era uma simples falta de democracia; os governantes de quase todos os lugares eram oligárquicos, tanto nos países pobres quanto nos ricos. Alguns soberanos simplesmente tinham menos interesse, ou capacidade, que outros de permitir um crescimento econômico amplo.

Estagnação na Ásia

Os fracassos desenvolvimentistas mais notáveis foram a China, o Império Otomano e a Índia. As três civilizações mais antigas do mundo possuíam, evidentemente, uma longa experiência de complexa organização social. Assim como na Europa pré-moderna, essas economias eram constituídas quase exclusivamente por agricultura e artesanato locais, e havia tempos não estavam bem equilibradas – eram suficientes para alimentar e vestir a população, mas não para criar um superávit substancial que gerasse investimentos e crescimento. Os governos eram especialistas em administrar suas sociedades longínquas, promovendo estabilidade social e segurança militar. Os poucos segmentos avançados da economia – finanças e comércio internacionais e uma indústria incipiente – estavam nas mãos de diferentes grupos, algumas vezes de etnias distintas. Essas ilhas de atividade econômica eram cuidadosamente monitoradas para que não emergissem centros de poder alternativos.

As classes dominantes dos três países temiam que o crescimento econômico provocasse mudanças sociais que os tornassem ingovernáveis, ou ao menos ingovernáveis pela administração vigente. A principal preocupação dos governantes otomanos, chineses e indianos era com a estabilidade da ordem social e, de fato, o crescimento econômico poderia desequilibrá-la. O estímulo ao surgimento de um setor privado próspero exigia que os governos respeitassem os direitos de seus cidadãos de uma forma que eles não estavam acostumados. A criação de uma base para o crescimento da economia moderna significava participar da economia mundial, cobrar impostos dos ricos, educar os pobres, melhorar os transportes no campo e desenvolver mercados de crédito locais. A maior parte desses fatores implicava mudanças sociais, as quais não eram bem-vindas pelas classes dominantes. Nenhum dos três governos se empenhou de verdade para superar a inércia social até o fim do século XIX, quando já era tarde demais. O tradicionalismo impediu a modernização.[21]

Defensores dos três governos argumentavam que a necessidade geopolítica os forçava a subordinar o desenvolvimento a objetivos de política externa. Acredita-se que o Império Chinês e o Otomano enfrentavam ameaças à soberania que os obrigaram a sacrificar o desenvolvimento econômico. Por exemplo, uma explicação para a hostilidade do governo chinês às estradas de ferro seria que militares estrangeiros, mercadores ou missionários as utilizavam, comprometendo a segurança do país. A escolha por si só já é reveladora. Por um lado, isso simplesmente admitia que os próprios chineses não eram capazes de adotar as novas tecnologias, o que incluía a utilização das ferrovias para usos militares, como fazia o Japão. Por outro, negar à nação uma revolução nos transportes apenas para impedir o acesso de estrangeiros significava que as ameaças ao poder de influência do governo se sobrepunham às oportunidades para o crescimento econômico. O poder imperial e a estabilidade eram mais importantes do que o desenvolvimento. No fim, o governo voltou atrás e utilizou as ferrovias para que as tropas pudessem se movimentar de forma rápida durante a Guerra dos Boxers, de 1899 a 1900. Também embarcou num programa para a construção de estradas de ferro, mas, naquele momento, eles já estavam 40 anos atrasados. O argumento da necessidade militar é precisamente retrógrado: as crescentes infrações contra a soberania dos chineses e otomanos no decorrer do século XIX e início do XX eram um *resultado* da inadequação econômica deles, e não a causa.

No caso da Índia, algumas vezes alega-se que o status do país como uma preciosidade militar essencial para a Coroa britânica retardou o crescimento devido à negligência colonial em relação às necessidades econômicas. É verdade que o principal gasto da Grã-Bretanha na Índia, a construção de um sistema ferroviário extenso, fora motivado por razões militares. Mas, longe de retardar o desenvolvimento, as ferrovias provavelmente foram a maior fonte de qualquer sucesso econômico registrado na Índia. No entanto, tal fato sozinho era insuficiente. Da mesma forma como os governantes da China e do Império Otomano, tanto os britânicos quanto seus aliados indianos preocupavam-se prioritariamente em manter o controle político, e viam com suspeita as medidas desenvolvimentistas agressivas.[22]

Nas últimas décadas do século XIX, o desastroso abismo desenvolvimentista já se fazia claro, e nos três países cresciam movimentos por reformas. Muitos dos que desejavam as mudanças eram lúcidos e bem-intencionados, até mesmo dentro do governo. Mas, na maioria dos casos, os esforços deles eram suprimidos pela resistência imperial ainda presente.

Alguns governantes chineses, por exemplo, abraçaram as reformas econômicas e políticas. Mas as credenciais reformistas do governo eram suspeitas, como mostrara a viúva do imperador ao apoiar a Guerra dos Boxers, uma batalha anti-Ocidente. Até mesmo as reformas implementadas pelo governo chinês foram distorcidas pela influência das classes dominantes tradicionais.

Um dos fatores de maior pressão era o desenvolvimento de uma indústria moderna, quase inexistente na China. Até então, os poucos governantes que estimularam a indústria o fizeram com o objetivo de aumentar a sua própria influência. O governador das províncias de Hubei e Hunan, por exemplo, determinou que a Hanyang Iron Works (siderúrgica) ficasse sob seu controle. Ele mesmo providenciou a encomenda de equipamentos das usinas por intermédio do embaixador da China em Londres, aparentemente porque desejava as últimas novidades em equipamentos britânicos. Dada a ignorância do governador em metalurgia, os altos-fornos eram inapropriados para o minério local, ao passo que o carvão pretendido para as usinas era inutilizável. Para tornar a situação ainda pior, as usinas foram construídas em uma área muito pequena e úmida demais, mas com o benefício de poder ser avistada do palácio do governador. O equipamento custou uma fortuna e fracassou de forma grotesca. O especialista em história econômica Albert Feuerwerker estudou o equívoco dessas últimas tentativas do governo imperial em estimular a indústria. Em todos os casos, os projetos enriqueceram alguns mercadores e funcionários do governo, mas nada fizeram pela modernização econômica do país. "O avassalador peso político da bem instruída elite se opunha ou era indiferente à industrialização", escreveu.[23]

Uma vez que interesses enraizados na sociedade sabotaram as reformas, os que se opunham às classes dominantes ergueram a bandeira da renovação nacional. Indianos nacionalistas que queriam mais autonomia para a colônia lideraram o movimento pelo desenvolvimento econômico. Oficiais de patente média do Exército otomano tomaram a dianteira na luta por reformas no Império. Os Jovens Turcos* tomaram o poder em 1908-1909, mas seus planos foram destruídos pela Primeira Guerra Mundial. A guerra, com imensas perdas

* Tradução para *Young Turks*, como era chamado o grupo de oficiais do Exército otomano que lutava por reformas. (N.T.)

otomanas, apenas mostrou aos movimentos nacionalistas estrangeiros e nativos o quão calamitoso fora o atraso. Com o colapso da ordem otomana, Mustafa Kemal (Atatürk), outro jovem oficial, liderou o que permaneceu do Império em direção à modernidade, transformando as ruínas na nova e secular Turquia. O relativo sucesso da Turquia de Atatürk serviu apenas para enfatizar a natureza retrógrada do regime que estava sendo substituído.

Na China, as novas forças sociais e econômicas também só foram instauradas por meio da revolução. O programa de reformas do governo imperial era tímido, e em 1911 uma coalizão entre oficiais insurgentes do Exército e civis da oposição destituiu a monarquia. Sun Yat-sen e seu Partido Nacionalista lideraram o movimento rebelde para a proclamação da República. Mas mesmo assim, conforme ocorrera com o Império Otomano, as reformas vieram tarde demais para que fosse possível evitar o avanço da deterioração das condições do país. Generais dividiram a China em feudos, o que deixou a nação quase sem defesa, enquanto o Japão, mais poderoso e industrializado, expandia seus domínios pelo território. Nenhum grupo ou indivíduo conseguiu unificar o país para lutar contra os estrangeiros ou renovar o governo nacional. O resultado foram quase 40 anos de guerra civil e invasões, calamidade após calamidade, o que demonstrava o quão despreparado para a modernidade o Império Chinês havia deixado o país. A civilização milenar da China, assim como as do Império Otomano e da Índia, bloqueou, em vez de permitir, a adesão e a adaptação às atividades econômicas modernas.

Estagnação nas plantações intensivas

Em alguns casos, interesses enraizados impediram o desenvolvimento econômico até mesmo onde o peso da história não estava presente. As classes dominantes que precisavam de mão-de-obra para as plantações ou dependessem de mineiros que aceitassem trabalhar por muito pouco perderiam a base de seus privilégios caso a mão-de-obra migrasse para atividades mais lucrativas. Aqueles que dependiam de trabalhadores cativos tinham pouco interesse em facilitar a entrada das massas na nova ordem econômica. Em contrapartida, as elites que não precisavam de mão-de-obra barata poderiam lucrar com uma economia mais próspera. Essas pessoas se tornariam banqueiros ou mercadores, desenvolveriam as pequenas propriedades rurais, participariam do lucrativo sistema comercial de importações e exportações ou atuariam como intermediários entre estrangeiros e locais.

A compatibilidade entre o desenvolvimento e os interesses das classes dominantes dependia, em parte, da natureza da economia. Diferentes cultivos ou matérias-primas geravam estruturas econômicas baseadas em grandes plantações, minas imensas ou na agricultura familiar, o que causou efeitos duradouros na organização social.[24] Algumas atividades tendiam a gerar oligarquias retrógradas que bloqueavam o crescimento econômico. Outros tipos de organização econômica estimulavam a incorporação da população nas esferas econômica e política, potencializando o avanço do desenvolvimento.

Os quatro principais cultivos dos trópicos para exportação apresentavam grandes diferenças em termos de organização de produção e de sociedade. Juntos, café, algodão, açúcar e arroz eram responsáveis por mais da metade das exportações agrícolas dos trópicos em 1913, e o impacto que causavam nas sociedades não podia ser mais diferenciado. Em linguagem comum, o açúcar e o algodão podiam ser definidos como produtos "reacionários", enquanto o café e o arroz eram cultivos "progressistas". Estudos posteriores confirmaram essa visão. Os primeiros eram produzidos em plantações intensivas e criaram as sociedades mais desiguais e estagnadas do mundo; os últimos eram cultivados em pequenas propriedades e geraram oportunidades para um crescimento econômico amplo.

Os donos das plantações intensivas geralmente produziam açúcar e algodão com grande quantidade de mão-de-obra. Os que supervisionavam o trabalho conduziam fileiras de trabalhadores, altamente vigiados pelos campos, sem qualquer necessidade de motivar ou recompensar iniciativas individuais. Por essas e outras razões, havia uma substancial economia de escala na produção do açúcar e do algodão. As grandes fazendas eram mais eficientes, e pequenos proprietários independentes não podiam competir com os donos das plantações de produção intensiva (*plantations*).

Café e arroz, por outro lado, eram cultivos ideais para as pequenas propriedades. No caso do café, isso podia ser explicado, em parte, pelo cuidado que a colheita do produto exigia; os frutos não amadurecem ao mesmo tempo e o coletor precisa prestar atenção no que está colhendo.[25] A utilização de mão-de-obra intensiva, como ocorria na produção de açúcar e algodão, não era algo prático. A economia de escala nas produções de café e arroz era irrelevante, e os pequenos fazendeiros dominavam a produção. Nas regiões onde o cultivo principal estava nas mãos de pequenos proprietários agrícolas, em geral ocorria um desenvolvimento político mais amplo e igualitário.

Na América Latina, as sociedades "reacionárias" do açúcar e as "progressistas" do café coexistiam. As plantações de cana-de-açúcar, assim como as de algodão e tabaco, contavam com o trabalho escravo. Após a abolição, a tecnologia e a competição passaram a determinar que o produto continuasse a ser cultivado nas grandes plantações com mão-de-obra barata. Quando podiam optar, os ex-escravos fugiam das plantações como o diabo da cruz. Os donos das grandes fazendas então se empenhavam para que o abastecimento de trabalhadores aumentasse e os salários permanecessem baixos. Indianos e chineses foram trazidos para trabalhar nas ilhas do Caribe produtoras de açúcar e na costa do Peru. Com freqüência, a servidão se dava por meio de contratos em que os trabalhadores eram pagos por um número definido de anos de trabalho.* No Nordeste brasileiro, os donos de terras faziam o que estivesse ao seu alcance para manter "seus" empregados presos às plantações: restringiam a mobilidade, os mantinham como peões das fazendas por causa de dívidas, tomavam medidas coercitivas. O problema se agravou quando os europeus começaram a produzir açúcar de beterraba e a subsidiar as exportações do produto, gerando uma queda no seu preço.[26]

O açúcar deixou um gosto amargo na boca: uma desigualdade assustadora. Diante das massas de trabalhadores empobrecidos reinava uma elite rica, que tinha poucos incentivos para estimular o desenvolvimento econômico, social ou humano, uma vez que assim afastaria os trabalhadores das plantações. Nas regiões de cultivo de algodão, grandes áreas repletas de mão-de-obra, as condições eram semelhantes. O Nordeste do Brasil cultivava tanto algodão quanto açúcar, promovendo um duplo estrago em sua estrutura social. A ordem econômica e política reforçava a posição dos proprietários de terra ricos e dos comerciantes, oferecendo poucos motivos para melhoras na qualidade do governo, infra-estrutura ou escolas.

Muitas vezes, os resultados eram perversos. Na Venezuela, por exemplo, terras férteis das imensas *haciendas* foram cercadas pelas moradias simples de camponeses sem-terra. Os grandes proprietários de terras – *hacendados* – utilizavam menos de 1/3 da extensão de sua propriedade e se recusavam a alugar o resto para os sem-terra. Se os *hacendados* tivessem alugado as porções improdutivas de suas terras, os agricultores não concordariam em trabalhar nas plantações por salários baixos. Isso teria privado as *haciendas* do trabalho que necessitavam para que as regiões agrícolas fossem economicamente viáveis. Assim, a maior parte das terras férteis das zonas rurais permanecia improdutiva. A longo prazo, tal fato não era interessante para os proprietários, uma vez que a miséria dos sem-terra se perpetuava impondo severas restrições aos mercados internos, além de fomentar o descontentamento social, mas as oligarquias rurais estavam mais interessadas no próprio poder e riqueza, aqui e agora, do que no desenvolvimento a longo prazo.[27]

Esse modelo era repetido em várias regiões e em diversos produtos. O açúcar causou um atraso social nas Índias Orientais Holandesas, Filipinas, em Fiji e Maurício. O impacto do algodão na Índia e no Egito foi semelhante

* Em inglês, o termo utilizado para esse tipo de contratação é *identure*. (N.T.)

ao que aconteceu no Nordeste brasileiro, ao reforçar a posição das classes dominantes rurais e comerciais. Outros cultivos, como a banana na América Central e a borracha na região da Malaia criaram novas economias de agricultura intensiva. Em ambos os casos, as plantações se estabeleceram em amplas extensões de terras vazias dominadas por grandes corporações, as quais empregavam trabalhadores sem-terra ou os importavam de outras regiões pobres exclusivamente para esse fim.

Por outro lado, nas décadas que precederam a Primeira Guerra Mundial, as terras de café da América Latina estavam entre as áreas mais bem-sucedidas em termos de desenvolvimento. Certamente não é por coincidência que o café, assim como o arroz ou o trigo, era fácil de ser cultivado a custos muito competitivos em pequenas propriedades. As árvores de café levavam alguns anos para crescer. Assim, os produtores agrícolas necessitavam de créditos, ou de dinheiro economizado. Mas diferentemente do que ocorria com as plantações de açúcar ou algodão, as pequenas propriedades cafeeiras podiam ser extremamente lucrativas. Mais de 1/4 da produção do oeste colombiano no período vinha de pequenas fazendas de menos de três hectares. O café certamente poderia ser cultivado também em grandes plantações, e a produção de São Paulo era totalmente desproporcional em relação a outros grandes estados; mas a região também era repleta de pequenas fazendas bastante prósperas.[28] De fato, uma das vantagens do café era permitir que os pequenos proprietários plantassem outras culturas por entre as árvores, obtendo ao mesmo tempo alimentos básicos para suas famílias e um produto rentável. E onde os agricultores conseguiam estabelecer seus próprios negócios, até mesmo os grandes fazendeiros eram obrigados a pagar salários decentes aos trabalhadores.

O café era associado à prosperidade, não importava se o lucro do produto vinha das pequenas propriedades familiares ou das grandes, com trabalhadores bem pagos. O motivo dessa prosperidade não podia ser explicado apenas pelos preços altos – o valor do algodão superava consideravelmente o do café, o do arroz e o do cacau entre 1899 e 1913[29] –, mas porque a natureza da produção cafeeira conduzia a um crescimento econômico de base ampla, e os benefícios gerados não ficavam restritos aos domínios de uma pequena elite.

Havia outros cultivos "progressistas" além do café. O arroz era o mais importante. Burma, Tailândia e Indochina, responsáveis por 3/4 das exportações do produto, experimentaram um crescimento extremamente rápido, quase tão includente quanto o das regiões de café.[30] O mesmo ocorreu com o cacau da África ocidental, um cultivo de pequenas propriedades. Sobretudo onde grãos, como o trigo, podiam ser cultivados de forma lucrativa em pequenas propriedades, tal qual no Cone Sul latino-americano e em partes da Índia, as perspectivas para uma prosperidade generalizada eram maiores.

O Brasil sofreu o impacto de diferentes cultivos, uma vez que o país continha tanto regiões bem-sucedidas quanto fracassadas. A agricultura do Nordeste era baseada em grandes plantações de algodão e cana-de-açúcar. Os proprietários de terra dependiam dos escravos – na época em que a escravidão era permitida – e do trabalho informal para o funcionamento de seus estados. Os donos de terra se esforçavam para manter os trabalhadores nas fazendas locais, já que sem funcionários cativos as plantações entrariam em colapso. No outro extremo, na região Sudeste ao redor de São Paulo, desenvolvia-se uma economia próspera com base no café. Havia uma demanda constante por mais fazendeiros e mais trabalhadores para o cultivo de novas terras. Muitas das fazendas eram pequenas e vários agricultores trabalhavam para si mesmos – se trabalhassem para outros, recebiam salários decentes e podiam passar livremente de um empregador a outro. Aqui, os mais ricos se posicionavam nos setores de exportação, finanças e comércio. Essa elite paulista, tão preocupada quanto a nordestina com seus próprios interesses, estimulou o cultivo de novas terras e o desenvolvimento de fazendas ainda mais lucrativas. O Nordeste se estagnou, enquanto o Sudeste prosperou.

Teria sido melhor para o país se os nordestinos tivessem migrado para as fazendas de café da região Sul, mas isso arruinaria a base econômica dos donos das plantações do Nordeste. Dessa forma, os governantes do Nordeste faziam de tudo para manter seus trabalhadores nas plantações: controles burocráticos de movimentação populacional; poucos investimentos para a construção de ferrovias; obstáculos aos anúncios de trabalho e aos empregadores. Desesperadas por mão-de-obra, as classes dominantes do Sudeste trouxeram milhões de trabalhadores do sul da Europa. A necessidade de mão-de-obra era tão grande que os governadores dos estados subsidiavam as passagens.

A experiência brasileira chama a atenção para diferenças regionais semelhantes nos Estados Unidos. Os cultivos reacionários norte-americanos eram o algodão, o tabaco e a cana-de-açúcar do sul; ao passo que os produtos progressistas incluíam os grãos e o gado do norte e do oeste norte-americano. Assim como ocorreu no Brasil, as áreas de cultivo intensivo permaneceram atrasadas e estagnadas por décadas, enquanto as pequenas propriedades familiares e as regiões de criação de gado cresceram vertiginosamente. O sistema legal de *apartheid* reinava no sul dos Estados Unidos – havia exclusão social e política dos descendentes de escravos, um sistema educacional miserável, hostilidade por parte dos que recrutavam os trabalhadores e poucos investimentos em transportes e comunicação. Esse era um entre os muitos mecanismos para manter os trabalhadores cativos pobres no sul, região oligárquica que dependia do fornecimento direto de mão-de-obra barata e pouco qualificada.

O processo não era puramente econômico. Por isso, não havia qualquer motivo inerente que explicasse por que a agricultura intensiva não poderia ser eficiente e dinâmica. Houve algumas sociedades açucareiras de rápido crescimento, como em Cuba. O que importa é o impacto mais amplo da agricultura intensiva: a criação de uma pequena elite dependente de uma massa de mão-de-obra barata. Em tal cenário, o desejo de mobilidade social e o envolvimento político eram fáceis de serem barrados, e a tentação das classes dominantes de barrá-los era grande. Por outro lado, nas regiões onde muitos tinham acesso a pequenas propriedades lucrativas, os governantes encontravam mais dificuldade – e menos necessidade – de limitar as oportunidades econômicas da população.[31] Sociedades de agricultura intensiva, e outras semelhantes, tendiam a ser, ou se tornaram, altamente desiguais, polarizadas e subjugadas ao autoritarismo. Os enraizados governos oligárquicos raramente queriam, ou podiam, estimular o desenvolvimento socioeconômico – infra-estrutura, finanças e educação – necessário para permitir que as forças produtivas da sociedade como um todo fossem ouvidas.

Processos similares, pelos quais a economia gerava uma concentração de interesses que manipulavam o governo e impediam o crescimento econômico, eram associados a uma série de matérias-primas. Alguns tipos de mineração eram semelhantes à agricultura em termos de criação de enclaves. O impacto econômico gerado se restringia às áreas onde os minerais eram encontrados. E muitos minerais – como cobre, petróleo e ouro –, de fato, criavam uma divisão entre aqueles que os produziam e o restante da sociedade. A importância da questão dependia da influência política e econômica das minas. Uma verdadeira diferença entre a mineração e a produção agrícola era que, devido ao caráter predominantemente rural dos países pobres, as exportações de bens agrícolas tendiam a incluir uma parcela grande da população, enquanto a mineração em geral era feita por pequenos grupos isolados.

A mineração causava forte impacto, semelhante ao da agricultura, nas regiões onde a economia local dominava. Mas isso ocorreu em apenas alguns poucos lugares, como nas áreas de minas de ouro da África do Sul. Onde isso acontecia, como ao longo dos extraordinários corredores minerais do Transvaal, o resultado tendia para a mesma característica dual das sociedades nas regiões de plantação intensiva. A evolução social e política da África do Sul estava intimamente ligada à dominação comercial dos fazendeiros e donos de minas, que dependiam de um grande fornecimento de mão-de-obra barata.

Devido a essas experiências, as riquezas naturais, pelo menos algumas, se tornaram quase malditas. Regiões ideais para cultivos intensivos ou áreas que possuíam algum tipo de depósito mineral valioso tendiam a desenvolver estruturas sociais distorcidas. Elas eram dominadas por elites enraizadas na sociedade, que tinham pouco interesse em fornecer a infra-estrutura, a educação e o governo necessários para que o desenvolvimento fosse além do *boom* inicial causado pelos recursos naturais. Por mais que houvesse exceções, impressiona o fato de que as produções agrícolas e minerais rentáveis nos países pobres eram em geral associadas com pobreza e desigualdade.

O impacto de tais recursos naturais não era algo determinista. As características puramente econômicas da produção significavam apenas o começo do processo de declínio. Os efeitos mais notáveis desses produtos eram políticos e sociais, a criação de poderosos grupos de interesse cujas posições dependiam do acesso limitado das populações ao poder político e social. A riqueza inicial se acumulava, mas não se espalhava, e sem uma ampla mobilização da população não havia modernização econômica. O processo poderia ter sido evitado, mas a tendência natural da maior parte dessas sociedades era a utilização do *boom* dos recursos para consolidar o domínio das elites, e não para levar os benefícios do desenvolvimento ao restante da população.

Obstáculos ao desenvolvimento

Muitos motivos geravam estagnação, declínio e fracasso nas regiões pobres do mundo, mas estas também eram sociedades únicas na mesma proporção. Em alguns casos, o saqueio colonial era o culpado. Em outros, o peso acumulado de anos de sociedades tradicionais asfixiava o crescimento econômico moderno. Em outros ainda, a produção mineral e agrícola intensiva criou uma elite forte, hostil ou indiferente às medidas necessárias para a difusão do desenvolvimento. A existência de indivíduos focados na busca de seus próprios interesses obstruía as vias para o desenvolvimento e destruía as expectativas econômicas da população.

Em quase todas as sociedades que não conseguiram aproveitar as oportunidades oferecidas pela economia internacional antes da Primeira Guerra, as classes dominantes no mínimo facilitaram o fracasso. É certo também que estrangeiros avarentos – colonizadores exploradores, colonos privilegiados, companhias monopolistas – sempre estiveram presentes, mas algumas sociedades lidaram com eles de forma mais eficiente que outras, deixando em aberto – para estudos mais específicos e posteriores – o motivo da diferença.

Nos casos mais gritantes, a desigualdade social e política fez com que as classes dominantes tradicionais tivessem pouco interesse em estimular o desenvolvimento e deixou as massas incapazes de superar os obstáculos criados por seus senhores incompetentes ou corruptos. Nas regiões em que a organização social permitiu à população aproveitar as novas oportunidades econômicas e as classes dominantes a apoiaram – ou ao menos não atrapalharam –, o crescimento foi rápido. Mas em muitas sociedades, essas condições, aparentemente básicas, não eram respeitadas.

Em meio à torturante visão de grandes riquezas sendo escoadas dos pampas, de regiões pobres correndo em direção à modernidade e de três continentes se industrializando numa velocidade desenfreada, grande parte da Ásia, da África e da América Latina permaneceu pobre e economicamente estagnada. Essas regiões representavam alguns dos problemas mais complicados e duradouros da ordem internacional, que viria a entrar em colapso com a chegada da Primeira Guerra Mundial.

5

Problemas da economia global

Os principais desafios da Era de Ouro do capitalismo global vinham de dissidências no centro do sistema, não das massas empobrecidas da Ásia e da África. Industriais britânicos contestavam o envolvimento do país com o livre comércio e a liderança da nação na economia global. Produtores agrícolas norte-americanos questionavam a vantagem do padrão ouro. Organizações de trabalhadores e partidos socialistas na Europa se mobilizavam contra problemas domésticos há muito tempo evidentes. Todos eles se afastaram do consenso clássico da época quanto à priorização dos compromissos econômicos internacionais em relação aos assuntos internos.

Comércio livre ou comércio justo?

Na década de 1880, dissidentes da ortodoxia do livre comércio britânico exigiam um comércio justo: retaliações contra as barreiras protetoras ao redor do mundo. Os produtores que enfrentavam a competição das nações recém-industrializadas lideravam o movimento. Donos de fábricas têxteis e metalúrgicas na Grã-Bretanha estavam furiosos porque europeus e norte-americanos vendiam livremente nos mercados do país, enquanto o governo deles impunha pesadas tarifas sobre os produtos britânicos. Os novos competidores também superaram as empresas britânicas nos terceiros mercados – os da América Latina, da Ásia e do leste e sul da Europa. As principais indústrias da Grã-Bretanha passaram a depender cada vez mais das vendas dentro do Império, onde as empresas e os laços culturais lhes concediam vantagens.

Até a primeira parte do século, metade das exportações de tecidos de algodão do país, junto com 1/3 das de ferro galvanizado, ia apenas para a Índia.[1] Por um lado, isso significava o sucesso do Império em obter um mercado cativo. Mas, por outro, também revelava a dura realidade de que as empresas, até então dominantes, agora só conseguiam competir com as estrangeiras devido ao apoio do Império.

A demanda por um comércio justo se transformou num pedido mais geral de revisão da política externa britânica. O movimento foi liderado por Joseph Chamberlain, um fabricante da área metalúrgica que havia sido prefeito de Birmingham, líder do Ministério do Comércio e secretário das Colônias. Os fabricantes do norte lutavam por proteção sob o amparo da Liga pela Reforma Tarifária,* criada em 1903. A busca de proteção costumava estar ligada a propostas de preferência imperial, sistema que concederia à Grã-Bretanha, suas colônias e locais de dominação acesso privilegiado aos mercados uns dos outros. Isso teria satisfeito os cada vez mais poderosos interesses protecionistas do resto do Império – em especial de Canadá, Austrália, África do Sul e Índia – e garantido um mercado mais seguro para os fabricantes britânicos revoltosos.[2]

Os defensores da reforma tarifária nutriam um sentimento protecionista, uma preocupação com a estrutura imperial e uma ansiedade pelas implicações causadas ao Império Britânico pela perda de sua superioridade industrial. Nas palavras de Chamberlain:

> Embora em um determinado momento a Inglaterra tenha sido o maior país manufatureiro, hoje a população se emprega cada vez mais nas finanças, repartições, serviços domésticos e em outras ocupações desse mesmo tipo. O estado atual das coisas ... pode significar mais dinheiro, mas significa menos bem-estar social; e acredito que valha a pena considerar – sejam quais forem seus efeitos imediatos – até que ponto este estado das coisas não seria, em última análise, a destruição de tudo o que a Inglaterra tem de melhor, de tudo o que nos tornou quem somos, tudo o que nos deu poder e prestígio no mundo.[3]

As eleições gerais de 1906 foram um grande plebiscito sobre o livre comércio. Os financistas baseados na cidade de Londres se mobilizaram para defender a abertura comercial da Grã-Bretanha, e encontraram apoio nos mercadores e nas indústrias exportadoras bem-sucedidas. Os protecionistas perderam de forma ressoante.[4] Nesse ano, Joseph Chamberlain, principal porta-voz do protecionismo britânico, sofreu um derrame que o debilitou. Tanto o homem quanto o movimento definharam. Chamberlain morreu em 1914,

* Tariff Reform League. (N.T.)

e a exigência britânica por proteção acalmou-se até o fim da Primeira Guerra Mundial. Os industrialistas revoltosos fracassaram e não foram bem-sucedidos em rever a seu favor a política britânica.

A suposição de que a Grã-Bretanha aceitaria para sempre os produtos do mundo, no entanto, não era mais certa. O país perdia a sua posição na economia internacional.

O declínio era relativo. Entre 1870 e 1913, o tamanho da economia britânica mais do que dobrou. Mesmo considerando o crescimento populacional, o produto por pessoa do país cresceu mais de 50% durante o período. Não obstante, o abismo que existia entre a Grã-Bretanha e o resto do mundo se estreitava continuamente. Os fabricantes britânicos estavam sendo afastados dos mercados exportadores, e até mesmo dos mercados domésticos. Os Estados Unidos e a Alemanha passaram a ser os dínamos manufatureiros do mundo. A Grã-Bretanha mantinha a sua liderança apenas nos serviços, como atividades bancárias, seguros e frete. Não era mais um fato que a próxima usina de energia ou estrada de ferro construídas na África ou Europa oriental seriam britânicas; era igualmente possível que fossem alemãs, francesas ou norte-americanas. Mesmo em relação a investimentos internacionais, os centros financeiros da Europa continental – assim como Nova York – desafiavam a supremacia britânica. Já era de se imaginar que a liderança industrial do país não duraria para sempre, mas a velocidade com que foi superada levou muitos britânicos a se perguntarem como isso acontecera, pergunta que ecoou em gerações de especialistas em história econômica.

Uma explicação bem aceita é a de que o entusiasmo dos investidores britânicos por empreendimentos estrangeiros enfraqueceu a economia britânica, ao passo que fortaleceu a dos países que eram destino desse capital. Os investidores britânicos enviavam para o exterior cerca de metade do que economizavam, e os que faziam empréstimos reclamavam que seria mais barato se não precisassem competir com as províncias canadenses e argentinas pelo favorecimento do capital londrino. Mas os investimentos domésticos lucrativos não enfrentavam problemas de financiamento. Além disso, o dinheiro investido no exterior rendia um belo lucro, o qual voltava para casa a fim de aumentar a renda e a riqueza da nação.[5]

Como se alega algumas vezes, os britânicos fracassaram em adotar novas técnicas de gerenciamento e produção. Países como a Alemanha e os Estados Unidos gozavam da vantagem do atraso; podiam estabelecer novas indústrias com os avanços recentes já desenvolvidos. Uma desvantagem análoga seria ter se industrializado 50 anos antes dos outros, assim a introdução de novas tecnologias poderia significar o descarte das já existentes, mesmo quando estas ainda eram lucrativas. De fato, a crescente dependência dos produtos tradicionais britânicos dos mercados imperiais adiou a modernização industrial ao facilitar a venda de bens que não exigiam mudanças tecnológicas. Nas palavras do professor de história econômica Charles Kindleberger:

> As exportações do Império permitiram que a economia se esquivasse da exigência de uma mudança dinâmica, que significava afastar-se dos tecidos de algodão, dos trilhos de ferro e aço, das folhas de ferro galvanizados e similares ... para a fabricação de produtos das novas indústrias.[6]

As práticas britânicas de gerenciamento também foram criadas em uma época anterior à revolução dos transportes e das telecomunicações do fim do século XIX, e antes do aumento da produção e do consumo em massa de bens duráveis. As firmas britânicas tendiam a ser menores do que as alemãs e as norte-americanas, como a Siemens e a AEG ou a General Electric e a U.S. Steel. Eram organizadas não tanto como companhias modernas mas como empresas familiares, o que muitas delas continuavam a ser. Não está claro, contudo, se isso foi uma má idéia. É possível que as empresas norte-americanas fossem grandes porque eram de cartéis monopolistas, e as novas formas administrativas não eram apropriadas para as relações industriais e trabalhistas britânicas.

Outro candidato a culpado pelo crescimento relativamente lento da Grã-Bretanha foi o sistema educacional do país. Críticos culpavam as escolas da nação pela atenção inadequada ao treinamento técnico, excessiva rigidez classista e insuficientes princípios meritocráticos de promoção e avanço. Havia certamente uma força preconceituosa na sociedade britânica, cujo possível impacto sufocante para o avanço econômico foi descrito pela romancista norte-americana Margareth Halsey: "Na Inglaterra, ter tido dinheiro ... é tão aceitável quanto tê-lo ... Mas nunca ter tido dinheiro é imperdoável, e a única forma apropriada de reparação é por meio da explicação de nunca ter tentado ganhar algum."[7] Embora a estrutura social da Grã-Bretanha possa não ter recompensado o empreendedorismo e as suas realizações educacionais não refletissem a liderança industrial que a nação tinha em relação aos outros países da Europa, não está claro que esses fracassos tenham causado um impacto econômico significativo.

Não importa quais tenham sido as fontes da desaceleração do crescimento britânico após 1870 – e provavelmente havia algo de cada uma das principais explicações. O que importa é que afetou o país e o mundo. Muitos britânicos passaram a questionar as verdades até então intocadas de sua economia política, como o livre comércio e a liderança financeira global. Não é surpresa que os fabricantes britânicos, diante da pressão da concorrência, quisessem uma política governamental que os apoiassem. Tampouco surpreende – dada a importância dos mercados do Império, assim como os de seus domínios, para a indústria em apuros – que isso tomasse a forma de uma reivindicação por tarifas protetoras em torno do Império Britânico. Em todos esses aspectos, o Reino Unido era bem parecido com qualquer uma das outras principais nações industriais.

No entanto, o papel principal desempenhado pelo Reino Unido na economia mundial era centrado, em grande parte, em ser *diferente* das outras nações industriais, como fora desde a década de 1840. O compromisso britânico com o livre comércio e a abertura financeira era crucial para a estrutura e o funcionamento da economia mundial. Uma coisa eram os países marginais como a Rússia e o Brasil imporem barreiras protecionistas; até mesmo na Europa continental isso não era de suma importância. Mas era difícil conceber a continuação econômica da *Pax Britannia* sem a Grã-Bretanha. Um dos pilares da ordem econômica clássica balançava.

Vencedores e perdedores do comércio

Aqueles fora da Grã Bretanha que não estavam muito bem nos últimos anos da Era de Ouro também entoaram suas preocupações quanto aos impactos da integração econômica. Até mesmo entre os países que cresciam mais rápido antes de 1914, havia muitos que se beneficiavam pouco, ou nada, do crescimento econômico de suas nações.

As ferramentas teóricas desenvolvidas pelos economistas suecos Eli Heckscher e Bertil Ohlin para entender o comércio internacional também ajudavam a explicar os vencedores e os perdedores da integração econômica. A teoria de Heckscher e Ohlin supõe que países ricos em capital vão exportar produtos de capital intensivo (e capital), países ricos em mão-de-obra exportarão produtos que necessitem de mão-de-obra intensiva (e mão-de-obra), ao passo que países ricos em terras exportavam produtos agrícolas que necessitavam de grandes extensões de terra. De fato, a Grã-Bretanha, rica em capital, exportava produtos manufaturados de capital intensivo; enquanto a Argentina, rica em terras, exportava produtos agrícolas de grandes extensões de terras. O mesmo ocorria em relação às importações: um país que tivesse muito pouco capital (Argentina) importava capital e bens de capital intensivo, ao passo que um país com poucas terras (Grã-Bretanha) importava produtos intensivos em terras.

Vinte anos após os suecos terem desenvolvido tal abordagem para explicar padrões de comércio, dois jovens colegas de turma em Harvard, e vizinhos, continuaram a desenvolver a teoria para demonstrar quem é auxiliado e quem é lesado pelo comércio. Em um artigo de 1941, o austríaco Wolfgan Stolper e o norte-americano Paul Samuelson fizeram a observação de que o comércio é particularmente benéfico para os produtores de bens exportáveis, enquanto pode ser danoso, especialmente, para aqueles produtores que competem com as importações. E a teoria de Heckscher e Ohlin supõe que aqueles que produzem para exportação são os que detêm aquilo em que o país é rico: capital nos países ricos em capital, e terras, nos países ricos em terras. À medida que as exportações crescem, aumenta a demanda pelos recursos utilizados para produzi-las. Uma vez que um país rico em mão-de-obra exporta produtos de trabalho intensivo, a demanda por mão-de-obra cresce, assim como os salários sobem. De modo oposto, os produtores dos bens que competem com as importações são aqueles que detêm o que há em menor oferta no país: mão-de-obra, em países pobres em mão-de-obra, e terras, nos países pobres em terras. Quando as importações crescem e os produtores locais são afastados dos mercados domésticos, a demanda deles pelos recursos que utilizam muito cai; como um país pobre em mão-de-obra importa produtos de trabalho intensivo, a demanda por trabalhadores decresce, da mesma forma que os salários.

Stolper e Samuelson mostraram que o comércio leva os proprietários nacionais de um fator de produção abundante a melhores condições e os proprietários dos recursos escassos a uma pior condição. Os detentores de recursos abundantes ganham com o comércio, enquanto aqueles de recursos escassos perdem. Uma forma fácil de enxergar a relação é considerar recursos tangíveis como o petróleo. Em um país rico em petróleo, o produto é barato, e abrir-se ao comércio é bom para o produtor de petróleo porque isso permite que ele venda o bem para os estrangeiros. Em um país pobre em petróleo, onde o produto é caro, abrir-se ao comércio é ruim para o produtor, uma vez que o país precisa importar petróleo, o que puxa o preço doméstico do produto para baixo. Mesmo quando o recurso em questão é mais geral – terra, trabalho, capital –, a lógica se mantém: a proteção ajuda os que detêm um recurso nacional escasso; o comércio ajuda os que detêm um recurso nacional abundante.[8]

Mesmo que o comércio seja a melhor política possível para a economia como um todo, até os economistas ortodoxos aceitam que há vencedores e perdedores no livre comércio, até mesmo em uma época de crescimento rápido e até mesmo nos países que crescem rápido. Vencedores e perdedores lutavam por políticas para seu próprio benefício. Antes de 1914, os detentores dos recursos nacionais abundantes apoiavam o livre comércio, enquanto os que detinham os recursos nacionais escassos se opunham a ele. Um país como a Argentina, rico em terra, mas pobre em capital, exportava produtos (agrícolas) intensivos em terras e importava produtos de capital intensivo. Isso era bom para os produtores agrícolas, mas não tão bom para os capitalistas. Dessa forma, os produtores agrícolas eram pró-comércio, enquanto os capitalistas urbanos defendiam o protecionismo. Um país como a Grã-Bretanha, rico em capital e pobre em terras, exportava bens de capital intensivo e importava produtos intensivos em terra. Lá, os capitalistas urbanos eram pró-comércio, enquanto os produtores agrícolas defendiam o protecionismo.

O esquema de Stolper e Samuelson explicava bem as políticas de comércio e, de forma mais geral, as de integração econômica. Os detentores de recursos nacionais abundantes – capital, terras, petróleo, trabalho – tendiam a favorecer os laços econômicos internacionais que lhes permitissem vender seus recursos ou produtos. Um país rico em terras tinha a vantagem comparativa dos produtos agrícolas, os exportava, e isso ajudava os fazendeiros; um país pobre em terras tinha a *desvantagem* comparativa da agricultura, importava produtos agrícolas, e isso causava danos aos fazendeiros locais.

No fim do século XIX e início do XX, de fato, os produtores agrícolas nos países ricos em terras quase sempre defendiam o livre comércio, fossem eles donos de plantações na região malaia, criadores de gado na Austrália ou produtores de grãos no Canadá. Os fabricantes de produtos de capital intensivo e os investidores dos países ricos em capital também eram, em sua maioria, a favor do livre comércio e dos investimentos; testemunhas das políticas geralmente de abertura dos países prósperos da Europa ocidental e do norte. O argumento de Stolper e Samuelson também se aplicava aos que se *opunham* à integração global; aqueles que detinham os recursos nacionais raros eram hostis ao livre comércio e suas implicações. Os trabalhadores em países pobres em mão-de-obra como Canadá, Austrália e Estados Unidos eram protecionistas; os capitalistas industriais nos países pobres em capital, como a Rússia e o Brasil, eram protecionistas; os produtores agrícolas em países pobres em terras na Europa eram protecionistas.

Em geral, os interesses protecionistas eram menos influentes do que os dos grupos internacionalistas que dominavam a Era de Ouro: banqueiros e investidores internacionais, comerciantes, industrialistas competitivos, produtores agrícolas e mineradores de exportação. Mas os protecionistas sempre estiveram presentes, e eles eram poderosos em alguns lugares – como nos Estados Unidos e na Rússia – e épocas, como durante as recessões. Enquanto a economia mundial crescia e os defensores da integração global podiam demonstrar os benefícios da livre movimentação de capital, pessoas e produtos, a um número suficiente de pessoas, as pressões para um fechamento econômico estavam afastadas. Não poderíamos, contudo, presumir que sempre seria assim.

A prata ameaça o ouro

Se as ameaças no centro britânico do sistema alvejavam o pilar do livre comércio do mundo econômico clássico, ataques na periferia da economia mundial impunham um teste de fogo para o padrão ouro. Aqueles que o desafiavam raramente eram poderosos o bastante ou de países suficientemente importantes para desestabilizar o sistema como um todo, mas eles eram muito insistentes. O fato de a antipatia pelo padrão ouro internacional ser comum mesmo em épocas boas também não foi um bom indício na sua habilidade de resistir às dificuldades econômicas.

Os produtores agrícolas e os mineradores que produziam para os mercados mundiais eram os opositores mais ressonantes ao padrão ouro. Isso ocorrera porque um país que estava sob o padrão ouro não podia utilizar a desvalorização monetária para proteger os exportadores das quedas de preço de seus produtos. Muitos países dependiam de um ou alguns produtos agrícolas ou minerais, cujos preços podiam flutuar amplamente de ano a ano. Em um país que estivesse sob o ouro, essas alterações nos preços afetavam imediatamente os produtores locais, isso porque a moeda nacional era, de fato, apenas uma versão local do ouro, o dinheiro global: um declínio de 1% no preço significava 1% de declínio nos preços, seja ele expresso em libras-ouro, dólares-ouro, pesos-ouro, ou em qualquer outra moeda-ouro. Todas as viradas e mudanças nos preços dos produtos agrícolas e de mineração eram diretamente transmitidas pelo padrão-ouro aos fazendeiros e mineiros. Quando os preços mundiais do trigo, café e cobre caíam, o valor dessas *commodities* na Argentina, Colômbia ou Chile caía ainda mais, se o país tivesse aderido ao padrão ouro.

Aqueles que competiam com importados baratos, como os produtores agrícolas europeus e os fabricantes de manufaturados norte-americanos, tinham uma alternativa fácil: eles podiam se beneficiar das tarifas para que os bens estrangeiros ficassem de fora. Mas os produtores agrícolas e os mineradores de exportação não tinham tal opção. Seus mercados estavam no exterior, e as tarifas para aumentar o preço do café dentro do Brasil, o preço do estanho na Malaia ou o preço do cacau na Costa do Marfim teriam pouco êxito. Os produtores precisavam se proteger das quedas radicais dos preços em seus mercados exportadores.

A desvalorização poderia ajudar os exportadores ao aumentar a quantidade de dinheiro local que ganhavam pelas vendas que faziam no exterior. Se os preços do café ou do cobre caíssem, uma desvalorização monetária poderia compensar o choque, mantendo o preço doméstico desses bens por exemplo na Argentina, Colômbia ou Chile. Quando o preço do trigo ao redor do mundo caiu pela metade no fim do século XIX, o preço do trigo norte-americano no padrão ouro também foi reduzido pela metade, de um dólar para 50 centavos o *bushel*. Mas na Argentina, que abandonou o ouro e desvalorizou o peso, o preço do trigo pago aos fazendeiros manteve-se estável.

O Chile era responsável por quase metade da produção mundial de cobre antes da Primeira Guerra Mundial, e o cobre correspondia a metade do total das exportações chilenas. Mas em um período de dez anos, o preço de uma tonelada de cobre em Londres caíra de forma contínua, passando de 70 para 40 libras. Para os produtores norte-americanos de cobre, os principais concorrentes dos chilenos, esse declínio no preço estava sendo diretamente retirado do valor que eles recebiam. Com o dólar calcado no ouro e fixado contra a prata, isso significava uma queda análoga dos preços de cerca de US$340 para aproximadamente US$195 a tonelada. Um colapso semelhante no Chile teria levado os mineradores de cobre à falência, e junto com eles, grande parte da economia. Assim, o governo chileno desvalorizou o peso em relação às moedas fixas no ouro: em dez anos, o peso caiu de 0,18 para 0,10 libra esterlina; de 85 para 48 centavos de dólar. Isso compensou completamente o colapso do preço do cobre. Na verdade, em pesos chilenos, os preços do cobre subiram de 401 para 403 a tonelada.[9]

Desvalorizações não faziam milagres. Quando a moeda era depreciada, os produtos estrangeiros se tornavam mais caros. Ocasionalmente, esse aumento dos preços passava para a economia doméstica e contribuía para a inflação. Quando o preço do peso argentino caiu, fatalmente, cedo ou tarde, outros preços subiram na Argentina, e a vantagem da desvalorização sofreu uma erosão. No entanto, enquanto isso, os produtores de grãos argentinos ganharam tempo e dinheiro, ao passo que muitos fazendeiros norte-americanos haviam sido retirados de suas terras. Outro grupo, os devedores, gostaram da inflação trazida pelo abandono do ouro ou pela permanência distante dele. Um proprietário de imóvel, empresário ou fazendeiro que devia dinheiro em moeda nacional podia torcer pela inflação para reduzir os encargos reais de sua dívida; um aumento de 50% nos preços tornava as dívidas fixas menos onerosas.

Os que se opunham ao ouro também desaprovavam as políticas governamentais necessárias para manter a moeda lastreada no metal, as quais forçavam preços domésticos, lucros e salários a se ajustarem às mudanças de posição dos países na economia internacional. O governo de um país fixo no ouro não podia reagir a tempos difíceis na economia com políticas compensadoras, mas precisava reforçar a austeridade imposta pelas condições externas. Esperava-se que o funcionamento do padrão ouro teria um melhor desempenho se os governos permitissem que os efeitos recessivos seguissem seu curso, baixando os salários, os preços e os lucros a fim de possibilitar uma recuperação de base nos mercados. Esperava-se que uma economia ligada ao padrão ouro mudasse para se adaptar à taxa de câmbio, não o contrário.

Por esses motivos, a maior parte dos países exportadores de produtos agrícolas e de mineração permaneceu fora do padrão ouro, ou aderiu a ele apenas de forma provisória. As duas alternativas ao ouro eram o papel-moeda e a prata. A maior parte dos países da América Latina e do sul da Europa emitia papel-moeda inconvertível, não intercambiável por ouro. Ou seja, o papel-moeda como o dos dias atuais, emitido pelo governo e com valor definido nos mercados monetários. O governo atuava para manter o valor do peso ou da lira como queria. Nas palavras de um senador norte-americano antipadrão ouro de Nebraska: "Nós acreditamos na possibilidade tanto de regular a emissão do dinheiro quanto na de mantê-lo com, aproximadamente, o mesmo valor em todas as épocas." Outro colocou da seguinte forma: "A principal crença do populismo é ... que esse dinheiro possa ser criado pelo governo na quantidade desejada, fora de qualquer substância, sem base outra que não ela própria."[10]

A segunda alternativa ao ouro era a moeda lastreada na prata. De fato, a maior parte do mundo utilizou ambos, a prata e o ouro intercambiáveis, durante séculos até 1870. Nesse momento, uma onda de novas descobertas de prata determinou a queda do preço do metal para menos da metade do valor do ouro e, em geral, os governos optaram por um ou outro. Quase todas as nações industriais seguiram a Grã-Bretanha na adoção do ouro. Mas China e Índia tinham moedas fixas na prata havia tempos e permaneceram assim. O mesmo fizeram os principais produtores de prata, como o México. Para muitos outros países, permanecer com a prata ou adotá-la era atraente. De maneira geral, nas décadas antes da Primeira Guerra Mundial, o preço da prata se desvalorizou em relação ao do ouro, de forma a enfraquecer as moedas nela lastreadas. Se o preço da prata caiu em 10%, o mesmo ocorreu com todas as moedas lastreadas nesse metal. Isso tinha o mesmo efeito de uma desvalorização, o que permitia que os países da prata concedessem a seus exportadores uma posição competitiva vantajosa nos mercados mundiais.

Na década de 1890, a maior parte dos países industriais havia adotado o ouro e muitos dos países em desenvolvimento utilizavam a prata ou o papel-moeda. Os países da prata e do papel-moeda alcançaram vantagens tangíveis. Como os preços do ouro cresceram em relação aos da prata, as exportações das regiões que tinham base nela se tornaram mais baratas nas moedas de ouro dos países industriais. Declínios nos preços mundiais de produtos agrícolas e matérias-primas foram compensados por declínios análogos nos dinheiros fixados em prata e papel-moeda, de forma que os produtores agrícolas e mineradores recebiam quase a mesma quantia em suas próprias moedas – mesmo com a queda dos preços em ouro. A vantagem competitiva da prata não fazia muita diferença para a maioria dos países ricos, já que as regiões em desenvolvimento vendiam em grande parte bens que as nações industriais não produziam. Se uma queda na prata tornasse o cobre mexicano ou a seda chinesa mais baratas nos mercados europeus, isso não teria grande impacto no sistema.

No entanto, aqueles que produziam os mesmos bens que as regiões da prata e do papel enfrentavam uma forte ameaça competitiva dessas moedas depreciadas. Os Estados Unidos estavam entre os mais afetados, uma vez que o país se especializou em muitas das mesmas matérias-primas e produtos primários – minerais, trigo, algodão, lã, tabaco – que países de moeda fraca, como Argentina, Índia, Brasil, China e Rússia. Dessa forma, os produtores agrícolas e mineradores norte-americanos perderam negócios para os países que tinham base monetária na prata (ou no papel-moeda). Portanto, quedas nos preços mundiais do trigo ou da lã afetavam os ganhos na agricultura porque os Estados Unidos estavam sob o padrão ouro. Os produtores agrícolas norte-americanos em apuros, os quais afluíram para a campanha populista contra o ouro e pela prata, pensaram, como nas palavras de um deles, "que o homem amarelo utilizando o metal branco tem à sua mercê o homem branco que utiliza o metal amarelo".[11] A partir do fim da década de 1880 em diante, a avalanche populista reinava toda vez que os preços agrícolas caíam, pois os fazendeiros e mineradores passavam a se esforçar desesperadamente para que o dólar fosse dissociado do ouro.

"Vocês não devem crucificar a humanidade com uma cruz de ouro", bradou William Jennings Bryan, candidato democrata de 1896. Os distritos norte-americanos de produção agrícola e mineração compartilhavam da rebeldia de Bryan. No que provavelmente foi o primeiro movimento de massa da história dos Estados Unidos, milhões de pessoas reuniram-se para escutar discursos inflamados que denunciavam o truste do dinheiro e a sua força opressora, lastreada no ouro, contra a economia norte-americana. A plataforma populista insistia em medidas imediatas para o abandono do ouro. A desvalorização resultante reverteria os efeitos dos declinantes preços mundiais de produtos agrícolas e de mineração. E não importava qual a taxa de inflação que poderia aparecer, ela ajudaria a aliviar os fazendeiros altamente endividados.

Bryan quase venceu as eleições de 1896, no auge do sofrimento dos produtores agrícolas; ele se candidatou novamente em 1900 e 1908 pelos democratas e, novamente, perdeu as eleições. Isso fez com que os Estados Unidos fossem os únicos dos principais países exportadores de produtos agrícolas e matérias-primas – desconsiderando-se as regiões que faziam parte de impérios europeus, como a Austrália e a África do Sul – a continuar com o ouro nas décadas que precederam a Primeira Guerra Mundial. Todos os outros exportadores de produtos primários independentes – como México, Rússia, Japão, China, Argentina e até mesmo a britânica Índia – passaram grande parte desse período, ou até mesmo todo ele, com a prata e o papel-moeda.

O caso dos Estados Unidos seria diferente porque economicamente o país era formado por duas imensas regiões com visões diametralmente opostas em relação ao ouro. As terras cultivadas e os distritos mineradores do sul, do meio-oeste, das Grandes Planícies e do oeste norte-americano eram as principais fontes de riqueza agrícola e mineral. No entanto, os donos de fábricas, mercadores e banqueiros do nordeste e da parte industrial do meio-oeste faziam parte da influência manufatureira mundial. O conflito de interesses era direto. Cada aumento nos preços agrícolas encarecia os alimentos dos trabalhadores urbanos e fazia a folha de pagamentos da indústria subir. Da mesma forma, cada aumento nos preços industriais, incluindo cada tarifa, tirava mais das famílias dos agricultores, as quais dependiam das cidades para as suas vestimentas, insumos agrícolas e outras necessidades manufaturadas.

Talvez o fato mais importante tenha sido que os banqueiros e os comerciantes da Nova Inglaterra e do nordeste dos Estados Unidos estabeleceram sua reputação internacional na adesão ao padrão ouro. A credibilidade financeira norte-americana dependia de sua associação plena ao clube das nações ricas, cuja carteirinha de sócio era o padrão ouro. J.P. Morgan e seus colegas lutaram de forma determinada para manter o dólar fixo no ouro. Isso ocorreu tanto na esfera financeira quanto na política. Na primeira, Morgan conseguiu uma série de empréstimos internacionais para permitir que o Tesouro norte-americano se defendesse em caso de turbulência nos mercados de câmbio, mantendo a moeda atada ao ouro. Em termos políticos, a começar por W. McKinley, os candidatos antipopulistas levantaram somas enormes de grandes empresas do nordeste para garantir que seriam eleitos. O país estava realmente dividido, e McKinley venceu com apenas 51% dos votos populares. A geografia da divisão era clara: um mapa colorido das eleições de 1896 mostra um dourado intenso do nordeste à região industrial do meio-oeste, com algumas áreas douradas na Califórnia e no Oregon, mas um prateado sólido no sul e nas Grandes Planícies.

O compromisso com o ouro não podia ser tomado como verdade universal. Um declínio substancial nos preços mundiais desencadearia protestos nos quatro cantos do mundo e pressões pelo fim do padrão ouro. Grupos de interesses poderosos ao redor do planeta desejavam se livrar de seu compromisso cristalizado com o ouro quando a situação ficava difícil.

Os conflitos em relação ao ouro eram um dos atritos típicos que afetavam a economia mundial clássica antes de 1914. Por um lado, uma completa participação na economia global poderia ser extraordinariamente lucrativa, tanto para os países quanto para os indivíduos. Por outro lado, tal participação em geral exigia sacrifícios. No caso do padrão ouro, só podiam fazer parte da primeira classe financeira aqueles países dispostos a subordinar as necessidades de suas economias domésticas aos compromissos com o ouro. Aderir ao ouro e permanecer fixo ao metal significaria abrir mão da possibilidade de desvalorizar com o objetivo de buscar uma posição mais competitiva. Significaria também concordar em não estimular a economia em tempos difíceis por meio da redução da taxa de juros ou da impressão de dinheiro, ou privilegiar a reputação internacional de sua moeda em detrimento da economia doméstica.

Esses sacrifícios valiam à pena para aqueles cujas vidas dependiam da economia global. Assim, os principais defensores do padrão ouro eram os banqueiros, investidores e comerciantes internacionais. Em especial, esse era o caso porque os sacrifícios exigidos raramente afetavam de forma direta os grupos internacionalistas. Era pouco provável que os financistas enfrentassem a ameaça do desemprego ou das secas. No entanto, as pessoas e os grupos cujos interesses eram sacrificados tinham poucas razões para sofrer pela manutenção da ordem econômica global, que por sua vez não apenas não se preocupava, como também trazia malefícios a eles. O conflito entre interesses internacionais e domésticos estava presente em muitos aspectos: na política comercial; na imigração; nas atitudes em relação aos credores estrangeiros. Contanto que a economia mundial crescesse, a tensão entre as preocupações nacionais e globais poderia ser administrada, mas isso nem sempre seria assim.

O trabalho e a ordem clássica

À medida que o movimento trabalhista cresceu, ele também passou a representar um desfio à ordem estabelecida. Não se tratava apenas de uma oposição dos trabalhadores à integração econômica – de fato, em muitos países, sindicatos e partidos socialistas defendiam, com veemência, o livre comércio –, mas as demandas trabalhistas se chocavam com os pilares do sistema clássico liberal de salários flexíveis e governo mínimo.

Na virada do século, os operários da indústria já formavam a maior classe profissional nas sociedades mais avançadas. Em números, eles superavam de forma significativa a quantidade de agricultores na Grã-Bretanha e em menor expressão nos países que continuavam altamente agrícolas, como os Estados Unidos e a Alemanha. Os operários também haviam desenvolvido organizações trabalhistas de grande alcance e sofisticação. Diante das hostilidades dos governos e empresários, os sindicatos haviam associado muitos dos trabalhadores qualificados de Europa ocidental, América do Norte e Austrália. A mão-de-obra não-qualificada era menos organizada, mas com a expansão da produção fabril em larga escala, eles também seguiram na direção dos movimentos de trabalhadores.

Em 1914, os sindicados britânicos contavam com 4 milhões de membros e os sindicatos alemães, 3 milhões – nos dois casos eles representavam mais de 1/5 da força de trabalho da indústria. A organização da classe operária foi ainda mais bem-sucedida na Escandinávia e relativamente forte na América do Norte; os sindicatos estavam presentes, mas com menos poder na França e no sul da Europa. Apesar de graus variados, os sindicatos de trabalhadores eram uma parte significativa dos cenários econômico e político de cada país industrial – e até mesmo nas semi-industriais Argentina e Rússia.

A classe operária impôs seu poder de barganha na indústria com uma presença política crescente, uma vez que muitos dos trabalhadores do sexo masculino passaram a ter direito ao voto nas décadas pré-1914. O resultante crescimento dos partidos socialistas teria sido inimaginável uma geração antes, tanto para capitalistas quanto para trabalhadores. Às vésperas da Primeira Guerra Mundial, partidos de base trabalhista com clara mensagem anticapitalista estavam, de forma rotineira, alcançando mais de 1/4 dos votos em muitos países industriais. Na maior parte do norte da Europa, os partidos socialistas obtiveram 1/3 dos votos da população: 35% na Alemanha e 36% na Suíça. Representantes das classes trabalhadoras não eram mais relegados à margem da vida política; os descendentes intelectuais e ideológicos de Marx e Engels haviam, 15 anos após a morte do segundo, atingido a proeminência eleitoral, na qual os dois fundadores do socialismo moderno teriam dificuldades em acreditar.

Os operários e suas organizações algumas vezes se engajavam nas questões de política econômica, especialmente onde os trabalhadores eram hostis ao livre comércio e à imigração. Este era o caso de países com pouca oferta de mão-de-obra como a América do Norte e de outras áreas de colonização européia recente, onde restrições à imigração estavam quase no topo da lista de desejos dos trabalhadores. O fluxo de pessoas das regiões européias de salários baixos (e pior, até mesmo das regiões asiáticas onde os salários também eram baixos) causaria uma depressão nos salários, e a mão-de-obra queria cessá-lo. Da mesma forma, o fluxo de bens baratos produzidos pela mão-de-obra barata da Europa geraria uma queda nos altos salários dos Estados Unidos e da Austrália, o que levou os trabalhadores desses países rumo ao protecionismo. A instância antiimigração se relacionava pouco com as expressões convencionais dos interesses socialistas, que formavam uma rede de solidariedade transfronteiriça. Talvez isso ajude a explicar por que os movimentos operários nesses países tendiam a não se desenvolver em direção ao socialismo tradicional europeu.

Em muitas nações, contudo, o movimento operário estava firme no campo do livre comércio e da abertura das fronteiras. Isso em geral se aplicava à Europa, especialmente porque o objetivo mais importante das políticas comerciais da região era proteger os fazendeiros, e a proteção agrícola tornava os alimentos mais caros para os trabalhadores. Além disso, em áreas de emigração, como a Europa, a subseqüente redução na oferta de mão-de-obra servia para aumentar os salários, não para diminuí-los. Além disso, muitos europeus trabalhavam em indústrias que contavam, e muito, com as exportações e que não suportariam retaliações dos mercados importantes. Em algumas situações, a divisão se dava mais por tipo de indústria do que de classe: trabalhadores das minas de carvão britânicas, as quais eram voltadas para a exportação, apoiavam o livre comércio, enquanto aqueles das indústrias têxteis, que sofriam grande pressão externa, queriam a proteção da preferência imperial tanto quanto seus empregados.

Os interesses trabalhistas de política econômica internacional – pró ou contra proteção industrial, pró ou contra controles de imigração – se encaixavam facilmente nas opções existentes. No entanto, as classes trabalhadoras em geral não eram forças expressivas nos debates sobre a economia internacional porque tais questões eram normalmente de baixa importância para elas. A relativa falta de envolvimento da mão-de-obra nas principais disputas de política econômica externa não era, contudo, uma verdadeira indicação das implicações do crescimento do movimento operário para a economia mundial.

As questões gerais dos trabalhadores eram muito mais problemáticas para a ordem estabelecida do que as suas posições políticas em relação ao comércio ou à imigração. Com o crescimento da população operária nos países industriais, as suas necessidades pareciam cada vez mais inconsistentes no que dizia respeito às características mais importantes das economias abertas do fim do século XIX e início do XX. E o mais relevante era que os trabalhadores precisavam de um escudo contra o desemprego. Os produtores agrícolas, outro grande segmento da população, podiam se recolher em suas terras, cultivos e vilarejos em tempos difíceis; podiam produzir o suficiente para comer ou contar com a ajuda de familiares ou vizinhos caso o problema fosse especificamente em suas fazendas. Na falta de emprego, os trabalhadores das grandes cidades não tinham propriedade e nenhuma forma de produzir o básico para a subsistência, e o caráter impessoal da sociedade urbana reduzia (apesar de não eliminar) a possibilidade de ajuda por parte dos outros trabalhadores. Tudo o que tinham era uma ajuda mínima, de alívio à pobreza, oferecida por instituições de caridade privadas, ou os vestígios da assistência levada à frente por governos medievais, que era concedida aos muitos pobres, às viúvas e aos órfãos.

A principal preocupação dos trabalhadores era a proteção contra o desemprego. Como a classe operária havia crescido, organizações de ajuda voluntárias desenvolveram seu próprio seguro-desemprego. Sindicatos de trabalhadores na cidade industrial de Ghent, na Bélgica, adiantaram-se, fornecendo a seus membros uma renda mínima em caso de perda de emprego. Apenas os membros dos sindicados eram elegíveis para os benefícios, fazendo com que as organizações trabalhistas fossem um caminho bem mais fácil. Mas sistemas como os de Ghent – programas de seguro-desemprego implementados pelos membros dos sindicatos de uma cidade – só sobreviveriam se o desemprego fosse escasso e limitado. Quando turbulências econômicas sérias atingiram cidades ou regiões inteiras, grande parte dos trabalhadores da área seria destituída e o *pool* dos seguros rapidamente chegaria ao fim. Como os programas locais para o desemprego faliram, as municipalidades e, ocasionalmente, os governos nacionais intervieram e tornaram-se responsáveis por eles.

Até 1913, muitas cidades e regiões européias tinham programas compensatórios para o desemprego. Mas a cobertura era muito pontual, e os sindicatos exigiam um sistema mais extenso financiado pelo governo. Enquanto isso, alguns empregadores e outros habitantes das cidades chegaram à conclusão de que esses esquemas tinham as suas vantagens. Eles estabilizavam o mercado de trabalho local e diminuíam as inquietações sociais, e como o governo exigiu que a participação e a contribuição fossem nacionais, as implicações orçamentárias eram limitadas.

Mas havia também uma resistência substancial do empresariado a essa "interferência" no funcionamento dos mercados de trabalho. Na falta das compensações pelo desemprego, os trabalhadores tinham poucas opções além de aceitar salários reduzidos em tempos difíceis, já que a outra alternativa seria a fome. Instituir um "piso" aos ganhos dos trabalhadores, o seguro-desemprego – aliado a programas sociais e de bem-estar –, limitou a capacidade dos empregadores de cortar salários. A crescente organização dos trabalhadores em sindicatos já havia restringido o controle do empresariado sobre os salários; os novos programas sociais o fizeram ainda mais.

Uma vez que os sindicatos de trabalhadores e os programas sociais limitaram o poder das empresas em definir salários, eles estimularam o descontentamento dos recalcitrantes capitalistas. Quanto mais controle os trabalhadores tinham sobre suas vidas, menos seus salários e condições de trabalho podiam ser definidos ao bel-prazer da indústria. Os sindicatos tinham o objetivo de fornecer aos trabalhadores ganhos garantidos, o que significava uma redução na flexibilidade dos salários e nas horas de trabalho.

A sindicalização da classe operária e as ações políticas para reduzir a capacidade do mercado de definir os salários livremente causaram impacto profundo no capitalismo global. Isso ia diretamente de encontro à flexibilidade dos salários, aspecto essencial para o funcionamento da maioria das economias nacionais e para a relação delas com a economia internacional. Em épocas de recessão, a grande ameaça do desemprego era séria o bastante para forçar os trabalhadores a aceitarem amplos cortes salariais. Dessa forma, as recessões e até mesmo as depressões geralmente levavam a uma redução salarial. Os capitalistas podiam reduzir os salários e os preços dos produtos para que pudessem restabelecer as vendas e manter os lucros. Em conseqüência, enquanto as oscilações nas empresas causavam dor e sofrimento, o impacto gerado nas vendas e lucros era suavizado e, com freqüência, a turbulência era rapidamente superada. De fato, a facilidade com que os salários podiam ser reduzidos dava aos empregadores poucos motivos para despedir seus trabalhadores. Dessa forma o desemprego tendia a ser limitado e de certa duração. Tudo isso significava que havia pouco apelo para que os governos interviessem para suavizar os impactos dos altos e baixos da economia.

A liberdade dos empregadores de forçar uma queda nos salários também era essencial para o funcionamento do padrão ouro. Os países que adotavam o ouro se comprometiam a manter suas economias em conformidade com o valor-ouro da moeda, fazendo com que a economia nacional se adequasse à moeda. A forma mais comum de ajustar uma economia para que ela sustentasse o seu componente ouro (taxa de câmbio) era reduzir os salários. Se um país com um déficit comercial persistente necessitasse restabelecer o equilíbrio, ele aumentaria as exportações com cortes salariais. Se os produtores nacionais enfrentassem competição devido às importações ou seus preços os tivessem deixado de fora dos mercados, os salários seriam forçados para baixo até que os produtos domésticos recuperassem a competitividade.

Com efeito, era comum que os países sob o padrão ouro com preços em crescimento simplesmente invertessem o processo, forçando os preços a caírem novamente. O nível dos preços norte-americanos cresceu mais do que o dobro após o país ter abandonado o ouro durante a Guerra Civil; para retomar o padrão ouro, o governo promoveu arrochos macroeconômicos até que os preços recuassem mais de 50%. Hoje em dia, a imposição de medidas austeras para reduzir a inflação – ou seja, evitar que os preços subam – é uma política controversa. Seria, de fato, impensável forçar os preços a um declínio de 20%, 30% ou 80%, uma vez que não haveria como forçar os trabalhadores a aceitar uma redução salarial tão drástica. Mas tais reduções eram comuns no padrão ouro. Na verdade, elas eram essenciais para o funcionamento desse pilar da economia internacional clássica; ao ponto de os sindicatos trabalhistas e programas sociais, como compensações por desemprego, reduzirem os mecanismos que os empregadores tinham para forçar os salários para baixo, complicando assim os processos de mercado que sustentavam o sistema.

O ônus dos ajustes na era clássica recaía sobre o trabalho. Se as condições das empresas piorassem, os salários eram cortados. Os preços também sofriam cortes, de forma que uma grande redução no valor dos salários teria um impacto apenas modesto no padrão de vida. Os lucros também sempre sofriam, mas a essência dos ajustes exigia reduções nos salários. No padrão ouro, os salários precisavam sofrer cortes para recuperar a competitividade nos mercados de exportações e importações. De forma geral, a flexibilização dos salários e das condições do mercado de trabalho eram cruciais para as regras do jogo liberal clássico. No entanto, essa flexibilidade do trabalho se tornou o principal alvo dos trabalhadores, uma vez que eles tentavam proteger sua classe de ser a principal vítima das medidas que vinham para garantir o bom funcionamento da economia mundial. E como o movimento operário ganhou poder e influência, ele passou a ser capaz de proteger os trabalhadores das decisões dos mercados nacionais e internacionais. No entanto, tal proteção pôs em xeque a essência do funcionamento desses mercados, ou pelo menos a maneira como eles operavam na era da globalização do padrão ouro.

As tensões entre os esforços dos trabalhadores para se protegerem das condições adversas dos mercados e o *ethos* do empresariado, de acordo com a não-intervenção dos governos nos mercados, era incipiente nos anos pré-1914. Em determinadas épocas e lugares, essa era uma questão em aberto e de grande importância. Na maior parte do tempo, era um tema considerado irritante e de importância menor. No entanto, as dificuldades em satisfazer as demandas de ambos – um movimento operário em crescimento e uma economia global integrada – se provaram problemáticas e duradouras.

Era dourada ou manchada?

Os líderes políticos e econômicos do mundo que precedeu a Primeira Guerra apoiavam firmemente o capitalismo global. Os governos de quase todos os lugares estavam comprometidos com as regras do padrão ouro e com o livre movimento de bens, dinheiro e pessoas, e prometiam limitar o seu envolvimento nos mercados nacionais. A ordem econômica resultante trouxe crescimento e mudanças sociais para grande parte do mundo, além de produzir uma riqueza inimaginável para as nações desenvolvidas, expandindo os benefícios do desenvolvimento industrial para as classes média e trabalhadora e semear a esperança da modernidade em regiões há tempos mergulhadas na pobreza.

Mas havia falhas na economia mundial clássica. Os países mais populosos do mundo, a China e a Índia, se beneficiaram pouco do crescimento embriagador do fim do século XIX e início do XX. Partes significativas de Ásia, África e América Latina foram deixadas para trás. Até nas regiões que se desenvolveram rápido, os frutos do crescimento foram distribuídos de forma muito desigual. Muitas pessoas, até mesmo nos países mais bem-sucedidos, ficaram em pior situação. E o crescimento econômico e as mudanças nas economias de rápido crescimento minaram o apoio social e político às prescrições clássicas da integração global e do governo mínimo.

As vitórias econômicas do fim do século XIX e início do XX foram impressionantes, mas essa etapa do desenvolvimento do capitalismo global não terminou bem. A ordem econômica internacional se dissolveu na carnificina da Primeira Guerra Mundial e não pôde ser reconstituída. O padrão ouro se despedaçou de forma a nunca mais se restabelecer completamente. O consenso global quanto ao movimento de bens, capitais e pessoas fora rejeitado ou seriamente questionado à medida que os países fechavam suas fronteiras ao comércio, à imigração e aos investimentos.

A primazia dos compromissos econômicos internacionais, o que parecia ser um consenso sólido como rocha na era clássica, erodiu após 1914 e foi completamente banida quando o colapso de 1929 varreu a economia mundial, e a elite proponente da velha ordem abandonou o apoio ao internacionalismo do século XIX. Novos negócios e interesses da classe média, para a qual a economia mundial era uma questão distante, quando não uma ameaça, passaram a fazer parte do cenário político. Além disso, as classes trabalhadoras começaram a pressionar os governos para que eles lidassem com os problemas sociais domésticos.

Seria um absurdo esperar a perfeição de qualquer ordem econômica. Mesmo com todas as falhas, a ordem econômica clássica fora muito melhor que a sua antecessora. Mais do que isso, mesmo dada a pertinência das reclamações dos críticos contemporâneos, ela foi muito melhor do que a sua substituta, já que nos 30 anos após 1914 vivenciamos a série mais devastadora de colapsos econômicos, políticos e sociais já registrados pela memória histórica. O inegável fracasso da economia mundial que precedeu 1914 foi a sua incapacidade de evitar o que veio depois – e, na verdade, ela até contribuiu para tanto.

parte II *Tudo se desmorona, 1914-1939*

6

"Tudo o que é sólido desmancha no ar..."

Käthe Kollwitz foi um dos grandes nomes do Expressionismo alemão. Peter, um de seus filhos, morreu no campo de batalha algumas semanas após o início da Primeira Guerra Mundial. Käthe construiu um memorial para o filho e os outros mortos no conflito em um cemitério de guerra em Flandres, na Bélgica. Inspiradas na artista e em seu marido, as esculturas mostravam duas figuras, uma mãe e um pai desolados rodeados pelos túmulos de, como disse Käthe, "uma porção de filhos perdidos". O memorial causou grande impacto em toda uma geração ainda de luto por milhões de mortos. No entanto, para Käthe, o desespero pelas terríveis condições na Europa se sobrepôs ao efeito catártico de finalizar o memorial. Assim que o monumento foi erguido, em 1932, ela escreveu em seu diário sobre a "indescritível dificuldade da situação geral, a miséria, o retrato da humanidade nas trevas do sofrimento, o enaltecimento repulsivo às paixões políticas". Mais tarde, Käthe e o marido viram sua tragédia pessoal se repetir quando o neto Peter, cujo nome era uma homenagem ao seu tio morto na Primeira Guerra Mundial, morreu na frente oriental da Segunda Guerra Mundial. A artista, que morreu a duas semanas do fim do conflito, escreveu em sua última carta: "A guerra me acompanhou até o fim."[1]

"Tudo o que é sólido desmancha no ar", escreveram Karl Marx e Friedrich Engels no *Manifesto comunista*, referindo-se ao modo como a sociedade capitalista se reformula constantemente, já que sua base econômica se modifica de modo que "são varridas do mapa ... todas as relações fixas, cristalizadas". Ambos não poderiam ter imaginado a velocidade extraordinária na qual as relações existentes do capitalismo global seriam suprimidas após 1914. Conflitos militares de uma ferocidade nunca antes vista despedaçaram a Europa. O declínio econômico mais exorbitante de toda a história moderna gerou batalhas comerciais e monetárias, além de hostilidades financeiras. A livre movimentação generalizada de bens, capitais e indivíduos entre os países cedeu espaço para o fechamento agressivo de fronteiras e mercados. Dentro dos países, a calmaria sociopolítica se estilhaçou, provocando conflitos impiedosos.

O internacionalismo dos mercados pré-1914 não foi de todo positivo. A estabilidade doméstica e internacional em geral dependia de sistemas políticos que excluíam a classe média e trabalhadora, e de governos que ignoravam os pobres. Apenas com o fim da Era de Ouro é que as classes trabalhadoras conquistaram uma representação política significativa e os governos começaram a se voltar para as questões dos indivíduos que não pertenciam à elite econômica ou política. Antes de 1914, os benefícios do crescimento econômico estavam disponíveis apenas para algumas pessoas, e durante alguns momentos.

Mas quase tudo o que veio após 1914 foi negativo, ou terminou mal, para quase todas as pessoas, em quase todos os momentos. Conflitos sociais se tornaram guerras civis, que por sua vez abriram espaço para o surgimento de ditaduras brutais. Conflitos comerciais viraram guerras comerciais, as quais fizeram surgir conflitos armados. Não se deve idealizar os anos anteriores a 1914, mas o horror das décadas que se seguiram foi tão grande que é difícil exagerar. Em um livro influente de 1939, o historiador britânico Edward Hallet Carr se referiu ao período como os "vinte anos de crise". O autor pecou apenas por um erro de previsão: a crise durou 30 anos.[2] A definição do período entre-guerras como uma guerra civil pan-européia também foi otimista, uma vez que a guerra se tornou global antes de se enfraquecer. Países que foram aliados se tornaram inimigos mortais. Partidos e classes que uma vez estiveram unidos se lançaram em cruzadas assassinas uns contra os outros. Nações e grupos étnicos que um dia estiveram próximos – unidos pela economia mundial – se utilizaram de métodos inimagináveis para se destruírem. Polarizações domésticas exacerbaram antagonismos no exterior e conflitos internacionais exacerbaram extremismos nacionais.

O ciclo virtuoso do fim do século XIX e início do XX viu a prosperidade fortalecer a paz internacional e a integração econômica mundial, e ambas reforçavam a harmonia doméstica. O consenso a favor da globalização econômica e do governo mínimo se mantinha pelo aparente sucesso das duas tendências. No entanto, após 1914, o mundo caiu em um círculo vicioso. O colapso da economia global causou crises nacionais e as condições domésticas difíceis levaram grupos internos ao extremismo. O nacionalismo econômico, o militarismo e o acirramento da guerra aprofundaram o infortúnio econômico. O mundo entrou em declínio. Começou devagar, mas atingiu uma velocidade terrível quando as tentativas de amortecer a descida fracassaram.

As conseqüências econômicas da Grande Guerra

Uma guerra entre as grandes potências não foi nenhuma surpresa. Muito antes de 1914, as tensões geopolíticas já estavam generalizadas. Um século de debates não conseguiu explicar totalmente a Primeira Guerra Mundial, mas restam poucas dúvidas de que parte das motivações foi econômica. Cresciam os conflitos de interesses coloniais ou semicoloniais entre as nações industriais – do Marrocos à China, do Golfo Pérsico ao Caribe. Desavenças territoriais, como no caso da Alsácia-Lorena entre França e Alemanha, se intensificavam de acordo com o valor econômico, real ou estimado dos territórios. Conflitos puramente econômicos, tais como disputas comerciais, em geral inflamavam sentimentos nacionalistas e vice-versa. A luta por independência econômica e política dos povos do centro, leste e sul da Europa ameaçavam o Império Austro-Húngaro, o Russo e o Otomano, tornando-os particularmente suscetíveis a qualquer perturbação no equilíbrio militar. Quando a guerra começou, qualquer acontecimento se tornava mais sangrento, insolúvel e duradouro que o previsto. Quando a guerra terminou, no fim de 1918, suas conseqüências se tornaram mais importantes do que as causas.

A Primeira Guerra Mundial e suas conseqüências imediatas retiraram os beligerantes da economia mundial, os lançaram em uma busca militar e colocaram os Estados Unidos no vácuo resultante. Por muito tempo, a economia norte-americana foi a maior do mundo, mas antes da guerra ela quase não estava envolvida com o resto das economias mundiais. A Primeira Guerra forçou toda a Europa a depender da tecnologia, do capital e dos mercados norte-americanos e a buscar esses elementos para alcançar a liderança política. Os Estados Unidos deixaram de ser um observador passivo do lento colapso da ordem clássica e se tornaram líder nos esforços de reconstruí-la. Como escreveu o editor de economia do *Financial Times*: "A mudança na postura internacional dos Estados Unidos a partir de 1914 talvez tenha sido a transformação mais dramática da história da economia."[3]

O primeiro passo dessa transformação foi a introversão das nações européias beligerantes. Todas imaginavam que o conflito seria curto, mas quando ficou claro que as hostilidades continuariam, as economias foram reorientadas para a guerra. No início de 1915, a Marinha britânica bloqueou os portos alemães do Mar do Norte, impedindo quase todo o comércio marítimo germânico. Todas as principais potências deixaram de desempenhar qualquer papel significante na economia mundial. Os aliados, por outro lado, continuavam a ser os principais atores econômicos. A posição que tinham no pré-guerra, no entanto, se modificou. Antes de 1914, o Reino Unido, a França e a Bélgica estavam no centro da ordem clássica, fornecendo capital e produtos manufaturados para o restante do mundo. Nesse momento, não tinham mais capital nem produtos manufaturados para oferecer – na verdade, precisavam importar ambos – e a demanda desses países pelos bens primários do resto do mundo disparou com a necessidade de alimentos e recursos para a produção do arsenal de guerra.

Os Estados Unidos estavam em uma posição melhor para suprir a demanda por alimentos e armamentos. Em menos de três anos após a oficialização da neutralidade norte-americana, de agosto de 1914 a abril de 1917, as exportações do país cresceram mais de duas vezes. O superávit comercial norte-americano quintuplicou em relação aos índices do pré-guerra, acumulando mais de US$6,4 bilhões. Quase todo esse dinheiro vinha do comércio com os aliados. As vendas de munição norte-americana no exterior, que em 1914 geravam apenas US$40 milhões, passaram a render US$1,3 bilhão em 1916. A produção agrícola disparou quando a Grã-Bretanha passou a contar com os alimentos da América do Norte para substituir os habituais fornecedores europeus.

Os aliados pagavam pelas compras internacionais com o que podiam: bens, ouro e, ocasionalmente, investimentos estrangeiros. Esse foi o caso, em especial, da Grã-Bretanha, cujos investidores eram donos de um grande volume de títulos e ações norte-americanos. Quando a Grã-Bretanha ficou desesperada pela moeda dos Estados Unidos, o governo comprou US$2 bilhões em ações e títulos norte-americanos de seus cidadãos – primeiro, no mercado, depois sob requisição. Os britânicos então venderam essas ações e esses títulos a investidores norte-americanos e gastaram o dinheiro em insumos. Como coordenador e agente, Londres utilizou o J.P. Morgan & Co – um banco com décadas de experiência em vendas de ações e títulos norte-americanos a europeus que desejassem investir nos Estados Unidos. De 1914 a 1917, as compras do J.P. Morgan para seus clientes, os aliados, somavam em média US$1 bilhão por ano, 1/4 de todas as exportações norte-americanas. O dinheiro gasto pelo J.P. Morgan nas compras excedeu o valor total gasto pelo governo dos Estados Unidos no pré-guerra.

Os britânicos ficaram sem ter o que vender bem antes de terem satisfeito todas as suas necessidades de guerra. Eles queriam tomar dinheiro emprestado, mas, no início da guerra, o governo norte-americano decidiu que, com a neutralidade, tornava-se contraditório fornecer empréstimos aos beligerantes. No entanto, no verão de 1915, as necessidades urgentes dos aliados e a lucratividade gerada pela guerra fizeram com que Woodrow Wilson mudasse de política. O secretário do Tesouro William McAdoo explicou a Wilson, seu sogro, a importância do comércio com os aliados: "Para que nossa prosperidade seja mantida, devemos financiá-la. Caso contrário, ela será interrompida, o que causará um desastre."[4]

A atividade do J.P. Morgan se inverteu. Agora, o banco convencia os norte-americanos a apostarem nos empréstimos europeus e britânicos. Ao longo de um ano e meio, a partir de outubro de 1915, o J.P. Morgan e alguns bancos associados levaram para Wall Street US$2,6 bilhões em títulos para os aliados. A soma era enorme, o dobro de toda a imensa dívida do governo norte-americano na época.

Como os beligerantes haviam abandonado o mundo em desenvolvimento, e até mesmo suas colônias, para lutarem pelos próprios países, o caminho estava aberto para o capital e as exportações de manufaturados norte-americanos. A mudança mais gritante ocorreu na América do Sul, onde interesses europeus reinavam intocáveis havia séculos. Mesmo na época da diplomacia das canhoneiras*, a influência norte-americana se limitava à Bacia do Caribe. Em menos de uma década a partir do início da guerra, os Estados Unidos partiram para a dominação financeira, comercial e industrial na América do Sul.

A liderança da economia internacional não era mais dos britânicos. O chefe de uma conferência interministerial sobre como reduzir a dependência dos Estados Unidos escreveu, de modo sombrio, no fim de 1916, que "realmente não havia nada a deliberar ... os fornecimentos norte-americanos são tão importantes que uma represália, enquanto causaria um imenso sofrimento na América, iria praticamente acabar com a guerra". De dentro do Tesouro britânico, John Maynard Keynes relatou à cúpula do país:

> As somas que esta nação pedirá emprestadas aos Estados Unidos da América nos próximos seis a nove meses são imensas, correspondem a tantas vezes a nossa dívida nacional que será necessário apelar a cada classe e setor investidor desse país ... Não é um exagero dizer que o Executivo e o público norte-americano estarão numa posição de ditar o que este país deve fazer em relação às questões que nos afetam bem mais do que às que afetam a eles.[5]

Os britânicos tinham um motivo a mais para se preocupar: temiam que os investidores norte-americanos perdessem o interesse em fazer empréstimos aos aliados quando a guerra terminasse, como J.P. Morgan havia alertado, no início de 1917, os governos que eram seus clientes. No entanto, a entrada dos Estados Unidos na guerra, em abril, fez com que outros empréstimos privados não fossem mais necessários. Nesse momento, o governo dos Estados Unidos levantou cerca de US$10 bilhões em empréstimos, com o objetivo de cobrir os esforços conjuntos de guerra. Esses empréstimos causaram duas controvérsias. Primeiro, acusações de que serviriam para pagar as dívidas de banqueiros norte-americanos, simbolizando a vontade e a habilidade dos "mercadores da

---

* Do inglês *gunboat diplomacy*, termo que se refere à busca de objetivos de política externa utilizando a força ou ameaça direta. (N.T.)

morte" de levar a nação à guerra devido a interesses financeiros. Segundo, ataques e contra-ataques entre as potências européias e os Estados Unidos quanto à responsabilidade moral pela Primeira Guerra Mundial, e a insistência norte-americana de que as dívidas deveriam ser totalmente quitadas, em dinheiro, enquanto muitos europeus acreditavam que elas já haviam sido pagas com sangue.

A guerra devastou a Europa, mas tornou os Estados Unidos a principal potência industrial, financeira e comercial do mundo. A produção de manufaturas norte-americanas quase triplicou durante os anos da guerra, de US$23 bilhões, em 1914, para US$60 bilhões, em 1919. Em 1913, as nações industriais européias – Alemanha, Grã-Bretanha, França e Bélgica – produziam juntas bem mais que os Estados Unidos. No fim da década de 1920, os Estados Unidos já haviam superado esses países, produzindo quase o dobro deles.

De 1914 a 1919, os Estados Unidos passaram da condição de maior devedor do mundo para a de principal credor. As potências européias dependiam da liderança financeira, comercial e diplomática norte-americana para se recuperar da guerra mais destrutiva até então testemunhada pelo mundo. Enquanto os europeus se recuperavam com dificuldade, os Estados Unidos se fortaleciam. O tamanho das economias da Grã-Bretanha e da Alemanha não voltou ao normal até 1925, quando a economia norte-americana experimentava um crescimento de 50% em relação a 1914. Os países fora da Europa, cujas necessidades econômicas sempre dependeram do Velho Mundo, começaram a se voltar para os Estados Unidos.

O país liderou o planejamento da paz, inclusive seus aspectos econômicos. Muitos grupos nos Estados Unidos ficaram satisfeitos com a oportunidade, em especial os empresários, que de uma hora para outra passaram a dominar o comércio e as finanças mundiais. Thomas Lamont, o sócio mais influente de J.P. Morgan, afirmou em 1915:

> Quando essa terrível fumaça vermelho-sangue da guerra se for, veremos que as finanças deverão continuar firmes. Provavelmente, veremos o espetáculo que será os empresários de todas as nações pagando suas dívidas de forma justa, uns aos outros ... Veremos as finanças a ponto de desenvolverem novos empreendimentos; de buscar dinheiro para cultivar outras terras; para ajudar a reconstruir um mundo falido e repleto de destroços; para fazer com que as chaminés da indústria funcionem novamente e instaurem na Terra o triunfo da paz.[6]

O presidente norte-americano Woodrow Wilson dominou o programa da Conferência de Paz de Paris. Enquanto a guerra causava devastação, a administração de Wilson anunciava os seus famosos 14 Pontos, tomando uma posição que, dado o contexto norte-americano, foi definida como internacionalista, pela ênfase dada à cooperação internacional na economia e na diplomacia. O terceiro ponto de Wilson pedia pela "remoção, a maior possível, de todas as barreiras econômicas e o estabelecimento de condições comerciais eqüitativas". Isso não surpreende em se tratando de um líder do Partido Democrata, que era pró-livre comércio, e de um político que encabeçou uma grande redução nas tarifas norte-americanas quando eleito em 1913. A atitude era um indício da recente simpatia norte-americana pelo livre fluxo de bens e capitais. Além disso, não era surpresa já que na época os Estados Unidos dominavam o comércio e as finanças internacionais e dada a proeminência da delegação enviada pelo país à Conferência de Paz. A comitiva norte-americana contou com representantes internacionalistas de Wall Street, entre eles os acionistas do Morgan Thomas Lamont, Norman Davis, Bernard Baruch e o jovem John Foster Dulles.

A posição wilsoniana era semelhante à visão liberal clássica britânica, embora os elementos não-econômicos incluíssem uma maior insistência na autodeterminação dos grupos nacionais (desde que não fossem "de cor"). Parecia ser o presságio de uma mudança considerável no papel desempenhado pelos Estados Unidos na economia política mundial: de credor menor, protecionista e antipadrão ouro a bastião da ordem econômica internacional. De fato, ao mesmo tempo em que os Estados Unidos se apropriaram da posição econômica da Grã-Bretanha, o país também começou a se interessar pelas antes suspeitas inclinações britânicas: livre comércio, cooperação entre credores e padrão ouro. Todos esses elementos pareciam bem melhores vistos do posto de comando da economia internacional do que das regiões periféricas ou intermediárias. "Fomos incumbidos de grande parte do financiamento mundial e quem financia o mundo deve entendê-lo e governá-lo com o espírito e a mente",[7] disse Wilson à população norte-americana.

Os Estados Unidos exerceram uma influência dominante na Conferência de Paz de Paris. O acordo incluía os 14 Pontos de Wilson e o esboço de um plano para a criação da Liga das Nações. A posição norte-americana, no entanto, não prevaleceu em todas as questões: o país concordou, por exemplo, com as demandas aliadas relativas ao pagamento de indenizações de guerra pela Alemanha. Os franceses e belgas, em especial, insistiram em um montante substancial que os compensasse pela destruição causada em seus territórios. A maioria dos norte-americanos, bem como muitos na Europa, considerou as exigências exorbitantes, e talvez inatingíveis, acreditando que só serviriam para suscitar mais conflitos. No entanto, os franceses e os belgas continuaram a insistir que os alemães deveriam pagar pelas perdas de vidas e riquezas. Apesar desse acordo, o formato geral do mundo do pós-guerra foi, sem sombra de dúvida, ditado pelos Estados Unidos.

O Senado norte-americano, entretanto, repudiou as idéias de Wilson. Não ratificou o Tratado de Versalhes e se recusou a fazer parte da Liga das Nações, planejada para pôr em prática a nova ordem mundial. A política doméstica norte-americana não evoluiu tão rapidamente quanto a posição do país na economia internacional. Muitos nos Estados Unidos não queriam que a nação tivesse conexões com países europeus que pareciam incapazes de governar a si mesmos ou de se relacionar com outros sem a utilização de grande violência.

Sobre isso, Edward H. Carr escreveu: "Em 1918, a liderança do mundo foi oferecida aos Estados Unidos em consenso quase universal ... e foi recusada."[8] Deixadas à própria sorte, as potências européias fizeram o que estava ao seu alcance para reconstruir as suas próprias economias e a infra-estrutura do comércio e das finanças internacionais. Mas o esforço das potências foi impedido pela vastidão de problemas que enfrentavam e por profundas desavenças.

Reconstrução da Europa

A Europa central e a oriental enfrentavam uma situação caótica. A guerra e suas conseqüências diretas baniram os quatro Impérios multinacionais que construíram a região. Na área que ia da Finlândia à Iugoslávia, a Dinastia dos Habsburgo, na Áustria-Hungria, e a dos Romanov, na Rússia, estavam em frangalhos. Repentinamente, a Europa oriental passou a ter dezenas de Estados e até mesmo uma cidade imperial livre. O Império Otomano, que antes da guerra abrangia do Golfo Pérsico à Líbia e da Albânia ao Iêmen, se reduzira a apenas Istambul, Anatólia e um pedaço de terra adjacente situado na Europa. A Alemanha perdeu suas colônias e grande parte do seu território e população.

Esses novos Estados começaram do zero, nascidos de autocracias derrotadas. Lutavam para transformar as ex-províncias em Estados-nação modernos, em meio à fome e ao colapso econômico. Em geral, além de imprimir dinheiro, os novos governos não tinham muitas opções para pagar suas contas. O resultado dessa medida era uma onda de inflação que destruía o valor da moeda, desintegrava economias e, nos casos extremos, ameaçava a estrutura social das nações.

As inflações do pós-guerra não eram como as elevações graduais nos preços de outrora. Na verdade, elas foram responsáveis pela criação de uma palavra nova: *hiperinflação*. Quando alguns governos finalmente conseguiram estabilizar os preços, as moedas da Tchecoslováquia, Finlândia, Iugoslávia e Grécia haviam perdido de 85 a 95% de seu valor anterior; e as moedas da Bulgária, Romênia e Estônia sofreram desvalorização de 96 a 99%. Mas esses não foram os casos mais extremos. A hiperinflação na Áustria e na Hungria aumentou os preços em 14 mil e 23 mil vezes respectivamente – não 14.000% e 23.000%, mas níveis 14 mil e 23 mil vezes mais altos do que eram. Na Polônia e na Rússia, os preços aumentaram 2,5 milhões e 4 *bilhões* de vezes. No caso mais famoso, quando a hiperinflação na Alemanha terminou, no fim de 1932, os preços haviam crescido um trilhão de vezes – em relação ao valor que tinham imediatamente após a guerra. Cada dólar equivalia antes a 4,2 marcos, e terminou por valer 4.200.000.000.000 – 4,2 trilhões – de marcos. Nos últimos meses de hiperinflação alemã, o Banco Central teve de imprimir tanto dinheiro que precisou da dedicação de 30 fábricas de papel, 29 de chapas de metal e 132 gráficas. Em 2 de novembro de 1923, o governo emitiu uma nota valendo 100 trilhões de marcos, o que equivalia a US$312,50. Em pouco mais de duas semanas, quando a hiperinflação chegou ao fim no dia 20 de novembro, a nota valia US$23,81.[9]

Como a inflação estava fora de controle, os valores dos preços, salários e moedas não se mantinham. Dessa forma, iniciaram-se tentativas frenéticas para compensar a situação: receber pagamentos à tarde em vez de pela manhã significava uma grande redução no ganho; e permanecer com uma nota de dinheiro durante mais de algumas horas poderia custar ao dono da nota quase todo o seu valor. A instabilidade caótica na relação entre preços, salários e moedas levou a desajustes grotescos de conseqüências perversas.

Em setembro de 1922, Ernest Hemingway viu o que chamou de "o novo aspecto do câmbio" quando ele e a mulher resolveram fazer uma viagem de um dia cruzando o Reno, de Estrasburgo, na França, até a cidade de Kehl, na Alemanha. Com a hiperinflação alemã a pleno vapor, o valor do marco em relação a outras moedas caía mais rápido que o aumento dos preços na Alemanha. Os preços no lado alemão eram de 1/5 a 1/10 menores que no lado francês. Mas com o dólar valendo 800 marcos, Hemingway comprou 670 marcos:

> Aqueles 90 centavos foram suficientes para que eu e a Sra. Hemingway passássemos um dia de grandes gastos e, ao fim do mesmo dia, ainda tínhamos 120 marcos sobrando!
>
> Nossa primeira compra foi numa barraca de frutas ao pé da rua principal de Kehl, onde uma senhora vendia maçãs, pêssegos e ameixas. Escolhemos cinco maçãs bem bonitas e demos uma nota de 50 marcos à senhora. Ela nos deu 38 marcos de troco. Um senhor de barba branca, muito bem vestido, nos viu comprando as maçãs e nos cumprimentou tirando o chapéu.
>
> "Com licença senhor", disse ele, um tanto tímido, em alemão, "quanto custaram as maçãs?"
>
> Contei o troco e lhe disse que custaram 12 marcos.
>
> Ele sorriu e balançou a cabeça. "Não posso pagar. É muito."

> Subiu a rua caminhando de forma bem parecida como caminhavam os senhores de barba branca em todos os países do velho regime. Mas ele olhou tanto para as maçãs. Gostaria de ter-lhe oferecido algumas. Doze marcos, naquele dia, valiam um pouco menos de dois centavos. Aquele senhor, que provavelmente havia investido as economias de toda uma vida em títulos alemães da guerra ou do pré-guerra, como fez a maioria das classes não-exploradoras, não podia arcar com um custo de 12 marcos. Ele é o tipo de pessoa cuja renda não aumenta com a queda do poder de compra do marco alemão e da coroa.[10]

A hiperinflação destruiu as economias guardadas ao longo da vida e o poder de compra de milhões de pessoas na Europa Central e do Leste.

Posteriormente, uma combinação de políticas fiscais austeras e apoio estrangeiro deram fim às inflações e hiperinflações da Europa. Os governos reduziram sua necessidade de imprimir dinheiro, aumentando impostos e cortando gastos. Para reconquistar a confiança da população, as autoridades financeiras precisavam provar que tinham o respaldo das principais potências econômicas. Em geral, isso era feito com o apoio da Liga das Nações, a colaboração dos Bancos Centrais das grandes nações ocidentais e a proteção dos financistas privados de Londres e Nova York.[11] Apesar de difícil e custosa do ponto de vista social, a estabilidade foi alcançada dentro de poucos anos.

O caso da Alemanha fora peculiar devido a diversos aspectos. Um deles foi o tamanho do país. A hiperinflação nociva da Áustria não afetou o resto do mundo como ocorreu com o colapso da Alemanha, a maior economia da Europa. Além disso, a Alemanha foi a principal potência derrotada (o Império Austro-Húngaro e o Otomano não existiam mais e a Bulgária estava longe de ser um país influente). Além disso, a hiperinflação estava intimamente ligada às indenizações, e o motivo gerava polêmica. Os alemães argumentavam que o colapso foi causado pela retirada de dinheiro de uma economia em apuros; os franceses diziam que os alemães imprimiam dinheiro de forma indiscriminada por se recusarem a fazer o esforço necessário para pagar as indenizações. Dentro da Alemanha, havia duros debates sobre qual a atitude que a nação deveria adotar em relação às grandes potências européias, alguns aconselhando cooperação, outros, enfrentamento. À medida que os franceses continuavam a insistir nos pagamentos, a situação da economia alemã piorou como nunca.

Em seguida, tornou-se evidente que os malabarismos políticos estavam prejudicando ambos os lados e, no fim de 1923, o governo alemão retomou o controle da economia. Em 1924, as potências ocidentais e a Alemanha negociaram o Plano Dawes, que oferecia US$200 milhões para a estabilização do marco e nomeava um supervisor norte-americano para regularizar o pagamento das indenizações. Uma vez que o governo dos Estados Unidos havia deixado de se envolver nas questões européias, o processo foi entregue a empresas privadas. O J.P. Morgan & Co. forneceu metade dos empréstimos, e um dos sócios norte-americanos da empresa foi escolhido para supervisionar as indenizações.[12] No fim de 1924, a Alemanha também já havia conseguido derrotar a inflação e começado a crescer.

O colapso macroeconômico do início da década de 1920 deixou um legado político que duraria muito tempo. A devastação causada pela hiperinflação difamou ainda mais os líderes políticos tradicionais. Em muitos países, os políticos e grandes empresários pareciam não estar cientes do sofrimento que a hiperinflação e a estabilização impuseram à classe média. Os ricos tinham como se proteger da desvalorização da moeda – por exemplo, investindo em ativos reais ou mandando o dinheiro para o exterior –, mas a classe média, em geral, não dispunha desses recursos, além de ter perdido todas as suas economias em um intervalo de meses. A desorganização do início da década de 1920 parecia dizer à classe média que as leis não serviam para as elites. Um pequeno empresário de Berlim comentou:

> A inflação pôs um fim miserável em todo o meu esforço. Não conseguia mais pagar meu pessoal. Meus ativos se esvaíram. Mais uma vez, experimentamos a fome e a privação ... a relativamente próspera classe média [*mittelstand*] foi destruída, a mesma classe média que continuava a se opor ao marxismo.

Em razão dessa experiência, ele acrescentou: "Fugi do governo que permitiu tal infortúnio." O mesmo pequeno empresário assim se uniu ao Partido Nazista e tornou-se membro de uma de suas tropas.[13]*

O fracasso econômico do início do pós-guerra contribuiu para a ascensão de uma nova direita, e, em meados da década de 1920, movimentos como o fascista ganharam adeptos, e inclusive poder, em todo o sul e o leste da Europa. Stefan Zweig, um judeu austríaco que deixou o continente em 1934, refletiu sobre isso posteriormente:

> Nunca nada havia causado tanto amargor no povo alemão – é importante lembrarmos disso –, nada o havia deixado tão furioso e suscetível a Hitler como a inflação. A guerra, sangrenta como foi, ainda rendeu momentos de júbilo, com sinos e cornetas tocando pela vitória, ... enquanto a inflação serviu apenas para fazer o povo alemão se sentir imundo, traído e humilhado. Toda uma geração nunca es-

* Do inglês *trooper*, militante das tropas do Partido Nazista, o que incluía a SA (tropa de assalto) e a SS (tropa de segurança). (N.T.)

queceu ou perdoou a República da Alemanha por esses anos e preferiu reintegrar esses carniceiros.[14]

O colapso mais dramático das classes dominantes do pré-guerra ocorreu na Rússia. O fracasso czarista durante a guerra levou a uma revolução democrática em 1917. Depois, em novembro, foi responsável por uma ruptura no poder liderada pela facção bolchevique – extremamente antiguerra – do movimento socialista. O novo governo procurou pela paz e aceitou os duros termos impostos pela Alemanha. No entanto, a URSS foi assolada pela guerra civil até o fim da década de 1920. Nesse momento, para surpresa e irritação do Ocidente, os bolcheviques tinham o total controle do maior país do mundo.

O líder bolchevique Vladimir Ilitch Lênin não foi o único a acreditar que a Revolução Russa seria o começo de uma onda de revoltas extremistas contra o capitalismo europeu. Por volta de um ano após o fim da guerra, insurreições em Berlim e na Bavária, a tomada do poder pelos comunistas na Hungria, além das ocupações de fábricas na Itália, pareciam indicar uma grande inclinação à revolução operária. Os principais partidos socialistas se depararam com sérios problemas quando tentaram resistir às novas facções de inspiração bolchevique. A maior parte dos socialistas havia apoiado os esforços nacionais para a guerra, e como a batalha havia se tornado impopular, a reputação deles ficou abalada. Além disso, o sucesso eleitoral dos socialistas trouxe algumas frustrações, uma vez que eles se envolveram em governos provisórios pouco eficientes. Assim, as alas rebeldes de todos os partidos socialistas ridicularizaram os mais tradicionais dado o seu compromisso com o patriotismo nacional e por acreditarem que as urnas poderiam modificar a sociedade. Mais tarde, uma nova Internacional Comunista de base em Moscou uniu os partidos socialistas mais radicais do mundo.

O otimismo revolucionário do início logo chegou ao fim, deixando Lênin e seus camaradas no governo de um país estilhaçado que nunca fora um terreno fértil para o socialismo, nem em seus melhores dias. A nova União Soviética enfrentou a reconstrução vindo da guerra, da revolução e da guerra civil. Era difícil conceber a construção de uma nova sociedade socialista em um país que em 1920 já havia perdido 87% da capacidade industrial que tinha em 1913.[15] Durante os primeiros anos após a guerra, os soviéticos se concentraram em reanimar a economia. A Nova Política Econômica de 1921 passou a permitir as atividades de um grande número de empresas privadas, em especial as ligadas à agricultura e aos pequenos negócios, além de estimular os camponeses a ganharem o máximo possível. Em 1924, como ocorreu em outras partes do Ocidente, a economia já havia renascido. A União Soviética permaneceu ilhada – em parte por opção, em parte pela hostilidade dos países capitalistas que a rodeavam –, mas gradualmente reconstruiu os laços econômicos com o restante do mundo.

Os aliados do Ocidente enfrentaram menos dificuldades no pós-guerra do que a Europa central e oriental. Mesmo na Bélgica e no Norte da França, onde a destruição foi mais severa, a atividade econômica logo voltou ao normal. Houve uma rápida expansão nas economias ocidentais de 1919 a 1920, seguida por uma rápida recessão em 1920 e 1921, mas em 1922 as condições comerciais já estavam de volta à normalidade.

Os europeus se esforçaram para recuperar as condições monetárias internacionais, restaurando o padrão ouro, o centro da ordem econômica clássica. Duas conferências monetárias européias, uma em Bruxelas em 1920 e outra em Gênova em 1922, geraram um apoio ressoante a esse objetivo. No entanto, até os países que não haviam enfrentado uma inflação pesada consideravam difícil conseguir alcançá-lo. Na Grã-Bretanha, os preços cresceram tanto durante e após a guerra que a tentativa de retomar a taxa de câmbio de 1913 em relação ao ouro exigia políticas monetárias muito restritivas, que reduziriam salários, preços e lucros. Até mesmo quando a libra esterlina retornou ao ouro em 1925, com uma taxa de câmbio igual à do pré-guerra, os preços altos fizeram com que grande parte da indústria britânica ficasse de fora dos mercados. Muito por conseqüência disso, o desemprego na Grã-Bretanha se manteve acima dos 10% ao longo da década de 1920. Ainda nesse contexto, os países escandinavos se estabilizaram logo depois da Grã-Bretanha. Os laços comerciais estreitos desses países com os mercados britânicos e as supervalorizações, como as da Grã-Bretanha, também os prejudicaram com índices de desemprego de dois dígitos ao longo de toda a década: as tentativas da Noruega de retornar ao padrão ouro levaram o país a um índice de desemprego acima de 25% em 1927. A Bélgica e a França retornaram ao ouro logo após a Grã-Bretanha, mas diferentemente desta, os dois países não tentaram recuperar o valor pré-guerra de suas moedas. Assim, puderam adotar novamente o padrão ouro a custos relativamente baixos e sem impor grandes pressões competitivas aos produtores de bens industriais.

O comércio internacional também enfrentou dificuldades. Muitos dos governos que haviam levantado barreiras aos investimentos e ao comércio internacionais durante a guerra encontraram dificuldades em remover a proteção quando o conflito chegou ao fim. Até mesmo a Grã-Bretanha manteve algumas das barreiras comerciais adotadas durante a guerra. Nos Estados Unidos, a liberalização do comércio, decretada por Wilson e os democratas em 1913, foi abandonada e a administração republicana e o Congresso restabeleceram o protecionismo habitual em 1921 e 1922. A maioria dos países da Europa central e oriental era mais protecionista que os Impérios precedentes.

Apesar das dificuldades e decepções, em 1924 a Europa já estava basicamente recuperada. A produção industrial européia retomou os índices de 1913, embora existissem diferenças consideráveis entre os países europeus. Na parte ocidental, a indústria passou a produzir 12% a mais que em 1913, ao passo que a Europa central e a oriental apresentavam índices 20% menores que no mesmo período. Os Estados Unidos estavam bem à frente com a produção manufatureira mais uma vez cerca de 50% maior que em 1913.[16] Mesmo com a devastação causada pela Primeira Guerra Mundial, a maior parte das economias dos países já havia retornado – ou quase – aos índices do pré-guerra.

A extraordinária década de 1920

Um frenesi de atividades econômicas internacionais irrompeu subitamente. Entre 1925 e 1929, a produção industrial do mundo cresceu mais de 20%, e tal crescimento foi ainda mais rápido na Europa e na América do Norte. Os investimentos internacionais atingiram níveis semelhantes aos dos anos de glória do inicio do século XX. No entanto, a maior parte desses investimentos agora vinha dos Estados Unidos, não mais da Europa. As exportações dobraram em relação ao pré-guerra. Mesmo se considerarmos a inflação, o comércio mundial era 42% maior em 1929 do que em 1913, além de corresponder a uma parcela maior das economias nacionais.[17] O padrão ouro estava de volta. A economia mundial parecia recuperada.

A expansão econômica estimulou grandes mudanças sociais. Na maior parte do mundo industrial, a década de 1920 testemunhou o surgimento de novos bens de consumo e de produção em massa. No campo político, todos os países democráticos passaram a permitir o voto feminino, em meio a movimentos mais amplos pela emancipação da mulher. A influência dos movimentos trabalhistas e dos partidos socialistas aumentou de forma dramática. No campo cultural, o Modernismo e o Surrealismo revolucionavam as artes, enquanto o jazz estourava no cenário musical. O *boom* do fim da década de 1920 foi tão grande e seus efeitos tão amplos e profundos que muitos países deram nomes específicos a ele: a Renascença de Weimar, na Alemanha; a Era Baldwin, na Grã-Bretanha; os extraordinários anos 20* e a Era do Jazz nos Estados Unidos; além de a Dança dos Milhões na América Latina.[18]

De alguma forma, esse crescimento envolveu uma retomada das condições anteriores aos tempos de guerra. Mas ele também contou com uma dinâmica

* Do inglês *Roaring Twenties*, termo que se refere à efervescência cultural nos Estados Unidos na década de 1920. (N.T.)

própria poderosa, e os Estados Unidos eram o seu centro. O capital e os mercados norte-americanos alimentaram o crescimento econômico da Europa à Ásia e também da América Latina. Bancos e empresas norte-americanas inundaram o mundo com dinheiro e tecnologia. Wall Street substituiu Londres como o centro financeiro internacional, enquanto empresas norte-americanas estabeleciam milhares de filiais ao redor do mundo. Em 1929, os Estados Unidos já haviam acumulado mais de US$15 bilhões em investimentos estrangeiros, dos quais metade eram empréstimos e a outra parte eram investimentos direto das multinacionais – e esse montante não incluía os muitos bilhões de dólares que os estrangeiros deviam a Washington. Em pouco mais de uma década, o país formou uma carteira de investimentos internacionais quase tão grande quanto a do Reino Unido em 1913, a qual havia sido desenvolvida ao longo de um século. Nas palavras do secretário de Estado John Hay: "O centro financeiro do mundo, que precisou de milhares de anos para viajar do Eufrates ao Tâmisa e ao Sena, passou por Hudson entre a alvorada e o anoitecer."[19]

Mais de US$1 bilhão por ano em empréstimos brotaram de Nova York, de 1919 a 1929. Nos anos mais prósperos, em Wall Street, os títulos estrangeiros que circulavam equivaliam a apenas 1/3 do que girava em ações de empresas dos Estados Unidos.[20] De 1924 a 1928, os norte-americanos emprestavam, em média, US$500 milhões por ano para a Europa, US$300 milhões para América Latina, US$200 milhões para o Canadá e US$100 milhões para a Ásia. Os norte-americanos pareciam incansáveis em financiar empreendimentos em lugares dos quais, uma década antes, poucos ouviram falar; 36 bancos de investimentos norte-americanos brigavam pelo privilégio de mandar seus títulos para a cidade de Budapeste, 14 competiam por Belgrado, e um vilarejo na Bavária, que desejava US$125 mil, foi convencido a pegar um empréstimo de US$3 milhões.[21]

Os Estados Unidos eram responsáveis por mais da metade dos novos empréstimos, mas não estavam sozinhos nessa recuperação das finanças internacionais. Especialmente após a retomada do padrão ouro, os mercados londrinos se abriram novamente. O mesmo ocorreu com os empréstimos de Paris, Amsterdã e outras capitais credoras menores. A Grã-Bretanha proveu cerca de 1/4 de todos os novos empréstimos da década de 1920; outros países europeus também ficaram com essa mesma proporção.[22] Após dez anos de preocupações domésticas e restrições nos negócios internacionais, tanto os credores quanto os que pediam empréstimos não pareciam capazes de extrair o suficiente da revitalização dos mercados de capitais do mundo.

Os industriais norte-americanos também rodaram o mundo em busca de oportunidades rentáveis de investimentos – não empréstimos, mas investimentos "diretos" em filiais de empresas e outras subsidiárias. Empresas norte-americanas investiram mais de US$5 bilhões no decorrer da década de 1920. No fim desse período, as empresas norte-americanas já estavam bem estabelecidas em todas as principais economias e também em muitas das nações menores. Até mesmo os bancos comerciais norte-americanos, os quais antes da lei de 1913 do Federal Reserve* eram proibidos de operar fora do país, se aproveitaram da nova situação e no fim de 1920 já possuíam cerca de 200 sedes no exterior.

O *boom* dos anos 1920 foi ainda mais marcante fora da Europa. Na América Latina, os empréstimos e investimentos diretos norte-americanos participaram do maior crescimento já registrado na região. Mais uma vez, a América Latina obtinha um crescimento 50% mais rápido que o da Europa e da América do Norte.[23] Nesse processo, a estrutura industrial latino-americana amadureceu de forma substancial. Por exemplo, em 1929 o Brasil produzia 3/4 do aço que necessitava.[24] Ao redor da região, economias se modernizavam, as classes média e trabalhadora cresciam e se tornavam politicamente influentes, e regimes democráticos se estabilizavam.

O isolamento dos Estados Unidos

Os anos de recuperação e o *boom* eram resquícios da Era de Ouro de antes da Primeira Guerra Mundial, mas com os Estados Unidos no centro, substituindo a Grã-Bretanha. Na era anterior, Londres financiava atividades econômicas por todo o mundo, em especial por meio de empréstimos, mas também com investimentos de empresas privadas. Os países devedores arrecadavam o dinheiro que necessitavam para pagar os juros em geral exportando para a Europa, especialmente para o enorme e aberto mercado britânico. O sistema mantinha-se unido pelo compromisso com um padrão monetário, o ouro. Em 1925, um sistema semelhante operava. Uma vez que o capital fluía dos Estados Unidos para o resto do mundo, o resto do mundo vendia pesadamente para o mercado norte-americano e quase todas as principais moedas já haviam retomado o padrão ouro.

A recorrência dessa ordem, contudo, remete à observação de Marx de que se a história se repete, o faz "a primeira vez como tragédia e a segunda como farsa". Por enquanto, os fundamentos econômicos das duas épocas eram semelhantes – o acesso mundial ao capital e aos mercados da Grã-Bretanha e dos Estados Unidos, respectivamente –, mas o comportamento dos países centrais apresentava diferenças fundamentais.

---

* O Federal Reserve Act de 1913, sob o governo de Wodrow Wilson, determinou a criação do FED, o Banco Central norte-americano. (N.T.)

O padrão ouro clássico antes de 1914 tinha Londres como centro, e sua coesão era mantida pelo Reino Unido.[25] A superioridade da influência financeira e comercial da Grã-Bretanha, combinada ao compromisso inabalável de sua elite financeira e empresarial com a economia mundial, permitiu que o governo britânico agisse de forma enérgica, tanto quanto o necessário, para estabilizar as relações monetárias e financeiras internacionais.

Embora o Reino Unido fosse, nas palavras de John Maynard Keynes, "o regente da orquestra internacional", o país não conseguiria sustentar o padrão ouro sem os outros participantes.[26] A estabilidade do padrão ouro clássico dependia também de um forte apoio da França, da Alemanha e de outras nações menores da Europa. Por exemplo, quando o colapso do Barings, um dos maiores bancos britânicos, ameaçou desestabilizar os mercados londrinos em 1890, os Bancos Centrais da França e da Rússia emprestaram dinheiro ao Banco da Inglaterra. Apenas a certeza de que essas somas estavam disponíveis ajudou a acalmar os investidores. Em 1898, os britânicos e franceses ajudaram a estabilizar os mercados financeiros alemães; alguns anos mais tarde, foi a vez dos austríacos acalmarem os mercados de Berlim. Em pelos menos outras sete oportunidades, entre 1900 e 1914, os franceses intervieram para ajudar os britânicos, numa demonstração do que o Banco da França chamou de "a solidariedade dos centros financeiros".[27]

Não havia altruísmo na liderança britânica, tampouco na cooperação européia. Os rendimentos das empresas britânicas dependiam do bom funcionamento da economia mundial. A economia britânica e seus principais investidores e empresas contavam com o comércio, os investimentos e as finanças internacionais. Além disso, França, Alemanha, Bélgica, Holanda, Áustria e Rússia estavam fortemente integradas à ordem financeira e monetária centrada em Londres; uma instabilidade no centro seria sentida fora dele, impondo desafios à base de apoio dos líderes políticos e econômicos dos outros países do sistema. A riqueza e o poder dos capitães da indústria e das finanças européias dependiam de um sistema de comércio e pagamentos internacionais com base em Londres. Era do interesse de todos os grupos poderosos que esse equilíbrio fosse mantido.[28]

Porém, se antes de 1914 o interesse próprio e esclarecido deu ao padrão ouro um regente confiável e uma orquestra harmoniosa, nenhum dos dois elementos podia ser considerado como certo após 1920. A desorganização da orquestra era mais óbvia: quaisquer que fossem as questões econômicas comuns que unissem as potências da Europa continental, elas não eram páreo para a continuação econômica do conflito de trincheiras da Primeira Guerra Mundial. O armistício apenas inaugurou outro estágio do conflito franco-germânico, uma vez que franceses, belgas e alemães se enfrentavam numa batalha campal pelas indenizações. A França não tinha a menor intenção de desistir. Os franceses achavam que a Alemanha ainda não havia pagado por sua agressão militar. Além disso, nenhum político alemão podia ser visto negociando com bancos internacionais ou subsidiários algo que a maioria dos alemães acreditava ser um tratado de paz criminosamente injusto. Quase todos os países da Europa optaram por um dos lados. Até mesmo questões técnicas financeiras e monetárias foram envolvidas no duro conflito diplomático.

A falta de um regente confiável para o sistema de ouro de Keynes foi o problema mais grave da economia política do entreguerras. As semelhanças entre os papéis desempenhados pela Grã-Bretanha pré-1914 e pelos Estados Unidos pós-1920 eram tão gritantes quanto as diferenças dos dois países no que diz respeito aos seus papéis na política internacional. O Reino Unido e os Estados Unidos eram as principais nações industriais, financeiras, comerciais e investidoras de suas respectivas eras. Como comprovariam os anos após a Segunda Guerra Mundial, apenas um passo separava a hegemonia econômica norte-americana da liderança política nos assuntos relativos à economia internacional. Não obstante, de 1920 até as vésperas da Segunda Guerra Mundial, os Estados Unidos se recusaram a se envolver.

O capital e os mercados norte-americanos eram tão dominantes na economia da década de 1920 quanto o foram seus correlativos britânicos antes de 1913. Mas o governo dos Estados Unidos permanecia quase totalmente ausente, enquanto o britânico sempre esteve presente. Mesmo se a administração norte-americana tivesse desejado se envolver – o que não aconteceu –, o Congresso proibia qualquer participação oficial nas discussões internacionais sobre questões econômicas (e sobre a maioria dos outros assuntos). O Federal Reserve Bank de Nova York, que era ligado aos banqueiros internacionais de Wall Street, promoveu esforços conjuntos para participar das questões econômicas globais, mas o fez de forma secreta. Na verdade, os representantes norte-americanos nas reuniões monetárias internacionais eram em sua grande maioria banqueiros particulares do J.P. Morgan & Co. A política comercial norte-americana era decididamente protecionista, embora fosse claro que isso impediria os devedores estrangeiros do país de ganharem dólares para honrarem seus empréstimos. Até o compromisso norte-americano com o padrão ouro suscitava dúvidas, uma vez que uma nova onda de populismo antiouro se alastrava pelo cinturão agrícola norte-americano devido à queda de cerca de 33% nos preços dos produtos agrícolas.

O isolacionismo norte-americano tornou-se política governamental a partir de 1920, quando o Senado dos Estados Unidos vetou os planos de paz de Woodrow Wilson e a participação do país na Liga das Nações. Essa decisão foi confirmada e sedimentada em novembro, quando as eleições nacionais concederam o controle da Presidência e do Congresso aos republicanos. Embora alguns republicanos apoiassem a Liga, em geral o partido – que ficaria à frente da Presidência e do Congresso até 1933 – era liderado por homens que encaravam a participação norte-americana nos assuntos europeus com suspeita ou desdém. Tal visão se estendeu por quase todos os aspectos da diplomacia econômica internacional e atingiu todas as questões de economia global até o início da década de 1930.

A política norte-americana de isolamento foi adotada em meio ao debate sobre as indenizações, a questão financeira central do pós-guerra. As tentativas do governo moderado de Weimar de manter seus compromissos internacionais eram impopulares para o amargurado povo alemão, e muitos países da Europa passaram a considerar contraproducentes os prazos rigorosos de pagamento. Ao mesmo tempo, os aliados europeus continuavam devendo US$10 bilhões aos cofres norte-americanos, e os franceses e belgas viam as indenizações como um mal necessário enquanto o governo norte-americano insistisse em receber o dinheiro de volta. Havia uma forma fácil de resolver o impasse: o perdão das dívidas de guerra. "Esses débitos devem ser cancelados", sugeriu J.P. Morgan.[29] Os aliados poderiam ter reduzido o valor das indenizações exigidas. Isso teria atenuado as pressões econômicas sofridas pela Alemanha, que alimentaram tensões políticas e exacerbaram sentimentos revanchistas e nacionalistas, os quais por sua vez impediram uma atitude econômica de cooperação.

No entanto, sucessivos presidentes e congressistas norte-americanos foram categoricamente contra a renegociação das dívidas de guerra. Enquanto muitos na Europa acreditavam que tais débitos já haviam sido pagos com o sangue de milhões de jovens, a maioria dos norte-americanos as considerava pura e simplesmente dívidas. Nas palavras de Calvin Coolidge: "Eles alugaram o dinheiro." Enquanto os norte-americanos insistiam em receber, os franceses e os belgas insistiam nas indenizações.

Já que os Estados Unidos não diminuíram o encargo das dívidas de guerra e das indenizações, eles poderiam ao menos ter tornado mais fácil para os europeus ganhar o dinheiro necessário para cumprir com suas obrigações. De fato, o mercado norte-americano, o maior do mundo, se abriu substancialmente com a legislação de 1913. No entanto, quando os republicanos – das tarifas altas – retornaram, as barreiras comerciais aumentaram, retomando os níveis anteriores ou atingindo inclusive níveis mais elevados. A resposta do Congresso às dificuldades econômicas na Europa foi, na verdade, mais proteção comercial – em 1921, 1922 e 1930 com a radical tarifa Smoot-Hawley. Os investidores norte-americanos resistiam à proteção comercial, uma vez que a imposição de barreiras dificultava a arrecadação de dólares por parte dos países devedores. Otto Kahn, um banqueiro de Nova York, explicou à população: "Ao nos tornarmos uma nação credora, temos que nos ajustar ao papel de uma nação credora. Precisamos nos convencer da necessidade de sermos mais receptivos às importações."[30] O apelo dos defensores do livre comércio, no entanto, foi ignorado, uma vez que os interesses dos credores norte-americanos e das indústrias do país eram diametralmente opostos. Uns queriam que os estrangeiros tivessem fácil acesso aos mercados dos Estados Unidos para que pudessem quitar suas dívidas; outros queriam que o mercado norte-americano fosse o mais fechado possível para a competição estrangeira.

A ironia da posição internacional contraditória dos Estados Unidos – liderança financeira e indiferença ou hostilidade política – não passou despercebida pelo público norte-americano. Franklin D. Roosevelt se aproveitou de grande parte das contradições republicanas em relação à política econômica externa dessa nação durante a corrida presidencial de 1932, as quais foram comparadas ao mundo fantástico de *Alice no País das Maravilhas*:

> Uma Alice confusa e um tanto desconfiada fez à liderança republicana algumas perguntas simples:
>
> — A impressão e venda de mais ações e títulos, a construção de novas fábricas e o aumento da eficiência não produziriam mais mercadorias do que poderíamos comprar?
>
> — Não – gritou Humpty Dumpty. — Quanto mais produzirmos, mais poderemos comprar.
>
> — E se produzirmos em excesso?
>
> — Veja, poderemos vender para os estrangeiros.
>
> — Como os estrangeiros pagariam por eles?
>
> — Nós emprestaremos dinheiro.
>
> — Entendo – disse a pequena Alice. — Eles vão comprar o nosso excedente com o nosso dinheiro? Claro, os estrangeiros irão nos pagar de volta com a venda dos produtos deles?
>
> — Ah, de forma alguma – disse Humpty Dumpty. — Nós construiremos um muro alto chamado tarifa.
>
> — E – disse por fim Alice – como os estrangeiros irão nos devolver esses empréstimos?
>
> — Isso é fácil – disse Humpty Dumpty. — Você já ouviu falar em moratória?
>
> E assim, meus amigos, chegamos ao coração da fórmula mágica de 1928.[31]

O Congresso e o Executivo isolacionistas proibiram até mesmo as consultas técnicas entre os formuladores da política norte-americana e os estrangeiros. Em 1921, o Federal Reserve propôs uma conferência de Bancos Centrais para discutir a situação européia e o Banco da Inglaterra foi vetado. Mesmo quando a iniciativa vinha dos Estados Unidos, como nos casos dos Planos Dawes e Young, de 1924 e 1930 respectivamente, os Estados Unidos não podiam participar oficialmente; J.P. Morgan e outros financiadores norte-americanos atuavam como correlativos dos Ministérios da Fazenda e Bancos Centrais da Europa. O contraste com a liderança da Grã-Bretanha na *Pax Britannia* pré-1914 era gritante.

Outras funções desempenhadas pelos governos dos líderes econômicos pré-1914 foram "privatizadas" devido ao isolacionismo oficial dos Estados Unidos. Por exemplo, durante os anos de ouro dos empréstimos internacionais antes da Primeira Guerra Mundial, comitês de credores – donos de títulos e governos – costumavam supervisionar as finanças dos países endividados e em apuros financeiros. Com a recusa dos Estados Unidos em participar, o papel de supervisor crediário recaiu sobre os cidadãos, entre os quais o de maior proeminência foi Edwin Kemmerer, o "doutor do dinheiro internacional". Kemmerer, um economista de Princetown cujo primeiro trabalho havia sido o de consultor financeiro da colônia filipina, quando esta pertencia aos Estados Unidos, aconselhou muitos governos pobres a estruturar suas economias de forma a atrair capital norte-americano. O envolvimento dele como agente privado logo lhe rendeu um período de 20 anos trabalhando para México, Guatemala, Peru, Bolívia, Chile, Alemanha, Polônia, Turquia, China e África do Sul. Suas recomendações – invariavelmente a favor de orçamentos equilibrados e do padrão ouro – eram muito bem vistas pelos credores norte-americanos. Dessa forma, os governos procuravam segui-las. "Um país que nomeia consultores financeiros norte-americanos e segue as recomendações", escreveu Kremmerer, "organizando as finanças de acordo com o que os investidores dos Estados Unidos consideram ser as diretrizes modernas mais bem-sucedidas, aumenta suas chances de se tornar atraente para o investidor norte-americano e de obter dele capital com condições favoráveis."[32]

Muitos norte-americanos apoiavam o engajamento do país. O conhecido internacionalismo era bastante forte em algumas regiões e setores da população, com importantes interesses econômicos internacionais. Em primeiro lugar, e acima de tudo, estavam os bancos e as empresas, cujos investimentos e vendas internacionais cresceram rapidamente após 1914. Muitos dos fazendeiros que produziam para exportação simpatizavam com o apoio do governo à reconstrução dos mercados externos, além de serem defensores históricos do livre comércio. A posição oficial do Partido Democrata continuava a ser uma variação do internacionalismo wilsoniano. Além disso, havia uma ala fortemente internacionalista entre os republicanos, em especial entre os grandes empresários de Nova York e de outros centros financeiros.

O isolacionismo econômico e político, no entanto, dominava o sistema norte-americano. Alguns dos isolacionistas eram chauvinistas de direita; outros, antiimperialistas de esquerda. Alguns se opunham ao envolvimento internacional por princípio moral; outros, por pragmatismo. O tradicional choque de culturas, entre a elite anglófila e as massas patrióticas, também teve influência. Mas do ponto de vista econômico, a fonte principal da posição internacional esquizofrênica dos Estados Unidos seria a natureza inconstante do envolvimento externo do país. A economia clássica britânica era altamente direcionada para o exterior: na direção dos mercados estrangeiros, dos fornecedores estrangeiros e dos investimentos estrangeiros. Nos Estados Unidos, contudo, o grau de exposição à economia internacional variava de modo significativo. Wall Street era altamente engajada, da mesma forma que muitos produtores agrícolas e algumas das principais indústrias do país. No entanto, o cerne industrial norte-americano continuava a se voltar para as questões internas, permanecendo ilhado e protecionista. Para as indústrias de orientação internacional – maquinário, veículos motorizados, borracha e petróleo – os investimentos externos eram de 10 a 12 vezes mais importantes do que para o resto do setor fabril.[33] Um segmento poderoso e dinâmico da economia norte-americana poderia estar altamente envolvido com a economia mundial – na verdade, poderia estar liderando a economia do mundo – mas a cúpula de líderes econômicos do país continuava hostil ou indiferente às condições internacionais. Os Estados Unidos não contaram com um consenso, ao estilo britânico, para uma participação ou liderança internacional.

Um mundo reconstruído?

A ausência norte-americana foi a maior fraqueza da economia mundial do pós-guerra. Contudo, os observadores mais astutos perceberam outros motivos de preocupação menos óbvios. Keynes, por exemplo, mostrou como a economia política do período entreguerras, tanto internacional quanto doméstica, se afastou dos ideais vitorianos aspirados por muitos governos.

O próprio Keynes era cria do fim da Era Vitoriana.[34] O pai havia sido um pupilo bem-sucedido de Alfred Marshall, influente economista do fim do século XIX e início do XX. John Neville Keynes seguiu os passos de Marshall e tornou-se pesquisador em Cambridge, mas, para a decepção do mentor, não se tornou um economista profissional. Eventualmente, acabou se tornando o principal quadro administrativo da Universidade Cambridge. Sua mãe era uma reformista social, e foi a primeira mulher a ocupar o cargo de prefeita de Cambridge. Keynes certamente sentiria a influência tanto acadêmica quanto política da família.

John Maynard Keynes nasceu em 1883, em Cambridge. Após uma carreira brilhante em Eton, em 1902 retornou a Cambridge como aluno de graduação. Destacava-se em matemática e seu desempenho em economia (que apenas na época começava a ser tratada como disciplina independente) chamou a atenção de Marshall, que o conheceu por intermédio do pai. No entanto, apesar de Keynes admirar muito "meu velho mestre, quem me transformou num economista",[35] a primeira paixão do jovem foi a filosofia. Ele passou muito tempo envolvido em acalorados debates sobre questões filosóficas com outros de seu círculo. Como percebeu Robert Skidelski, autor da biografia autorizada de Keynes, o grupo do economista, "Radicalismo em Cambridge", girava em torno de "sodomia e ateísmo", e Keynes se lançou em ambos os temas com entusiasmo.[36] Após muitos anos de bolsas de estudos e romances homossexuais, Keynes se formou. Depois de ter considerado uma carreira acadêmica, ele entrou para o funcionalismo público, no India Office do governo britânico.

Keynes tinha muito interesse por política, mas pouco respeito pelos políticos. Desde pequeno, achava ridícula a fascinação vitoriana pela monarquia. Quando adolescente, após ter visto a rainha Vitória, Keynes escreveu com sarcasmo que "sem dúvida por causa do frio que fazia no dia, o nariz dela estava lamentavelmente vermelho"; ao ver o Kaiser Guilherme, observou que "o bigode dele estava acima das minhas expectativas".[37] A atitude de Keynes em relação aos políticos eleitos também era de desprezo, em especial quando os considerava intelectualmente inferiores (o que era comum). Ele preferia afetar a política de fora, sugerindo e defendendo boas idéias – e criticando as ruins.

A primeira experiência de Keynes no governo durou apenas dois anos. Foi muito bem-sucedido no India Office, mas, em 1908, Marshall se aposentou e convidou Keynes para um cargo de economista em Cambridge, no qual ele veio a passar o resto da vida. Após a experiência no India Office, ele escreveu seu primeiro livro, *Indian Currency and Finance*. Publicado em 1913, quando Keynes fundou uma comissão sobre o assunto ligada à Coroa, o livro foi muito bem recebido e ajudou a consagrá-lo como um dos principais especialistas da área. O argumento central era que as modificações feitas na Índia sobre o padrão ouro – o que ele chamava de padrão cambial do ouro – foi, de fato, um aperfeiçoamento, permitindo uma "administração científica" das condições monetárias. O sistema indiano era menos rígido que o padrão ouro clássico e favorecia os governos com a flexibilidade de reagir às condições locais. As idéias econômicas contidas no livro eram tradicionais, mas demonstravam que Keynes buscava soluções fora da camisa-de-força da ortodoxia do padrão ouro.

Quando se tratava de política comercial, a visão de Keynes era extremamente liberal – mas "liberal" nos termos dos partidos políticos da época. Era favorável ao livre comércio e contra o movimento protecionista pela reforma tarifária. Em 1910, em um debate na Cambridge Union*, argumentou:

> A Reforma Tarifária** tem como base o princípio de tornar os produtos relativamente escassos. Para aqueles que os produzem isso é, sem dúvida, vantajoso. Mas a medida traz um sofrimento desproporcional para outros grupos. A comunidade como um todo não ganha ao tornar aquilo que o país quer artificialmente escasso.[38]

Keynes também foi uma figura essencial no círculo cultural mais importante da Grã-Bretanha. O grupo de Bloomsbury era formado por escritores, filósofos, artistas e outras pessoas, muitos dos quais, amigos de Keynes dos tempos de Cambridge. Entre os participantes estavam Leonard e Virginia Woolf, Clive e Vanessa Bell, Lytton Strachey e Edward Morgan Forster. O economista de Cambridge ajudava a financiar as atividades do grupo e alugava as casas onde muitos deles moravam ou apenas se reuniam para refeições e discussões. O envolvimento com o grupo de Bloomsbury estava de acordo com a rejeição modernista de Keynes à moral e às crenças vitorianas; a homossexualidade no seu meio de Cambridge era ligada à ênfase em amizade e beleza e a uma negação de valores tradicionais, como dever e religião. Enquanto a atividade profissional de Keynes estava bem mais longe dos holofotes que a de seus colegas *bloomsberries*, para usar o nome pelo qual se definiam, ele estava bem entrosado no grupo, devido à sua cultura, à sua sofisticação, ao seu intelecto poderoso e à sua perspicácia filosófica.

A Primeira Guerra Mundial trouxe Keynes de volta ao governo, onde logo se tornaria o principal especialista financeiro do Tesouro. Embora viesse a se opor à guerra e a requerer o status de desertor consciente*** (sem motivo, como sabia, dado o seu trabalho para o governo), Keynes desempenhava, com entusiasmo, a função de encontrar formas para financiar a participação britânica no conflito sem levar o país à falência. À medida que a guerra se prolongava, ele ficava mais desanimado. "Eu trabalho", disse ele a um amigo, "para um governo que desprezo, para fins que considero criminosos."[39] O fato de Keynes trabalhar para o governo fez com que tivesse problemas com os outros *bloomsberries*, que não entendiam como ele conseguia separar suas convicções antiguerra de seu empenho nas questões financeiras da batalha. O economista, no entanto, considerava os problemas financeiros intelectualmente estimulantes e acre-

---

* Espécie de grêmio estudantil da Universidade Cambridge. (N.T.)

** Posição política a favor do sistema de preferências comerciais para o Império, cuja finalidade era proteger a indústria britânica da competição estrangeira. (N.T.)

*** Do inglês *conscientious objector status* – recusa voluntária ao alistamento militar. (N.T.)

ditava que, apesar de suas apreensões, a Grã-Bretanha merecia vencer – sua oposição consciente era mais uma objeção ao alistamento obrigatório do que à guerra em si.

Keynes foi o representante-chefe do Tesouro na delegação britânica da Conferência de Paz de Paris, que determinou as diretrizes do pós-guerra. Mais uma vez, se aborreceu com a realidade política e, em especial, com a insistência dos aliados em receber as exorbitantes indenizações. O presidente Wilson disse certa vez aos britânicos: "Como os seus e os nossos especialistas podem desenvolver um *novo* plano para fornecer capital de giro à Alemanha se temos como pressuposto retirar todo *o presente* capital do país?" Keynes não gostava do pregador Wilson, mas tinha de admitir que havia uma "verdade no ponto de vista do presidente".[40]

Keynes acreditava que as condições impostas à Alemanha eram malévolas e estúpidas. Em maio de 1919, quando o processo chegou ao fim, escreveu a um amigo:

> Certamente, se eu estivesse no lugar dos alemães preferiria morrer a assinar tal paz ... Mas se eles assinarem realmente, essa será a pior coisa que poderia ter acontecido, já que possivelmente eles não conseguirão cumprir algumas das condições, e a desordem e o descontentamento generalizados serão instaurados em toda parte. Enquanto isso, não há comida ou emprego em lugar algum, e os franceses e italianos estão enviando munição para a Europa central com a finalidade de armarem todos contra todos. Eu passo horas e horas na minha sala recebendo delegações das novas nações, as quais não vêm pedir comida ou matérias-primas, mas principalmente equipamentos mortais para serem utilizados contra seus vizinhos. E com tal paz como base, não vejo esperança em nenhuma parte. Anarquia e revolução seriam a melhor opção, e quanto antes melhor.[41]

Descontente, Keynes abandonou a delegação britânica e o governo em junho de 1919. Três semanas mais tarde, os ex-beligerantes assinaram o Tratado de Versalhes. O economista voltou à Inglaterra e em menos de cinco meses escreveu o rascunho do livro que viria a ser uma explosiva denúncia da situação. *As conseqüências econômicas da paz* foi, por um lado, um relato, por outro, uma explicação um tanto polêmica, mas foi acima de tudo uma denúncia crítica aos políticos, os quais Keynes retratou como limitados, gananciosos e desonestos. As exigências impostas à Alemanha eram imorais e impossíveis de serem cumpridas. Insistir nos termos do tratado levaria apenas ao desastre. Caso aceitem:

> A vingança, ousaria prever, não deixará de acontecer. Nada poderá evitar por muito tempo essa guerra civil final entre as forças de reação e os ímpetos deses-

> perados de revolução. Diante dela, os horrores da última guerra alemã desaparecerão, e a civilização e o progresso de nossa geração serão destruídos, não importa quem vença.[42]

O livro se tornou um fenômeno internacional. As análises econômicas de Keynes foram aclamadas, sua sagacidade política, celebrada, e seu estilo, admirado. Em seis meses a edição inglesa do livro vendeu 100 mil exemplares e, em um ano, o livro já havia sido traduzido para 12 línguas – feito notório quando se trata de uma obra que inclui análises complexas de um acordo internacional complicado. Agora, Keynes era uma figura política global e o economista mais conhecido mundialmente, e ele mostrara como as tentativas de restaurar a ordem mundial pré-1914 haviam sido fracassadas.

O surgimento de Keynes como um crítico vigoroso dos atos das grandes potências o redimiu perante seus amigos de Bloomsbury. Mas a compreensão deles foi logo posta à prova pelo casamento do economista com Lydia Lopokova, uma renomada bailarina de São Petesburgo. O novo estilo de vida de Keynes chocou a maioria de seus amigos, e chegou a enfurecer alguns deles. Mas ele continuou casado e feliz com Lydia até a morte.

Ao longo da década de 1920, Keynes desenvolveu suas análises sobre as mudanças na política econômica do pós-guerra. Sua visão econômica anterior era tão ortodoxa quanto seu estilo de vida não era; na medida em que sua vida se tornou mais tradicional, suas idéias econômicas se tornaram mais heterodoxas. Keynes desempenhou um papel fundamental no debate sobre a política econômica britânica da década de 1920, sobre como, e se, o país deveria retomar o padrão ouro. O governo desvinculou a libra esterlina do ouro quando a guerra começou, e os preços haviam aumentado em 150%. Ocorreram quedas substanciais após a guerra, e muitas das classes investidoras e financeiras desejavam uma retomada do ouro o mais rápido possível, com a taxa de câmbio do pré-guerra ("paridade") de US$4,86 por libra esterlina. Essa medida teria exigido uma deflação maior, mas seus defensores argumentavam que seria relativamente fácil manter os salários e preços baixos, como era freqüentemente feito sob o padrão ouro clássico.

Keynes, no entanto, assim como outros economistas, percebeu que preços e salários haviam se tornado menos flexíveis. A economia simplesmente não se ajustava como acontecia antes de 1914. Tornou-se extremamente perigoso "aplicar os princípios econômicos que funcionavam com as hipóteses do *laissez-faire* e da livre competição a uma sociedade que com rapidez as abandonava".[43] O principal problema era a rigidez dos preços e, em especial, dos salários, que não mais se reduziam conforme era necessário para manter as empresas e os empregos estáveis. Keynes disse a um grupo de banqueiros londrinos que "o empenho em forçar a queda de certos níveis salariais ... para se alcançar o equilíbrio é quase inútil, ou levará muito tempo".[44]

O mundo moderno se desenvolvia em direção a um capitalismo mais organizado, mais substancialmente rígido em termos de preços e salários. A economia política dos países industriais não era mais a mesma que havia sido na Era de Ouro. As economias mais simples que prevaleciam antes da Primeira Guerra Mundial foram densamente povoadas por produtores agrícolas independentes, pequenos negócios e trabalhadores individuais. Pequenas firmas e trabalhadores autônomos se aproximavam dos exemplos dados nos livros sobre a economia de mercado: reagiam às condições como receptores de preços, aceitando, sejam quais fossem, os preços e salários ditados pelo mercado. Mas as economias industriais haviam mudado. As grandes empresas acumularam poder de mercado suficiente para exercer algum controle sobre os preços. Os sindicatos trabalhistas tornaram-se mais comuns, de modo que os trabalhadores também podiam afetar os salários. Mesmo onde os sindicatos eram fracos, ou inexistentes, a crescente complexidade da produção industrial valorizou uma força de trabalho qualificada e confiável que não poderia simplesmente ser demitida e recontratada ao bel-prazer do empregador. Havia algumas indústrias importantes em que empresas e sindicatos atuavam com mais vigor como definidores de preços, determinando – com o estabelecimento de limites, claro – preços e salários.

A organização mais apurada de muitos dos mercados de bens e trabalho significava que os preços e salários talvez não diminuíssem o necessário para manter ou retomar o equilíbrio da economia – ou para permitir que a libra esterlina se fixasse ao ouro com a taxa de câmbio de 1914. As grandes corporações podiam optar por maximizar os lucros vendendo menos carros a preços mais altos, em vez de deixar os preços caírem. Os trabalhadores organizados em sindicatos podiam resistir contra cortes salariais. Empresas de vários segmentos relutavam em demitir os trabalhadores bem treinados e qualificados que talvez não pudessem readmitir depois. Preços e salários reagiam de acordo com a oferta e a demanda, mas em muitas das economias industriais essa reação podia ocorrer de forma lenta e parcial.[45]

Em dezembro de 1923, quando o debate sobre o ouro se acalorava, Keynes publicou *Breve tratado sobre a reforma monetária*. Na obra, argumentou que os governos deveriam agir para estabilizar preços e salários, em vez de esperar passivamente que eles se ajustassem. Em uma de suas passagens mais famosas, Keynes ridiculariza o argumento da ortodoxia de que problemas de ajustes de curto prazo devem ser ignorados para permitir que o mecanismo do mercado e o padrão ouro restabeleçam as condições normais a longo prazo:

> Esse longo prazo é um guia errado para as questões atuais. A longo prazo estaremos todos mortos. Os economistas se colocam numa posição muito fácil. Tarefa demasiadamente inútil se durante a época de tormentas o única coisa que podem nos dizer é que após a tempestade o mar ficará calmo de novo.[46]

Keynes foi radicalmente contra a tentativa de fixar novamente a libra esterlina no ouro com a mesma taxa de câmbio de 1914. Após os conservadores terem chegado ao poder no fim de 1924, a decisão coube ao encarregado do Tesouro, Winston Churchill. Nos meios públicos de comunicação, em cartas privadas e diante de qualquer comitê parlamentar, Keynes argumentava que a política necessária para que a libra voltasse à sua taxa pré-guerra "provavelmente viria a se mostrar social e politicamente impossível".[47] Ele se opunha àqueles que desejavam forçar a queda dos salários dos trabalhadores, como os das minas de carvão, para acelerar o processo de ajuste:

> Assim como ocorreu com outras vítimas de transições econômicas no passado, aos mineiros serão oferecidas duas opções, fome ou submissão, sendo que o resultado de sua submissão aparecerá como benefício para outras classes. Mas frente ao desaparecimento de uma mobilidade efetiva no trabalho e de um nível salarial competitivo entre indústrias, estou em dúvida se eles não estão em condições piores de alguma forma que seus avôs ... Eles (e outros que os seguirão) são os "sacrifícios moderados" ainda necessários para garantir a estabilização do padrão ouro.[48]

Ele perdeu a batalha, mas venceu a guerra. Churchill optou pelo ouro, e em abril de 1925 a libra retomara a paridade do pré-guerra. O resultado disso foi estagnação e uma alta taxa de desemprego em todo o Reino Unido até que a Grande Depressão tornasse a situação ainda pior. Nesse meio tempo, Keynes fez com que sua denúncia de uma política pública equivocada ecoasse. Ele publicou um panfleto intitulado "As conseqüências econômicas do senhor Churchill", no qual explicava as sérias implicações da medida adotada.

Ocasionalmente, Keynes atacava o próprio padrão ouro, a essência da visão de mundo clássica. Ele rotulou o padrão ouro como uma "relíquia bárbara" e exigia uma política monetária ativa que mantivesse o emprego e a economia estáveis. No decorrer da década de 1920, Keynes apurou suas idéias, o que culminou com a publicação de *Tratado sobre a moeda*. Ele contou a um diretor do Banco da Inglaterra ter ficado alarmado:

> Ao ver o senhor e outros em exercício atacando os problemas do mundo modificado do pós-guerra com ... as mesmas idéias e visões do pré-guerra. Fechar a mente para os desenvolvimentos revolucionários no controle do dinheiro e do

crédito é semear a queda do capitalismo individualista. Não seja o Luís XVI da revolução monetária.[49]

Mas o ouro exercia uma força magnética nas economias políticas nacionais. Representava a estabilidade e a prosperidade da economia mundial pré-1914. Abandonar o padrão ouro traria apenas, dentro dos conformes, a permissão para os governos enfraquecerem suas moedas, sem qualquer grande impacto na economia. Os defensores do ouro também eram motivados por questões pragmáticas. As instituições financeiras e as "classes credoras", em geral, manejavam bens definidos em moedas lastreadas no ouro. Uma desvalorização significava um declínio equivalente no valor de ações e títulos emitidos nessas moedas. Reduzir o valor, digamos, da libra esterlina era reduzir o valor dos investimentos em ações e títulos esterlinos e de outros instrumentos financeiros. Os defensores do padrão ouro que dispunham de somas milionárias consideravam o compromisso do governo com o ouro uma promessa de assegurar o valor de sua propriedade. O ouro protegia os investidores e o ouro os defendia da inflação; desvalorização era expropriação. As idéias de Keynes tinham pouco poder numa batalha com interesses tão sólidos. Foram necessárias uma década e uma Depressão para que as objeções de Keynes em relação à ortodoxia passassem a ser vistas com mais confiança.

Em direção ao vazio

O isolacionismo norte-americano privou a economia mundial da atuação de seu principal participante. A rivalidade entre as grandes potências bloqueou a cooperação na esfera do comércio, do dinheiro e das finanças internacionais. A evolução da indústria moderna reduziu a eficácia das políticas econômicas vigentes. O cerne dos esforços para restaurar a integração econômica global, o padrão ouro, quebrou-se.

O capital norte-americano, no entanto, continuou a entrar na Europa, na Ásia e na América Latina, apesar da ausência oficial dos Estados Unidos. Enquanto o resto do mundo tivesse acesso ao capital e aos mercados norte-americanos, a economia global continuaria a crescer. A infra-estrutura – entre outras, a institucional – que ajudou a estabilizar a economia mundial antes de 1914 não existia mais; contudo, o mundo parecia seguir sem ela. O fluxo de dólares, aparentemente sem fim, parecia um substituto razoável. De qualquer forma, não parecia haver outra alternativa.

7

O mundo de amanhã

Flushing, no Queens, era uma área inabitada e pantanosa, utilizada, quando o era, como depósito de lixo. No entanto, em 30 de abril de 1939, após anos de planejamento e obras, Franklin D. Roosevelt inaugurou a Feira Internacional de Nova York no local. A exposição "O mundo do futuro" exibiu os avanços científicos e industriais de forma espetacular. "Parece que estamos nos dirigindo de maneira uniforme", escreveu um visitante, "em direção a um futuro esplêndido. Aqui estão muitas das invenções criativas geradas pela humanidade. Aqui estão os indícios do que a humanidade quer ser e fazer."[1]

Sessenta nações estavam presentes com pavilhões na feira de Nova York, mas o que mais chamou atenção foram os estandes das empresas. A feira apresentou surpresas tecnológicas, produtos e técnicas que deixaram perplexas as mais de 50 milhões de pessoas que a visitaram nos verões (do hemisfério norte) de 1939 e 1940. No centro, os dois símbolos da feira, o *Trylon* e a *Pherispery*. O primeiro monumento era um obelisco branco bastante brilhante de 700 metros de altura; o segundo era um globo, de dentro do qual os visitantes podiam ver exposto um futuro próspero e democrático.

Não era preciso uma imaginação elevada para visualizar os artigos impressionantes expostos em Flushing. Na entrada do prédio da RCA (Radio Corporation of America) era possível conhecer uma versão especial de uma das novas televisões domésticas da empresa. Como muitos acreditavam que a nova máquina incluía truques, a RCA fez uma tela com base no recém-desenvolvido tecido transparente Lucite, da Du Pont, de forma que todos os mecanismos internos ficassem expostos. O "Phantom Teleceiver" fora apenas um de uma série de produtos expostos relacionados à televisão. Uma delas mostrava como uma sala de estar poderia ser remodelada para incluir televisores junto com os rádios e toca-discos já existentes, além de outros aparatos, como um projetor de filmes doméstico e um aparelho de fax. O correspondente do *New York Sun's* escreveu o seguinte sobre a experiência:

> Televisão – rádio com imagens. Aqui estão as máquinas. Também lindas salas de televisão e há telões aqui, igualzinho a um cinema. As câmeras posicionadas em Nova York e as antenas de emissão estão todas montadas. É só ligar o botão e aqui estamos, em Flushing, vendo um ônibus na Quinta Avenida! O milagre do futuro já operando no presente.[2]

Foram mostradas novas formas de utilização de energia. Albert Einstein, de maneira protocolar, acionou o interruptor para a iluminação noturna da feira, a primeira vez que eram utilizadas luzes fluorescentes nas ruas. A Westinghouse exibiu o "cérebro eletrônico" *Nimatron* (os primórdios do computador), um olho elétrico, uma lâmpada ultravioleta esterilizante e um robô chamado Elektro e seu cachorro Sparko. O pavilhão enfatizou a "Batalha do século" entre dois métodos de se lavar a louça: Sra. Drudge, à mão, contra Sra. Modern, com uma lava-louça elétrica. Sem qualquer surpresa – afinal, essa era uma demonstração da Westinghouse –, a lava-louça sempre vencia. A General Electric fez uma estrondosa demonstração de raios e trovões produzidos artificialmente.

O pavilhão da General Motors apresentou a atração mais popular da feira, o *Futurama*, que levava os visitantes para um tour pelos Estados Unidos de 1960. A exposição, intitulada "Estradas e horizontes", enfatizava como um sistema nacional de estradas de rodagem (ainda um sonho) transformaria o país. O repórter do jornal *The Sun* retratou como era entrar no *Futurama*.

> Você pisa num chão em movimento ... se senta, ... a cadeira reclina e logo a primeira vista do *Futurama* vai aparecendo como se estivéssemos dentro de um avião em baixa altitude sobrevoando um lindo vale. É possível avistar cidades e vilarejos em miniatura, exibidos maravilhosamente nos mínimos detalhes ... E em todos os lugares vemos o tráfego de automóveis, contínuo e sem fim. Há imagens em miniatura de 50 mil carros em diferentes momentos e 10 mil deles estavam operando de fato. Trafegavam a uma velocidade de 80 quilômetros por hora e ainda mais rápido nas faixas expressas. Paravam diante de postos de controle e voavam pelas pontes com diversas pilastras de sustentação ... Trens aerodinâmicos, ousados no design, deslizavam por túneis cruzando altas montanhas e emergiam circulando por entre os picos nevados. Grandes aviões de transporte encontravam-se estacionados nos aeroportos, enquanto automóveis circulavam entre as rodovias e os aeródromos.[3]

O novo mundo da General Motors, com viadutos que permitiam que o tráfego fluísse sem sinais de trânsito, fazia com que Elwyn Brooks White da *New Yorker* sonhasse com "a vida apenas sobre rodas ... viajando a 160 quilômetros por hora com manobras até então impossíveis em direção às cidades oficiais do futuro impecável".[4] Na saída do pavilhão da General Motors, os visitantes recebiam broches com a frase "Eu vi o futuro".

A exposição não conseguiu fugir da realidade militar e econômica de 1939. A Alemanha não expôs na feira e o pavilhão soviético só foi aberto na edição de 1940. Os pavilhões da Tchecoslováquia, Lituânia e Polônia continuaram abertos até mesmo após a tomada de seus territórios por exércitos invasores. Enquanto isso, visitas e vendas eram afetadas pelas condições econômicas ainda sob os efeitos da depressão. A feira foi à falência e, em seu segundo ano, passou para uma nova administração. Fechou após dois eventos planejados terem sido um fracasso.

Mas a Feira Internacional de Nova York de 1939 e 1940 foi muito bem-sucedida em mostrar as novas tecnologias da época. O futuro seria caracterizado por produtos e processos inovadores, desenvolvidos e fabricados por imensas entidades corporativas. Uma porção de novas invenções – o automóvel, o rádio, a imagem em movimento, o avião, a geladeira – transformaram a vida cotidiana, da mesma forma que modificaram as economias modernas.

Em todas as principais economias, exceto na Alemanha, a produtividade dos trabalhadores cresceu mais rápido de 1913 a 1950 do que nos 40 anos antes da Primeira Guerra Mundial. Mesmo com duas guerras mundiais e crises econômicas, a produtividade dos países industriais da Europa ocidental, América do Norte e Oceania cresceu mais que o dobro.[5] Novas indústrias e produtos importantes foram desenvolvidos, e a organização e o gerenciamento das empresas modernas sofreram uma revolução.

As novas indústrias

Os novos produtos e processos industriais foram as fontes mais importantes para o rápido crescimento da produtividade entre 1914 e 1939. A Primeira Guerra Mundial acelerou o desenvolvimento da indústria química e, pouco tempo depois, o plástico e as fibras sintéticas (em especial o raiom) chegaram ao mercado. A utilização de eletricidade na produção superou outras formas de energia, uma vez que as redes de eletricidade foram racionalizadas e aperfeiçoadas. Foram desenvolvidas novas formas de ligar o aço e refinar o petróleo, processos importantes principalmente para a fabricação e o funcionamento de automóveis e aviões. Essas inovações estimularam o crescimento da produtividade e, já que a maioria delas exigia operações de larga escala, estimularam também a expansão de grandes fábricas e empresas.

Para a maior parte das pessoas, o principal indício do avanço tecnológico foi o aparecimento de novos eletrodomésticos. Alguns já existiam antes de 1914, mas apenas como novidades; muitos já eram lugar-comum em 1939 e, portanto, alguns historiadores falam de uma revolução dos bens de consumo duráveis nos anos entreguerras. A produção e a utilização nos Estados Unidos ultrapassou a do resto do mundo. Antes da Primeira Guerra Mundial, cerca de 10% dos produtos finais comprados pelos norte-americanos eram bens de consumo duráveis. Em 1929, essa proporção era de 25%. Quase todo esse aumento deveu-se aos veículos motorizados e aos eletrodomésticos, como rádios e geladeiras.[6] Alguns países desenvolvidos não estavam tão atrás dos Estados Unidos no que diz respeito à oferta de bens duráveis, apesar de a renda menor, a instabilidade política e as guerras restringirem as operações de mercado.

A invenção da válvula eletrônica, um ou dois anos antes da Primeira Guerra Mundial, possibilitou a produção do rádio doméstico; e transmissões regulares nos Estados Unidos, Holanda e Grã-Bretanha comprovaram sua viabilidade comercial entre 1920 e 1922. Em 1939, já havia 28 milhões de rádios em lares dos Estados Unidos, 14 milhões na Alemanha, 9 milhões na Grã-Bretanha e 5 milhões na França. A geladeira doméstica começou a ser comercializada nos Estados Unidos em 1916. Custava US$900, quase o dobro de um Ford T, e para que um trabalhador da indústria de renda mediana ganhasse esse valor, levaria cerca de 18 meses. No entanto, até o fim da década de 1920, o preço médio do produto havia caído para menos de US$300, valor bem abaixo do novo Modelo A da Ford; um trabalhador comum podia agora pagar por uma geladeira com três meses de salário. Nesse momento, por volta de um milhão de unidades por ano passaram a ser vendidas; às vésperas da Segunda Guerra Mundial as vendas anuais atingiram quase 3 milhões, e metade dos lares norte-americanos tinha uma geladeira. Aquecedores, fogões elétricos e aquecedores de água se proliferaram ao longo da década de 1920, tanto nos Estados Unidos quanto na Europa. Os aparelhos elétricos menores, como ferros de passar e aspiradores de pó, também se tornaram produtos comuns para as famílias dos Estados Unidos e da Europa ocidental.[7] Isso sem falar nas pequenas conveniências – aquelas cuja ausência é difícil imaginar –, como o zíper, as fitas adesivas e o pão de fôrma, inventado em 1924.

O avião estava no outro extremo do espectro de novos produtos acessíveis. Antes da Primeira Guerra Mundial, o avião era uma curiosidade pouco usada para o transporte. A primeira cabine para passageiros fora exibida apenas alguns anos antes da guerra – o que também estimulou o desenvolvimento do design. Em 1930, as viagens aéreas tomaram vida própria. Continuavam a ser um gasto proibitivo para a maioria das pessoas, e o bimotor DC-3 (cuja capacidade era de 21 passageiros) começou a operar apenas em 1936. Em 1939, no entanto, o transporte aéreo já estava estabelecido, o que incluía as rotas transoceânicas da Pan American Airways.

O impacto do rádio, da geladeira, do avião e, até mesmo, do zíper na vida das décadas de 1920 e 1930 pode ser comparado ao do automóvel. Os veículos motorizados transformaram a sociedade, concederam uma mobilidade individual nunca antes vista e livraram os cidadãos das desvantagens dos transportes públicos, assim como certa vez as ferrovias os livraram da tirania dos transportes aquáticos.

A produção automobilística veio a ser o cerne das economias modernas. Os veículos motorizados logo se tornaram a maior indústria em todos os principais países desenvolvidos, e muitas outras se dedicavam a satisfazer a necessidade de recursos para a produção de automóveis. Em 1929, quando os Estados Unidos produziam 5,4 milhões de motorizados, essa indústria era a responsável por cerca de 50% do consumo nacional de estanho, níquel e aço – e mais da metade de todo o consumo de lâminas de aço. Também utilizava por volta de 1/3 da produção nacional de alumínio e 3/4 ou mais da de vidro e borracha.[8] A indústria, que mal existia 50 anos antes – em 1913, os Estados Unidos produziam menos de meio milhão de carros –, agora dominava a economia.

O surgimento meteórico da indústria automobilística foi especialmente acentuado nos Estados Unidos. A renda alta e as grandes distâncias tornaram o automóvel atraente, em particular para as famílias norte-americanas. Em 1921, mais de 10 milhões de carros circulavam pelas estradas do país, uma proporção de mais de dez veículos para cada europeu. A indústria européia foi prejudicada por contar com mercados domésticos menores e por ter começado mais tarde a produção em massa. Assim, no continente, o carro era bem mais caro do que nos Estados Unidos. Em 1922, um trabalhador norte-americano bem pago podia comprar um Ford T com o salário de dez semanas, enquanto um francês nas mesmas condições demoraria por volta de um ano para economizar dinheiro suficiente que permitisse ter um carro semelhante, o Citroën 5 CV.

Os europeus, no entanto, logo aderiram à era automotiva. Se antes para cada dez veículos motorizados registrados nos Estados Unidos havia um na Europa, em 1930, após dez anos de vendas vertiginosas, essa relação caiu, chegando a cinco para um. Em meados da década de 1930, as indústrias automotivas na Grã-Bretanha passaram a ser o principal consumidor de recursos industriais, como aço e estanho. Mesmo a indústria automotiva não sendo tão importante para a Europa ocidental quanto para os Estados Unidos, ela continuava a ser a mais importante indústria de todas as grandes economias.

O automóvel passou a caracterizar a indústria moderna. Em 1939, havia 29 milhões de veículos motorizados nas estradas norte-americanas, 8 milhões na Europa e mais alguns milhões em outras partes do mundo. Outros 7 ou 8 milhões de carros por ano passaram a ser produzidos, e a tendência em todo o mundo era que esses números aumentassem.

As novas corporações

A indústria automobilística deu ênfase às inovações administrativas e organizacionais que geraram as corporações modernas. Entre 1914 e 1939, muitos dos avanços em termos de produtividade não teriam sido possíveis sem os novos padrões de empresas que se desenvolveram junto com os recém-criados produtos e tecnologias.

Grandes empresas não eram novidade. O movimento em direção ao truste das décadas anteriores a 1914 criou alguns oligopólios industriais. Algumas dessas grandes empresas, como as responsáveis pelas estradas de ferro, foram um presságio das novas formas de organização, uma vez que administravam interesses econômicos complexos e interligados. No entanto, no início, muitos trustes e *holdings* eram simplesmente uma tentativa de restringir a competição, semelhante ao que ocorria com os grandes negócios dos príncipes mercadores, se voltarmos aos tempos da Companhia Britânica das Índias Orientais.

As novas empresas do período entreguerras, no entanto, agrupavam operações independentes em uma única corporação integrada de plantas múltiplas com o intuito de solucionar problemas complicados de coordenação. Atividades muito diferentes – pesquisa, design, produção, distribuição, propaganda –, que antes eram desempenhadas separadamente, foram reunidas em uma única firma, e agora acompanhavam o produto da matéria-prima à compra final, passando pelo serviço de atendimento ao consumidor e pelos processos de financiamento.

Os avanços tecnológicos que aumentaram a escala da produção foram os responsáveis por parte da evolução das corporações. Em 15 anos, entre 1914 e 1929, os altos-fornos, as usinas metalúrgicas e as fábricas de tinta dos Estados Unidos, em média, triplicaram ou quadruplicaram sua produção. Em 1909, uma fábrica norte-americana típica de bicicletas contava com 46 trabalhadores e produzia sete unidades por dia. Em 1929, a mesma fábrica passou a contar com 209 empregados e a produzir 45 bicicletas todos os dias.

As novas economias de escala eram óbvias no ramo de automóveis. O feito mais importante ocorreu quando Henry Ford inventou a linha de montagem em 1913, dez anos após a criação da sua fábrica de carros Ford e cinco anos depois do lançamento do Modelo T. A inspiração veio das linhas de desmontagem dos empacotadores de carne de Chicago, nas quais as carcaças dos animais eram retiradas dos vagões de carga e rapidamente voltavam para os trens em latas, caixas e engradados. A linha de montagem reduziu o trabalho manual à simples repetição, aumentou a velocidade da montagem e transformou o processo de fabricação em produção de massa.

As linhas de montagem instaladas na sede da Ford em Highland Park, em 1913, reduziram o tempo de fabricação de um chassi do Modelo T de 12 horas para 90 minutos.[9] Em 1909, antes da implementação da linha de montagem, uma fábrica comum contava com menos de 200 trabalhadores e produzia menos de dez carros por semana. Em 1929, uma típica fábrica do ramo empregava cerca de mil trabalhadores e produzia mais de 400 carros por semana. Embora existissem mais fábricas de carros nos Estados Unidos em 1909 do que em 1929, no primeiro ano a produção automobilística era de 126 mil unidades, no segundo era de 5,4 milhões; e um trabalhador médio dessa indústria produzia dez vezes mais carros em 1929 que em 1909.[10]

As fábricas desse porte e grau de produtividade não necessariamente exigiam que os donos fossem uma grande corporação. Havia imensas fábricas têxteis por todo o mundo industrial, mas em geral elas eram especializadas, podendo ser inclusive a única fábrica de uma empresa. A maioria das indústrias tinha uma série de etapas separadas para transformar a matéria-prima para os mercados e cada passo era desempenhado por uma empresa independente. As plantações intensivas cultivavam o algodão; a ferrovia o levava aos portos; os navios o carregavam até os usuários; as tecelagens o transformavam em tecidos; e os atacadistas os vendiam para as fábricas de roupas ou varejistas. Mesmo quando as unidades associadas eram grandes – e estradas de ferro, navios e empresas têxteis podiam ser muito grandes –, elas desempenhavam uma ou poucas atividades relacionadas. Na verdade, lidavam na maior parte das vezes com clientes e fornecedores à distância. As tecelagens e as fábricas de roupa compravam o algodão ou tecidos de diversas fontes e vendiam seus produtos nos mercados abertos.

Os fabricantes de carros perceberam que esse tipo de organização não funcionava bem para eles. Os automóveis utilizam centenas, até milhares, de componentes e partes diferentes. Muitas das partes utilizadas para produzir um Chevrolet ou um Ford Modelo A eram específicas desses modelos e tipos de fabricação, e não havia um mercado prontamente à disposição. Isso fazia com que os fabricantes de automóveis ficassem à mercê dos fornecedores e, em contrapartida, que os fornecedores ficassem à mercê dos fabricantes de carros. A fidedignidade de cada parte era crucial para a outra, e não havia espaço para erros. A natureza única de muitos dos componentes e peças também dificultava que fossem acordados preços justos, pois os produtos tinham apenas um fornecedor e um comprador. Dessa forma, a relação das empresas de carros com os fornecedores (e com os distribuidores) era precária. O atraso por parte de um fabricante poderia pôr em risco uma linha completa de carros; da mesma forma que um atraso numa linha de carros colocava em risco a sobrevivência dos fabricantes de peças.

Henry Ford logo percebeu que necessitava de uma fonte confiável de peças para que sua linha de produção funcionasse com eficiência. Durante a Primeira Guerra Mundial, ele começou a construir um enorme complexo integrado no rio Rouge, nos arredores de Detroit. A fábrica passou a funcionar com 120 mil trabalhadores e revolucionou a manufatura moderna. Dois historiadores especializados na indústria automotiva escreveram:

> A Rouge, que cobria uma área de 800 hectares e abrigava a mais longa linha de montagem do mundo, era tanto o coração do império industrial de Henry Ford quanto um monumento ao empresário. O ferro e o cobre chegavam em seus próprios navios, recém-escavados de suas próprias minas. A borracha era importada de uma plantação que Ford tinha no Brasil. A madeira era colhida em terras dele. A Ford Motor Company tornou-se a maior empresa privada do mundo.[11]

O vasto e interconectado processo de produção desenvolvido por Ford era tão extraordinário que em muitas partes do mundo moderno a produção em massa veio a ser chamada de fordismo.

A General Motors, uma *holding* desde 1908, quando foi criada, foi a grande inovadora da indústria em termos gerenciais. Durante a década de 1920, Alfred P. Sloan e sua equipe criaram um sistema de gerenciamento sofisticado. Dividiram a empresa em unidades de produtos claramente diferenciados – Chevrolet, Cadilac, Oldsmobile, e mais tarde criaram a GM produtora de tratores, refrigeradores e aviões – que operavam separadamente, mas contavam com uma administração comum.

A GM passou a tomar conta de cada vez mais elementos da cadeia de produção e venda de seus carros. Assim como ocorreu com a Ford, a empresa encontrava dificuldades para assegurar e manter fornecedores confiáveis de peças essenciais. No início, o fornecedor independente mais importante da GM era a Fisher Body, empresa que produzia os chassis de todos os carros. No entanto, após uma década de dificuldades contratuais e outros problemas, a GM passou a controlar a Fisher Body em 1919. A gerência da GM resolveu nunca mais permitir que suas imensas operações se tornassem reféns de fornecedores ou distribuidores pouco confiáveis.

Em meados da década de 1920, muitos dos fornecedores mais importantes da empresa, como a AC Spark Plugs, a Delco e a Fisher Body, pertenciam totalmente à GM, ou tinham com a firma um acordo de quase exclusividade. A General Motors Acceptance Corporation, enorme subsidiária financeira da empresa, emprestava dinheiro aos seus clientes para que eles pudessem comprar seus carros "a tempo". A corporação também se utilizava de sua posição influente nos ramos da pesquisa industrial, produção e do marketing para introduzir novas linhas de bens de consumo, como a geladeira doméstica Frigidaire.

Os gerentes aplicavam métodos novos na pesquisa, no desenvolvimento e no marketing. Os fabricantes de automóveis, que precisavam organizar e proteger os novos avanços técnicos, passaram a concentrar a pesquisa industrial sob seus próprios tetos, em vez de comprá-la de laboratórios que poderiam revelar informações confidenciais à concorrência. O mesmo se aplicava ao marketing desses produtos, cuja imagem era tão importante. A General Motors e outros fabricantes de carros trouxeram o design, a engenharia, a propaganda e o marketing para dentro da rede corporativa.

As corporações desse novo tipo mantinham sua *expertise* em tecnologia, gerenciamento e marketing *dentro* da empresa. Enquanto uma parte importante da história automotiva tenha se passado quando em 1929 mais de 5 milhões de carros foram produzidos nos Estados Unidos, nas linhas de montagem de apenas 244 fábricas, um fato mais importante era que três enormes firmas – General Motors, Ford e Chrysler – fabricaram mais de 4/5 de todos esses carros.

As novas corporações eram fábricas múltiplas. As empresas automotivas diversificaram as fábricas, passando a abrigar mais do que apenas linhas de montagem. Elas passaram a fabricar todos os componentes, das velas de ignição às janelas de vidro de seus automóveis. As novas empresas automotivas também contavam com uma estrutura administrativa que coordenava e administrava o elaborado processo de produção e distribuição dos automóveis. A corporação moderna separava o gerenciamento da propriedade, já que a administração de um empreendimento de tamanha complexidade era uma atividade profissional que exigia especialistas qualificados. As empresas familiares desse ramo estavam numa posição desvantajosa em relação às sociedades anônimas administradas por profissionais.

As corporações automotivas também eram integradas verticalmente, unificando os sucessivos estágios de produção e distribuição. A maior parte das indústrias inicialmente controlava um processo industrial específico, e as empresas automotivas também começaram dessa forma, comprando peças e montando os carros. Mas, com o decorrer do tempo, elas passaram a se integrar tanto de forma retrógrada, controlando o fornecimento de recursos não-finalizados, quanto de forma avançada, gerenciando a distribuição e venda de seus produtos. Essa integração vertical significava que um fabricante de carros deveria conter divisões para escavar minério de ferro e carvão, fundir o aço, produzir os chassis e as peças, desenhar e montar os carros, mandá-los para todo o país (por meio das ferrovias de propriedade da própria empresa), anunciá-los e vendê-los por meio de redes corporativas, além de financiar as compras através do braço financeiro da empresa. As corporações automobilísticas eram as líderes em produção e distribuição em massa e integração vertical. Elas trouxeram para dentro da empresa uma série de atividades que anteriormente eram desempenhadas nos mercados abertos: pesquisa, design, produção, distribuição e marketing. Essas empresas também eram supervisionadas por sedes administrativas que se especializaram em administração, não na produção de carros propriamente dita.

Entre as novas corporações, os fabricantes de carros eram apenas os de maior visibilidade. Os Estados Unidos eram cada vez mais dominados por grandes corporações, diversificadas e verticalmente integradas. As novas empresas atuavam em negócios que dependessem de produção e consumo de massa, inovação tecnológica e, em geral, de identificação do cliente. Havia alguns fabricantes de bens de consumo não-duráveis cuja marca era importante, como comida industrializada, cigarros e artigos de higiene: Armour, Borden Pilsbury, Campbell, Swift, American Tobacco e Procter & Gamble. O outro tipo encontrava-se nos bens de consumo duráveis, nos automóveis, é claro, mas também em outros tipos semelhantes de produtos e apetrechos: Firestone, Remington, Eastman Kodak, Singer, General Electric e Westinghouse. Um tipo similar de empresa produzia maquinário para uso industrial e agrícola (em oposição ao doméstico): Allis-Chalmers, American Can, Deere, International Harverster, as metalúrgicas e as siderúrgicas. Por fim, havia as empresas de químicos: Du Pont, Alliad Chemical, Union Carbide e todas as grandes empresas de petróleo.[12]

Esses gigantes da indústria transformaram a produção e o consumo de formas jamais imaginadas. O design, a propaganda e o marketing concentrados na corporação pareciam moldar a demanda dos clientes de forma a adequá-la aos fornecedores, e não o contrário. Além disso, é evidente que o domínio corporativo sobre os mercados fez surgir o fantasma do comportamento anticompetitivo. Esse fato era verdadeiro tanto porque as novas corporações agora internalizavam mais as suas operações quanto por causa do risco óbvio de choque entre poucas grandes empresas que dominavam um número cada vez maior de indústrias. Na realidade, embora a General Motors fosse uma líder em automóveis, ela também pertencia a um grupo maior. A Du Pont era a principal acionista da GM, e Pierre Du Pont era o presidente do conselho da General Motors. Em contrapartida, a GM era a maior cliente da Du Pont, pois utilizava grandes quantidades da tinta de secagem rápida da empresa no revestimento de seus carros. Cada vez mais, o que antes era governado pelos mercados parecia ser feito por relações exclusivas dentro de grandes corporações, ou entre elas.

As novas corporações também trouxeram a pesquisa e o desenvolvimento de projetos para dentro de suas próprias empresas. Antes da virada do século, a maior parte das inovações era desenvolvida por cientistas e engenheiros isolados ou por grupos de laboratórios independentes. Quando a necessidade por novas pesquisas e desenvolvimentos aumentou, o mesmo ocorreu com o desejo de manter as descobertas em sigilo. Assim, cada vez mais a pesquisa industrial passou a fazer parte das novas corporações e a ser feita em laboratórios internos controlados. A era do inventor, simbolizada por Thomas A. Edison, ruiu e foi substituída pela pesquisa e desenvolvimento de projetos corporativos. As empresas preocupadas em controlar seus próprios horizontes tecnológicos se expandiram de forma espetacular, criando laboratórios científicos internos. Em 1921, cerca de 2.800 cientistas trabalhavam nesses laboratórios corporativos. Até 1946, 46 mil profissionais passaram a trabalhar nas instalações de pesquisas industriais e esses laboratórios internos abrigavam 93% de todos os cientistas empregados na indústria. As contratações de cientistas, como parcela de funcionários empregados na indústria, aumentaram sete vezes nesses 25 anos. A imagem do inventor sozinho em um pequeno laboratório desapareceu e foi substituída pelos laboratórios da Bell Telephone, ou por outras instalações semelhantes controladas pela Du Pont, pela General Electric e empresas afins.[13]

As atividades de pesquisa e desenvolvimento eram integradas principalmente nas indústrias dominadas pelas corporações modernas, uma vez que os motivos que trouxeram a ciência para dentro das empresas eram os mesmos que as levaram a incorporar as outras etapas do processo industrial. Em 1940, mais de 4/5 das equipes de pesquisa das fábricas pertenciam aos setores que também eram os mais fortes da nova organização corporativa: comida processada, químicos, petróleo, borracha, maquinário, ferramentas e equipamentos para meios de transporte.[14] As novas corporações transformaram não apenas a forma pela qual os produtos eram feitos, anunciados e distribuídos, mas também a maneira como os processos e os produtos eram inventados, desenvolvidos e desenhados.

Os Estados Unidos lideraram o caminho para as novas formas corporativas, mas outros países industriais não ficaram muito atrás. As trajetórias rumo às novas corporações, no entanto, variaram.[15] Devido à longa tradição européia de formação de cartéis, era comum alguns desses conglomerados se organizarem em empresas integradas horizontalmente. Por exemplo, a sexta maior empresa alemã de químicos operou como uma federação fragmentada de empresas de

1916 a 1925, quando decidiu uni-las, formando a IG Farben.[16] As empresas britânicas tendiam a ser mais lentas na adoção de novas formas organizacionais, talvez por se contentarem com as relações de longa data já estabelecidas com clientes e fornecedores das nações industriais mais antigas. A França foi ainda mais lenta, provavelmente por causa do atraso de seu mercado consumidor e do sistema financeiro. Por mais que houvesse retardatários, às vésperas da Segunda Guerra Mundial, todas as principais economias industriais já estavam sob o domínio de grandes corporações, diversificadas e integradas.

As novas empresas multinacionais

As novas corporações também atravessaram as fronteiras. As empresas multinacionais modernas apareceram pela primeira vez de forma significativa na década de 1920. A liderança, novamente, era dos Estados Unidos, e o automóvel, mais uma vez, foi a quintessência desse tipo de empresa. Empresas norte-americanas estabeleceram, ou compraram, milhares de subsidiárias na Europa, no Canadá e na América Latina.

Havia muito tempo que os investidores iam para o exterior em busca de lucros, mas a maneira como essas buscas eram feitas estava se transformando. Durante a Era Clássica, grandes quantidades de capital fluíam da Europa ocidental. A maior parte na forma de empréstimos, nos quais as empresas ou governos estrangeiros simplesmente pegavam dinheiro para ser gasto da forma que bem entendessem. Em outras palavras, o controle dos investimentos estava nas mãos de quem tomava emprestado. Alguns dos investimentos internacionais europeus eram, de fato, diretos, cujo controle administrativo ficava a cargo do investidor europeu. Mas quase nenhum dos investimentos diretos antes da Primeira Guerra Mundial seguia para o setor industrial. Em geral, eles se destinavam às matérias-primas e aos produtos agrícolas – minas de cobre, plantações de banana, seringueiras, campos de petróleo ou infra-estrutura e ferrovias. Esse também era o caso dos Estados Unidos, que, antes de 1914, enviavam a maior parte de seus investimentos diretos para a América Latina, em especial para a produção primária.

As corporações norte-americanas integradas verticalmente expandiram seu horizonte no exterior, introduzindo as empresas multinacionais de manufaturados (MNCs). Junto com elas, iam novos produtos, bem como novas técnicas de gerenciamento, marketing e produção. Logo, os carros, os utensílios e as marcas norte-americanos se espalharam pelos lares da Europa e do Canadá. A Ford, a Westinghouse e outras empresas utilizaram sua experiência na construção de redes de fábricas, fornecedores e distribuidores pelos Estados Unidos para estabelecer estruturas similares na Europa. Em certa medida, o processo foi acelerado pelas barreiras comerciais européias, que, por dificultarem as exportações dos Estados Unidos para o Velho Continente, deram motivos para que os norte-americanos pulassem os muros tarifários e instalassem fábricas locais. No entanto, o verdadeiro ímpeto para a expansão das empresas fora o mesmo que prevaleceu dentro dos Estados Unidos: a vantagem das corporações integradas em produzir e vender os bens de produção e de consumo de massa.

Em 1929, os investimentos diretos norte-americanos já haviam chegado aos US$7,9 bilhões, o equivalente a mais de 5% de toda a riqueza agrícola e industrial dos Estados Unidos (em 1900, estava acima de 2%). Cerca da metade desses investimentos eram destinados à América Latina, e altamente voltados para a produção e transformação de bens primários. O resto, na maior parte das vezes, seguia para Europa e Canadá. No entanto, em ambos os casos, o grosso dos investimentos norte-americanos se destinava ao setor fabril.[17] As empresas norte-americanas possuíam cerca de 400 subsidiárias na Grã-Bretanha, 200 na Alemanha e outras 200 na França.

As corporações norte-americanas abrangiam quase todos os novos campos dominados pelos produtos, processos produtivos e formas corporativas do país. Quatro dessas indústrias – veículos motorizados, maquinário, químicos e produtos de borracha – correspondiam a mais da metade das empresas manufatureiras multinacionais, embora significassem menos de 1/5 dos investimentos domésticos na indústria. Até 1930, as filiais locais da Ford e da General Motors já haviam se tornado as líderes da indústria automotiva no Reino Unido e na Alemanha. No Reino Unido, a Ford e a Vauxhall, da GM, eram responsáveis por uma parcela significativa da produção nacional de veículos motorizados; na Alemanha, a Ford e a Adam Opel, da GM, controlavam metade de todo o mercado de automóveis.[18] A International Harvester, Eastman Kodak, Singer, Otis Elevator, General Electric e Gillete levaram sua produção e seus produtos para a Europa e foram todas muito bem-sucedidas.

Mecanização no campo

O declínio completo de uma agricultura ultrapassada no mundo desenvolvido foi mais um motivo para o rápido crescimento da produtividade. Esse processo foi socialmente doloroso, mas, sem dúvida, aumentou a eficiência econômica. Antes da Primeira Guerra Mundial, cerca de 1/3 da população de um país industrial padrão era formado por produtores agrícolas. No fim da Segunda Guerra Mundial, essa proporção caiu para menos de 1/6 e diminuía de forma rápida. Tal tendência era evidente até mesmo nos dois casos mais extremos: a França agrária e a Grã-Bretanha industrial. Na primeira, em 1913, os produtores agrícolas correspondiam a 41% da força de trabalho, proporção essa que caiu para 28% em 1950 – no Reino Unido, os números correspondentes eram 12% e 5%. A migração dos trabalhadores das atrasadas fazendas para as avançadas indústrias e serviços, no geral, aumentou a produtividade – embora tenha em parte destruído o estilo de vida e as comunidades rurais.

O surgimento de novas máquinas, incluindo equipamentos agrícolas, estava intimamente ligado à modernização da agricultura. A mecanização da produção agrícola norte-americana aumentou de forma radical a possibilidade de alguns poucos trabalhadores – talvez uma família somada à mão-de-obra sazonal – de cultivar fazendas enormes. Entre a Primeira Guerra Mundial e o fim da década de 1940, a produção por fazendeiro disparou nos Estados Unidos. Por volta de 1915, cada agricultor demorava uma hora para produzir um *bushel* de trigo, 1/3 de um *bushel* de milho ou três *bushels* de algodão. Trinta anos mais tarde, um único homem podia produzir três vezes mais trigo e milho e o dobro de algodão durante esse mesmo tempo. Os rendimentos por hectare não aumentaram muito no decorrer do período, mas o maquinário reduziu drasticamente a necessidade de trabalhadores agrícolas.[19]

A agricultura européia, já deficiente devido à Primeira Guerra Mundial, sofreu ainda mais com as importações de produtores mais eficientes do Novo Mundo, da Austrália e dos países em desenvolvimento. Antes da guerra, a Europa produzia 56% do trigo mundial, mas até o fim da década de 1920 passou a produzir apenas 39%. Mesmo em termos absolutos, a produção européia de grãos encolheu: no total, a produção de trigo sofreu uma redução de 20% em 15 anos, de pouco antes da Primeira Guerra Mundial ao fim da década de 1920. A agricultura européia mais extensiva, como a produção de grãos, sobreviveu apenas por causa dos subsídios do governo e da proteção comercial.

A mecanização completa da agricultura norte-americana e o advento da era do automóvel significaram o fim do estilo de vida rural tradicional nos Estados Unidos. O símbolo desolador das dificuldades que o país enfrentava no campo, o êxodo de centenas de milhares de produtores agrícolas para a Califórnia, fugidos das tempestades de poeira* que atingiam os estados de Arkansas e Oklahoma, foi apenas a expressão mais ilustrativa de como a industrialização definitiva esvaziou as terras cultiváveis do país.

Apesar de a experiência européia ter sido menos dramática, no continente milhões de produtores agrícolas também abandonaram as zonas rurais e fo-

* Do inglês *dust bowl*, tempestades de poeira que atingiram o centro dos Estados Unidos na década de 1930, causadas por secas prolongadas e anos de técnicas agrícolas inapropriadas. (N.T.)

ram para as cidades. A vida rural típica européia não sobreviveu ao agressivo ataque em conjunto de alimentos importados, mecanização e automóveis. Alguma produção agrícola tradicional foi mantida ao longo da década de 1950, principalmente nas áreas mais atrasadas ou por meio da ajuda financeira dos governos. Contudo, a Europa não era mais agrícola. De forma brutal, os trabalhadores norte-americanos e europeus foram obrigados a sair de onde eram abundantes e a rumar para onde eram necessários.

As novas sociedades

As mudanças tecnológicas e organizacionais também afetaram a estrutura social e a política dos países industriais. A mais óbvia foi o surgimento da classe operária e de partidos socialistas e comunistas, aos quais esta se afiliava.

À medida que a indústria se transformava em fábricas e empresas enormes, a força dos trabalhadores aumentava. Em geral, as grandes fábricas e empresas eram mais propícias à formação de sindicatos – tanto por causa da concentração de pessoas, o que tornava a organização dos trabalhadores mais efetiva, quanto porque as grandes corporações não podiam cultivar os mesmos laços personalistas com seus empregados que as empresas menores. Além disso, as grandes corporações das novas indústrias tendiam a ser menos hostis à sindicalização que as velhas indústrias ou que aquelas de produção em pequena escala. Uma empresa como a General Motors apresentava uma série de características que a tornava menos contrária aos sindicatos que, por exemplo, uma firma do ramo têxtil. Primeiro, as firmas automotivas dependiam de operações integradas complexas e necessitavam de uma mão-de-obra estável e confiável; por esse motivo, pagavam salários mais altos. A sindicalização podia ajudar a garantir a estabilidade da força de trabalho e, muitas vezes, os sindicatos, de forma consciente, garantiam isso. Segundo, nas novas indústrias, os gastos com salários correspondiam a uma parcela bem menor dos custos de produção que nas velhas indústrias de trabalho intensivo; grande parte do valor gasto na produção passou a ser em maquinário, pesquisa, desenvolvimento de projetos e marketing. Terceiro, o movimento do período entreguerras em direção à proteção industrial significou que aumentos nos salários não causariam ameaças competitivas por parte dos importados. Quarto, uma vez que essas empresas tendiam a dominar seus mercados com produtos que contavam com a fidelidade do consumidor, elas podiam incluir, em geral, o aumento de salários nas mercadorias sem que houvesse grande queda nas vendas. Os norte-americanos não iriam trocar os carros da GM por Fords se os preços aumentassem um ou dois pontos percentuais – e especialmente não trocariam de empresa, se tanto a GM quanto a Ford fossem sindicalizadas e os preços subissem ao mesmo tempo.

O fortalecimento dos sindicatos complementou a dominação crescente das grandes corporações na Europa ocidental e nos Estados Unidos. As firmas se tornavam cada vez maiores e passaram a controlar ainda mais seus mercados; era natural que os trabalhadores tentassem fazer o mesmo para tomar o controle de suas condições de trabalho. Poucos capitalistas acolheram os sindicatos, mas as novas corporações não eram tão violentas em relação a eles quanto as empresas mais antigas, menores e mais intensivas em termos de mão-de-obra.

A Primeira Guerra Mundial e a Grande Depressão da década de 1930 deram um grande empurrão para o crescimento dos movimentos trabalhistas. A guerra aumentou a influência dos trabalhadores em todos os lugares. Por um lado, a ida de milhões de jovens para o front gerou escassez de mão-de-obra e, assim, os que ficaram foram valorizados. Por outro lado, quase todos os movimentos socialistas apoiaram os esforços de guerra de seus países, durante e depois da batalha, e assim foram recompensados com uma tolerância maior para as atividades operárias e com programas governamentais. Além disso, o choque causado pela Revolução Russa de 1917 e pelos movimentos de insurreição da Europa central logo após a Primeira Guerra Mundial levou muitos governantes a adotarem medidas que tornassem os movimentos e partidos trabalhistas mais moderados. Este foi um preço justo a ser pago a fim de impedir o crescimento do bolchevismo em casa.

A depressão econômica da década de 1930 também impulsionou o movimento trabalhista. A crise tornou mais atraentes os sindicatos, que protegiam os operários em seus locais de trabalho, e os partidos de base trabalhista, que os protegiam na arena política. Após a catástrofe nazista de 1933, os comunistas deixaram de lado sua hostilidade em relação aos partidos socialistas menos revolucionários em nome de uma aliança com outras organizações progressistas. Isso fez com que governos de esquerda e centro-esquerda fossem uma alternativa para muitos dos países europeus que continuavam democráticos. Os fracassos dos partidos tradicionais, a ameaça fascista e a expectativa por governos de base trabalhista levaram massas de trabalhadores, e outros, para a esquerda.

A influência trabalhista cresceu de forma mais acentuada na arena política européia. Em quase todos os países, os partidos trabalhistas eram o mais, ou o segundo mais, votado. Em geral, eles recebiam mais de 1/3 do total de votos. Em um dos extremos estava a Grã-Bretanha, onde o Partido Trabalhista conseguiu apenas 30% dos votos em 1922. No outro extremo, a Alemanha, uma vez que os dois partidos socialistas juntos quase alcançaram a maioria dos votos em 1919. Ao longo da década de 1920, os votos para os socialistas aumentaram rapidamente. Alguns dos que os apoiavam aderiram aos novos partidos comunistas, principalmente na França e na Alemanha. Na maioria dos casos, os movimentos socialistas conseguiam manter partidos fortes e uma influência política substancial, no mínimo, fazendo parte da coalizão governante em muitos países da Europa ocidental durante a década de 1920.

A Grande Depressão levou governos de esquerda, ou coalizões de esquerda, ao poder na maioria das democracias européias durante, no mínimo, um mandato de teste. O Partido Trabalhista britânico, a Frente Popular francesa e uma onda de governos socialistas na Escandinávia reformularam o mapa político da Europa, uma vez que os párias políticos de outrora foram convocados a lidar com as condições desesperadoras. Algumas experiências fracassaram, como os trabalhistas na Grã-Bretanha e, de forma mais sangrenta, a Frente Popular espanhola. Outros deram início a uma evolução democrática duradoura, como na Escandinávia, onde o socialismo se solidificou em meados da década de 1930.[20] Alguns também consideram o New Deal, de Franklin Roosevelt, e a transformação do Partido Democrata, como um movimento semelhante em direção à centro-esquerda nos Estados Unidos. Quaisquer que fossem as particularidades de cada nação, em todas as democracias houve um claro movimento para a esquerda, rumo ao qual seguia o cerne das classes trabalhadoras e muitos outros, e o qual, diversas vezes, terminava com a tomada do poder em época de eleições.

A direita também reagiu de forma bem semelhante, embora definitivamente oposta. Surgiram novos tipos de movimentos de extrema direita, de nomes diversos, mas em última instância, todos foram inspirados pelo fascismo introduzido por Benito Mussolini na Itália e transformado pelos nazistas na Alemanha. Em meados da década de 1930, na maior parte da Europa, a nova direita fascista já havia se tornado poderosa. As questões econômicas foram o pano de fundo para o surgimento da ultradireita. O que havia de diferente nessa nova direita não era o anti-socialismo ou o nacionalismo extremados, nem mesmo o anti-semitismo, mas a combinação dessas formas de reação tendo como base massas passionais capazes de serem mobilizadas nas ruas e nas urnas.

A ultradireita se fortalecia com os transtornos sociais e o descontentamento causado por mudanças estruturais nas economias industriais. Com a dominação de enormes corporações nos países industrializados, a classe que os marxistas chamavam de *petite bourgeoisie* ou *middle strata* foi comprimida. Os pequenos negócios se depararam com a concorrência violenta das grandes corporações, enquanto os pequenos produtores agrícolas eram confrontados pelos importados baratos e pelo crescimento da agricultura de larga escala e a mecanização intensiva na própria Europa.

Quase todos os movimentos ultranacionalistas ou de ultradireita encontraram sua principal base de apoio nas massas de pequenos comerciantes ou pequenos produtores agrícolas, ou em ambos. Esses dois grupos foram os mais atingidos pelos desenvolvimentos do período entreguerras e tinham pouca voz nas instituições políticas, que haviam evoluído na direção da divisão de classes, entre trabalho e capital, prevista e estimulada por Marx. Os comunistas e os socialistas eram os que mais se opunham às grandes corporações, mas os pequenos empresários e proprietários de terra não viam com muita simpatia as exigências dos movimentos trabalhistas. Tampouco os partidos conservadores e de tradição liberal, com sua forte inclinação pela estabilidade dos negócios, e a elite proprietária de terras tinham tempo para os comerciantes *déclassé* e agricultores destituídos.

Em algumas ocasiões, a esquerda, ou o centro, e a direita tradicionais conseguiram o apoio da classe média e dos agricultores, mas isso era relativamente raro, e onde acontecia a ultradireita em geral havia poucos adeptos. Infelizmente, para a Europa e para o mundo, o mais comum era que os pequenos comerciantes e agricultores descontentes se afastassem dos partidos tradicionais e se engajassem em movimentos de protesto que atacavam tanto os grandes empresários quanto os trabalhadores. O fascismo e suas variações eram veículos perfeitos para os interesses de tais grupos, dada a retórica peculiar do regime contra corporações, trabalhadores e estrangeiros. Em diversas nações onde muitos dos estabelecimentos comerciais pertenciam a judeus, ou nas pequenas cidades repletas de mercadores judeus, o anti-semitismo da ultradireita européia ecoou entre os empresários e produtores agrícolas. Para esses grupos, os concorrentes, credores ou intermediários judeus eram parte do problema.

Muitos donos de pequenas lojas e agricultores de vilarejos remotos passaram a culpar as grandes corporações quando a economia do período entreguerras começou a desmoronar. A descontente classe média também desdenhou dos partidos de esquerda, cuja reação à crise era conduzida, principalmente, pelos interesses dos trabalhadores. O descontentamento encontrou espaço nos movimentos reacionários que invadiram o sul, o leste e o centro da Europa a partir do começo da década de 1920. Esses movimentos propunham o fascismo como um caminho alternativo, entre o capitalismo corporativista e o socialismo proletário.

Avanços e recuos

A crença no desenvolvimento tecnológico como um gerador automático de crescimento econômico foi destruída nos anos entre as duas grandes guerras.

Essas décadas testemunharam alguns dos desenvolvimentos técnicos mais importantes da história, tanto nos laboratórios quanto nas fábricas. Muitos dos produtos que associamos com economias modernas foram introduzidos ou implementados nas décadas de 1920 e 1930. Esse anos viram, ainda, o desenvolvimento completo da corporação moderna e da sua contraparte internacional, as empresas multinacionais.

Esse desenvolvimento econômico alimentou dois processos políticos poderosos. Por um lado, a vitória das grandes empresas na indústria moderna criou um movimento trabalhista influente. Na década de 1930, era comum os governos incluírem partidos que tivessem as classes trabalhadoras como principal base de apoio. Na verdade, muitos desses governos eram liderados por partidos socialistas e alguns faziam alianças até mesmo com os comunistas.

Por outro lado, a contínua modernização da Europa esmagou os setores médios do continente, em especial os pequenos negócios e os proprietários de terras. Esses grupos marginalizados geraram a base dos movimentos fascistas que vieram a governar a Europa após o fim do período entreguerras.

8

O colapso da ordem estabelecida

Em janeiro de 1936, o Left Book Club* britânico encomendou a George Orwell uma pesquisa sobre as condições sociais do país durante a depressão econômica. O resultado, *O caminho para Wigan Pier*, chocou a nação com uma descrição do desespero e da privação. Orwell resumiu a perplexidade e a ampla miséria gerada pelo desemprego:

> Jovens mineiros e dignos plantadores de algodão pasmos diante do destino, com o mesmo tipo de espanto atônito que o de um animal numa armadilha. Não conseguiam simplesmente entender o que acontecia com eles. Foram criados para o trabalho, e veja! Parecia que nunca mais teriam a chance de trabalhar de novo.[1]

O colapso econômico de 1929 foi único em termos de profundidade e amplitude. Já houvera crises cíclicas antes, mas nunca como essa. A economia dos países industrializados permaneceu desintegrada por mais de cinco anos, com uma redução de 1/5 na produção e o desemprego atingindo 1/4 da força de trabalho. Crises financeiras e cambiais se reproduziram no mundo todo em um intervalo de semanas, fazendo com que economias inteiras afundassem juntas. Nenhuma das principais nações foi poupada.

Carl Sandburg chamou Chicago de a "cidade de braços fortes"** e a descreveu como a "intempestiva, vigorosa e alvoroçada

---

* Grupo que reunia intelectuais de esquerda na Grã-Bretanha nas décadas de 1930 e 1940. Organizava debates e lançava livros. (N.T.)

** Uma referência ao potencial industrial de Chicago, considerada, na década de 1930, a "cidade que trabalha". (N.T.)

risada dos jovens seminus, suados e orgulhosos de serem aqueles que abatem os animais, produzem as ferramentas, empilham as medas de trigo, constroem as ferrovias e transportam carga para a nação". Mas agora, Chicago não ria nem se orgulhava. No inverno de 1930-1931, um repórter escreveu sobre a capital da indústria norte-americana:

> Podemos cruzar a linda ponte da avenida Michigan à meia-noite, repleta de luzes que fazem do lugar uma cidade de sonhos, de beleza incomparável, enquanto embaixo da mesma ponte, a seis metros de nós, moram 2 mil sem-teto. Homens maltrapilhos que tremem, têm fome, se enrolam em jornais velhos para não congelarem e dormem sobre os restos de estrume seco.[2]

A recuperação capenga da década de 1920 havia chegado ao fim.

O fim do *boom*

O fim começou de forma inocente, com um declínio gradual do crescimento econômico fora da América do Norte. Entretanto, em 1928, as condições agrícolas dos principais países pioraram muito, enquanto uma recessão começava a atingir grande parte da Europa e da Ásia. Nos Estados Unidos, o *boom* continuava. Como investir no exterior se tornou menos atraente, o capital norte-americano passou a atuar em casa e o mercado acionário cresceu de forma notória: o índice Dow Jones Industrial Average aumentou praticamente sem interrupções, de 191 pontos no fim de 1928 para 381 em setembro de 1929.

Os preços das ações dobraram em pouco menos de um ano, ultrapassando com folga qualquer ganho que pudesse vir de fora. Assim, o fornecimento de dinheiro norte-americano para o mundo diminuiu drasticamente. No primeiro semestre de 1928, os novos empréstimos feitos pelos Estados Unidos aos estrangeiros somavam, em média, US$140 milhões por mês. Esse valor caiu pela metade entre meados de 1928 e 1929, atingindo US$70 milhões, uma vez que o dinheiro passou a rumar para o mercado de ações. Na segunda metade de 1929, a soma dos empréstimos estrangeiros caiu mais uma vez pela metade, chegando a US$35 milhões por mês. Se considerarmos o dinheiro que voltava para os Estados Unidos como pagamento de dívidas, surge um quadro ainda mais desolador: se em 1927-1928 a saída líquida era de US$900 milhões, em 1929 e 1930, ela passou a ser de apenas US$86 milhões líquidos por ano.[3]

Quando o dinheiro norte-americano, que alimentara o crescimento econômico, rumou de volta para casa, ele transformou a recessão branda que atingia os outros países em uma crise severa.[4] À medida que o capital passava a circular pelos Estados Unidos e a procurar pelo dólar, os investidores se desfaziam das outras moedas. Os governos europeus, ao se depararem com o *sell-off** nas bolsas estrangeiras, reagiram da forma costumeira, com aumento de juros e impondo austeridade. Supostamente, os juros mais altos atrairiam novamente o capital para a economia e a moeda, enquanto medidas austeras limitariam salários e lucros, tornando os produtos do país mais competitivos nos mercados mundiais.

Até mesmo as autoridades norte-americanas enfrentaram desafios sérios. O Federal Reserve queria coibir em Wall Street o que chamava de comportamento excessivamente especulativo, o que seria feito com o aumento da taxa de juros para dificultar os empréstimos e fazer com que o capital deixasse as ações. No entanto, um aumento nos juros norte-americanos retiraria o capital da Europa e da América Latina, tornando as condições comerciais ainda mais difíceis nessas regiões. Caso o FED mantivesse as taxas de juros estáveis, o problema no mercado de ações continuaria; se aumentasse os juros, poderia piorar a situação econômica da Europa. O Banco Central norte-americano acreditava que a prioridade era o compromisso doméstico e, em agosto, elevou as taxas de juros a um percentual que fosse capaz de convencer os investidores a evitar mais especulações no mercado de ações. De fato, o mercado acionário começou a cair no fim do verão e início do outono de 1929, no hemisfério norte.

No fim de outubro, o frenesi chegou ao fim. Em três semanas, o mercado perdeu tudo o que havia alcançado nos últimos 18 meses. Em três meses, a produção industrial norte-americana sofreu uma redução de 10% e as importações, de 20%. Os preços das *commodities* despencaram de forma impressionante. No verão de 1929, quando a contração econômica já pairava no ar, cerca de um quilo de borracha custava 42 centavos; no início de 1932, o preço caiu para 3 centavos e continuava em queda. O valor de outros produtos primários também sofreu reduções quase tão drásticas. O quilo do cobre, por exemplo, caiu de 32 para 5 centavos o quilo. Os produtos agrícolas também foram atingidos de forma dura. De meados de 1929 ao fim de 1932 ou início de 1933, época em que apresentou a pior queda, o valor aproximado do quilo da seda diminuiu de US$10,40 para US$2,50; o algodão passou de 32 para 12 centavos o quilo e o café de 56 para 16 centavos. Não foram apenas os produtos dos países pobres que sofreram, já que um *bushel* de milho caiu de 92 para 19 centavos e o *bushel* do trigo, o cultivo mais importante do mundo, que valia US$1,50 em meados de 1929, passou a custar 49 centavos no fim de 1932.[5]

---

* Expressão usada quando ações e títulos sofrem grandes perdas no mercado e são vendidos a preços muito baixos. (N.T.)

O valor dos produtos manufaturados também caiu, mas não de forma tão rápida. Enquanto os preços agrícolas norte-americanos sofreram reduções de 52% entre 1928 e 1933, o valor dos materiais de construção e dos produtos à base de ferro caíram 18%. Além disso, os preços dos bens de consumo duráveis foram reduzidos em 8%.[6]

As nações produtoras de *commodities* foram atingidas de forma especialmente dura pelo efeito combinado de declínio nos preços, queda súbita da demanda européia e norte-americana e cortes nos empréstimos dos Estados Unidos. Um mês antes do colapso da bolsa de valores norte-americana, Argentina, Austrália, Brasil e Canadá reagiram à crise desvinculando suas moedas do ouro. O abandono das regras do padrão ouro por parte desses países foi preocupante, mas, no geral, essas eram consideradas economias menores que enfrentavam uma séria queda nos preços das *commodities*.

Os governos dos países industriais, no entanto, tinham outra idéia sobre o que fazer em relação ao declínio dos preços: nada. A sabedoria adquirida e a experiência do pré-guerra diziam que a recessão iria se autocorrigir. Quando os salários tivessem caído o suficiente, os capitalistas recontratariam os trabalhadores; quando os preços tivessem caído o suficiente, os consumidores começariam a comprar novamente. À medida que preços e salários diminuíssem, a demanda aumentaria até o restabelecimento do equilíbrio.

O FED recorreu às ferramentas monetárias usuais para impor um severo e rápido período de austeridade. Essa política "liquidacionista" buscava forçar a queda dos preços e salários, de forma a liquidar o excesso dos estoques de alimentos, produtos e trabalhadores. O secretário do Tesouro Andrew Mellon dera uma recomendação típica ao presidente Hoover: "Liquidar a mão-de-obra, liquidar as ações, liquidar os fazendeiros, liquidar as propriedades ... retirar do sistema o que está podre."[7] O FED passou, então, a manter as taxas de juros relativamente altas – 2,5%, enquanto os preços caíam cerca de 15% ao ano – e tentava supervisionar sistematicamente os arranjos para resolver aquilo que chamava de um típico declínio cíclico. Preços e salários se reduziriam e, em seguida, a economia responderia.

Entretanto, os resultados foram problemáticos, não apenas nos Estados Unidos, mas em todo o mundo em desenvolvimento. A produção industrial norte-americana caiu 26% de agosto de 1929, quando atingira o ápice, a outubro de 1930, os preços sofreram uma redução de 14% e a renda per capita diminuiu 16%.[8] As famílias perderam em média a renda acumulada dos últimos cinco anos, ou mais, e não havia qualquer perspectiva de um fim para o declínio. O desemprego também crescia. De 3% em 1929, a taxa de desemprego atingiu 9% em 1939 e 34% em 1931.[9] A já fraca economia britânica afundou ainda mais, trazendo junto os países bálticos e escandinavos que estavam sob a sua órbita comercial. Durante um ano, o Japão fora tragado pelos cortes nos empréstimos e pela redução de 43% no preço da seda, seu principal produto de exportação. Apenas a França parecia imune à, então já evidente, crise mundial. Entretanto, no fim de 1930, a expansão francesa também já mostrava, na melhor das hipóteses, sinais de precariedade.

Os governos redobraram os esforços para convencer a todos que manteriam o compromisso com o ouro e a prudência financeira. Os líderes dos principais bancos centrais passaram a se consultar com freqüência para tentar buscar uma saída. A questão das indenizações parecia progredir, uma vez que numa conferência européia liderada pelo empresário norte-americano Owen Young foi fechado um acordo sobre a regularização dos pagamentos alemães. O Plano Young também estabeleceu a criação do Banco de Compensações Internacionais para ajudar a suavizar o processo e a oferecer um local de cooperação financeira e monetária.[10] Além disso, em 1930, foi organizada uma conferência para a redução das barreiras comerciais.

No entanto, essas iniciativas foram ineficazes, principalmente porque os Estados Unidos não se envolveram de forma efetiva. A maioria dos governos contava apenas com os próprios esforços para tirar seus países da crise. A Grã-Bretanha, em especial, parecia buscar alternativas criativas. Em 1929, uma administração de minoria trabalhista liderada por Ramsay MacDonald chegou ao poder, governando com o apoio dos liberais e o respaldo de alguns dos principais pensadores econômicos do país, inclusive o próprio Keynes. O governo estava de mãos atadas devido a pressões conflitantes de seus eleitores. Por um lado, se mantinha firme em seus compromissos com o padrão ouro, com o equilíbrio do orçamento e com o livre comércio; por outro, estava desesperado em suprir as demandas da indústria em colapso e dos trabalhadores desempregados. No fim, acomodou-se, apático, por dois anos.

A Alemanha, talvez o país mais afetado pela crise, desintegrou-se ainda mais. Os dois anos de tradicionais medidas austeras foram bem-sucedidos apenas em elevar o desemprego a índices astronômicos. O governo de coalizão centro-esquerda entrou em colapso no início de 1930 e foi substituído, por meio de decreto governamental, por Heinrich Brüning, um proeminente político católico. Brüning parecia não saber o que fazer e convocou novas eleições para setembro de 1930. O resultado principal foi um grande aumento do apoio político aos dois partidos menos comprometidos com a ortodoxia, o comunista e o nazista. O primeiro obteve 13% dos votos, um aumento de 10% em relação à eleição de dois anos antes; o último conseguiu um aumento de 3% para 18% no número de votos. O país se dividiu em facções rivais, sendo que um dos principais campos de batalha foram as relações econômicas internacionais. O governo quase não agiu para contra-atacar o fracasso. Essa inação fora imensamente custosa; mesmo atitudes simples para estimular a economia teriam conseguido, como mais tarde demonstraram algumas análises, impedir os avanços eleitorais dos nazistas.[11]

O governo dos Estados Unidos também se voltou para as medidas tradicionais norte-americanas de reação a turbulências econômicas. A primeira dessas reações foi a proteção comercial. De meados de 1929 a início de 1930, o Congresso formulou o Ato Tarifário Smoot-Hawley, que prometia um aumento substancial nas barreiras comerciais norte-americanas. Apesar de pedidos dos parceiros comerciais estrangeiros e de um abaixo-assinado de 1.028 economistas norte-americanos, o Congresso aprovou a lei e o presidente Herbert Hoover a promulgou em junho de 1930. Em poucos meses, outros países também começaram a impor suas próprias barreiras, devido a razões próprias ou em retaliação.[12]

Entretanto, as economias não se recuperaram e o desemprego continuava a crescer. Em 1933, o quinto ano da crise, a taxa de desemprego nos Estados Unidos era de 25% e outros países apresentavam índices semelhantes. O tempo em que forças econômicas "naturais" agiam para consertar a economia já fazia parte de um passado remoto. Deflação e liquidação*, longe de reaquecer a economia por meio de reduções de preços e salários para estimular o consumo e novos investimentos, pareciam aprofundar ainda mais o declínio.

A recessão era impressionantemente profunda. A produção industrial média despencou em níveis entre 20% e 50% em um período de dois ou três anos. Durante o declínio de 1920-1921, a economia norte-americana apresentou contração de 4%; entre 1929 e 1933 a redução foi de 30%. O colapso norte-americano foi um dos piores do mundo, mas alguns países não ficaram muito atrás. A redução total do PIB – ou seja, a queda do valor mais alto em 1928 ou 1929 ao ponto mais baixo em 1932 ou 1933 – foi de 25% a 30% nos Estados Unidos, no Canadá, na Alemanha e em diversos países latino-americanos, e de 15% a 25% na França, na Áustria e em diversas partes da Europa Central e do Leste.[13]

O declínio se auto-alimentava, em grande parte, devido ao que o economista Irving Fisher chamava de deflação de débito. Durante a década de 1920, houve grande aumento nos empréstimos, e até mesmo muitos consumidores passaram a se apoiar nos créditos parcelados para comprar os novos bens duráveis. Quando os rendimentos despencaram, ao mesmo tempo em que as obrigações das dívidas se mantiveram constantes, os devedores passaram a não

* O termo não é comum em política, mas refere-se às medidas que liquidem os investimentos ruins, os empréstimos ruins, os produtos inúteis e tudo o que estiver em excesso na economia. (N.T.)

conseguir mais honrar seus compromissos. A deflação forçou os devedores a reduzirem o consumo e os investimentos, o que levou a uma queda ainda maior nos preços. No início de 1934, numa cidade comum dos Estados Unidos, mais de 30% daqueles que hipotecaram suas casas estavam atrasados no pagamento; em Cleveland, esse número chegava a 60%.[14]

O sofrimento era ainda mais pronunciado entre os países e cidadãos que se especializaram na produção de matérias-primas e produtos agrícolas, cujos preços caíram duas ou três vezes mais que os de outros bens, e naquele ano as hipotecas de cerca de 200 mil fazendas foram executadas. O número de execuções foi de dez a 12 vezes maior que o normal; em alguns estados, foram tomadas de 25% a 30% de todas as fazendas, entre 1928 e 1934.[15] Os Estados Unidos, como quase todos os países, foram atingidos por muitas falências na área agrícola e descontentamento social no campo.

Mesmo assim, os líderes políticos e empresariais continuavam a seguir as mesmas prescrições de outrora. A visão comumente aceita dos ciclos econômicos afirmava que melhorias nas condições levavam a excessos especulativos, os quais precisavam ser removidos por um declínio inevitável. A liquidação dos erros do passado era vista como algo positivo, e as tentativas de suavizar seus efeitos, contraproducentes. Os liquidacionistas acreditavam que o *boom* de 1920 deveria ser desacelerado até que a economia tomasse, novamente, um caminho saudável. Isso significava liquidar investimentos e empréstimos ruins e os produtos inúteis. Era duro, mas necessário. Como Lionel Robbins afirmou em 1935: "Ninguém gosta de liquidações propriamente ditas ... Mas quando os investimentos malfeitos e o alto endividamento ultrapassam um certo limite, as medidas que adiam a liquidação apenas tornam as coisas piores."[16] A qualidade intelectual dessa visão era impecável e parecia ter funcionado em crises anteriores. Os tradicionalistas argumentavam que a inação – e mesmo a ação dos governos para acelerar os efeitos "purgativos" da crise – ocasionalmente poderia acelerar a recuperação. Não somente não faça, diziam os tradicionalistas aos governos, fique parado.

Herbert Hoover atribuiu a paralisia da sua administração, em parte, ao predomínio dessas visões:

> Os "liquidacionistas do deixe como está" liderados pelo secretário do Tesouro Mellon ... sentiram que o governo deveria se manter longe e deixar que o desmoronamento se autoliquide ... Ele defendia que até mesmo o pânico não era de todo ruim. "Isso expurgará do sistema o que está podre. Os custos de vida e os padrões de vida altos serão reduzidos. As pessoas trabalharão mais, levarão uma vida mais de acordo com a moralidade. Os valores se ajustarão e os empreendedores recolherão os destroços dos menos competentes", afirmou.[17]

A base do apoio ao liquidacionismo não era apenas seu apelo moral e intelectual; os empresários tinham motivos de seu interesse para justificar as demissões e os cortes salariais. A ortodoxia era especialmente forte entre os empresários que dependiam de grandes quantidades de mão-de-obra, para os quais a diminuição dos salários era algo crucial. As empresas de capital mais intensivo, como as indústrias de automóveis, maquinário e petróleo, eram menos sensíveis aos custos de mão-de-obra e mais propensas a argumentar que os cortes salariais eram autodestrutivos por reduzirem o poder de compra do consumidor.[18] No entanto, muitos empresários endossavam naturalmente a idéia de que salários baixos eram necessários.

Supostamente, a passagem pelos tempos duros traria a recompensa, na medida em que a deflação e as falências acabariam por criar as condições para a recuperação. Mas a inação tradicional, que no passado havia remediado economias em apuros, não funcionou. Os preços e salários continuavam em queda, os fracassos se proliferavam, o desemprego crescia cada vez mais e não havia qualquer perspectiva de reviravolta. O mecanismo auto-equilibrador dos círculos empresariais pré-1929 havia se quebrado.

Por que as soluções antigas não estavam funcionando? Como Keynes previu, a menor flexibilidade dos preços e salários era um indicador de que a economia do pós-guerra não mais responderia a um colapso como antes. Os oligopólios que cortavam nas vendas mantendo os preços altos passaram a produzir menos do que em condições normais; os sindicatos, que defendiam os salários altos à custa de um nível de emprego menor, restringiram a oferta de trabalho. As empresas e sindicatos com poder de mercado podiam produzir menos e vender a preços mais altos, tornando ociosos trabalhadores e máquinas. Nos setores que se aproximavam das condições de antes de 1914, como o agrícola, os preços despencaram, enquanto os fazendeiros continuavam a produzir tanto quanto antes, ou ainda mais. Mas o mecanismo "purgativo" ortodoxo que deveria ter sido ativado pela Grande Depressão não funcionava mais para muitos setores e não estava conseguindo reavivar o crescimento econômico.

À medida que a nova rigidez de preços e salários se impunha, a recuperação tardava e se arrastava. O desemprego continuava alto em quase todos os países, principalmente nos setores dominados pelas grandes empresas, por trabalhadores sindicalizados ou por ambos, mesmo que os salários reais – o poder de compra dos salários em relação aos preços – permanecessem estáveis ou até crescessem. Nos Estados Unidos, por exemplo, o valor médio ganho por um trabalhador da indústria por hora de serviço caiu de 57 centavos em 1929 para 54 centavos em 1934, uma queda de 5%, enquanto os preços dos bens de consumo caíram 20%. Mesmo com 22% da força de trabalho desempregada e milhões de norte-americanos na busca desesperada por emprego, os salários reais dos que estavam contratados eram bem maiores em 1934 do que em 1929. Em 1939, quando o desemprego nos Estados Unidos continuava na casa dos 17%, os salários reais eram 15% mais altos que em 1934 e 40% maiores que em 1929. Salários reais tendiam a crescer ou a permanecer constantes nas indústrias dominadas por oligopólios – serviços de utilidade pública, finanças, manufaturas – mas sofreram uma redução de 15% a 25% em setores competitivos tais como agricultura, serviços domésticos e construção civil. Enquanto mais de 25% da força de trabalho estava desempregada e implorava por uma oportunidade, os salários de muitas fábricas eram altos e continuavam a crescer.[19]

Não havia nada de condenável em capitalistas e trabalhadores terem se unido em busca de proteção, mantendo preços, lucros e salários o mais alto possível. O fato de isso ter interferido nos mecanismos do ajuste ortodoxo não necessariamente os faz vilões. O ajuste reduzia os salários de todos os setores da economia de forma muito radical e rápida, e embora a recuperação pudesse vir logo, a dor e o sofrimento causados pela crise eram muito severos. A habilidade de muitas empresas e sindicatos em resistir aos cortes de salários e preços tornou as fábricas mais ociosas e o desemprego maior do que seria, mas também ofereceu salários e rendimentos melhores aos trabalhadores e capital a ser empregado nesses setores privilegiados. A forma pela qual essa compensação era percebida dependia de qual lado se estivesse; os ganhos dos que tinham emprego implicavam, em certa medida, manter os outros desempregados.

A deflação não era a solução e talvez fosse parte do problema. Na verdade, muitos governos, ocasionalmente, aproveitaram o empenho dos sindicatos e das empresas em manter os preços e os salários para aplicar medidas mais gerais que buscassem reverter o ciclo deflacionário. Os regimes fascistas estimularam a formação de cartéis como forma de evitar o colapso dos preços. Os governos socialdemocratas se uniram a trabalhadores e capitalistas com a finalidade de buscar soluções que sustentassem os preços e salários elevados. O New Deal dos Estados Unidos se colocou como contrário à "competição selvagem" do mercado e utilizou novas leis e agências reguladoras para facilitar a organização empresarial e trabalhista, o que, acreditava-se, fosse reverter a deflação. Em muitos casos, os próprios governos organizaram os mercados contra a deflação por meio de medidas como programas para manter os preços dos produtos agrícolas altos. Todas essas medidas foram, sem dúvida, motivadas por um misto de preocupação com a deflação e por um desejo mais pragmático por parte dos produtores de manter os salários e os preços que cobravam o mais alto possível.

Quando os governos decidiram agir, no entanto, a deflação já havia causado estrago. Por volta de cinco anos após o início da depressão econômica, muitos preços, especialmente os de produtos primários, entraram em colapso.

Mas a deflação não ocorreu conforme previsto, tampouco preparou o cenário para uma recuperação, como ocorrera nos anos anteriores a 1914. A rigidez de preços e salários teve um efeito contrário do que o prescrito pela ortodoxia. A contração não abriu espaço para a recuperação.

Ouro e crise

A deflação e a depressão econômica prolongadas desencadearam pânicos cambiais e financeiros que se disseminaram pelo mundo, se espalhando, às vezes de forma gradual como uma mancha, às vezes com a velocidade de um raio. O choque era levado de país a país por investidores volúveis que passavam seu dinheiro de um mercado a outro. A proliferação de falências aumentou a ameaça de colapsos bancários, e quando os depositários retiravam o dinheiro, eles transformavam o medo em realidade. Começando em maio de 1931, o pânico se alastrou da Áustria a Polônia, Hungria, Tchecoslováquia e Romênia, em seguida, atingiu a Alemanha, depois Suíça, França, Reino Unido, Turquia, Egito, México e Estados Unidos. Em seis meses, 18 sistemas de bancos nacionais enfrentavam o abismo financeiro.[20] Cinco anos antes do verão de 1929, apenas quatro países passavam por crises bancárias consideráveis: cinco anos depois, 33 enfrentavam essa situação.

"Esses heróis das finanças", escreveu Henrik Ibsen, "são como gotas num fio – quando uma cai, todas a seguem."[21] As conseqüências do fracasso econômico foram profundas; até o fim de 1933, metade das instituições financeiras privadas havia fechado.[22] O impacto não fora sentido apenas pelos banqueiros; apreensivos, os credores também pararam de fornecer dinheiro para quase todos os que queriam empréstimos. As falências no campo, ao assustarem banqueiros e investidores, faziam desaparecer o dinheiro disponível para a indústria.

As dificuldades financeiras paralisaram os bancos nacionais e o sistema financeiro internacional. A redução do consumo e dos investimentos, por parte dos indivíduos e dos países altamente endividados, reforçou o círculo vicioso dívida-deflação, o que causou uma queda ainda maior nos preços mundiais.[23]

A busca dos governos por alternativas contra a paralisia deflacionária e a ruína financeira atingiu um elemento aparentemente imóvel: o ouro. As tentativas de reduzir a inflação e aumentar os preços foram bloqueadas pelos compromissos dos governos com o valor ouro de suas moedas. Como disseram dois especialistas em história econômica, a "retórica do padrão ouro era a deflação e o seu raciocínio, a inação".[24] Os países sob o padrão ouro precisavam deixar que os preços tomassem seu caminho, uma vez que os preços nacionais eram apenas um reflexo dos internacionais. Tentativas de imprimir dinheiro levariam os investidores a trocar as (desvalorizadas) moedas nacionais por ouro. O padrão ouro não permitia manipulações monetárias e não havia outra opção. Quase ninguém apoiava gastos mediante déficit – a campanha de Roosevelt contra Hoover, em 1932, atacou a pouca habilidade do presidente em equilibrar o orçamento –, e a proteção comercial, outro remédio comum, foi aplicada em diversos países e se mostrara ineficaz. O ouro ditava as regras.

O ouro retardou a reação dos governos diante da crise e também acelerou a proliferação de choques internacionais. Um leve sinal de que os juros poderiam diminuir, por exemplo, na Bélgica, fazia com que os investidores retirassem o dinheiro desse país e levassem para algum lugar mais seguro. Quando o capital deixava a Bélgica, a profecia se tornava auto-realizável: o dinheiro ficava escasso, devedores davam calote e bancos faliam. Governos eram assediados por fluxos de capital especulativo em busca de segurança e lucros imediatos. Como disse Herbert Hoover, as movimentações de dinheiro e ouro eram "um canhão desgovernado numa era de quedas turbulentas".[25]

Longe de ter amortecido os choques, o padrão ouro intensificou suas conseqüências. Quando os investidores retiravam o dinheiro de um país, eles precisavam vender a moeda nacional. Para retirar o dinheiro da Bélgica, por exemplo, os especuladores precisavam trocar os francos belgas por libras e dólares, mais confiáveis, ou por ouro. Quando vendiam os francos para o governo belga, em troca de ouro ou dólares, as autoridades ocasionalmente poderiam ficar sem um dos dois, ou sem os dois, e precisariam abandonar o padrão ouro. Nessas circunstâncias, o governo aumentava a taxa de juros da Bélgica para convencer os investidores a permanecerem com os ativos em francos – títulos do governo belga, por exemplo – e evitar uma evasão da moeda. Nesse sentido, o padrão ouro previa que os governos nacionais aceitassem passivamente as exigências financeiras internacionais para manter a taxa de câmbio, mesmo que isso significasse um sacrifício das condições locais.

Países com sistemas bancários fracos eram particularmente suscetíveis a colapsos diante da força dos ataques financeiros e cambiais. Nos locais onde os bancos estavam ligados à indústria, como em grande parte da Europa central, o infortúnio financeiro era rapidamente transmitido para o resto da economia. Bancos que contavam com dinheiro de fora – em 1930, metade dos depósitos dos bancos alemães pertencia a estrangeiros – estavam particularmente expostos, já que os clientes podiam retirar esse dinheiro com facilidade. Mas a vulnerabilidade aos impulsos financeiros era universal e contribuiu para a velocidade com que a depressão econômica se tornou, e permaneceu, global.[26]

Pressões financeiras e cambiais deram início a uma série de crises nacionais que levaram à paralisação do sistema monetário e financeiro internacional. Em maio de 1931, o Creditanstalt, o maior banco da Áustria e havia muitos anos associado ao Rothschild, foi à falência. O governo interveio imediatamente e tentou obter apoio de outras capitais européias, mas não conseguiu. Mesmo em situações extremas como essa, as falhas políticas do entreguerras influenciaram. Antes de os franceses terem ajudado a conter os efeitos da falência do Creditanstalt, os principais políticos da França exigiam que a Áustria abandonasse a planejada união alfandegária com a Alemanha; e os belgas e italianos apoiaram os franceses nisso.[27]

O problema logo se tornou conhecido. Ninguém manteria depósitos em bancos que ameaçavam fechar. Dessa forma, diante do menor sinal de dificuldade, se iniciava uma corrida aos bancos. Quando o banco de alguma nação ameaçava entrar em colapso, os clientes agiam rapidamente para retirar o dinheiro do país; ninguém queria deixar fundos num sistema financeiro em processo de desintegração. Não havia juros altos ou austeridade que atraísse o dinheiro de volta para a moeda de um país à beira de um pânico bancário, e rumores de que a moeda seria desvinculada do ouro e desvalorizada aumentavam a pressa para a troca de ações, títulos e dinheiro por ouro ou alguma moeda confiável. O círculo vicioso se auto-alimentava: expectativas quanto a uma desvalorização poderiam causar pânico nos bancos, ao mesmo tempo em que o pânico nos bancos desencadeava desvalorizações. As crises bancárias e cambiais interligadas afetaram o mercado de créditos, já que os empréstimos praticamente cessaram e até mesmo as empresas que queriam se expandir não tinham como tomar emprestado para fazê-lo.

Na mesma semana da falência do Creditanstalt, em maio de 1931, a corrida aos bancos foi intensa na Áustria e chegou a atingir a vizinha Hungria. Em um mês, chegou à Alemanha. Os investidores retiravam o dinheiro dos bancos em ouro ou dólares o mais rápido que podiam, evitando qualquer moeda nacional questionável. Assim, as economias interconectadas foram caindo em efeito dominó. Tentando conter o desastre, o presidente Hoover, em 20 de julho de 1931, propôs a suspensão dos pagamentos de indenização de guerra por um ano. Ainda assim, os depositários em toda a Europa central temiam que as falências dos bancos atingissem a Alemanha e fizessem com que o país abandonasse o padrão ouro. E eles estavam certos. Mais uma vez, a busca pelo apoio dos franceses e britânicos fora complicada por hostilidades políticas. Para ajudar os alemães a lidar com a crise financeira, os franceses exigiam o desarmamento e um pagamento adicional de indenizações. Mas essas manobras políticas levaram mais tempo do que a Alemanha dispunha.

Em julho de 1931, o governo alemão fechou os bancos e suspendeu as conversões da moeda para o ouro ou câmbio estrangeiro. Oficialmente, a taxa de juros mantinha-se constante, mas no momento era praticamente impossível trocar dinheiro alemão por ouro, dólares, libras esterlinas ou qualquer outra coisa que não produtos do país.[28] A decisão alemã despertou ainda mais medo. Medo este que logo se voltou para a base financeira da Europa, a Grã-Bretanha.

No início do segundo semestre do ano, quando os investidores tentavam se livrar da libra, o governo britânico lutava para sustentá-la por meio de medidas austeras. No fim de agosto, o governo trabalhista entrou em colapso e foi substituído pelo Governo Nacional, também liderado por Ramsay MacDonald, mas agora contando com um apoio significativo dos conservadores. O novo governo retirou a libra do ouro quase de forma instantânea e, pela primeira vez em tempos de paz desde 1917, quando o padrão fora decretado no país por Sir Isaac Newton, a moeda sofreu uma desvalorização.

A libra caiu cerca de 30% em relação ao dólar em poucos meses, do valor histórico de US$4,86 para US$3,25. Quando a libra foi desvalorizada, uma série de outros países seguiu a Grã-Bretanha e abandonou o ouro: os Estados escandinavos e bálticos que tinham ligações fortes com o mercado britânico, depois o Japão e, então, a América Latina. A maioria desses países também impôs barreiras consideráveis ao comércio. A Grã-Bretanha deixou para trás cerca de um século de livre comércio. Em fevereiro de 1932, o Governo Nacional impôs alta proteção tarifária, depois negociou relações de preferência para o Império e uns poucos parceiros comerciais favorecidos. Após décadas resistindo ao protecionismo, o Reino Unido criou um bloco imperial, que compartilhava de um sistema de preferências comerciais, e um bloco esterlino, que partilhava de moedas desvalorizadas. O comércio com o resto do mundo logo caiu de forma significativa, mas as exportações para a área esterlina – o Império, os países nórdicos e bálticos, a Argentina e alguns outros – cresceram de 50% a 60% em relação ao total de exportações britânicas.[29] Outras potências estreitaram os laços econômicos com suas colônias e, em 1931, o Japão expandiu seu domínio colonial ocupando e anexando a Manchúria, no norte da China.

No fim de 1932, apenas dois grupos de países, efetivamente, permaneciam com o padrão ouro: os Estados Unidos e um bloco liderado pela França, que incluía Bélgica, Luxemburgo, Holanda, Itália e Suíça. Os países que continuavam sob o ouro enfrentavam fortes pressões competitivas, tanto em seus próprios mercados quanto em terceiros, uma vez que a desvalorização tornou os produtos japoneses, britânicos e de outras localidades bem mais baratos. E as barreiras tarifárias levantadas pelos impérios europeus, pelo Japão e sua expandida esfera imperial, pelos Estados Unidos e pela América Latina reduziram ainda mais as oportunidades comerciais.

A utilização de moedas como uma arma competitiva por parte dos governos introduziu outras incertezas na ordem financeira e monetária. A "Guerra da Manteiga", entre a Nova Zelândia e a Dinamarca, fora um sintoma. Os dois países eram os principais fornecedores de manteiga à Grã-Bretanha, produto que, em contrapartida, era a base das exportações das duas nações. No começo de 1930, o governo da Nova Zelândia desvalorizou a moeda do país em cerca de 5% em relação à libra esterlina, fato que concedeu a seus exportadores uma vantagem em relação aos produtores da Dinamarca. Os dinamarqueses acreditavam que se imitassem a desvalorização britânica de setembro de 1931 eles poderiam restabelecer o equilíbrio, mas a Nova Zelândia também seguiu o enfraquecimento da libra britânica. Em setembro de 1932, os dinamarqueses desvalorizaram sua moeda em mais 5% em relação à libra. Cinco meses mais tarde, a retaliação da Nova Zelândia foi uma desvalorização de 15% e um mês depois os dinamarqueses responderam enfraquecendo a moeda em 17%. No fim de 1933, as duas moedas já haviam retornado ao valor inicial, mas quatro anos de desvalorizações competitivas acirraram as tensões políticas e as pressões protecionistas em ambas as nações.[30]

A situação econômica continuava a se deteriorar. No fim de 1932, o comércio mundial mal correspondia a 1/3 de seus índices em 1929. Os mercados financeiros internacionais encontravam-se praticamente em um estado de completa inatividade. As principais nações comerciais do mundo se voltaram para o protecionismo. Nos Estados Unidos, a produção industrial correspondia à metade de seus índices em 1929 e o desemprego mantinha-se na casa dos 24%; e na Alemanha, na casa dos 44%.[31] A América Latina havia sido atingida por um duplo malefício: queda dos preços e da demanda. Diante dos dois problemas, a região foi obrigada a reduzir as exportações para mais da metade do volume dos três primeiros anos da depressão econômica. Quase nenhum dos países da região conseguia mais cumprir suas obrigações, com a exceção da Argentina, ávida por permanecer nas boas graças de seus parceiros financeiros e comercias britânicos.[32]

Muitas vozes já pediam a reafirmação dos compromissos com o ouro. Nos Estados Unidos, um mês antes de deixar o cargo, o presidente Hoover referiu-se com desprezo àqueles que iriam "inflar a moeda e, conseqüentemente, abandonar o padrão ouro, para que com a desvalorização pudessem fazer parte de uma guerra econômica global, com a certeza de que isso levaria à destruição completa, tanto em casa como no exterior".[33] A França e seus vizinhos, participantes do bloco do ouro, não abandonaram sua ligação com o metal até 1936, mais de sete anos depois do início da crise.

As autoridades dos países que continuavam sob o ouro, entretanto, sofriam com a contradição existente entre o desejo de ver a economia fluir e a necessidade de defender suas moedas. Nos Estados Unidos, por exemplo, os tomadores de decisão foram atacados pela desvalorização da libra em relação ao ouro, ocorrida em outubro de 1931. Os investidores trocaram o dólar pelo ouro, que era mais seguro, enquanto os clientes dos bancos norte-americanos retiravam seus depósitos prevendo uma crise financeira. O FED reagiu à moda clássica do padrão ouro, em uma semana aumentou a taxa de juros de 1,5% para 3,5% com a finalidade de manter o dinheiro nos bancos e no país. A lógica era clara, porém perversa. Sem o compromisso com o ouro, o FED poderia ter baixado os juros e estimulado a economia, o que facilitaria empréstimos, gastos e investimentos. Em vez disso, aprisionado pelas exigências do padrão, o Banco Central mais importante do mundo impôs políticas monetárias mais austeras e restritivas jamais antes aplicadas.[34]

Em novembro de 1932, as eleições norte-americanas trouxeram Franklin D. Roosevelt à Presidência, e o domínio do Congresso pelos democratas lhe deu algo como um passe livre. O fato estimulou os internacionalistas, que haviam sido postos de lado em 1920 pelo isolacionismo norte-americano; afinal, o próprio presidente eleito havia sido o candidato derrotado a vice-presidente de Wilson, nas eleições de 1920.

A vitória esmagadora dos democratas provocou um pânico cambial. O partido contava com o apoio dos produtores agrícolas, que exigiam a desvalorização desde antes do início da depressão econômica. Em 1933, os preços agrícolas mal chegavam à metade dos cobrados em 1928, já sob influência da depressão econômica. Outros preços foram reduzidos ainda mais: 8% para os bens de consumo duráveis e 18% para os produtos feitos de metal.[35] Enquanto os quatro meses entre a eleição e a posse se arrastavam, Roosevelt foi cuidadoso em não revelar o que faria quanto ao valor do dólar em relação ao ouro, mas alguns membros de seu gabinete não foram tão discretos. Henry Wallace, um proeminente líder agrícola, já havia anunciado cerca de seis meses antes de a nova administração tomar posse, falando como o novo secretário de Agricultura, que "a decisão sábia seria se distanciar do ouro ainda mais do que o feito pela Grã-Bretanha".[36]

Logo que começaram as sessões, o Congresso tomou medidas para forçar o dólar a se desvincular do ouro. Tudo indicava que, de uma forma ou de outra, o dólar seria desvalorizado. Dessa maneira, em fevereiro iniciou-se uma corrida aos bancos dos Estados Unidos que se espalhou por todo o país e durou até a véspera da posse de Roosevelt, em 4 de março de 1933. Como ocorrera na Áustria, Alemanha e Grã-Bretanha, as expectativas de uma desvalorização levaram muitos a trocar dólares por ouro. Quando chegou à Casa Branca, Roosevelt fechou os bancos da nação e anunciou medidas de emergência para estabilizar o sistema financeiro. O dólar permaneceu estável por duas semanas, pois tudo indicava que a nova administração retomaria o ouro. No entanto, em meados de abril, o presidente confirmou as expectativas dos especuladores e liberou o dólar da relação fixa com o metal.

Durante três meses, a administração Roosevelt forçou a desvalorização do dólar, fazendo a moeda norte-americana, que valia então US$3,42 em relação à libra esterlina, voltar aos US$4,86 – preço de antes da desvalorização da moeda britânica. O dólar flutuou, em geral em queda, durante os seis meses seguintes até que, em fevereiro de 1934, Roosevelt retomou a taxa de US$35 a onça de ouro, mais de 60% abaixo do valor em que permanecera durante anos: US$20,67 a onça. Como se desejasse reforçar quais eram as suas prioridades, em meados de 1933, Roosevelt de fato deu um fim à Conferência da Economia Global em Londres, que vinha buscando formas de cooperação monetária internacional. Em uma contundente declaração, em 3 de julho, o presidente disse que "as boas condições econômicas de uma nação são um fator mais importante para seu bem-estar do que o valor de sua moeda". Ele atacou o "velho fetiche dos assim chamados banqueiros internacionais", que estava, disse ele "sendo substituído pelos esforços em organizar as moedas nacionais com o objetivo de conceder a elas um poder de compra estável".[37] Seria difícil imaginar uma rejeição mais incisiva às regras tradicionais da economia clássica internacional. No dia em que o dólar foi retirado do ouro, o então diretor do Departamento de Administração e Orçamento do governo norte-americano, Lewis Douglas, comentou decepcionado: "Este é o fim da civilização ocidental."[38]

Em retrospecto, a maior parte dos analistas aceitou o argumento de Barry Eichengreen, que adotou o epíteto de Keynes para o ouro como título de sua análise da economia do entreguerras – *Golden fetters**:

> O padrão ouro é a chave para se entender a Grande Depressão. O padrão ouro da década de 1920 preparou o palco para a depressão econômica da década de 1930 ao aumentar a fragilidade do sistema financeiro internacional. O padrão ouro foi o mecanismo transmissor do impulso desestabilizador dos Estados Unidos para o resto do mundo. Ampliou o choque desestabilizador inicial e foi o principal obstáculo para ações de neutralização, a atadura que impediu os tomadores de decisão de reverter o fracasso dos bancos e de conter a difusão do pânico financeiro. Devido a todos esses motivos, o padrão ouro internacional foi o fator central da depressão econômica mundial. A recuperação só foi possível, pelos mesmas razões, após o abandono do padrão ouro.[39]

Das trevas

Em 1933, a economia mundial estava morta. O comércio, os investimentos e os empréstimos apresentavam índices bem menores que os anteriores. A atividade econômica em todos os países fora reduzida a níveis nunca antes vistos; era o

* Grilhões de ouro. (N.E.)

fim dos ganhos suados da década de 1920. Batalhas econômicas se perpetravam pela Europa e o Atlântico: repudiavam-se as dívidas de guerra, guerras comerciais eram declaradas, as desvalorizações competitivas e o controle cambial eram celebrados, e as indenizações negadas. Tudo isso alimentava o ambiente de desespero, polarização política e recriminações mútuas. No nadir econômico da Grande Depressão, os governos passaram a se livrar de políticas fracassadas e a tentar outras novas. Sentindo a oportunidade de influenciar os tomadores de decisão e a opinião pública, John Maynard Keynes entrou em ação. Zombou da "imbecilidade" da ortodoxia e de seu compromisso com o liquidacionismo:

> Seria, eles acham, a vitória do demônio da iniqüidade se tanta prosperidade não tivesse sido logo contrabalançada pela falência generalizada. Precisamos, diriam, do que chamam educadamente de uma "liquidação prolongada" para nos colocar no caminho certo. A liquidação, diriam eles, ainda não fora completada. Mas com o tempo será. E quando o tempo suficiente para finalizar a liquidação tiver passado, nós estaremos bem novamente.[40]

Ele não acreditava em nada disso: "As vozes que ... nos dizem que o caminho de saída será encontrado na economia rígida e na privação, sempre que possível, da utilização do potencial da produção mundial são as vozes dos tolos e loucos."[41]

Keynes aprovou quando o Reino Unido abandonou o ouro, movimento que ele chamou de "um acontecimento abençoado".[42] Diante do desastre econômico, deixou de lado até mesmo seu apoio, de décadas, ao livre comércio. "Nós não desejamos ficar à mercê das forças mundiais operando, ou tentando operar, na busca de um certo equilíbrio uniforme de acordo com os ideais do capitalismo *laissez-faire*", afirmou ao público irlandês. Keynes continuou a ser um internacionalista em termos culturais e intelectuais, mas a situação extremamente difícil enfrentada pela população de todas as nações exigia atenção, em primeiro lugar, para as condições nacionais.

> Idéias, conhecimento, arte, hospitalidade, viagens – esses são os elementos que, por natureza, deveriam ser internacionais. Mas deixem que os bens sejam produzidos em casa, quando sensato e conveniente, e, acima de tudo, deixem que as finanças sejam primordialmente nacionais.[43]

Keynes perdeu as batalhas da década de 1920, sobre a Conferência de Versalhes, a política monetária e o retorno da Grã-Bretanha ao ouro, mas o fracasso espetacular da economia mundial parecia provar que ele estava certo. O ouro, definitivamente, não despertava mais simpatia. Havia tempos os produtores agrícolas reclamavam do sistema. Nesse momento, os trabalhadores, que pagavam um preço alto nos índices de desemprego pela deflação onipresente, aderiam à causa. O líder trabalhista britânico Ernest Bevin afirmou que "apenas as classes que viviam de renda continuavam ganhando" com a vinculação da libra esterlina ao ouro e que "a deterioração das condições de milhões de trabalhadores era um preço alto demais a ser pago para sustentar a ... atividade bancária internacional em Londres".[44] Os industriais também eram favoráveis à liberdade de desvalorização, que poderia os ajudar a competir com os estrangeiros.

Assim como Keynes, muitos economistas desafiaram o padrão ouro. Nos Estados Unidos, um dos mais importantes foi George Warren, economista de Cornell especialista no setor agrícola. Warren passou a vida estudando preços nos Estados Unidos, especialmente os agrícolas. Reuniu informações de jornais sobre preços, catálogos, contratos e centenas de outras fontes em um empenho obsessivo para descobrir como e por que eles oscilavam. Após décadas de estudo, Warren passou a acreditar que quando o valor do ouro em dólares diminuía, o preço dos produtos agrícolas caía; ao passo que quando o valor do ouro em dólares aumentava, o preço dos cultivos subia. Quanto mais fraco o dólar em relação ao ouro, mais altos eram os preços agrícolas norte-americanos. Warren tinha muitas explicações para as oscilações dos preços, mas a maioria delas estava incorreta. Entretanto, ele estava convencido de que reduzir o valor do ouro em relação ao dólar aumentaria os preços agrícolas. A forma de fazer isso seria abandonar o padrão ouro e desvalorizar.

Os mais sérios economistas norte-americanos riram de Warren. As idéias dele encontravam pouco espaço na teoria já estabelecida e as evidências eram, na melhor das hipóteses, circunstanciais. Mas quando Franklin Roosevelt tomou posse em 1933, estava desesperado para fazer algo em relação ao que chamava de ameaça "de uma revolução agrária no país".[45] A decisão de retirar o dólar do ouro e desvalorizá-lo fora influenciada pelo homem ridicularizado como "Warren dólar de borracha".

No fim, "Warren dólar de borracha" estava certo (mesmo que pelos motivos errados). Assim que o dólar caiu, os preços dos produtos agrícolas e outras *commodities* primárias dispararam. Em março de 1934, antes do início da desvalorização, os fazendeiros norte-americanos ganhavam 35 centavos por *bushel* de trigo. Em julho, já recebiam 87 centavos – um aumento de cerca de 150% em poucos meses. O índice Moody de preços de *commodities* básicas, que mede uma variedade de preços de produtos agrícolas e matérias-primas, cresceu cerca de 70% no decorrer de três meses, de abril a julho de 1933. O aumento nos preços fora eficiente para baixar a maré de crises: aliviou os produtores agrícolas e outros devedores, revertendo a espiral de deflação e agonia financeira, além de restabelecer a confiança dos agentes econômicos no mercado. Enquanto os três meses de desvalorização progrediam, o índice Dow Jones Industrial Average cresceu mais de 70%, refletindo a nova percepção do ambiente.[46]

Livre das obrigações do padrão ouro, os Estados Unidos conseguiram expandir a provisão de dinheiro, aumentar os preços e fazer com que a economia retomasse seu curso. No primeiro ano após a desvalorização do dólar, o Federal Reserve aumentou sua base monetária em 12% e manteve esse índice de crescimento até 1937, quando a oferta de dinheiro era cerca de 50% maior do que em março de 1933. Com mais dinheiro circulando, os preços cresciam continuamente e a reversão da deflação fora útil para tirar a economia da depressão. Os gastos geradores de dívida tiveram um impacto insignificante, ou nenhum, uma vez que a administração Roosevelt só começou a experimentar políticas fiscais, de fato, após 1938 e 1939, quando o pior da depressão econômica já havia passado. A recuperação quase completa dos Estados Unidos ocorreu devido ao relaxamento da política monetária, o que só foi possível graças à desvalorização. De um certo ponto de vista, se a política não tivesse mudado, a economia norte-americana continuaria estagnada e em 1942 teria metade do tamanho que tinha na época.[47]

A experiência norte-americana foi simbólica: o compromisso com o ouro aumentou e aprofundou a estagnação e desvincular-se dele deu início à recuperação. O contraste pode ser observado por meio de uma comparação entre os países que abandonaram o padrão ouro no início da depressão econômica e aqueles que o mantiveram até mais tarde. Em 1930 e 1931, os preços no atacado em todos os países sob o padrão ouro caíam cerca de 13% ao ano. A deflação praticamente terminou para a Grã-Bretanha e para todos os países que abandonaram o ouro no fim de 1931, já que sem a paridade fixa no metal, essas nações estavam livres para estimular suas economias. Enquanto isso, a deflação continuava a atormentar os mercados cujas moedas continuavam fixas. O impacto não era sentido apenas nos preços; entre 1932 e 1935, a produção industrial dos países que abandonaram o ouro cresceu até 6% ao ano, ao passo que a mesma produção apresentava queda anual de 1% nos Estados ainda sob o regime.[48]

Enquanto novas políticas eram adotadas, em 1934 iniciou-se uma recuperação gradual, que continuou até 1937. Com as economias de volta à vida, as nações ocidentais tentavam reconstruir suas relações internacionais, no campo do comércio, das finanças e dos investimentos. A administração Roosevelt levou britânicos e franceses a firmarem um acordo em que as três partes se comprometiam a apoiar mutuamente suas moedas. O acordo tentava construir um sistema monetário internacional diferente, sem os grilhões do padrão ouro. Logo, Bélgica, Luxemburgo, Holanda e Suíça também passaram a fazer parte, e, de forma quase instantânea, após a Lei dos Acordos Recíprocos de Comércio, de 1934, ter autorizado o Executivo a reduzir suas tarifas em troca de reduções feitas por outros países, as barreiras norte-americanas ao comércio começaram a ser derrubadas.

Os governos ocidentais também adotaram programas domésticos para conter a explosão do desemprego, facilitar a organização sindical e incorporar os movimentos trabalhistas à política. O New Deal norte-americano e o governo da Frente Popular francesa eram apenas os exemplos mais proeminentes de tais tendências. Uma evolução similar, e até mesmo mais declarada, ocorreu na Escandinávia, onde governos socialistas lideraram o movimento em direção à liberalização do comércio. Sem a carnificina econômica causada pela depressão, emergiram os primórdios do Estado de bem-estar social, entendidos como uma aceitação geral da provisão, por parte dos governos, de seguros sociais, políticas sociais básicas e gerenciamento macroeconômico na tentativa de evitar a volatilidade da macroeconomia. No Ocidente, novos indivíduos, partidos e classes tentavam outros arranjos políticos que permitiam, em vez de rejeitarem, satisfazer *simultaneamente* os compromissos econômicos domésticos e internacionais; e que permitiam também, em vez de rejeitarem, a existência de uma economia de mercado, *simultaneamente* a uma participação ativa dos governos.

Governos do centro, leste e sul da Europa, além do Japão, voltaram-se para suas próprias economias, quando a crise se abateu. Nesse aspecto, eram como o resto do mundo. Mas, diferentemente da Europa ocidental e da América do Norte, essas regiões logo foram dominadas pelos novos governos fascistas ou protofascistas, que continuavam rejeitando a economia internacional. Esses governos trouxeram o conceito de autarquia – isolamento deliberado do resto do mundo – para a organização econômica, o qual se tornou uma boa descrição da atitude fascista em relação à economia mundial.

Além da economia autárquica, a conduta fascista envolvia um controle severo sobre os trabalhadores. Os movimentos trabalhistas já existentes foram banidos junto com os partidos socialistas e comunistas aos quais eram afiliados. Estes foram substituídos por "frentes trabalhistas" que definiam os interesses dos trabalhadores e, então, os atendiam. Não que os interesses dos trabalhadores fossem ignorados – os nazistas foram os responsáveis pela mais rápida e duradoura redução do desemprego no mundo industrial –, mas não havia como expressar esses interesses de forma independente. Governos fascistas também podiam coagir empresas, caso se tornassem empecilhos para objetivos políticos importantes, mas as grandes corporações eram mais capazes de desobedecer ou resistir às pressões dos governos do que trabalhadores desorganizados. As políticas econômicas fascistas e neofascistas do centro, leste e sul da Europa e do Japão militarista contrastavam com aquelas do lado ocidental do continente. O Ocidente tentava reconstruir a integração econômica internacional, enquanto os fascistas tentavam se proteger dela; o Ocidente trouxe a mão-de-obra organizada para dentro do governo, ao passo que os fascistas destruíram seus movimentos trabalhistas.

As economias semi-industriais da América Latina e Rússia buscaram alternativas diferentes, tanto para a ortodoxia da pré-Primeira Guerra Mundial quanto para a socialdemocracia ocidental. Os soviéticos construíram uma autarquia comunista, mesmo tendo implementado a industrialização mais rápida da história. Na América Latina e em outras regiões em desenvolvimento, a vocação anterior para produzir alimentos e matérias-primas para exportação não conseguia sobreviver em um mundo em que a demanda e os preços sofriam quedas crônicas. Na década de 1930, forçado a retomar as próprias rédeas, o mundo em desenvolvimento mais uma vez canalizou a energia para o crescimento nacional. A sociedade urbana e a indústria moderna cresceram rapidamente nas áreas semi-industriais da América Latina e do Oriente Médio.

Apesar de divisões e diferenças, um fio condutor comum uniu as reações de todos os países industriais e semi-industriais contra a depressão econômica. Todos – com exceção da União Soviética, que buscava um socialismo organizado – implementaram, de uma forma ou de outra, algum tipo de capitalismo organizado. Governos apoiaram cartéis para que os preços se estabilizassem, permitiram ou estimularam uma organização de salários e manipularam as políticas macroeconômicas para afetar a economia nacional. O caos dos primeiros anos pós-1929 deixou marcas em todos os lugares, que apontavam para o fim do *laissez-faire* e em direção a uma participação vigorosa dos governos na economia. Para alguns países, o experimento era uma tentativa; para outros, algo revolucionário, mas em toda parte o caminho estava livre para novas abordagens acerca dos problemas das economias modernas.

Abaixo o antigo...

A violência da depressão econômica teve origem no choque entre os interesses e as idéias que imperavam antes de 1914 e os desenvolvimentos sociais e econômicos que modificaram o mundo desde então. Frente ao declínio inicial, os governos implementaram políticas herdadas do capitalismo global clássico, cujos defensores eram muitos e poderosos nos círculos dominantes. Isso pressupunha uma configuração anterior de pequenas empresas, trabalhadores desunidos e, teoricamente, condições perfeitas de competição – além de um sistema político que pudesse resistir a pressões e aliviar o sofrimento dos trabalhadores e das pessoas mais pobres. No entanto, as economias industriais passaram a ser dominadas por corporações enormes, produção em massa e bens de consumo complexos; os sindicatos trabalhistas tornaram-se muito mais fortes do que antes da Primeira Guerra Mundial e os sistemas políticos eram, de longe, mais democráticos. As políticas clássicas para conter a catástrofe variavam de inúteis a contraproducentes, e os governos, ainda motivados pela fé nas soluções apresentadas pelo padrão ouro, continuavam a insistir nesse tipo de regime enquanto as condições pioravam.

O novo capitalismo organizado em torno de grandes empresas e movimentos trabalhistas fortes, junto com a fragilidade financeira e a rigidez de preços e salários, tornou obsoleto o mecanismo clássico de ajuste. A ortodoxia em relação à competição não se adequava aos problemas do capitalismo industrial democrático organizado que se desenvolvera a partir do capitalismo global da Era de Ouro. Ao mesmo tempo, os conflitos europeus que não foram solucionados em Versalhes e a relutância norte-americana em tomar parte nas questões do Velho Mundo bloquearam a cooperação entre os centros financeiros, que os havia ajudado a superar as dificuldades surgidas antes de 1914. A severidade da depressão econômica refletiu a contradição fundamental existente entre os princípios tradicionais da economia mundial clássica pré-1914 e a nova organização das sociedades internacionais e domésticas.

A velha guarda dos banqueiros internacionais, dos investidores imperiais, das indústrias poderosas e das aristocracias rurais tentou enfrentar a crise com medidas tradicionais. Eles seguiram à risca os compromissos impostos pelo padrão ouro e pelo regime financeiro internacional e mantiveram uma hostilidade concomitante às políticas governamentais intervencionistas. Mostraram-se completamente incapazes de lidar com as crises econômicas nacionais e com as urgências sociais domésticas. A insistência dos tradicionalistas em políticas falidas apenas inflamou seus opositores nos movimentos trabalhistas, nos círculos empresariais e entre os pequenos produtores, agricultores e intelectuais. Por fim, o fracasso da panacéia clássica suscitou novas idéias e novos grupos de interesses, e logo o poder mudou de mãos em toda parte.

Eventualmente, a crise contínua conduziu países e classes na direção de novas formas de agir contra a depressão econômica. Alguns foram procurar respostas nos extremos políticos, buscando no comunismo ou no fascismo a saída para os problemas aparentemente insolúveis do capitalismo ortodoxo. Outros, até mesmo das classes políticas e empresariais que durante muito tempo lideraram suas sociedades, estavam igualmente ávidos por novas abordagens, neste caso mais para salvar o capitalismo do que para substituí-lo. Novas formas de organização econômica e política pediam novas maneiras de se lidar com elas, e por meio dessas novas maneiras é que os países traçaram seus caminhos para superar a depressão econômica.

A ordem econômica clássica fracassou. Nem a recuperação parcial, a tentativa de reconstrução da ordem econômica internacional, as ilhas de crescimento em meio à estagnação, os novos produtos e as técnicas recém-disponíveis poderiam disfarçar esse fato. A velha ordem não promoveu crescimento econômico, nem estabilidade, tampouco proteção contra o caos. Também não trouxe paz nem cooperação. Na verdade, é possível que tenha acirrado os conflitos entre as nações. Os que criticavam o capitalismo global – sejam fascistas ou comunistas – se mostravam como inocentes frente à incapacidade do sistema de superar as dificuldades do período entre 1914 e 1939. O fato de que o rápido crescimento econômico só foi restabelecido devido à corrida armamentista da época tornou-o, na verdade, apenas um conforto ilusório.

9

Em direção à autarquia

Em março de 1933, Adolf Hitler chocou o mundo ao nomear Hjalmar Schacht como o encarregado pela economia alemã. Schacht era o mais conhecido formulador de políticas econômicas da Alemanha e um dos pilares da ortodoxia do padrão ouro internacional. Como publicou a *The Economist*: "Nenhum banqueiro do mundo havia pregado com tanto fervor o equilíbrio orçamentário, a adesão ao padrão ouro, a eliminação de restrições à livre movimentação de capital e outros elementos da crença ortodoxa."[1] Alemães de classe média idolatravam o homem que havia acabado com a inflação. Os capitães da indústria alemã confiavam nele por considerá-lo um competente especialista em finanças. Governantes estrangeiros e investidores admiravam Schacht por sua ponderação quando interlocutor durante as difíceis negociações sobre as dívidas e indenizações de guerra.

Schacht, entretanto, abandonou a ortodoxia após 1929 e propôs novas formas de lidar com a crise. O novo método incluía um distanciamento dos mercados mundiais, uma vigorosa intervenção do Estado na economia e uma atuação maciça do setor público. Para que seu plano fosse implementado, ele necessitava de um governo forte. Dessa forma, recorreu aos nazistas para conduzir o abandono do capitalismo global. O paradigma alemão de internacionalismo econômico clássico levou o país à rejeição de todos esses mesmos princípios.

Schacht não estava só. Durante a depressão econômica, ele convenceu quase todo mundo da falência dos preceitos tradicionais de economia e política. O antigo regime econômico mundial – mercados globais de bens e capitais, padrão ouro, mínima participação do governo na economia – parecia ter funcionado relativamente bem antes de 1914. Entretanto, durante o colapso dos mercados internacionais na década de 1930, os governos foram forçados a intervir para salvar a economia nacional, e em toda parte buscava-se um substituto para o tradicionalismo fracassado.

Assim como Schacht, grande parte do mundo optou pela alternativa autárquica – a auto-suficiência econômica. Países do centro, sul e leste da Europa – de Portugal à Letônia e da Alemanha à Grécia – adotaram alguma variante do fascismo autárquico. Os países da América Latina se concentraram no desenvolvimentismo autárquico. As políticas econômicas de outros países independentes em desenvolvimento se assemelhavam, de forma gritante, às da América Latina, como ocorria com as colônias mais avançadas.

Os países semi-industriais, um após o outro, se lançaram no novo nacionalismo econômico. Romênia e México, Argentina e Japão, Itália e Rússia, todos rejeitaram o padrão ouro, impuseram uma proteção comercial proibitiva, passaram a exercer controles severos sobre os investimentos internacionais, condenaram os banqueiros estrangeiros e a quantia que a eles deviam e lideraram a marcha em direção ao crescimento industrial moderno. Uma camada inteira da estrutura social global – as classes médias das nações, não os ricos, tampouco os extremamente pobres – tomaram um rumo diferente, e muitas vezes violento, do seguido pela Europa ocidental e a América do Norte.

A auto-suficiência semi-industrial

Apenas um elemento determinava se um país seguiria a autarquia e o autoritarismo ou permaneceria democrático e aberto economicamente: se esse país era um credor ou um devedor internacional. Todos os regimes autárquicos – os Estados fascistas da Europa, a União Soviética, os governos desenvolvimentistas da América Latina e da Ásia – governaram nações cujo fluxo de entrada e saída de capitais era negativo. Todos os países devedores seguiram pelo caminho da autarquia fascista ou nacionalista; todos os países credores permaneceram democráticos e comprometidos com a integração econômica internacional (a Tchecoslováquia e a Finlândia apresentavam um balanço financeiro internacional rudimentar).

As nações devedoras se diferenciavam por serem de natureza semi-industrial. Eram suficientemente pobres para dependerem das exportações de produtos primários (bens agrícolas e matérias-primas), mas eram suficientemente ricas para desenvolverem indústrias urbanas que produziam para o mercado doméstico. Também eram pobres o suficiente para necessitarem de empréstimos estrangeiros, mas ricas o bastante para conseguirem obter créditos. Seus importantes setores exportadores coexistiam com setores industriais em crescimento, e a coexistência de setores econômicos nacionalistas e internacionalistas fez emergir conflitos quando a economia mundial entrou em colapso.

Até a depressão econômica os governos dos países devedores guiaram-se pelas normas financeiras internacionais, já que apenas os que agiam conforme as expectativas dos credores conseguiam empréstimos. Eles contavam com o comércio, os empréstimos e os investimentos internacionais, e lutavam para fixar suas moedas no ouro e integrar seus mercados ao resto do mundo.

As classes dominantes dos países devedores dependiam da economia internacional. Banqueiros e comerciantes, grandes proprietários de terras, exportadores de produtos manufaturados, mineradores, barões da madeira e produtores de petróleo, todos tinham laços globais. Suas principais empresas pediam empréstimos no exterior ou pertenciam a estrangeiros; em caso de seus governos gerarem déficits, eles o financiavam em Londres, Nova York ou Paris. Contanto que a economia mundial estivesse bem, o desempenho desses países era bom, algumas vezes excelente.

Entretanto, o crescimento econômico dos devedores criou novos grupos sociais menos entusiasmados com a economia global. Os industriais que produziam para o mercado doméstico desejavam proteção contra a competição estrangeira. Os trabalhadores urbanos se ressentiam do sacrifício que precisavam fazer para apoiar o padrão ouro, do qual quase não se beneficiavam.

A realidade do entreguerras enfraqueceu os internacionalistas conservadores das nações devedoras, desafiando tanto seu conservadorismo quanto seu internacionalismo. Primeiro surgiu a nova política de massas, uma vez que eventos como o crescimento econômico, a Primeira Guerra Mundial e o fortalecimento dos movimentos comunistas e socialistas ao redor do mundo ajudaram a esquerda e os trabalhistas a crescerem, em termos de tamanho e poder. Os "setores médios" – artesãos, pequenos comerciantes e produtores agrícolas – também eram cada vez mais ativos politicamente. Os milhões de trabalhadores e agricultores, além de outros que imploravam por regimes autocráticos, não podiam ser ignorados. No início da década de 1920, os movimentos de massa de esquerda e de direita ameaçavam a hegemonia política das classes dominantes tradicionais.

O segundo motivo para o enfraquecimento dos conservadores foi o colapso de suas bases econômicas durante a Grande Depressão. Ragnar Nurkse, economista estoniano da Liga das Nações, afirmou:

> Durante a crise financeira internacional ... era uma piada comum em alguns países a comparação entre um credor internacional e um guarda-chuva, que podia ser tomado emprestado livremente desde que o tempo estivesse bom, mas que precisava ser devolvido assim que começasse a chover.[2]

Quando os mercados mundiais quebraram, aqueles nas nações semi-industriais que dependiam de contratos em Londres, Paris e Nova York viram seus parceiros estrangeiros se enfraquecerem, falirem ou irem embora.

À medida que a crise persistia, as obrigações herdadas da economia aberta aumentavam o sofrimento. Os banqueiros internacionais e seus aliados domésticos haviam sobrecarregado os países com dívidas imensas, cujos pagamentos causariam um desastre. Os investidores e comerciantes globais impuseram a tirania do ouro, que levou todos à ruína. Agentes locais do mercado mundial tornaram nações inteiras escravas das dívidas.

Desde a virada do século, no vácuo aberto pelos debilitados conservadores, novos grupos foram criados ou passaram a se mobilizar. A economia aberta fora desafiada pelos que desejavam proteção contra os produtos estrangeiros, e não acesso a eles. Antigas alianças se desfizeram e novas foram formadas.

Quando os países devedores se voltaram para a autarquia na década de 1930, estes rejeitaram suas dívidas externas, a dependência dos mercados mundiais e as vantagens comparativas. Os antigos setores de especialização foram taxados para estimular as áreas da economia que sofriam com a competição externa, em especial a indústria nacional. Eles abriram mão do capital e dos mercados estrangeiros e se voltaram para os mercados domésticos e as finanças nacionais. Governos passaram a tomar conta da transformação completa da economia nacional.

Os países semi-industriais haviam sido dependentes das regras clássicas, pois tinham privilegiado as oportunidades econômicas internacionais, como a produção agrícola, de matérias-primas e manufatureira para exportação, em detrimento da produção de alimentos e das manufaturas para o mercado doméstico. Com o mercado mundial e seus agentes locais em desordem, as autarquias se afastaram da competição internacional e se voltaram para o uso de recursos nacionais com a finalidade de atender as exigências internas. Disso resultou uma série de medidas que reforçaram o nacionalismo econômico, do Japão a Portugal e do Brasil à Alemanha.

Schacht e os nazistas reconstroem a Alemanha

Hjalmar Schacht era um típico alemão da velha escola: colarinho impecável, mulher prussiana meticulosamente correta e interesse obsessivo por riqueza e prestígio. Assim como John Maynard Keynes, ele era um produto da ordem econômica clássica, criado para apoiar a ortodoxia do passado: padrão ouro, equilíbrio orçamentário e livre comércio. A aproximação de Schacht e Hitler simbolizou o casamento de conveniência dos fascistas de discurso inflamado com os empresários alemães conservadores. Schacht e aliados no meio empresarial precisavam dos nazistas para solucionar os problemas econômicos do país.

O arquiteto e engenheiro do nacionalismo econômico nazista era filho de pais progressistas e internacionalistas, uma aristocrata dinamarquesa e um alemão da região de Schleswig-Holstein, cujo controle vivia entre a Dinamarca e várias jurisdições da Alemanha (Tinglev, a cidade natal de Schacht, faz atualmente parte da Dinamarca).[3] Seus pais imigraram para Nova York no início da década de 1870; o pai foi naturalizado norte-americano e se tornou defensor ativo das causas progressistas do país. Eles voltaram para a Alemanha pouco antes de terem o segundo filho, aparentemente porque as condições em seu país natal melhoraram. O casal escolheu o nome de Hjalmar Horace Greeley Schacht para o menino, em homenagem ao candidato de Nova York à Presidência e dono do jornal que havia publicado mensagens de Karl Marx da Europa.

Após uma trajetória universitária medíocre, Hjalmar fez sua dissertação de fim de curso em economia política. Ele não tinha interesse na erudição acadêmica e não fora bem-sucedido nas perguntas filosóficas abstratas que lhe foram feitas durante a prova oral de doutorado.[4] Schacht queria o diploma apenas para ingressar no mundo dos negócios e, em 1903, foi trabalhar para o Dresdner Bank, um dos maiores bancos da Alemanha. Casou-se com Luise, seu amor de longa data e cuja origem prussiana reacionária complementava o seu caráter não-conformista – o pai dela era um inspetor da policia imperial. Schacht atuou por pouco tempo na administração financeira do governo durante a Primeira Guerra Mundial, quando foi acusado de usar o cargo para beneficiar o Dresdner Bank. Após a guerra, tornou-se um dos dois chefes do Danatbank, outra instituição financeira de peso.

Ele se distinguia de seus colegas, principalmente, pelas ambições políticas, e disse que sua fascinação por política surgiu aos 11 anos, quando viu o Kaiser Guilherme II em Hamburgo. O jovem Schacht ficou encantado com toda pompa e circunstância da visita imperial. Escreveu mais tarde que "poder é uma palavra vazia até que se veja uma exibição de poder ..., imediatamente entendi o significado da palavra 'política'".[5]

Sua principal incursão na arena política ocorreu no dia em que a Alemanha derrotada assinou o armistício que pôs fim à Primeira Guerra Mundial. Schacht e outros liberais acreditavam que apenas uma aliança entre as classes empresariais e socialistas moderados poderia salvar a Alemanha. Dessa forma, o Partido Democrata alemão foi formado, já que nas palavras de Schacht, "a classe média de esquerda se lançaria aos bandos junto com as organizações trabalhistas na próxima coalizão de governo".[6]

O Partido Democrata de Schacht ocupava uma posição central na República Democrática de Weimar, como o partido burguês mais progressista e um dos principais aliados parlamentares dos socialistas. Schacht e os democratas de centro-esquerda defendiam uma economia clássica liberal, mas que incluísse extensos programas sociais – um capitalismo de mercado mais humano, melhor dizendo. Alguns dos principais nomes do empresariado, principalmente da ala internacionalista do capitalismo alemão, se uniram aos democratas. Estes eram hostis ao socialismo da extrema esquerda e ao nacionalismo exacerbado e o intervencionismo econômico da direita radical.

O ativismo de Schacht no Partido Democrata o tornara conhecido dentro e fora do país. Em novembro de 1923, a inflação alemã atingiu seu nível mais alto. Revolucionários comunistas ameaçaram tomar o poder em diversos estados e cidades da Alemanha, e os nazistas de Adolf Hitler tentaram dar um golpe em Munique. O governo de centro-esquerda precisava de alguém que contornasse a situação econômica, mas o Banco Central alemão era dirigido por um conservador pouco confiável que nada havia feito para controlar a inflação. Schacht possuía credenciais impecáveis nos meios financeiros e políticos, como banqueiro e membro de um partido democrático liberal.

Em 13 de novembro de 1923, aos 46 anos, Hjalmar Schacht tornou-se o responsável pela moeda nacional alemã. Dois dias depois, as impressoras de notas pararam e Schacht anunciou o novo "rentenmark", a moeda indexada em propriedades e que podia ser trocada pelos marcos antigos a uma taxa de câmbio de um para um trilhão. Em novembro de 1920, o presidente do Banco Central morreu. O governo nomeou Schacht para a presidência do Reichsbank. Como era de esquerda, acabou não sendo bem recebido pelos partidos conservadores nem por quase toda a diretoria do banco.

Com Schacht no comando da moeda, o valor do marco se manteve estável pela primeira vez em anos. Ele conseguiu apoio no exterior para a estabilização, enquanto o governo aumentava os impostos e cortava custos para evitar, mais uma vez, os gastos deficitários. Na primavera de 1924, a terrível inflação alemã havia sido derrotada e nas ruas do país os créditos dessa vitória eram de Schacht.

Ele sabia que a economia alemã não estaria totalmente recuperada até que a questão das indenizações fosse resolvida. Assim, em 1924, Schacht ajudou nas negociações do Plano Dawes para regularizar a posição financeira internacional da Alemanha e garantir o acesso do país ao capital estrangeiro. Durante os seis anos seguintes, ele foi o principal representante da Alemanha nas questões econômicas internacionais, viajou pela Europa e América do Norte para negociar dívidas de guerra, indenizações e assuntos relativos a comércio e câmbio. Fazia pronunciamentos no centro decisório da economia e da política internacionais. Além de ser um nacionalista ferrenho, também era um dos principais porta-vozes da ortodoxia do padrão ouro.

Schacht era, acima de tudo, um pragmático, e a depressão econômica fez com que ele questionasse a eficiência das soluções tradicionais. Ele rompeu completamente com o passado em 1930, quando lutava para renegociar as obrigações da Alemanha. Sentiu-se traído pelo governo alemão. Diante da situação econômica desesperadora, o governo se movia em direção a políticas consideradas, por Schacht, fiscalmente irresponsáveis; e se aproximava de seus aliados estrangeiros, que pressionavam o país para a obtenção de concessões, julgadas, por ele, inaceitáveis. Após ter lutado em duas frentes – contra a imoralidade interna e a exploração externa –, Schacht renunciou ao cargo de presidente (vitalício) do Reichsbank em março de 1930.

No fim desse mesmo ano, Schacht veio a conhecer os nazistas por meio de Hermann Göring. Em janeiro de 1931, conheceu Adolf Hitler e começou a pressionar os círculos dominantes para levar Hitler ao governo, guiado e modelado por um programa conservador com o objetivo de enfrentar a situação de emergência. Em 1931, respondeu a um jornalista norte-americano: "Não, os nazistas não podem governar, mas eu posso governar por meio deles."[7] Durante 1931 e 1932, Schacht convenceu-se de que, em suas próprias palavras, "esse partido tomaria a liderança no próximo governo".

Em outubro de 1931, Schacht foi a uma reunião da extrema direita alemã, liderada por Hitler, e proferiu um discurso duro atacando o governo. Luise, sua mulher, que apoiava Hitler desde o começo, ficou extasiada. À medida que os nazistas começaram a angariar apoio eleitoral, Schacht escreveu a Hitler: "Você pode sempre contar comigo como seu fiel assistente."[8] Mesmo após a eleição de novembro de 1932, quando os nazistas receberam poucos votos, o endosso de Schacht estampava as primeiras páginas da imprensa alemã: "Apenas um homem pode agora se tornar chanceler, e este homem é Adolf Hitler."[9]

Logo em seguida, Hitler se tornou chanceler, escolhido pelos conservadores, que consideraram ser este o último recurso. Após as eleições, Schacht passou a atuar como intermediário entre os empresários simpatizantes e os nazistas. No fim de fevereiro de 1933, Hitler e Göring se encontraram com financistas e industriais influentes para garantir respaldo político e financeiro. Göring tentava conseguir o apoio com a promessa de que, se os nazistas ganhassem, essa "seria a última eleição dos próximos dez anos, provavelmente até mesmo dos próximos cem anos".[10] Quando os líderes nazistas deixaram a sala, Schacht disse: "Muito bem, senhores. Agora, à caixa registradora!"[11] Ele recolheu 3 milhões de marcos para os nazistas e seus aliados, que venceram as eleições de 5 de março, a última da Alemanha do pré-guerra. Duas semanas mais tarde, Hitler nomeou Schacht presidente do Reichsbank.

Hjalmar Schacht nunca fora membro do Partido Nazista e não concordava com vários de seus princípios. Mas assim como muitos da ala conservadora do empresariado, considerava-os capazes de utilizar o poder para reafirmar o nacionalismo alemão. As idéias econômicas nazistas transitavam entre o disforme e o bizarro, mas Schacht estava confiante de que eles poderiam preencher o vácuo político no país. Nenhuma outra força política conseguiria manter a Alemanha unida contra a ameaça comunista e o caos, e Hitler parecia disposto a dar passe livre a Schacht.

Apesar de sua origem clássica e ortodoxa, Schacht concordava com algumas idéias importantes de Hitler. Ele passou a ver a esquerda com suspeita e, até mesmo, ódio, e considerava as potências ocidentais exploradoras. Schacht acreditava que o governo precisava usar o poder centralizado para reaquecer a economia sem ressuscitar a inflação. Ele também era levemente anti-semita, da mesma forma que muitos alemães de sua geração: "Os judeus precisam aceitar que a influência que exerciam sobre nós terminou de uma vez por todas. Queremos manter nossa cultura e nosso povo puros ."[12] Ao mesmo tempo, ele abominava a vulgaridade dos nazistas e seu violento anti-semitismo. Schacht era contra as restrições impostas às lojas de judeus e ajudou a traçar um plano de emigração que salvou a vida de muitos destes.

Apesar das diferenças, Hitler e Schacht concordaram, em 1933, que a prioridade daquele momento era estimular a economia e reduzir o desemprego. Demonstrando que não concordava com todas as idéias nazistas, Schacht escreveu:

> Já que agora me fora concedida a oportunidade de acabar com o desemprego de 6,5 milhões de pessoas, todas as outras considerações devem ser deixadas de lado. ... Não foi por ambição pessoal, por concordar com o Partido Nacional Socialista ou por sede de ganhos que retornei ao meu antigo cargo, mas apenas e somente para terminar com a ansiedade de bem-estar de grandes parcelas de nosso povo.[13]

O próprio Hitler tinha uma idéia clara de como Schacht poderia satisfazer as necessidades nazistas. "Ele é", disse Hitler posteriormente, a alguns companheiros, "um homem de uma habilidade surpreendente e insuperável na arte de conseguir o melhor do outro. Mas foi apenas a capacidade dele de enganar os outros que o tornou indispensável naquele momento."[14] O novo presidente do Reichsbank era respeitado pelos grupos cujo apoio, ou pelo menos a abstenção, seria essencial para os nazistas. Além disso, ele era capaz de tomar medidas ousadas para atacar a crise econômica alemã. Reconhecendo o sucesso de Schacht, em julho de 1934, Hitler entregou a ele o Ministério da Economia e, um ano mais tarde, o tornou general plenipotenciário da economia de guerra. Schacht tinha total controle da política econômica alemã.

Hitler concedeu a Schacht poderes absolutos sobre a caótica economia germânica, cujo desemprego atingia mais de 30% da força de trabalho. A prioridade política dos nazistas era destruir a esquerda e os trabalhistas, mas a prioridade econômica era pôr fim ao desemprego extremo, o que num primeiro momento tornara a esquerda poderosa e atraente. Hitler fez com que esse objetivo se tornasse claro para o novo ministro, que traçou o chamado Plano Schacht para reconstruir a economia, evitar a inflação, restaurar o comércio internacional do país e permitir o rearmamento.

Schacht, de fato, acabou com o desemprego em um prazo de três anos. O governo nazista criou meio milhão de empregos para os jovens, mandando-os para trabalhos comunitários ou agrícolas. Outro meio milhão de desempregados foi enviado para construir estradas de ferro, concertar pontes e ajudar nos setores públicos. O governo promoveu cortes salariais para estimular a iniciativa privada a contratar novos trabalhadores e concedeu subsídios aos empregadores para que eles aumentassem a sua força de trabalho. Os gastos totais do governo, que em 1929 correspondiam a 16% do PIB, cresceram, atingindo 23% do PIB em 1934. Grande parte desses gastos se concentrava nos setores que reduziriam o desemprego: construção, transportes, criação de trabalho e rearmamento. Em dois anos, de 1932 a 1934, esses quatro setores, que eram responsáveis por 15% dos gastos governamentais, passaram a responder por mais da metade das despesas do Estado. Mesmo se excluirmos o rearmamento, os programas de criação de postos de trabalho, para os quais em 1932 foram destinados menos de 2 bilhões de marcos, passaram a consumir 8 bilhões em 1934, o que significava de 10% a 35% do total de gastos públicos. Os nazistas também ajudaram a sua base de apoio: isentaram os fazendeiros do pagamento de impostos e empréstimos, além de apoiarem os preços agrícolas. Também permitiram que pequenos comerciantes firmassem contratos com o governo. Tudo isso envolvia déficits orçamentários substanciais, cerca de 5% do PIB em média, durante os primeiros quatro anos do governo nazista – os gastos superiores à receita eram consideravelmente maiores do que em qualquer outro lugar. Em 1936, a economia encontrava-se essencialmente em um estado de pleno emprego e, em 1937 e 1938, houve escassez de trabalhadores.[15]

Normalmente, tais programas teriam suscitado o medo da inflação, mas Schacht escreveu, tentando amenizar, que "o nacional-socialismo introduziu na Alemanha uma economia regulada pelo Estado, possibilitando que o aumento de preços e salários fosse impedido".[16] O aumento dos preços estava fora de questão, uma vez que os nazistas destruíram o movimento trabalhista e instauraram o terror nos locais de trabalho. Hitler garantiu a Schacht que os financiamentos mediante déficit não levariam a um aumento dos preços, já que o novo regime modificaria as relações econômicas convencionais: "A primeira explicação para a estabilidade de nossa moeda é o campo de concentração."[17] Nas palavras de Hitler:

> Inflação é falta de disciplina ... Cuidarei para que os preços permaneçam estáveis. Para isso é que serve minha tropa de assalto. Será a desgraça dos que elevarem os preços. Não precisamos de uma legislação para lidar com eles. Nós o faremos apenas com o partido. Vocês verão: uma vez que nossas tropas visitarem um estabelecimento para consertar as coisas, nada parecido acontecerá pela segunda vez.[18]

Schacht também fez uso do poder político do regime para implementar uma forma de autarquia que se tornou conhecida como economia schachtiana. O governo promovia um controle rigoroso sobre a utilização de moeda estrangeira e sobre os alemães que levavam dinheiro do país para o exterior. Todos os pagamentos de débitos externos do país – sem falar nas indenizações – foram suspensos. Schacht colocou em prática um sistema de taxas de câmbio múltiplas, oferecendo os melhores preços para indústrias favorecidas e aliados estrangeiros. O controle de capitais e de câmbio mantinha em casa a maior quantidade possível de dinheiro, fazendo com que os nazistas pudessem investir no serviço público, no desenvolvimento industrial e no rearmamento.

O Reich milenar também construiu uma rede de comércio na Europa Central e do Leste, de forma a preparar sua esfera de influência. Schacht planejou um sistema elaborado de comércio preferencial, impondo termos desfavoráveis aos países da órbita econômica e política dos nazistas. No fim de 1920, a Alemanha era responsável por 15% de todo o comércio de Hungria, Romênia, Bulgária, Iugoslávia, Grécia e Turquia. Até o fim de 1930, esse índice passou a ser, em média, superior a 40%; e para alguns países, era ainda maior. A parcela do comércio alemão com esses seis países, em relação ao total, triplicou nesse período, uma vez que a virtual área econômica alemã se tornou de fato uma realidade econômica e diplomática.[19]

Schacht tirou a política econômica alemã das profundezas da depressão e a conduziu para a recuperação e a reconstrução autárquica. Seu próprio sucesso criou as condições que o tornariam irrelevante. Os nazistas precisaram dele para recuperar a confiança dos estrangeiros, dos capitalistas domésticos e da classe média alemã. Agora, o trabalho estava quase todo feito, e, em 1936, os conflitos entre Schacht e o governo nazista começaram a aumentar.

Por um lado, o regime de Hitler centralizou o poder político e os recursos financeiros, reduzindo a importância dos capitalistas privados. Em 1938, os nazistas possuíam mais de 500 empresas estatais de peso, metade de todos os investimentos era feita pelo Estado e os gastos do governo correspondiam a 34% do PIB, um aumento significativo se considerarmos os 15% do fim da década de 1920.[20] Por outro lado, enquanto Schacht e outros empresários que pensavam de maneira semelhante apoiavam a autarquia como forma de se concentrar no crescimento econômico nacional, eles não eram favoráveis a um isolamento da economia mundial a longo prazo. Porém, logo ficou evidente que os nazistas não tinham qualquer intenção de restabelecer laços econômicos com o Ocidente. Por fim, os cada vez mais belicosos desígnios de Hitler começaram a preocupar Schacht e outros empresários. Uma coisa era a reconstrução da posição internacional da Alemanha; outra, bem diferente, seria provocar uma guerra no continente.

Os nazistas reduziram a influência de Schacht quando se consolidaram no poder. No decorrer de 1936, o arquiteto da recuperação era cada vez mais ignorado. Herman Göring conseguiu um controle maior sobre a política econômica defendendo a subordinação dela aos objetivos políticos e militares do governo. "Eu", disse Göring, "não reconheço a santidade de nenhuma lei econômica."[21] Para Schacht isso era uma heresia, assim como o era a recusa da liderança nazista em salvaguardar o papel da empresa privada. Göring confrontou Schacht diretamente:

> Contra essa concepção de liberalismo e economia estabelecemos nossa concepção de nacional-socialismo, e isso quer dizer: no centro da economia estão o povo e a nação, não o indivíduo e seus lucros; trabalho e economia existem exclusivamente para o povo.[22]

Após tentar se opor a essas idéias, em meados de 1937, Schacht parou de ir ao escritório do ministério. Em novembro, a renúncia dele ao cargo foi anunciada.

"*Der Führer*", ironizou a revista *Time*, "demitiu o Schacht ouvido ao redor do mundo."[23] Em pouco mais de um ano, Schacht também foi dispensado da presidência do Reichsbank. A partir de 1938, passou a ser malvisto pelo governo nazista. O ex-ditador das finanças participou de uma série de planos contra Hitler. Após o fracasso da principal tentativa de golpe, ocorrida em julho de 1944, Schacht foi preso e ficou encarcerado durante quatro anos – primeiro em cadeias nazistas, depois no campo de concentração de Dachau e, por fim, em uma série de prisões alemães e aliadas.

Schacht foi um dos 24 réus iniciais de Nuremberg e um dos três absolvidos. Ele foi, então, indiciado pelas autoridades alemães do pós-guerra, mas liberado em seguida. Atuou como consultor financeiro por cerca de mais uma década e morreu em 1970, aos 93 anos, em Munique. Sua vida durou quase um século e passou por diversas eras. De criança admiradora do Kaiser Guilherme II a líder financeiro durante a Era de Ouro pré-1914, passando por tentativas de restabelecer a normalidade na década de 1920, pela ascensão e queda do Reich e pelo benefício do milagre alemão do pós-guerra. A maior qualidade de Hjalmar Horace Greeley Schacht também era seu aspecto moral mais questionável. Ele arquitetou uma reação, extraordinariamente eficaz, à depressão econômica, que fortaleceu o governo mais sanguinário dos tempos modernos e preparou o terreno para a guerra mais devastadora da história mundial.

As políticas econômicas autárquicas

Assim como a Alemanha, as outras autarquias fomentaram a produção nacional para fins domésticos, em especial o crescimento industrial. Em toda parte, o foco nas questões internas fora justificado como algo necessário para a modernização da economia; continuar dependendo dos mercados mundiais apenas geraria atraso. A Alemanha era uma potência industrial e a Itália apresentava certo desenvolvimento, mas ambas objetivavam fortalecer a indústria para não dependerem de estrangeiros hostis e, mais tarde, fornecer recursos para reafirmar sua capacidade militar. Alguns governos também apoiaram a agricultura – não os produtores voltados para exportação das economias abertas anteriores, mas aqueles que podiam garantir a auto-suficiência alimentar.

As autarquias buscavam a modernização industrial pelos já testados meios de tornar os investimentos no setor excepcionalmente lucrativos, aumentando os preços dos produtos industriais produzidos internamente e diminuindo o valor dos custos de produção. Nesse aspecto, seguiam uma antiga tradição. Os impérios mercantilistas dos séculos XVII e XVIII forçavam as colônias a venderem barato suas matérias-primas e a comprarem produtos manufaturados a preços altos, direcionando os lucros para os comerciantes das metrópoles e manufatureiros. Países de desenvolvimento tardio, como os Estados Unidos, repetiram esse padrão: tarifas altas para produtos manufaturados obrigavam os produtores agrícolas e mineiros a pagarem preços inflados à indústria, ao passo que entregavam seus alimentos e matérias-primas a preços estabelecidos no mercado mundial. Tanto o protecionismo mercantilista quanto o neomercantilista tornaram as condições comerciais favoráveis à indústria, aumentaram os preços dos produtos que as indústrias vendiam e diminuíram o valor dos bens comprados para a produção industrial.

As autarquias transformaram os termos internos de troca para favorecer o investimento industrial, contra a agricultura e o consumo. Os governos direcionavam os recursos dos setores primários do passado, cuja produção era voltada para a exportação, para o setor industrial do futuro, voltado para dentro; e dos bolsos de trabalhadores e fazendeiros também para o investimento industrial.

Bens de consumo caros e salários baixos significavam más condições de vida para os trabalhadores, apesar da retórica populista e dos programas governamentais de grande visibilidade. Os nazistas anunciaram que haviam resgatado a dignidade dos produtores agrícolas e dos trabalhadores. No entanto, os salários reais em 1938 continuavam mais baixos que em 1933 (e 1929), e os preços agrícolas artificialmente baixos contribuíram para que agricultores deixassem o campo em direção às cidades.[24] Os salários reais na Itália do fim da década de 1930 regressaram aos índices pré-Primeira Guerra Mundial, 20% mais baixos do que em 1921, antes de Mussolini tomar o poder.[25] Na "ditadura do proletariado" soviética a transformação da economia na direção da indústria veio acompanhada de grande sofrimento para muitos da classe trabalhadora.[26]

Subsidiar a indústria à custa de atividades econômicas tradicionais exigia uma complexa variedade de políticas contínuas. Preços mais altos para a indústria demandavam um controle rigoroso sobre o comércio externo que mantivesse afastada a concorrência mais barata. Os governos impunham tarifas altas, cotas e outras restrições ou proibiam diretamente a importação de produtos estrangeiros. Muitos governos passaram a controlar todo o comércio internacional. A Alemanha e seus parceiros comerciais da Europa Central e do Leste desenvolveram sistemas de compensações na base da troca, de forma que a aspirina alemã enviada para a Hungria se igualava ao trigo húngaro mandado para a Alemanha.[27] Essa proteção excessiva, seja qual for sua forma, levou à substituição de importações, à troca de produtos antes importados por bens locais. Os esforços para restringir o comércio foram bem-sucedidos: os índices do comércio exterior alemão de 1938 mal correspondiam a 30% do que eram em 1928 e o declínio enfrentado pelas outras autarquias era apenas um pouco menos acentuado.

Os investidores estrangeiros poderiam ter saltado as barreiras comerciais para tirar vantagem dos subsídios e incentivos concedidos pelo governo aos investimentos destinados à indústria doméstica, mas isso teria causado danos às empresas locais. Dessa forma, os governos reservaram a indústria nacional para os nacionais, controlando os investimentos estrangeiros. As multinacionais existentes eram sujeitas a uma regulação severa, vendidas à força por preços muito baixos a investidores locais, ou simplesmente passavam para as mãos do governo. Os novos investimentos eram estritamente limitados, em geral para afastar as empresas que competiriam com as locais e permitir apenas aquelas cuja produção complementasse a das nacionais. As empresas estrangeiras eram proibidas de mandar os lucros para seus países de origem, e forçadas a contratar mais trabalhadores locais e pagavam impostos maiores.

Alguns governos deram o calote na dívida externa e fizeram com que ela fosse reduzida a frações do montante original, de forma a economizar um capital importante em moeda estrangeira para a indústria. Alguns também passaram a controlar de forma severa as movimentações de capital e a troca de moedas para forçar os investidores domésticos a manterem o dinheiro em casa e fornecerem capital à indústria. Muitos governos distribuíram moeda estrangeira para beneficiar certos setores favorecidos e determinaram que os ganhos obtidos no exterior deveriam ser entregues ao Estado. A taxa cobrada pelo governo àqueles que eram permitidos a adquiri-la variava de acordo com a prioridade da utilização. Um governo que tentava estimular a produção local de aço, por exemplo, poderia permitir a importação de minério de ferro ou de carvão coque a uma taxa de câmbio muito favorável e cobrar dos importadores uma taxa bastante desfavorável pela compra do aço pronto. Tais medidas estimulavam a compra de insumos e desestimulavam a importação do produto final. Os cidadãos locais que viajassem para o exterior de férias pagavam uma taxa de câmbio particularmente alta, para que, assim, as viagens internacionais fossem reduzidas e o turismo doméstico fomentado. Empresas que desejassem importar peças podiam conseguir uma taxa de câmbio favorável caso o produto não existisse internamente, mas as mesmas pagariam outra taxa desfavorável se versões nacionais dessas peças pudessem substituir as importações.

A manipulação cambial das autarquias em geral significava o abandono do padrão ouro, que em todos os casos era o sustentáculo da odiada aristocracia financeira internacional. Muitas vezes, os governos mantinham a moeda "supervalorizada" e artificialmente forte em relação às outras, mais uma vez a serviço da indústria nacional. Uma moeda forte artificialmente ("valorizada") tornava os produtos estrangeiros mais baratos e encarecia os domésticos, fato que teria prejudicado a indústria nacional das economias abertas de outrora. Mas agora, com a economia efetivamente fechada aos competidores, as moedas supervalorizadas permitiam aos fabricantes importar matérias-primas, ferro, aço, peças e tudo o mais que necessitassem, a preços baixos.

Além de proteção contra os estrangeiros, a indústria recebeu grande apoio. Governos concediam empréstimos, subsídios e impostos preferenciais, além de utilizarem o orçamento, direta ou indiretamente, para alavancar a demanda por produtos manufaturados. A maioria das autarquias expandiu o setor público, incluindo nele muitas das novas atividades produtivas – na União Soviética incluiu quase tudo. Essas economias fechadas não podiam contar com as importações de produtos industriais básicos e, em geral, tais projetos eram grandes demais ou pouco lucrativos para os capitalistas locais, de forma que os governos estabeleceram uma grande quantidade de corporações industriais de base estatal. O ampliado setor estatal passou a produzir aço e químicos, a fornecer energia elétrica e transportes, carvão mineral e petróleo, tudo pelo desenvolvimento industrial.

A indústria cresceu a uma velocidade que variava de respeitável a extraordinária. Desde a pior fase da depressão econômica, a produção industrial da Europa ocidental e da América do Norte mal havia retomado os índices de 1929. No fim da década de 1930, no entanto, a produção da indústria cresceu mais de duas vezes na Alemanha, Polônia, Japão, Brasil, Colômbia e México, e atingiu um aumento superior a quatro vezes na União Soviética.[28]

As autarquias visavam à industrialização nacional por meio de ações conjuntas e às vezes extremadas. Elas tiravam capital da tradicional produção agrícola e mineradora, associadas às classes dominantes do passado, e o levavam para a indústria. Para a indústria, as autarquias também desviaram o dinheiro que antes era destinado ao consumo de massa, o qual teria sido gasto com o ingrato e antinacional proletariado (diriam os fascistas), com a ingrata e antinacional pequena burguesia (diriam os comunistas) e com a ingrata e antinacional oligarquia (diriam os desenvolvimentistas). A combinação de políticas variava, mas a base era semelhante em todos os lugares: jogar todos os recursos disponíveis na indústria. Isso era feito com vingança antitrabalhista pelos fascistas, com fervor anticapitalista por parte dos comunistas e com ardor patriótico pelos desenvolvimentistas nacionalistas.

A Europa se volta para a direita

A Alemanha foi apenas a mais importante das ditaduras de direita que vieram como uma onda do sul da Europa, atingindo o resto do continente. A primeira leva surgiu como parte de uma reação conservadora aos problemas sociais dos anos que se seguiram à Primeira Guerra Mundial. Entre 1920 e 1924, as cambaleantes democracias de Itália, Espanha, Hungria e Albânia sucumbiram às novas ditaduras; em 1926 foi a vez de Portugal, Polônia e Lituânia. A segunda leva veio com a depressão econômica: Iugoslávia, em 1929; Romênia, em 1930; Áustria, em 1932; Alemanha, em 1933; Letônia, Estônia e Bulgária, em 1934; e Grécia, em 1936. Embora a Espanha tivesse se redemocratizado em 1930, os fascistas sob o regime de Francisco Franco emergiram vitoriosos de uma sangrenta guerra civil.

"As ditaduras hoje em dia", disse o ditador português António Salazar, "não parecem mais ser parênteses entre regimes."[29] Até 1936, todos os países da Europa Central e do Leste, além do sul europeu – com a exceção apenas da Tchecoslováquia – se tornaram despotismos autoritários. Nem todos se enquadravam na descrição teórica do fascismo: totalitarismo apoiado pelas massas e tratado com desdém pela direita convencional. Mas essas falanges de tiranos fascistas e autoritários representavam uma alternativa clara ao capitalismo liberal, ao internacionalismo econômico e à democracia.[30] Apenas a Europa ocidental permanecera intocada. No entanto, em diversas partes da região surgiram movimentos fascistas, e, em 1941, as ocupações nazistas derrubaram a maioria das democracias européias, menos a da Suíça, Suécia, Finlândia, Grã-Bretanha e Irlanda.

Os movimentos fascistas e neofascistas contaram com o apoio entusiasmado da nova direita, surgida das classes médias-baixas urbanas e dos pequenos produtores agrícolas, e com uma colaboração mais modesta dos conservadores tradicionais das grandes empresas e fazendas. Tanto a direita tradicional quanto a nova direita da Europa semi-industrial eram contra os trabalhistas e a esquerda, além de concordarem com o fechamento da economia à competição externa. Em alguns casos, como na Alemanha e na Itália, os fascistas tomaram o poder e se consolidaram com o apoio dos conservadores. Em outros, os conservadores tradicionais – como o almirante Miklós Horthy, na Hungria; ou os reis de Romênia, Bulgária, Grécia e Iugoslávia – governaram com o apoio dos fascistas locais. Das duas formas, a relação era simbiótica. Os conservadores tradicionais precisavam da base popular dos fascistas; os fascistas precisavam da credibilidade dos conservadores junto aos grandes empresários.

Os dois regimes fascistas mais importantes, Alemanha e Itália, eram maiores e mais desenvolvidos que os outros do mesmo tipo, mas nos dois países os fascistas pregavam o ódio aos trabalhistas de esquerda, aos banqueiros estrangeiros e às empresas domésticas com fortes laços internacionais. Na Alemanha, as finanças e bens industriais para exportação faziam parte da base da República de Weimar, a qual contava com a aliança dos socialistas, com o apoio dos empréstimos e da diplomacia anglo-americana. (Ao menos parte da tendência anti-semita dos fascistas se devia ao fato de na Alemanha e em grande parte da Europa oriental, muitas das empresas voltadas para o exterior pertencerem a judeus.) Na Itália, a aliança que uniu a indústria moderna e a força dos trabalhadores, da virada do século ao início da década de 1920 (conhecida como sistema giolittiano), também contara com a integração do país à economia mundial. Na Alemanha e na Itália, o fracasso da velha ordem pôs fim aos processos de democratização e de integração econômica internacional, tanto quanto o fizeram no Brasil a queda do preço do café e, na Romênia, do petróleo.

Tipicamente, a base do fascismo eram os produtores agrícolas, pequenos comerciantes, artesãos e funcionários públicos de elite. Em 1935, tais grupos formavam mais de 65% do Partido Nazista, ao passo que correspondiam a apenas 25% da população alemã.[31] Eles idolatravam um passado em que gozavam de posição privilegiada e viam a indústria moderna e o operariado como a causa de seu declínio social. Mas os fascistas entenderam que não poderiam governar sem os grandes empresários e proprietários de terras e passaram, então, a buscar o apoio, ou ao menos a cooperação, desses grupos. Os ricos estimavam o anti-socialismo dos fascistas, embora desdenhassem da origem classe média-baixa do movimento e da histeria populista. Além disso, o fascismo prometia terminar com o aumento das despesas trabalhistas que danificavam a grande indústria e a grande agricultura.[32]

Os adeptos do fascismo entre os capitalistas, proprietários de terras, fazendeiros, pequenos empresários e funcionários públicos mantinham-se unidos pelo ódio aos movimentos socialistas, que emergiram da Primeira Guerra Mundial. Essas pessoas viam como inimigos o trabalhismo e a socialdemocracia, assim como os segmentos empresariais e as classes políticas que toleravam a ambos os movimentos e, de fato, estavam aliados a eles. Mas os motivos dessa animosidade para com trabalhistas e aliados eram diferentes, e a peculiar combinação de setores médios *déclassé* e classes altas capitalistas produziu efeitos curiosos. Tanto na Itália quanto na Alemanha, grande parte do apelo fascista entre as massas devia-se à retórica anticapitalista, mas Hitler e Mussolini logo fizeram as pazes com os grandes empresários e proprietários de terras – com condições amplamente definidas pelos ditadores, para ser preciso – e contavam cada vez mais com a colaboração desses grupos. Os grandiosos projetos dos fascistas dependiam, sobretudo, de uma verba que apenas as classes investidoras poderiam oferecer.

Como demonstrou a experiência de Hjalmar Schacht, raramente era possível satisfazer esses dois amplos grupos – capitalistas hostis ao movimento trabalhista e proprietários de terras, de um lado; e a descontente classe média-baixa, de outro. Os fascistas celebravam o tradicionalismo agrário, mas aceleraram a industrialização. A retórica anunciava o individualismo e a independência, mas as políticas defenderam os monopólios e os cartéis. O apoio ao fascismo exaltava o esplendor de supostos passados imperiais; no entanto, eles transformaram as potências imperialistas em verdadeiros demônios. O fascismo abraçava ao mesmo tempo a reação e as mudanças radicais, pregava a volta das certezas morais de uma era pré-industrial idílica, mas também prometia um rápido avanço em direção à indústria moderna. As contradições da retórica fascista eram um reflexo da natureza contraditória de sua base de apoio, o que, por fim, gerava desavenças sobre qual dos objetivos conflitantes seria priorizado.

Primeiro, no entanto, os fascistas precisavam se consolidar no poder. A maioria desses governos chegou ao topo em meio a problemas econômicos e insatisfação social e passou seus primeiros anos sob uma situação de emergência, tendo de lidar com ambos. Em um primeiro momento, enfrentar a insatisfação social era fácil. Bastava a repressão, que às vezes era brutal. Como os sindicatos trabalhistas e partidos de esquerda eram clandestinos, seus líderes podiam ser presos, exilados ou assassinados. Entretanto, a repressão era um método insuficiente e não funcionaria para sempre; os fascistas chegaram ao poder, principalmente, pelas promessas de resolver os graves problemas econômicos.

Assim, o primeiro pedido econômico do empresariado fora um plano de recuperação, e isso os fascistas atenderam. As novas ditaduras se utilizaram da reflação*, de finanças deficitárias, de novos impostos e gastos para ao mesmo tempo agradar suas massas seguidoras nas cidades e áreas rurais e dar a partida nas economias estagnadas. Assim como na Alemanha, os fascistas em quase todos os lugares começaram com uma rápida demonstração de que podiam tirar o país da crise, trazendo resultados imediatos para sua base de apoio. Na Itália, como em outros lugares em que os ditadores tomaram o poder na década de 1920, os problemas econômicos não eram tão imediatos ou severos. Mussolini garantiu aos industriais e proprietários de terras italianos que o regime fascista adotaria políticas confiáveis e, até a Grande Depressão, a macroeconomia italiana fora governada de acordo com diretrizes tipicamente conservadoras. Ao mesmo tempo, os fascistas italianos implementaram programas importantes para assegurar sua base política na classe média-baixa. Eles saíram em marchas, distribuíram terras para os agricultores, aumentaram os salários dos servidores públicos e redobraram os projetos de obras públicas.

Muitas foram as causas para o sucesso fascista em tirar economias das profundezas da depressão. Assim como o Terceiro Reich, eles se utilizaram da violência para fins econômicos. O próprio Keynes escreveu no prefácio da edição alemã de 1936 de sua *Teoria geral* que o argumento do livro era "muito mais facilmente adaptável às condições de um Estado totalitário" do que às de uma democracia. Os fascistas também estimularam a recuperação econômica, sinalizando para a comunidade empresarial que seus problemas haviam terminado: era o fim das ondas de greves, da ameaça bolchevique e da instabilidade política. Tudo isso deu aos capitalistas motivos fortes para se aliarem a uma série de investimentos lucrativos encomendados. O dinheiro foi retirado de colchões e contas de bancos estrangeiros e investido no hospitaleiro ambiente comercial. Por fim, os fascistas enfrentavam menos dificuldades em relação às experimentações do que as democracias do Ocidente. Eles se opunham de forma implacável aos que levantavam a bandeira da ortodoxia do padrão ouro. Além disso, a busca de novos caminhos, mais do que um rompimento complicado com a tradição, era motivo de orgulho. Dessa forma, eles podiam experimentar diversos tipos de programas até encontrar um que funcionasse.

* Ato de estimular a economia com aumento do suprimento de moeda, ou redução de impostos – o oposto de deflação. (N.E.)

Após terem se dedicado à crise imediata, os governantes fascistas voltaram-se para os objetivos de longo prazo: controle político inquestionável, desenvolvimento industrial acelerado, autarquia e expansão militar. As organizações políticas independentes foram liquidadas e substituídas por canais de comunicação facilmente manipuláveis, por meio do quais os cidadãos podiam tentar expressar sua opinião: frentes de trabalho nazistas e "corporações" fascistas (grêmios industriais) que englobavam tanto o gerenciamento quanto os operários, tudo sob a supervisão do Estado fascista.

A política econômica se transformou, passando do mero gerenciamento da crise à reconstrução da sociedade, muitas vezes incomodando os empresários aliados aos fascistas. À medida que a década de 1930 seguia seu curso e os fascistas implementavam programas – que incluíam prioridade à indústria estatal e a subjugação da empresa privada à empreitada militar –, grande parte da comunidade empresarial tradicional se via cada vez mais longe do poder. O estranhamento entre Schacht e os nazistas foi um caso típico de tensão entre fascistas e grandes empresários, na medida em que as nuvens da guerra ficavam mais carregadas. Na Itália, conforme ocorrera na Alemanha, Mussolini passou a controlar o comércio exterior de forma nunca vista, direcionando-o para os seus aliados e o novo miniimpério italiano, modelo que ganhou impulso em 1935, quando a Liga das Nações impôs sanções à Itália por suas agressões contra a Etiópia. A mudança em direção à autarquia e a um afastamento dos mercados da Europa ocidental e da América do Norte irritou os industriais de muitos países fascistas. Com a recuperação em curso, eles estavam interessados em restabelecer os vínculos econômicos com as nações avançadas, e não em reprimi-los.

Mas, à medida que a economia fascista se consolidou, a capacidade da comunidade empresarial em resistir ao regime diminuiu. No fim da década de 1930, o governo de Mussolini, bem como o de Hitler, dominava grande parte das finanças e da indústria da Itália. Com o financiamento de algumas imensas estatais, o governo fascista controlava cerca de metade do capital acionário do país, quase todos os empréstimos bancários e a maior parte dos setores de telefonia, eletricidade, aço, frete e maquinário da Itália.[33] As "pequenas ditaduras" da Europa Central e do Leste, além do Sul europeu fizeram o mesmo: na Bulgária, as firmas financiadas pelo Estado foram responsáveis por 2/3 da produção industrial de 1937; na Polônia, 2/3 de todo o investimento recebido pelo país no fim da década de 1930 destinava-se ao setor publico.[34]

Enquanto a relação dos Estados fascistas com os empresários era problemática em alguns pontos – autarquia extrema, controle da economia por parte do governo, desvio de recursos para gastos militares –, em outras dimensões, as políticas fascistas estavam de acordo com as preferências do empresariado. Os fascistas continham o aumento dos salários e ignoravam, ou desestimulavam, o consumo de massa. Toda a riqueza disponível fora transformada em investimentos para a industrialização, modernização e militarização. Eles deram prioridade à indústria pesada e não à produção de bens de consumo.

A experiência alemã fora especialmente forte nesse ponto, uma vez que a estagnação do padrão de vida das massas viera em um contexto de *boom* econômico. Embora houvesse pleno emprego e a recuperação estivesse completa, os salários reais em 1938 continuavam menores que os de 1932 e se estagnaram por quatro anos; os salários, que em 1932 correspondiam a 64% da renda nacional, passaram a corresponder a 57% em 1938. O consumo sofreu redução ainda mais acentuada durante esse mesmo período, passou de 83% a 59% da renda nacional. Em 1937, uma família média da classe trabalhadora na Alemanha comia bem menos carne, leite, ovos, legumes e açúcar do que em 1927; apenas o consumo de pão preto, queijo e batatas havia aumentado.[35] Os trabalhadores alemães tinham pouco o que comemorar, mas para os negócios esse era, decididamente, um componente favorável da economia nazista.

As ditaduras fascistas variavam de forma ampla, no entanto. A renda per capita na Alemanha era de três a cinco vezes maior do que no resto da Europa fascista. Menos de 1/3 do país era agrário, ao passo que a maior parte da Europa Central e do Leste era de 75% a 90% rural.[36] Até mesmo na agricultura, a Alemanha era uma nação avançada, enquanto o Leste Europeu era extraordinariamente atrasado; os produtores agrícolas na Alemanha da década de 1930 utilizavam entre 50 e 500 vezes mais fertilizante por hectare que os fazendeiros da Europa oriental, onde a produtividade agrícola, geralmente, era menor do que foi na virada do século XIX para o XX. Na Bulgária, 2/3 dos arados continuavam a ser de madeira em 1936.[37] Isso ajuda a explicar por que os movimentos fascistas e protofascistas da Europa oriental tendiam para o radicalismo camponês, já que a população era, de fato, miserável, e a agricultura da região precisava de modernização urgente. As perspectivas de um desenvolvimento industrial rápido na Albânia ou Lituânia não podiam ser comparadas às de Itália, Polônia ou Hungria; enquanto na Alemanha e na Itália a autarquia eram considerável, e até mesmo países de médio porte, como Espanha e Polônia, contemplavam uma auto-suficiência industrial substancial, a possibilidade de qualquer coisa do tipo na Estônia ou Letônia, países de populações muito pequenas, seria motivo de riso.

A meio mundo dali, o governo japonês se apropriou de muitas das características fascistas. Da mesma forma como a Alemanha e outros países semi-industriais, na década de 1920, o Japão erguera uma democracia frágil e uma economia relativamente aberta. Nada disso sobreviveu à depressão econômica. No país, o análogo a Hjalmar Schacht foi Korekiyo Takahashi, banqueiro e político respeitado, que fora presidente do Banco do Japão, ministro das Finanças e primeiro-ministro durante diversos governos democráticos. Assim como na

Alemanha, um governo em crise respaldado por empresários e militares nomeou Takahashi como ministro das Finanças, em uma tentativa de controlar a fracassada economia. Apesar de seu passado ortodoxo, Takahashi experimentou medidas reflacionárias semelhantes às utilizadas por outras autarquias. Retirou o iene do ouro e arquitetou uma grande desvalorização em 1931. A medida gerou um *boom* exportador, fazendo com que tecidos, brinquedos, sapatos e outros produtos japoneses baratos inundassem os mercados mundiais. Ao passo que esse modelo começou a declinar em função do protecionismo crescente e da expansão limitada dos mercados mundiais, Takahashi se voltou para os gastos geradores de déficit com a intenção de impulsionar a economia. Durante os anos 1930, a economia cresceu impressionantes 72%.

Enquanto isso, os militares japoneses e seus aliados, o que incluía grupos empresariais poderosos, imploravam pela expansão imperial no exterior e por disciplina em casa. Ofuscaram os moderados que permaneciam no governo, tomaram a Manchúria em 1931 – como aliados oficiais da Alemanha – e entraram em guerra contra a China em 1937. Em 1936, quando Takahashi, como fizera Schacht, atentou para as implicações econômicas do belicismo, os militaristas japoneses o assassinaram. Daí em diante, o domínio dessas pessoas na economia e no poder político permaneceu intocado. Eles removeram os últimos vestígios de democracia no país e direcionaram a política econômica para a rápida industrialização e a consolidação das finanças e da indústria de larga escala. Uma parte integral desses planos foi a construção da semi-autárquica Grande Esfera de Coprosperidade da Ásia Oriental, criada para servir ao desenvolvimento industrial do Japão. O caminho iria, no entanto, como em outros lugares, levar à guerra.[38]

A ordem econômica fascista – os Estados fascistas, as nações que eles ocuparam e suas colônias – em seu auge englobava quase toda a Europa e o Oriente Médio, e grande parte da Ásia e da África. Talvez metade da população mundial vivesse sob o regime de políticas econômicas fascistas. Nem o comunismo, tampouco a democracia liberal, atingiu o sucesso reprodutivo e expansionista do fascismo. Enquanto a derrota de Alemanha, Itália e Japão na Segunda Guerra Mundial tornou o fascismo um anacronismo, sobrevivente apenas em poucos lugares mais atrasados – Espanha, Portugal e Grécia –, no fim da década de 1930 o fascismo competia em condições de igualdade pela supremacia econômica internacional.

Socialismo em um só país

Outro competidor de peso, capaz de superar o capitalismo liberal do Ocidente, foi a economia planificada da União das Repúblicas Socialistas Soviéticas. Os soviéticos construíram sua forma de socialismo durante a Grande Depressão, em meio a convulsões sociais e econômicas. A revolução bolchevique extinguiu a classe de investidores da sociedade russa, deixando o país composto por operários e gerentes, funcionários do governo, pequenos empresários e camponeses – principalmente camponeses. O apoio aos comunistas vinha das cidades. O proletariado era fortemente favorecido pelas políticas soviéticas, assim como os gerentes das fábricas, muitos dos quais comunistas promovidos da linha de produção para tomarem o lugar dos engenheiros da Rússia pré-revolucionária. Na administração pública, os bolcheviques substituíram gradualmente os burocratas pouco confiáveis por militantes leais ao partido. No entanto, os camponeses ou pequenos comerciantes não eram muito úteis para a teoria ou prática comunista – o que não seria um problema irrelevante para o país, já que os dois grupos formavam 90% da população.

Durante a década de 1920, o regime soviético promoveu uma economia híbrida público-privada que aceitava as fazendas e os pequenos negócios. A indústria, as finanças e os serviços modernos eram controlados pelo governo, que também dominava o comércio e as finanças internacionais do país. Entretanto, quase toda a agricultura permanecia privada – afinal, 80% da população era camponesa –, assim como o comércio doméstico e a indústria de pequena escala. O setor público abrigava uma pequena parcela da força de trabalho. Esse hibridismo produziu um crescimento relativamente rápido e até 1926 ou 1927 devolveu os índices pré-revolucionarios à maioria dos setores econômicos. O comércio exterior também ressuscitou, embora agora atingisse níveis bem inferiores aos de 1914. A União Soviética não era uma economia de mercado, mas a planificação também não se apresentava de forma intensa; as estatais se autogerenciavam, como ilhas de modernidade em um mar de atraso rural.

O equilíbrio entre forças econômicas e políticas era instável. O modelo de sociedade socialista que os bolcheviques tinham em mente não podia ficar restrito a áreas urbanas isoladas que apoiassem o governo soviético, ou não fossem hostis a ele. A missão comunista exigia a construção de uma sociedade industrial moderna. O difícil seria imaginar uma ditadura do proletariado sem um proletariado. Além disso, os empreendedores ricos do vibrante setor privado significavam uma ameaça em potencial ao regime. Os bolcheviques também consideravam grande parte dos camponeses uma ameaça inerente ao regime urbano comunista, cujos objetivos, acima de tudo, incluíam o fim da propriedade privada. A agricultura soviética era desprezada – não completamente, para ser preciso. No entanto, era atrasada, útil apenas como fonte de alimentos, materiais e mão-de-obra para a indústria.

Joseph Stálin e seus partidários começaram a empurrar a economia para a industrialização rápida após 1928, quando se consolidaram no controle do

Partido Comunista e do governo. O primeiro plano qüinqüenal, de 1928 a 1933, atentava para uma expansão substancial do controle da economia por parte do Estado e para grandes novos investimentos na indústria. O ímpeto soviético de industrialização partiu de muitos aspectos domésticos, especialmente do temor comunista em governar uma sociedade pré-industrial apenas com o apoio de um setor industrial urbano pequeno. No entanto, as condições internacionais também ajudaram a impulsionar o movimento em direção às questões internas. O primeiro e mais importante motivo era que Stálin e os soviéticos estavam convencidos de que acabariam sendo atacados por uma ou por todas as potências capitalistas. Não havia tempo para a construção de um setor industrial que fosse grande o suficiente para suprir um exército capaz de conter uma ameaça militar desse porte. A hostilidade da esfera diplomática ajudou a justificar a insistência de Stálin em forçar o passo para a industrialização. A hostilidade da esfera econômica provocou o mesmo efeito. Alguns dos que se opunham a Stálin diziam que a industrialização poderia ser feita de forma mais gradual e menos violenta, mas isso envolveria a exportação de grãos para pagar pela importação de maquinário para o desenvolvimento industrial. O colapso do mercado mundial de *commodities* inviabilizou tal possibilidade. Dessa forma, na União Soviética, como em muitos outros países, a depressão econômica fortaleceu a idéia de privilegiar a economia doméstica.

Como ocorrera em outras autarquias, os recursos para o desenvolvimento industrial foram amplamente retirados da agricultura e do consumo. No caso da União Soviética, o Estado tornou as condições comerciais desfavoráveis à agricultura, afetando, de forma devastadora, o cultivo privado. Se os camponeses não cooperassem de forma voluntária com a industrialização, teriam suas riquezas tomadas e confiscadas. O regime impôs fazendas coletivas aos camponeses, sob o controle quase integral do governo. Em 1928, 97% das terras aráveis do país se destinavam à produção privada; até 1933, 83% delas pertenciam às fazendas coletivas.[39] Não era de surpreender que a produção agrícola se estagnasse diante desse tratamento, sofrendo uma redução de mais de 25% entre 1928 e 1932, e em 1939, se tanto, apresentava os mesmos índices de 1928.[40] Em vez de entregarem seus animais às fazendas coletivas, os agricultores abateram, comeram ou venderam o que puderam; de 1928 a 1933, a quantidade de gado e porcos do país foi reduzida à metade e a de cabras e ovelhas diminuiu em 2/3.[41]

O governo exigia que os agricultores das fazendas coletivas lhe vendessem a produção a preços artificialmente baixos, fornecendo alimentos e matérias-primas para a indústria. Além disso, obrigava os grãos produzidos fora das fazendas coletivas a serem vendidos para o exterior. Em 1931, enquanto a fome era uma ameaça, 1/6 da safra de trigo e grãos do país era exportada para a compra de maquinário e equipamentos para as novas fábricas, ferrovias e serviços.[42] O sucesso do governo em controlar os camponeses tornou a produção agrícola tão pouco atrativa que muitos milhões de moradores das áreas rurais deixaram o campo, se tornando fonte de mão-de-obra barata para a indústria.

No processo de industrialização do país, a pressão do governo também recaiu sobre os consumidores. Os preços aumentaram e a quantidade de bens de consumo disponíveis diminuiu, já que os recursos eram desviados para a indústria pesada. De forma geral, o consumo como parcela da economia diminuiu cerca de 30% entre 1928 e 1937, passando de 82% para 55% da renda nacional. Cerca de metade desse valor se transformou em investimentos; a outra metade foi destinada aos gastos correntes (não-investimentos) do governo, divididos igualmente entre gastos militares e não-militares. Os impostos sobre o consumo, em especial, eram um sinal claro da preferência do governo pela indústria pesada em detrimento da fabricação de bens (leves) de consumo. Entre 1928 e 1938 a produção de tecidos de lã e algodão aumentou quase na mesma proporção que o crescimento populacional, ao passo que a de aço quadruplicou e a fabricação de caminhões e tratores passou de 2.500 unidades por ano para 250 mil.

Os soviéticos precisavam encontrar uma forma de administrar essa economia cada vez mais complexa e controlada pelo governo. Durante os dois primeiros planos qüinqüenais, entre 1928 e 1937, eles improvisaram um caminho rumo a uma estrutura organizacional de planificação que durara décadas.[43] O comando era do Comitê de Planificação Estatal (Gosplan), que controlava uma série de ministérios industriais responsáveis por alguns setores específicos (ferro, aço e químicos). A cada cinco anos, o governo ditava as diretrizes gerais da economia. Com base nessas informações, o Gosplan definia os objetivos de um plano de cinco anos, consultando gerentes e administradores que conhecessem as condições das indústrias e regiões. O Gosplan, então, exigia dos gerentes das estatais o cumprimento de metas anuais de produção, de acordo com o plano.

Os planificadores estabeleciam preços e metas de produção de forma centralizada. Algumas vezes, levavam em consideração o desejo de equilibrar oferta e demanda, mas tinham também muitas outras preocupações, como favorecer as cidades em detrimento do campo e a indústria pesada em detrimento da leve. Isso levou a resultados inusitados: em 1932, o quilo da farinha de centeio custava 12,6 copeques; ao passo que o pão de centeio valia 10,5 copeques o quilo; dando a entender que, na verdade, a farinha perdia o valor ao ser transformada em pão.[44] A explicação não era a qualidade do pão soviético, mas os programas de preços motivados por aspectos políticos, em vez de mercadológicos – nesse caso, a vontade de manter baixo o preço da comida dos trabalhadores urbanos. Os gerentes das empresas utilizavam os preços quase integralmente para fins contábeis. Os trabalhadores e gerentes das firmas podiam ser recompensados por bom desempenho, embora os indicadores usuais dos mercados capitalistas – preços, lucros, perdas – fossem irrelevantes. Não poderia ser diferente, uma vez que os preços eram definidos por questões não-econômicas. Como um padeiro poderia ganhar dinheiro se não podia cobrar pelo pão o suficiente para cobrir os custos da farinha?

A economia era gerenciada por um sistema de equilíbrios materiais. Cada ministério deveria produzir e entregar um determinado número de produtos, por exemplo, tratores ou camisas, e também responder pelas metas das empresas que controlava. Os planificadores ficavam responsáveis por supervisionar se as fábricas estavam sendo abastecidas com os produtos que necessitavam: fábricas de tratores precisavam de aço, as de vestimentas necessitavam tecidos. O Gosplan precisava garantir que o país produziria a quantidade de aço necessária para as fábricas de tratores, a quantidade necessária de tecidos para as fábricas de vestimentas e assim por diante. Os planificadores eram os encarregados da garantia de que no final tudo estaria em relativo equilíbrio.

As metas dos planificadores eram definidas em termos de produção quantitativa das fábricas, usinas elétricas e fazendas. Isso gerava problemas de qualidade – um milhão de pares de sapato malfeitos continuavam a ser um milhão de pares –, que deveriam ser monitorados pelo Gosplan e pelos ministérios. O Partido Comunista, que contava com militantes em quase todas as empresas, atuava como um sistema paralelo garantindo tudo, do comprometimento por parte dos gerentes à disciplina dos trabalhadores.

A autarquia planificada soviética foi um imenso sucesso em diversos aspectos. Os melhores resultados disponíveis indicam que entre 1928 e 1937 a produção industrial quintuplicou. A produção de aço passou de 3 para 13 milhões de toneladas, e a de carvão de 36 para 128 milhões de toneladas. "Comunismo é o poder soviético mais a eletrificação de todo o país", pregou Lênin, de forma pragmática, e a produção de eletricidade disparou, de 5 bilhões quilowatts-hora em 1927 para 36 bilhões em 1937. Milhares de pessoas saíram do campo e foram para a indústria e outras atividades relacionadas. De 1926 a 1939, o número de agricultores diminuiu de 61 para 48 milhões, enquanto a quantidade de trabalhadores da indústria, construção e transportes cresceu de 6 para 24 milhões. A proporção de trabalhadores agrícolas na força de trabalho passou de 4/5 para 1/2, ao passo que a porcentagem de operários e outros trabalhadores semelhantes passou de 8% para 26%.[45]

O país se industrializou em uma década e o PIB per capita aumentou cerca de 57% entre 1928 e 1937.[46] Tal resultado foi especialmente espetacular, se comparado ao desemprego e à estagnação do resto do mundo. Até os países industriais mais bem-sucedidos, como Noruega e Suécia, cresceram numa velocidade 50% menor que a URSS. Apesar de o consumo ser severamente limitado, o padrão de vida soviético também parecia ter aumentado, 27% segundo as estimativas. As principais bases de apoio do governo – trabalhadores urbanos, burocratas, membros do Partido Comunista – usufruíam da maioria dos benefícios do rápido desenvolvimento, enquanto a renda agrícola pouco, ou nada, crescia.[47] No entanto, o preço era alto demais. A coerção, a indiferença e a desorganização do governo deixaram algumas regiões rurais do país desprovidas de grãos, e milhões de camponeses morreram de fome nos terríveis anos de 1932 e 1933. Além disso, o terror utilizado contra aqueles que pareciam estar impedindo a industrialização envenenou a política e a sociedade soviética por gerações.

No fim da década de 1930, entretanto, a União Soviética já havia pulado para o primeiro escalão das nações industriais. Em 1940, a produção de aço da URSS punha o país atrás apenas dos Estados Unidos e da Alemanha. Isso se aplicava somente aos produtos industriais básicos, não ao padrão de vida, mas como a Segunda Guerra Mundial já havia estourado, certamente os resultados eram relevantes. A industrialização soviética fora feita com o isolamento econômico do resto do mundo e com um novo sistema de propriedade e controle centralizado no Estado. O sucesso industrial da União Soviética, notoriamente, forneceu uma alternativa tanto ao capitalismo reformado do Ocidente quanto ao capitalismo militarizado das potências fascistas. Para o mundo desenvolvido, o socialismo soviético sustentava a promessa de um sistema de pleno emprego, no qual o desígnio humano, em vez dos lucros, determinava o formato da economia. Para o mundo em desenvolvimento, o socialismo soviético dava a impressão de produzir taxas de crescimento e desenvolvimento jamais alcançadas por qualquer economia. Em 1939, tal fato não era de todo evidente, já que a URSS continuava na periferia da economia mundial. Mas para milhões de pessoas ao redor do mundo, o socialismo soviético ofereceu uma verdadeira alternativa ao capitalismo dos fascistas e socialdemocratas e mesmo ao de suas variantes subdesenvolvidas.

O desenvolvimento se volta para dentro

A década de 1930 também foi um momento decisivo para o mundo em desenvolvimento, especialmente para as regiões pobres que já haviam atingido certa maturidade industrial. Isso se aplicava à maior parte da América Latina; a alguns outros países em desenvolvimento independentes, como Turquia, Egito e Sião; e a algumas das colônias mais desenvolvidas, como a britânica Índia e a francesa Argélia. A China tinha muito em comum com essas regiões, embora sofresse com a invasão japonesa e uma guerra civil.

Essas áreas desenvolveram economias industriais consideráveis durante as décadas de abertura antes de 1929. Em alguns casos, como o da Índia e da China, a indústria era pequena em relação ao restante da economia – embora fosse grande, dado o tamanho dos dois países –, enquanto em outros, como Argentina, Chile e Turquia, o desenvolvimento industrial era de certa forma avançado. Todos esses países haviam se inserido na economia mundial como produtores de matérias-primas para exportação, mas a riqueza acumulada dessa forma criou centros urbanos cujos ganhos ficavam cada vez mais distantes daqueles obtidos pelos produtores agrícolas e mineiros. Obviamente, a maioria dos exportadores defendia o livre comércio – eles queriam acesso aos mercados mundiais e a possibilidade de comprar produtos manufaturados pagando o menor preço possível –, ao mesmo tempo em que os novos industriais exigiam proteção contra a competição estrangeira.

O colapso do comércio mundial fatalmente enfraqueceu os interesses exportadores, e os grupos urbanos passaram a dominar a política econômica. Na verdade, para o mundo em desenvolvimento, as condições do período da depressão econômica prevaleceram até meados da década de 1950. A Grande Depressão foi sucedida pela Segunda Guerra Mundial, que apenas ratraiu ainda mais a economia mundial. Após o conflito, a reconstrução e a Guerra Fria passaram a preocupar as nações desenvolvidas, o que durou até o fim da Guerra da Coréia, em 1953. Dessa forma, de 1929 até cerca de 1953, África, Ásia e América Latina foram deixadas à deriva econômica pelo mundo industrializado. Ao longo desses 25 anos, cada vez mais nações desenvolvidas avançadas rompiam com o passado de economia aberta e seguiam na direção de um novo modelo com base na produção industrial doméstica para mercados internos protegidos.

Essa transição, da exportação de matérias-primas para a industrialização doméstica, imitava os países que passaram por esse processo anteriormente. Por exemplo, a economia política norte-americana do passado era dominada pelos interesses dos produtores de algodão e tabaco do sul, hostis ao protecionismo industrial do norte. O conflito aumentou durante o início do século XIX e se agravou devido às diferenças de opinião em relação à escravidão. A Guerra Civil decidiu a questão a favor do norte e pôs o país no caminho, bem consolidado, do protecionismo. Na América Latina e em outras nações em desenvolvimento avançadas, a Grande Depressão e os anos que a sucederam desempenharam um papel semelhante ao da Guerra Civil nos Estados Unidos: puseram abaixo os interesses econômicos internacionalistas e trouxeram os nacionalistas para o primeiro plano.

No mundo em desenvolvimento, a Grande Depressão pôs em xeque toda uma ordem socioeconômica. Sistemas com base nas exportações para a Europa e a América do Norte eram particularmente vulneráveis ao colapso, uma vez que a queda dos preços dos produtos primários era maior e mais rápida que a dos bens industriais. Do fim da década de 1920 ao fim da de 1930, o preço das exportações dos principais produtores de minério dos países em desenvolvimento sofreram reduções de 60%; os preços do açúcar, café e algodão diminuíram cerca de 60% ou mais; e o valor da borracha caiu 80%. Esse foi o auge de um já fraco desempenho nos últimos anos da década de 1920. De forma geral, um índice de preço dos principais produtos agrícolas caiu 30% entre 1925 e 1928 e sofreu uma redução de mais 66% até 1932, de forma que nesse último ano o valor estava mais de 75% abaixo do alcançado em 1925.[48] Outros preços também sofreram reduções, mas não tão grandes quanto as matérias-primas. Isso significava que as regiões em desenvolvimento estavam ganhando bem menos por suas exportações e pagando apenas um pouco menos pelas importações.

Os termos de troca das regiões pobres declinou de modo significativo. Essa forma padrão de medir a relação entre os preços dos bens importados e exportados sofreu, por exemplo, na América Latina, uma queda de 44% entre 1928 e 1932. Isso significava que os preços das exportações latino-americanas sofreram uma redução 44% maior que os de suas importações. Portanto, com o mesmo volume de exportações a região conseguia comprar apenas 56% da quantidade que importava em 1928. Mas isso não foi tudo, já que a Grande Depressão reduziu não apenas os preços, mas o volume efetivo das exportações dos países em desenvolvimento, dado que a demanda das regiões ricas diminuiu de forma vertiginosa. Os níveis de comércio da América Latina caíram 44% entre 1928 e 1932 e o volume das exportações diminuiu 22%. Em meio à queda dos preços relativos e à queda do volume demandado, em 1932 a América Latina podia pagar apenas por 43% dos produtos que exportava em 1928.[49] Em alguns países o choque foi ainda maior. Quase toda a exportação chilena dependia do cobre e do nitrato, produtos atingidos de forma dura pela depressão econômica. Em 1932, as importações do Chile já haviam sofrido uma redução de 87% em três anos.[50] O impacto causado nos países agrários se assemelhava ao sofrido por uma propriedade agrícola familiar se, devido às quedas de preços e demanda, os produtos cultivados gerassem menos da metade da renda usual. Esse fato diminuiu a capacidade dos países de comprar do resto do mundo (no caso da família, do resto da economia).

O colapso financeiro internacional intensificou o choque. Quando os mercados de Nova York e Londres desapareceram, as nações que dependiam de empréstimos perderam seu principal amortecedor contra condições adversas. Além disso, ao passo que o valor ganho pelos devedores com seus produtos afundava, o ônus da dívida continuava fixo em dólares ou esterlinas. Assim, os endividados precisavam fazer pagamentos fixos de juros com recursos drasticamente reduzidos obtidos com as exportações. O Peru é um exemplo típico. Em 1929, as exportações do país somavam US$134 milhões e o serviço da dívida – juros e o principal da dívida externa – correspondia a 10% desse valor, US$13 milhões. Em 1932, o valor arrecadado com as exportações caiu para US$38 milhões, mas os serviços da dívida a serem pagos eram de US$14 milhões, mais de 1/3 dos ganhos obtidos com as exportações.[51] A mesma dura realidade afetava o compromisso com o padrão ouro. Os custos de sustentação do regime diante dessa situação crítica eram astronômicos, dado que se tornou mais difícil do que nunca obter ouro e moeda forte.

Os países em desenvolvimento reagiram de maneira uniforme ao choque. Quando tinham escolha – ou seja, quando não eram colônias ou não estavam sob algum tipo de ocupação por alguma potência financeira – desindexavam suas moedas do ouro, as desvalorizavam e adotavam o papel-moeda inconvertível. Além disso, em vez de utilizarem ouro e moeda forte – cada vez mais escassos – para honrar as dívidas com os mercados financeiros, que não demonstravam qualquer sinal de recuperação, quase todos os países em desenvolvimento independentes deram um *default* na dívida e passaram a controlar os seus fluxos internacionais de moedas e capitais. Até mesmo nos países coloniais, a Grande Depressão desestabilizou a posição dos estrangeiros. Três quartos das fábricas de açúcar de Java, que pertenciam a estrangeiros, abandonaram as atividades. Burocratas europeus expatriados e empregados em todo o Sudeste Asiático foram demitidos; eles eram simplesmente caros demais. Milhões de imigrantes e trabalhadores indianos e chineses foram embora ou mandados para casa.[52]

Essa sucessão de acontecimentos – colapso das exportações, desvalorização da moeda, calote da dívida – fez com que as regiões em desenvolvimento retomassem a autonomia econômica. Assim como as propriedades agrícolas familiares, cujos rendimentos caíram pela metade, as nações em desenvolvimento passaram a comprar menos dos outros e a produzir mais para si mesmas. O efeito foi mais ou menos automático: os produtos feitos em casa eram mais baratos; os produtos vindos dos países industrializados eram mais caros. As regiões em desenvolvimento passaram por um processo natural de substituição de importações, uma vez que a produção doméstica tomou o lugar de produtos antes importados. Empreendedores logo perceberam as oportunidades, o que incluía desenvolver formas locais de utilização industrial para produtos agrícolas e minérios que no passado se destinavam à exportação.

Os acontecimentos da economia mundial foram consolidados por políticas nacionais, já que os governos lutavam para reorganizar suas economias abandonando as exportações e investindo na produção doméstica para uso interno. A grande desvalorização das moedas tornou as importações mais caras, enquanto barreiras emergenciais ao comércio aumentaram ainda mais o valor dos produtos importados. Turquia e Egito, Tailândia e Chile, e até as autoridades coloniais na Índia ergueram barreiras às importações, concederam empréstimos a taxas baixas aos produtores domésticos e investiram na construção de rodovias e outros tipos de infra-estrutura para estimular o desenvolvimento da indústria nacional. As empresas do governo passaram a controlar as estradas de ferro, a eletricidade, os poços de petróleo, a atividade bancária e o comércio exterior.

Por todo o mundo em desenvolvimento, a produção para o consumo local disparou – principalmente de produtos manufaturados. Antes, o Egito exportava algodão cru e importava tecidos, mas a queda do preço mundial do algodão, enquanto o valor dos tecidos permanecia alto, tornou a operação pouco atrativa e até impossível. Empresários egípcios começaram a usar o algodão local para fazer tecidos e produtos têxteis, e, logo, uma indústria considerável havia sido formada. Durante a década de 1930, a quantidade de empregos nas fábricas de calçados, tecidos e vestimentas do Egito dobrou, e a produção feita em teares mecânicos cresceu 700%.[53] Em 1939, 3/4 do mercado têxtil local eram abastecidos por produtos nacionais; dez anos antes, essa proporção era de 1/8. Ao mesmo tempo, a produção local passou a atender entre 90% e 100% da demanda nacional por álcool, cigarro, açúcar, botas e sapatos, cimento, sabão e móveis.[54]

A China da década de 1930 desejava superar a fragmentação política e militar do país. Assim, o governo nacionalista do Kuomintang de Chiang Kai-shek tentou alavancar o desenvolvimento industrial. Após 1929, o governo aumentou a proteção comercial de forma vertiginosa, em especial para os produtos que faziam parte da indústria doméstica, como artigos de vestuário e tecidos. Em cinco anos, as tarifas médias, que antes eram aplicadas em 3% dos importados, passaram a abranger 27% dos produtos comprados. Em 1933, as tarifas sobre alguns produtos feitos de algodão estavam acima dos 100%.[55] O governo central também utilizava os bancos e gastos públicos para estimular os investimentos modernos, como também fizeram algumas administrações provinciais. Mas essas medidas foram adotadas tarde demais para que causassem algum impacto na empobrecida e subdesenvolvida economia chinesa, na qual toda a indústria moderna correspondia a apenas 3% do PIB. Além disso, boa parte da atenção do governo estava voltada para os abusos japoneses praticados em território chinês e, após 1937, para a invasão completa do Japão ao país. Apesar das condições duras, o governo chinês continuou na busca pela modernização industrial e implantou ou se apropriou de cerca de cem fábricas no setor da indústria de base.[56]

Até os países que havia muito tempo se dedicavam à agricultura e à mineração, e eram altamente voltados para os mercados externos, transformaram a sua estrutura econômica. Na década de 1920, as exportações agrícolas do Brasil cresceram quase três vezes mais rápido que a indústria. Mas na década de 1930, com a queda dos preços do café, a desvalorização da moeda brasileira e a nova proteção tarifária, a indústria cresceu dez vezes mais rápido que as exportações agrícolas, dobrando de tamanho entre 1929 e 1938.[57] As tarifas turcas mais do que triplicaram, e a indústria do país foi de 9% para 17% do Produto Nacional Bruto (PNB) em apenas dez anos após 1929.[58] Enquanto durante toda a década de 1930 a produção mineradora chilena permanecia abaixo dos níveis pré-depressão, a industrial cresceu 48% entre 1932 e 1937 e a quantidade de tecidos de algodão fabricada quintuplicou.[59] Em 1935, 97% dos bens de consumo não-duráveis chilenos eram feitos domesticamente, assim como 60% dos produtos derivados de metal, maquinário e equipamentos relativos a transporte.[60] Mesmo a Colômbia, a quintessência da exportação agrícola, dedicada exclusivamente ao café, foi duramente afetada. Entre 1928 e 1939, a produção primária colombiana aumentou em 1/3, mas a de produtos manufaturados aumentou duas vezes e meia. Em 1945, a produção de tecidos de algodão era nove vezes maior que na década de 1920 e a de cimento, 30 vezes.[61]

As regiões pobres simplesmente não conseguiam mais pagar pelas importações e precisavam produzir mais. Os imperativos econômicos por trás da substituição de importações eram tão poderosos que o processo ocorreu até mesmo em muitas colônias. Os governantes britânicos da Índia se deram conta de que seria impossível manter as obrigações financeiras da colônia sem que houvesse um aumento na receita; o que significava aumentar as tarifas, mesmo diante dos protestos veementes dos fabricantes de produtos de algodão de Lancashire. De forma mais geral, o colapso dos ganhos com as exportações significava que para manter a colônia numa situação financeira favorável era necessário substituir as importações. E a indústria indiana prosperou, quase dobrando de tamanho entre 1928 e 1938. No fim da década de 1930, a Índia produzia 95% do cimento que utilizava (um aumento de 51% desde 1919), 71% das folhas-de-flandres (aumento de 25%) e 70% de seu aço (um aumento de 14%).[62]

Algumas das colônias mais pobres enfrentaram limitações para a substituição de importações, e algumas vezes as potências coloniais resistiam ao processo. Áreas como a África Subsaariana e a Indochina não passaram por um processo tão visível de desenvolvimento industrial local durante a época da Grande Depressão. Para os britânicos, que cederam tanto às exigências da Índia quanto ao fomento da industrialização, resistir era mais fácil – e provável – nas regiões em que os industrialistas e seus defensores fossem fracos. O ministro das Finanças Neville Chamberlain contou a colegas em 1934:

> Embora seja pouco provável que a África ocidental construa fábricas para competir com as nossas, há um grande, e real, risco dessas fábricas serem erguidas no oeste da Malaia e, possivelmente, em outras partes de nosso Império colonial. E talvez enfrentemos sérios problemas em relação à competição industrial, dos quais alguns já foram vivenciados com a Índia.[63]

Mas, no geral, a década de 1930 foi um momento de transformação industrial interna na maior parte do mundo em desenvolvimento.

A mudança em direção aos aspectos domésticos gerou subdivisões políticas importantes. Nos países em desenvolvimento independentes, os poderosos grupos ligados a exportação de matérias-primas se enfraqueceram. Como a borracha malaia e o cobre chileno entraram em colapso, o domínio político dos barões de ambos os produtos desapareceu. Em quase todos os principais países da América Latina, a década de 1930 testemunhou o ofuscamento da oligarquia agroexportadora. Ela foi substituída por grupos urbanos com interesses domésticos, não-internacionais: manufatureiros, classes médias, movimento trabalhista. Os líderes nacionalistas da Turquia passaram a controlar o país de forma mais firme. A monarquia do Sião foi destituída por um golpe militar nacionalista e tornou-se basicamente figurativa. Em toda parte, as novas palavras de ordem eram *desenvolvimentismo* e *nacionalismo*, ou seja, um concerto de políticas governamentais voltadas para o desenvolvimento industrial e uma ênfase redobrada na produção para os mercados *nacionais* – com o lucro sendo destinado às empresas *nacionais*.

Com freqüência, desenvolvimentismo era associado a políticas e medidas populistas, refletindo a mobilização das classes médias e trabalhadoras urbanas. Os populistas desejavam enfraquecer o tradicional poder social e político das elites. Introduziram novos programas sociais – seguro-desemprego, habitação, aposentadoria –, além de estimularem a organização dos trabalhadores e de outros atores urbanos.

De fato, os novos regimes deram pesos diferentes ao nacionalismo, desenvolvimentismo e populismo. O México, por exemplo, adotou os três. O presidente Lázaro Cárdenas tomou posse em 1934 e construiu uma nova ordem econômica e política a partir das conseqüências de uma sangrenta revolução que atingiu o país, entre 1910 e 1920, e de uma década de reconstrução pós-revolucionária. Cárdenas prometeu bons salários e organização às classes trabalhadoras urbanas, empregos para a classe média e terras aos pequenos produtores agrícolas. Também adotou o New Deal de Roosevelt como modelo, em parte para aplacar a preocupação norte-americana. Em 1938, Cárdenas nacionalizou os poços de petróleo que pertenciam a estrangeiros. Também criou um sistema de energia controlado pelo governo e fez do setor público o centro da política industrial.

O exemplo mexicano foi notável pelo fervor revolucionário e nacionalista, mas movimentos semelhantes entraram em cena em outros lugares. No Brasil, a Revolução de 1930 trouxe Getúlio Vargas à Presidência como um ditador nacionalista de inclinação semifascista. Os partidos de esquerda chilenos chegaram ao poder de forma democrática por meio da Frente Popular e, apesar de diferenças ideológicas, tanto o sistema brasileiro quanto o chileno se tornaram altamente voltados para a industrialização nacionalista. O Sião não era tão desenvolvido, mas os líderes militares da revolução de 1932 também canalizaram os recursos para o desenvolvimento industrial conduzido pelo Estado, no qual um dos objetivos foi destituir os empresários europeus e chineses.[64] A Argentina escolheu um caminho mais tortuoso para o mesmo destino. Durante a depressão econômica, os agroexportadores continuaram poderosos, em parte por terem conseguido acesso privilegiado aos mercados do Império Britânico. Mas o fervor nacionalista dos grupos urbanos levou ao poder um novo regime militar em 1943 e o governo passou a ser controlado por um oficial de média patente, Juan Domingo Perón. O peronismo foi uma combinação única, própria da Argentina, de nacionalismo, desenvolvimentismo e populismo, que mediou a batalha entre as massas urbanas e a elite agrária tradicional, incluindo atos emblemáticos como o incêndio do Jockey Club, símbolo da elite.

As colônias mais avançadas tomaram rumo semelhante, principalmente a Índia. Novos grupos de empresários indianos, fortalecidos pela industrialização da década de 1930, acreditavam que o desenvolvimento econômico demandava mais autonomia do Império. À medida que a economia crescia, se desenvolvia e diversificava, mais pessoas aderiam ao burguês Movimento Congressista que, em 1937, chegou ao poder por meio do processo eleitoral.[65] Os nacionalistas indianos exigiam permissão para fazer o mesmo que os países em desenvolvimento independentes: aumentar os impostos, não pagar a dívida externa e desvalorizar a moeda. Os britânicos concordaram com muitas dessas exigências, mas não conseguiram superar o conflito inerente que existia entre os interesses defendidos pelos nacionalistas indianos e os interesses daqueles que exportavam, possuíam títulos e pagavam impostos. A habilidade do governo indiano em lidar com as questões domésticas fora tolhida por suas obrigações com os superintendentes britânicos.[66] Isso ajudou a pôr a Índia – e algumas outras colônias mais avançadas – em um caminho que, mais tarde, levaria à independência.

Onde as políticas econômicas eram mais fracas ou os governantes coloniais mais hostis, os resultados foram ainda mais polarizados e conflituosos. Nessas áreas, a depressão econômica causou os mesmos problemas terríveis aos produtores primários, mas havia pouco espaço para formas de diversificação industrial que fossem permitidas pela administração colonial. Nas palavras de um líder da África oriental: "A velha economia agrícola não nos basta mais. Devemos fabricar e comprar nossos próprios produtos. Precisamos industrializar nosso país."[67] Entretanto, raramente os governantes coloniais agilizavam o desenvolvimento econômico das regiões que consideravam pouco adequadas às fabricas modernas. Com freqüência, o resultado era a emergência de rebeliões de inclinações nacionalistas e radicais, como as lideradas pelos comunistas no Vietnã e na Indonésia e por nacionalistas de esquerda nas colônias britânicas e francesas da África oriental. Alguns colonialistas acreditavam que a resistência em relação ao desenvolvimento local era uma visão limitada. Por exemplo, o governador geral da Indochina escreveu em 1937: "É impossível concebermos a idéia de que a Indochina deva permanecer para sempre em um estado de vassalagem econômica sob o pretexto de não competir com os produtos franceses, na França ou em casa."[68] Mas tais visões não superaram os poderosos interesses pela manutenção do *status quo*.

O impacto da depressão econômica nos países em desenvolvimento foi mais diluído que aquele no mundo industrial, onde é muito difícil destacar um aspecto positivo. Para ser preciso, a desintegração da economia mundial atingiu de forma dura os países em desenvolvimento, principalmente o colapso dos preços das matérias-primas e o desaparecimento dos empréstimos internacionais. Ainda que a América Latina, o Oriente Médio, a África e a Ásia tivessem sido forçados a tomar suas próprias rédeas na década de 1930, a experiência teve aspectos estimulantes. A sociedade urbana e a indústria moderna cresceram rapidamente. Com elas, surgiram novos grupos e classes – empresários, profissionais liberais, trabalhadores – que liderariam essas regiões em direção à democracia e, no caso das colônias, à independência.

A alternativa autárquica

A implosão da economia internacional no entreguerras levou a maioria das nações do mundo a se voltarem para dentro. O regime soviético seguiu na corrida pelo crescimento industrial moderno com uma rigidez brutal e alta planificação econômica, passando por cima da população rural. Os governos do sul, centro e leste da Europa recorreram ao novo ideal fascista, já que pretendiam eliminar o trabalhismo, a esquerda e, por fim, todos aqueles que estivessem atrapalhando a busca pela auto-suficiência militarista. O alto escalão dos países em desenvolvimento de América Latina, Oriente Médio e Ásia rejeitaram a Europa e a América do Norte para construir economias nacionais com base em princípios nacionalistas; as colônias se preparavam para fazer o mesmo.

A economia global na década de 1930 não oferecia muito além da promessa de que no fim a integração internacional levaria indivíduos e sociedades a melhores condições em um mundo recuperado, um mundo ainda por vir. No entanto, promessas não substituem resultados, e o modelo clássico de abertura econômica vinha sendo pouco eficiente nesse quesito. Mas não o fascismo, o comunismo e o desenvolvimentismo nacionalista, que acabaram ganhando espaço. Estes ofereciam emprego, desenvolvimento industrial, modernização e, menos tangíveis, orgulho e coesão. O fascismo e o comunismo atingiram esses objetivos à custa da liberdade e daqueles escolhidos como inimigos do Estado; o desenvolvimentismo também não era mais humano. Uma alternativa estava longe de surgir.

10

A construção da socialdemocracia

Em 1933, John Maynard Keynes escreveu: "O decadente capitalismo internacional mas individualista nas mãos daquilo que nos tornamos após a guerra não é um sucesso. Não é inteligente. Não é bonito. Não é justo. Não é eficaz. E não cumpre o que promete."[1] As democracias industriais, incapazes de desenvolver uma alternativa, seguiram cambaleantes pelos primeiros anos da depressão econômica. Algumas se saíram melhor que outras, mas nenhuma se saiu bem, certamente, não tão bem quanto a Alemanha e outros regimes fascistas. Na maior parte da Europa ocidental e da América do Norte, governos tentaram a deflação, em seguida, uma série de medidas temporárias e depois proteção comercial; mas não progrediram muito em relação ao desemprego e à estagnação. Muitas das democracias do mundo industrializado mergulharam no modelo alemão ou no soviético para substituírem o sistema de mercados e adotaram o nacionalismo econômico autárquico para não mais dependerem da economia mundial.

A alternativa começou a surgir para os regimes democráticos em meados da década de 1930. Partidos de esquerda chegaram ao poder tendo como base de apoio as classes trabalhadoras e agrícolas. Implantaram políticas econômicas mais intervencionistas, expandiram os programas sociais e aumentaram os gastos públicos. Os novos governos também restauraram os laços econômicos de cooperação existentes entre os Estados democráticos.

A nova alternativa foi a socialdemocracia. O Estado de bem-estar social moderno não só foi completamente estabelecido após a Segunda Guerra Mundial, mas no fim da década de 1930, seus alicerces já haviam sido erguidos na Europa ocidental e na América do Norte.

Socialdemocracia na Suécia e nos Estados Unidos

A socialdemocracia significou uma nova ordem política e social, embora a maioria de seus aspectos já existisse. Os governos, apoiados por coalizões de trabalhadores e produtores agrícolas, passaram a ser responsáveis pela intervenção macroeconômica, pela segurança social e pelos direitos de emprego. A experiência de dois países – Suécia e Estados Unidos – foi particularmente instrutiva.

Na década de 1920, o Partido Socialdemocrata sueco conseguiu 35% dos votos e participou do governo diversas vezes. Nas eleições de 1932, os socialdemocratas obtiveram 42% dos votos populares (partidos de extrema esquerda conseguiram 8%) e chegaram perto de alcançar maioria no Parlamento. Posteriormente, fizeram uma aliança com o Partido Agrário, conseguiram melhores resultados nas eleições de 1936 e, a partir de então, governaram a Suécia por 40 anos.[2]

O primeiro pilar da socialdemocracia sueca foi o gerenciamento anticíclico da demanda, o compromisso do governo em aliviar os ciclos econômicos. A medida foi altamente controversa durante o pior período da depressão econômica, quando todos buscavam formas de pôr fim à crise. Os governos socialdemocratas foram mais longe e se esforçaram para reduzir a amplitude e a freqüência das crises econômicas, de forma a manter o pleno emprego. Utilizaram políticas monetárias para evitar que os preços caíssem ou subissem demais, e políticas fiscais (gastos públicos e tributação) para sustentar a atividade econômica.

O governo sueco foi o primeiro a exercer um gerenciamento monetário ativo. Após os conservadores terem retirado a paridade fixa da moeda no ouro em 1931, o governo perguntou a três economistas respeitados como deveria administrar o capital do país. Os economistas recomendaram uma política monetária ativa, que mantivesse os preços inalterados durante a desvalorização de 1931. O Banco Central concordou e prometeu "evitar que os preços na Suécia seguissem a tendência internacional: de queda".[3] A coalizão liderada pelos socialistas, que chegou ao poder em 1933, reforçou a medida. O comprometimento explícito do governo sueco com a estabilidade dos preços atraiu a atenção internacional, especialmente porque a economia sueca se recuperou rapidamente.

Sobre a sua outra principal ferramenta macroeconômica, a política fiscal, o governo sueco demorou para utilizá-la. Mesmo os que advogavam por uma política monetária menos severa acreditavam que gastar mediante a geração de déficit era uma estupidez. O principal economista do país, Gustav Cassel, dizia que se o governo se tornasse um tomador de empréstimos de peso para a criação de empregos com obras públicas, "o setor privado veria a oferta de capital secar ou ao menos ser reduzida ao mínimo concebível".[4] Eli Heckscher, colega de Cassel, acreditava que a iniciativa privada utilizava melhor o dinheiro que os governos, e que gastar mediante déficit não era um bom remédio. Para ele, seria:

> O tipo de expediente utilizado pelos negociantes de cavalos que desejavam vender animais velhos. Davam-lhes meio bebedouro de *aquavit**, fazendo com que corcoveassem como se estivessem na flor da juventude e apenas voltassem a ser os preguiçosos de antes quando o efeito chegasse ao fim.[5]

Diante de uma taxa de desemprego de 25%, o governo sueco de base trabalhista precisava fazer mais do que baixar os juros e esperar pela recuperação. Alguns dos consultores do governo, como Heckscher e seu aluno Bertil Ohlin, reconheceram "a inadequação da estabilidade de preços" e argumentaram que fazer uso de política monetária não seria o suficiente. Os sindicatos exigiam empenho dos governos em botar os desempregados para trabalhar. Assim, entre 1933 e 1935, os socialdemocratas realizaram obras públicas e emergenciais, empregando cerca de 60 mil trabalhadores. Eles também concederam ajuda financeira a outros 35 mil. O déficit necessário para a implementação dessas "medidas contra crise" era pequeno, 2% ou 3% do PIB, e a política foi abandonada após 1935. Nessa época, a Suécia já se recuperava da depressão econômica, principalmente devido à desvalorização e à melhora gradual das condições internacionais. Entretanto, o programa de empregos financiado pelo déficit abriu um precedente para a redução do desemprego por meio de gastos governamentais.[6]

Depois da política econômica anticíclica, outro pilar da socialdemocracia sueca foi o seguro social. O país havia adotado algumas políticas sociais nas primeiras décadas do século, mas de forma bastante limitada. O líder socialdemocrata Gustav Möller recordou a historia de sua mãe, a viúva de um ferreiro, morto aos 41 anos pela tuberculose:

> Não havia um sistema de aposentadoria para a minha avó, o que teria deixado minha mãe menos sobrecarregada. Não havia ajuda para as viúvas, com filhos, que contassem apenas com uma renda miserável. A sociedade nada fazia para eliminar as moradias que ajudavam a proliferar doenças mortais. Não havia uma jornada de trabalho definida legalmente. Não havia férias remuneradas, muito menos férias para as "donas-de-casa".

* Tipo de aguardente de origem escandinava. (N.T.)

Na década de 1930, Möller se tornou ministro do Desenvolvimento Social e fez pressão por uma reforma social completa "para que histórias como a de minha mãe fossem evitadas".[7]

Durante os anos 1930, a Suécia implementou a maior parte dos programas associados ao Estado de bem-estar social.[8] O governo adotou o seguro-desemprego em 1934 e, alguns anos mais tarde, um plano de saúde nacional para todos. Instituiu assistência a gestantes, recém-nascidos e crianças; subsidiou a merenda escolar; aumentou as pensões dos idosos e concedeu financiamentos e subsídios habitacionais para famílias. Até o fim da década de 1930, o governo sueco oferecia ao povo algo próximo a uma assistência social que ia do nascimento ao falecimento, mesmo que fossem benefícios de baixo valor. Os socialdemocratas mantiveram-se firmes na promessa de aplacar o impacto social da economia de mercado.

As políticas agrícolas da Suécia também ganharam uma dimensão social, devido à pobreza expressiva das áreas rurais. Entretanto, a motivação por trás da assistência agrícola seria mais política que social. O sucesso da socialdemocracia sueca dependia da aliança com o Partido Agrário – o "comércio da vaca" ou a "vacaliança" (*kohandel*), como os suecos a chamavam. Antes disso, o movimento trabalhista pró-livre comércio e os fazendeiros protecionistas estavam em forte desacordo – os trabalhadores queriam acesso aos alimentos importados, de custos baixos, e os produtores agrícolas queriam mão-de-obra barata –, mas durante a depressão econômica eles fizeram um pacto. Os trabalhistas passaram a defender as tarifas e os preços dos laticínios, carne, bacon, ovos e outros produtos alimentícios locais, em troca de apoio para as medidas pró-trabalhistas dos socialdemocratas. Como a plataforma eleitoral socialdemocrata de 1936 expressava, com alguma resignação, "a classe trabalhadora sueca pagará o quanto for necessário para garantir aos agricultores e pequenos proprietários de terra um padrão de vida decente".[9] A aliança entre os produtores agrícolas e os trabalhadores, fato incomum antes da década de 1930, tornou-se a marca do Estado de bem-estar social.

A solução socialdemocrata incluía a incorporação dos trabalhadores ao sistema político. Na Suécia, isso significava encontros formais entre o empresariado e os líderes trabalhistas para gerenciar as relações industriais. Durante o início da década de 1930, muitos empresários suecos continuavam hostis aos socialdemocratas, mas nas eleições de 1936 ficou claro que a esquerda dominaria a política em um futuro próximo. Ernst Wigforss, ministro socialdemocrata das Finanças, disse ao empresariado que os capitalistas:

> Não deveriam agir com base na suposição de que as tendências políticas atuais do Estado se enfraquecerão, que a mudança política acontecerá em breve ... Por ou-

tro lado, isso também significa que os representantes do poder político admitem a necessidade de manter condições favoráveis para a empresa privada.[10]

No fim de 1938, representantes do governo, empresários, sindicatos e outras categorias assinaram o arrebatador acordo de Saltsjobaden. Empresários e trabalhadores concordaram em gerir as relações trabalhistas de modo centralizado e coordenado nacionalmente. De modo mais geral, nas palavras do cientista político Peter Gourevitch:

> Os termos do acordo tiveram por base a aceitação, por parte dos empresários do governo socialdemocrata, dos custos trabalhistas altos (salários altos e benefícios do Estado de bem-estar social), do pleno emprego, da política fiscal e da atuação do governo na área social, em troca de paz no mercado de trabalho (ou seja, a não ocorrência de greves), a continuação do controle privado da propriedade e do mercado de capitais e a abertura à economia mundial.[11]

Os socialdemocratas estavam, agora, aliados a um adversário tradicional, ao produtor agrícola, e em paz com outro, o grande empresário. Era o momento da socialdemocracia.

Do outro lado do Atlântico, uma configuração política diferente alcançou resultados semelhantes. A administração Hoover seguia ineficaz e atrasada, quando não era, de fato, prejudicial. Os democratas pareciam não oferecer mais nada de novo e, na realidade, Franklin D. Roosevelt concorreu à Presidência em 1932 com uma plataforma que acusava Hoover de estar pouco comprometido com as políticas econômicas ortodoxas. Roosevelt reclamava, por exemplo, que os republicanos não mantinham o orçamento federal em equilíbrio:

> Deixem-nos tomar a coragem de parar com os empréstimos para sanar os contínuos déficits. ... A receita deve cobrir os gastos de uma forma ou de outra. Qualquer governo, como qualquer família, pode durante um ano gastar um pouco mais do que recebe. Mas vocês sabem tanto quanto eu que a continuação desse hábito implicará uma casa pobre.[12]

Quando chegou ao poder, Roosevelt mudou e abandonou a austeridade tradicional. Retirou o dólar do padrão ouro e desvalorizou a moeda, o que ajudou na recuperação. Em um prazo de 100 dias, a administração Roosevelt adotou programas emergenciais para regular os preços da indústria, apoiar a agricultura, além de iniciar e gerir grandes obras públicas. Os programas iniciais tinham um quê das medidas fascistas, como as tentativas de estimular o empresariado a se cartelizar para definir os preços e a hostilidade do governo em relação à cooperação econômica internacional. A mais controversa delas fora considerada inconstitucional pela Suprema Corte. Então, em 1935, a administração Roosevelt tomou um caminho diferente, às vezes chamado de o segundo New Deal. Foram incluídos programas governamentais de geração de empregos, seguros sociais e direitos trabalhistas. Agências com siglas que pareciam uma "sopa de letrinhas" e programas federais – a Works Progress Adminitration (WPA), a Civilian Conservation Corps (CCC), a Agricultural Adjustment Administration (AAA) e dezenas de outras – criaram o estilo norte-americano de socialdemocracia.

O governo do New Deal se concentrou na redução do desemprego e na provisão de seguros sociais. Em março de 1935, o Congresso aprovou a maior verba já autorizada em tempos de paz, US$5 bilhões para aplacar o desemprego. Grande parte foi para a WPA, que em seguida proporcionou emprego a cerca de 9 milhões de pessoas na construção de um milhão de quilômetros de estradas, 800 aeroportos, além de centenas de milhares de prédios públicos, parques, pontes e outros projetos. Outros bilhões foram empregados no auxílio daqueles que não podiam trabalhar.

Alguns meses depois, o Congresso aprovou a Lei de Segurança Social, o primeiro sistema nacional de seguro social do país. A proposta de Roosevelt tinha como fim "fornecer de uma só vez segurança contra alguns dos aspectos mais perturbadores da vida – em especial os relacionados ao desemprego e à velhice". A lei estabelecia um sistema público de pensões que beneficiava viúvas, inválidos, idosos, crianças e cegos. Também criou o primeiro sistema de seguro-desemprego da nação, que seria controlado pelos estados.[13]

A política agrícola, como na Suécia, refletia a nova coalizão entre trabalhadores e fazendeiros. Antes da década de 1930, os trabalhadores norte-americanos em geral eram hostis às tentativas de se aproximarem dos produtores agrícolas, o que aumentaria o preço dos alimentos. Da mesma forma, os fazendeiros norte-americanos se opunham às exigências da indústria quanto à proteção comercial, o que encareceria os produtos manufaturados. O New Deal moldou uma nova aliança democrática entre o trabalho urbano e os fazendeiros do sul, com algum apoio dos estados agrícolas republicanos do centro-oeste. Roosevelt gastou bilhões de dólares em dívidas dos fazendeiros, pagamentos em dinheiro e sustentação de preços. Estima-se que esses programas tenham salvado cerca de 200 mil famílias de fazendeiros norte-americanos da execução da hipoteca e ajudou outros milhões de maneira menos dramática.[14]

Os programas do New Deal eram motivados por imperativos políticos urgentes e não por um desejo consciente de apenas gastar mediante déficit. De fato, Roosevelt sempre prometia equilibrar o orçamento e vetou alguns projetos de lei no Congresso por considerá-los dispendiosos. Mesmo no auge de suas atividades, em meio à pior crise econômica da história da nação, o déficit do governo do New Deal correspondia a apenas 3% ou 4% do PIB. No entanto, gastava-se de forma inédita, uma vez que o dinheiro federal usado para outros fins, que não a defesa, cresceu de 3% do PIB para 10% entre 1927 e 1936. Devido ao comprometimento da administração Roosevelt em equilibrar o orçamento, a maior parte desse aumento foi financiada pelos altos impostos. A administração se tornou mais tolerante em relação ao déficit após a recessão de 1937-1938, que provavelmente se tornara pior devido aos esforços para equilibrar as finanças. Entretanto, nesse ponto não era mais possível saber se os gastos que geravam o déficit eram referentes às políticas anticíclicas ou à preparação para o rearmamento.

Assim como ocorrera na Suécia, a reorganização da política econômica foi acompanhada por uma transformação do papel desempenhado pelos trabalhistas na política. A maior inovação da administração Roosevelt no mercado de trabalho foi a Lei Nacional de Relações Trabalhistas, de 1935, que estabeleceu um procedimento para o reconhecimento de sindicatos, e exigia que os empregadores negociassem com as organizações. Enquanto a Federação Americana do Trabalho, voltada para os artesãos, agia de forma lenta em relação às novas oportunidades, o recém-formado Comitê para a Organização Industrial trabalhava para organizar a força de trabalho da nação. Ímpetos organizacionais, marcados por grandes manifestações, greves e protestos públicos, se espalharam pelas indústrias de automóveis, aço, pneus e borracha. Em 1930, os sindicatos do país mal contavam com cerca de 3 milhões de membros, representando menos de 11% da força de trabalho não-agrícola; em 1941, já havia 9 milhões de trabalhadores sindicalizados, o que correspondia a 23% da força de trabalho.[15] O movimento trabalhista veio a se tornar parte integral da coalizão democrata do New Deal, e o empresariado passou a aceitar sua influência.

O governo federal se tornou bem mais presente durante o New Deal. Isso era o equivalente norte-americano às medidas européias para restabelecer a mão-de-obra nacional e implementar as políticas sociais. A administração Roosevelt centralizou os gastos nacionais. Ao fim da década de 1920, os gastos dos estados e das administrações locais eram três vezes maiores que o dinheiro usado pelo governo federal em assuntos não relativos à defesa. Mas em 1936, os gastos federais não-militares se tornaram substancialmente maiores que o dinheiro utilizado pelos governos estaduais e locais juntos.[16] O governo federal passou a regular tudo, de atividades bancárias à política monetária, usinas elétricas e seguro social. O New Deal transformou uma política econômica altamente descentralizada, com baixos níveis de seguro social e direitos limitados aos trabalhadores, em um novo governo federal comprometido em controlar a oferta, prover programas sociais e serviços públicos e abrir espaço para que os trabalhadores pudessem barganhar e participar da política.

A maioria das nações industriais tomou caminhos parecidos. Na Dinamarca e na Noruega, poderosos partidos socialistas levaram as alianças formadas por trabalhadores e produtores agrícolas ao poder.[17] Na Bélgica e na Suíça, coalizões multipartidárias decretaram grandes reformas sociais e organizaram reuniões nacionais entre empresários e trabalhadores.[18] No Canadá e na Nova Zelândia, governos conservadores reagiram à depressão econômica com reformas. Quando a esquerda (os liberais* no Canadá e os trabalhistas na Nova Zelândia) chegou ao poder em 1935, tais reformas foram expandidas.

Na França, a Frente Popular foi eleita sob circunstâncias dramáticas. Inicialmente, os instáveis governos de centro e centro-esquerda combateram a crise com pouca força, apesar de terem conduzido reformas menores, como pensões para famílias e subsídios habitacionais. Em 1934, uma onda de protestos violentos de direita abalou Paris. Os comunistas, em um momento moderado diante da ameaça fascista e da recente ascensão de Hitler ao poder na vizinha Alemanha, deixaram de lado a hostilidade em relação aos socialistas e propuseram uma plataforma política comum. O resultado foi a criação da Frente Popular, que, como disse seu líder Léon Blum, "era um reflexo instintivo de defesa ... contra o prolongamento de uma crise econômica que massacrava a classe média e a trabalhadora, além dos produtores agrícolas do país".[19]

A Frente Popular venceu as eleições de 1936, e, em junho, Blum tomou posse – ele foi o primeiro premiê socialista (e primeiro judeu) a chegar ao poder na França – em meio a uma grande onda de greves. Um dia após a posse, Blum convocou representantes de trabalhadores e empresários para definir o acordo de Matignon, no qual o governo se comprometia a reconhecer os direitos dos trabalhadores e a aumentar os salários de forma substancial. Em dois meses, a administração da Frente Popular promulgou 133 leis. O governo de esquerda promoveu reformas no Banco Central, grandes obras públicas e passou a conceder outros tipos de ajuda agrícola, além de instituir o seguro-desemprego, um sistema novo de acordo coletivo, jornada de trabalho de 40 horas semanais e duas semanas de férias remuneradas. Embora a Frente Popular tenha se mantido no poder por menos de dois anos, ela teve um efeito duradouro tanto na legislação quanto na posição política do trabalho.[20]

A Grã-Bretanha ficou para trás. Apesar de o Partido Trabalhista estar no poder quando a depressão econômica começou, da força dos trabalhadores britânicos organizados, de uma longa tradição de reformas sociais e da influência

---

* No sentido progressista anglo-saxão do termo. (N.E.)

de John Maynard Keynes, sucessivas administrações britânicas pouco fizeram para seguir o exemplo da Europa ocidental e das outras nações anglo-americanas. O mesmo se aplicava à Austrália e à Holanda. Nos três países, a pressão por medidas socialdemocratas talvez tenha sido suavizada pelo fato de eles já contarem com um sistema de seguro social relativamente extenso.

No fim da década 1930, já havia uma alternativa ao fascismo e ao comunismo. Todos os países industriais avançados, exceto Alemanha e Itália, continuavam democráticos, e quase todas as democracias passaram a seguir as linhas gerais do Estado de bem-estar social. Os governos comprometeram-se em estabilizar os ciclos econômicos, oferecer segurança social e reservar um espaço central na política e na sociedade para os trabalhadores organizados.

Keynes e a socialdemocracia

As razões para o desenvolvimento da nova socialdemocracia não são óbvias. Uma explicação aceita seria o triunfo das idéias econômicas de Keynes. Certamente, essa seria a visão do próprio Keynes. Nem tanto o sucesso dele propriamente dito, mas o da forma geral como as medidas econômicas evoluíram. Ele escreveu, em 1936:

> As idéias dos economistas e filósofos políticos ... são mais poderosas do que normalmente achamos. Na verdade, o mundo é governado por algo mais. Homens práticos, que se acreditam isentos de qualquer influência intelectual, são geralmente escravos do defunto de algum economista.[21]

Com certeza, as idéias de Keynes eram influentes. O economista era bastante conhecido pela polêmica que criou em relação à Conferência de Versailles e ao padrão ouro, e pela sua análise sobre como a má condução da política monetária por parte dos governos contribuiu para as calamidades da época. Tais idéias, no entanto, não eram exclusivamente de Keynes. Em seu livro de 1930, *Tratado sobre a moeda*, ele começou a desenvolver uma interpretação mais criativa dos problemas econômicos contemporâneos. Keynes expunha sua visão de maneira cada vez mais detalhada – de forma impressa, em suas palestras lotadas na Universidade Cambridge e em conferências ao redor do mundo para outros economistas. Em 1932, as linhas gerais da abordagem keynesiana sobre a Grande Depressão já haviam sido definidas. Levou mais três anos até que ele ficasse satisfeito com a sua nova construção teórica, publicada em 1936 com o título de *Teoria geral do emprego, do juro e da moeda*.

A principal contribuição de Keynes para o debate econômico da época e para a teoria econômica dizia respeito à política fiscal. A maioria dos economistas já considerava os déficits orçamentários em tempos de crise algo inevitável. Além disso, eles eram quase automáticos, pois com o declínio da economia, a receita obtida com os impostos diminuía mais rápido que os gastos. Keynes foi além e argumentou que os gastos deficitários eram essenciais para a reativação de economias estagnadas. A economia caía numa armadilha e apenas os gastos do governo poderiam libertá-la.

Os investimentos estavam no centro do argumento de Keynes. Na maioria das abordagens clássicas, os investidores são guiados apenas por oportunidades de lucro. Se os salários se tornassem baixos o suficiente, novos investimentos viriam e a economia voltaria à vida. Entretanto, Keynes entendeu que os investimentos também dependiam de *expectativas* em relação ao comportamento de outros investidores. Nenhum capitalista expandiria uma fábrica sem a possibilidade de demanda para os produtos – não importa quão baixos fossem os juros e salários. Se os investimentos de todos os capitalistas fossem feitos de acordo com as suas expectativas quanto ao comportamento dos outros capitalistas (e consumidores), a economia poderia ficar "presa" em uma armadilha que se auto-reforçaria, gerando um mau equilíbrio. A expectativa de uma estagnação reduziria os investimentos, o que faria com que a estagnação continuasse.

A economia de mercado *não* se endireitaria sozinha. O problema era o que hoje talvez fosse chamado de falha de coordenação: se cada capitalista investisse, contratasse mais trabalhadores e produzisse mais, a demanda aumentaria e então haveria um mercado para os produtos; mas como nenhum capitalista poderia estar certo de que isso aconteceria, todos preferiam guardar o dinheiro e deixar as coisas como estavam. Nas palavras de Keynes:

> Um indivíduo pode ser forçado a cortar gastos por circunstâncias específicas e ninguém pode culpá-lo por isso. Mas ninguém pense que esteja cumprindo um dever público agindo dessa forma. O capitalismo moderno é como um velejador que só entra no mar quando o tempo está bom. Tão logo surge uma tempestade, ele abandona as tarefas da navegação e até mesmo vira o barco que o levaria à terra firme, na sua ânsia de se salvar, mas não o seu companheiro.[22]

O estímulo monetário usual não conseguia superar esse equilíbrio, que tendia para a queda, por contar com uma taxa de juros baixa para estimular os investimentos. No entanto, se os capitalistas não vislumbrassem uma recuperação, nenhuma taxa de juros seria baixa o suficiente para fazê-los investir; por que produzir bens que não seriam vendidos? Dessa forma, os investidores preferiam guardar o dinheiro em espécie a perdê-lo. Assim, nem uma taxa de juros a 0% estimularia os investimentos. Keynes disse na pior fase da depressão econômica:

> Não acredito que nesses casos a fase do dinheiro barato será por si só suficiente para gerar uma recuperação com novos investimentos. Pode ser também que o credor, com a confiança abalada pela experiência, continue pedindo aos novos investimentos taxas de juros que os tomadores de empréstimos não podem esperar receber.

Keynes tinha uma alternativa:

> Intervenção direta do Estado para promover e subsidiar novos investimentos. Anteriormente, não havia nenhuma despesa, fora do procedimento de empréstimos ou que não fosse para fins de guerra, que o Estado achasse por bem se implicar. No passado, não era raro precisarmos esperar por uma guerra para que uma grande depressão econômica chegasse ao fim. Espero, no futuro, que não precisemos aderir a essa atitude financeira purista e que estejamos prontos para gastar com iniciativas de paz o valor que a máxima financeira do passado apenas nos autorizaria a gastar com a devastação da guerra. De qualquer maneira, digo com muita segurança que a única saída é descobrir um objeto que seja aceito, até mesmo pelos idiotas, como uma desculpa legítima pelo imenso aumento dos gastos de alguém com algo![23]

O governo poderia romper esse círculo vicioso por meio de grandes gastos e empréstimos. Isso estimularia a demanda e provocaria uma mudança de expectativa; diante das novas condições, os capitalistas expandiriam os investimentos, as oportunidades de emprego e a produção. Uma política fiscal anticíclica – com gastos geradores de déficit – poderia alterar as expectativas e deixar a economia fluir.

Para alguns, as idéias de Keynes eram quase marxistas em se tratando de grau de dependência do governo. Na verdade, algumas vezes, ele as definia de forma provocadora, como escreveu em *Teoria geral*:

> O Estado deverá ser uma das maiores forças influenciadoras do ímpeto consumista, em parte por meio de seu sistema de impostos, em parte fixando a taxa de juros e em parte, talvez, por outros meios. ... Creio, portanto, que algo como uma completa socialização dos investimentos seria a única forma de garantir uma aproximação do pleno emprego.[24]

De fato, como o próprio Keynes observou, a mensagem era profundamente antimarxista por autorizar o governo a superar as fraquezas da economia capitalista. Keynes acusava os economistas clássicos, os que não acreditavam que o governo podia melhorar a situação, de serem os verdadeiros aliados do marxismo:

> Os marxistas se tornaram os economistas ultra-ortodoxos. Utilizam o argumento [clássico] ricardiano para mostrar que nada se ganha com a interferência. Portanto, como tudo vai mal e tornou-se impossível melhorar, a única saída é abolir [o capitalismo] e adotar um sistema bem diferente. O comunismo seria a conseqüência lógica da teoria clássica.[25]

Keynes, por outro lado, queria medidas mais enérgicas para salvar a economia de mercado, sem a qual, diria ele: "A estrutura atual da sociedade se tornará tão depreciada que mudanças radicais, tolas e destrutivas serão inevitáveis."[26]

Keynes inspirou um fervor reformista, como fora refletido nas memórias de um estudante de Cambridge, que chamou o desenvolvimento das idéias na *Teoria geral* de "uma revelação feliz em tempos sombrios":

> Acreditamos que Keynes descobriu o "problema do sistema capitalista" e prescreveu um remédio. ... O mistério da iniqüidade contemporânea fora desvendado por uma obra-prima de ininterrupto empenho intelectual ... Assim, a *Teoria geral* deveria ser menos utilizada como trabalho de teoria econômica e mais como um manifesto sobre a razão e a alegria. ... Ofereceu a base racional e o apelo moral para acreditarmos na saúde e na sanidade do homem contemporâneo, o que os jovens de minha geração não encontram em nenhum outro lugar.[27]

Keynes causou um impacto poderoso na economia moderna, embora muitos historiadores do pensamento econômico digam que o argumento dele não fora totalmente novo.[28] Isso era verdadeiro quanto a algumas medidas específicas, como gastos deficitários e as justificativas teóricas para a utilização dessa medida. Entretanto, o livro de Keynes, publicado em 1936, repensou fundamentalmente a economia moderna e a política governamental. E, de fato, Keynes e seus seguidores refizeram a economia, mesmo que nem sempre de uma forma que ele teria aprovado. Keynes inventou a macroeconomia moderna, a análise de variáveis econômicas gerais, como desemprego e produção, influenciando gerações de pensadores econômicos.

Não obstante, a influência dele sobre a política dos governos foi bastante limitada e suas idéias não afetaram a evolução das socialdemocracias da década de 1930. Por exemplo, a principal arma de Keynes para a política macroeconômica era de ordem fiscal: gastos mediante déficit. Poucos governos democráticos da década de 1930 se utilizaram da política fiscal de forma consciente, harmônica e continuada para combater a depressão econômica. Governos que enfrentavam déficits no orçamento os viam como um mal necessário e sempre prometiam reduzi-los o mais rápido possível. As políticas monetárias expansionistas eram bem mais aceitas e pareciam funcionar relativamente bem. E Keynes nada tinha a dizer sobre seguro social, sindicatos trabalhistas, subsídios agrícolas ou sobre outras medidas centrais para os emergentes Estados de bem-estar social.

Keynes participou de importantes discussões sobre medidas políticas. Visitou os Estados Unidos em maio de 1934, conversou com grupos de *New Dealers* e se reuniu com Franklin Roosevelt por uma hora. A reunião não causou grande impacto em Roosevelt. O presidente disse que Keynes mais parecia "um matemático que um economista político".[29] No entanto, Keynes estava entusiasmado com a política norte-americana, referindo-se a si mesmo como "mais um observador admirado que ... um instrutor".[30] Apoiou a administração por meio de palestras públicas e reuniões com acadêmicos e empresários, o que ajudou a conter parte do sentimento anti-Roosevelt dos tradicionalistas da economia e do mundo dos negócios. Em uma carta aberta para Roosevelt, publicada por Walter Lippmann no *New York Times*, Keynes dizia que o aumento dos gastos federais de emergência de US$3 milhões para US$4 milhões por mês seria uma contribuição quase revolucionária.

Apesar de ter sido importante para o desenvolvimento da teoria econômica, a voz de Keynes fora apenas mais uma entre as muitas a argumentar a favor de políticas macrocoeconômicas anticíclicas. Para muitos, a Escola de Estocolmo inventou o keynesianismo antes de Keynes. Nos Estados Unidos do início da década de 1930, Marriner Eccles, de Utah, fora um dos empresários iconoclastas a argumentar que o governo deveria assumir grandes tarefas fiscais de uma forma que mais tarde veio a ser conhecida como keynesianismo. Eccles, um banqueiro provinciano que estudou apenas até o ensino médio, foi direto ao ponto:

> Um banco não pode financiar a construção de mais fábricas, de mais propriedades para serem alugadas e de mais casas, quando metade de nossas propriedades está inativa, ociosa, pela falta de consumo e uma grande percentagem de nossas instalações comerciais está vaga na espera de inquilinos que paguem. O governo, no entanto, pode gastar dinheiro. O governo, diferentemente dos banqueiros, conta com o poder da tributação e o poder de criar dinheiro, não precisando depender de lucros. A única saída para uma depressão econômica é o aumento dos gastos. Dependemos do governo para salvar os nossos sistemas de preços, lucros e créditos.[31]

A administração Roosevelt o reconheceu imediatamente, e o presidente o nomeou chefe do Federal Reserve em 1934, cargo no qual permaneceu até 1948.[32]

Keynes acreditava que os tomadores de decisão aplicavam as idéias de economistas defuntos. No entanto, a experiência de suas próprias idéias mostrava exatamente o oposto. Líderes em todo o mundo industrial buscavam uma política econômica nova que os pudesse tirar do turbilhão da depressão. Algo que incluía uma política monetária mais flexível, serviços públicos e programas intensivos de geração de empregos. Keynes, a figura pública, aplaudia os desdobramentos que se desenvolviam independentemente do economista Keynes. No fim, os economistas passaram a considerar os textos de Keynes valiosos para o entendimento da construção teórica da nova socialdemocracia. Sobre a origem propriamente dita dessas socialdemocracias, devemos procurá-la fora do mundo das idéias.

Trabalho, capital e socialdemocracia

A socialdemocracia não é uma aplicação do pensamento keynesiano, mas seus formuladores compartilham com Keynes a idéia de que governos devem agir de forma vigorosa para salvar o capitalismo moderno. Assim como ele, os escandinavos, pioneiros da socialdemocracia, há tempos decidiram que sua tarefa seria melhorar o funcionamento do capitalismo. A trindade, de acordo com uma publicação de 1926 do partido dinamarquês, deveria ser "seriedade, senso de responsabilidade e senso de interesse publico".[33] Para os *New Dealers*, o objetivo também era estabilizar o capitalismo democrático. Como disse Roosevelt em 1938: "A boa condição de nossas instituições democráticas depende da determinação de nosso governo em empregar os ociosos."

Todos os elementos do modelo socialdemocrata poderiam ser justificados pelos princípios básicos desse sistema. A intervenção macroeconômica consertou o fracasso dos capitalistas, que agiam em nome de seus próprios interesses; se o medo levou a uma queda no consumo e nos investimentos prejudicando a todos, o governo poderia empurrá-los novamente para cima, beneficiando a todos. O seguro social ajudou a amortecer os rompimentos de ciclos econômicos imprevisíveis, e não apenas para os trabalhadores.[34] As compensações do desemprego estabilizaram a economia, pois, diante de uma crise, os gastos do governo aumentavam de forma automática para pagar os benefícios aos que não tinham emprego. Dessa forma, a queda era contrabalançada. O mesmo se aplicava à ajuda aos pobres. Em geral, a Grande Depressão gerou o desejo para o estabelecimento de sistemas de seguro social desse tipo.

Seguro social para idosos, pensões nacionais e seguros de saúde ajudaram tanto os diretamente beneficiados quanto a sociedade como um todo. Sem precisar mais se preocupar com as condições adversas dos infortúnios da vida, os cidadãos podiam se concentrar na educação, na produção e na vida cívica. Como demonstraram as décadas de experiência européia, essas medidas socialmente benéficas não poderiam ser oferecidas de forma eficaz por empresas privadas ou sociedades de ajuda mútua criadas pelos próprios cidadãos. A provisão de seguros sociais centralizada no Estado era uma necessidade econômica e social.

Talvez o surgimento do Estado de bem-estar social tenha sido simplesmente uma necessidade para a sobrevivência das sociedades modernas. De outro modo, seria difícil explicar por que todas as sociedades industriais desenvolveram sistemas de seguro social, cujas similaridades, de longe, superam as diferenças. Além disso, esse desenvolvimento não se deu de forma regular ou contínua e, em geral, era precedido por duras batalhas políticas. A socialdemocracia pode ter sido criada para o bem comum, mas a oposição que o sistema gerou faz acreditar que dificilmente este teria sido criado se não contasse com adeptos fortes e determinados.

A classe trabalhadora foi a principal protagonista da evolução socialdemocrata. Os trabalhadores eram mais diretamente afetados pelas incertezas que o seguro social visava corrigir. Não possuíam terras ou riquezas que pudessem protegê-los contra o desemprego, doença ou invalidez. Também não ganhavam o suficiente que os permitisse guardar para a aposentadoria – precisavam de muita sorte para sobreviver até a idade de se aposentar. Desde o início da Revolução Industrial, os trabalhadores se organizavam em sociedades de ajuda mútua e em sindicatos comerciais. Entretanto, as experiências dos trabalhadores com sistemas de seguro social raramente eram de todo bem-sucedidas. Os sistemas locais de seguro-desemprego, talvez os mais importantes de tais iniciativas, iam à falência em caso de crises devastadoras, simplesmente porque o número de desempregados a serem beneficiados era grande demais. Na verdade, o sistema de seguro social de muitos países começou com uma ajuda financeira para fundos de desemprego que haviam falido, e que podia ser convertida em programas governamentais ou em subsídios para esquemas voluntários.[35]

A classe trabalhadora e seus partidos exigiam seguro social. Eles também queriam que o governo combatesse as crises econômicas com reflação, geração de empregos e outras medidas macroeconômicas – ou ao menos que não piorassem a crise com deflação e austeridade. A pressão dos trabalhistas por medidas sociais foi reforçada pela crise da década de 1930. As condições dos trabalhadores eram ruins demais para serem ignoradas e, de fato, problemas que antes pareciam ser apenas desses grupos passaram a afetar toda a sociedade. Dessa forma, à medida que a sabedoria herdada das classes dominantes anteriores parecia ter fracassado, os partidos trabalhistas e socialistas ofereciam uma alternativa democrática clara. O primeiro-ministro do Partido Socialdemocrata da Suécia explicou que a depressão econômica reanimou a sociedade:

> A crise econômica tem pregado de forma enérgica contra um sistema que de repente puxa o tapete de hordas de pessoas lutando honestamente para defender suas casas e famílias, e que traz a ameaça do colapso para todas as classes sociais e a sociedade inteira. Saber que catástrofes semelhantes já ocorreram antes não acalma o povo; para eles, saber que existe uma assistência social que os salvaria da fome não é suficiente; não se tranqüilizarão diante da suposta incapacidade da sociedade em protegê-los de acidentes econômicos. A utilização de recursos da sociedade moderna para garantir a vida do povo é uma necessidade fundamental.[36]

Os países que contavam com movimentos trabalhistas e partidos socialistas fortes adeririam de maneira mais rápida à socialdemocracia. Quando a Grande Depressão eclodiu, os socialistas escandinavos contavam com mais votos que em qualquer parte do mundo e eram os maiores partidos de seus respectivos países.

A existência de uma classe trabalhadora forte ajuda a explicar a adoção de medidas socialdemocratas em muitos países, mas não explica todo o fenômeno. O trabalhismo era poderoso na Grã-Bretanha e na Austrália, no entanto a socialdemocracia caminhava lentamente. O movimento trabalhista dos Estados Unidos era muito pequeno, isso sem falar no socialismo, mas o *New Deal* é um exemplo radical de adoção da socialdemocracia. De fato, em muitos países, inclusive nos Estados Unidos, o crescimento do movimento trabalhista moderno fora tanto o *resultado* como a causa das novas reformas. Os sindicatos norte-americanos não contavam com mais membros em 1935 do que em 1925. A aprovação da Lei Nacional de Relações Trabalhistas de 1935 permitiu que os sindicatos norte-americanos crescessem tão rápido quanto, de fato, cresceram, triplicando de tamanho durante os dez anos que se seguiram.[37] Dessa forma, embora a força dos movimentos trabalhistas tenha acelerado o surgimento da socialdemocracia, essa não foi a única razão.

A união da classe trabalhadora ajudou a promover a socialdemocracia, mas uma classe capitalista dividida – o apoio ou a condescendência de empresários importantes e a oposição de outros – também foi crucial. Uma característica singular da década de 1930 foi a combinação entre a influência de empresários que defendiam reformas macroeconômicas, sociais e trabalhistas associadas à socialdemocracia. Alguns deles talvez fossem reformadores sociais por natureza, convicção ou religião. No entanto, muitos empresários tinham motivos de ordem pragmática para acolher, ou mesmo defender, as novas medidas. Havia um grupo grande de empresários com poucas razões para serem contra as medidas socialdemocratas. A experiência dos Estados Unidos fora notória, uma vez que os empregadores foram por muito tempo uns dos grupos mais hostis em relação aos trabalhadores e à reforma social.

A nova ênfase dada à intervenção macroeconômica teve apelo entre muitos empresários. Eles acolhiam as medidas que fizessem as condições comerciais voltarem ao normal. Uma política monetária flexível diminuiu o ônus das dívidas corporativas, ao passo que gastos governamentais maiores significavam mais encomendas às empresas – de forma direta em alguns casos, ou indireta em outros. Os juros baixos e os orçamentos deficitários preocupavam alguns, especialmente na comunidade financeira, mas, em tempos de depressão econômica, esses grupos eram uma minoria insignificante. As políticas para estimular a economia encontraram pouca resistência e ainda um certo entusiasmo por parte da maioria dos círculos corporativos.

As medidas de seguro social passaram a ser menos controversas. Quando os governos adotaram sistemas de seguro social, muitas firmas consideraram o impacto insignificante. Os capitalistas logo se deram conta de que se todas as empresas passassem a ser obrigadas a contribuir para os programas de pensões e desemprego, o seguro social não afetaria a competição. Na verdade, as empresas que já ofereciam um sistema de pensões e seguros-desemprego internamente ficaram contentes por serem eximidas dessa responsabilidade. O editor da *Iron Age*, o informativo da indústria metalúrgica norte-americana, escreveu: "A indústria está de acordo com os amplos objetivos que conduzem o seguro social e não faz qualquer objeção à transferência desses encargos para os ombros do Tio Sam."[38]

Alguns da comunidade empresarial até consideravam esses programas bons para seus negócios. As empresas modernas, para as quais empregados confiáveis e motivados eram cruciais, havia muito utilizavam salários altos e condições empregatícias melhores para atrair uma força de trabalho qualificada. No decorrer das décadas de 1920 e 1930, muitos deles acreditavam que reduzir as incertezas dos trabalhadores ajudaria a estabilizar e a melhorar a força de trabalho. Essas empresas procuraram manter boas relações com seus empregados mesmo durante a depressão econômica – como a International Harvester, que propositadamente suspendeu os cortes salariais após 1929. Muitas empresas norte-americanas, com destaque para a Eastman Kodak e a General Electric, iniciaram programas internos de pensões, planos de saúde e seguros-desemprego para tornar seus empregos mais atraentes e trazer os melhores profissionais.

Esses capitalistas do bem-estar social – como são chamados pelos historiadores – talvez não tenham fornecido tais benefícios aos trabalhadores por causa de uma consciência social esclarecida, mas devido aos seus interesses pessoais. O apoio ao seguro social era mais forte nas indústrias onde a qualidade dos trabalhadores era particularmente importante e os salários representavam uma parcela relativamente pequena do custo total de produção. Era mais fácil para uma empresa de capital intensivo – como a General Electric ou a International Harvester, que dependiam de uma força de trabalho estável e confiável – do que para empresas como as da indústria de calçados e vestuário, onde a rotatividade dos trabalhadores em épocas prósperas era muito grande e onde os salários representavam o gasto maior, apoiar medidas que aumentariam os custos dos salários. Ao mesmo tempo, ainda que as modernas indústrias de capital intensivo fossem mais favoráveis ao seguro social, não lhes agradava o fato de serem as únicas a arcarem com custos adicionais. Poderiam ter oferecido esses programas de forma privada, mas preferiram a provisão universal para, como definiu um grupo de empresas, "equalizar o ônus dos custos entre os competidores".[39]

Empresas de peso nesse tipo de indústria desempenharam um papel importante no desenvolvimento dos programas sociais do New Deal. Executivos da Eastman Kodak, General Electric, Goodyear e da Standard Oil de Nova Jersey (outra empresa de alta tecnologia e capital intensivo) ajudaram a definir a legislação social do New Deal. Outras também acreditavam que as reformas socialdemocratas não eram perigosas e podiam até ajudar a organizar e a estabilizar o cenário econômico.

Considerações semelhantes influenciavam a forma como o empresariado via as relações trabalhistas. Quanto a isso, os empresários eram, na melhor das hipóteses, tolerantes, uma vez que até os empregadores mais progressistas temiam perder o controle do ambiente de trabalho para a mão-de-obra organizada. Reconhecer os sindicatos era uma questão de perder menos, mais do que ganhar algo. Relembrando, as empresas de capital intensivo, para as quais os custos trabalhistas eram menos relevantes, e as firmas que dependiam, em especial, da qualidade e estabilidade da força de trabalho eram mais propensas a reconhecer os sindicatos e a trabalhar em conjunto com essas organizações do que a se opor a eles. Varejistas como a Filene's também os apoiavam. Assim como outros empresários liberais, os varejistas precisavam de empregados leais e de alta qualidade, além de poderem repassar os custos adicionais aos consumidores – como todos faziam. Os varejistas apoiavam a legislação trabalhista, que, nas palavras da associação varejista de São Francisco, "desvincula salários da competição e libera os concorrentes da necessidade de manter os salários tão baixos quanto os de seus competidores mais ferrenhos e perversos".[40] Na verdade, o único grupo norte-americano importante a se opor à Lei do Seguro Social de 1935 foi a National Retail Dry Goods Association*, que incluía a Macy's e a Sears, Roebuck.

Até na Suécia, onde os sindicatos trabalhistas e os socialdemocratas eram extremamente fortes, a cooperação de segmentos do mundo corporativo foi fundamental para o desenvolvimento da socialdemocracia. O famoso mecanismo nacional para o estabelecimento de salários surgiu de uma aliança entre empregados e patrões da indústria metalúrgica. Em 1933 e 1934, uma longa greve na construção civil e o aumento súbito dos salários do ramo ameaçou tirar o maquinário sueco dos mercados mundiais devido ao aumento do preço do produto. Os sindicatos e a gerência das metalúrgicas, altamente voltadas para as exportações, desejavam manter os salários baixos na construção civil para proteger a competitividade das exportações dos produtos suecos derivados de metal. A federação dos empregadores e a federação trabalhista se uniram para impor restrições nacionais aos salários. O compromisso da socialdemocracia com a economia doméstica sugeria que os sindicatos deveriam ser "responsáveis", e a centralização das negociações salariais era uma forma eficaz de obrigar socialdemocratas, trabalhadores e empresários a alinhar aumentos salariais e objetivos econômicos. Disso resultou um sistema que operava, em grande parte, para satisfazer algumas das principais indústrias exportadoras da Suécia.[41]

Muitas indústrias norte-americanas, no entanto, se opuseram ao New Deal com veemência. A Liga da Liberdade**, liderada por Du Pont e os sócios da Morgan, reuniu os empresários inimigos das políticas sociais. As empresas de mão-de-obra intensiva rejeitavam a visão benevolente das reformas do New Deal; não conseguiam arcar com uma legislação trabalhista e social tão cara, uma vez que os gastos com trabalhadores era uma parcela grande demais de suas despesas. As indústrias que competiam internacionalmente enfrentaram ainda mais problemas porque nem todos os países adotaram o seguro social e as reformas trabalhistas da época. Mesmo os empresários liberais se preocupavam com a questão, e a General Electric propôs suspender os impostos de empresas que competissem com empresas dos países atrasados. De fato, a US Steel deu início a negociações com o Comitê Organizador dos Metalúrgicos da CIO*** até que o cartel internacional chegou a um acordo que protegeria o mer-

* Associação de lojas independentes que mais tarde virou uma cadeia de lojas de departamento. (N.T.)

** Do inglês American Liberty League, grupo formado por empresários e políticos democratas conservadores que se opunham ao New Deal de Roosevelt. (N.T.)

*** Sigla em inglês para o Comitê para a Organização Industrial, associação de sindicatos trabalhistas da indústria, que operou entre 1935 e 1955 nos Estados Unidos e no Canadá. (N.T.)

cado norte-americano. Dois dias depois, sem precisar mais se preocupar com a competição estrangeira, a empresa concordou em reconhecer o sindicato.[42]

Apesar de vários empresários continuarem a se opor à socialdemocracia, durante a década de 1930 muitos capitalistas passaram a apoiar, ou ao menos deixaram de confrontar, as reformas sociais. Além disso, a socialdemocracia também refletia a coalizão entre, de um lado, produtores agrícolas e trabalhadores organizados e, de outro, a ala mais moderna do empresariado. Nas indústrias mais avançadas tecnologicamente, setores intensivos em capital, organizados de acordo com as novas formas corporativas e que dependiam de uma força de trabalho qualificada e estável, os capitalistas tendiam a defender (ou pelo menos a não contestar) o seguro social, os direitos dos trabalhadores e outras medidas socialdemocratas.

A força motriz que impulsionou a evolução da socialdemocracia veio de muitas fontes. Parte da motivação certamente resultou de preocupações sociais amplas e, como disse Keynes, pela idéia de que "o capitalismo internacional, mas individualista ... não cumpre o prometido". Sem que houvesse um amplo desejo de mudanças, os regimes democráticos certamente não teriam adotado as medidas que adotaram. O movimento trabalhista fora o principal responsável por plantar as sementes de muitas reformas que vieram a ser implementadas. O apoio ativo ou a aceitação passiva do empresariado foi importante para a adoção de medidas socialdemocratas e trabalhistas. As amplas necessidades sociais, as exigências trabalhistas e a aceitação por parte dos capitalistas contribuíram para a reconstrução do sistema industrial.

Socialdemocracia e cooperação internacional

Ao adotar a socialdemocracia, o mundo industrial passou a se esforçar para construir relações econômicas internacionais mais abertas e com um grau maior de cooperação. Isso ocorreu por uma série de motivos. Primeiro, os movimentos trabalhistas e socialistas de vários países avançados já defendiam o livre comércio havia muito tempo, em parte para garantir alimentos baratos e outros bens de consumo aos trabalhadores urbanos. Segundo, a maioria dos empresários que defendia a socialdemocracia pertencia a indústrias tecnologicamente avançadas e internacionalmente competitivas, que consideravam o protecionismo uma heresia. Terceiro, à medida que a década avançava, a necessidade das democracias do Ocidente de se unirem contra as autarquias fascistas se tornava mais evidente.

As pequenas socialdemocracias da Europa ocidental lideraram os esforços para a reconstrução do comércio e das finanças internacionais; tinham um longo passado de livre comércio e não podiam considerar seriamente a alternativa autárquica. Em 1932, no auge da depressão econômica, a Escandinávia e os Países Baixos concordaram em reduzir pela metade as tarifas entre suas nações por cinco anos. O Grupo de Oslo, formado por economias pequenas e abertas da Europa ocidental, se tornou o núcleo dos esforços para reconstruir o sistema comercial. Logo, o apoio a esses esforços veio de um lugar inesperado, do New Deal da administração de Franklin Roosevelt.

Os Estados Unidos eram o país mais protecionista do mundo ocidental, mas os democratas discordavam das altas tarifas dos republicanos que durante muito tempo dominaram a política e conseguiram baixá-las entre 1913 e 1920, durante o breve predomínio democrata. O sul era a principal base de apoio do livre comércio devido à importância das exportações de algodão e tabaco para a região. Além disso, o partido era financiado por empresas adeptas do livre comércio, descontentes com o aumento tarifário, especialmente após a Lei Smoot-Hawley, de 1930.

No início, a administração foi atingida por disputas internas em relação à política comercial. Mas logo o secretário de Estado Cordell Hull falou mais alto. Hull havia defendido o livre comércio por muitos anos, quando senador pelo Tennessee, estado exportador de tabaco. Em 1934, o Congresso sancionou a Lei dos Acordos Recíprocos de Comércio de Hull. A lei autorizava o presidente a negociar reduções tarifárias acima dos 50% com outros países sem a aprovação do Congresso. Em cinco anos, os Estados Unidos já haviam assinado 20 acordos comerciais, cobrindo 60% das importações da nação. O Grupo de Oslo na Europa ocidental e os Estados Unidos no hemisfério oriental pressionavam para a reconstrução de uma ordem comercial.

França e Grã-Bretanha continuaram relutantes. Instituíram inicialmente um sistema de preferências imperial. A França reduziu suas tarifas apenas após a posse da Frente Popular. Em seguida, os britânicos também começaram a abandonar o sistema comercial que dava preferência ao Império; o Canadá e outros membros importantes também começaram a deixá-lo de lado e os Estados Unidos reclamavam incessantemente das práticas discriminatórias do Império. Os franceses e britânicos concordaram em apoiar um estudo do ex-primeiro-ministro belga Paul van Zeeland, que no início de 1938 recomendava esforços conjuntos para a liberalização do comércio. Às vésperas da Segunda Guerra Mundial, as democracias industriais se comprometeram formalmente a reduzir as barreiras comerciais e algumas delas, na verdade, já haviam iniciado um movimento nessa direção. Entretanto, a guerra impediu novos progressos.[43]

As relações monetárias internacionais tomaram rumo semelhante. Ao se preparar para retirar o franco do padrão ouro, em 1936, o governo da Frente Popular francesa consultou os britânicos e os norte-americanos para evitar uma nova rodada de desvalorizações competitivas. A desvalorização do franco em setembro de 1936 foi anunciada como parte de um acordo entre os três países: "Um raio de sol", entusiasmou-se o *New York Times*, "surgiu entre as nuvens carregadas do nacionalismo. A cooperação internacional continua algo possível."[44] Em poucos meses, os três signatários do Acordo Monetário Tripartite, agora acompanhados por Bélgica, Suíça e Holanda, incluíram no pacto firmado medidas para estabilizar suas moedas. Longe de ser um grande ato, como expressou um importante banqueiro de Nova York, o acordo significava "um desafio para o emprego do nacionalismo econômico nas questões monetárias".[45] Não era a retomada do padrão ouro, mas algo novo com base no compromisso dos governos em defender mutuamente suas moedas com uma ligação apenas limitada com o ouro. Sugeria, como disse Leon Fraser, do First National Bank of New York, "a união do melhor do padrão ouro, corrigido pela experiência, com o que parecia viável em algumas das doutrinas das 'moedas controladas'".[46] Foi preciso esperar até o fim da Segunda Guerra Mundial, quando os arranjos monetários foram elaborados e expandidos, para saber exatamente o que seria essa união. Entretanto, as sementes de uma nova ordem monetária haviam sido plantadas.

Das cinzas

A depressão econômica destruiu a ordem estabelecida. O sistema pré-1930 tinha base na ortodoxia internacionalista do padrão ouro, no papel limitado do governo na economia e na predominância política dos empresários. A calamidade da década de 1930 baniu o comprometimento da ordem clássica com a economia internacional e com o mercado. A Alemanha, a Itália e seus companheiros fascistas rejeitaram a integração global e o mercado em favor da autarquia, da intervenção estatal e da repressão aos trabalhadores. No Ocidente industrial, uma coalizão entre trabalhistas, produtores agrícolas e capitalistas progressistas substituiu o *laissez-faire* pela nova socialdemocracia, que intervinha na macroeconomia e oferecia uma variedade de serviços e seguros sociais.

Hjalmar Horace Greeley Schacht e John Maynard Keynes foram representantes de reações opostas à depressão econômica. Os dois rejeitaram a ortodoxia do padrão ouro em favor de uma ação vigorosa dos governos. Tanto a economia schachtiana quanto a keynesiana pregavam intervenção governamental, ativismo fiscal, restrições aos investimentos internacionais e controle sobre o comércio. Schacht estava mais voltado à autarquia fascista; já Keynes preferia o intervencionismo socialdemocrata.

Em 1934, no auge da depressão econômica, o pragmático Schacht governava a segunda maior economia do mundo, enquanto o acadêmico Keynes escrevia uma obra abstrata de teoria econômica. Isso pode ter sido um reflexo de suas características intelectuais e pessoais: o alemão era um conformado adorador da Prússia, que venerava o poder e os poderosos; o inglês, um homossexual heterodoxo que acreditava no poder das idéias e desdenhava dos políticos. Suas diferenças, entretanto, também se refletiram na realidade econômica e política: a economia schachtiana era admirada e copiada em dezenas de regimes autárquicos na Europa e América Latina, ao passo que a keynesiana obteve apoio intelectual e político de forma gradual.

O jogo virou dez anos depois, em 1944. Enquanto o inglês brindava pelo Ocidente ter aceitado seu projeto para a economia mundial do pós-guerra, os oficiais da Gestapo estavam a caminho para prender o alemão. Enquanto Schacht implorava para continuar vivo em Nuremberg, Keynes se encarregava das negociações para uma nova ordem econômica, a ser construída nas ruínas da guerra que os alemães perderam.

parte III *Juntos novamente, 1939-1973*

11

A reconstrução do Oriente e do Ocidente

Logo que a guerra estourou, os aliados do Ocidente já começaram a planejar a ordem econômica da paz. Na verdade, o projeto norte-americano para o pós-guerra começou bem antes da entrada dos Estados Unidos no conflito. Em setembro de 1939, menos de duas semanas após a erupção das hostilidades na Europa, o Conselho de Relações Internacionais de Nova York e o Departamento de Estado formaram grupos de estudo para a produção de relatórios sobre como o país deveria levar à frente a sua visão de mundo. Assim que os Estados Unidos entraram na guerra, o planejamento oficial começou a ser levado a sério e centenas de pessoas do governo, do meio empresarial e acadêmico trabalharam para traçar os desígnios da paz.

Arranjos anteriores da economia internacional se desenvolveram a partir da interação entre os mercados e a política. No entanto, durante a Segunda Guerra Mundial, os líderes do Ocidente foram tomados pelo medo de que o estabelecimento da paz traria de volta o desastre que se seguiu à Primeira Guerra. Assim, não deram chance ao acaso. O formato do sistema econômico mundial foi definido em negociações internacionais, e os governos escreveram as regras do jogo da economia global.

Os Estados Unidos à frente

A questão mais importante para os que desejavam liderar o mundo pós-guerra na direção de uma abertura econômica mais ampla era a garantia de participação dos Estados Unidos. A situação no líder aliado mostrava-se favorável, diferentemente do que ocorrera no período entreguerras, quando o internacionalismo norte-americano associado a Woodrow Wilson era pouco popular ou ignorado. Empresários e tomadores de decisão, que nunca haviam abandonado o internacionalismo econômico, puderam, novamente, incluir seus anseios na agenda do governo. Leon Fraser, presidente do First National Bank de Nova York, defendia, já em 1940, que não havia motivo para o adiamento de ações contra os três principais males da época: "O nacionalismo econômico, as barreiras comerciais e a guerra". Assim, afirmou:

> Essas três desgraças andam de mãos dadas, sempre andaram. Dar uma profunda importância às políticas públicas a esse respeito, mesmo enquanto reina a batalha, não é algo tão incongruente, impotente ou inadequado quanto possa parecer em um primeiro momento. Ninguém deveria deixar de questionar o porquê de uma praga enquanto continuasse a morrer gente em sua conseqüência.

Era de especial importância que os Estados Unidos liderassem na direção certa.

> À medida que os Estados Unidos caminharem, o mundo também caminhará, pois nossa influência é tão grande e nossa força tão dominante que quando nossas políticas forem claramente definidas e postas em prática, provavelmente – se não seguramente –, servirão de guia para o resto do mundo.[1]

No decorrer da guerra, a visão oficial norte-americana se consolidou, apesar de existirem diferenças dentro da administração Roosevelt, do Congresso e entre a população. O governo e o empresariado passaram a se concentrar em três elementos da ordem do pós-guerra: um comércio mais livre, a estabilidade monetária internacional e a recuperação dos investimentos internacionais.

A primeira idéia a ser tratada foi a de um comércio internacional mais livre. Hull, secretário de Estado e responsável pelas políticas comerciais norte-americanas, como típico democrata do sul exportador, defendia as noções tradicionais a favor do livre comércio. Pressionou o presidente para que negociasse reduções tarifárias sob os termos da chamada Lei dos Acordos Recíprocos de Comércio, de 1934. O objetivo dele não era apenas buscar mercados para os produtos norte-americanos. Ele defendia a crença wilsoniana de que, como o próprio definiu, "um comércio desimpedido combina com a paz; tarifas altas, barreiras comerciais e competição injusta condizem com a guerra". Os céticos poderiam rir, mas como disse Hull:

> É fato que nunca houve qualquer guerra entre os Estados Unidos e outro país com o qual tivéssemos conseguido negociar um acordo comercial. Também é fato

> que os países com os quais firmamos acordos, com muito poucas exceções, se uniram para resistir ao Eixo. Os alinhamentos políticos seguiram os alinhamentos econômicos.[2]

Como um partidário das idéia de Hull declarou: "Se não queremos que soldados cruzem as fronteiras internacionais, os produtos devem fazê-lo."[3]

Os defensores do livre comércio investiam contra um século de protecionismo norte-americano, mas em diversas áreas corporativas o apoio a barreiras comerciais persistia. Mesmo assim, o entusiasmo com a liberalização do comércio cresceu. No fim da guerra, a idéia de que a livre troca de mercadorias fazia parte dos interesses norte-americanos já era popular, se não universal. Havia razões práticas para essa mudança. Muitas das indústrias norte-americanas utilizaram a superioridade tecnológica para exportar e investir no exterior. Isso fez com que o apoio ao livre comércio se expandisse para além da tradicional base de exportação agrícola. Além do mais, no decorrer da guerra, tornou-se óbvio que os norte-americanos não enfrentariam muita competição estrangeira após o fim do conflito. Muitos industriais protecionistas mudaram de idéia quando perceberam que tinham muito a ganhar com a liberalização do comércio e muito a perder com a manutenção das barreiras comerciais britânicas e européias.

Os acordos preferenciais do Império Britânico chocaram os norte-americanos, que por sua vez dependiam do acesso a esses mercados. Como exemplo, Hull se referiu às exportações de ovos para o Canadá. Cedendo à pressão dos produtores, o Congresso aumentou os impostos sobre a dúzia de ovos de 8 para 10 centavos por meio da Tarifa Smoot-Hawley*. A medida reduziu em 40% a quantidade, já pequena, de ovos canadenses enviados para os Estados Unidos, que passou de 160 mil para menos de 100 mil dúzias. A área comercial do Império Britânico (que incluía o Canadá) contra-atacou aumentando as taxas sobre a importação de ovos (que antes eram de três centavos por dúzia) para 10 centavos. Essa medida fez com que as exportações norte-americanas de ovos para o Canadá, que eram bastante consideráveis, sofressem uma queda de 98%, passando de 11 milhões para menos de 200 mil dúzias. O protecionismo norte-americano saiu pela culatra.[4]

Quanto ao sistema preferencial do Império Britânico, os adeptos do livre comércio compartilhavam da mesma opinião de Hull, que o considerava "o maior dano já causado a este país desde que entrei na vida pública".[5] Mas os Estados Unidos encontravam-se numa posição confortável para persistir nos

* Lei aprovada em 1930 que determinou o aumento de tarifas sobre diversos produtos importados. (N.T.)

seus objetivos: os britânicos dependiam dos Estados Unidos para se defender dos nazistas. Até os empresários e políticos simpáticos à causa britânica se entusiasmaram com a possibilidade de utilizar a situação emergencial da guerra como sustentáculo para abrir os mercados do Império.

Em março de 1941, o Congresso aprovou um acordo de *Lend-Lease** com a Grã-Bretanha sob a objeção dos ainda poderosos isolacionistas. O acordo autorizava os Estados Unidos a "emprestar" equipamentos militares e afins aos aliados, mediante a promessa fictícia de que seriam devolvidos após a utilização. Sobre isso, o líder republicano Robert Taft alegou que "emprestar equipamentos militares é o mesmo que emprestar goma de mascar, é impossível devolver". O subterfúgio, no entanto, contornou as objeções isolacionistas ao financiamento direto. O plano prometia evitar as dívidas de guerra que atrapalharam a recuperação após a Primeira Guerra Mundial; as novas dívidas dos aliados com os Estados Unidos seriam perdoadas de forma mais ou menos automática. Os equipamentos de guerra norte-americanos começaram a ir para as mãos dos britânicos, apesar de os Estados Unidos ainda não serem um país beligerante e a Grã-Bretanha não ter precisado pagar pela ajuda.

Mas o *Lend-Lease* veio com condições, inclusive uma promessa britânica de liberalizar ainda mais o comércio. Em agosto de 1941, o presidente Roosevelt e o primeiro-ministro Winston Churchill anunciaram a Carta do Atlântico, estabelecendo objetivos de guerra conjuntos, que incluíam "aumentar a satisfação de todos os Estados ... em relação ao acesso, com igualdade de condições, ao comércio e às matérias-primas do mundo". Logo depois da entrada dos norte-americanos no conflito, ambos os países assinaram um amplo acordo de *Lend-Lease*, em que os dois – o que significava a Grã-Bretanha – se comprometiam com a "eliminação de qualquer forma de tratamento discriminatório no comércio internacional e com a redução de tarifas, além de outros tipos de barreiras". Todos sabiam o que isso implicaria. O subsecretário de Estado Sumner Welles estava exultante: "A era do imperialismo chegou ao fim", disse ele, usando a definição de imperialismo popular na época, como todo arranjo que reservava os benefícios imperiais para qualquer país, menos os Estados Unidos. Os britânicos aderiram à visão norte-americana de que "cada nação tem o direito de supor que o seu comércio legal não será desviado ou estrangulado por tarifas monumentais, preferências, discriminações ou práticas bilaterais".[6] Em um ano, britânicos e norte-americanos começaram a delinear uma organização internacional do comércio, para gerenciar a redução das barreiras comerciais.

As discussões anglo-americanas sobre o capital e as finanças internacionais corriam paralelas às negociações comerciais. A partir de 1940, John Maynard

* Lei de empréstimo e arrendamento. (N.T.)

Keynes e Harry Dexter White, representantes do Tesouro norte-americano e britânico, respectivamente, formularam propostas para as relações monetárias internacionais e os investimentos globais do pós-guerra. Tais planos eram menos controversos que aqueles relativos ao comércio. As políticas comerciais atingiam empresas poderosas, cujos lucros dependiam da proteção contra outras empresas também poderosas, cujos lucros, por sua vez, dependiam da remoção de barreiras comerciais. Não obstante, quase todos ganhariam com a recuperação de um sistema monetário internacional.

Muitos desejavam que a cooperação monetária internacional estabelecida entre os aliados do Ocidente, no fim da década de 1930, pelo Acordo Monetário Tripartite continuasse. O debate girava em torno do padrão ouro. Muitos banqueiros internacionais estavam convencidos de que um padrão ouro renovado se adequaria melhor às suas necessidades. O *New York Times*, refletindo a visão de Wall Street, opinou que "o padrão ouro foi a norma internacional mais satisfatória já arquitetada, como nenhum outro acordo internacional havia sido". O jornal insistia:

> Diz-se, com freqüência, que o padrão ouro "fracassou". A verdade é que o governo sabotou deliberadamente o padrão porque este interfere no "planejamento" nacionalista, que o governo preferia à estabilidade das taxas de câmbio ... Não é necessário inventar esquemas técnicos elaborados para garantir a estabilidade monetária. O século XIX a conseguiu por meio do padrão ouro.[7]

Muitos industriais e trabalhadores organizados, no entanto, estavam hesitantes quanto à retomada do padrão ouro nas mesmas bases de antes de 1914. Eles não gostavam da inflexibilidade do ouro, sob a qual o governo não podia utilizar políticas monetárias para estimular a economia nem desvalorizar a moeda com a finalidade de tornar a indústria mais competitiva. Cientes de que uma simples retomada do padrão ouro seria pouco provável, os banqueiros sensíveis à política estavam dispostos a concordar com um novo padrão dólar. O presidente do Chase acreditava ser viável "o dólar se transformar em uma âncora segura para as moedas de outras nações e se tornar um meio de troca internacional aceito por todos".[8] Não por coincidência, um padrão dólar renderia aos bancos internacionais norte-americanos, como o Chase, uma posição privilegiada nos mercados financeiros mundiais.

No início de 1944, Keynes e White conseguiram conciliar a estabilidade internacional de um padrão ouro-dólar com a flexibilidade doméstica para intervenções cambiais. Os países participariam de um Fundo Monetário Internacional (FMI); destinariam ouro e capital em moeda nacional para esse fundo comum e fixariam suas moedas no metal a uma taxa preestabelecida. O fundo lhes emprestaria dinheiro em tempos difíceis e os valores das moedas poderiam ser modificados se as condições econômicas assim exigissem. O plano de Keynes e White uniu os objetivos dos governos britânico e norte-americano: estabilidade monetária com flexibilidade e amparo ao ouro sem rigidez.

Keynes e White previram que os governos iriam restringir o fluxo de capital de curto prazo para estabilizar suas moedas. Eles acreditavam que os efeitos nocivos dos investimentos especulativos se sobrepunham aos benefícios da livre movimentação de capital. Tal idéia, aliada à intervenção cambial, enfureceu os partidários mais conservadores do ouro, como o banqueiro de Nova York que reclamou do absurdo de todas as moedas receberem o mesmo tratamento: "Eles colocam leus, litas, lats e rublos, e retiram dólares. E somos obrigados a usar os leus, litas, lats e rublos."[9] Tais objeções, contudo, não se encontravam no centro do debate público. Como disse Keynes: "O plano prevê o direito explícito de cada governo-membro de controlar todas as movimentações de capital. O que já foi considerado uma heresia passou a ser defendido como ortodoxia."[10]

Apesar de demonstrarem antipatia pelos investimentos de curto prazo ("especulativos"), Keynes e White queriam assegurar que os investimentos de longo prazo ("produtivos") chegassem até as regiões necessitadas. Os países da Europa e da Ásia devastados pela guerra, em especial, precisavam de grandes empréstimos para reconstruir sua infra-estrutura. No passado, dois fatores impediam esse tipo de investimento. Primeiro, as finanças internacionais estavam sempre envolvidas em disputas diplomáticas. Uma série de estudos da década de 1930 concluiu que, diferentemente do que ocorria, a movimentação desejada de capitais deveria manter-se separada da política entre os Estados. Herbert Feis, importante consultor do Departamento de Estado, escreveu que se o futuro for mais feliz que o passado, "o capital que se movimenta internacionalmente não carregará consigo o poder de um Estado nacional organizado, tampouco será forçado a atender aos objetivos políticos do mesmo".[11] O livro *War and the Private Investor*, obra amplamente lida de Eugene Staley, foi enfático: "O fator fidelidade nacional deve separar-se do capital migratório." Posteriormente, Staley escreveu: "A função de promover e proteger os investimentos deverá se concentrar nas mãos de várias organizações que representem a comunidade internacional e que tenham autoridade mundial."[12] Os acadêmicos foram tomados por um otimismo ingênuo, mas se apropriaram da idéia amplamente difundida de que investimentos internacionais não podiam ficar sujeitos a intrigas diplomáticas.

O segundo entrave para os investimentos internacionais era a relutância dos credores em financiar grandes empreendimentos, como ferrovias e portos. Esses projetos seriam cruciais para viabilizar outros investimentos privados, mas necessitavam de tanto tempo que os investidores avessos ao risco os evitavam. As inversões privadas na Europa, por exemplo, exigiam que uma grande quantidade de capital fosse destinada a rodovias, ferrovias e portos, projetos que dificilmente seriam financiados por investidores temerosos.

Keynes e White se propuseram a resolver o problema criando um Banco Internacional para a Reconstrução e o Desenvolvimento (Banco Mundial), sustentado pelas principais potências financeiras. O banco pegaria empréstimos na iniciativa privada a juros baixos (devido às garantias de seus financiadores) e repassaria para projetos que facilitariam outros investimentos privados. O sistema, de uma forma ou de outra, significava uma volta ao início da década de 1930, e até os adeptos do conservadorismo financeiro o apoiavam. A organização complementaria, e não substituiria, os empréstimos privados, financiando empreendimentos que, quando finalizados, garantiriam a lucratividade dos investimentos.

No início de julho de 1944, cerca de mil representantes de mais de 40 países se reuniram no Mount Washington Hotel, nas montanhas de Bretton Woods, em New Hampshire. Durante três semanas, sob a liderança de White e Keynes, as delegações traçaram planos para o FMI e o Banco Mundial – bem como para a ordem financeira e monetária do pós-guerra. O sistema criado em Bretton Woods era único. Nunca existira uma organização como o FMI, à qual os governos membros concordaram em subordinar suas decisões sobre medidas econômicas importantes. Tampouco já havia existido uma organização como o Banco Mundial, que contava com bilhões de dólares a serem emprestados a governos ao redor do mundo. O capitalismo organizado da nova social-democracia, que havia invadido as políticas econômicas das nações capitalistas ocidentais, foi aplicado no plano internacional.[13]

Antes de a guerra terminar no Pacífico, o Congresso norte-americano aprovou o Tratado de Bretton Woods, sob a oposição dos isolacionistas e de alguns banqueiros internacionais. Em março de 1946, com a Europa e a Ásia em frangalhos, as primeiras reuniões do Fundo Monetário Internacional e do Banco Mundial foram realizadas em Savannah, na Geórgia.

Keynes ficou decepcionado com a evolução final das instituições de Bretton Woods. Acreditava que a política estava pervertendo as boas idéias – em particular, suas boas idéias. Keynes, o nacionalista inglês, ficou desanimado com o puro exercício de poder dos norte-americanos, acusados por ele de "desejar arrancar os olhos do Império Britânico".[14] O economista havia criticado os aliados em 1919 pela imposição de determinações injustas aos perdedores da guerra. Agora, acreditava que os Estados Unidos estavam impondo determinações injustas a um dos vencedores, o Reino Unido. Não deveria ser uma surpresa: os norte-americanos e os britânicos queriam instituições que servissem aos seus interesses, mas os britânicos esperavam ser tomadores de empréstímos, e os norte-americanos, emprestadores. Conflitos de interesse tornaram-se inevitáveis e as relações de poder faziam com que os anseios norte-americanos prevalecessem. Keynes, assim como muitos britânicos, não entendia o quanto a realidade política havia mudado e não estava satisfeito com a perda de influência de sua terra natal.

Ele também acreditava que um acordo de cooperação internacional estava sendo destruído, uma vez que os norte-americanos modificaram as instituições de Bretton Woods para garantir a predominância dos Estados Unidos. O desgosto de Keynes com a manipulação das decisões de Bretton Woods foi acentuado por sua contradição pessoal em relação a quase tudo o que fosse norte-americano. Afinal, ele era um "lorde inglês" – agora barão de Tilton –, de um mundo cultural e intelectual incapaz de compreender os norte-americanos, até mesmo aqueles de que ele gostava. Alguns versos satíricos que circularam durante as negociações resumia a opinião do economista britânico:

Em Washington lorde Halifax
Sussurrou a lorde Keynes
"É verdade, todas as maletas de dinheiro são *deles*
Mas todos os cérebros são nossos."[15]*

Keynes, o economista, abominava a politização de seus mecanismos, feitos com tanto cuidado para lidar com os problemas econômicos. Na primeira reunião em Savannah, ele fez um alerta alegórico sobre os perigos de as instituições serem tomadas por políticos. Utilizando o balé *A bela adormecida*, que acabara de ver, se referiu às fadas madrinhas das instituições de Bretton Woods, que as haviam abençoado com universalismo, coragem e sabedoria. Keynes disse esperar que "nenhuma fada maliciosa, nenhuma Carabosse**" transformasse as duas instituições em instrumentos políticos. O provável alvo desse ataque velado teria sido Fred Vinson, secretário do Tesouro norte-americano, que se queixou: "Não me importo de ser chamado de malicioso, mas me importo de ser chamado de fada."[16] Keynes comemorou, já que muitas de suas idéias foram realizadas, mas o enfurecia a forma como as políticas de poder, especialmente as norte-americanas, minavam seu idealismo em relação às organizações de Bretton Woods. Após essa experiência igualmente amarga e doce, ele voltou à Inglaterra já com a saúde debilitada por anos de excesso de trabalho. Keynes veio a falecer algumas semanas depois, repentinamente, na cama, em casa.

* No original, em inglês: *In Washington Lord Halifax / Once whispered to Lord Keynes, / "It's true, they have all the money-bags / But we have all the brains."* (N.T.)

** A fada má. (N.T.)

Keynes e White, no entanto, haviam definido as normas básicas da nova ordem econômica. As duas principais instituições de Bretton Woods definiram a economia mundial capitalista pelos 25 anos que se seguiram à Segunda Guerra Mundial. Suas especificidades organizacionais não são de grande importância, já que evoluíram por caminhos não previstos por seus fundadores. A questão era mais ampla, como observou posteriormente um dos negociadores norte-americanos:

> A principal importância de Bretton Woods foi a derrota do isolacionismo econômico do período pré-guerra e da séria ameaça de que com a vitória militar esse país, mais uma vez, se voltasse para o nacionalismo econômico. Dessa forma, a questão sobre a eficácia do Banco e do Fundo à luz dos acontecimentos do pós-guerra (muitos dos quais imprevisíveis) não é tão importante quanto o fato de estes terem estabelecido os princípios de cooperação dos Estados Unidos para a solução dos problemas econômicos internacionais do futuro.[17]

A tarefa urgente

Os projetos de Bretton Woods se mostraram irrelevantes perto do objetivo urgente de reconstruir as economias das nações que estiveram em guerra. O pior conflito do mundo foi mais destrutivo para economias e sociedades do que o previsto. No pós-guerra, o PIB per capita dos aliados europeus – União Soviética, França, Bélgica, Holanda e outros – correspondia a menos de 4/5 do que valia em 1939; na maioria deles, os índices de 1946 estavam bem menores que os do início da década de 1920. As condições nos países derrotados eram muito piores. A produção industrial da Alemanha em 1946 correspondia a 1/3 do que era em 1936 e, de forma geral, depois da guerra a renda por pessoa nas nações do Eixo derrotado foi reduzida a menos da metade. Na Itália e no Japão, os índices de 1946 mais ou menos equivaliam aos de 1910; na Alemanha, aos de 1890; na Áustria, aos de 1870. A guerra no continente significou um retrocesso econômico de 25 anos para os vencedores e de 40, 50 e até 75 anos para os perdedores.[18] Antes da guerra, o padrão de vida alemão podia ser comparado ao britânico e correspondia a 4/5 do norte-americano; em 1946, passou a ser 1/3 do britânico e 1/4 do norte-americano, podendo ser quase comparado ao padrão de vida na Espanha ou no Peru.

A mudança de posição da Europa ocidental na economia internacional dificultaria a recuperação. Para se reconstruir, o continente precisava importar alimentos, matérias-primas e equipamentos tecnológicos. No entanto, boa parte da capacidade européia de ganhar dinheiro para financiar as importações havia se esgotado. A maioria de seus investimentos estrangeiros foi liquidada para custear a guerra, o que lhes rendeu uma perda significativa de rendimentos. Com a Guerra Fria, a Europa ocidental passou a não ter mais acesso aos mercados da parte oriental e central do continente. Os Impérios europeus se desintegravam, e o acesso privilegiado ficou restrito apenas aos mercados e às matérias-primas das ex-colônias. Até o transporte de mercadorias nos países europeus – tanto o que levava produtos aos mercados quanto o que trazia deles – passou a sofrer limitações. A frota mercante de navios de todo o continente europeu, que em 1939 era três vezes maior que a dos Estados Unidos, foi reduzida pela metade em 1947.[19] A capacidade importadora da Europa ocidental passou a ser 1/3 daquela em 1938.[20]

Enquanto isso, os Estados Unidos e o restante do hemisfério ocidental desfrutavam de prosperidade. A economia norte-americana cresceu cerca de 50% (em termos gerais, com ajustes inflacionários) durante a guerra, de 1939 a 1946; o Canadá e a América Latina cresceram ainda mais rápido. O peso relativo das economias norte-americanas e européias basicamente mudou. Em 1939, a economia dos Estados Unidos era metade do tamanho das economias da Europa que se envolveriam na guerra, do Japão e da União Soviética; em 1946, a economia norte-americana era maior que a de todos esses países juntos. Em 1939, a produção de aço de Alemanha, Grã-Bretanha e URSS juntas era 15% maior que a quantidade fabricada pelos Estados Unidos; em 1946, essa produção havia se tornado cerca de 50% menor.[21]

A Europa e o Japão estavam destruídos ou exaustos; os Estados Unidos seguiam ricos e poderosos e o grau de envolvimento do país com as questões mundiais determinaria a velocidade da recuperação. A lembrança do isolamento norte-americano após a Primeira Guerra Mundial continuava viva na memória dos líderes europeus. Eles ficaram ainda mais preocupados quando os republicanos tomaram o Senado e a Câmara dos Representantes em 1946, já que a ala isolacionista do partido continuava forte. Nesse momento, aqueles que defendiam a liderança norte-americana do mundo venceram. Será que os tomadores de decisão norte-americanos haviam aprendido a lição? Muito provavelmente não. Com poucas exceções, os líderes isolacionistas da década de 1920 continuavam isolacionistas na de 1940. Mas agora eles tinham sido superados em número.

Os Estados Unidos se voltaram para o mundo após 1945 devido a uma mudança de condições, não de mentalidade. O país passou a seguir absoluto no comércio, nas finanças e nos investimentos internacionais. O dólar não dividia mais a liderança com a libra esterlina ou o franco, e a maior parte dos investimentos britânicos e franceses no exterior havia sido liquidada. Em vez de competir com a indústria dos Estados Unidos, a Europa demonstrava uma avidez insaciável pelos produtos das influentes fábricas norte-americanas. Com o fim da guerra, as exportações tornaram-se duas vezes mais importantes para a indústria norte-americana do que na década de 1930. Enquanto isso, a competição por importados se enfraqueceu. Tal mudança econômica se refletiu nas idéias de alguns dos membros do Congresso, agora mais interessados em buscar mercados para os produtos norte-americanos do que preocupados com a competição estrangeira.[22]

O crescimento do poder norte-americano e o enfraquecimento do europeu deixaram claro que os Estados Unidos influenciariam o resto do mundo. Em Versalhes e também depois, Woodrow Wilson e seus colegas enfrentaram a intransigência dos europeus em relação a diversas questões e foram obrigados a ceder em assuntos importantes, como as indenizações da Alemanha. Agora, os aliados ocidentais dos norte-americanos estavam à mercê dos Estados Unidos. A Grã-Bretanha e a França expressavam seus pontos de vista com veemência e às vezes eram ouvidas pelos tomadores de decisão norte-americanos, mas não havia qualquer pretensão de uma parceria com igualdade de condições. Era fácil "vender" o envolvimento internacional norte-americano domesticamente quando os Estados Unidos ditavam as regras de tal envolvimento.

O poder e influência recentes da União Soviética também modificaram a visão norte-americana. A sociedade soviética sofreu terrivelmente com a guerra, mas o sucesso militar dessa nação tornou-a dominante a oeste do Reno. Além disso, no fim da guerra a indústria soviética vinha se tornando mais forte. A reputação dos soviéticos e dos comunistas que os apoiavam na Europa melhorou imensamente com o conflito. É inquestionável o quanto os comunistas sofreram nas mãos dos fascistas. Mesmo que muitos socialistas, democratas-cristãos e outros tivessem agido de forma nobre, havia exceções suficientes para manchar a imagem dos partidos e movimentos não-comunistas.

Para alguns, a predominância norte-americana, o declínio europeu e a influência e o poder soviéticos eram o presságio de que a aliança dos tempos de guerra continuaria. Seria liderada pela união de norte-americanos e soviéticos e teria como finalidade desarmar as nações derrotadas e reconstruir a Europa. Havia quem defendesse essa idéia na administração norte-americana, incluindo o secretário do Tesouro Henry Morgenthau e o ex-vice-presidente Henry Wallace. O departamento de Morgenthau traçou até mesmo um plano para desindustrializar a Alemanha, restringindo o país à agricultura e à indústria leve, de forma a retirar as instalações de fabricação militar das regiões nazistas.

A hostilidade entre os Estados Unidos e a União Soviética, no entanto, aumentou com o fim da guerra: as diferenças ideológicas entre as duas ordens sociais cresceram demais ou a competição política entre comunistas e não-comunistas nos países europeus se tornou muito violenta. O conflito pode ter sido uma conseqüência inevitável da tensão surgida quando cada superpotência se deparou com a ascendência nada bem-vinda do poder da outra. Talvez as hostilidades pudessem ter sido evitadas, mas não foram. Em 1947, a Europa já estava dividida em dois blocos, um pró-Estados Unidos e outro pró-União Soviética. O líder de cada bloco se encarregava de unir seus defensores, econômica e politicamente. Os Estados Unidos e a União Soviética tomaram para si a responsabilidade pela reconstrução da Europa ocidental e oriental, respectivamente.

O papel norte-americano na reconstrução do capitalismo combinava objetivos econômicos e anti-soviéticos. Alguns dos principais líderes políticos e empresariais se entusiasmaram com a segunda chance dada ao internacionalismo e utilizaram a ameaça soviética como justificativa para a construção de uma ordem econômica global centrada nos Estados Unidos. Outros toleravam o teor econômico da hegemonia norte-americana, mas apenas em prol da luta contra a União Soviética e contra o comunismo. O resultado fora chamado de consenso centrista, no entanto era mais um acordo que um consenso.

Dean Acheson, presente na criação

Dean Acheson foi um dos principais arquitetos dos compromissos assumidos pelas políticas norte-americanas do pós-guerra. Em muitos aspectos, Acheson era a quintessência do protestante caucasiano anglo-saxão. Filho do pastor de uma igreja episcopal de Connecticut, freqüentou a Escola de Groton, a Universidade Yale e a faculdade de Direito de Harvard. No entanto, também tinha traços atípicos: seus pais eram canadenses, sem grandes posses, e ele foi um democrata por toda a vida. Acheson foi profundamente afetado por Louis Brandeis, crítico progressista do monopólio e simpático à reforma social, com quem trabalhou na Suprema Corte. A firma de advocacia de Acheson operava como um dos pilares do *establishment*. Ele exercia influência na elite de Washington, mas também trabalhou como consultor jurídico do Sindicato Internacional das Mulheres Trabalhadoras do Setor Têxtil.

Acheson foi um dos representantes do novo grupo norte-americano de empresários, políticos e jornalistas do pós-guerra que defendia o internacionalismo wilsoniano, o empresariado moderno e as reformas sociais. Tais tendências surgiram juntas na década de 1930 com o New Deal, enquanto uma combinação semelhante se organizava na Europa oriental com o crescimento da nova socialdemocracia. Para Acheson, não existia nenhuma contradição entre globalismo econômico e reforma interna.

Ele se tornou subsecretário do Tesouro em 1933 e foi imediatamente encurralado entre o apoio a Wall Street e às reformas. O Tesouro, adepto da ortodoxia financeira e da opinião dos empresários tradicionais, resistiu à decisão de Roosevelt de retirar o dólar do padrão ouro. Seis meses após ter tomado posse, Acheson se opôs de forma enérgica ao novo controle cambial, e o presidente o obrigou a deixar o cargo. Durante a depressão econômica, Acheson passou a apoiar o New Deal, defendendo líderes trabalhistas na justiça e ajudando, com entusiasmo, na campanha para a reeleição de Roosevelt (o que desagradou muitos de seus amigos de Wall Street). Ele se interessava pelas questões internacionais com afinco e se opunha, com a mesma força, ao isolacionismo; disputou com o senador Robert Taft, o principal isolacionista do país, uma cadeira no conselho diretor de Yale e venceu.[23]

No fim de 1939, Acheson apresentou sua visão de mundo em um vigoroso e notório debate em Yale. Embora ainda não fizesse parte da vida pública, suas idéias representavam a opinião dos que desejavam empurrar os Estados Unidos para a liderança da economia internacional. Na ocasião, ele afirmou: "Os sistemas político e econômico do século XIX há muitos anos se encontram em um processo de declínio. O sistema está profundamente debilitado." Os alicerces se foram:

> Podemos ver que os créditos, que um dia saíam do centro financeiro de Londres, não fornecem mais os meios para a produção de riqueza em outros países. Podemos ver que as áreas de livre comércio, que um dia supriram mercados importantes, e a troca de *commodities* não existem mais. Podemos ver que o poderio naval britânico não consegue mais garantir segurança de vida e investimentos nas áreas distantes da Terra.

Segundo Acheson, um futuro melhor dependia da liderança norte-americana:

> Disponibilizando capital para as regiões da Europa necessitadas de equipamentos para a produção, com a condição de que o continente faça a sua parte em relação à remoção das obstruções ao comércio impostas por ele, e que ofereça a maior quantidade possível de oportunidades comerciais. Podemos participar oferecendo um mercado mais amplo para produtos feitos sob condições decentes e, nesse sentido, provendo meios para a compra de matérias-primas essenciais. Podemos participar proporcionando um sistema monetário internacional estável, sob o qual créditos seriam pegos e pagos de volta, e produtos, comprados e vendidos. Podemos participar removendo arranjos comerciais exclusivos e preferenciais com outras áreas, criados pela conquista militar ou financeira, acordos ou ligações políticas.[24]

Nos 12 anos seguintes, Acheson se empenhou por todas essas questões, financiamento à Europa em troca de cooperação econômica, redução das barreiras comerciais norte-americanas, criação de uma ordem monetária estável e desmantelamento do protecionismo estrangeiro. Em janeiro de 1941, foi convidado a voltar para o governo como secretário-assistente de Estado para assuntos econômicos. Ele já demonstrava mais flexibilidade que na ocasião do debate sobre o padrão ouro, sugerindo em uma carta ao *New York Times* os trâmites legais que permitiriam a ajuda do *Lend-Lease* para a Grã-Bretanha. Uma vez no governo, Acheson negociou os termos do *Lend-Lease* formal* com Keynes. Coordenou a equipe do Departamento de Estado em Bretton Woods e ajudou no esboço dos acordos monetários. Um ano depois, Acheson exerceu um papel de liderança junto ao governo para convencer o Congresso a apoiar os acordos de Bretton Woods. Ele disse ao Congresso que o novo sistema era essencial para as exportações norte-americanas e que as vendas internacionais do país eram cruciais para a prosperidade dos Estados Unidos:

> Não podemos encarar outros dez anos, como os dez anos entre o fim dá década de 1920 e o início da de 1930, sem que nossos sistemas econômico e social consigam atingir os melhores resultados ... O que importa é o mercado ... Vocês precisam olhar para os mercados estrangeiros.[25]

Com as instituições de Bretton Woods funcionando, as políticas norte-americanas se voltaram para os imediatismos da reconstrução. Acheson, mais uma vez, estava no olho do furacão, agora como subsecretário de Estado do novo governo de Harry Truman. O internacionalista econômico queria restabelecer Londres como centro financeiro. Seria o primeiro passo para revitalizar os mercados mundiais. Os Estados Unidos e o Canadá concederam um empréstimo de US$5 bilhões de dólares à Grã-Bretanha (3/4 vindos dos Estados Unidos, 1/4 do Canadá), com a condição de que os britânicos concordassem em remover várias restrições ao comércio e aos investimentos. O elemento mais importante era a insistência dos Estados Unidos para que a Grã-Bretanha suspendesse os controles cambiais, de forma que os investidores privados e os comerciantes pudessem trocar livremente libras por dólares. A retomada da convertibilidade, ou seja, a possibilidade de converter dinheiro europeu em "moedas fortes", foi central para a normalização das atividades comerciais. Sem a medida, outras moedas, exceto o dólar, não estariam verdadeiramente fixas no ouro, e países com dinheiro inconvertível não conseguiriam participar de

* *Lend-Lease* é um termo genérico que se refere a empréstimos ou arrendamentos, mas neste caso diz respeito à concessão de armamentos à Grã-Bretanha. (N.T.)

maneira completa dos sistemas de comércio, pagamentos e investimentos internacionais.

Os líderes norte-americanos consideravam os empréstimos à Grã-Bretanha essenciais para a reconstrução européia. Agora, precisavam convencer os norte-americanos céticos, incluindo senadores e membros do Congresso, da sabedoria de mandar mais bilhões de dólares para o outro lado do Atlântico, meta econômica que parecia interessar apenas alguns banqueiros e industriais. A utilização de um argumento puramente econômico para convencê-los do empréstimo não funcionou, e a administração Truman decidiu transformar essa meta na base de uma aliança ocidental contra a União Soviética, mesmo que em 1946 o caminho que tomariam as relações entre norte-americanos e soviéticos continuasse incerto. Joseph Jones, colaborador de Acheson, disse a um senador:

> Caso essas áreas encontrem espaço para mergulhar na anarquia econômica, na melhor das hipóteses elas abandonarão a órbita de influência dos Estados Unidos para tentarem uma política nacionalista independente; na pior, se moverão para a órbita russa.[26]

Acheson simbolizava o anátema contra os conservadores isolacionistas que se opuseram ao internacionalismo após a Primeira Guerra e, agora, desafiavam seu renascimento. No entanto, ele os convenceu de que o engajamento econômico poderia ser utilizado para objetivos anti-soviéticos, argumentando que os empréstimos tinham razões econômicas e geopolíticas. A batalha estava longe de ser vencida quando Arthur Vandenberg, representante dos republicanos no Comitê de Relações Internacionais do Senado, advertiu: "Se não formos os líderes, alguma outra nação poderosa se capitalizará com as nossas falhas e teremos de pagar o preço de nossa derrota." Pela mesma razão, o líder republicano no Congresso acreditava que esse fato determinaria "se seria formada uma coalizão entre a esfera britânica e a norte-americana ou uma coalizão entre a esfera britânica e a soviética". A preocupação foi certamente exagerada. O biógrafo de Acheson concluiu que "o político considerava lamentável o fato de o empréstimo precisar ser justificado com o pretexto da ameaça soviética, mas aceitava essa condição como o preço a ser pago pela garantia do apoio necessário".[27]

O empréstimo aos britânicos passou pelo Congresso, mas as políticas econômicas que seriam financiadas por ele fracassaram. Quando a convertibilidade da libra foi retomada em julho de 1947, todos os investidores que puderam trocaram libras por dólares. Em poucas semanas, os bilhões foram gastos e o governo precisou recorrer a controles cambiais. A reconstrução da Europa exigiu ações mais amplas do que o previsto.

Em fevereiro de 1947, o governo voltou à Câmara e ao Senado, agora ambos controlados pelos republicanos, para pleitear ajuda a países como a Grécia e a Turquia. Mais uma vez, os argumentos econômicos foram ineficazes. Contudo, nesse momento, a ameaça soviética era mais concreta, uma vez que as relações com o país comunista se deterioravam rapidamente. O subsecretário Acheson e o secretário de Estado George Marshall sabiam que os republicanos estavam mais preocupados com a expansão do comunismo do que com o livre comércio. Em encontro privado, Vandenberg advertiu Truman de que só havia uma forma de conseguir o apoio popular para a ajuda econômica: "Senhor presidente, a única maneira de se conseguir isso é proferir um discurso que deixe o país apavorado."[28] O presidente fez o discurso em março de 1947 e anunciou a Doutrina Truman.

Três meses após a Doutrina Truman ter incumbido os Estados Unidos de se lançar em um esforço global contra os soviéticos e seus aliados, o secretário de Estado George Marshall anunciou o Plano de Recuperação Econômica – o Plano Marshall. Foram enviados US$3,5 bilhões para a Europa com o objetivo de reconstruir as economias dos aliados do Ocidente; um programa paralelo mandou meio bilhão de dólares para o Japão. Acheson substituiu Marshall como secretário de Estado no início de 1949, a tempo de observar a criação da Organização do Tratado do Atlântico Norte (Otan), um bloco militar norte-americano para supervisionar sua esfera de influência econômica. No ano seguinte, Acheson prestou auxílio a um projeto franco-germânico para unificar as indústrias de carvão e aço dos dois países, o primeiro passo para a criação de um Mercado Comum. Os alicerces do mundo pós-guerra já haviam sido erguidos.

Como expressa o título do livro de memórias de Dean Acheson, ele esteve "presente na criação"* de uma nova economia mundial. Em 1933, durante os infelizes seis meses passados no Tesouro, ele lutou pela ortodoxia do padrão ouro em detrimento de medidas novas e mais flexíveis. Voltou à formulação política em 1941 a fim de tentar convencer um Congresso hesitante a aprovar a entrega de alguns destróieres aos britânicos. O *Lend-Lease*, Bretton Woods e os empréstimos à Grã-Bretanha deixaram claro como os Estados Unidos pretendiam reorganizar a economia mundial. O Plano Marshall solidificou uma nova comunidade de interesses, e a ligação com a diplomacia da Guerra Fria garantiu o apoio doméstico norte-americano. Das ruínas do antigo regime, Acheson e seus colegas alcançaram os objetivos para 1939: o auxílio norte-americano à Europa, a cooperação econômica européia, a liberalização do comércio e um novo sistema monetário e de investimentos para o mundo.

---

* *Present at the Creation: My Years in the State Department*, livro de memórias de Dean Acheson, ainda não publicado no Brasil.

Os Estados Unidos e a reconstrução da Europa

A ajuda e os empréstimos do governo norte-americano foram a primeira contribuição do país para o crescimento da Europa ocidental e do Japão após a guerra. Imediatamente após o conflito, os Estados Unidos enviaram mais de US$10 bilhões como assistência emergencial à Ásia e à Europa. Em grande parte, a ajuda se deu pelo fornecimento de comida e de outras necessidades básicas a populações muitas vezes famintas. O Plano Marshall e o programa japonês paralelo se destinavam à reconstrução econômica. Os custos, cerca de US$14 bilhões, correspondiam a mais de 5% do PIB norte-americano de 1948; a mesma parcela do PIB dos Estados Unidos no ano de 2000 teria sido de mais de meio trilhão de dólares. No primeiro ano de funcionamento, a assistência do Plano Marshall era de 3% a 6% da renda nacional da maioria dos países europeus beneficiados e, em média, significava 1/4 de seus investimentos totais. Em alguns países menores, a ajuda do Plano Marshall correspondia a mais de 1/10 da renda nacional.[29]

Os mercados norte-americanos eram outro recurso utilizado pelo Japão e pela Europa ocidental para estimular a reconstrução. Os europeus estavam desesperados pelos alimentos, matérias-primas e equipamentos tecnológicos dos Estados Unidos. A ajuda e os empréstimos norte-americanos não eram suficientes e, em algum momento, os europeus iriam ter de pagar pelas importações com os produtos que vendiam. Pela primeira vez que se tem notícia, os mercados norte-americanos estavam relativamente abertos aos europeus. As exportações européias voltaram a crescer quando a Guerra da Coréia estourou em 1950, uma vez que a necessidade por aparatos de guerra aumentou a demanda norte-americana.

A Europa e o Japão embarcaram em um *boom* exportador tendo como base os Estados Unidos, o que continuou ao longo da década de 1950. As exportações da Europa ocidental em 1946 podiam ser comparadas às vendas internacionais sob as condições autárquicas de 1938, e rendiam US$8 bilhões. Em 1948, o valor dobrou e, em 1951, passou a ser de US$27 bilhões. Em 1948, as exportações da Alemanha Ocidental somavam mero um bilhão de dólares, o que pagava apenas por metade das importações do país. Em 1951, as exportações passaram a atingir US$4 bilhões, valor maior que o das importações necessárias para a nação. Levada pelas exportações, a produção industrial da Alemanha Ocidental quase triplicou durante os três anos do Plano Marshall.[30] Embora o desempenho alemão tenha sido o mais notório, toda a Europa ocidental cresceu extraordinariamente rápido. A produção de aço conjunta entre Alemanha, França, Itália e Benelux (Bélgica, Holanda e Luxemburgo) saltou de 12 milhões de toneladas em 1946 para 41 milhões de toneladas em 1952. Em 1953, a renda per capita em todos os países da Europa ocidental e no Japão era maior que a de 1938 e continuava a crescer com grande velocidade. Em 1951, as três maiores economias – Grã-Bretanha, França e Alemanha – haviam superado os níveis recordes de recuperação de todo o período que vai do fim da Primeira Guerra Mundial à Grande Depressão da década de 1930.[31]

O ambiente político estabelecido pelos Estados Unidos causou um impacto pelo menos tão grande quanto o comércio e os financiamentos diretos do país. O apoio às novas instituições econômicas, a liderança no bloco ocidental e o envolvimento norte-americanos nas questões mundiais durante a Guerra Fria se combinavam para garantir condições estáveis e previsíveis aos investidores na Europa e no Japão. A situação contrastava com a da década de 1920, quando conflitos internacionais e domésticos desestabilizaram mercados e frearam investimentos. O preço foi a aceitação do domínio norte-americano dentro do bloco, mas os líderes europeus e japoneses estavam tão fracos e suas idéias tão de acordo com as dos Estados Unidos que o preço valia a pena.

Os Estados Unidos financiavam as duas instituições de Bretton Woods em funcionamento, o FMI e o Banco Mundial, e montaram uma sede para elas em Washington. Devido a um acordo, o presidente do banco seria norte-americano e o do fundo, europeu; mas a predominância norte-americana fora tomada como certa nas duas organizações, assim como na Otan e em outras parcerias ocidentais. O banco e o fundo quase não atuaram entre o fim da década de 1940 e o início da de 1950. A ajuda financeira concedida pelos Estados Unidos tornou irrelevante a tarefa reconstrutora do Banco Mundial e muitas foram as discussões sobre como conduzir sua missão desenvolvimentista. No que se tratava das relações monetárias, os países europeus controlavam suas moedas de forma severa, limitando o montante de dinheiro nacional que os cidadãos poderiam converter em ouro ou dólares. Apenas o dólar norte-americano e algumas outras poucas moedas podiam ser trocadas livremente. Mas desde 1934, o câmbio fixo da moeda norte-americana era de US$35 para cada onça de ouro, e essa medida, assim como o apoio norte-americano à ordem de Bretton Woods, oferecia uma âncora financeira confiável para o comércio, as finanças e os investimentos.

O padrão ouro-dólar garantia a estabilidade monetária internacional enquanto os Estados Unidos não tentavam forçar a retomada da rigidez do padrão ouro nas políticas nacionais. A medida foi trazida para o país em setembro de 1949, quando o Reino Unido desvalorizou a libra em 30%, que passou a valer US$2,8. O FMI foi apenas informado do ato, seguido por desvalorizações semelhantes na Europa e em outras regiões, que correspondiam a 2/3 do comércio mundial. Em um mundo regido pelo padrão ouro, o fato poderia ser encarado como o primeiro tiro de uma guerra cambial; na ordem de Bretton Woods, era considerado um ajuste necessário para aumentar a capacidade exportadora de economias em dificuldade.[32] A nova ordem monetária e os Estados Unidos demonstraram uma flexibilidade ainda maior ao desenvolverem um sistema de compensação multilateral, a União Européia de Pagamentos. A organização estimulou a Europa ocidental a comercializar entre si, mesmo que muitas vezes à custa dos Estados Unidos. A mensagem era clara: o desejo de estabilidade cambial internacional seria preparado pela necessidade de uma macroeconomia nacional saudável.

Diante da estabilidade das relações monetárias internacionais, o comércio mundial começou a ser liberalizado. No entanto, o processo não teve início de forma favorável. Em Washington, onde o FMI e o Banco Mundial cresciam, a Organização Internacional do Comércio (OIC) era estrangulada ainda no berço. Os protecionistas norte-americanos a consideravam partidária em demasiado do livre comércio, e os defensores do livre comércio a viam como muito protecionista. Além disso, o governo Truman nunca havia tentado fazê-la passar pelo Congresso, que certamente a barraria.

A liberalização do comércio, no entanto, passou por cima do cadáver da OIC. Em 1947, em Genebra, 24 países assinaram o que deveria ser o provisório Acordo Geral sobre Tarifas e Comércio (ou, em inglês, Gatt – General Agreement on Tariffs and Trade). O acordo reduziu diversas barreiras comerciais e promoveu um fórum de negociação e consultas sobre políticas comerciais para as nações industrializadas. Os países industriais do Ocidente haviam abraçado a meta de um comércio internacional mais justo.

Era necessário assegurar o apoio político à nova ordem. O elemento econômico da estabilização foi importante, pois um sistema econômico internacional estável iria revigorar a comunidade empresarial que havia sido desmoralizada pela Grande Depressão, por conflitos de classe, guerras civis e desacordos entre Estados. No entanto, havia muitas questões políticas domésticas a serem resolvidas. Os capitalistas na Europa e no Japão, na melhor das hipóteses, não eram populares; e na pior, eram acusados de colaborar com o fascismo. A guerra havia desmoralizado a direita, e o centro era pequeno demais para conter a esquerda. Como lembrou Dean Acheson:

> Apenas na Grã-Bretanha e na Rússia a população tem alguma confiança no governo, nas moedas ou nas organizações sociais e econômicas. Nos outros lugares, os governos foram repudiados, ou dissolvidos por conquistadores: as classes sociais nutriam entre si uma hostilidade cruel, com grupos de resistência perse-

guindo e matando, às vezes após julgamentos pomposos, colaboradores do inimigo mais recente.[33]

Na maior parte dos países da Europa, a esquerda dominou a política do pós-guerra. Os socialistas fortaleceram a sua já proeminente posição, ao passo que os comunistas transformavam o desejo de transformação socioeconômica e o respeito popular pelos feitos soviéticos (e, em muitos lugares, pela resistência comunista) durante a guerra em apoio nas urnas e em sindicatos trabalhistas. De forma geral, as primeiras eleições após a guerra renderam aos socialistas e comunistas a maior parte dos votos nos Parlamentos e, com freqüência, uma clara maioria. Partidos comunistas se aliaram a coalizões governantes na França, Bélgica e Itália. A situação, no entanto, não sobreviveria à Guerra Fria e os comunistas acabaram retirados desses governos em 1947. Ao mesmo tempo, alguns dos que foram banidos e desmoralizados por associações com os fascistas foram inocentados nos primeiros meses do pós-guerra e puderam voltar para o governo ou retomar suas atividades comerciais. Não obstante, os movimentos trabalhistas e os partidos socialistas foram cruciais para as novas políticas da Europa ocidental.[34]

A política do pós-guerra fora bem mais ampla – e bem mais pró-esquerda – do que seria aceitável antes do conflito. No período anterior a 1939, "centro" em geral se referia a uma aliança entre liberais agrários e tradicionais (de base comercial). Nas condições do fim da década de 1940, a abrangência centrista ia dos democratas-cristãos aos socialistas. Embora os Estados Unidos demonstrassem certa aversão ao apoio de socialistas, como os trabalhistas britânicos, os novos governos contaram com forte auxílio dos norte-americanos quando passaram a seguir o caminho que os tornariam sócios plenos da ordem econômica ocidental.

A União Soviética forma um bloco

Os pontos de partida e chegada da reconstrução na Europa oriental não foram os mesmos da ocidental. A devastação foi infinitamente maior nas partes central e oriental do continente, onde ocorreram as batalhas mais destrutivas da guerra. O número de russos mortos nos três anos do cerco a Leningrado foi maior que o de britânicos e norte-americanos durante toda a guerra; 2 milhões de soldados alemães e russos morreram na batalha de Stalingrado, que transformou a cidade em um amontoado de destroços. Durante a fase mais critica da guerra, da invasão à Rússia em junho de 1941 à chegada dos aliados à França em junho de 1944, 93% das baixas alemãs aconteceram na frente oriental.[35]

Até o fim da guerra, a União Soviética perdeu por volta de 20 milhões de pessoas, das quais mais da metade era civil. Dezenas de milhares de soviéticos ficaram desabrigados e na parte ocidental do país, ocupada pelos alemães, cerca de 4/5 da indústria do pré-guerra parou de funcionar. O governo havia transferido muitas fábricas para os montes Urais e permitido que a produção industrial continuasse, e até crescesse um pouco, durante a guerra. Mas a quantidade de bens de consumo e de alimentos produzidos mal chegava à metade dos índices do pré-guerra, que já eram baixos. Os custos para a reconstrução das cidades, fábricas e fazendas arruinadas eram imensos.[36]

A maioria dos países da Europa oriental também foi severamente prejudicada pela guerra, uma vez que as forças soviéticas, partisans e do Eixo lutaram entre si. A parte da Alemanha ocupada pela União Soviética encontrava-se tão destruída quanto as áreas britânicas, norte-americanas e francesas. Apenas a Bulgária, a Albânia e o território tcheco foram poupados de perdas maiores. De maneira geral, em toda a região a produção agrícola caiu para 1/4 dos índices do pré-guerra; e a industrial, para metade ou mais.[37]

Para os perdedores – a parte oriental da Alemanha e os ex-aliados, Bulgária, Hungria e Romênia –, a destruição da guerra foi acentuada pelas indenizações. Os aliados concordaram com a transferência de dinheiro e equipamentos dos perdedores para os vitoriosos. Os Estados Unidos e aliados, no entanto, logo suspenderam essas transferências feitas pela parte oriental da Alemanha, principalmente quando a Guerra Fria levou o Ocidente a acreditar que uma Alemanha forte e próspera seria mais útil que uma pobre e fraca. Os soviéticos continuaram a exigir indenizações mesmo com a Guerra Fria. Eles desmontaram 1.900 instalações alemães e enviaram os equipamentos por navio à União Soviética. O governo de Moscou também se apoderou por quase dez anos, mas deixando-as no local, de mais de 200 grandes fábricas, as quais eram responsáveis por 1/3 da produção industrial da região. Entre o pagamento de indenizações e os custos da ocupação (de responsabilidade dos alemães devido a um acordo com os aliados), a Alemanha Oriental talvez tenha pago 1/8 de sua renda nacional para a URSS durante uma década após o fim da guerra.[38] Romênia e Hungria também foram obrigadas a pagar indenizações substanciais em dinheiro, produtos ou serviços, principalmente, para a URSS; a Bulgária pagou quantias mais modestas à Iugoslávia e à Grécia.[39]

As condições no Oriente eram ainda menos estáveis do que após a Primeira Guerra Mundial. A Hungria passou pela pior inflação da história mundial. Quando a guerra chegou ao fim, cada dólar norte-americano valia 1.320 pengos, o que já indicava uma queda severa: em 1938, um dólar valia 5,4 pengos e em 1944, 44 pengos. No fim de 1945, os preços na Hungria quadruplicaram e um dólar passou a valer 290 mil pengos. No início de 1946, os preços começaram a subir tão rápido que a oferta de moeda não conseguia acompanhar e o dinheiro passou a valer quase nada. Em meados de 1946, os preços triplicavam, ou cresciam ainda mais, a cada dia. Em meio ao caos, os salários foram reduzidos a 1/8 do que valiam em 1938, em termos de poder de compra. Em 1º de julho, no fim do dia, o dólar norte-americano passou a valer cinco nonilhões de pengos (um nonilhão é um dez seguido por 30 zeros). As impressoras do governo não conseguiam acompanhar o descontrole e nesse momento todas as notas húngaras em circulação juntas valiam um milésimo de centavo norte-americano.[40] Enquanto a Hungria sofria com a severa inflação, muitos países da Europa oriental também enfrentavam declínios traumáticos de suas economias.

Além do estado geral de transtorno e confusão no Leste Europeu, no fim da guerra, as formas de organização econômica da Europa oriental e ocidental eram profundamente diferentes, mesmo antes de a parte oriental ter sentido o impacto da União Soviética. Antes de 1939, a maior parte da região havia seguido na direção das autarquias e de controles governamentais, e as condições durante a guerra – seja com a ocupação alemã ou como parte da aliança liderada pelos nazistas – levaram a um maior controle da economia e centralização da propriedade no Estado. Os setores públicos, que já eram enormes, foram tomados pelas exigências relacionadas à guerra e pela expropriação de judeus e outros "indesejados". Com a liberação, as novas autoridades ocuparam propriedades de alemães, criminosos de guerra e colaboradores, expandindo ainda mais o setor estatal. As já fracas classes empresariais se enfraqueceram ainda mais com o fim da guerra, uma vez que muitos foram incluídos na categoria de expropriação.

Os confiscos do pós-guerra também transformaram a estrutura agrária. Milhões de produtores agrícolas de origem alemã foram expulsos e tiveram suas terras tomadas juntamente com grandes propriedades rurais e outros bens confiscados de criminosos de guerra e colaboradores. As terras foram distribuídas aos pobres ou camponeses sem-terra da região, e tais medidas tópicas e imediatas, com freqüência, eram complementadas por uma reforma agrária mais sistemática. Em 1946, com poucas medidas comunistas instauradas, as economias da Europa central e oriental já estavam sob o domínio da indústria e dos serviços controlados pelo Estado. Além disso, elas também haviam reformado a agricultura de forma agressiva. A classe média e o empresariado eram pequenos e fracos, ao passo que os comunistas haviam se favorecido do desempenho durante a guerra e da aliança com a União Soviética.

Nessas condições, a linha adotada pelo Estado soviético para a região parecia plausível. Os líderes comunistas diziam que esses países usufruiriam de uma nova "democracia popular", nem o socialismo ao estilo soviético, tampouco o capitalismo ocidental. Uma aliança entre as classes trabalhadoras, os camponeses e as frágeis "burguesias nacionais" iria – sob a liderança comunista, certamente – reconstruir as economias, que passariam a ser mistas. A "terceira via" na área de influência comunista poderia ser comparada à socialdemocracia da esfera norte-americana e reforçou as esperanças de alguns quanto ao estabelecimento de uma ordem do pós-guerra que acomodasse o Ocidente e o Oriente.

Não importam quais tenham sido as verdadeiras perspectivas para um socialismo não-soviético, as condições domésticas e internacionais evitaram que tal direcionamento fosse tomado. As relações entre os comunistas e seus aliados na Europa Central e do Leste se deterioraram, assim como as ligações entre a União Soviética e seus aliados da Europa ocidental dos tempos de guerra. Em 1948, as "democracias populares" rumavam para uma centralização ao estilo soviético. Os governos nacionalizaram a maioria das grandes empresas privadas e estabeleceram mecanismos de planificação econômica que favoreciam o desenvolvimento da indústria pesada e restringiam o comércio internacional.[41]

Em janeiro de 1949, poucos meses antes de o Plano Marshall entrar em vigor, a União Soviética e os aliados na Europa oriental criaram o Conselho de Assistência Econômica Mútua (Comecon). A organização se propunha a contrabalançar a aliança ocidental, mas desempenhava um papel econômico pouco significativo; já que medidas econômicas autárquicas limitavam a possibilidade de qualquer assistência econômica mútua. Os soviéticos reduziram, ou eliminaram, o pagamento das indenizações restantes e estabeleceram alguns arranjos comerciais preferenciais, embora muitos na região acreditassem que alguns desses arranjos favoreciam, em especial, a União Soviética. A maior parte do comércio da região operava de forma estritamente bilateral, de país para país, e era limitado em termos de volume e eficiência. A URSS estimulava seus aliados a aderir à opção soviética: um desenvolvimento econômico autônomo de base industrial. O curioso rompimento entre Stálin e Tito, que levou a Iugoslávia – anteriormente o regime mais stalinista de todos – a sair da esfera soviética, fora apenas um desvio na consolidação do planejamento central do rio Elba ao Pacífico.

Os novos membros do bloco comunista e a própria União Soviética se recuperaram rapidamente dos danos causados pela guerra. Em 1950, a produção industrial soviética se tornou duas vezes maior que a de 1945, atingindo índices bem superiores aos do pré-guerra. Apesar de sérios problemas agrícolas, o padrão de vida demonstrava ter se recuperado da guerra e da reconstrução. O mesmo se aplicava à Europa oriental, onde os níveis de produção de cada país haviam superado os de 1949.[42] Mesmo na Hungria, a moeda permanecia estável, a inflação sob controle e a renda per capita aumentou 15% em relação a 1938. A produção agrícola no país permanecia inferior à do pré-guerra, mas dado o caos do período que imediatamente sucedeu o conflito, a retomada da estabilidade econômica e do crescimento foi uma vitória considerável.

Os resultados econômicos da União Soviética e aliados eram especialmente importantes devido à expansão do mundo comunista fora da Europa. Quando o Comecon foi criado, governos de inclinação comunista controlavam a maior parte da China, do norte do Vietnã e toda a Coréia do Norte. E tudo indicava que os novos governos dos três países pretendiam adotar variações da planificação econômica central inventada pela União Soviética.

Planificação central não era mais uma esquisitice russa, mas uma alternativa mundial ao capitalismo de mercado. O modelo foi trazido pela primeira vez para o Terceiro Mundo pela Revolução Chinesa, pela vitória vietnamita contra a recolonização francesa e pela influência de partidos comunistas em outras colônias. Agora, centenas de milhões de habitantes nas colônias ou em nações recém-independentes, como a Índia, podiam examinar as diferenças entre o socialismo economicamente planificado e o capitalismo de mercado, decidindo qual dos sistemas se adequaria melhor às condições internas. Até então, a principal divisão do mundo se dava entre países industriais ricos e países agrários pobres. Agora, havia uma segunda dimensão e dois caminhos para o avanço industrial: o capitalismo e o comunismo.

A parte comunista do mundo era um pólo econômico novo. Pela primeira vez, havia uma opção para populações, partidos e países insatisfeitos com a desigualdade e a imprevisibilidade do capitalismo. O fascismo exerceu uma certa influência nos populistas do mundo industrializado e nos nacionalistas dos países em desenvolvimento e das colônias, mas a Segunda Guerra Mundial pôs fim a essa esperança. A socialdemocracia criou perspectivas de reformas, mas as promessas eram modestas demais para os que procuravam soluções radicais que terminassem com a miséria extrema das regiões pobres e até mesmo para muitos cidadãos das nações industriais.

O socialismo ao estilo soviético parecia oferecer um crescimento rápido, igualdade e melhorias sociais. Os resultados incomodaram muitos esquerdistas. O conceito de "socialismo verdadeiro" utilizado por grande parte da esquerda ocidental considerava as economias planificadas do comunismo a única forma remanescente de socialismo e, ao mesmo tempo, a distinguia de um tipo mais desejável, porém inexistente. No entanto, para milhões de pessoas, o surgimento e a consolidação de um mundo socialista formado por países comunistas trouxeram a esperança de que havia mesmo uma forma de evitar a impessoalidade do capitalismo de mercado e a tendência dele em atuar contra os interesses dos pobres e pouco poderosos.

Dois argumentos

Na Era de Ouro do capitalismo global, as classes governantes pressionaram e influenciaram suas sociedades a seguirem na direção dos mercados domésticos e internacionais. Elas pouco se preocupavam em adotar políticas que diminuíssem a pobreza da maior parte do mundo e, muitas vezes, eram ativamente hostis a tais medidas. Os defensores da ortodoxia argumentavam que abertura à economia global e políticas para aliviar a pobreza interna eram idéias incompatíveis. Os movimentos fascistas do período entreguerras aceitaram esse argumento e passaram a agir sob o princípio de que nem integração econômica nem reformas sociais eram desejáveis. Eles rejeitaram a economia internacional e as reformas sociais em favor de uma autarquia nacionalista.

Fora da tese liberal e de sua antítese fascista, surgiram argumentos no pós-guerra com base na conclusão de que tanto o liberalismo quanto o fascismo estavam errados. Havia duas versões extremamente diferentes para esses argumentos, a ocidental e a oriental. Ambas rejeitavam o abandono fascista às reformas e abraçavam a transformação social. Mas suas atitudes em relação à visão liberal clássica do capitalismo eram exatamente opostas. O Ocidente apostava que o liberalismo errava ao criar uma incompatibilidade entre capitalismo global, ou mercados, e reformas sociais, e procurava provar que economias de mercado integradas conseguiriam adotar medidas sociais igualitárias e que abertura econômica e as novas socialdemocracias de bem-estar poderiam caminhar juntas.

Os comunistas do lado oriental também fizeram uma aposta, porém antagônica: a de que o liberalismo acertara ao criar uma incompatibilidade entre integração e reforma, e que transformação social significava rejeitar os mercados nacionais e globais. A planificação central visava provar que a demanda dos indivíduos e dos países pobres por igualdade e desenvolvimento só poderia ser atingida se fosse separada dos mercados e, de forma mais geral, os eliminasse.

Durante os 25 anos seguintes, o principal objetivo geopolítico dos líderes norte-americanos do capitalismo e soviéticos do comunismo seria provar que o outro estava errado. Um lado pretendia provar que o capitalismo global poderia ser bom para o crescimento e a eqüidade; o outro desejava provar que desenvolvimento e eqüidade poderiam ser melhor obtidos com a rejeição ao capitalismo global.

12

O sistema de Bretton Woods em ação

Em agosto de 1945, Charles de Gaulle visitou Washington e conversou com Jean Monnet, que buscava verba para o novo governo francês. "A prosperidade estonteante dos Estados Unidos", recordou Monnet, "o deixou atônito". O general De Gaulle acreditava na grandiosidade francesa, mas Monnet disse a ele que o termo era inadequado. Ele afirmou: "Você fala em grandiosidade, mas hoje os franceses são pequenos." A solução seria "a modernização – porque no momento não eram modernos. Necessitavam de uma produção maior e de mais produtividade. O país precisava se transformar materialmente."[1] O mesmo poderia ter sido dito sobre toda a Europa ocidental. O continente estava meio século atrás dos Estados Unidos. Mesmo após a reconstrução, o PIB per capita da Europa ocidental em 1950 equivalia ao dos Estados Unidos em 1905.

Menos de 25 anos depois, a diferença foi efetivamente transformada. Entre 1870 e 1929, a renda por pessoa da Europa ocidental cresceu duas vezes, feito notável. Durante o sistema de Bretton Woods, dobrou em um período de 16 anos, entre 1948 e 1964, e continuou crescendo.[2]

Poucos anos antes, o mundo se concentrava nos contrastes existentes entre a Alemanha nazista e os Estados Unidos do New Deal, entre a Itália fascista e a Suécia socialdemocrata e entre o Japão militarista e a Grã-Bretanha em dificuldades. Agora, esses países contavam com ordens econômicas, políticas e sociais comuns, além de padrões de vida semelhantes. Entre 1945 e 1973, o "Primeiro Mundo" dos ricos e democráticos Estados de bem-estar social se uniu. Em 1961, esses países formalizaram o pacto, criando a Organização para Cooperação e Desenvolvimento Econômico (OCDE).[3]

As economias do Ocidente industrial foram reconstruídas por meio de alianças entre nações, classes, partidos e grupos. Governos equilibravam integração internacional com autonomia nacional, competição global com eleições internas, livre mercado com democracia. O meio termo reinava nas esferas doméstica e internacional. Os Estados Unidos removeram quase todas as suas barreiras comerciais, mas aceitavam a proteção européia e a japonesa. Os europeus negociaram uma união econômica e política que respeitava as diferenças nacionais. Governos derrubavam barreiras ao comércio e aos investimentos internacionais, mas protegiam as empresas mais fracas. Trabalho e capital cooperavam para manter lucros e salários altos, trocando direitos dos trabalhadores por paz nos locais de trabalho. Socialistas e conservadores, democratas-cristãos e liberais seculares trabalhavam juntos para a construção do Estado moderno de bem-estar social.

A aceleração do crescimento no pós-guerra

Os acordos do pós-guerra foram além dos tratados assinados em Bretton Woods no ano de 1944. O sistema de Bretton Woods manteve o espírito, mas nem sempre o estatuto dos acordos: integração econômica aliada à preocupação dos governos com suas bases eleitorais, mercados aliados a reformas sociais, e liderança norte-americana unida à cooperação ocidental.

O sistema de Bretton Woods trouxe benefícios: crescimento econômico, baixas taxas de desemprego e preços estáveis. O Japão protagonizou a história mais bem-sucedida. A produção do país cresceu oito vezes em apenas 25 anos. O milagre da nação asiática após a guerra começou com uma rápida recuperação durante a ocupação norte-americana e se acelerou a partir de 1950 com a demanda por suprimentos para abastecer as tropas dos Estados Unidos durante a Guerra da Coréia. Os japoneses aprenderam métodos novos, criaram outras indústrias, buscaram mercados no exterior e logo se tornaram uma potência do comércio internacional.

Os industriais japoneses rapidamente passaram a adotar as tecnologias desenvolvidas nos 30 anos anteriores. Recorreram a um rol de novos produtos e a uma força de trabalho extremamente barata e bem treinada. Nas décadas de 1950 e 1960, as empresas japonesas utilizaram de 25% a 50% de todo o orçamento destinado à pesquisa e ao desenvolvimento para adquirir tecnologia estrangeira. A Sony, por exemplo, começou em 1946 como uma oficina de consertos e o seu primeiro produto foi uma máquina de cozinhar arroz que não deu certo. Nos anos seguintes, fez cópias baratas de gravadores cassetes trazidos pelos norte-americanos que ocuparam o Japão. Em 1953, conseguiu os direitos da Western Electric para a produção dos novos transistores que a Bell Labs acabara de inventar. A Sony criou seu primeiro rádio transistor – o segundo do mundo – em 1955, e dois anos mais tarde levou o "rádio portátil" aos mercados. Ao mesmo tempo, empresas como a Honda, de motocicletas, e a Toyota, de automóveis, abasteciam o mercado japonês com imitações perfeitas das técnicas de produção norte-americanas.

O governo do Japão apoiava os fabricantes com isenções fiscais, subsídios, empréstimos a juros baixos e outros tipos de ajuda. O mercado doméstico cresceu de forma espetacular após décadas de crise e guerra. No início da década de 1950, quase nenhum lar japonês possuía televisão, máquina de lavar ou geladeira; dez anos mais tarde, metade das casas contava com os três eletrodomésticos. O feito ajudou a fomentar uma revolução na indústria de base: a produção de aço, abaixo dos 10 milhões de toneladas no início da década de 1950, passou para quase 100 milhões de toneladas 15 anos depois.

O governo também estimulava as empresas a produzirem para exportação, principalmente por meio de um iene muito fraco que tornava os produtos do país altamente competitivos e gerava lucros imensos às empresas que vendiam para o exterior. No fim da década de 1950, a Sony anunciava rádios nos mercados norte-americanos. A Toyota fazia o mesmo com os carros e a Honda com motocicletas. A Honda abriu uma fábrica em Los Angeles em 1959 e uma na Europa em 1962. As empresas japonesas se tornaram conhecidas entre os consumidores ocidentais e, em 1961, a Sony tornou-se a primeira empresa japonesa a ter ações suas vendidas nos Estados Unidos. Na década de 1960, as fábricas japonesas já haviam se tornado uma das principais forças do comércio internacional.

O Japão obteve um sucesso econômico notório nos primeiros 25 anos após a guerra. Os índices de desenvolvimento do país em 1950 podiam ser comparados aos dos Estados Unidos em 1850, medidos pelo PIB per capita. Em 1973, o PIB per capita do país era equivalente ao atingido pelos Estados Unidos em 1963 e igual ao da Europa ocidental. Economicamente, o Japão inaugurou o período pós-guerra um século atrasado em relação aos Estados Unidos; e em 1973, estava apenas dez anos atrás dos norte-americanos. A segunda maior economia de mercado cresceu cerca de cem anos em menos de 25.[4]

O crescimento econômico do pós-guerra foi extraordinário em toda parte, não apenas no Japão. As nações capitalistas avançadas, de maneira geral, cresceram três vezes mais rápido que no entreguerras e com uma velocidade duas vezes maior que antes da Primeira Guerra Mundial. Em 1948, todas as nações industriais juntas (Europa ocidental, América do Norte, Austrália, Nova Zelândia e Japão) produziam US$3,7 trilhões (expressos em dólares do ano 2000). Em 1973, a produção conjunta desses 21 países era de US$12,1 trilhões, um crescimento de mais de três vezes.[5]

O crescimento dos Estados Unidos não foi lento. A renda por pessoa do país cresceu 75% e os norte-americanos gozavam de prosperidade. No entanto, a Europa e o Japão cresceram bem mais rápido. Quanto mais atrás os países largavam, mais rápido alcançavam os outros. Caso o mesmo ritmo continuasse, no ano 2000, os Estados Unidos seriam um dos países mais pobres da OCDE.[6] Em 1950, dificilmente alguém poderia ter previsto a convergência entre os países que mais tarde formariam o clube do mundo rico da OCDE. Naquele momento, o PIB per capita da Europa ocidental era 10% menor que o da Argentina; o da França estava 15% abaixo; o da Alemanha era 1/3 menor; o da Itália, 45% menor; e o da Espanha correspondia a menos da metade do PIB per capita argentino. A Alemanha e a Itália eram mais pobres que o Chile; e o Japão, mais pobre que o Peru. Entre 1948 e 1973, as nações continentais da Europa ocidental e o Japão ultrapassaram outras ao se unirem aos Estados Unidos, ao Reino Unido e a outros países anglo-americanos no topo da pirâmide social do mundo. Em 1973, a Espanha deixou de ser 50% mais pobre que a Argentina e tornou-se mais rica que o país sul-americano; a Europa ocidental, em média, passou a ser 50% mais próspera que a Argentina. Alemanha e Itália tornaram-se de duas a três vezes mais ricas que o Chile, e o Japão três vezes mais próspero que o Peru.

Após terem reconstruído suas instalações industriais no início da década de 1950, os ex-beligerantes passaram a adotar novas tecnologias. Dos avanços do período entreguerras das décadas de 1920 e 1930 em termos de produção e produtos, poucos foram aplicados fora da América do Norte. O automóvel, o principal símbolo da riqueza norte-americana, foi o mais importante. Nos Estados Unidos da década de 1950, mais de 40 milhões de carros circulavam nas ruas, o que significava sete automóveis norte-americanos para cada carro na Europa; o número de veículos motorizados só no estado da Califórnia era maior que em todo o continente europeu. Até 1973, a Europa havia se motorizado. Em menos de 25 anos, o número de carros de passeio na Alemanha subiu de meio milhão para 17 milhões; na França, aumentou de 1,5 milhão para 14,5 milhões e assim por diante. Em 1973, o número de veículos no continente era dez vezes maior que em 1950, sendo que 60 milhões eram carros de passeio. Nesse momento, os 17 milhões de habitantes da Escandinávia possuíam mais carros que os 300 milhões de cidadãos da Europa ocidental duas décadas antes. Havia 102 milhões de carros nas ruas, de forma que a relação entre o número de carros norte-americanos e europeus era de 1,7 para um.

Rapidamente, os europeus alcançaram os norte-americanos também em outros produtos de consumo duráveis – geladeiras, máquinas de lavar e, mais tarde, televisores. As novas fibras sintéticas e os petroquímicos, que conquistaram os Estados Unidos antes da Segunda Guerra Mundial, chegaram à Europa e ao Japão na década de 1950. As linhas de montagem foram trazidas para a Europa na década de 1940 como algo relativamente novo. Quando os europeus e japoneses introduziram tecnologias e produtos novos, o atraso em relação aos outros países foi superado. A produção de automóveis, televisores, químicos e sintéticos, como o nylon, cresceu de duas a três vezes em comparação com a quantidade fabricada nos Estados Unidos durante as décadas de 1950 e 1960.

A Europa ocidental e o Japão alcançaram os outros países entre 1948 e 1973, em parte porque milhões de cidadãos abandonaram a agricultura. Havia muito tempo que o Japão e a Europa ocidental já eram ineficientes em termos de agricultura, com milhões de camponeses pobres presos a terras ruins. Apenas o colapso do comércio internacional no período entreguerras, auxiliado por barreiras comerciais foi capaz de manter esses inchados setores agrícolas. Por volta de 1950, nos países de agricultura moderna, os trabalhadores rurais em geral correspondiam a 10% da força de trabalho (13% na Holanda, 11% nos Estados Unidos e 6% no Reino Unido). No entanto, metade dos trabalhadores espanhóis e italianos, 1/4 dos trabalhadores de outros países da Europa e mais da metade dos japoneses continuavam na agricultura. A Europa e o Japão tinham mais produtores agrícolas do que suas terras, relativamente pobres, poderiam comportar, o que tornava o padrão de vida no campo miserável. Durante os dez anos seguintes, a população rural da Europa ocidental e do Japão diminuiu, passando a corresponder, em média, a bem menos de 10% de toda a força de trabalho – no caso da Itália, essa quantidade diminuiu de 45% em 1950 para 17% em 1973. O trabalho deixou a agricultura improdutiva e foi para fábricas e serviços mais produtivos.[7]

O comércio e os investimentos internacionais do pós-guerra também serviram como catalizadores para o crescimento do Japão e da Europa ocidental. De 1913 a 1950, o comércio e os investimentos mundiais se estagnaram e os governos contribuíram para essa realidade impondo barreiras a empresas e produtos estrangeiros. Os fabricantes e produtores agrícolas da Europa e do Japão, protegidos contra os mercados mundiais, seguiram suas atividades sem a necessidade de desenvolver novos processos industriais ou produtos. No Japão e na Europa da década de 1950, o isolamento econômico foi a principal causa para o atraso da indústria e da agricultura. Da mesma forma, assim como o colapso da economia global afetou a Europa e o Japão no período entre as grandes guerras, o renascimento do comércio e dos investimentos internacionais após a Segunda Guerra Mundial os impulsionou. De repente, as duas economias passaram a ter acesso a um sistema de comércio internacional dinâmico. Empresas estrangeiras, em especial as multinacionais norte-americanas, com seus processos e produtos mais modernos, começaram a investir no Japão e na Europa com avidez.

A posição internacional dos Estados Unidos mudou radicalmente. Antes da Segunda Guerra Mundial, o país tratava os produtos estrangeiros com hostilidade e, em geral, tinha pouco interesse nos mercados externos. Os Estados Unidos passaram, então, a importar produtos de todo o mundo e a exportar com entusiasmo. A quantidade de produtos comercializados pelo país na década de 1950 era de duas a três vezes maior que a do entreguerras, mesmo descontados os índices de inflação. Empresas no Japão e na Europa podiam vender sua produção nos mercados norte-americanos e comprar dos Estados Unidos os equipamentos tecnológicos e insumos mais modernos. A disponibilidade imediata do enorme mercado provocou mudanças na atitude e no comportamento dos produtores europeus e japoneses.

O mundo industrial também passou a ter acesso ao capital norte-americano, principalmente na forma de investimento direto. Os investimentos das empresas norte-americanas destinados à Europa e ao Japão, que em 1950 somavam US$2 bilhões, passaram para US$41 bilhões em 1973.[8] As multinacionais que abriram filiais no exterior levaram consigo as últimas tecnologias e técnicas de marketing e administração.

Os mercados e o capital dos Estados Unidos ajudaram a reorientar as economias do mundo industrial. Ao deixarem a proteção de lado e se lançarem na integração mundial, os Estados Unidos deram novo fôlego para o comércio e os investimentos internacionais, o que promoveu uma onda de crescimento na Europa ocidental e no Japão. Em contrapartida, as duas regiões contribuíram para o dinamismo da economia mundial, reforçando o movimento em direção à integração econômica do globo. Todos os aspectos positivos se juntaram em um ciclo virtuoso de integração comercial, expansão de empresas multinacionais, crescimento econômico e prosperidade. As expectativas dos arquitetos do sistema de Bretton Woods estavam sendo atendidas.

Jean Monnet e os Estados Unidos da Europa

Um francês vendedor de conhaque chamado Jean Monnet foi crucial para um acontecimento extraordinário da era de Bretton Woods: a criação de um mercado comum na Europa ocidental.[9] Monnet, o filho mais velho do líder de uma cooperativa agrícola, nasceu na região de Cognac. Quando jovem, Monnet viajava pelo mundo, de Yukon ao interior do Egito, para vender os produtos da família. Passou muito tempo na América do Norte, experiência que lhe rendeu parceiros comerciais nos Estados Unidos, conhecimentos sobre as práticas norte-americanas de comércio e um bom domínio do inglês.

Monnet acreditava no internacionalismo econômico do ponto de vista exportador. Era um viajante do mundo bem antes de alguém se dar conta de que o mundo poderia ser viajado. Um episódio conturbado de sua vida pessoal diz muito a seu respeito. Em 1929, Monnet se apaixonou por uma mulher casada, a filha, nascida em Istambul, de um italiano dono de um jornal em francês. Como em 1935 o divórcio era algo difícil, eles decidiram ir morar juntos em Moscou, ele vindo de uma consultoria financeira de Xangai e ela de sua casa temporária na Suíça. Em Moscou, Silvia conseguiu a cidadania soviética e se beneficiou do liberal Código Civil do país para se divorciar do marido e se casar com Monnet. Mudaram-se para Xangai e montaram uma casa em Nova York, em parte porque precisavam se manter fora da Europa para evitar que o primeiro marido de Silvia entrasse com uma ação pela guarda da filha dos dois. Durante os dez anos seguintes, se dividiriam entre Nova York, Washington, Londres, Argélia e, quando a filha estava crescida, Paris.

Monnet nunca disputou uma eleição ou cargo público, mas era um administrador e negociador excepcional. Durante a Primeira Guerra, atuou como o representante francês de uma comissão de fornecedores formada pelos aliados. Após a guerra, trabalhou cinco anos como secretário-geral adjunto da Liga das Nações, responsável principalmente pelas questões econômicas. No cargo, Monnet supervisionou os esforços para a estabilização e reconstrução das economias da Europa Central e do Leste e experimentou a incapacidade da liderança norte-americana em garantir o envolvimento internacional do país.

Em 1923, Monnet voltou à atividade privada como representante europeu da Blair and Company, um banco de investimentos de Wall Street, para o qual coordenou programas público-privados de estabilização na Polônia e na Romênia. Saiu do banco nos primeiros anos da depressão econômica, mas sua firma de consultoria continuou a trabalhar com finanças internacionais e com Wall Street, negociando empréstimos e outras operações na China, Europa e América do Norte.

Monnet tinha uma ligação próxima com os nomes mais importantes dos meios financeiro, político e jurídico. Era freqüentemente consultado pelo governo e pelo mercado financeiro dos Estados Unidos, aconselhando a administração Roosevelt sobre o *Lend-Lease* e os banqueiros internacionais sobre questões mundiais. Tornou-se amigo próximo de alguns líderes norte-americanos do entreguerras e do pós-guerra, tais como Averell Harriman, John McCoy, Dean Acheson e os experientes parceiros da Morgan, Thomas Lamont e Dwight Morrow. Foi especialmente ligado a John Foster Dulles, na época um advogado de Wall Street. Eles trabalharam juntos no projeto dos empréstimos para a Polônia, e Dulles financiou a abertura da empresa de consultoria de Monnet em Nova York.

Para muitos banqueiros internacionais dos Estados Unidos, ficou claro no período entreguerras que a fragmentação política e econômica da Europa era insustentável. Como disse Dulles em 1941, "o restabelecimento de mais ou menos 25 Estados completamente independentes e soberanos seria algo politicamente tolo". Os Estados Unidos deveriam "buscar a reorganização da política da Europa continental formando uma comunidade federativa".[10] Os líderes políticos e empresariais internacionalistas norte-americanos acreditavam que um Estados Unidos da Europa seria essencial para a estabilidade e a prosperidade do continente – e para os interesses norte-americanos na região.

Seria natural que o criador de um mercado comum na Europa ocidental fosse alguém que transitasse pelos círculos políticos e empresariais dos Estados Unidos. Mas não pelo motivo apontado por alguns gaullistas, que diziam ser Monnet uma ferramenta do imperialismo norte-americano. Monnet acreditava que o novo capitalismo industrial deveria ocorrer nos moldes norte-americanos e que a fragmentação política e econômica da Europa privava o continente de tirar vantagem da nova realidade: o consumo e a produção de massa. O industrialismo ao estilo norte-americano exigia um mercado tão extenso quanto o dos Estados Unidos, necessitava de corporações tão grandes quanto as norte-americanas e de mercados financeiros tão sofisticados quanto Wall Street. As empresas européias não conseguiriam competir com as norte-americanas sem que houvesse uma base como os Estados Unidos; e se não conseguissem competir, não se beneficiariam do potencial do continente. Esse foi o desafio que Monnet pretendia encarar ao propor a integração européia.

Durante a Segunda Guerra Mundial, Monnet trabalhou incessantemente em Washington e em Nova York com o objetivo de enviar capital para a França e a Grã-Bretanha. Serviu a De Gaulle, à França Livre no Norte da África e na própria França durante a liberação. Como diretor de um novo comissariado para reconstrução, formulou o Plano Monnet, e devido à sua excelente mediação tornou-se o principal condutor do Plano Marshall na França.

Em 1948 e 1949, com o acirramento da Guerra Fria e a consolidação da República Federal da Alemanha, Monnet se convenceu de que as relações da França com o ex-reduto nazista passavam por um momento de virada. Alguns na França queriam retomar o Império, talvez por meio de uma aliança com o Reino Unido. Monnet, no entanto, acreditava que o futuro estava em uma Europa integrada apoiada pelos Estados Unidos, com ou sem a Grã-Bretanha.

O carvão e o aço foram motivos de conflito entre França e Alemanha por um século. Desde a formação do Estado moderno alemão, os dois países disputavam o controle do carvão da região do Ruhr, o ferro da Lorena e as usinas de aço de Saar. Os dois países poderiam ter continuado com a disputa por esses recursos, algo a que os Estados Unidos se opunham com veemência, ou optar pela cooperação. Em maio de 1951, Monnet desenvolveu um plano para submeter a produção de carvão e de aço da França e da Alemanha (e de outros países europeus que estivessem de acordo) a uma autoridade conjunta, com regulamentações unificadas e um mercado comum. O ministro das Relações Exteriores da França Robert Schuman (ele mesmo, da região da Lorena) obteve o consentimento dos alemães e a aprovação de Dean Acheson antes de realizar uma reunião com os ministros do Exterior dos Estados Unidos e da Grã-Bretanha. Apesar da resistência britânica, o Plano Schuman foi implementado.

A nova Comunidade Européia do Carvão e do Aço (Ceca), que contava com a participação da França, Alemanha, Itália, Bélgica, Holanda e Luxemburgo, tornou-se o núcleo para uma cooperação econômica mais ampla no continente. Os Estados Unidos, assim como os países menores, sempre foram favoráveis a um arranjo do tipo, mas as rivalidades entre França e Alemanha, além da oposição britânica, eram os principais impedimentos. O Plano Schuman, de Monnet, desatou o nó górdio ao subordinar os recursos a uma organização independente.

Jean Monnet foi o primeiro presidente da Ceca, quando a organização começou a funcionar em 1952. A comunidade integrou os setores de ferro, carvão e aço de seis nações e rapidamente criou um mercado comum. O alto comissariado da Ceca conseguiu um financiamento dos Estados Unidos no valor de US$100 milhões, e logo passou a pedir empréstimos privados. Em poucos anos, a Ceca tornou-se o principal destino estrangeiro dos empréstimos de Wall Street.

A unificação da produção européia de carvão e aço foi apenas o começo. Em 1955, Monnet se afastou do alto comissariado da comunidade. Ele reuniu as personalidades mais influentes dos meios políticos e empresariais e criou o Comitê de Ação para os Estados Unidos da Europa, organização privada que visava forçar os governos na direção da integração econômica. O comitê abriu caminho para um esforço conjunto na área de energia atômica, a Comunidade Européia da Energia Atômica (Euratom) e, principalmente, para a criação do Mercado Comum ou Comunidade Econômica Européia (CEE). Ambas passaram a funcionar em 1958.

Doze anos após a desintegração da Europa, os principais beligerantes criavam uma confederação; e na década de 1960, as seis principais nações européias formavam um mercado unificado. Em 1971, após anos de oscilações (e resistência francesa), o Reino Unido, junto com a Irlanda e a Dinamarca, juntou-se aos seis primeiros países. Nesse momento, a Comunidade Européia (CE) já formava uma unidade econômica tão grande quanto os Estados Unidos, com 1/4 a mais de indivíduos. Monnet dissolveu o Comitê de Ação em 1975, após a conclusão do trabalho. Os Estados Unidos da Europa não eram mais um sonho distante, mas uma realidade. No ano seguinte, por decisão unânime dos chefes de Estado dos nove países-membros da CE, Monnet recebeu o titulo de cidadão honorário da Europa.

A unificação européia abraçou os acordos de Bretton Woods. Por um lado, foi a mais ambiciosa liberalização do comércio da história, eliminando as tarifas entre seis (e depois nove) países ricos, e o resultado disso foi um mercado integrado no continente, que no século XIX não passava de sonho para os defensores do livre comércio. Por outro lado, a unificação foi criada com o objetivo de aumentar a capacidade competitiva internacional do comércio europeu. Dessa forma, o novo Mercado Comum não se encabulou em manter longe os produtos estrangeiros de indústrias sensíveis; a tarifa comum para os carros de passeio, por exemplo, era de significativos 17,6%. Para a agricultura, o bloco desenvolveu a Política Agrícola Comum, um sistema complicado de incentivos, pagamentos em espécie, preços subsidiados e barreiras comerciais. De forma semelhante, uma das pedras fundamentais das comunidades européias era a idéia de que a integração deveria reforçar, e não ameaçar, a tendência reformista da região. Não seria permitido que a competição enfraquecesse os padrões sociais, trabalhistas e nacionais por meio do chamado *dumping* social. Critérios rigorosos aumentariam a produtividade, o que permitiria a liberação de fundos por parte dos Estados generosos da região. A integração econômica européia obteve uma mistura muito bem-sucedida de liberalismo clássico e socialdemocracia.

Bretton Woods e o comércio

Durante o auge de Bretton Woods, de 1948 a 1973, o sistema promovia um comércio relativamente livre, estabilidade monetária e altos índices de investimentos internacionais. Nenhum desses elementos evoluiu como os fundadores do sistema haviam previsto. O papel desempenhado pelos Estados Unidos era mais central do que o esperado e os acordos se tornaram diferentes e mais extensos do que o planejado.

A liberalização do comércio mundial foi a primeira vitória, quiçá a mais importante, do sistema de Bretton Woods. Isso ocorreu sem a organização criada para gerenciar essa questão, uma vez que o tratado criando a Organização Internacional do Comércio (OIC) nunca fora ratificado pelos Estados Unidos. A instituição que a substituiu, no entanto, o Acordo Geral sobre Tarifas e Comércio (o Gatt) veio a se tornar um dos pilares da ordem institucional de Bretton Woods.

Em abril de 1947, representantes de 23 países se reuniram em Genebra para discussões tarifárias. Após seis meses de negociações, os membros do

Gatt assinaram mais de cem acordos sobre 45 mil tarifas, cobrindo cerca de metade de todo o comércio mundial. Foi acordado que, em média, as tarifas seriam reduzidas em 1/3. Também foi decretado o fim das práticas comerciais discriminatórias entre os países – decisão que teve por base o princípio do tratamento incondicional à nação mais favorecida, conceito retomado das relações comerciais britânicas do século XIX. De acordo com a regra, os governos eram obrigados a oferecer as mesmas concessões comerciais a todos. Qualquer redução tarifária acordada entre dois signatários do Gatt deveria, automaticamente, se aplicar a todos os membros da instituição. Os países não poderiam discriminar os produtos de uma nação para o favorecimento de outra, e o resultado desse processo foi uma liberalização global do comércio.

O Gatt se diferenciava das outras duas instituições do acordo de Bretton Woods por não se tratar de uma organização independente, mas de um fórum de discussão entre os países. As primeiras reuniões do Gatt, chamadas de rodadas, foram organizadas em uma base de país para país (bilateral). Consideremos, por exemplo, que o país A fosse o principal fornecedor de aço do país B; e o país B o principal exportador de sapatos do país A. O país A poderia pedir a B uma redução tarifária sobre o aço exportado de A para B, em troca de reduções semelhantes para os sapatos vendidos por B a A. Caso os dois países chegassem a um acordo, anunciariam as novas tarifas sobre o aço e os sapatos e as aplicariam a todos os membros do Gatt (sob o princípio da nação mais favorecida). Dessa forma, os impostos sobre milhares de produtos foram reduzidos e, então, passaram a valer para todos os membros da instituição. O procedimento permitiu uma redução gradual e generalizada das barreiras comerciais.

Entre 1949 e 1952, outras duas rodadas do Gatt reduziram ainda mais as barreiras ao comércio. O valor das tarifas impostas aos produtos importados pela maior parte dos países da Europa e América do Norte em 1952 correspondia a metade do valor cobrado antes da guerra. O compromisso com a liberalização do comércio era claro, apesar de Estados Unidos, França, Alemanha e Reino Unido continuarem a manter tarifas de 16% a 19%.[11] Após alguns anos, as negociações do Gatt foram retomadas e outras três rodadas se realizaram entre 1956 e 1967. A Rodada Kennedy, terminada em 1967, estabeleceu tarifas abaixo de 9% para produtos não-agrícolas, provavelmente o menor índice desde meados do século XIX. Nesse momento, os países industrializados removeram entre si a maior parte das barreiras aos produtos não-agrícolas.[12]

O comércio mundial sofreu uma explosão após 1950. As exportações apresentavam um crescimento anual de 8,6%, duas vezes mais rápido que o crescimento da economia.[13] O comércio mundial se ampliou de uma forma nunca antes vista. Durante os anos de glória do liberalismo clássico pré-1914, o volume do comércio mundial dobrava a cada 20 ou 25 anos. Durante os primeiros

25 anos após a guerra, o volume do comércio mundial passou a dobrar a cada dez anos.[14]

Diversos países experimentaram grandes *booms* exportadores. Em 1950, as exportações da Europa ocidental somavam US$19 bilhões, nos preços da época (dólares correntes); em 1973, passaram a render US$244 bilhões. As exportações alemãs, sozinhas, passaram de US$17 bilhões para US$255 bilhões. No mesmo período, as vendas norte-americanas para o exterior aumentaram de US$13 bilhões para US$71 bilhões (em dólares correntes); de US$4,6 milhões para US$125 milhões, no valor expresso em dólares do ano 2000.[15]

Em 1973, a importância do comércio internacional para cada uma das economias da OCDE tornou-se de duas a três vezes maior do que em 1950. E para esses países, o comércio internacional também passou a ser mais importante do que durante o período anterior à Primeira Guerra Mundial. A Europa ocidental, por exemplo, exportava 16% de tudo o que produzia em 1913. Em 1950, a quantidade caiu para 9%, mas em 1973 disparou atingindo 21%. Em outras palavras, em 1913 as exportações per capita da Europa ocidental somavam US$800 (na moeda do ano 2000). Em 1950, o valor caiu para US$650 por pessoa, mas em 1973 a região exportava mais de US$3.300 para cada homem, mulher ou criança. Nas sociedades mais voltadas para o comércio, os números surpreendiam ainda mais. Em 1973, a Bélgica e a Holanda exportavam cerca de metade do que produziam, o que correspondia a mais de US$7.500 para cada um dos 23 milhões de habitantes dos dois países (repetindo, em dólares do ano 2000).[16]

Assim como no sistema de Bretton Woods em geral, a abertura comercial dependia de acordos. A liberalização do comércio de produtos agrícolas teria sido uma fonte de conflitos. Todos os países capitalistas desenvolvidos adotavam programas de apoio à produção rural e contavam com fazendeiros poderosos do ponto de vista político. Assim, as negociações do Gatt deixaram de lado os produtos agrícolas, da mesma forma que fizeram com o comércio de serviços, o que acabou sendo também algo polêmico.

Para os países em desenvolvimento, uma redução rápida das barreiras comerciais não era algo benéfico. A industrialização da América Latina, assim como a da Europa e a da América do Norte no século XIX, dependia de barreiras comerciais para estimular a indústria nacional. As nações recém-independentes da Ásia, da África e do Caribe precisavam de proteção comercial para construir mercados e reservá-los para os produtos locais. Os países em desenvolvimento, da Argentina à Índia, do Irã à Zâmbia, rejeitaram o livre comércio em favor do desenvolvimento industrial protecionista. Assim, o Gatt isentou os países em desenvolvimento de muitas de suas regras.

A aplicação severa do principio do universalismo – de que as reduções comerciais negociadas com um país deveriam ser compartilhadas por todos –

impediria a formação de uniões aduaneiras. Assim, até mesmo os estrangeiros, cujos produtos eram discriminados, preferiam um mercado comum regional a mercados nacionais menores e fragmentados. Quando a questão surgiu – como na década de 1950, quando seis países da Europa ocidental começaram a trabalhar na direção de um mercado comum –, o Gatt fez uma exceção para os membros de uniões aduaneiras, permitindo que favorecessem os produtos uns dos outros. Todas essas exceções removeram as questões controversas da discussão, permitindo acordos mais maleáveis.

A ordem monetária de Bretton Woods

Bretton Woods também foi um sucesso em termos de relações monetárias, mesmo que a ordem só ocasionalmente se parecesse com o planejado por seus fundadores. O que havia sido definido como um sistema multilateral presidido pelo FMI tornou-se um sistema com base no dólar, com muito pouca participação do Fundo. Inicialmente, as moedas da Europa e do Japão eram fracas demais para voltarem a ser completamente convertíveis ao padrão ouro ou ao dólar. Dessa forma, até 1958, a economia mundial evoluía com base somente no dólar. Na última semana daquele ano, no entanto, a maior parte das moedas se tornou convertível, portanto livre para o comércio nos mercados abertos. A partir desse momento, e até 1971, o sistema monetário internacional operava na seguinte base: uma onça de ouro valia US$35 e as outras moedas fixavam-se no dólar a taxas de câmbio preestabelecidas.

A essência do sistema de Bretton Woods – como Keynes e White desejavam – seria a proposta de um meio-termo entre a rigidez do padrão ouro e a insegurança do entreguerras. Diferentemente do que ocorrera com o padrão ouro, outros governos além do norte-americano poderiam modificar o valor de suas moedas quando necessário, apesar de essas mudanças freqüentes serem desaprovadas. Quase todos os países desenvolvidos desvalorizaram suas moedas em 1949. O Canadá permitiu que o seu dólar flutuasse em relação ao norte-americano durante toda a década de 1950 e início da de 1960; a França desvalorizou o franco várias vezes; a libra fora desvalorizada em 1967; Alemanha e Holanda revalorizaram (aumentaram o valor de) suas moedas algumas vezes. No entanto, as taxas de câmbio apresentavam estabilidade suficiente para estimular o comércio e os investimentos internacionais, sofrendo transtornos apenas quando os governos se deparavam com problemas econômicos sérios.[17]

Por princípio básico, a ordem monetária de Bretton Woods permitia, e até exigia, que os governos restringissem a movimentação internacional de capital de curto prazo. O sistema permitia aos países gerenciar suas políticas monetárias em linha com suas próprias necessidades, mesmo que estes diferissem (dentro de alguns limites) em termos de medidas adotadas. Os governos poderiam estimular a economia ou atender às demandas de seus eleitores, por exemplo, pela redução da inflação. É evidente que os diferentes países e suas populações tinham desejos divergentes. A França e a Itália preocupavam-se particularmente com o desemprego, e se importavam mais com esse aspecto do que com alguma inflação. A Alemanha crescia muito rápido, com uma taxa de desemprego baixa, ou inexistente, mas a terrível hiperinflação continuava viva na memória da população, de forma que o governo se deparava com pouca demanda por políticas de estímulo e com uma antipatia generalizada pela inflação.

Os países adotavam políticas monetárias diferentes – especialmente, taxas de juros variáveis. Durante toda a década de 1960, os governos da França e da Itália mantiveram os juros 1% ou 2% menores que os da Alemanha. A medida talvez tenha ajudado a manter o desemprego baixo, mas tornou o índice de inflação dos dois países de 1% a 2% maior que o da Alemanha. Um investidor ganhava bem mais, em termos reais (sem inflação), com um titulo alemão do que com um título idêntico francês ou italiano. Durante a década de 1960, a taxa de juros real de longo prazo na Alemanha foi de 4,4%, em comparação com 2,2% na Itália, 1,8% na França e 1,7% no Japão.[18] A diferença era grande e, certamente, notada pelos investidores.

Se as taxas de juros de dois países de câmbio fixo são diferentes, os investidores tendem a retirar o dinheiro do lugar onde os juros são baixos e a mandá-lo para a nação de juros altos. Na década de 1960, retirariam o dinheiro da França e da Itália, o enviariam para a Alemanha e continuariam a fazê-lo até que as taxas de juros italianas e francesas atingissem o índice alemão. Esse foi o problema que levou Keynes e os outros arquitetos de Bretton Woods a advogar pelo controle sobre investimentos internacionais de curto prazo. Não queriam que as empresas perdessem a capacidade de investir em outros mercados – o que em geral chamavam de investimentos produtivos – ou que os governos parassem de pedir empréstimos no exterior. No entanto, queriam dificultar, ou impossibilitar, especulações por parte dos investidores quanto a diferenças nas taxas de juros entre os países por onde passava o chamado "capital especulativo".

Para que os governos adotassem políticas monetárias próprias, estes deveriam dificultar a circulação de investimentos de curto prazo entre os países. Dessa forma, o sistema de Bretton Woods pressupunha o controle de capitais por meio de cobranças de taxas ou proibições para as movimentações internacionais de dinheiro com fins "especulativos". Os europeus utilizaram tais medidas com firmeza, as quais foram suavizadas, porém não removidas, após a década de 1950. Os Estados Unidos passaram a controlar os investimentos do país no exterior de forma a manter baixos os juros norte-americanos. Se os juros nominais de longo prazo norte-americanos tivessem se mantido a 5%, enquanto a taxa dos alemães era de 6,7% (2,5% e 4,4% em termos reais), o dinheiro teria migrado dos Estados Unidos para a Alemanha tão rapidamente quanto teriam deixado a França e a Itália.

O acordo monetário de Bretton Woods manteve os valores das moedas estáveis e os mercados abertos, estimulando o comércio e os investimentos de longo prazo. Mas, ao mesmo tempo, impôs barreiras a movimentações financeiras para que os governos pudessem adotar as medidas que lhes conviessem. A estabilidade monetária das décadas de 1950 e 1960 contribuiu para o crescimento do comércio e dos investimentos internacionais e os governos puderam adotar políticas macroeconômicas que estavam de acordo com suas condições internas.

Bretton Woods e os investimentos internacionais

Os investimentos internacionais de longo prazo, como capital e comércio, tomaram caminhos que não foram previstos pelos criadores do sistema. Esperava-se que o Banco Internacional para a Reconstrução e o Desenvolvimento (Banco Mundial) emprestasse grandes quantias à Europa, ao Japão, aos países em desenvolvimento e às colônias para a recuperação da infra-estrutura básica – rodovias, portos, ferrovias. Isso estimularia os investimentos privados a percorrerem o mundo. A missão reconstrutora do banco perdeu lugar para o Plano Marshall e para a rapidez inesperada da recuperação do pós-guerra. Após 15 anos de relativa inatividade, em meados da década de 1960, o banco começou a emprestar um bilhão de dólares por ano aos países em desenvolvimento. Mas os investimentos internacionais que o banco ajudou a estimular eram diferentes dos empréstimos privados do passado.

Por séculos, os empréstimos estrangeiros foram a principal forma de investimentos. Antes da Primeira Guerra Mundial, investidores europeus emprestaram bilhões para o Novo Mundo, as colônias, a Rússia, o Japão e outros países da Europa. Os Estados Unidos se tornaram o credor mais importante dos anos entreguerras. Após 1929, os empréstimos privados internacionais praticamente desapareceram. Calotes e outros problemas da década de 1930 assustaram banqueiros e mercados de títulos. As oportunidades domésticas passaram a ser atraentes e o controle de capitais de Bretton Woods desestimulava os empréstimos estrangeiros.

Os investimentos internacionais cresceram, mas na forma de empresas multinacionais. Os investimentos diretos estrangeiros (IDE), utilizados para o estabelecimento de fábricas ou filiais no exterior, não eram algo novo. Nas décadas de 1920 e 1930, muitas empresas norte-americanas se utilizaram de sua posição competitiva para abrir (ou comprar) instalações em outros países. Mas os investimentos por meio de empresas multinacionais sempre foram uma parcela do capital mundial bem menor que os empréstimos internacionais. No entanto, na década de 1950, os investimentos das multinacionais norte-americanas tornaram-se duas vezes maiores que os investimentos de carteira em empréstimos internacionais e ações; e, em 1970, tornaram-se quatro vezes mais importantes. Os empréstimos internacionais não se recuperaram – pelo menos não entre os países desenvolvidos e não a países em desenvolvimento. Antes da Segunda Guerra Mundial, o investidor típico era um banqueiro ou alguém com títulos que emprestava dinheiro a empresas e governos estrangeiros. Na era de Bretton Woods, o investidor típico passou a ser uma empresa construindo fábricas no exterior.

A forma de aplicação dos investimentos diretos também era relativamente nova. Antes da Segunda Guerra Mundial, o investimentos direto estrangeiro ia, em geral, para a agricultura ou a mineração de países em desenvolvimento ou das colônias; em 1938, 2/3 de todos os investimentos internacionais diretos destinavam-se às regiões pobres. As empresas norte-americanas haviam investido três vezes mais na América Latina do que na Europa, principalmente em minas, plantações, poços de petróleo e serviços. Na década de 1960, o investimento direto estrangeiro típico passou a ser o estabelecimento de uma fábrica em um país desenvolvido. As empresas norte-americanas começaram a investir três vezes mais na Europa e no Japão do que na América Latina, principalmente por meio de fábricas.[19]

Em 1973, as multinacionais já haviam investido 200 bilhões de dólares ao redor do mundo, sendo que 3/4 do montante foram para os países de industrialização avançada. Metade dos IDEs vinha dos Estados Unidos e cerca de 1/5 de todo o lucro das empresas norte-americanas era obtido a partir dos investimentos internacionais. As empresas européias e japonesas também estavam prestes a alcançar as outras.

Em todos os países industriais, as maiores empresas eram altamente multinacionais – ou porque tinham muitas posses no exterior, ou porque pertenciam a corporações estrangeiras. Em 1973, 80%, ou mais, dos lucros de cinco das dez principais empresas norte-americanas (todas firmas do ramo petrolífero) eram obtidos no exterior. No caso da Ford, Chrysler, ITT e IBM, tais lucros correspondiam a metade do valor total. No exterior, as filiais das multinacionais norte-americanas produziam o triplo do que o país exportava – em

1973, a produção no exterior rendia US$292 bilhões e as exportações, US$110 bilhões. Na verdade, as vendas das filiais norte-americanas para a matriz nos Estados Unidos eram responsáveis por 1/3 de todas as importações do país. As grandes empresas norte-americanas dependiam de investimentos internacionais, elemento mais importante que o comércio para a manutenção da posição da empresa na economia internacional. O mesmo se aplicava a outros países desenvolvidos: o investimento direto estrangeiro se tornou a principal força da integração econômica internacional.[20]

O mesmo também poderia ser dito sobre a maioria dos países onde as empresas multinacionais investiam. Na Europa, as multinacionais – em especial, as norte-americanas – se espalharam por todos os lugares. Em grande parte dos Estados, 1/4 ou mais das vendas era de produtos industrializados. Mais da metade da indústria canadense passou a ser controlada por firmas estrangeiras. Nos países em desenvolvimento, o predomínio multinacional na produção fabril era ainda maior. Na maioria dos países latino-americanos, de 1/3 a metade da produção industrial provinha de empresas estrangeiras. As multinacionais em geral se concentravam nas indústrias de maior notoriedade ou tecnologicamente mais avançadas: químicos, maquinário elétrico, produtos farmacêuticos. Nas indústrias desse tipo, as empresas estrangeiras dominavam de 80% a 90% da produção, comprando firmas locais ou empurrando-as para fora do mercado.[21] Até nos Estados Unidos a presença das empresas estrangeiras se tornava maciça. No início da década de 1970, os empregos de mais de um milhão de norte-americanos, 2% da força de trabalho do país, dependiam de empresas de fora. Os números cresciam rapidamente e em alguns tipos de indústrias eram bem maiores.[22]

Os automóveis e computadores, produtos cruciais para a indústria do pós-guerra, se encontravam entre os mais "multinacionalizados". O setor automobilístico passou a ser a força dominante em todas as economias industriais; era responsável por 1/6 a 1/4 dos empregos na indústria, por 5% a 8% dos empregos em geral. A indústria automobilística também causava um impacto indireto. Nos Estados Unidos, por exemplo, para cada dez trabalhadores da indústria automobilística, outros 15 deviam seus empregos ao setor – quatro em metalúrgicas, dois na indústria têxtil, outros dois em fábricas de máquinas, de borracha, vidro e assim por diante. Veículos e peças correspondiam a 1/10 das exportações das principais economias industriais e desempenhavam um papel central para o crescimento do investimento direto estrangeiro.

No fim da década de 1960, os fabricantes norte-americanos possuíam a maior parte das ações de dezenas de fábricas de carros em outros países. Dominavam mais de 1/4 do setor automobilístico europeu. A Ford e a GM eram, respectivamente, a segunda e a terceira maiores fábricas "européias" (atrás da

Fiat). A Chrysler aparecia em sétimo lugar. Mais da metade do mercado britânico e 40% do alemão pertenciam a empresas norte-americanas. As filiais britânicas e alemãs da Ford eram responsáveis por 1/4 das vendas e empregos da empresa no mundo; no caso da GM (chamada de Vauxhall e Opel, respectivamente, na Grã-Bretanha e na Alemanha) o índice era de 1/8.[23]

A indústria de computadores continuava pequena, em especial se comparada à de automóveis, mas no início da década de 1960 sua importância como fonte de novas tecnologias já era evidente. Apesar de muitas das primeiras inovações terem sido desenvolvidas pelos europeus, no fim da década de 1960, a indústria passou a ser controlada por multinacionais norte-americanas. Os norte-americanos fabricavam mais de 80% dos computadores da Europa e outros 10% eram feitos com licenciamentos concedidos por empresas dos Estados Unidos. A IBM sozinha dominava 82% do mercado alemão e 63% do francês. Diante das empresas norte-americanas, os competidores europeus pareciam pequenos – a IBM tinha quatro vezes mais empregados na área de processamento de dados que as oito maiores empresas européias juntas, e comprou, ou expulsou do setor, vários de seus rivais europeus. De fato, a indústria internacional de computadores foi dominada pelas multinacionais norte-americanas.[24]

O *boom* dos investimentos internacionais depois da Segunda Guerra Mundial foi causado pelos mesmos motivos que fizeram o comércio crescer tão rápido: estabilidade monetária, reduções de barreiras, apoio generalizado dos governos e crescimento econômico. Os investimentos tomaram a forma de IDEs devido a razões mais complexas. Um dos fatores foi o crescimento da produção e do consumo de massa em muitas indústrias, o que concedeu vantagens a muitas grandes empresas. A importância do automóvel – e de outros bens de consumo duráveis, como toca-discos, máquinas de lavar e geladeiras – para as economias de América do Norte, Europa e Japão trazia vantagens para as empresas que inovavam em termos de produção, desenvolvimento e marketing. O mesmo se aplicava aos bens de consumo que dependiam do reconhecimento de suas marcas – pasta de dente, sabão, discos, farmacêuticos – e, assim, as empresas consolidadas, mais uma vez, levavam vantagem. Muitas delas eram norte-americanas, apesar de as multinacionais japonesas e européias também terem se fortalecido na década de 1960.

O segundo motivo para a proliferação das empresas multinacionais após a Segunda Guerra pode ser atribuído à permanência de barreiras comerciais. Muitas empresas norte-americanas do setor industrial vendiam pesadamente para o mercado externo. Quando firmas estrangeiras passaram a adotar novos processos e produtos, a competição local aumentou e muitas vezes os governos nacionais impunham barreiras comerciais para manter os produtos norte-americanos, e outros, afastados. As empresas então tinham de escolher entre abandonar os mercados protegidos ou abrir uma fábrica no lugar e produzir para o consumo local. Do ponto de vista econômico, isso fazia sentido caso o mercado fosse muito importante e as vantagens obtidas pelas empresas fossem grandes. Assim, a maior oportunidade do investimento direto estrangeiro era a possibilidade do "salto tarifário"*, permitindo que os produtores norte-americanos (e eventualmente europeus e japoneses) abastecessem os mercados franceses, brasileiros, alemães, japoneses ou indonésios mesmo quando estes estavam cercados por altas barreiras comerciais.

As multinacionais que optaram pelo salto tarifário predominavam especialmente na Europa. As nações do Mercado Comum da Comunidade Econômica Européia (CEE) – Alemanha, França, Itália, Bélgica, Holanda e Luxemburgo – eliminaram as barreiras comerciais entre si e adotaram uma tarifa comum contra os produtos de outros. A medida resultou na criação do segundo maior mercado do mundo. A CEE tinha uma população tão grande quanto a norte-americana; a economia do bloco correspondia a cerca de 2/3 do tamanho da economia dos Estados Unidos e o volume de trocas entre os membros da comunidade era o elemento do comércio mundial que mais crescia. Para alguns países da CEE, as vendas para outros consumidores do bloco eram especialmente importantes por substituir os mercados de suas ex-colônias. A economia francesa, por exemplo, transformou-se completamente. Em 1952, os principais mercados da França eram as colônias e ex-colônias. Estas absorviam 42% das exportações francesas, duas vezes e meia a mais que as vendas para os outros cinco países que formavam o mercado europeu (menos de 16%). Em 1973, os outros cinco co-fundadores da CEE começaram a comprar metade das exportações francesas, ao passo que o montante vendido para as ex-colônias passou para menos de 10%.[25] Um mercado europeu emergia da colcha de retalhos formada pelos mercados nacionais.

Nenhuma das principais empresas internacionais podia ignorar o mercado comum, mas as tarifas da CEE eram um grande impedimento. Em 1968, na indústria automobilística por exemplo, não havia tarifas para os carros vendidos entre os membros da CEE. Contudo, a tarifa externa comum da Comunidade, 17,6% para carros de passeio trazidos de fora, era um imposto quase proibitivo. Qualquer empresa de automóveis que desejasse vender na Europa precisaria produzir no continente. A tarifa comum adicionava um custo de 17,6% ao preço das exportações da Ford, de Detroit para a França ou a Itália. No entanto,

* Do original, em inglês *tariff jumping*. Uma prática comum das multinacionais era "pular as tarifas". Para não precisar pagar tarifas para entrar no mercado com os seus produtos , as empresas abriam fábricas nos mercados locais. (N.T.)

as exportações da Ford Werke, na Alemanha, para a França ou a Itália eram isentas de tarifas. O mesmo se aplicava às vendas da afiliada alemã da GM, a Opel, e às vendas da afiliada francesa da Chrysler.[26]

Durante a década de 1960, Ford, Fiat, Colgate, Bayer, Coca-Cola e Philips se tornaram palavras comuns em todos os lares e empregadores de peso na maior parte das grandes economias mundiais. Para alguns, as multinacionais eram intromissões políticas, econômicas e culturais nada bem-vindas. Para outros, apresentavam oportunidades de crescimento tecnológico e financeiro. Independentemente dos interesses envolvidos, os investimentos internacionais – da mesma forma que o comércio mundial e a integração monetária – foram bem-sucedidos em atar o mundo industrializado com laços mais fortes que os da ordem pré-1914.

Bretton Woods e o Estado de bem-estar social

Bretton Woods permitiu que a liberalização arrebatadora do comércio e dos investimentos internacionais coexistisse com a expansão arrebatadora do setor público.[27] De 1950 a 1973, o setor público dos países industriais crescia, em média, de 23% a 47% do PIB.[28] Os investimentos na área social, o cerne dos sistemas de bem-estar social, aumentaram, em média, de 7% a 15% do PIB. No fim da década de 1950, a Suécia já podia contar com um sistema de aposentadorias, seguros de saúde, pensões por invalidez e acidentes de trabalho, pensões para pobres e famílias com crianças, moradias subsidiadas para os de baixa renda e escola obrigatória gratuita até os 16 anos.[29] Apesar de o sistema social sueco ser mais amplo em termos de extensão e cobertura, o resto do mundo capitalista seguia padrões semelhantes. Em todos os lugares, exceto no Japão, os governos protegiam os cidadãos contra as inconveniências causadas por desemprego, doença, invalidez, velhice e pobreza.

O rápido crescimento gerado pela integração do pós-guerra permitiu aos governos expandir programas já existentes e criar novos sem causar grande polêmica. Isso foi reforçado pelo fato de que sociedades mais prósperas tendem a ser mais generosas em termos de políticas sociais, e a inclusão de tantos membros da OCDE no ranking das nações mais ricas levou a um crescimento desse tipo de gasto.

Os próprios gastos sociais do pós-guerra foram um pré-requisito político para a integração econômica. A abertura sempre foi uma questão controversa. Alguns segmentos – em especial da parte de grandes empresas e investidores – esperavam ganhar com a integração, mas outros viam a questão com menos entusiasmo. Havia uma oposição intransigente à liberalização formada pelos que não conseguiam competir nos mercados mundiais, mas em geral estes não eram muito numerosos. Mais importantes eram as empresas, os trabalhadores e os produtores agrícolas apreensivos com as incertezas trazidas pela abertura econômica, mas não radicalmente contra a liberalização. A integração dos mercados mundiais expandiu as oportunidades, mas também significou que os países seriam afetados por problemas além de seu controle.

O conselheiro mais próximo de Winston Churchill expressou o medo compartilhado por esse grupo intermediário, quando atentou para as potenciais conseqüências de a libra se tornar internacionalmente convertível de forma prematura:

> Se uma taxa bancária de 6%, um milhão de desempregados e uma bisnaga [pão] de dois xelins não forem o suficiente, precisaremos de uma taxa bancária de 8%, dois milhões de desempregados e uma bisnaga de três xelins. Se os trabalhadores exigirem salários maiores, ao se depararem com o encarecimento dos alimentos, teremos de pôr um fim nisso aumentando o desemprego até a destruição de seu poder de barganha. Esse é o significado de frases convenientes como "deixem que a taxa de câmbio ajuste a economia".[30]

Muitos associavam abertura a imperativos da economia global, como recessão, falências, cortes salariais e demissões.

Uma rede de segurança social poderia reduzir as incertezas dos mercados globais; amorteceria os pontos negativos da integração econômica e não privaria dos benefícios do comércio internacional os capitalistas, produtores agrícolas, trabalhadores dos setores de potencial exportador e consumidores de produtos mais baratos. O Estado de bem-estar social, portanto, ajudou a neutralizar uma fonte em potencial de oposição à liberalização.

Não é por coincidência que os pioneiros na implementação de um Estado de bem-estar social foram os países pequenos. Justamente por não serem grandes, os países "nórdicos" (Noruega, Suécia, Dinamarca e Finlândia), "alpinos" (Suíça e Áustria) e os do "Benelux" (Bélgica, Holanda e Luxemburgo) focavam suas economias nas exportações, importações e investimentos internacionais. Mesmo durante o pior período da depressão econômica da década de 1930, tais países continuaram com políticas de livre comércio. As medidas não se aplicavam à agricultura, mas todas as nove nações eram sociedades altamente industriais durante a década de 1930. O outro lado dessa abertura do entreguerras, no entanto, foi uma ampla rede de políticas sociais. Tomando caminhos bem diferentes, essas sociedades chegaram a uma mistura semelhante de abertura econômica e um extenso sistema de seguro social.

Onde o protecionismo não podia ser considerado uma opção viável, capitalistas, produtores agrícolas e trabalhadores se conformaram com os programas governamentais que protegiam as vítimas das forças do mercado mundial. Um dos líderes conservadores da Suécia sugeriu que se deveria considerar a "sociedade como uma forma de organização para equalizar riscos e oferecer padrões mínimos de segurança, não apenas aos miseráveis, mas também aos que trabalham duro".[31] Disso resultaram a adoção de programas sociais generosos, um papel político de destaque por parte dos socialistas, uma forte cooperação entre trabalho e capital para controlar os salários e manter o pleno emprego, os programas agressivos de qualificação profissional, além de um compromisso firme com o capitalismo de mercado, livre comércio e investimentos.[32]

A maioria dos partidos democratas-cristãos europeus também adotou esse tipo de anticapitalismo moderado. A plataforma democrata-cristã da Alemanha argumentava que o "sistema econômico capitalista não era justo com os principais interesses do povo alemão", e que a "nova estrutura da economia alemã deveria partir do pressuposto de que o período do domínio irrestrito do capitalismo privado havia chegado ao fim". O Partido Católico da França falava de "uma revolução" para a criação de uma nova ordem "liberta do poder dos detentores da riqueza".[33] E tal declaração vinha de um dos principais partidos conservadores do continente!

O novo consenso se refletiu nos compromissos domésticos das socialdemocracias da década de 1930 e em suas variantes internacionais de Bretton Woods. Uniu socialistas (não-comunistas), trabalhistas, empresários e a classe média no apoio a uma economia de mercado reformada. O fato irritou alguns tradicionalistas conservadores, inclusive muitos nos Estados Unidos que não conseguiam conceber um governo socialista britânico (trabalhista) como bastião do capitalismo ocidental. No entanto, para garantir o apoio dos socialistas, e das classes trabalhadoras que formavam sua base, para a ordem de Bretton Woods, os governos europeus precisaram incluir organização sindical, medidas de bem-estar social e aumentos salariais.

No Reino Unido, a ordem do pós-guerra foi planejada durante a Segunda Guerra Mundial. Uma comissão do governo presidida por Sir William Beveridge pedia, com veemência, um sistema amplo de seguro social, e o resultado foi animador. Como disse um dos líderes do Partido Trabalhista: "Num dos momentos mais assombrosos da guerra, no fim de 1942, o Relatório Beveridge veio como maná caindo do céu."[34] A obra se tornou uma referência de peso, e sucessivos governos britânicos implementaram suas recomendações nos serviços nacionais de saúde, nos benefícios à população e em outros elementos do Estado de bem-estar social moderno. Com o abrandamento da guerra no continente, todos os novos governos implementaram reformas sociais abrangentes. Os setores unificados da Alemanha Ocidental também tomaram a mesma direção, uma vez que os conservadores alemães puseram em prática o que chamavam de sistema social de mercado. O mecanismo combinava seguro social, um significativo setor público e associações que deram voz aos trabalhadores nas decisões administrativas.[35] Os Estados Unidos e o Canadá construíram um amplo consenso a favor de reformas sociais e integração econômica durante as décadas de 1930 e 1940.

O Estado de bem-estar das socialdemocracias fazia parte integral do sistema de Bretton Woods. Isso facilitava o consenso político, em especial entre trabalho e capital, quanto à rejeição à integração econômica internacional. A atividade comercial prosperava e as classes trabalhadoras também iam muito bem. Os partidos de esquerda chegavam ao poder com mais freqüência que o contrário e de 1/3 a 2/3 da força de trabalho era filiada a sindicatos. Políticas governamentais suavizaram as flutuações dos ciclos econômicos; os momentos de expansão passaram a durar duas vezes mais que na época do padrão ouro e o tempo de duração das recessões caiu pela metade. O desemprego mantinha-se, em média, a 3% na maioria dos países da OCDE, em comparação com os 5% durante o padrão ouro e os 8% do período entreguerras.[36]

As sociedades melhoraram em termos de igualdade, e a pobreza diminuiu. Nos Estados Unidos – país em que o Estado de bem-estar social era dos menos agressivos, mas apresentava os melhores indicadores – a população oficial abaixo da linha de pobreza passou de 1/3 em 1950 para perto de 10% em 1973.[37] O avanço social veio de mãos dadas com altos índices de comércio e investimentos internacionais. A união entre o Estado de bem-estar social e a ordem de Bretton Woods viria a provar que os liberais, fascistas e comunistas estavam errados; as sociedades industriais modernas podiam se comprometer simultaneamente com políticas sociais generosas, capitalismo de mercado e integração econômica global.

O sucesso de Bretton Woods

O sistema de Bretton Woods governou as relações econômicas internacionais dos países capitalistas avançados da Segunda Guerra Mundial ao início da década de 1970. As nações industrializadas se afastaram do nacionalismo econômico e dos conflitos, mas não retornaram ao *laissez-faire* de antes da Primeira Guerra Mundial, com base no pressuposto de que as exigências para o sucesso internacional alimentava os problemas do desemprego e dos produtores agrícolas.

Durante as décadas de 1950 e 1960, as nações industrializadas do Ocidente optaram por um terceiro caminho. A nova ordem combinava internacionalismo e autonomia nacional; mercados e aspectos sociais; além de prosperidade, estabilidade social e democracia política. Essa ordem permitia, ao mesmo tempo, uma abertura econômica internacional e controles sobre investimentos de curto prazo; proteção agrícola e sistemas preferenciais de comércio, como o Mercado Comum Europeu. Misturou políticas pró-negócios com participação substancial do governo na economia; e uma rede extensa de segurança social com movimentos trabalhistas politicamente poderosos. O resultado foi uma mescla de mercados ativos com governos agressivos; grandes empresas com trabalho organizado; e de conservadores com socialistas. A ordem testemunhou o crescimento mais rápido e a estabilidade econômica mais duradoura da história moderna.

13

Descolonização e desenvolvimento

"Muito tempo atrás tivemos um encontro com o destino", disse Jawaharlal Nehru aos cidadãos indianos às vésperas da independência do país, se referindo a décadas de luta por autodeterminação. "E agora", explicou Nehru à Assembléia Constituinte em 14 de agosto de 1947, "chegou a hora de cumprirmos a nossa promessa, não completamente ou em todos os aspectos, mas de forma bastante substancial." Quando o novo governo tomou o poder no lugar dos britânicos, ele se deparou com o desastre das divisões nacionais, da estagnação econômica e da pobreza generalizada. Nehru e seus colegas enxergaram esse recomeço como uma oportunidade única:

> Chega o momento, que sempre chega, embora raro na história, em que devemos trocar o velho pelo novo, em que termina uma era e a alma de uma nação, há muito reprimida, encontra sua voz ... Precisamos construir o palácio da Índia livre, onde todas as suas crianças deverão morar.

Como o novo governo indiano e os outros iguais a ele iriam cumprir sua promessa? Como poderiam superar décadas, e até séculos, de estagnação? Não havia um modelo pronto a ser copiado, nenhum caminho fácil a ser seguido. Assim que as colônias conseguiram a liberdade e os países latino-americanos emergiram do isolamento imposto pela depressão econômica e pela Segunda Guerra, eles passaram a lutar por uma nova estratégia de desenvolvimento nacional.

Adotaram como fórmula o nacionalismo econômico. Enquanto os países desenvolvidos abandonavam a orientação interna* da

* Um certo isolamento da economia mundial e políticas voltadas para o desenvolvimento nacional. (N.T.)

década de 1930, o mundo em desenvolvimento a adotava com entusiasmo. Os países em desenvolvimento se fecharam ao comércio e buscaram a rápida industrialização. As colônias recém-independentes fizeram o mesmo, deixando de fora o capital e os investimentos estrangeiros para erguer economias nacionais independentes. Dentro de uma década após o fim da Segunda Guerra Mundial, um Terceiro Mundo de países não-alinhados traçava um caminho nacionalista, entre a integração global do Primeiro Mundo capitalista e a economia planificada do Segundo Mundo comunista.

Industrialização por substituição de importações

Os países da América Latina (e um punhado de outras nações independentes em desenvolvimento) se mantiveram isolados da economia mundial, da década de 1930 ao início da de 1950, devido a tendências da própria economia internacional. O colapso da economia mundial entregou a região à própria sorte. Os países organizados para exportar café, cobre ou produtos pecuários agora não tinham quase mercado para seus principais produtos. Para os consumidores acostumados com os bens industriais da América do Norte e da Europa, os produtos do sul eram extremamente caros ou simplesmente não estavam disponíveis. Novas indústrias cresceram para suprir a demanda local, e os setores agrícola e minerador, que eram voltados para exportação, encolheram.

As classes urbanas e as massas se expandiram a fim de preencher o vácuo político deixado pela desintegração das economias tradicionais abertas. A América Latina, antes um bastião da abertura econômica tradicional, se transformou em uma fortaleza de nacionalismo econômico, desenvolvimentismo e populismo. Empresários, profissionais de classe média, servidores públicos e o operariado se uniram em uma aliança informal pelo desenvolvimento nacional da indústria e vieram a dominar a região. A aliança era explícita para grande parte da esquerda, que a via como uma coalizão antiimperialista entre o trabalho e o capital nacional. Um tipo de empresariado nacionalista, quase fluente na retórica marxista sobre os perigos do capitalismo estrangeiro, tomou a liderança. O ex-ministro da Fazenda e intelectual Luiz Carlos Bresser-Pereira escreveu sobre como a "crise do imperialismo da década de 1930, baseada na divisão internacional do trabalho, significou uma oportunidade para o desenvolvimento brasileiro", definindo esse caminho aberto percebido e compartilhado pelos industriais brasileiros após a Segunda Guerra Mundial:

> O nacionalismo, que era a ideologia básica, o industrialismo e o intervencionismo desenvolvimentista ... estavam acima de tudo a serviço da emergente burguesia

> industrial. O que estamos chamando de uma revolução nacional brasileira tinha como objetivo central transformar o Brasil numa nação verdadeiramente independente. A industrialização a ser perpetrada pelos empreendedores industriais com a ajuda financeira do Estado seria de longe o melhor método para se atingir esse objetivo.[1]

No fim da década de 1940, os principais países da América Latina haviam se tornado urbanos e industriais, com a atividade fabril sendo responsável por 1/5 da produção e dos empregos – índices semelhantes aos dos Estados Unidos em 1890. Um quarto da população morava em cidades com mais de 20 mil habitantes – número maior que o da Europa em 1900. A taxa de alfabetização nos países do Cone Sul, Argentina, Chile e Uruguai, estava acima dos 80%. Em grande parte da região, predominavam regimes democráticos, com movimentos trabalhistas expressivos e uma classe média forte. Vinte anos antes, a representação fiel da América Latina era de uma massa de camponeses explorada por proprietários de terra quase aristocráticos; agora, era de uma metrópole altamente industrial cercada por favelas. A mudança do quadro veio com a aproximação da região da economia mundial, em parte por necessidade, mas cada vez mais por escolha. Na década de 1950, a região exportava apenas 6% da produção e nos países maiores esse índice era ainda menor: 2% na Argentina e 4% no Brasil. A transformação do México foi surpreendente. Em 1929, as exportações correspondiam a 15% da produção do país, mas em 1950 o índice caiu para apenas 3,5%.[2] Durante a depressão econômica e a guerra, o comércio internacional de quase todo o mundo sofreu uma queda, mas o declínio foi bem maior na América Latina. E, diferentemente do que ocorrera em outras áreas, os latino-americanos viam isso como algo positivo.

Os defensores da autarquia entraram em cena nas décadas de 1930 e 1940 e emergiram da guerra ainda mais poderosos. A virada anterior para dentro fora ditada pelas condições externas, mas a recuperação do comércio mundial no pós-guerra não fez com que a América Latina mudasse o seu caminho. Muito havia mudado. Os industriais, que não confrontavam a concorrência das importações havia mais de 20 anos, não viam com satisfação a possibilidade de competição estrangeira. Os defensores de um sistema autárquico comandavam a política (diferentemente do que ocorrera no Japão e na Europa ocidental, onde foram derrotados). As importações ameaçavam os objetivos dos que compartilhavam do desejo de industrialização: industriais nacionalistas, pequenos comerciantes, profissionais liberais, sindicatos trabalhistas e intelectuais. Os que ganhavam com o livre comércio, os produtores agrícolas voltados para as exportações e os mineradores não tinham apoio, ou (no caso das minas) haviam sido nacionalizadas.[3]

A América Latina repetiu a trajetória de outras nações que se transformaram de exportadoras de produtos primários em um sistema de livre comércio para industrializantes protecionistas. O gigante do norte foi o exemplo mais marcante. Os Estados Unidos começaram exportando matérias-primas, importando manufaturados e enfrentando batalhas entre o sul exportador de algodão e tabaco, e o norte industrial. A indústria urbana prevaleceu e a política econômica norte-americana se voltou contra os produtores agrícolas e mineradores, apoiando as indústrias protegidas. Os resultados foram a rápida industrialização, a consolidação do mercado nacional e talvez até mesmo o estímulo ao sentimento nacionalista. O precedente norte-americano – e o canadense, alemão, japonês, entre outros – serviu como modelo para muitos dos vizinhos no sul da América.

Na década de 1950, a América Latina abandonou a resposta meramente emergencial ao colapso dos mercados mundiais e se engajou em um esforço consciente para restringir o comércio externo. Tal política, conhecida como Industrialização por Substituição de Importações (ISI), visava à produção doméstica de bens antes importados. O principal método foi tornar as fábricas nacionais mais lucrativas.

O primeiro componente da ISI seria a imposição de barreiras comerciais altas. No início da década de 1960, as tarifas sobre os produtos industrializados importados eram em média de 74% no México, 84% na Argentina e 184% no Brasil.[4] As barreiras tornaram muitos dos produtos industriais importados extremamente caros. Em alguns casos, as importações eram simplesmente proibidas. Nem todos os produtos industriais se mantiveram afastados, pois as fábricas necessitavam de maquinário, peças sobressalentes e outros tipos de insumos. No entanto, quase tudo produzido em países latino-americanos sofria proteção contra a competição estrangeira, e às vezes os preços eram de duas a três vezes mais altos que os de produtos semelhantes nos mercados mundiais.

Os governos também concediam incentivos e subsídios para a indústria. Contemplavam os que investiam na indústria com isenções fiscais e créditos baratos oriundos de bancos governamentais, além de garantir aos industriais locais o acesso privilegiado à importações de bens de capital, peças e matérias-primas. Os governos manipulavam o câmbio de forma a tornar o dólar barato para que os fabricantes pudessem trazer equipamentos e insumos de fora. Às vezes as taxas de câmbio variavam de acordo com o produto; dessa forma, o dólar podia ser alto para os importados que competissem com a produção local, mas baixo para os fabricantes domésticos que quisessem comprar máquinas do exterior.

Os governos latino-americanos passaram a controlar grande parte das instalações industriais. Tornaram-se responsáveis pelas ferrovias, redes de telefonia, rotas de frete, sistemas de abastecimento de eletricidade e por outros serviços de infra-estrutura; nesse aspecto se pareciam com grande parte da Europa ocidental. Mas os governos latino-americanos também controlavam muitos dos poços de petróleo e refinarias, fábricas de produtos químicos, usinas de aço, minas e fundições da região. De 1/4 a metade de todos os investimentos eram feitos pelo setor público, principalmente para as indústrias e setores agregados. Os defensores da expansão do setor público acreditavam que os investimentos privados não podiam, ou não iriam, financiar a indústria de base; as fábricas de aço e de produtos químicos não despertavam grande interesse dos capitalistas mexicanos e argentinos, além de serem importantes demais para ficarem sujeitas às inconstâncias dos investimentos privados. No mais, o controle do governo permitia a ele oferecer insumos básicos – como aço, energia elétrica, produtos químicos e transportes – à indústria privada a preços artificialmente baixos, o que também estimulou a industrialização.

Essas políticas geraram um desenvolvimento industrial impressionante. De 1945 a 1973, a produção industrial mexicana quadruplicou e a brasileira cresceu oito vezes. O número de veículos motorizados nas estradas dos dois países aumentou de 500 mil para 6 milhões; em 1973, as indústrias automobilísticas, inexistentes havia 20 anos, produziam mais de um milhão de veículos nas duas nações. A grande maioria dos produtos industriais consumidos na região deixou de ser importada e passou a ser produzida domesticamente. Por exemplo, no início da década de 1960, as indústrias brasileiras eram responsáveis por 99% dos bens de consumo do país, 91% dos produtos intermediários (como aço e químicos) e 87% dos bens de capital (maquinário e equipamentos).[5] Naquele momento, a economia brasileira, cujo tamanho era semelhante ao da holandesa, estava perto de alcançar a auto-suficiência na produção de bens industriais.

A industrialização foi amplamente financiada à custa dos setores de exportação primária. Os produtores agrícolas e os mineradores passaram a pagar bem mais pelo que consumiam, mas vendiam seus produtos pelo preço dos mercados mundiais, e os impostos que pagavam viravam subsídios para as indústrias favorecidas. Isso não foi por acaso: os mineradores e produtores agrícolas haviam perdido a batalha nas décadas de 1930 e 1940. Nas cidades industriais, as condições comerciais se voltaram contra aqueles que por décadas monopolizaram a ordem política, social e econômica em favor das exportações tradicionais. Afinal, essa foi a política utilizada – com extraordinário sucesso – pelo norte industrial dos Estados Unidos durante a Guerra Civil da década de 1930.

Vinte e cinco anos de industrialização por substituição de importações voluntárias e mais outros 25 anos de ISI imposta pelas condições mundiais fizeram com que, em 1973, a região tivesse uma economia industrial formidável. Naquele momento, os principais países do continente – Brasil, México,

Argentina, Colômbia, Venezuela e Chile – atingiram níveis industriais e urbanos comparáveis aos da América do Norte e da Europa ocidental. Entre 61% e 80% da população latino-americana morava em cidades (nos países da OCDE esse índice ia de 73% a 89%). De 29% a 42% da produção vinha das indústrias (nas principais nações ricas, o índice variava de 29% a 48%).[6] As economias do continente passaram a ser dominadas por um setor industrial sofisticado.

É evidente que em 1973 a América Latina era diferente do mundo desenvolvido. Motivo mais óbvio: produzia apenas 1/3 da renda média mundial. A região também contava com um número maior de cidadãos na agricultura, de 1/5 a metade – índice mais alto que o da Europa 40 anos antes. A pobreza era imensa e não demonstrava qualquer sinal de melhora. A indústria, embora grande, não era particularmente eficiente e apresentava preços mais altos do que aqueles no mercados mundial. Isso foi possível graças à presença de barreiras comerciais altamente protetoras e ao fato de as economias latino-americanas figurarem entre os mercados mais fechados do mundo. De fato, essas economias foram se tornando cada vez mais fechadas com o passar do tempo. Até a União Soviética comercializava mais com o resto do mundo em 1973 do que na década de 1950, mas não a América Latina. Embora apresentasse características pouco comuns, a industrialização por substituição de importações era quase um consenso na região quando se tratava de metodologia de desenvolvimento. De fato, a ISI alcançou o seu objetivo, e a América Latina se industrializou.

A corrida para a independência

O período entre 1914 e 1945 afetou não apenas a América Latina, mas todo o mundo em desenvolvimento. A maior parte da África, do Oriente Próximo* e da Ásia continuava colonial. Nas colônias, o isolamento em relação à economia mundial também estimulou a urbanização e a industrialização, fortalecendo o comércio local e os interesses da classe média, enfraquecendo também a economia exportadora. Esse isolamento arruinou os defensores do sistema colonial e reforçou a influência dos que viam o colonialismo com desconfiança ou hostilidade.

Na época da Segunda Guerra Mundial, os impérios europeus estavam no auge; fora da América Latina apenas alguns países pobres eram teoricamente independentes. Os franceses e os britânicos prometiam conceder direitos adicionais aos seus subordinados mais rebeldes, e os Estados Unidos, a indepen-

* Área da Ásia próxima do Mediterrâneo, inclui a Síria, o Líbano, Israel, Palestina e o Iraque. (N.E.)

dência das Filipinas; no entanto, os resultados ainda estavam por vir. Em 1945, com exceção da América Latina, o mundo em desenvolvimento continuava colonial e não havia perspectivas de mudança.

O colonialismo, contudo, entrou em colapso com uma velocidade impressionante. Até 1965, havia desaparecido, apesar de algumas exceções e do anômalo Império fascista português, que resistiu por mais dez anos. Alguns anos depois da Segunda Guerra Mundial, quase toda a Ásia colonial tornou-se independente. Os japoneses saíram da Coréia e de Taiwan; os franceses deixaram a Indochina; e os holandeses, as Índias Ocidentais. Os protetorados franceses e britânicos no Oriente Próximo estavam todos livres. E o mais importante: a menina-dos-olhos do Reino Unido, a Índia britânica, que havia se expandido do Irã ao Laos, deu origem – após uma guerra sangrenta e mutuamente destrutiva – a quatro nações livres: Índia, Paquistão, Burma e Sri Lanka. A maior parte do norte da África se tornou independente durante a década de 1950. A partir de 1957, a África Subsaariana foi rapidamente liberada (com a exceção, mais uma vez, das colônias portuguesas) e o mesmo ocorreu na Malásia, última possessão na Ásia. Em meados da década de 1960, o controle norte-americano sobre Porto Rico transformou os Estados Unidos na principal potência colonial do mundo – embora o título fosse discutível. Tal situação era irônica, dada a longa tradição anticolonialista no país.[7] O fato de que 20 anos após a Segunda Guerra Mundial a maior colônia de uma das principais nações do planeta era não mais a Índia ou a Argélia, o Congo ou a Indonésia, mas uma pequena ilha do Caribe, mostrava o quanto o mundo havia mudado.

A velocidade com que o colonialismo ruiu pode ser atribuída a uma série de motivos. O primeiro foi a evolução social e política das sociedades coloniais. Após 1914, a riqueza, o poder e a influência daqueles que rejeitavam ou desejavam modificar a economia colonial clássica aumentavam de forma contínua. Os mesmos processos econômicos e políticos que mudaram o rumo do desenvolvimento latino-americano estavam em curso na Ásia e na África: crescimento dos centros urbanos e industriais; insatisfação com a produção de matérias-primas para exportação; e desejo por diversificação e industrialização.

O colonialismo também fora destruído por problemas globais, que isolaram as colônias do resto do mercado mundial, desorganizaram a economia exportadora, estimularam a urbanização e a industrialização, e consolidaram os interesses da classe média e dos comerciantes locais. As dificuldades econômicas do entreguerras enfraqueceram os colonialistas e fortaleceram os incrédulos ou hostis ao colonialismo. Às vezes, os conflitos entre as potências coloniais e os novos grupos sociais se transformavam em rebeliões militares contra o regime, como na Indonésia e na Indochina. Nos outros lugares, a ameaça de levantes anticoloniais refreou bruscamente as ambições das grandes potências.

Os colonizadores, então, tentaram suprir as demandas locais. A Índia, que já havia conquistado o direito de decidir sobre suas próprias tarifas, conseguiu estabelecer um governo quase autônomo em 1937. Outras possessões foram contempladas com benefícios semelhantes para o poder local. No entanto, para muitos dos líderes das colônias, isso apenas enfatizava a irrelevância da ordem colonial. O controle imperial podia ser apenas aparente ou existir de fato. Se o caso fosse o primeiro, não havia razões para ser mantido; se o caso fosse o segundo, havia ainda mais motivos para que se abandonasse a metrópole. Essa perspectiva se tornou especialmente atrativa quando a popuação colonizadora, grande na Argélia, modesta na Rodésia e pequena no Quênia, conseguiu adiar ou impedir as reformas. Se alguns poucos milhares de colonos europeus no Quênia conseguiam impedir o Império Britânico de conceder direitos básicos aos africanos, por que um africano não deveria considerar a colonização como nada mais que uma ferramenta de opressão?

Também havia forças favoráveis às mudanças nas próprias potências coloniais.[8] Antes da Segunda Guerra Mundial, o colonialismo podia ser justificado por argumentos econômicos e diplomáticos. Agora, as justificativas geopolíticas não convenciam mais. A posição estratégica da Grã-Bretanha, da França, da Holanda e da Bélgica era de se manter debaixo do guarda-chuva nuclear norte-americano, e para tal não havia a necessidade de possessões coloniais, também desestimuladas pelo próprio dono do guarda-chuva. Do ponto de vista econômico, a importância das colônias diminuiu de forma contínua após a guerra. Os europeus, cada vez mais, trocavam mercadorias e investimentos com seus vizinhos e os Estados Unidos. Além do mais, as colônias eram desprezíveis para as novas indústrias que se tornaram importantes: automóveis, bens de consumo duráveis, aviões e computadores. Como os investimentos estrangeiros haviam mudado de direção das matérias-primas e plantações para os produtos industriais, o apoio econômico ao regime colonial diminuiu ainda mais. As multinacionais de produtos manufaturados pouco precisavam do colonialismo e, com freqüência, obtinham belos lucros com as altas tarifas impostas pelas nações recém-independentes. Mesmo nos países onde o comércio colonial e os investimentos continuavam interessantes, os Estados Unidos pressionavam os europeus para que abrissem os mercados coloniais. E que bem econômico seria uma colônia se era preciso compartilhá-la?

O motivo final e decisivo para a rápida marcha rumo à independência foi a insistência norte-americana. Havia décadas que os Estados Unidos eram contra o colonialismo. Ideologia e moral devem ter influenciado a posição do país, mas o auto-interesse foi o principal motivo. Os Estados Unidos entraram muito tarde na corrida colonial e quando o período chegou ao fim, o país possuía muito poucas colônias. A exclusividade econômica colonial atingiu duramente os produtos e o capital norte-americanos. Além disso, a Guerra Fria também contribuiu para o anticolonialismo dos Estados Unidos. A União Soviética possuía boas credenciais anticoloniais e usava os impérios europeus para mostrar que o capitalismo ocidental dominava o mundo em desenvolvimento. Após 1949, a voz da China passou a ser ouvida com grande credibilidade na discussão, uma vez que o país foi um dos que mais sofreu com o imperialismo ocidental. Como boa parte do mundo estava sob o domínio colonial europeu, era difícil para os Estados Unidos argumentar sobre os males do controle soviético. Quanto mais os europeus governavam, mais eles empurravam os asiáticos e africanos na direção dos comunistas, que estavam em busca de aliados.

O anticolonialismo norte-americano afetou as metrópoles européias, em especial durante a Crise de Suez. Em outubro e novembro de 1956, tropas francesas, britânicas e israelenses atacaram o Egito, aparentemente para tomar o Canal. Todavia, a verdadeira intenção era derrubar o regime do nacionalista radical Gamel Abdel Nasser. A ação enfureceu o secretário de Estado dos Estados Unidos John Foster Dulles, mas não por qualquer simpatia por Nasser. A invasão fortaleceu o argumento dos soviéticos e chineses, que desejavam convencer o mundo em desenvolvimento da brutalidade e da injustiça do capitalismo. Da mesma forma, provocou ainda mais irritação por ter ocorrido durante a ação soviética para suprimir uma revolta anticomunista na Hungria, desviando a atenção mundial de uma demonstração de brutalidade soviética para outro exemplo de agressão ocidental. Na visão de Dulles, um mês que deveria ter sido uma propaganda do triunfo ocidental acabara tornando-se um desastre. Para piorar, a invasão anglo-franco-israelense aproximou o regime egípcio ainda mais da União Soviética.

A Grã-Bretanha e a França logo se deram conta do quanto o peso econômico norte-americano restringia as opções dos dois países. A crise levou a uma desvalorização da libra e os Estados Unidos cortaram a ajuda financeira à Grã-Bretanha. O governo britânico, que cinco anos antes considerava o Egito um protetorado eficiente, não tinha outra escolha a não ser reconhecer a humilhação.[9] Os ativistas anticoloniais se sentiram revigorados diante dessa demonstração de impotência por parte do regime e, principalmente, por causa do enfraquecimento da posição colonialista. Um ano mais tarde, Gana foi o primeiro país da África Subsaariana a se tornar independente da Grã-Bretanha. Depois, em 1958, a Guiné francesa se libertou dos colonizadores. À medida que o colapso colonial aumentava o impasse entre França e Argélia, o sistema político francês se deteriorava. Charles de Gaulle, intimado a deixar a nação africana, supervisionou a retirada da França da terra que sempre considerou ser tão francesa quanto Marselha. Em quatro anos a partir da Crise do Suez, toda a África francesa se tornou independente, e logo em seguida o mesmo ocorreu com a britânica.

ISI, teoria e prática

A América Latina serviu como guia para grande parte do mundo em desenvolvimento após 1945. Afinal, antes daquele ano, a América Latina se assemelhava aos países desenvolvidos independentes. Havia alguns Estados livres no Oriente Próximo (Turquia, Irã, Iraque), mas de soberania recente ou questionável. Libéria, Etiópia, Afeganistão e Sião eram pobres demais para fazer alguma diferença; e a China era um caso a parte. A América Latina, independente havia mais de um século, foi o principal modelo para as ex-colônias pobres. O desenvolvimento industrial latino-americano indicava que um caminho semelhante também poderia ser seguido por esses países (algumas outras nações independentes, como a Turquia, também tentavam implementar a ISI). O entusiasmo pela industrialização nacional ao estilo latino-americano cresceu devido à idéia de que a independência seria um pré-requisito para a adoção da política.

Além de um modelo prático, a América Latina oferecia argumentos de ordem intelectual para a ISI. Teóricos latino-americanos contestavam o liberalismo clássico dos economistas famosos, argumentando que subsidiar e proteger a indústria nascente seria positivo para o desenvolvimento econômico. A visão latino-americana se fermentava nos tonéis da Comissão Econômica para a América Latina e o Caribe. A Cepal era chefiada pelo economista e ex-presidente do Banco Central argentino Raúl Prebisch e atraía acadêmicos influentes. As idéias da comissão, formada no início da década de 1950, encontraram grande ressonância intelectual nos outros países do mundo em desenvolvimento.

A Cepal aprofundou os argumentos já existentes a favor da proteção à indústria nascente e dos subsídios industriais. Da mesma forma como apontavam os protecionistas alemães e norte-americanos do século XIX, a comissão acreditava que, quando pequenas, as indústrias de economia de escala, por definição, não são capazes de competir com a concorrência externa, e que era impossível para os países começar do zero com indústrias grandes. Uma metáfora seria que as asas dos pássaros não evoluíram com uma pena por vez; os países não conseguiriam desenvolver indústrias modernas começando com pequenos estabelecimentos, se estivessem sujeitos à competição estrangeira. A indústria nascente deveria ser alimentada até se tornar capaz de competir internacionalmente.

Os cepalistas, como eram conhecidos, argumentavam ainda que os efeitos positivos da industrialização para as sociedades não se limitavam à produção industrial. A expansão da indústria trazia benefícios indiretos para a população. À medida que as fábricas fossem se desenvolvendo, gerariam níveis mais amplos de consciência e participação política, uma força de trabalho mais qualificada e coesão social, entre outras vantagens. Trariam também efeitos multiplicadores à economia, uma vez que as indústrias estimulam a formação de elos progressivos e regressivos. Uma fábrica de sapatos pode desenvolver um laço regressivo com os produtores de couro, borracha e de outros insumos, e progressivo com atacadistas e varejistas do produto final. A indústria de calçados produzia mais que sapatos; a demanda por insumos e suprimentos para produção se ampliaria e desenvolveria a economia local. A industrialização trazia benefícios econômicos e sociais generalizados.

O argumento mais novo dos cepalistas foi apresentado por Prebisch no fim da década de 1930. O economista alegava que o preço das matérias-primas e dos produtos agrícolas tendia a cair com o tempo, enquanto o valor dos bens manufaturados tendia a subir. Disse ele:

> As indústrias manufatureiras, e portanto as nações industriais, podem controlar a produção de forma eficiente, mantendo o valor de seus produtos nos níveis desejados. Este não é o caso dos países que vivem da agricultura ou pecuária, pois, como é sabido, esse tipo de produção é inelástica por natureza [da própria produção], bem como pela falta de organização dos produtores.
>
> Durante a última depressão econômica, essas diferenças se manifestaram por meio da queda brusca dos preços agrícolas e um declínio bem menor dos artigos manufaturados. Os países agrários perderam parte de seu poder de compra, o que afetou a balança de pagamentos e o volume de importações desses países.[10]

De acordo com Prebisch, o problema era o controle dos mercados de produtos industriais por parte de poucos oligopólios, os quais faziam com que os preços subissem sempre que possível e não caíssem mesmo que as condições do mercado fossem adversas.[11] Por outro lado, os mercados de matérias-primas eram muito competitivos – havia milhões de produtores de café ou trigo – e os preços flutuavam com facilidade. Em tempos de crise, o preço dos produtos industrializados não declinava com tanta velocidade quanto o dos primários, ao passo que nos períodos prósperos ele aumentava mais rápido. O resultado disso é uma deterioração das condições comerciais dos países especializados em produtos primários, que passam a ganhar menos pelos produtos vendidos e a pagar mais pelo que compravam. Produzir uma quantidade maior do mesmo tipo apenas pioraria a situação, uma vez que os preços dos produtos primários cairiam ainda mais. O círculo vicioso só seria rompido mediante uma mudança dos tipos de bens produzidos. Seria necessário abandonar os produtos primários e adotar os industriais.

Alguns economistas contestaram os argumentos da Cepal. Diziam que a indústria nascente nunca crescia, apenas continuava a receber proteção, além de os custos gerados por indústrias ineficientes superarem os benefícios diretos. Alegavam também que as políticas da Cepal criariam setores industriais inchados, fabricando produtos caros, de baixa qualidade e tecnologia ultrapassada. Os céticos desafiavam a afirmação de Prebisch de que os termos de troca dos países em desenvolvimento haviam se deteriorado. Mesmo se fosse verdade, a solução não podia ser proteção ou subsídios; afinal de contas, as exportações de produtos primários haviam gerado prosperidade e indústrias para o Canadá, a Austrália e até para os Estados Unidos.

A visão da Cepal alcançou aceitação irrestrita no mundo colonial e pós-colonial, independentemente de seu mérito intelectual. Os novos governos encontravam apoio, principalmente, entre os capitalistas urbanos, trabalhadores e classe média, os quais nutriam pouca simpatia pelo modelo exportador de produtos primários. Os europeus e seus parceiros sempre dominaram a produção de bens agrícolas e minerais para exportação; nos lugares onde os produtores de matérias-primas eram os nativos, a classe em geral era fragmentada e fraca. Industriais, profissionais liberais, funcionários públicos e operários se organizavam de maneira eficiente, às vezes tinham ligações próximas com os militares e controlavam as cidades.[12] A batalha sobre a estratégia de desenvolvimento a ser seguida terminou antes de começar: a industrialização por substituição de importações viria a ser a política universal do mundo pós-colonial.

Nehru e a industrialização da Índia

Depois de Jawaharlal Nehru ter lembrado os indianos do "encontro com o destino", em agosto de 1947, em seu discurso como o primeiro chefe de governo do país, ele apontou para o futuro:

> Esse futuro não é de sossego ou descanso, mas de uma luta incessante para que possamos cumprir as promessas que temos feito com tanta freqüência e a que faremos hoje. Servir à Índia significa servir aos milhões que sofrem. Significa acabar com a pobreza, a ignorância, a doença e a desigualdade de oportunidades ... Enquanto existirem lágrimas e sofrimento, nosso trabalho não terá acabado.

Nehru liderou a Índia independente por 15 anos, se esforçando para transformar suas promessas em realidade. Quando tomou posse em agosto de 1947, tinha mais de 30 anos de experiência política. Governou diversas províncias indianas e negociou as condições para o afastamento do Império Britânico. No entanto, a experiência mais importante para a formação dele foi ganha como líder do principal movimento anticolonialista do planeta.

Nehru era o filho mais velho de um advogado bem-sucedido e pertencia à aristocrática casta brâmane. Nascido em 1889, teve diversos tutores ocidentais até ir para Harrow, um colégio interno britânico para a alta classe. De lá, Nehru foi para Cambridge, onde se formou em ciências naturais. Ele, então, foi novamente para Londres para estudar Direito e se tornou advogado como o pai. Em 1912, após tantos anos de educação britânica, Nehru voltou à Índia, e como ele mesmo disse posteriormente, "talvez mais inglês que indiano ... mais encantado com a Inglaterra e os ingleses do que poderia um indiano".[13] O pai de Nehru já havia se tornado um líder moderado do Partido do Congresso Nacional Indiano e apesar da anglofilia, o filho também era nacionalista. O jovem Nehru conheceu Gandhi em 1916 numa convenção do Partido do Congresso. No início da década de 1920, Nehru e o pai adotaram uma posição pró-independência mais radical.

Os Nehru e outros membros das classes alta e média da Índia passaram a apoiar a independência completa do país por uma série de razões. A Primeira Guerra Mundial e o período entreguerras mostraram aos indianos que o governo colonial era desnecessário. O país se comportou bem quando a guerra, a reconstrução e a depressão econômica o separaram do império. As crescentes concessões de autonomia por parte dos britânicos provaram que os indianos eram perfeitamente capazes de se autogovernar e que políticas formuladas regionalmente se adequariam melhor às necessidades locais. O império oferecia infra-estrutura e defesa, mas a um preço cada vez mais alto – em especial devido à brutalidade de algumas ações britânicas, das quais a mais marcante foi o massacre de centenas de manifestantes pacíficos em Amritsar em 1919.

Os suseranos britânicos oprimiam a numerosa e moderna elite indiana que dominava o país. Nehru e o Partido do Congresso não viam mais motivos para que a relação continuasse. A reação não foi de xenofobia, tampouco foi algo como o tradicionalismo indiano de Gandhi. Nehru enxergava a Índia com olhos basicamente europeus: "Eu a conheci por meio do Ocidente e a olhei como um ocidental cordial teria feito. Estava impaciente e ansioso para mudar sua aparência, sua atitude e para lhe dar a roupagem da modernidade."[14] O ex-cientista de Cambridge e advogado de Londres desejava trazer a ciência moderna e a tecnologia para o país, em vez de buscar uma volta às tradições.

A Grã-Bretanha resistiu à independência. Em 1921, as autoridades britânicas prenderam o jovem Nehru pela primeira de muitas vezes (ele passou cerca de 1/3 do período de 1921 a 1945 na prisão). Após ser libertado, tornou-se secretário-geral do Partido do Congresso, desenvolvendo sua habilidade política e conhecimentos sobre o país. Em 1926 e 1927, Nehru, a mulher e a filha foram à Europa e à URSS. Durante a viagem, foi exposto às idéias do movimento internacional anticolonial e do socialismo soviético. Ficou profundamente impressionado com as perspectivas tanto de uma unidade anticolonialista quanto de um desenvolvimento não-capitalista. Quando voltou, Nehru mais uma vez foi nomeado secretário-geral e em 1929 tornou-se presidente do partido. Logo ficou evidente que Nehru (cujo pai morrera em 1931) era o segundo homem mais importante da liderança nacionalista, atrás apenas de Gandhi.

Nos dez anos do caminho para a independência, Nehru (conhecido como *pandit*, ou "professor") uniu socialismo e nacionalismo com a intenção de alcançar o possível. As tentativas britânicas de conciliação levaram à autonomia provincial e à eleição do Partido do Congresso na maioria das províncias, no fim da década de 1930. Enquanto a guerra ameaçava a Europa, os indianos tiveram que tomar uma posição. Nehru, que em 1936 passou mais uma temporada na Europa, enquanto sua mulher morria em um hospital suíço, era simpático à luta contra os nazistas. Mas para ele e para o partido, a Índia só deveria apoiar a guerra caso a Grã-Bretanha se comprometesse com a independência, o que seria pouco provável. Nehru passou a maior parte do período da guerra na prisão e começou as negociações com os britânicos mesmo antes de ser libertado. Trabalhou próximo ao Lord Mountbatten para garantir uma transição para a independência o mais tranqüila possível dentro das dificuldades inerentes ao processo, especialmente a hostilidade entre hindus e muçulmanos, que mais tarde dividiram a nação em dois países: Índia e Paquistão.

No poder, *pandit* Nehru continuou a enfatizar o nacionalismo econômico e o desenvolvimento industrial. A Índia, diferentemente da América Latina, copiou aspectos da planificação soviética, utilizando uma série de planos qüinqüenais para conduzir a industrialização do país. O governo priorizava os investimentos em infra-estrutura e a indústria de base para aprofundar o desenvolvimento do setor fabril moderno. As prioridades de Nehru eram bem definidas:

> Se pretendemos industrializar o país, não iremos fazê-lo criando uma porção de fábricas de bens de consumo. São úteis, sem dúvida, mas para nos industrializarmos precisamos de certas indústrias básicas, indústrias-chave, indústrias-mãe: máquinas, aço e assim por diante. Indústrias que possam gerar outras indústrias.[15]

Durante os três primeiros planos de cinco anos de Nehru, de 1951 a 1966, o governo foi responsável por metade dos investimentos destinados à indústria, e metade dos que se destinaram às industrias de aço e ferro.[16] Nas décadas de 1950 e 1960, enquanto a produção têxtil aumentou em 1/3, no setor de maquinário o crescimento foi cinco vezes maior e a fabricação de metais básicos quadruplicou.[17]

Nehru adotou a visão socialista – como a maioria dos líderes políticos indianos –, mas com pragmatismo. O governo continuava firme no compromisso com os empresários, os quais Nehru em geral defendia:

> Diz-se do capital que ele é arisco ... mas é arisco porque os capitalistas, que são empreendedores privados, não têm a certeza de quanto tempo poderão continuar no país. Sugiro, portanto, darmos a eles uma bela chance e pedirmos que obtenham belos lucros ... É essencial darmos uma chance à empresa privada e garantirmos segurança para que eles continuem a trabalhar em nome da produção.[18]

As políticas econômicas indianas eram semelhantes às da industrialização por substituição de importações adotadas na América Latina. O governo concedeu proteção industrial, créditos subsidiados, incentivos fiscais e outros benefícios, de certa forma, já familiares aos latino-americanos. Os planos qüinqüenais contavam com floreios retóricos, diferentemente dos planos latinos mais conservadores. Contudo, na prática, não eram muito parecidos com os do estilo soviético. O governo indiano prestou mais atenção às condições rurais do que os latino-americanos. É evidente que a Índia era bem mais rural que a América Latina, e a madura democracia parlamentar indiana não deixava os políticos ignorarem os produtores agrícolas. A ampla reforma agrária e as melhorias no campo não modificaram a situação geral de favorecimento das cidades e da indústria, mas o setor agrícola fora menos punido na Índia que em muitas outras nações em desenvolvimento.

As políticas indianas obtiveram resultados semelhantes aos alcançados por outras economias que implementaram a ISI. A produção agrícola da Índia nos primeiros 25 anos de independência quase não acompanhava o crescimento populacional, mas a indústria se expandiu três vezes mais rápido. No início da década de 1970, o país passou a produzir mais de 5 milhões de toneladas de aço (menos de um milhão de toneladas antes da independência), 16 milhões de toneladas de cimento (menos de 3 milhões de toneladas antes) e um milhão de toneladas de fertilizante (menos de 10 mil toneladas antes). O país fabricava os próprios trens, automóveis e possuía uma bem-sucedida indústria de maquinário.[19] Cerca de 90% das máquinas utilizadas na indústria têxtil eram produzidas domesticamente, da mesma forma que 98% do alumínio e 99% do aço (quase todos importados no período da independência). A indústria correspondia a apenas 16% da produção econômica, mas, dado o tamanho do subcontinente, a Índia tinha um dos maiores setores industriais do mundo em desenvolvimento.[20]

A industrialização veio acompanhada do crescimento econômico mais rápido da história indiana. As estimativas mais precisas indicam que a renda por pessoa na Índia em 1950 era quase 10% maior que um século antes. Esse dado mascarava os altos e baixos – altos, até a Primeira Guerra Mundial; baixos, a partir de então –, mas no geral a economia indiana do fim do período colonial estava estagnada. Entre 1950 e 1975, no entanto, cresceu cerca de 50%, mesmo considerando a rápida ampliação populacional. Embora o crescimento tenha ocorrido mais lentamente que em muitos outros países em desenvolvimento, era significativo para os padrões indianos.

As vitórias econômicas da Índia satisfizeram apenas uma parte das ambições de Nehru para o país. Ele acreditava que a Índia poderia ajudar a transformar a natureza da economia internacional. Afinal de contas, as nações recém-independentes da África e da Ásia não tinham voz. Para solucionar o problema, em 1949, Nehru convocou uma conferência em Nova Déli e em 1954 se encontrou em Colombo, no Sri Lanka com o líder desse país e outros do Paquistão, de Burma e da Indonésia, para planejar uma reunião maior. Em abril de 1955, 29 nações africanas e asiáticas se reuniram em Bandung, na Indonésia. O encontro contou com a participação dos personagens mais importantes da luta anticolonial: U Nu (Burma), Norodom Sihanouk (Camboja), Zhou Enlai (China), Gamel Abdel Nasser (Egito), Nehru (Índia), Sukarno (Indonésia), Muhammad Ali Bogra (Paquistão), Carlos Romulo (Filipinas), príncipe Faisal (Arábia Saudita) e Pham Van Dong (Vietnã do Norte).

A Conferência de Bandung apontou para a estréia de novos atores na cena mundial. Nehru a chamou de "parte de um grande movimento da história da humanidade", que fez "metade da população do mundo emergir na política internacional".[21] Dezenas de países em desenvolvimento demonstraram interesse em traçar um caminho intermediário entre os Estados Unidos e a URSS. A declaração final de Bandung apresentou cinco princípios propostos por Nehru para evitar conflitos e pôr fim à intervenção imperial. Assim, o sucesso de Nehru em conduzir a sociedade indiana para a independência e a neutralidade refletiu-se no plano internacional. O Terceiro Mundo tornou-se uma força política e Nehru era um de seus líderes.

Quando *pandit* Nehru morreu, em 1964, suas idéias já estavam consolidadas. A Índia passou a ser industrial, com um setor público forte e uma iniciativa privada poderosa trabalhando lado a lado. A democracia do país era estável. Apesar da desastrosa guerra com a China, em 1962 – e de conflitos fronteiriços com o Paquistão –, a Índia era um dos protagonistas da política mundial, tanto pelo que vinha fazendo internamente quanto como líder do movimento não-alinhado do Terceiro Mundo. A África e a Ásia não dependiam mais da Europa em termos de investimentos, administração ou indústria. Os dois continentes haviam se tornado independentes, cresciam rapidamente e ganhavam cada vez mais autoconfiança. O sucesso de Nehru foi tão reconhecido no país que antes de completar dois anos da morte do líder, sua filha, Indira Gandhi, tornou-se primeira-ministra.

O Terceiro Mundo adota a ISI

Assim como ocorria na Índia, as reformas de caráter nacionalista das economias pós-coloniais levaram a uma rápida industrialização. Os novos governos, seguindo as políticas da ISI, transferiram recursos e cidadãos da agricultura e da mineração para as fábricas; do campo para as cidades. A indústria da África e da Ásia se desenvolveu de forma impressionante, embora de maneira não tão abrangente ou profunda como na América Latina. Nações que já contavam com um passado manufatureiro, como a Turquia e a Índia, passaram a ter grandes fábricas. Países de fábricas rudimentares, como o Iraque e a Coréia, possuíam agora um extenso setor industrial. Áreas que nunca haviam tido qualquer fábrica moderna, como o Quênia e a Tailândia, passaram a ter uma indústria que crescia com velocidade. Em 1973, a Revolução Industrial parecia ter chegado à Ásia e à África, da mesma forma que algumas décadas antes chegara à América Latina.

A economia crescia rápido no Terceiro Mundo pós-colonial. Na maior parte da África e da Ásia, o crescimento per capita anual passou a ser de 2% a 3%. Nas décadas anteriores, talvez séculos, o índice anual raramente – se é que alguma vez o fez – ultrapassava 1%. Em algumas nações, como Egito, Costa do Marfim, Nigéria, Indonésia e Tailândia, a renda por pessoa dobrou, ou quase isso, em 20 anos. Isso sem incluir a Coréia do Sul e Taiwan, países que provavelmente atingiram o crescimento econômico mais rápido da história – o PIB per capita triplicou ou quadruplicou em 20 anos.[22]

A estrutura econômica das novas nações se modificou. Durante uma geração, sociedades agrárias foram transformadas em urbanas e industriais. Em 1970, a indústria já era responsável por 1/4 ou mais da produção de Sri Lanka, Malásia, Indonésia, Filipinas e Tailândia – todas sociedades pré-industriais até 1950.[23] Os países do Oriente Médio, que começaram com setores manufatureiros pequenos, experimentaram uma grande aceleração do crescimento industrial e, no início da década de 1970, muitas das economias da região, que não tinham o petróleo como base, passaram a produzir mais na indústria que na agricultura. Na Turquia e no Egito, a produção e a quantidade de empregos no setor industrial cresceram muito rápido, e embora essas economias fossem fortemente agrárias, a produção industrial superou a agrícola algumas vezes durante a década de 1970.[24] Os países da África Subsaariana, onde quase não havia fábricas, passaram por um processo violento de industrialização por substituição de importações. A parcela do PIB nigeriano proveniente da indústria, que na época da independência era menor que 3%, passou dos 10% na década de 1970, enquanto a própria indústria cresceu cerca de 11% ao ano.[25]

A ISI nesses países foi semelhante à da América Latina, apenas mais intensa. Países com um setor industrial menor precisavam de proteção e subsídios ainda maiores para poderem gerar novas fábricas. Nações que contavam com uma classe capitalista fraca necessitavam de um envolvimento ainda mais enérgico por parte do governo. Algumas das aplicações mais radicais da ISI ocorreram nos países menos desenvolvidos da África e da Ásia. Para os críticos, esses países copiavam uma má idéia, mas na Nigéria e na Índia, no Quênia e na Malásia a influência política dos que detinham o poder político, financeiro ou ideológico acabou canalizando os esforços para a industrialização.

A proteção comercial nesses países era extremamente grande apesar de suas indústrias estarem em fase embrionária. Barreiras protetoras no Egito e na Índia tornavam os preços dos produtos industriais quase duas vezes maiores. O comércio caiu radicalmente – apenas 2% da produção indiana era exportada. O comércio exterior da Turquia, que na década de 1920 abrangia de 25% a 30% da economia, caiu para menos de 9% na década de 1970, mesmo após séculos de laços comerciais com a Europa e uma localização favorável.[26]

A presença do Estado era bem mais significativa nos países menos desenvolvidos do que na América Latina. Na verdade, era comum a aplicação da ISI como forma de socialismo. Os que defendiam o socialismo na Índia, nos países árabes, em Burma ou na África o apresentavam como uma combinação de planificação central e socialdemocracia, unidas pela rápida industrialização e construção da nação. Os empregos de grande parte da população vinham do setor estatal, que também possuía porções generosas da economia. No Egito, o governo árabe socialista de Nasser nacionalizou todos os bancos, seguradoras e grande parte da indústria. O setor público egípcio possuía mais de 90% das fábricas com mais de dez trabalhadores. Além disso, 1/3 da força de trabalho e cerca de metade da produção estavam ligadas ao Estado. O governo de Gana empregava 3/4 dos trabalhadores do setor formal (moderno) da economia; embora apenas 1/10 dos trabalhadores estivesse no setor formal, isso significava que o governo era o principal responsável pelos empregos urbanos.[27]

A adoção de uma política de ISI extremada nos países que quase não possuíam indústria tinha diversas raízes. Em termos de ideologia, a industrialização estava intimamente associada à soberania, da mesma forma que economias exportadoras estavam associadas ao domínio colonial. Interesses urbanos poderosos estavam por trás dessa justificativa ideológica e a oposição rural foi dizimada com a saída dos colonizadores, ou acabava sendo fraca ou desorganizada. O conflito entre o exército, funcionários públicos, capitalistas locais, profissionais liberais e sindicatos trabalhistas, de um lado, e os pobres da áreas rurais, de outro, não era de fato um conflito. Quase não existiam obstáculos para a industrialização.

Muitos dos excessos cometidos na África e na Ásia ocorreram por causa do desenvolvimento relativamente baixo de tais sociedades, onde a pequena elite conseguia distorcer a política em favor próprio. As sociedades latino-americanas eram mais desenvolvidas, com economias mais maduras e sistemas políticos mais responsáveis. Apesar de em 1950 os níveis de riqueza da Europa serem duas vezes maiores que os da América Latina, a região, por sua vez, era de duas a três vezes mais rica que a Ásia e a África. O abismo entre a América Latina e o resto do mundo em desenvolvimento era maior que o existente entre a América Latina e os países ricos. Os grandes países da América Latina adotavam políticas industriais semelhantes às implementadas na Alemanha e nos Estados Unidos no fim do século XIX e apresentavam um nível de desenvolvimento comparável ao dos dois países no mesmo período. Essas medidas, portanto, não seriam adequadas a países tão pobres quanto Bangladesh ou Tanzânia, que contavam com índices de desenvolvimento mais baixos que os da Europa do fim do século XVIII.

A maior parte da Ásia e da África adotou o estilo latino-americano de ISI ou até mesmo uma forma mais extremada. No entanto, um punhado de países no Leste Asiático tentou algo diferente. Coréia do Sul, Taiwan, Cingapura e a colônia britânica de Hong Kong pressionavam seus fabricantes a exportar, como forma de desenvolver os mercados do país. Hong Kong já podia ser quase considerado comercialmente livre, mas os outros três países tentaram aplicar a ISI na década de 1950 e no início da de 1960. Mas, em meados dos anos 1960, o país se voltou para a chamada Industrialização Orientada para Exportação, IOE (ou EOI, na sigla em inglês para *Export Oriented Industrialization*), que estimulava a produção para exportação. Os governos também passaram a intervir pesadamente na economia – mas nesse caso, para estimular as exportações. Eles concederam benefícios e subsídios às importações, como créditos às empresas que exportassem e reduções nos impostos sobre os lucros obtidos com vendas internacionais. Em alguns casos, o setor público também abrangia uma parcela da economia tão grande quanto na América Latina, inclusive todos os bancos da Coréia do Sul e grande parte da indústria de base do país. Enquanto o resto do Terceiro Mundo fez com que a indústria se voltasse para dentro do país, as nações que se industrializaram com base nas exportações focaram no exterior. Em geral, essas indústrias dependiam dos voláteis mercados internacionais, mas tinham a vantagem de forçar os fabricantes nacionais a seguirem rigorosos padrões de qualidade, tecnologia e preços.

Os países do Leste Asiático optaram pela industrialização do tipo *export-orientated*, em parte por disporem de poucos recursos para importar os produtos necessários, e a única forma que encontraram para obter moeda estrangeira foi a exportação de produtos industrializados. Os governos de Taiwan e da

Coréia do Sul também foram influenciados por questões de ordem geopolítica; a importância que tinham para os Estados Unidos rendeu aos países acesso garantido aos mercados norte-americanos. Independentemente de sua natureza, a política foi notoriamente bem-sucedida. Entre 1950 e 1973, as exportações de Taiwan e da Coréia do Sul atingiram um crescimento anual de 20% e 16%, respectivamente, e a renda por pessoa dos dois países no mesmo período chegou a 6% e 5% ao ano. Em 1950, os dois países do Leste Asiático eram mais pobres que Filipinas, Marrocos e Gana; em 1973 tornaram-se de duas a três vezes mais ricos. A IOE parecia, se é que não foi, mais bem-sucedida que a ISI, embora tenha sido apenas uma experiência rara confinada ao Leste Asiático.

A proliferação moderna da indústria

Entre 1939 e 1973, os países em desenvolvimento optaram pela industrialização via substituição de importações, e por uma política nacionalista e voltada para o mercado interno. A América Latina e outras poucas nações independentes começaram a traçar esse caminho na década de 1930. Essas experiências foram seguidas de três levas de independência colonial: na Ásia, na década de 1940; no Oriente Médio e Norte da África nas décadas de 1940 e 1950; e na África Subsaariana no fim da década de 1950 e durante a de 1960. Todas essas regiões afastaram os produtos estrangeiros de seus mercados, estimularam a produção local para consumo interno e desenvolveram cidades e indústrias à custa de agricultores e zonas rurais. Os países da Ásia que optaram por se concentrar nas exportações também conseguiram o desenvolvimento industrial, mas com base na produção para o mercado externo, em vez da substituição de importações.

Quase todas essas nações foram bem-sucedidas. Apesar de alguns excessos inegáveis nas políticas de ISI em muitos países asiáticos, africanos e até latino-americanos, a década de 1960 foi relativamente próspera. Economias cresceram, o processo industrial se acelerou e o padrão de vida melhorou. A substituição de importações se mostrou uma medida econômica eficiente para ser adotada com a independência política nacional.

14

Socialismo em muitos países

A visita de Nikita Khrushchev aos Estados Unidos em 1950 e 1960 virou manchete nos jornais de todo o mundo. Quando o líder soviético bateu os pés com raiva no parlatório enquanto discursava nas Nações Unidas na década de 1960, os ocidentais ridicularizaram o camponês pouco sofisticado que agora liderava o maior país do mundo. No entanto, quando ele disse que até 1980 a economia da União das Repúblicas Socialistas Soviéticas seria maior que a dos Estados Unidos, ninguém riu. Os soviéticos derrotaram os Estados Unidos na corrida espacial com o *Sputnik* em 1957 e um ano mais tarde lançaram a primeira nave espacial pilotada por um homem. Grosseiro ou não, o socialismo soviético parecia ser um verdadeiro rival do capitalismo.

Em 1939, o socialismo existia em apenas um país, a União Soviética.[1] A URSS era a maior nação do mundo, uma das principais potências industriais e uma força da política mundial. No entanto, o país continuava semi-industrial e com poucos laços econômicos com o resto do globo. Moscou havia se distanciado da economia mundial e dos mercados havia uns dez anos, e a planificação econômica soviética era uma anomalia exclusiva de um país que abrigava 8% da população mundial. Nenhum outro governo demonstrava qualquer interesse pela economia planificada socialista, e mesmo na União Soviética o seu futuro era incerto.

Na época em que Khrushchev visitou os Estados Unidos, o socialismo ao estilo soviético operava de forma consolidada em mais de 12 países, atingindo cerca de 1/3 da população mundial. Uma minoria considerável de países em desenvolvimento tinha o socialismo planificado como objetivo. O mais populoso do mundo, a China, tornou-se socialista, e a política do segundo mais populoso, a Índia, aproximou-se da União Soviética. Os movimentos comunistas se fortaleceram pelo mundo em desenvolvimento e em alguns países da Europa ocidental. Um comunista otimista tinha motivos para acreditar que seria apenas uma questão de tempo para que a maioria dos países em desenvolvimento, e até grande parte dos desenvolvidos, adotasse alguma variação do socialismo soviético.

Enquanto isso, as nações socialistas transformavam, reformavam e modernizavam o modelo soviético. O governo da URSS também apontou falhas no sistema criado na década de 1930 e planejou um aperfeiçoamento. O futuro do socialismo soviético, e por inferência do próprio capitalismo ocidental, dependeria desses esforços para incrementar a planificação centralizada.

A expansão do mundo socialista

Em cinco anos após o fim da Segunda Guerra Mundial, o socialismo se expandiu do centro da Europa para o Pacífico. A Guerra Fria levou a uma rápida imposição do modelo soviético na Europa Central e do Leste. Entre 1949 e 1953, as nações socialistas dessas regiões do Velho Continente – Alemanha Oriental, Tchecoslováquia, Polônia, Hungria, Albânia, Romênia e Bulgária – copiaram a economia planificada da URSS (exceto a Iugoslávia). Em 1952, o Estado já controlava entre 97% e 100% das fábricas nesses países, menos na Alemanha Oriental, onde as estatísticas apontavam para cerca de 77%. A agricultura foi socializada de forma mais gradual, mas até 1953 as fazendas coletivas do governo ocupavam mais da metade das terras cultiváveis da Bulgária e da Tchecoslováquia. Na Hungria, a situação era bem parecida.

Havia variações, mesmo sem contar a busca independente da Iugoslávia por um socialismo gerido por operários. Em alguns países, havia grande espaço para o comércio privado, principalmente na agricultura e em alguns serviços de pequena escala – como restaurantes, varejo e consertos. Dado o status especial da Alemanha Oriental, um setor privado relativamente grande já operava no país em 1953. A planificação variava de acordo com a realidade local, uma vez que as nações se encontravam em estágios diferentes de desenvolvimento; a produção industrial per capita na Alemanha Oriental e na Tchecoslováquia era três vezes maior que na Romênia, Bulgária ou Albânia. No entanto, em 1953, todos esses países já haviam rejeitado os mercados em favor da planificação econômica.[2] Em 1949, contudo, as semelhanças foram formalizadas com a criação do Conselho para Assistência Econômica Mútua (Comecon ou Caem), formado com a intenção de ser a contrapartida da ordem de Bretton Woods. No entanto, os laços econômicos entre os governos eram limitados, visto que buscavam um sistema autárquico, no qual o comércio, mesmo com nações socialistas, tinha pouco espaço.

Três novos governos socialistas tomaram o poder na Ásia – na China, na Coréia do Norte e no Vietnã do Norte. Sozinha, a Revolução Chinesa triplicou a população dos que viviam sob o regime comunista. Os três países asiáticos eram muito menos desenvolvidos e bem mais rurais que as outras nações socialistas. O caminho tomado pela Ásia na direção do socialismo foi mais agrário e começou de forma modesta. Os países implementaram reformas agrárias amplas, expropriando a maioria das terras dos ricos e as distribuindo aos pobres e aos camponeses sem terras. Os regimes comunistas asiáticos também se lançaram em ambiciosos programas estatais de industrialização com as recomendações e o dinheiro soviético, seguindo as linhas da planificação econômica.

Os governos comunistas na Europa e na Ásia construíam réplicas, com graus variados de dependência, da União Soviética stalinista. Adotaram as características básicas da planificação econômica soviética: controle estatal da indústria, da infra-estrutura, do comércio e de grande parte da agricultura; controles rígidos dos mercados; barreiras altas, ou proibitivas, ao comércio; e investimentos internacionais. O volume da produção agrícola privada, o grau de centralização e os limites para a flutuação dos preços variavam. Não obstante, as linhas gerais seguidas pelas economias planificadas eram semelhantes de Praga a Sófia, de Kiev a Moscou, e de Pequim a Hanói.

A divisão do mundo socialista

Após a morte de Stálin, em março de 1953, a marcha ordenada do mundo socialista se desintegrou e cada nação passou a seguir sozinha. Na União Soviética e na maior parte da Europa Central e do Leste, o modelo stalinista foi suavizado, passando a oferecer maiores benefícios aos consumidores, diminuindo o favorecimento da indústria pesada e concedendo incentivos de ordem mercadológica a gerentes e trabalhadores. A China tomou um caminho oposto e radicalizou a sua versão de planificação econômica e agricultura coletiva. As diferenças de política econômica foram marcadas por cisões crescentes entre os dois gigantes comunistas.

A morte de Stálin suscitou pressões econômicas, sociais e políticas na esfera socialista. O conflito atingiu o Partido Comunista, do qual Khrushchev assumira o controle. A atenção internacional se voltou para ele após um entusiasmado discurso no qual ele acusava Stálin de perverter os ideais socialistas. A liderança concordou com as reformas econômicas, embora não tivesse ficado claro quais seriam. Os distúrbios na URSS se refletiram na Europa Central e do Leste, onde líderes stalinistas estavam sendo substituídos por "comunistas nacionais" pró-reformas que desejavam modificar o socialismo. Reformas econômicas, sociais, e algumas vezes políticas, atingiram toda a URSS e a Europa Central e do Leste.

A insatisfação popular pode ser considerada o motivo mais imediato para tensões. Em Berlim, revoltas operárias ocorreram em junho de 1953. O descontentamento se espalhou pela Europa oriental e não podia ser atribuído apenas a contra-revolucionários antiproletariado, uma vez que os operários eram aqueles que reivindicavam de forma mais agressiva. As revoltas em Berlim podem ser comparadas às agitações de 1956 na Hungria e na Polônia. Em ambos os casos, embora certamente contassem com elementos anti-soviéticos e anti-socialistas, as reivindicações contavam com o apoio de uma parte substancial da classe trabalhadora e dos partidos comunistas locais, de forma ativa ou passiva. A URSS e seus governos aliados rapidamente reprimiram os motins. No entanto, os regimes que subiram ao poder após os eventos de 1956 eram liderados por comunistas reformistas moderados. Estes eram bem-vistos, tinham um passado de luta contra a linha dura e pouco dependiam do apoio popular (Gomulka, na Polônia, e Kádar, na Hungria).

A baixa qualidade de vida do cidadão médio era o principal motivo de descontentamento popular. O governo soviético privilegiava a indústria pesada em detrimento da leve (bens de consumo), além de favorecer a indústria em detrimento da agricultura. Argumentava que os sacrifícios feitos para acelerar a industrialização básica seriam recompensados no futuro com uma base industrial mais forte. Embora tal posição possa ter tido seu mérito na década de 1930, tornou-se incoerente na de 1950, em especial nos países da Europa central, que já contavam com um setor manufatureiro significativo. O foco na indústria de base significava uma séria escassez de bens de consumo, incluindo moradia, e a pouca atenção destinada à agricultura gerava uma insuficiência no abastecimento e na qualidade dos alimentos. Em 1938, os consumidores soviéticos talvez estivessem dispostos a manter tais condições espartanas como forma de preparação para a Grande Guerra Patriótica contra os invasores nazistas. No entanto, em 1950, os húngaros, os poloneses e até os soviéticos não estavam mais tão motivados. O problema foi exacerbado quando tomaram ciência da prosperidade ocidental. Os países da Europa central ficavam ao lado das prósperas sociedades capitalistas e a televisão e o rádio reforçavam a impressão de que o leste ficava para trás. Até os cidadãos soviéticos se deram conta do abismo entre os padrões de vida dos dois blocos.

"Se não pudéssemos prometer à população nada melhor que apenas a revolução, o povo coçaria a cabeça e diria: Não seria melhor um bom *goulash*?", disse, supostamente, Khrushchev. O chamado comunismo *goulash** foi adotado pelos soviéticos e seus aliados na Europa Central e do Leste. Os governos aumentaram os salários e começaram a investir nas indústrias de bens de consumo e na construção de casas.[3] Passaram a não mais enfatizar a indústria pesada e a aumentar o fornecimento de roupas, sapatos, aparelhos de som e outros bens de consumo. Prometeram construir milhões de novas habitações, e as autoridades soviéticas garantiram, em 1957, que dentro de uma década as famílias não precisariam mais dividir apartamento umas com as outras.[4] O novo foco na melhoria da qualidade de vida da população obteve resultados grandiosos e rápidos: de 1953 a 1957, os salários reais na Europa oriental tiveram aumento de 30% a 60%.[5] O descontentamento, portanto, diminuiu.

O descaso do governo com a agricultura estagnou o abastecimento de alimentos. Os preços agrícolas caíram tanto que os fazendeiros não tinham incentivo para produzir, e o governo quase não investia em melhorias no campo. As fazendas soviéticas, em 1953, produziam menos grãos e batata que em 1940, além de contarem com uma quantidade menor de gado, porcos e carneiros. Dado o crescimento populacional, isso se refletiu no número de habitantes nas cidades. As mesmas políticas governamentais que tornaram a agricultura pouco lucrativa também empobreceram as próprias áreas rurais. Praticamente a única forma que os produtores agrícolas tinham para garantir uma vida decente era vender o que produziam em seus pequenos lotes de terra.[6]

Khrushchev era natural do cinturão verde ucraniano e se considerava um especialista em agricultura. Desde o começo de seu governo, investiu no campo. Dobrou o número de tratores e segadeiras em dez anos e aumentou a utilização de fertilizantes e técnicas de irrigação. Também gastou somas incalculáveis com o propósito de arar milhões de hectares de terras improdutivas para o cultivo de grãos – principalmente na Sibéria e no Cazaquistão.

Os soviéticos reorganizaram a agricultura. O governo aumentou os preços dos produtos agrícolas e, em poucos anos, os ganhos das fazendas coletivas aumentaram em mais de 33%. Moscou também unificou fazendas com a finalidade de torná-las mais eficientes. Em 1960, a típica fazenda coletiva tinha 400 casas espalhadas por 3 mil hectares de terras cultivadas, com 1.300 cabeças de gado e 900 porcos. Um número maior de máquinas, fazendas mais amplas e o encarecimento dos produtos agrícolas melhoraram, substancialmente, as condições de vida no campo e o abastecimento de alimentos. Entre 1953 e 1965, após anos de estagnação, a produção de alimentos aumentou em cerca de 3/4.[7] Os governantes do Leste Europeu também melhoraram as condições

* Modelo de comunismo diferente do stalinismo clássico, primeiramente adotado pela Hungria, como sugere o próprio nome, uma referência ao prato típico húngaro. (N.T.)

rurais. Após 1956, Polônia e Hungria terminaram com muitas das fazendas coletivas. Em 1960, cerca de 90% dessas fazendas na Polônia já haviam sido privatizadas e o governo não exercia qualquer tipo de pressão para mudar essa situação. As fazendas coletivas húngaras foram reconstruídas de forma a se tornarem mais atraentes para os produtores agrícolas. Em outros lugares, apesar de os trabalhadores terem sido persuadidos ou obrigados a viver em fazendas coletivas, ou estatais, os preços agrícolas encontravam-se relativamente favoráveis e as casas em lotes privados de terra passaram a ser autorizadas e, inclusive, estimuladas. Na Europa oriental, as condições rurais e a produção agrícola melhoraram, uma vez que o consumo de carne dobrou, ou quase, até 1965.[8]

As mudanças na União Soviética e na Europa oriental praticamente atingiram seu objetivo. O crescimento econômico continuava grande e provocou uma melhora nas condições da cidade e do campo. A população conseguia comprar bens de consumo além da necessidade básica – câmeras, máquinas de lavar, aparelhos de som e até carros –, morar em casas decentes e usufruir de uma série de serviços educacionais e sociais. No fim da década de 1960, a quantidade de telefones, rádios e televisores presentes em lares soviéticos se aproximava à da Europa ocidental. Embora o Partido Comunista e os planos econômicos centralizados permanecessem no comando, as rédeas econômicas e políticas não eram mais tão pesadas como antes de 1953.

As condições da década de 1960 se refletiram em acordos informais de ordem política e econômica. Os governos socialistas contavam com o apoio dos membros do partido e dos industriais que governavam tais sociedades. Os trabalhadores urbanos tinham o privilégio do acesso a serviços e salários maiores. Produtores agrícolas, profissionais liberais e outros só conseguiam ter uma vida decente caso aceitassem a liderança do Partido Comunista e, na Europa oriental, a aliança com a URSS. A primazia do Estado de partido único era o preço a ser pago pela melhoria na qualidade de vida e a interferência cada vez menor que esses Estados exerciam na vida privada.

As mudanças da década de 1950 melhoraram a qualidade de vida da população, mas os governos da União Soviética e da Europa oriental estavam cientes de que suas economias ainda apresentavam problemas. Os soviéticos pareciam ter se dado conta de que os métodos impositivos da década de 1930, talvez bem-sucedidos naquelas circunstâncias, eram pouco adequados aos problemas das economias industriais mais avançadas surgidas na década de 1950. Até mesmo Stálin, pouco antes de morrer, reconhecera que os mecanismos para uma industrialização rápida não eram necessariamente os mesmos que os utilizados para o crescimento e o desenvolvimento de uma economia já madura. A rápida industrialização havia contado com uma centralização extrema e ameaças disciplinares aos gerentes. Tais medidas quase militares talvez funcionassem para fins quase militares, mas as conseqüências em geral eram desagradáveis em tempos mais normais.

Os dois problemas estruturais mais urgentes da economia eram o excesso de centralização e a falta de incentivos. Os ministérios eram organizados de forma centralizada por tipo de indústria. O aço e o ferro, por exemplo, eram completamente separados dos químicos. Nesse contexto, os ministérios protegiam seus próprios impérios e não cooperavam uns com os outros. Dessa forma, em vez de uma usina de aço, por exemplo, receber insumos de alguma fábrica vizinha que os tivesse em abundância, ela precisava requerer tais suprimentos da administração central em Moscou. Os gerentes das fábricas costumavam contratar "procuradores", que vasculhavam as zonas rurais em busca dos produtos que suas fábricas necessitavam – mas não os conseguiam no ministério central – para trocar pelos bens que tinham em excesso. Khrushchev tentou solucionar o problema criando mais de 100 escritórios locais de planejamento e devolvendo a autoridade no nível local. O regime de Brezhnev e Kosygin, que substituiu o de Khrushchev em 1964, reduziu a centralização, mas, apesar disso, concedeu mais autoridade para os gerentes locais das estatais.

Outro problema era de incentivos. Os soviéticos nunca contaram totalmente com a exortação ou com o ardor ideológico para motivar operários e gerentes, mas também não usavam de gratificações econômicas de forma muito extensiva. Eles temiam que as recompensas resultassem em grande desigualdade entre classes e regiões, consideradas indesejadas pelo sistema. A forma de se medir sucesso em um sistema planejado de forma centralizada também não era clara. Os preços eram definidos pelas autoridades centrais, de modo que a lucratividade de uma empresa dependia em grande parte de decisões que não diziam respeito aos trabalhadores ou gerentes. Caso os planejadores, percebendo a insignificância dos resultados financeiros, oferecessem recompensas por melhoras quantitativas, as fábricas passariam a entregar grandes quantidades de produtos sem se preocupar com a qualidade. Não era culpa dos gerentes se as autoridades centrais estabeleciam preços de modo que as empresas gastavam mais do que ganhavam, ou se as mandavam produzir bens que os consumidores não queriam; da mesma maneira como o sucesso não era resultado de excelência gerencial.

A maioria dos analistas soviéticos acreditava que as formas pouco refinadas de planificação econômica haviam sido apropriadas para o crescimento econômico das décadas de 1930 e 1940, mas agora não eram mais satisfatórias. Inicialmente, o principal objetivo foi o crescimento "extensivo", que trouxe recursos subutilizados para a economia. O governo transferiu os trabalhadores das zonas rurais para a indústria, empurrou as terras ociosas para a produção e investiu na indústria de base. Por se tratar de uma economia rudimentar, o governo podia facilmente dimensionar e taxar os bens produzidos – grãos, aço, petróleo. Com a industrialização básica completada, a economia soviética se deparou com o crescimento econômico "intensivo", utilizando a capacidade produtiva instalada, de forma mais eficiente. No entanto, sem grandes incentivos, gerentes e operários provavelmente não aceitariam correr riscos para aumentar a produtividade. Por que os gerentes gastariam tempo e energia para desenvolver técnicas produtivas inovadoras se não seriam recompensados por isso?

Mesmo na década de 1930, os soviéticos tentaram aproximar os preços de índices realistas, utilizar formas para medir lucratividade, além de descobrir quais as empresas tinham um bom desempenho. Na década de 1960, os reformistas começaram a utilizar métodos mercadológicos para recompensar as empresas, seus gerentes e operários. Um dos primeiros a expressar tal opinião foi o economista soviético Evsei Liberman, que em 1956 defendia a utilização dos lucros como recompensa para os gerentes e trabalhadores de uma firma. Em 1962, o *Pravda*, jornal do Partido Comunista, autorizou Liberman a publicar suas idéias pró-mercado. O debate público instaurado foi um indicativo de que o as autoridades soviéticas consideravam a possibilidade de grandes reformas. A nova administração de Brezhnev e Kosygin implementou medidas moderadas de incentivos em 1965. Decisões antes tomadas de maneira central foram deixadas a cargo das empresas, que foram autorizadas a guardar parte dos lucros e a distribuí-los para gerentes e trabalhadores na forma de bônus ou benefícios (moradia, férias, serviços sociais).

Os soviéticos também começaram a repensar seus laços econômicos com o resto do mundo. Reconheceram que a URSS "estava perdendo tempo e energia reinventando processos e bens já desenvolvidos por outros países avançados".[9] O comércio exterior da nação aumentou de modo substancial, tanto com os outros países socialistas quanto com o mundo capitalista; em 1973, o comércio tornou-se três vezes mais importante para a economia soviética do que o era em 1950. Os investimentos internacionais passaram a ser mais bem-vindos. Em agosto de 1966, o governo firmou um contrato de US$1,5 bilhão com a Fiat para a construção de uma fábrica de automóveis de última tecnologia numa cidade nova chamada Togliattigrad, em homenagem a um líder comunista italiano do pós-guerra.[10]

Os países da Europa oriental passaram por reformas mais radicais voltadas para o mercado. O regime tcheco foi mais longe entre 1966 e 1968 na busca de um caminho próprio para o socialismo (ou o afastamento do socialismo soviético), mas o plano foi interrompido por uma invasão da URSS. No entanto, o regime húngaro implementou reformas radicais no mesmo período e, aparentemente, convenceu os soviéticos de que isso não ameaçaria a segurança do bloco. Na década de 1970, a maioria dos preços na Hungria começou a ser determinada pela oferta e procura, e os lucros passaram a ser retidos pelas firmas e seus funcionários. Outros países da Europa Central e do Leste também descentralizaram a planificação e aumentaram o papel desempenhado por preços e lucros.[11]

Obstáculos políticos em geral impediam reformas na União Soviética e na Europa oriental. Interesses já arraigados lutavam contra as mudanças que os ameaçavam. Os gerentes das fábricas que sofriam com o aumento da competitividade trazida pelas reformas brigavam para que as medidas fossem revistas ou abortadas. Eles eram importantes defensores dos regimes comunistas. Dessa forma, os seus interesses tolhiam o governo de agir. Na URSS, onde, durante décadas, os gerentes construíram uma posição social e política forte, muitas das reformas de Brezhnev e Kosygin foram arquivadas assim que anunciadas. Em 1973, a administração econômica da Europa oriental e da União Soviética era bastante diferente do modelo soviético pré-1953. E, até 1973, o desempenho das economias da região foi muito bom. A competição econômica entre o capitalismo industrial do Ocidente e o socialismo industrial do Oriente estava a pleno vapor.

O caminho chinês

A maioria dos indivíduos que viviam sob regimes socialistas tomou um caminho bem diferente quando a República Popular da China adotou métodos radicais de modernização ao estilo comunista. Enquanto o resto do mundo socialista passou por reformas, atenuou e revisou os princípios stalinistas, os chineses (e seus aliados albaneses) os expandiram em nome da rápida industrialização e transformação agrária. Ambos os governos criaram enormes comunas agrícolas para acelerar a transição do capitalismo para o comunismo, politizaram todos os aspectos relativos a medidas econômicas e cortaram os laços com o resto do mundo. De meados da década de 1950 à de 1970, a China optou pelo caminho, rural e urbano, com um grau de radicalismo jamais visto antes.

Os comunistas chineses que tomaram o poder em 1949 se depararam com demandas conflitantes, refletidas em confrontos entre as alas do próprio partido. Alguns dos aspectos difíceis foram as divisões urbano-rurais, já instauradas havia muito tempo. Os comunistas contavam com o apoio das zonas agrícolas e entenderam a necessidade de manter uma base de apoio camponesa, uma vez que o país era praticamente rural. O Partido Comunista também tinha força entre a classe trabalhadora urbana e compartilhava com o resto do mundo do desejo de se industrializar rapidamente. Contudo, políticas pró-industriais em geral implicavam medidas antiagrícolas e, dessa forma, interesses urbanos e rurais provavelmente entrariam em conflito.

Por outro lado, o país mais populoso do mundo havia muito tempo se deparava com um estado de desordem beirando a anarquia e um dos primeiros objetivos seria ainda a unificação da nação. No entanto, os comunistas também desejavam a transformação econômica e social, e uma mudança desse porte corria o risco de gerar grandes conflitos. Seria preciso escolher entre ordem e mudança. Outro tipo de tensão ocorria entre nacionalismo e internacionalismo. De um lado, a construção de uma nação pelos comunistas; de outro, a participação da China no comunismo mundial.

Os primeiros anos da revolução foram dedicados à reconstrução e à reforma. O novo governo redistribuiu terras, nacionalizou grandes empresas privadas e expandiu o setor público. O primeiro plano qüinqüenal, de 1952 a 1957, pôs o país no caminho soviético. À indústria pesada foi concedida metade dos investimentos totais, embora o setor correspondesse a uma fatia minúscula da economia. A ajuda técnica e financeira da União Soviética serviu para a construção de centenas de fábricas de produtos essenciais e, devido à atenção governamental e à ajuda de Moscou, a indústria cresceu rapidamente. Em cinco anos, a produção industrial total dobrou; a de cimento e energia elétrica triplicou; e a quantidade de aço fabricada quadruplicou.[12]

Os produtores agrícolas continuaram sozinhos. A agricultura quase não recebeu dinheiro público, mas ao menos os recursos do campo não foram desviados para as cidades. A população rural era tão grande que os modestos impostos agrícolas arrecadavam o suficiente para a indústria, e a ajuda soviética também acabou contribuindo para o financiamento da nova atividade industrial. Os comunistas não podiam brincar com a oposição presente em mais de 4/5 do país; a sociedade chinesa era bem mais rural que a soviética (2/3 da primeira era rural, ao passo que 2/3 da segunda era urbana). Os comunistas não se esforçaram muito para estimular os produtores agrícolas a participarem de cooperativas. No fim de 1954, apenas 2% dos camponeses do país pertenciam a cooperativas e quase nenhum vivia em fazendas coletivas. O Comitê Central previu, com otimismo, que 20% dos produtores agrícolas do país iriam fazer parte de cooperativas (não fazendas coletivas) até 1957. Mao Tsé-tung acreditava na idéia, um tanto radical, de que possivelmente até 1960 todo o campesinato estaria organizado em cooperativas.[13]

O gradualismo foi logo abandonado. Após 1956, as relações entre chineses e soviéticos se tornavam cada vez mais conflituosas, e em qualquer situação a União Soviética emprestava dinheiro, não dava, o que logo chegaria ao fim. E a razão mais importante foi que as fazendas forneciam apenas um modesto excedente para ser investido na indústria e nas cidades. Alguns líderes comunistas estavam dispostos a aceitar a realidade, optando por uma transição lenta para o socialismo e o desenvolvimento industrial. Mao Tsé-tung e aliados acreditavam que dessa forma abandonariam seus objetivos. Mas como poderiam conseguir recursos para uma rápida transformação econômica? Não podiam massacrar os camponeses como fez a União Soviética; eles praticamente viviam de subsistência, eram numerosos demais e extremamente importantes do ponto de vista político.

Mao e seus seguidores tentaram então aumentar a produção no campo com uma grande mudança na organização agrícola. Em outubro de 1955, repentinamente, o partido começou a exercer forte pressão pela coletivização. Em uma reviravolta impressionante, no fim de 1956, 90% dos camponeses da China passaram a viver em fazendas coletivas. A coletivização na União Soviética levou dez anos para atingir esse nível, exigiu enorme brutalidade e gerou conseqüências graves. Na China, o processo ocorreu de forma tranqüila e relativamente sem grandes problemas. Cada fazenda coletiva foi planejada para coincidir com um vilarejo tradicional com cerca de 100 famílias. Acima de tudo, a coletivização não veio acompanhada da exigência de preços absurdamente baixos para os grãos – bastante representativo do estilo soviético.

Mas logo surgiram os problemas. Aparentemente, Mao acreditava que com a reorganização camponesa, a produção agrícola cresceria muito e seria suficiente para aumentar a renda no campo, financiar a indústria e a nova infra-estrutura, além de oferecer melhor qualidade de vida. Mas não foi o que aconteceu e, mais uma vez, o governo se viu obrigado a impor sacrifícios aos agricultores. Mao resolveu lidar com o problema de forma diferente. No inverno de 1957-1958, o governo organizou a construção coletiva de canais de irrigação e de outros sistemas hidráulicos. O feito reuniu centenas de milhões de pessoas e foi um grande sucesso. Em um ano, os chineses construíram o equivalente a 300 canais do Panamá.[14] Mao e seus seguidores encontraram uma saída para seu dilema: áreas coletivas maiores poderiam reunir os camponeses para empreitadas ainda mais eficientes. Eles pressionaram para que dez, 20 ou 30 fazendas coletivas se juntassem e dividissem o trabalho, as máquinas, a liderança e quase todo o resto.

Em alguns meses, quase no fim de 1958, os chineses deram o chamado Grande Salto para Frente, o qual reorganizou 99% dos camponeses do país em grandes comunas com cerca de 30 mil membros. As comunas eram bem mais "comunistas" que as fazendas coletivas. Tudo era dividido, desde o cuidar das crianças até a comida em refeitórios comunitários. Sobre isso, o Comitê Central divulgou com entusiasmo:

> O povo aprendeu a se organizar com disciplina militar, trabalhando com militância e vivendo de forma coletiva. Isso aumentou ainda mais a consciência política

de 500 milhões de camponeses. Refeitórios comunitários, jardins-de-infância, creches, grupos de costura, barbearias, banhos públicos, asilos para os idosos, escolas agrícolas de ensino médio, além de escolas comunistas e de especialização proporcionam aos camponeses uma vida comunitária feliz e estimulam ainda mais a idéia de coletividade entre as massas camponesas.

Segundo o partido, essa era "a política fundamental para guiar os camponeses na construção do socialismo e fazer a transição gradual rumo ao comunismo".[15] O partido estimulou a construção de indústrias de pequena escala nas comunas e logo um milhão de altos-fornos produziam ferro e aço nas áreas rurais.

Mas o Grande Salto para Frente quase levou o país ao abismo. As comunas eram grandes demais para a produção. Como os camponeses podiam pegar comida de graça, tinham pouco incentivo para trabalhar e muito para comer, de forma que o consumo aumentou e a produção diminuiu. A colheita de 1958 havia sido muito boa – talvez por esse motivo o Grande Salto era visto com otimismo. A euforia durou algum tempo, pelo menos enquanto os estoques estavam cheios. Mas as colheitas de 1959 e 1960 foram 25% menores, e a oferta de alimentos diminuiu. Em 1960, o campo enfrentava problemas sérios. A produção de alimentos caiu radicalmente e os sistemas de distribuição e transportes na zona rural se desorganizaram. Por fim, os comunistas, que se vangloriavam de terem erradicado a pobreza, foram os responsáveis por uma das piores ondas de fome da história. Entre 10 e 15 milhões de pessoas foram afetadas e Pequim, em pânico, mandou 30 milhões de cidadãos das cidades para o campo por não ter como alimentá-los.[16]

Assim, o governo recorreu de volta a formas mais modestas de organização agrícola. A comuna média foi dividida em três e reduzida a praticamente uma unidade administrativa. O governo confiou o controle da terra e do cultivo a grupos de produção, formados por 20 a 40 casas, em geral de uma única família (clãs). As propriedades privadas familiares foram restabelecidas, com mais liberdade de trabalho para pequenos negócios privados (artesanato, comércio, serviços de conserto), com o propósito de ajudar os agricultores a equilibrar o orçamento. Algumas áreas até retomaram o cultivo individual.[17] O governo também passou a enfatizar o fornecimento de alimentos, concentrando máquinas, sistemas de irrigação e fertilizantes nas regiões mais produtivas. O movimento em direção aos mercados foi retomado e a ênfase nas áreas produtivas aumentou a desigualdade entre os agricultores pobres e os ricos. A liderança comunista não ficou satisfeita com a situação, mas a igualdade imposta de forma radical mostrou-se desastrosa.

A batalha não havia terminado. Em 1966, Mao Tsé-tung e seus seguidores tentaram frear o curso reformista da política econômica. A Grande Revolução

Cultural Proletária, como veio a ser chamada, empurrou a economia para um caminho mais revolucionário. Os radicais eram contra os tecnocratas e especialistas sem ideologia, contra as grandes diferenças salariais entre trabalhadores qualificados e não-qualificados e contra a desigualdade no campo. Alegavam que o rumo mais moderado adotado pelo país no início da década de 1960 estava pondo a China no "caminho capitalista" dos revisionistas soviéticos com os quais os chineses haviam rompido. A Revolução Cultural fragmentou o país, gerando conflitos entre grupos, incluindo batalhas armadas entre defensores e opositores de idéias políticas. Os conflitos afetaram a economia e a incerteza tanto quanto a política econômica refreou o crescimento. Dessa forma, no início da década de 1970, embora a Revolução Cultural ainda estivesse oficialmente em curso, o governo tomou um rumo mais moderado, semelhante ao do início da década de 1960.

As grandes flutuações da política econômica causaram estragos. Do início da revolução ao fim do primeiro plano qüinqüenal, o PIB per capita cresceu impressionantes 57%. Por cinco desastrosos anos, o Grande Salto diminuiu a produção em 25%. Durante o período de contenção de gastos de 1962 a 1966, o crescimento aumentou mais uma vez, atingindo 43% – caiu 12% nos primeiros três anos da Revolução Cultural. Quando a revolução perdeu força, entre 1968 a 1973, a economia voltou a crescer, ficando 1/3 maior. Apesar dos altos e baixos, no geral, o crescimento per capita da economia chinesa era em média de 2,9% ao ano, semelhante ao de outras nações em desenvolvimento e, em particular, ao da Índia. Mas tal comparação mascarava as oportunidades perdidas, já que, da mesma forma que os países menos desenvolvidos, a Índia crescia lentamente. Se a China tivesse conseguido manter a mesma taxa de crescimento que teve de 1950 a 1958, em 1973 o país seria quase três vezes mais rico que a Índia e duas vezes mais rico do que de fato era, com quase a mesma renda per capita de Taiwan e da Coréia do Sul.[18] Os conflitos entre diferentes facções e os choques e desvios da política econômica chinesa diminuíram o alcance do extraordinário sucesso desenvolvimentista vivido pela maior parte do Leste Asiático.

Os altos e baixos eram resultado de tensões básicas da sociedade chinesa. A tentativa de acelerar o crescimento econômico aumentou a desigualdade entre regiões, grupos e classes, fato que não condizia com os objetivos comunistas e os interesses de alguns dos mais influentes defensores do regime. Mas os esforços para uma transformação social radical deprimiu a economia, e como as condições da China eram quase de subsistência, o país não podia se arriscar dessa maneira. Os moderados advogavam pelas necessidades "econômicas" de um país extremamente pobre; os radicais lutavam pelos objetivos "utópicos" de sua tradição revolucionária. Teria sido possível lidar com pequenas doses de ambos os elementos. Em vez disso, a China oscilava entre os dois extremos.

Não obstante, no início da década de 1970, o governo chinês conseguiu alguns feitos importantes. O crescimento econômico do país não se comparava ao de seus vizinhos do Leste Asiático, mas também não era tão lento quanto o da Índia capitalista. A situação social melhorou de forma substancial em termos de saúde, educação e nutrição. A China estava longe de ser um símbolo absoluto do sucesso socialista, mas a experiência vivida pela nação foi suficientemente positiva para que o regime continuasse atraente para outros países na Ásia, África e América Latina.

Socialismo no Terceiro Mundo

O exemplo chinês, assim como as experiências do Vietnã e da Coréia, inspirou muitos na Ásia e na África. O Vietnã do Norte era admirado pela obstinação na interminável guerra que libertou o país do domínio colonial. A disposição mostrada pelo Vietnã, um país pequeno e atrasado, em confrontar a superpotência norte-americana plantou a semente do socialismo nos países pobres. Muitos no Terceiro Mundo se ressentiam do notório desdém, ou mesmo hostilidade, dos Estados Unidos à causa do desenvolvimento econômico. A Coréia do Norte exercia uma influência semelhante e o país foi relativamente bem-sucedido com a industrialização autárquica. No início da década de 1970, muitos países asiáticos e africanos se aliaram à URSS ou à China e, de forma geral, apoiavam o caminho socialista – apesar de nem sempre imitarem completamente os regimes chinês e soviético. Os movimentos de libertação das colônias portuguesas na África, na Rodésia e na África do Sul também se identificaram com a URSS ou a China. Sem dúvida, parte desse movimento pode ser explicada pela aliança oportunista com o inimigo de seu inimigo, pois se acreditava que os regimes africanos brancos, uma minoria no continente, contavam com o apoio ativo, ou passivo, do Ocidente. No entanto, também era forte a idéia de que o socialismo era apropriado às condições do subdesenvolvimento.

A experiência socialista que mais mexeu com a imaginação do mundo em desenvolvimento, contudo, se passou no lugar mais improvável. Com a Revolução Cubana, o socialismo conseguiu um pequeno espaço de influência na casa de força do capitalismo mundial, no playground da classe alta norte-americana, longe do centro do poder comunista da Eurásia. A audácia cubana em enfrentar os Estados Unidos, seu fervor revolucionário e feitos impressionaram milhões de pessoas na América Latina, na África, na Ásia e até no mundo industrializado.

Cuba era uma possessão norte-americana, formal ou informal, desde 1898, quando as tropas dos Estados Unidos derrotaram os espanhóis. Na década de 1950, a situação econômica da ilha era confortável, levando-se em conta os padrões latino-americanos. Nem tão rico quanto a Argentina, nem tão pobre quanto o Brasil ou o México, o país se parecia com o Chile. Mas, para muitos, Cuba parecia ser uma paródia grotesca do desenvolvimento. A corrupção de seus líderes políticos somava-se à decadência dos hotéis, cassinos e bordéis de Havana. Com exceção do turismo, Cuba dependia do setor açucareiro, que em grande parte pertencia aos norte-americanos e precisava contar com o acesso privilegiado aos mercados dos Estados Unidos. A dependência do país em relação a Washington deve ter enriquecido muitos cubanos, mas não aliviou a pobreza extrema de outros, como os agricultores sem terra ou os moradores das favelas que cercavam o país. A ostentação da riqueza em meio à pobreza, à dependência e ao nacionalismo gerou um ressentimento crônico contra a classe que exercia o domínio e seus protetores norte-americanos.

Fidel Castro e seus mil aliados entraram em Havana no dia 1º de janeiro de 1959 sem encontrar qualquer resistência, fato explicado pelos 20 anos de má gestão e brutalidade do governo de Fulgêncio Batista. Os cubanos que apoiavam Fidel – num primeiro momento, quase todos – desejavam algo simples: independência da nação, crescimento, diversificação da economia (para além do açúcar) e redução da desigualdade. O empenho do regime revolucionário em atingir esses objetivos logo levou a medidas extremas e, em seguida, à adoção completa do comunismo. O radicalismo talvez tivesse sido inevitável: quando o governo tentou reduzir a dependência estrangeira e a desigualdade, foi de encontro aos poderosos interesses norte-americanos e a única fonte de apoio parecia ser a URSS. Desagradar aos norte-americanos era bastante preocupante à luz da recente experiência da Guatemala, onde em 1954 os Estados Unidos destituíram um governo eleito democraticamente que havia adotado medidas apenas um tanto nacionalistas.

Em 1961, o governo cubano já havia implementado uma ampla reforma agrária, nacionalizado grande parte do setor privado, começado a adotar a planificação econômica, oficializado o Partido Comunista e se aliado à União Soviética. Durante a década seguinte, a política econômica oscilou entre o estilo soviético e o chinês. O problema foi o mesmo que o da China. O governo cubano queria industrializar o país, reduzir a importância do açúcar e das exportações, além de desejar um crescimento rápido e mais igualdade. No entanto, a tentativa de tirar a economia da agricultura tropical e lançá-la na indústria moderna desacelerou o crescimento, principalmente depois de a expropriação de empresas estrangeiras ter privado o país do capital e de tecnologia do Ocidente. Do mesmo modo, medidas para reduzir a desigualdade entre grupos e regiões diminuíram o crescimento, tanto pela perda de motivação dos produtores quanto pela emigração de centenas de milhares de cubanos altamente qualificados. A realidade parecia indicar que industrialização, independência econômica e mais igualdade levavam a uma economia estagnada, ao passo que um rápido crescimento econômico significava aceitar um sistema agrário de base açucareira e uma redução apenas gradual da desigualdade.

Em 1970, após dez anos de choques e mudanças políticas, o governo cubano ganhou estabilidade e adotou uma versão própria da planificação econômica soviética para atingir seus objetivos de forma equilibrada. A transformação econômica radical foi abrandada e a diversificação da economia, contando com uma substancial ajuda técnica e financeira da União Soviética, passou a ser gradual. O governo começou a aceitar que houvesse uma certa desigualdade entre regiões, classes e grupos, apesar de o regime revolucionário oferecer uma série de serviços sociais para a população. Embora os dez anos de experimentações tenham sacrificado o crescimento econômico e a popularidade do governo, o primeiro país socialista das Américas começava a prosperar.[19]

O fato de o socialismo em Cuba, no Vietnã, na Coréia e na China parecer capaz de solucionar alguns problemas sérios acabou impressionando. O socialismo, certamente, sacrificava a liberdade econômica e política, mas no mundo em desenvolvimento não-comunista também quase não existiam democracias. China, Cuba e outras nações socialistas pobres não eliminaram os problemas enfrentados pelos países em desenvolvimento em um passe de mágica. Os governos continuavam se deparando com escolhas difíceis – campo ou cidade, indústria ou agricultura, serviços sociais ou investimentos produtivos, crescimento ou igualdade. No entanto, uma ou duas décadas após suas revoluções, esses países haviam erradicado as enormes disparidades de renda e riqueza, como as que existiam na Índia ou no Brasil. Além disso, a fome e a má nutrição desapareceram (com a exceção do fiasco do Grande Salto para Frente). A saúde, a educação e outros serviços sociais eram bem melhores do que nos países capitalistas de grau semelhante de desenvolvimento. As nações socialistas optaram pela igualdade e diversificação econômica à custa da especialização e do crescimento rápido. Os resultados impressionaram muitos dos insatisfeitos com a desigualdade gritante gerada pelo desenvolvimento capitalista.

Um futuro socialista?

Após 1948, ao longo de 25 anos as economias planificadas foram muito bem. A União Soviética e a Europa oriental cresceram mais rápido que a Europa ocidental; a China cresceu mais rápido que a Índia. Na Bulgária e na Romênia, o produto por pessoa cresceu mais de três vezes entre 1950 e 1973; em toda a Europa, apenas Portugal, Espanha e Grécia tiveram crescimento mais acelerado. Países onde o campo e a agricultura predominavam tornaram-se urbanos e industriais. As sociedades atrasadas da Europa oriental se transformaram de forma especialmente dramática. Na Bulgária, em 1948, 82% da população era formada por produtores agrícolas, mais de dez para cada operário; 25 anos depois havia mais trabalhadores que agricultores e a parcela da economia destinada à indústria tinha mais que triplicado. Praticamente não existiam fábricas na Romênia antes da Segunda Guerra Mundial, mas no início da década de 1970 o país já produzia 7 milhões de toneladas de aço por ano e exportava o suficiente para preocupar os produtores dos Estados Unidos e da Europa ocidental.[20]

Rápido crescimento e transformação social vieram acompanhados por serviços – como saúde e educação – bem melhores. O analfabetismo foi praticamente erradicado, inclusive na China. O atendimento médico era gratuito e acessível. Em muitos países socialistas o número de médicos e leitos hospitalares por habitante era maior que em várias nações capitalistas industrializadas. A mortalidade infantil caiu vertiginosamente, atingindo índices às vezes bem menores que de países mais ricos; em 1970, a taxa era menor na Tchecoslováquia que na Áustria, menor na Bulgária que na Grécia, menor na Alemanha Oriental que na Ocidental. A expectativa de vida aumentou e a renda tornou-se menos desigual.

No início da década de 1970, o comunismo reinava absoluto tanto no maior país do mundo quanto no mais populoso. Apesar do conturbado rompimento entre China e URSS, as perspectivas para o socialismo pareciam boas. As reformas na planificação econômica soviética melhoraram a qualidade de vida. A China se estabilizou e cresceu. Dezenas de nações pobres e movimentos de libertação se consideravam membros da esfera socialista.

A planificação econômica socialista, que num primeiro momento parecia ser uma estratégia temporária enquanto a União Soviética se preparava para lutar contra os invasores estrangeiros, se estabeleceu como uma ordem econômica alternativa. Rejeitava a integração econômica e os mercados. Também representava uma opção viável para os países que tentavam se desenvolver de forma rápida e eqüitativa, e até mesmo para os países ricos que desejassem evitar a incerteza e a desigualdade capitalista. O capitalismo parecia exigir sacrifícios sociais para acelerar a industrialização, mas as economias planificadas estavam conseguindo o crescimento econômico e a igualdade social. Karl Marx certamente não vislumbrara uma área socialista formada principalmente por países pobres; e Vladimir Lênin teria ficado decepcionado em saber que as únicas regiões desenvolvidas sob governos comunistas haviam sido anexadas por meios militares. O comunismo governava 1/3 do planeta e contava com milhões de adeptos.

15

O fim de Bretton Woods

Em uma sexta-feira, 13 de agosto de 1971, Richard Nixon e sua equipe econômica saíram de Washington rumo à residência presidencial de Camp David. William Safire, o responsável pelos discursos do presidente, seguiu para o heliporto no mesmo carro de Herbert Stein, membro do Conselho de Assessores Econômicos da Casa Branca. Quando Safire perguntou sobre o que seria a reunião, Stein respondeu de forma criptográfica: "Esse pode ser o fim de semana mais importante da história da economia desde 4 de março de 1933." Safire, que tinha pouca experiência em assuntos econômicos, se esforçou para entender a referência e arriscou um palpite: "Estamos fechando os bancos?", perguntou, referindo-se ao feriado bancário decretado por Franklin Roosevelt no pior momento da depressão econômica. Stein riu e disse: "Certamente não. Mas não me surpreenderia se, em breve, o presidente fechasse a janela do ouro." A resposta não ajudou Safire, mas durante a viagem de helicóptero até Camp David, ele se deu conta da seriedade da reunião. Um funcionário do Tesouro que os acompanhava, quando informado do que aconteceria, "inclinou-se para frente, pôs a cabeça entre as mãos e sussurrou: 'Meu Deus!'"[1]

O assunto em Camp David era se a decisão econômica mais importante do pós-guerra deveria ser tomada: "Fechar a janela do ouro" e libertar o dólar norte-americano da paridade fixa no metal. Nos mercados de câmbio do mundo os investidores atacavam o dólar, se desfaziam da moeda por acreditar que o presidente Nixon a desvalorizaria. Quando Nixon e seus assessores econômicos se reuniram, o secretário do Tesouro, John Connally, introduziu o assunto: "Qual a nossa questão mais urgente? Estamos reunidos aqui porque enfrentamos problemas no exterior. Os britânicos vieram hoje nos pedir para cobrir um rombo de US$ 3 bilhões, todas as reservas deles em dólares." Sob a ordem monetária de Bretton Woods, os outros governos podiam trocar dólares por ouro. Quando achavam que o dólar iria se desvalorizar – o seu valor em ouro reduzido –, fazia sentido, do ponto de vista financeiro, que se desfizessem da maior quantidade possível de dólares. "Qualquer um pode nos arruinar – quando quiser", disse Conally. "Ficamos completamente expostos."

Os Estados Unidos podiam impedir a venda generalizada da moeda, mas para defendê-la precisariam aumentar os juros, cortar gastos, controlar lucros e salários e levar a economia à recessão. Nenhum governo ficaria satisfeito diante de tais perspectivas, e a memória política de Richard Nixon tornou-o particularmente pouco disposto a arrochar a política econômica. Nixon atribuía sua derrota para John F. Kennedy nas eleições presidenciais de 1960, por uma margem pequena de votos, à política do FED de aumentar a taxa de desemprego para defender o dólar. Ele lembrava bem o impacto dessa política que causou recessão: "Todos os discursos, transmissões televisivas e campanhas eleitorais do mundo não conseguiriam reverter esse único e duro fato."[2] Sobre tal experiência, Nixon disse de maneira sarcástica: "Acalmamos a economia e ao mesmo tempo acalmamos 15 senadores e 60 membros do Congresso."[3] Com a aproximação do ano eleitoral, a administração se opôs ao aumento da taxa de juros como forma de tornar o dólar mais atraente para os investidores.

A posição comercial do país também aumentou a pressão pela desvalorização. Os preços nos Estados Unidos subiam mais rápido que no exterior. Os estrangeiros passaram a importar menos dos Estados Unidos, enquanto os norte-americanos compravam mais de fora. As importações cresceram duas vezes mais rápido que as exportações e, em 1968, o país importava mais automóveis do que exportava, um golpe duro para o que havia sido o principal produto exportador do país. A AFL-CIO*, que sempre defendeu o livre comércio, voltou-se para o protecionismo. Duas leis comerciais protecionistas chegaram mais perto da aprovação do Congresso que qualquer legislação do tipo desde a Tarifa Smoot-Hawley de 1930. Em 1971, os Estados Unidos importavam mais que exportavam, o primeiro déficit comercial do país de que se tem notícia. Um dólar forte significava produtos norte-americanos caros, que por sua vez geravam uma pressão competitiva entre os fabricantes do país.

Os 30 anos de compromisso com a ordem monetária de Bretton Woods estiveram em desacordo com essas questões domésticas. Se os Estados Unidos não defendessem o dólar, teriam de romper o laço com o ouro e desvalorizá-

* American Federation of Labor e Congress of Industrial Organizations. As duas organizações juntas formaram a maior federação de sindicatos trabalhistas dos Estados Unidos. (N.T.)

lo. Tal fato acabaria com o sistema de Bretton Woods, o núcleo da economia internacional.

Todos à mesa de negociações em Camp David sabiam do conflito existente entre interesses econômicos internacionais e política doméstica. Peter Peterson aconselhou o presidente a se concentrar na forma como a desvalorização do dólar poderia proteger as empresas norte-americanas das importações: "Nos tornemos competitivos. Os empresários vão gostar." Paul Volcker, na ocasião subsecretário do Tesouro, lembrou que o ouro nunca fora popular do ponto de vista político e se referiu ao discurso antiouro de 1896 feito por William Jennings Bryan: "Há uma certa preocupação da opinião pública quanto a uma 'cruz de ouro'." Desconfiado desse último argumento, Nixon fez uma careta e disse: "Brian disputou quatro eleições e perdeu."

Arthur Burns, presidente do Conselho do FED, era o mais ligado a Wall Street entre todos os presentes. Burns relutava em abandonar o ouro e tomou o argumento dos mercados financeiros a favor da manutenção do sistema monetário que tanto os beneficiou. Safire registrou o diálogo:

> Burns: — Mas todos os outros países sabem que nunca agimos contra eles. A boa vontade...
>
> Connally: — Vamos falir com a boa vontade deles nas mãos ... Por que temos de ser sensatos?
>
> Burns: — Eles podem nos retaliar.
>
> Connally: — Deixe que o façam. O que eles podem fazer?
>
> Burns: — Eles são poderosos. São orgulhosos, tanto quanto nós...
>
> Connally: — Não temos saída, a menos que tomemos uma atitude. Nossos ativos se esvaem nos contêineres de grãos. Você está nas mãos dos que trocam dinheiro. Você verá que esse ato nos trará uma posição mais competitiva.
>
> Burns: — Posso falar pelos "que trocam dinheiro"? Os presidentes dos Bancos Centrais são importantes para você.[4]

A súplica de Burns pelas obrigações do país com a economia internacional não convenceu Nixon. O argumento de Burns talvez tenha sido enfraquecido pelos desentendimentos entre a administração e o FED durante grande parte do ano anterior. Burns insistia na adoção de medidas mais austeras e por um controle maior da inflação, enquanto o presidente resistia a políticas que pudessem desacelerar a economia. Como Nixon ignorou o argumento de Burns, os especialistas ironizaram: "Nixon brinca, enquanto Burns passeia."[5]*

---

* Tradução para "*Nixon fiddles while Burns roams*", uma referência a *fiddle while Rome burns* – ou, perder tempo enquanto há uma situação urgente a ser resolvida. (N.T.)

Os imperativos políticos domésticos se sobrepuseram aos compromissos internacionais, e, em 15 de agosto de 1971, Richard Nixon retirou o dólar do padrão ouro. Nos meses seguintes, o dólar caiu cerca de 10%. Nixon reforçou o impacto da desvalorização impondo uma taxa de 10% sobre as importações para proteger os produtores norte-americanos, além de ter introduzido controles sobre salários e preços. Embora as principais potências econômicas tenham se esforçado para reformar o sistema de Bretton Woods, em 1973 a administração Nixon, mais uma vez, desvalorizou o dólar em 10%. A balança comercial voltou a ser favorável, a economia recuperou a velocidade e o desemprego diminuiu.

Bretton Woods, no entanto, não existia mais. A equipe do FMI circulou uma nota de obituário na sede do fundo em Washington. "Descanse em paz. É com pesar que informamos a morte inesperada, após longa doença, de Bretton Woods, ocorrida às 9h da manhã do último domingo. Bretton Woods nasceu em New Hampshire, em 1944, e morreu alguns dias após completar 27 anos ... O ataque fatal aconteceu este mês quando parasitas, conhecidos como especuladores, causaram o inchaço de seu órgão mais importante levando à ruptura de seu elemento vital, a convertibilidade dólar-ouro."[6] Após quase 30 anos, o equilíbrio entre questões nacionais e integração econômica internacional fracassou.

O compromisso se desfaz

O início da década de 1970 foi o principal divisor de águas para a economia mundial do pós-guerra. Quase todas as nações industrializadas, economias planificadas ricas e pobres, países em desenvolvimento e ex-colônias cresceram de modo rápido e contínuo. A prosperidade reinava nos Estados capitalistas avançados – o que desafiava as perspectivas traçadas por muitos nos anos entreguerras –, satisfazendo mercados e reformas sociais, questões domésticas e internacionais, capitalistas e trabalhadores.

O sistema de Bretton Woods combinava liberdade para lidar com questões domésticas e integração econômica internacional. O compromisso estimulou o comércio, os investimentos e as finanças internacionais, cujo sucesso, mais tarde, arruinou os próprios acordos. Os laços econômicos cada vez mais fortes entre os países geraram a idéia de que a economia mundial restringia as políticas nacionais. Além disso, criaram também a idéia oposta de que ficar preso aos objetivos nacionais limitava o desenvolvimento dos mercados globais.

O maior desafiou veio da frente monetária e foi imposto ao padrão ouro-dólar, o núcleo da ordem pós-guerra. Atacou o coração do sistema, forçando o governo norte-americano a optar entre as obrigações internacionais e os objetivos domésticos.[7] Sob o sistema de Bretton Woods, o ouro estava fixado na moeda norte-americana a uma taxa de US$35 por onça do metal, enquanto as outras moedas fixavam-se no dólar. Os governos eram desestimulados a interferir em suas taxas de câmbio, mesmo quando desejassem fazê-lo – por exemplo, para desvalorizar a moeda nacional e tornar os produtos domésticos mais competitivos em relação aos estrangeiros. Durante cerca de 20 anos após a Segunda Guerra Mundial não se exigia que essa regra fosse seguida à risca. Outros governos, além do norte-americano, podiam modificar suas taxas de câmbio sem provocar distúrbios no sistema, e a maioria dos países industrializados desvalorizou ou revalorizou sua moeda em algum momento; o Canadá fez até com que seu dólar flutuasse em relação ao norte-americano. E mesmo se não desvalorizassem, os governos poderiam interferir na taxa de câmbio para modificar as condições locais. Se a França, por exemplo, estivesse passando por uma recessão, o Banco Central tinha a opção de diminuir os juros no país para estimular a economia.

O sistema foi arruinado por dois aspectos, ambos resultados do sucesso de Bretton Woods. O primeiro foi a restauração das finanças internacionais. O fato teve importância porque a dormência dos fluxos financeiros internacionais foi uma das razões pelas quais os governos continuavam capazes de manejar suas próprias políticas monetárias. Caso os mercados financeiros estivessem ativos nas décadas de 1950 e 1960, juros menores na França do que na Alemanha teriam levado os investidores a retirar o dinheiro de Paris e a mandá-lo a Frankfurt em reação à medida. No entanto, quase não havia fluxos monetários de curto prazo; em parte devido ao trauma da década de 1930, em parte em razão da proliferação de oportunidades domésticas e em parte por causa do controle de capitais. Assim, a situação monetária de um país estava protegida do que acontecia nas outras nações, e os governos ganharam certa independência para a implementação de medidas macroeconômicas. Os mercados financeiros do mundo foram reanimados no decorrer da década de 1960. No início dos anos 1970, o sistema financeiro global possuía cerca de US$165 bilhões e os empréstimos internacionais chegavam a US$35 bilhões ao ano. Nesse momento, os investidores de curto prazo – especuladores, para usar um termo mais coloquial – poderiam movimentar dinheiro em resposta às diferentes condições monetárias nacionais e ameaçar a independência das políticas macroeconômicas internas.

A primeira mudança contribuiu para que a segunda ocorresse, a pressão sobre o dólar norte-americano. Isso também foi função do sucesso do sistema, uma vez que foi amplamente causado pela crescente importância econômica da Europa ocidental e do Japão. Enquanto os Estados Unidos dominavam a economia, ninguém questionava a confiabilidade da moeda norte-americana. Mas com o encolhimento da parcela norte-americana na economia mundial, divergências entre as condições monetárias dos Estados Unidos e as de seus parceiros tornaram-se inviáveis. Investidores ao redor do mundo começaram a duvidar do comprometimento do governo norte-americano com a taxa de câmbio do país. O sistema de Bretton Woods sobreviveria a desvalorizações esporádicas, mas o mesmo não se aplicava ao dólar. A base do padrão ouro era o metal; o sistema de Bretton Woods tinha como base um dólar atrelado ao ouro, e para o governo dos Estados Unidos estava difícil manter o valor da moeda. Sustentar o dólar exigia que o país cumprisse com suas obrigações internacionais e os norte-americanos não estavam acostumados a subordinar questões internas aos mercados internacionais.

O problema surgiu pela primeira vez em 1959 e 1960, quando um déficit na balança de pagamentos norte-americana gerou uma perda de confiança no dólar. O Federal Reserve subiu os juros com o objetivo de aumentar a demanda estrangeira por dólares, fato que levou o país a uma recessão (e cujos efeitos políticos foram lembrados por Nixon 30 anos mais tarde). Pela primeira vez desde a década de 1930, a política monetária norte-americana sacrificou os objetivos nacionais pelos internacionais – nesse caso, passando por uma recessão para defender o dólar. À medida que a década de 1960 avançava, o problema se agravava pelas duas guerras enfrentadas pelo país: a do Vietnã e o grande aumento dos gastos sociais conhecidos como Guerra à Pobreza. Nenhuma das duas era completamente popular e as administrações de Lyndon Johnson e Richard Nixon recorreram aos gastos deficitários. Com isso, a inflação nos Estados Unidos tornou-se significativamente mais alta do que na maioria das nações parceiras do país.

O resultado foi uma "apreciação real" do dólar, um fortalecimento artificial da moeda norte-americana. A taxa de câmbio do dólar – seu preço expresso em outras moedas – tornara-se constante, enquanto os preços norte-americanos subiam. Isso significava que os estrangeiros podiam comprar menos com os dólares que tinham. Pelas regras de Bretton Woods, os estrangeiros tinham de aceitar o dólar como se a moeda valesse 1/3 de uma onça de ouro, ou quatro marcos alemães, ou cinco francos; mas na realidade valia bem menos que isso – 10 ou 15% a menos, segundo alguns cálculos. Tal fato era positivo para os norte-americanos em muitos aspectos. Com o dólar forte, podiam comprar mais produtos estrangeiros, investir no exterior gastando menos e viajar mais para fora do país. Em 1971, os norte-americanos importaram duas vezes mais produtos manufaturados e investiram duas vezes mais no exterior do que haviam feito em 1967, enquanto o número de viagens para o exterior feitas por norte-americanos mais do que dobrou. Com o dólar artificialmente mais forte, o governo conseguia cumprir com suas obrigações de política internacional. E o sistema de Bretton Woods não dava outra escolha aos estrangeiros a não ser aceitar esses dólares.

A apreciação real do dólar* trouxe vantagens para os norte-americanos, mas ameaçou Bretton Woods. O sistema monetário dependia de um dólar que fosse "tão bom quanto o ouro", mas o desgaste do valor real da moeda causado pela inflação fez com que os estrangeiros relutassem em ficar com ela, uma vez que seu poder de compra diminuiu. Em vez disso, os estrangeiros utilizaram o nada confiável dólar para comprar o confiável ouro. De 1961 a 1968, investidores e governos estrangeiros trocaram US$7 bilhões, tomando cerca de 40% das reservas de ouro dos Estados Unidos. Os franceses, em particular, criticavam a posição privilegiada dos Estados Unidos. Charles de Gaulle reclamou de forma enfática sobre o uso pelos Estados Unidos "dos dólares que a própria nação podia emitir em vez de pagar integralmente com ouro, que tinha um valor real, precisava ser ganho para se tornar uma posse, e não podia ser repassado para outros sem riscos e sacrifícios".[8] De fato, os franceses compraram cerca de US$3 bilhões dos US$7 bilhões retirados das reservas de ouro norte-americanas.

As principais potências financeiras se uniram para tentar proteger a moeda, vendendo ouro e comprando dólares de forma a elevar o valor do dinheiro norte-americano. Os Estados Unidos impuseram controles de capitais – impostos sobre investimentos norte-americanos no exterior, para conter a saída de dólares. Mas havia uma imensa quantidade de gente querendo se livrar de uma imensa quantidade de dólares. Em meados de março do ano de 1968, no auge da crise, US$400 milhões foram apresentados para troca. Ficou caro demais proteger o preço do ouro-dólar, e as principais potências autorizaram um mercado privado a tomar conta do caso junto com o mercado oficial, no qual o dólar era negociado apenas no câmbio preestabelecido, US$35 por onça de ouro. O problema, contudo, continuaria enquanto o dólar não voltasse a ser considerado confiável. O presidente francês Georges Pompidou reclamou: "Não podemos manter para sempre como nossa base monetária e padrão de comparação uma moeda nacional que perde, constantemente, o seu valor ... Não se pode esperar que o resto do mundo organize a vida com base em um relógio sempre atrasado."[9]

Enquanto todos ao redor do mundo perdiam a confiança no dólar e o trocavam por ouro, as medidas temporárias não surtiriam efeito. Não havia ouro suficiente no planeta – muito menos nos Estados Unidos – para ser trocado por todos os dólares existentes. Em algum momento, os Estados Unidos ficariam sem dólares e a promessa de que a moeda era tão boa quanto o metal não se cumpriria. A única solução possível seria a imposição de uma política econômica austera no país para que o poder de compra do dólar fosse retomado. Essa medida imporia reduções aos preços do país e subiria o valor real do dólar para que a moeda recuperasse o valor oficial. Outra opção para as autoridades nor-

* Já que a moeda não sofria a desvalorização que lhe cabia. (N.E.)

te-americanas seria aumentar as taxas de juros para que a moeda voltasse a ser atraente para os estrangeiros. Caso o FED aumentasse a taxa de juros em dois ou três pontos percentuais, provavelmente os investidores comprariam mais títulos norte-americanos, aumentando a demanda por dólares e sustentando o valor da moeda. Nenhuma das medidas foi aceita pelo governo Nixon durante a corrida eleitoral de 1972.

A ordem monetária de Bretton Woods entrou em colapso devido a razões políticas, não técnicas. O sistema ouro-dólar era politicamente atraente por estabilizar moedas e por estimular o comércio e os investimentos sem grandes amarras para os governos nacionais. À medida que a economia internacional se integrava, o sistema se tornava mais parecido com o do padrão ouro. Os governos precisavam moldar suas políticas domésticas para acomodar a taxa de câmbio, sacrificando os objetivos nacionais pela sustentação do valor internacional da moeda. Não havia mistério em como fazer isso: se os preços domésticos subissem e tornassem a moeda "supervalorizada", eles teriam que ser puxados para baixo com o aumento da taxa de juros, o corte dos gastos do governo e a redução do consumo.

Para um governo, a importância relativa da estabilidade cambial e da independência em formular políticas determinava se os sacrifícios valiam a pena. Bancos, empresas e investidores que perderiam com as alterações no valor das moedas apoiavam a austeridade. Por outro lado, trabalhadores e empresas cujos empregos e lucros seriam cortados em nome do câmbio se opunham, pedindo uma taxa de câmbio que não tivesse grandes conseqüências para eles. Em economias muito abertas, nas quais grande parte da população está envolvida com o comércio e os investimentos internacionais, a adoção de medidas austeras para a sustentação do câmbio era, em geral, defendida. No entanto, os Estados Unidos eram relativamente fechados – mesmo com a expansão do período pós-guerra, o comércio internacional correspondia a menos de 10% da economia – e os eleitores nunca iriam priorizar a ordem monetária internacional em detrimento da prosperidade doméstica. O governo norte-americano simplesmente não estava disposto a encolher sua economia por causa das obrigações cambiais exigidas pela ordem de Bretton Woods e, portanto, optou pelo fim do sistema.

Desafios ao comércio e aos investimentos

Os mesmos fatores políticos que desafiaram o sistema monetário também ameaçaram o comércio e os investimentos internacionais. Da mesma forma como o sucesso de Bretton Woods acelerou o seu próprio fim, o crescimento extraordinário do comércio e dos investimentos diretos estrangeiros suscitou debates que puseram em xeque seu futuro.

A liberalização do comércio no pós-guerra causou um impacto particularmente grande na Europa ocidental e no Japão, regiões que após 30 anos de protecionismo emergiram prontas para se beneficiar dos mercados norte-americanos e mundiais. Lançaram-se, com sucesso, nas exportações: em 1973, o comércio se tornou duas vezes mais importante para a Europa ocidental do que era em 1950, e quatro vezes ainda mais importante para o Japão. Grande parte da prosperidade desses anos dependia do desenvolvimento da tecnologia, de ganhos de escala e de outras possibilidades de um mercado mundial em crescimento.

O surgimento do Japão como potência exportadora foi especialmente impressionante. Em 1950, o país exportava menos de 1/12 do que os Estados Unidos vendiam para fora. Enquanto em 1950 as exportações japonesas eram basicamente de bens de trabalho intensivo, como roupas e brinquedos, no fim da década de 1960 o Japão havia se tornado uma força no mercado mundial de produtos industriais sofisticados. A capacidade do país de produzir aço aumentou de um milhão de toneladas em 1950 para 117 milhões de toneladas em 1974, quando a maior usina do país havia alcançado a metade do tamanho da U.S. Steel. A produção japonesa por trabalhador na indústria automotiva em 1950 correspondia a 1/10 da produção norte-americana (e a 1/3 da européia). Em 1973, a produtividade dos trabalhadores japoneses havia se tornado quase igual à dos norte-americanos e havia dobrado em relação à dos europeus. Os produtores japoneses de aço, carros e maquinário tornaram-se os principais competidores nos mercados estrangeiros, em especial na América do Norte.[10]

As exportações de um país, contudo, são as importações de outros. E enquanto o comércio de café entre Colômbia e Alemanha, por exemplo, se desenvolve sem controvérsias – os cafeicultores colombianos não competiam com os alemães –, o comércio de automóveis ou televisores gerava ressentimentos. Os alemães, italianos, japoneses e outros que exportavam mercadorias baratas como produtos têxteis, aço, roupas e máquinas para outros países eram uma dádiva para os consumidores e um atraso para os produtores com os quais competiam. Um dos principais campos de batalha, assim como ocorrera em relação ao padrão ouro, localizava-se dentro dos Estados Unidos. À medida que mais aço, produtos têxteis, calçados e roupas européias e japonesas entravam no país, mais os produtores norte-americanos lutavam por proteção.

Os membros do Gatt haviam concordado em não aumentar as tarifas sobre produtos não-agrícolas, de forma que aqueles que desejassem se proteger da competição estrangeira precisariam encontrar outra maneira. Uma delas seria acusar os vendedores estrangeiros de *dumping* – a venda de um produto abaixo dos custos de produção visando à conquista de mercados. A prática era contra as regras do Gatt e os países podiam cobrar impostos especiais sobre esses produtos. Mas, com freqüência, *dumping* era um conceito relativo – o *dumping* de uma empresa significava o empenho competitivo de outra – e as reclamações contra a prática em geral eram exigências protecionistas.

Outra forma inovadora de afastar as importações seria convencer os produtores a restringir suas próprias vendas, como fizeram os Estados Unidos em 1968 ao conseguir que os produtores de aço japoneses e europeus limitassem suas exportações para os mercados norte-americanos. No entanto, por que os produtores estrangeiros aceitariam essas Restrições Voluntárias às Exportações (RVE)? Por vezes, as indústrias afetadas pela concorrência usavam de retaliações, ameaças *antidumping* ou outras punições. As mesmas também podiam oferecer a vantagem de lucros altos para os próprios estrangeiros, compartilhando do benefício da proteção com os produtores do exterior. Restrições às exportações limitavam a oferta e, assim, os preços dos produtos norte-americanos se mantinham altos; esta foi, sobretudo, a razão pela qual os fabricantes dos Estados Unidos queriam afastar as importações. Os preços mais altos dos produtos norte-americanos permitiam que os estrangeiros, e também os próprios norte-americanos, vendessem mais caro nos mercados dos Estados Unidos. No fim, até os produtores estrangeiros podiam cobrar mais por uma quantidade menor. Basicamente, as RVEs formavam um cartel entre os produtores dos Estados Unidos e os estrangeiros para manter os preços norte-americanos acima do valor do mercado mundial.

As novas Barreiras Não-Tarifárias (BNTs) – exigências *antidumping*, restrições voluntárias às exportações e outros métodos – não reverteram os efeitos da liberalização anterior, mas indicaram que o equilíbrio de forças políticas se modificava na direção de um novo protecionismo. Isso se aplicava, em especial, aos Estados Unidos. Havia um amplo consenso em relação a um comércio mais livre, principalmente entre as grandes empresas e o movimento trabalhista. Muitas das corporações e dos principais sindicatos pertenciam às indústrias exportadoras – carros, aço, borracha, maquinário. Contudo, como esses setores passaram a enfrentar uma competição mais ampla nos mercados domésticos e mundiais, seus trabalhadores e capital se voltaram para o protecionismo. O liberalismo da ordem comercial pós-guerra surgiu devido à pressão norte-americana, e a procura dos Estados Unidos por proteção seria capaz de reverter o curso da integração global do comércio.

Havia um descontentamento semelhante em relação ao investimento direto estrangeiro. Durante muitos anos após a Segunda Guerra Mundial, as empresas multinacionais (EMNs) em geral foram bem vistas. Elas levavam consigo capital, produtos modernos e técnicas administrativas. Tipicamente, pertenciam a indústrias avançadas. Na verdade, a América Latina sempre diferenciou os investimentos "ruins" dos britânicos de antes de 1930 – minas, plantações, ferrovias, empréstimos a governos – dos "bons" investimentos dos norte-americanos em fábricas modernas. Diferentemente dos empréstimos internacionais do passado, o investimento direto estrangeiro não gerava obrigações para os formuladores de políticas nacionais. Os governos não davam qualquer garantia de lucro a empresas estrangeiras. As EMNs talvez ficassem com todo o lucro, mas assumiam todo o risco e traziam tecnologia, capital e empregos. No início de 1970, havia US$200 bilhões em Investimentos Externos Diretos (IEDs) a serem recebidos, com dezenas de bilhões de dólares e novos investimentos a cada ano.

Como as empresas estrangeiras cresciam, o mesmo ocorria com as objeções ao seu impacto. Os competidores locais reclamavam dos gigantes estrangeiros que dominavam os mercados regionais. Alguns temiam que os estrangeiros fossem menos sensíveis às normas sociais, culturais e políticas. Disso resultou uma grande desconfiança em relação ao investimento direto estrangeiro. O exemplo mais ilustrativo veio de Jean-Jacques Servan-Schreiber, um dos principais jornalistas franceses. Escrita em 1967, a obra logo se tornou o livro que mais rápido se esgotou na história da França moderna. *O desafio americano* indicava que as principais beneficiadas pela integração européia eram as corporações norte-americanas. O Mercado Comum, disse Servan-Schreiber, "é basicamente norte-americano em termos de organização". Isso se explicava pelo fato de as "empresas norte-americanas, com suas sedes próprias, já formarem a estrutura de uma verdadeira 'europeização'". Diferentemente do que ocorria nas empresas da Europa, as multinacionais norte-americanas tinham uma visão essencialmente européia: "Esse é o verdadeiro federalismo – o único tipo que existe na Europa no nível industrial ... Quase nada na Europa se assemelhava às dinâmicas corporações norte-americanas que se estabelecem no continente." Isso seria fatal para a sociedade européia, uma vez que "a partir desse momento, o confronto entre civilizações se moveria para o campo de batalha da tecnologia, da ciência e da administração". A intenção de Servan-Schreiber com o livro era definir instruções para a modernização européia, nem tanto atacar os Estados Unidos. Contudo, ele identificou o impasse que para muitos europeus já era claro, e cada vez mais perturbador: "Construir uma Europa independente ou se tornar um anexo dos Estados Unidos".[11]

Nos países em desenvolvimento, as grandes empresas estrangeiras podiam causar um grande e indesejado impacto na política local. A atitude abusiva da empresa norte-americana International Telephone and Telegraph (ITT) no Chile ilustrava a ameaça. Primeiramente, a ITT procurou impedir a eleição do socialista Salvador Allende em 1970, e quando a tentativa fracassou a empresa participou de uma série de complôs para depô-lo. Essa história triste terminou com um golpe que destruiu uma das democracias latino-americanas mais sólidas e levou uma sangrenta ditadura ao poder. As suspeitas sobre o envolvimento de empresas norte-americanas em tais acontecimentos foram por muito tempo consideradas fantasiosas pelos ocidentais, mas logo se provaram verdadeiras por uma investigação do Congresso norte-americano, o que alimentou o ressentimento contra as EMNs.[12]

Muitos países começaram a restringir a entrada de multinacionais na década de 1960. O Canadá passou a monitorar e controlar os novos investimentos, enquanto a França se utilizava de meios administrativos para limitar o impacto causado pelas empresas estrangeiras. Os franceses também conseguiram convencer seus parceiros europeus a adotarem controles regionais, porém, com sucesso limitado. Havia muito tempo que o Japão controlava de forma rígida o investimento direto estrangeiro no país, mas o maior empenho vinha dos países em desenvolvimento. Do México à Nigéria, do Peru à Índia, as corporações de outros países foram excluídas de diversos setores, e as posses por parte dos estrangeiros sofreram severas limitações, com freqüência ficando com as partes menores da partilha. Muitos dos países em desenvolvimento passaram a autorizar os IEDs apenas se a empresa estrangeira não competisse com as outras locais já existentes, partilhasse a propriedade com investidores locais, trouxesse tecnologias novas e importantes e concordasse em reinvestir a maior parte de seus lucros. Os governos passaram a submeter as empresas a uma fiscalização mais minuciosa e a controles mais rígidos.

Os conflitos envolvendo questões econômicas domésticas também começaram a crescer no mundo industrializado. Na França, em maio de 1968, protestos estudantis levaram a uma greve geral que durou semanas; na Itália, os trabalhadores pararam diversas vezes durante o "Outono Quente" de 1969. Em quase todos os países da Europa ocidental, entre 1968 e 1973, houve algum período de greves, de cinco a 20 vezes acima dos índices normais. Em muitos casos, as greves ocorreram fora, ou logo fugiram, do controle dos sindicatos, desafiando a liderança (quase sempre comunista ou socialista) do movimento trabalhista.

Uma das razões para o aumento do conflito entre trabalhadores e capital poderia ser atribuída ao fato de que por 20 anos os salários foram negligenciados em relação ao crescimento da produtividade e da atividade econômica.[13] No início do pós-guerra, os trabalhadores estavam dispostos a sacrificar os aumentos salariais pela recuperação econômica. No entanto, a recuperação havia muito tinha terminado, e a nova geração de trabalhadores desejava uma parcela maior da expansão do pós-guerra. Para piorar, em meados da década de 1960, a Europa mergulhou numa recessão que levou o empresariado a tentar manter os salários baixos. No final dessa década, a insatisfação acumulada durante cerca de dez anos estava prestes a eclodir em forma de protestos.

A inflação aumentava na Europa, como acontecera nos Estados Unidos, e os trabalhadores tentavam recuperar o espaço perdido. Os sindicatos e as empresas européias, em geral, colaboravam para a sustentação dos aumentos salariais e criação de empregos, mas o rápido aumento dos preços destruiu muitos dos acordos. Os trabalhadores exigiam proteção contra a inflação, porém os sindicatos eram freqüentemente forçados a obedecer à gerência. Assim, os protestos ocorriam tanto contra os gerentes quanto contra os líderes sindicais, os quais insistiam na manutenção dos contratos acordados previamente.

O acirramento dos conflitos entre trabalho e capital e a insatisfação crescente com o comércio e os investimentos diretos indicavam que as bases econômicas da ordem internacional haviam mudado desde a década de 1940. Dessa forma, quase todos no mundo em desenvolvimento concordavam que era necessário superar os duros conflitos domésticos entre classes, aumentar os índices patologicamente baixos de comércio e de investimentos estrangeiros, e organizar o sistema monetário internacional para esse fim. Na década de 1960, todos esses objetivos já haviam sido atingidos com grande sucesso. Nesse momento, uma parte da opinião pública via o aprofundamento da integração econômica internacional com entusiasmo, enquanto a outra achava que tal integração já havia ido longe demais. O próprio colapso do sistema monetário de Bretton Woods e as políticas mais amplas para as relações econômicas internacionais do fim da década de 1960 e início da de 1970 mostravam que a opinião sobre o quão longe a integração econômica global deveria ir estava cada vez mais dividida. Não era possível simplesmente assumir o avanço da abertura econômica. Provavelmente, a resistência seria grande.

A crise na substituição de importações

Enquanto o mundo capitalista desenvolvido reconsiderava sua marcha para a economia internacional, os países pobres questionavam o desenvolvimento industrial via protecionismo. A industrialização por substituição de importações (ISI) apresentava diversos aspectos positivos, mas também várias conseqüências indesejadas.[14]

A ISI causou problemas crônicos nas balanças comercial e de pagamentos. A substituição de importações pretendia tornar os países menos dependentes do comércio mundial, mas todas as nações precisavam importar o que não existia localmente – matérias-primas, maquinário, peças. Quanto mais um país se industrializava, mais necessitava dessas importações – o que o economista Carlos Díaz Alejandro chamava de "a intensidade importadora da substituição de importações".[15] No entanto, os países precisavam ganhar dinheiro para importar e a ISI era extremamente contra exportações. A proteção comercial e as taxas de câmbio supervalorizadas aumentavam os preços domésticos e tornavam as exportações menos competitivas. Além disso, os impostos sobre as exportações desestimulavam as vendas internacionais. Os países em processo de industrialização eram incapazes de exportar o suficiente para importar o que necessitavam.

Algumas das importações podiam ser pagas com a ajuda e os empréstimos de instituições internacionais, como o Banco Mundial. Mas o financiamento era limitado. Investimentos internacionais privados traziam certa quantidade de moeda estrangeira para os países, mas não o suficiente. Após 1967, alguns poucos países em desenvolvimento em melhores condições conseguiam empréstimos de países do norte com intenção de comprar importados – três ou quatro bilhões de dólares por ano no início da década de 1970. Os empréstimos, porém, precisavam ser devolvidos. Assim, o ajuste de contas era apenas adiado. De qualquer forma, o dinheiro era pouco e estava disponível apenas para algumas nações. Os países em desenvolvimento precisavam exportar mais para pagar pelas importações necessárias e a economia política da ISI tornava a saída de difícil execução.

A balança de pagamentos da típica economia de ISI passava por crises periódicas. Quanto mais rápido uma economia crescia, maior era a necessidade de importar; mas as exportações não se mantinham no mesmo nível das importações e, dessa forma, o país sofria com uma escassez de moeda estrangeira. O governo restringia as importações, comprando apenas o essencial, e aumentava a taxa de juros de forma a atrair dinheiro para a nação e a manter esse capital em casa. Desvalorizava a moeda interna aumentando o preço das importações e tornando as exportações mais competitivas, reduzindo também o poder de compra do país. Em geral, tais políticas acarretavam uma recessão profunda. Sob pressão, empresas cortavam salários e demitiam empregados. O colapso da economia local reduzia as importações, ao passo que uma taxa de câmbio mais fraca, o alto desemprego e os salários menores facilitavam a atividade exportadora. Logo, a quantidade exportada se tornava maior que a importada, o crescimento era retomado e o ciclo recomeçava. Contudo, sucessivas crises desse tipo ameaçavam a ordem social, econômica e política.

Os países que adotaram a ISI também tendiam a grandes déficits orçamentários e à inflação, o que piorava as crises. Os governos subsidiavam investimentos industriais, concediam isenções fiscais aos que atuavam no setor e focavam seus gastos em grupos politicamente importantes. No entanto, os gastos ultrapassavam os ganhos governamentais de forma crônica e, em geral, tais déficits orçamentários eram contornados com a impressão de moeda. A inflação resultante encarecia os produtos domésticos, reduzindo as exportações ainda mais. A arrecadação diminuía, uma vez que o pagamento dos impostos atrasava para que pudesse ser feito em moeda desvalorizada; e a atividade econômica era conduzida para os mercados negro e cinza*. Na década de 1960, muitas das economias que adotaram a ISI foram atingidas por círculos viciosos de déficits no orçamento e na balança de pagamentos, bem como inflação e recessão.

A substituição de importações do Brasil obteve grandes vitórias e criou grandes problemas. Segunda maior economia do mundo em desenvolvimento, menor apenas que a da Índia, o Brasil era uma das principais nações industriais na década de 1960. O país produzia quase todos os bens finais que consumia, criou indústrias de escala mundial – automóvel e aço – e construiu a nova capital, Brasília, em cinco anos. No entanto, a industrialização exigia a importação de equipamentos, máquinas, químicos e peças, além de petróleo para os milhões de novos carros da nação. As exportações do Brasil eram insuficientes. O café continuava a responder por mais da metade das exportações, e o restante era de produtos tradicionais como açúcar, tabaco e minério de ferro. Os esforços para estimular a exportação dos novos produtos manufaturados fracassaram. Em 1960, o Brasil exportava menos da metade de 1% de sua produção industrial.

O resultado foi uma série de crises geradas pela balança de pagamentos. Em 1963, as exportações continuavam bem abaixo dos índices da década anterior. As exportações continuavam menores que as compras internacionais apesar do esforço do governo para importar o mínimo possível. Enquanto isso, o déficit orçamentário crescia e a inflação, que na década de 1950 girava em torno dos 20%, passou para 96% em 1964. Os empresários protestavam contra as altas taxas de juros, os trabalhadores organizavam greves devido às reduções salariais e os conservadores militares do país enfrentavam o fantasma da insatisfação social e até da revolução. Em abril de 1964, o golpe militar depôs o governo eleito democraticamente e a ditadura reinou por mais de 20 anos. Medidas austeras e uma recessão profunda ajudaram a controlar os déficits e a inflação, mas os problemas básicos continuaram.

A mesma situação enfrentada pelo Brasil se repetia por todo o mundo em desenvolvimento: crises na balança de pagamentos, inflação, insatisfação social, golpe militar, repressão e austeridade. No Chile, o ataque final veio durante o governo do socialista Salvador Allende com o golpe que o depôs em 1973; na Argentina, veio com a volta à presidência de Juan e Eva Perón e o

* Forma de importação paralela, comum, por exemplo, em eletrônicos e cigarros. Quando o preço do um produto é muito mais caro em um país do que em outro, empresas o compram onde o valor é menor, importam legalmente e vendem abaixo do valor de mercado. (N.T.)

golpe militar de 1976 que a retirou do poder; na Turquia, com intervenções militares em 1960 e, depois, em 1971; nas Filipinas, com a imposição de uma lei marcial em 1972 e a subida ao poder do ditador Ferdinand Marcos; na Indonésia, com um sangrento golpe militar em 1965. Até os dois países mais democráticos que adotaram a ISI sucumbiram a esse padrão. O governo mexicano massacrou centenas de manifestantes em 1968, e a primeira-ministra da Índia, Indira Gandhi, declarou um estado extralegal de emergência nacional em 1975, algo não previsto pela lei indiana. As tensões impostas pela substituição de importações criaram uma mistura volátil de problemas econômicos com pressões nacionalistas, populistas e desenvolvimentistas, que culminou em insatisfação social e, com freqüência, autoritarismo.

A ISI também teve impacto desastroso na distribuição de renda e na pobreza. Uma grande massa de agricultores migrou para as cidades em busca de trabalho nas novas indústrias. No entanto, o crescimento por substituição de importações era intensivo em capital. O governo subsidiava os investimentos, e assim os industriais utilizavam muito capital e pouco trabalho. Muitos dos agricultores que foram para as cidades perceberam que não conseguiriam os empregos prometidos pela industrialização. Os países que adotaram a ISI terminaram com economias "duais": de um lado, indústrias modernas de capital intensivo, trabalhadores qualificados e bem organizados; de outro, uma massa de agricultores e pobres urbanos excluídos da economia moderna, condenados a salários de subsistência e privados da proteção social recebida pelos trabalhadores dos novos setores.

O setor agrícola brasileiro não acompanhava o restante da economia, principalmente na atrasada parte norte da nação, que em 1970 abrigava 40% da população do país, mas menos de 20% da renda nacional. Nos estados mais pobres do Nordeste, a renda per capita era 1/6 da arrecadada na industrial São Paulo; em média, o trabalhador urbano ganhava três vezes mais que o rural.[16] O economista brasileiro Edmar Bacha chamou o país de "Belíndia", uma pequena parte como a Bélgica e todo o resto como a Índia.[17] Os migrantes iam da Índia para a Bélgica, do norte para o sul, mas quase não havia mais empregos. As indústrias priorizadas geraram poucos empregos. No início da década de 1960, os setores elétrico, de equipamentos para transportes e químico cresciam rapidamente e eram responsáveis por 1/3 da produção industrial do país, mas ofereciam menos de 1/10 dos empregos do setor industrial. A maioria dos migrantes ficava confinada no setor informal, em trabalhos pesados, domésticos ou em outros empregos que muitas vezes pagavam menos que o salário mínimo definido por lei. As cidades do país foram cercadas por favelas dominadas pelo crime, com serviços precários, uma população crescente e pouco acesso aos benefícios gerados pelo crescimento industrial brasileiro.

A renda per capita brasileira cresceu em 1/3 entre 1960 e 1970; mas a condição dos 4/5 da população que pertenciam às camadas mais baixas melhorou muito pouco e, provavelmente, a dos mais pobres piorou. O Brasil se tornou a sociedade mais desigual do mundo: os 5% mais ricos do país ganhavam o mesmo que os 80% mais pobres e duas vezes mais que os 60% mais pobres. O país que se orgulhava de sua indústria moderna, de suas metrópoles cosmopolitas e de sua capital modernista apresentava índices de mortalidade infantil três vezes maiores que os de Cuba, seis vezes maiores que os dos Estados Unidos e muito maiores que os de países pobres, como Paraguai e Jamaica. Mais de 1/3 das crianças brasileiras com idade escolar primária e mais da metade das que deveriam freqüentar a escola secundária estavam fora das instituições de ensino.[18]

O Brasil ao menos conseguia atingir um crescimento rápido; outras sociedades se encontravam em situação bem pior. Entre 1950 e 1973, o crescimento per capita do Chile era de 1% ao ano, o da Argentina era de 2% e o da Índia era de 1,6%. Esses números não eram de todo ruins, levando-se em conta os padrões históricos desses países, mas estavam bem abaixo da média mundial. Acima de tudo, o fato de essas nações não terem se beneficiado das oportunidades criadas pelo rápido crescimento das décadas de 1950 e 1960 gerava graves conseqüências. Se a Argentina tivesse crescido (como o Brasil) 4% ao ano, em vez de 2%, o país em 1973 seria tão rico quanto a França; se o Chile tivesse (como a Coréia do Sul) crescido 5%, em vez de 1%, seria tão rico quanto a Alemanha. A Índia em 1950 era apenas um pouco mais pobre que a Coréia do Sul e que Taiwan; em 1973, a Coréia passou a ser três vezes mais rica, e Taiwan, quatro vezes mais.

As nações em processo de industrialização que optaram por se voltar para dentro não podiam participar do *boom* comercial do período de Bretton Woods. Entre 1950 e 1973, as exportações da América Latina caíram de 8% para 3% do total mundial. Os extraordinários recursos naturais da Argentina haviam feito do país um dos principais exportadores mundiais. Em 1950, o país exportava quase a mesma quantidade que a Itália. No entanto, em 1973, as exportações argentinas foram reduzidas para 1/7 das exportações italianas e se igualaram às da Finlândia, que possuía 1/5 da população e 1/4 do tamanho da economia do país sul-americano. A Índia, em 1973, exportava menos que a Coréia do Sul e que Taiwan, embora sua população fosse 17 vezes a da Coréia e 40 vezes a de Taiwan. E o tamanho da economia indiana era cinco vezes o da coreana e dez vezes o da taiwanesa.[19]

O modelo voltado para as exportações adotado pelo Leste Asiático parecia evitar alguns dos problemas da ISI. Em 1973, a Coréia exportava 41% dos produtos industriais que produzia; Taiwan, 50%, contrastando com os 3%

ou 4% exportados pela América Latina.[20] Coréia do Sul e Taiwan eram tão bem-sucedidos na produção para exportação que não enfrentaram os sérios problemas de balança de pagamentos comuns em outros lugares. Ambos se especializaram em produtos industriais de trabalho intensivo para exportação. Como as fábricas precisavam da maior quantidade possível de mão-de-obra barata, muitos empregos foram criados. A necessidade de manter os produtos competitivos nos mercados mundiais tornou essencial o controle da inflação. Tais vantagens, porém, apresentavam alguns custos. Os exportadores do Leste Asiático não desenvolveram economias dualistas, com um setor altamente moderno e um setor informal com salários baixos, mas eles eram forçados a manter *todos* os salários baixos, muitas vezes se utilizando de medidas repressoras contra os trabalhadores para que seus produtos continuassem baratos. A taxa de câmbio desses países era subvalorizada para manter a competitividade, reduzindo o poder de compra das classes média e trabalhadora locais. As políticas macroeconômicas conservadoras jogavam a inflação para baixo, mas também significavam que os governos ofereciam pouco em termos de seguro social. Mesmo assim, o sucesso do modelo exportador também pesou para que a política de substituição de importações fosse reavaliada.

Os que se beneficiavam com a ISI, contudo, impediram as tentativas de reformas. Suas indústrias eram acostumadas à proteção em relação aos produtos importados e não se entusiasmavam com a competição estrangeira. As empresas que recebiam subsídios ou isenções fiscais dos governos ameaçavam abandonar os negócios caso os benefícios fossem suspensos. Aqueles cujos salários ou consumo haviam sido protegidos por programas governamentais se esforçavam para impedir o corte de tais programas. As arestas da ISI sofreram alguns aparos. Uma reforma foi a "racionalização da proteção", a redução de algumas barreiras comerciais. Muitos governos começaram a conceder subsídios e incentivos fiscais para estimular a exportação industrial. No entanto, décadas de substituição de importações haviam criado interesses sólidos que dificultavam reformas políticas.

Uma das reações ao sistema, cada vez mais visto como estagnado e cheio de impedimentos, foi a emergência de ímpetos revolucionários. Na América Latina, em especial, a ordem estabelecida era criticada pela desigualdade e pelos fracassos sociais, pela dependência das corporações estrangeiras e pelos privilégios concedidos às empresas locais prósperas. A alternativa cubana atraía toda uma geração de estudantes e muitos da classe trabalhadora. A América Latina não tinha uma tradição socialista ou comunista, mas houve um crescimento da insatisfação de trabalhadores e estudantes, das organizações radicais e até das atividades de guerrilha urbana. Os problemas causados pela ISI alimentavam um descontentamento mais amplo com a economia mundial capitalista.

Esse descontentamento também tomou forma oficial. Os governos do Terceiro Mundo, frustrados com os problemas domésticos, tentavam se organizar globalmente. O Movimento Não-Alinhado, lançado em 1955 em Bandung, passou a fazer lobby na ONU como o Grupo dos 77 países em desenvolvimento. O G-77 buscava conter a influência econômica do mundo desenvolvido, pressionando por mudanças nas regras da economia internacional que facilitassem a participação dos países pobres. Os países menos desenvolvidos (LDCs, na sigla em inglês)* exigiam um preço maior para suas exportações, mais ajuda financeira e empréstimos, além de melhor acesso aos mercados da OCDE. Algumas concessões foram feitas, mas não o suficiente para que fizesse alguma diferença. Os dilemas da política de substituição de importações continuavam.

A estagnação do socialismo

O mundo socialista também enfrentava cada vez mais dificuldades. Na União Soviética, e mesmo em grande parte da Europa central e oriental, as reformas econômicas se tornaram mais lentas ou foram interrompidas. O problema, mais uma vez, foi político. De forma inevitável, a descentralização reduziria a influência das autoridades centrais, ao passo que transformações com ênfase nos mercados retirariam recursos de empresas e regiões mal administradas ou de menor potencial econômico. Os comunistas, no entanto, tinham um compromisso ideológico com a eqüidade e dependiam do apoio, ou ao menos da simpatia, dos segmentos mais pobres da sociedade. Talvez o motivo principal fosse a ameaça que as reformas significavam para a elite técnica e administrativa, intimamente ligada à liderança comunista.

As reformas ameaçavam o equilíbrio social e político dos países socialistas. A base política comunista era formada pelos grupos que se beneficiavam com a economia planificada, e o fim desse tipo de política ameaçava diretamente o partido. A situação era semelhante à dos países em desenvolvimento que adotaram a ISI. A política econômica dos países planificados fortaleceu as empresas e os setores industriais que dependiam do apoio e da proteção do governo – da mesma forma que as indústrias da ISI dependiam da própria ISI – e que eram contra a redução de tais benefícios. No início da década de 1970, a onda de atividades reformistas da década anterior havia passado. Os soviéticos reverteram ou ignoraram as "reformas de Kosygin" de 1965. Os tchecos foram

---

* *Least Developed Countries* é uma classificação da ONU para os países que exibem os piores indicadores de desenvolvimento socioeconômico. (N.T.)

forçados a retomar os princípios básicos soviéticos após a invasão russa de 1968. Até os húngaros, os que foram mais longe nas reformas, retrocederam no início dos anos 1970. Iniciou-se um processo de cristalização. A ordem econômica vigente perdia força, mas havia muitos obstáculos políticos para que houvesse uma transformação substancial nas políticas econômicas.

O crescimento das economias planificadas sofreu uma contínua desaceleração durante o fim da década de 1960 e início da de 1970. O pouco crescimento que havia não provocava melhoras suficientes no padrão de vida para manter a população satisfeita. Os soviéticos, mais do que nunca, eram odiados na Europa central e oriental, e os comunistas perdiam apoio, até mesmo da população soviética. Em dezembro de 1970, na Polônia, tal descontentamento emergiu na forma de greves e manifestações nos estaleiros da região báltica, uma das principais instalações industriais do país. O regime reagiu com violenta repressão e muitos manifestantes foram mortos. O fato levou à substituição do líder polonês Wladyslaw Gomulka pelo mais moderado Edward Gierek, que rapidamente tentou melhorar o padrão de vida da população (em parte, pedindo empréstimos dos bancos ocidentais). Nem mesmo Gierek e outros líderes de uma segunda onda de tentativas reformistas conseguiram romper os interesses já solidificados.

Enquanto isso, outro sério obstáculo econômico tornava-se evidente. Em 1960, os países capitalistas avançados passaram a adotar uma série de novas tecnologias eletrônicas. O transistor e o laser transformavam tudo, de produtos prontos para o consumo a processos industriais, passando pelas telecomunicações. Os computadores se tornavam o produto principal para as empresas e governos, e outros avanços se acumulavam rapidamente.

Mas os países socialistas ficavam para trás em termos tecnológicos, aparentemente como resultado de problemas sistêmicos da ordem econômica planificada. As reformas da década de 1960, embora incompletas, permitiram aos membros do Comecon produzir ônibus, ferramentas para máquinas, câmeras e automóveis de relativa qualidade. No entanto, estes eram produtos do passado, não da nova era eletrônica. O ensino e a pesquisa científica na União Soviética e na Europa oriental eram excelentes, mas quase nunca aplicados às inovações industriais ou à produção. Todos os recursos que a União Soviética poderia utilizar para se manter no mesmo nível dos Estados Unidos foram transferidos para a tecnologia militar, portanto o sucesso foi apenas parcial. Na indústria civil, os soviéticos e seus aliados continuavam uma ou duas gerações atrasados.[21]

A planificação econômica central, de fato, ofereceu poucos incentivos para que os gerentes desenvolvessem e adotassem novas tecnologias. O benefício do sistema era o favorecimento da estabilidade e da segurança em detrimento dos riscos, uma vez que os responsáveis pelo planejamento precisavam assegurar o funcionamento de cada elo da cadeia produtiva. O gerente que se detivesse em métodos certos e seguros e atingisse as metas estaria a salvo; aquele que experimentasse novos processos ou produtos e falhasse estaria em apuros. Em grande parte, isso também era próprio da economia de mercado. Contudo, no capitalismo, se a tentativa de inovação fosse bem-sucedida, o gerente seria muito bem recompensado. Nas economias controladas, no entanto, poucos eram os incentivos para inovações tecnológicas. Os inventores não contavam com muitos direitos; o governo restringia os lucros por vitórias individuais de forma severa, e ninguém poderia ficar rico por desenvolver novos produtos ou novas formas de produção. O foco do sistema em metas tangíveis também fez com que muitas das inovações fossem difíceis de serem mensuradas ou confirmadas; a melhora na qualidade de um produto talvez fosse uma questão de opinião. A ênfase dada a resultados quantitativos pelos que planejavam a economia e o fato de as recompensas individuais serem limitadas iam de encontro à inovação. Os riscos enfrentados por um método novo eram enormes e a possibilidade de recompensa, limitada.

As diferenças em termos tecnológicos entre os países do Comecon e o Ocidente cresceram de forma contínua após 1960. O sucesso dos soviéticos no espaço e em termos militares desviou a atenção da opinião pública, mas os que tinham acesso às informações, incluindo os próprios governos do Comecon, reconheciam que, em geral, o nível tecnológico das economias planificadas ficava cada vez mais para trás. Os governos socialistas aumentaram os investimentos em ciência e tecnologia, passaram a oferecer mais bônus para invenções e tentaram outras medidas, mas não conseguiram superar o preconceito contra inovações arriscadas nas economias controladas.

Moscou e seus aliados tentaram diminuir o abismo tecnológico importando do Ocidente. Algumas dessas importações tecnológicas eram fábricas prontas – instalações modernas em pleno funcionamento –, montadas e vendidas por empresas ocidentais. As nações do Comecon também compraram grandes quantidades de equipamentos e máquinas de alta tecnologia, embora, de certa forma, sofressem um embargo do Ocidente a tudo o que pudesse ser utilizado para fins militares. Para um sistema que se orgulhava de sua base científica, ter como principal método de inovação tecnológica as importações do Ocidente era uma grande demonstração de inferioridade. O comércio entre a União Soviética, a Europa oriental e o Ocidente cresceu de forma vertiginosa, aumentando em dez vezes entre 1950 e 1973, e triplicando como parcela das economias socialistas. O atraso, aparentemente irreversível, da agricultura socialista fez com que os grãos do Ocidente fossem necessários para alimentar a população soviética. O governo passou a convidar empresas estrangeiras para explorar os recursos naturais do país e contraiu grandes empréstimos no exterior. A URSS se parecia com um país em desenvolvimento: exportava matérias-primas e tomava emprestado para importar maquinário e alimentos.

Comercializar com o Ocidente não solucionou os problemas do socialismo. Os soviéticos e aliados tinham muito pouco a exportar. A convicção das nações socialistas contra as exportações era ainda mais forte que nas economias que praticavam a ISI. Não se concentravam na produção para os mercados mundiais: os preços dos insumos eram tão altos que tornavam os preços proibitivos, as firmas não eram recompensadas por arrecadar moeda estrangeira e alguns produtos eram tão malfeitos que não conseguiam espaço no mercado. Fatalmente, a exportação de recursos naturais – petróleo, ouro, madeira – não seria mais suficiente para pagar pelas importações necessárias. Tal momento não havia chegado até o início da década de 1970, mas os sinais já eram visíveis. Os programas de reformas foram interrompidos e os responsáveis pela planificação econômica lutavam contra o baixo padrão de vida, o atraso tecnológico e contra a queda dos índices de crescimento. Os dias de glória do socialismo, assim como os de Bretton Woods e os da ISI, haviam chegado ao fim.

O fim de uma era

A era do pós-guerra terminou no início da década de 1970. O mundo capitalista desenvolvido emergiu da Segunda Guerra Mundial com um acordo que mesclava integração econômica internacional e independência política doméstica, mercados e Estado de bem-estar social. O acordo de Bretton Woods fora vitorioso em todas as dimensões. Ofereceu rápido crescimento, medidas sociais abrangentes e um nível de integração econômica internacional que não se via desde a década de 1920.

No início da década de 1970, o compromisso entre o internacional e o nacional já estava desgastado. Competição comercial, fluxos de capital e flutuações cambiais impediam o desempenho econômico doméstico, e a insatisfação estava instaurada. Os Estados Unidos, talvez em especial, relutavam cada vez mais em privilegiar os compromissos econômicos internacionais em detrimento dos objetivos domésticos. O padrão ouro-dólar entrou em colapso e a proteção comercial aumentou.

No Terceiro Mundo, a impressionante marcha em direção à industrialização demonstrava sinais de cansaço. A lentidão das exportações e a persistência de problemas envolvendo as balanças de pagamentos desaceleraram a industrialização. Para muitos, a marcha parecia forçada demais e não prestava atenção aos pobres. O aumento da produção e o desenvolvimento industrial do mundo socialista não se refletiam no padrão de vida da população, o que gerava insatisfação. Tanto os governos das economias em desenvolvimento quanto os dos países socialistas tentaram implementar reformas, mas foram impedidos pelos interesses arraigados nessas sociedades.

A ordem do pós-guerra havia atingido o objetivo de seus arquitetos. Os países capitalistas avançados alcançaram a integração econômica combinada com Estado de bem-estar social e intervenção macroeconômica. Os países em desenvolvimento conseguiram a intensificação da industrialização combinada com proteção contra a influência econômica do exterior. Os países socialistas alcançaram um rápido desenvolvimento industrial e crescimento econômico, combinados com distribuição de renda eqüitativa. No entanto, em todos os três grupos de países, a obtenção simultânea de todos esses objetivos tornava-se mais difícil com o passar do tempo. A integração econômica impôs desafios à intervenção macroeconômica; a ISI gerou crises periódicas e mais desigualdade; e a planificação econômica socialista desacelerou o crescimento. Ainda não se sabia o que estava por vir.

parte IV *Globalização, 1973-2000*

16

Crise e mudança

A partir de 1973, as tensões acumuladas no período do pós-guerra atingiram o ápice. O crescimento dos países capitalistas avançados desacelerou e por mais de uma década permaneceu a metade dos índices do pós-guerra. O desemprego dobrou ou triplicou. Na Europa ocidental e na América do Norte, cada vez mais pessoas procuravam emprego, o que não ocorria com tamanha intensidade desde a década de 1930. A inflação chegou a três ou quatro vezes a média do pós-guerra e o preço do barril do petróleo, força motriz do mundo industrial, subiu de US$3 para US$30. Os mercados financeiros globais cresceram de forma inimaginável; centenas de bilhões de dólares circulando ao redor do mundo faziam as moedas subirem ou caírem 10% em poucos dias. Países em desenvolvimento e nações socialistas tomaram empréstimos de trilhões de dólares e, então, desencadearam uma onda de inadimplência, que rivalizou com a da década de 1930, e crises econômicas internas – em geral, piores do que as daquela época.

Nacionalistas e internacionalistas, defensores do livre mercado e intervencionistas, esquerda e direita se confrontavam sobre o curso das políticas econômicas nacionais e internacionais. As posições políticas se polarizaram: os empresários se opunham de maneira veemente aos sindicatos trabalhistas e ao Estado de bem-estar social; e o operariado adotava posições firmes contra os empresários. O consenso centrista das décadas de 1950 e 1960 havia se desintegrado. Ditaduras se democratizaram, democracias foram arruinadas, socialistas tomaram o poder em países tradicionalmente conservadores e, em outros, foram substituídos pelos conservadores. O equilíbrio de forças se deslocou do comprometimento com a economia global para as limitações à integração econômica internacional, ou mesmo para o seu retrocesso. Infelizmente, o período entre 1970 e o início da década de 1980 foi semelhante aos anos 1930, algo como uma sala de espera para a autarquia e até hostilidades militares, diante da deterioração das relações entre os Estados Unidos e a União Soviética.

O choque do petróleo e outros choques

Os governos tentaram fortalecer suas economias depois que a camisa-de-força monetária de Bretton Woods foi removida. À medida que as finanças internacionais voltavam à vida, o padrão ouro-dólar fazia com que fosse mais difícil para os governos reduzirem as taxas de juros ou aumentarem os gastos sem levar em consideração o impacto que essas medidas causariam no valor das moedas. O colapso de Bretton Woods eliminou as restrições à taxa de câmbio, deixando os governos livres para estimular suas economias. A economia mundial ganhou volume entre 1970 e 1973, à medida que a produção industrial nas principais economias crescia de 15% a 25%. A base monetária cresceu cerca de 40% entre 1970 e 1973 nos Estados Unidos e em torno de 70% na Grã-Bretanha em 1972 e 1973. Isso gerou inflação, e os preços começaram a subir lentamente em todo o mundo.

A rápida expansão das economias industriais ampliou a demanda por bens agrícolas e matérias-primas exportadas pelos países em desenvolvimento, encarecendo esses produtos. Entre 1971 e 1973, os preços do cobre, da borracha, do cacau e do café, por exemplo, dobraram, ou cresceram ainda mais que isso. O aumento foi repassado para os consumidores e o preço dos alimentos nos Estados Unidos subiu cerca de 20% só em 1973. A alta dos preços se acelerou e, em 1974, os valores do pão, da batata e do café no país subiram cerca de 25%; o do arroz, por volta de 60%; e o do açúcar dobrou.

E ainda havia o petróleo. Por décadas, o preço mundial do petróleo ficara defasado em relação à inflação e, em 1960, os países em desenvolvimento que mais produziam o combustível – Irã, Iraque, Kuwait, Arábia Saudita e Venezuela – criaram a Organização dos Países Exportadores de Petróleo (Opep). O principal objetivo da organização era aumentar a alíquota de impostos e os *royalties* que as empresas petrolíferas privadas pagavam aos países onde se instalavam, o que exigiu uma coordenação dos governos produtores (que precisavam evitar a cobrança de preços menores). A Opep obteve algumas conquistas, recrutou novos países-membros e se beneficiou do *boom* do petróleo, no início da década de 1970. No outono de 1973, durante a guerra entre Israel e seus vizinhos árabes, a Opep interrompeu as negociações com as empresas petrolíferas, e seus membros árabes dobraram o preço do petróleo, passando a cobrar mais de US$5 pelo barril. Dois meses depois, a organização dobrou os preços novamente, e o barril chegou a custar quase US$12. No Ocidente, alguns acreditavam que tal manipulação de mercado não pudesse se sustentar, mas logo ficou claro que um pequeno grupo de países em desenvolvimento tinha alterado dramaticamente as condições sob as quais vendia seus produtos.

A Opep podia quadruplicar o preço de uma das *commodities* mais importantes do mundo por uma série de razões. Havia poucos substitutos para o petróleo disponíveis prontamente, então os aumentos de preços não reduziam muito o consumo. Além disso, somente uns poucos membros do núcleo da Opep controlavam uma parcela muito grande do petróleo mundial. As "oleogarquias" do Golfo Pérsico – Arábia Saudita, Kuwait, Qatar e os Emirados Árabes Unidos – possuíam praticamente metade das reservas petrolíferas mundiais, controlavam 25% da produção e contavam com populações minúsculas. Com menos habitantes que os Países Baixos, eles lucravam mais com o petróleo do que o Japão arrecadava com todas as suas exportações – até 1980, os ganhos eram suficientes para pagar a cada um de seus habitantes uma renda anual duas ou três vezes maior que a média dos ganhos dos norte-americanos. Além disso, não precisavam vender o petróleo imediatamente e poderiam segurá-lo fora do mercado para manter os preços em alta. Uma fonte adicional de poder era a solidariedade existente entre os membros muçulmanos da Opep, dentro e ao redor do Oriente Médio, que compartilhavam laços culturais e políticos. Para alguns estrategistas políticos norte-americanos, os altos preços do petróleo eram a forma mais fácil de enviar ajuda para seus aliados na Arábia Saudita e no Irã, em vez de precisar passar pelo Congresso.

Os produtores de petróleo eram poderosos e os consumidores ficaram indefesos. O petróleo supria de 50% a 75% da energia do mundo industrial, e a maioria dos países industrializados dependia fortemente das importações da Opep. Fontes de energia alternativa poderiam ser desenvolvidas, mas isso consumiria anos e centenas de bilhões de dólares. A Opep exercia influência extraordinária sobre o preço do petróleo no mundo. Outros produtores de *commodities* do Terceiro Mundo – cobre, café, minério de ferro, bauxita e bananas – tentaram imitar a Opep, mas não tinham o poder do setor petrolífero.

O preço do petróleo chegou às alturas em questão de dias, e a elevação causou impactos imediatos e poderosos. O governo alemão forneceu petróleo em caráter de emergência a fabricantes que estavam ficando sem combustível e cuja produção seria arruinada se cessassem as atividades. No Japão, motoristas de táxi faziam manifestações e donas-de-casa estocavam papel higiênico e sabão em pó. Fiscais do governo francês faziam inspeções e multavam os administradores dos edifícios que usassem o aquecimento acima de 20 graus Celsius. Motoristas norte-americanos enfrentavam filas de uma ou duas horas nos postos de combustível, e placas com os dizeres "Desculpe o transtorno, estamos sem gasolina hoje" pipocavam nas estradas do país. O governo norte-americano criou um novo Departamento de Energia, e o presidente chamou a crise do petróleo de "o equivalente moral da guerra".[1]

O rápido crescimento do início da década de 1970, o *boom* das *commodities* e os choques do petróleo contribuíram para o aumento da inflação. Em 1974, os preços para o consumidor dispararam em vários países industrializados: aproximadamente 12% nos Estados Unidos; 14% na França; 16% na Grã-Bretanha; e 23% no Japão. Isso se deveu em parte à Opep, mas algumas avaliações atribuem aos choques do petróleo somente 1/4 da onda inflacionária do período.[2] O aumento do preço do petróleo causou um impacto único, com conseqüências contraditórias para os demais preços. Por um lado, o petróleo era amplamente utilizado em toda a economia e, dessa forma, pressionava o aumento de outros preços. Por outro lado, com o petróleo mais caro, sobrava menos para os consumidores gastarem em outros produtos, o que fazia cair a demanda e realmente influenciava a queda dos preços. O resultado final dependia da política governamental e, em especial, da política monetária. Se Bretton Woods ainda estivesse em vigor, a necessidade de manter a taxa de câmbio fixa teria forçado muitos governos a conter ou reduzir os preços – provavelmente por meio da subida dos juros –, alimentando ainda mais o processo recessivo provocado pela Opep. Com a maioria das moedas flutuantes, entretanto, os governos estavam livres para "acomodar" os aumentos de preços por meio da expansão da base monetária. Dessa forma, o choque do petróleo se transformaria em aumento de preços sem a necessidade de impor medidas austeras. Isso levou ao aumento da inflação, que em média se aproximou dos 10% nos países da OCDE por todo o resto da década de 1970 – na maior parte dos países, esse índice era três ou quatro vezes maior que a média desde a Segunda Guerra. A estabilidade monetária que havia predominado por quase 30 anos chegava ao fim.

Apesar dessas políticas de estímulo econômico, o mundo mergulhou na pior recessão desde a década de 1930. Em 1974 e 1975, a produção industrial caiu cerca de 10% no mundo industrializado e o desemprego cresceu a níveis considerados inaceitáveis em praticamente todos os lugares. Até o fim de 1974, o mercado de ações norte-americano se encontrava na metade do nível de 1972, se tanto. O sistema financeiro mundial foi atingido pelas duas maiores falências bancárias desde a Grande Depressão: a do Franklin National Bank, nos Estados Unidos, e a do Bankhaus Herstatt, na Alemanha Ocidental. A cidade de Nova York, incapacitada de pagar suas dívidas e contas, foi posta em sindicância falimentar por credores e pelo governo federal. O choque da Opep gerou alguns desses efeitos, pois equivalia a um imposto pago pelos consumidores de petróleo de cerca de 2% do PIB dos países industrializados.[3] Mas o efeito foi ampliado pela grande incerteza resultante.

As economias em declínio e o aumento dos preços provocaram uma espécie de pânico. Os empresários e os trabalhadores do mundo industrializado estavam acostumados ao crescimento, ao pleno emprego e aos preços estáveis: uma geração de europeus, norte-americanos e japoneses só conhecia a prosperidade. Enquanto a recessão continuava, os governos eram cada vez mais pressionados a tomar alguma atitude. Os sindicatos se mobilizavam para proteger os trabalhadores da degradação dos salários. Os mineiros de carvão da Grã-Bretanha diminuíram o ritmo de trabalho até a interrupção das atividades, no começo de 1974, forçando o país a decretar uma semana de trabalho de três dias. Ao longo dos cinco anos seguintes, foram perdidos praticamente 12 milhões de dias de trabalho por ano em greves no Reino Unido, mais que o triplo dos índices de 1950 e 1960. Os sindicatos italianos impuseram a adoção de uma "escala móvel" que atrelava os salários à inflação. Os trabalhadores também pressionavam por uma influência mais ampla na economia. O governo socialdemocrata alemão concedeu aos trabalhadores influência direta nas decisões administrativas ("co-determinação"), ao passo que o novo governo trabalhista britânico decretou uma série de regulamentações em prol dos trabalhadores. Na Espanha e em Portugal, a democratização provocou um crescimento considerável da influência da esquerda e dos trabalhadores; durante a maior parte de 1975, Portugal foi controlado por um governo de viés comunista, provavelmente o regime mais de esquerda da história da Europa ocidental.

Na Suécia, em 1975, os socialdemocratas apresentaram o Plano Meidner (batizado em homenagem ao seu criador, um influente economista). A idéia foi destinar parte dos lucros de cada empresa, na forma de ações, a um fundo controlado pelos sindicatos, dando a eles participação em praticamente todo o setor privado. Em algumas décadas, sob o plano, a maioria das empresas suecas passou a pertencer aos sindicatos. Na teoria, o plano não era anticapitalista – as empresas seriam administradas com base nos princípios usuais do mundo dos negócios, e angariar grandes lucros era um dos objetivos da proposta – mas implicou uma mudança radical do poder econômico e político, além de polarizar as relações entre trabalho e capital.[4]

Essa disputa social mudou o cenário político do mundo industrializado. Em fevereiro de 1974, em meio à paralisação dos mineiros de carvão, os conservadores britânicos não conseguiram vencer as eleições, resultado que se repetiria no pleito geral de outubro. Os socialistas holandeses chegaram ao poder pela primeira vez em 15 anos. Os comunistas da Itália se empenharam em um "compromisso histórico" com o capitalismo e, em seguida, tiveram um desempenho eleitoral impressionante, tornando-se membros informais da coalizão governante em 1976. Por outro lado, em setembro desse mesmo ano, os socialdemocratas foram retirados do governo, marcando o fim de 40 anos de administração socialista. Dois meses depois, Gerald Ford tornou-se o primeiro presidente norte-americano em exercício a perder uma eleição desde Herbert Hoover.

Apesar da inflação galopante, os governos evitavam as medidas austeras mais drásticas, que iriam piorar as já tensas relações sociais e de classe. Embora fosse claro que o afrouxamento das políticas monetárias não aliviaria a recessão e só alimentaria a inflação, os governos temiam as conseqüências de um ataque sério à elevação dos preços: recessão, problemas comerciais, desemprego e conflitos políticos. A estagnação comercial e a inflação contínua sobrecarregavam o mundo ocidental com a estagflação*, uma palavra feia para uma realidade desagradável.

Em 1979 e 1980, um segundo ciclo de choques do petróleo reforçou a idéia de que a economia mundial estava fora de controle ou, pelo menos, sob o controle dos países capitalistas avançados. Uma revolução fundamentalista islâmica derrubou o xá do Irã, um dos aliados mais próximos dos Estados Unidos; e a partir disso a guerra entre Irã e Iraque eclodiu. A Opep decretou um aumento que praticamente triplicou o preço do barril de petróleo, que chegou a valer US$33, enquanto os preços no mercado aberto ultrapassavam os US$40. A organização não sustentou esses preços completamente; novas fontes de suprimento haviam sido desenvolvidas; a conservação e o uso de energias alternativas limitaram o consumo, e os membros da Opep desrespeitaram os acordos para controlar o fornecimento. Contudo, o barril do petróleo permaneceu em torno dos US$30 e outra série de choques de preços abalou o mundo.

Os governos criaram milhões de empregos no setor público e injetaram milhões de dólares em economias que enfrentavam dificuldades. Entre 1971 e 1983, o governo de pelo menos um país industrial, cujos gastos representavam em média 33% da economia, passou a gastar 42%, e os aumentos foram ainda maiores em alguns países – de 45% para 66% do PIB na Suécia; e de 49% para 66% nos Países Baixos.[5] As nações industriais passaram a contratar um milhão de novos funcionários públicos a cada ano e, até 1983, os governos se tornaram responsáveis, em média, por 20% de todos os empregos, chegando a mais de 30% em alguns países. Poucos governos podiam se dar ao luxo de aumentar os impostos para cobrir despesas, assim os déficits orçamentários foram subindo

* Termo utilizado pela macroeconomia moderna que une as palavras estagnação e inflação para se referir a um período de elevação na taxa de desemprego e de preços descontrolados. (N.T.)

lentamente, chegando a atingir até 20% do total dos gastos públicos de alguns países, tomando 10% de suas economias.

Os governos pediam emprestado, em parte, porque as taxas de juros haviam sido deixadas para trás pela inflação, de forma que o dinheiro pego com os investidores saía praticamente de graça. Em 1974, por exemplo, enquanto os preços para os consumidores cresceram 12%, o Tesouro norte-americano pagava menos de 8% por seus empréstimos (com títulos de seis meses). Isso aconteceu em todos os anos entre 1973 e 1981, com exceção de um, e relações semelhantes eram mantidas pela maioria dos países industrializados. Era relativamente indolor financiar programas sociais com recursos emprestados, enquanto o dinheiro estivesse disponível a taxas de juros abaixo da inflação ("taxas de juros reais negativas"). Entretanto, inflação e financiamentos por meio de déficits não eram soluções permanentes para as dificuldades econômicas.

Os governos conservadores da França e da Suécia defendiam seus programas econômicos da veemente oposição dos trabalhistas e do degradado apoio do empresariado. O governo da Itália fracassou na tarefa de controlar o orçamento e a inflação, apesar de dois programas do FMI, de sucessivas mudanças em sua liderança e da participação comunista no governo. O Partido Trabalhista do governo britânico se dividiu em duas facções conflitantes: a centrista e a esquerdista, cujo programa exigia mudanças radicais na política econômica. No Partido Conservador, uma ala de direita, antes marginalizada, chegou ao poder por meio de Margaret Thatcher. Em março de 1979, após um inverno sombrio de greves no setor público, o governo trabalhista caiu, perdendo a confiança do Parlamento pela primeira vez em mais de 50 anos; dois meses depois, Margaret Thatcher venceu com maioria esmagadora e tornou-se primeira-ministra. Nos Estados Unidos, o presidente Jimmy Carter perdeu a confiança do eleitorado, uma vez que o desemprego continuava alto e a inflação se aproximava dos 15%.

Carter se referiu à atitude predominante como "*malaise*" (mal-estar), cuja descrição lhe trouxe a desaprovação popular, mas parecia apropriada. Diferentemente da situação da década de 1930, não havia batalhas nas ruas entre esquerda e direita, nem um claro conflito entre trabalho e capital. Em vez disso, as nações capitalistas avançadas pareciam se degenerar em rixas políticas generalizadas, ao mesmo tempo em que resquícios das coalizões anteriores tentavam se agarrar ao que podiam. As partes que constituíram o consenso centrista do pós-guerra – os socialdemocratas e os democratas-cristãos da Europa, a coalizão norte-americana do New Deal – não tinham como restabelecer a aliança. As velhas receitas para o crescimento econômico e para a estabilidade política não funcionavam, e embora novas panacéias proliferassem, nenhuma delas contava com muito apoio. A ordem do pós-guerra lutava agonizante.

A década de 1970 foi ainda mais difícil para os países em desenvolvimento, que já lutavam contra o acúmulo de problemas oriundos da industrialização por substituição de importações (ISI). Os países menos desenvolvidos (LDCs) que se industrializavam rapidamente continuavam a enfrentar problemas para pagar pelas importações da indústria de combustível. A estagnação no Ocidente reduziu a demanda por seus produtos, enquanto a inflação elevou os preços dos produtos manufaturados que eles precisavam importar. Para agravar o problema, a maior parte das nações em desenvolvimento era importadora de petróleo e se deparava com contas de importação muito mais caras. O primeiro choque do petróleo somou cerca de US$30 bilhões à conta de importação dos países em desenvolvimento não pertencentes à Opep; o segundo, quase US$50 bilhões. O desejo de industrialização não diminuía, mas seu preço era cada vez mais alto.

Os empréstimos estrangeiros permitiram às nações em desenvolvimento mais avançadas, conhecidas como países recém-industrializados (NICs, na sigla em inglês para *Newly Industrialized Countries*), continuarem a investir na indústria. Pouco a pouco, o Terceiro Mundo vinha obtendo recursos junto a instituições internacionais, como o Banco Mundial e o Banco Interamericano de Desenvolvimento. Assim, pela primeira vez desde a década de 1920, esses países podiam conseguir dinheiro de banqueiros privados internacionais. Os NICs tomaram dezenas de bilhões ao ano de bancos e de detentores de títulos de mercados estrangeiros. A América Latina angariou US$50 bilhões somente em 1981, quando a região devia US$300 bilhões no exterior. Os países em desenvolvimento, como um todo, deviam US$750 bilhões no exterior, 75% a financiadores privados.[6]

A dívida criou um estranho triângulo. A explosão do preço do petróleo rendeu aos membros da Opep muito mais dinheiro do que eles podiam gastar, e grande parte desse montante – cerca de US$150 bilhões entre 1974 e 1980 – foi investida nos mercados financeiros mundiais. Os banqueiros internacionais estavam ávidos por emprestar os "petrodólares" da Opep, e entre os principais usuários desses fundos estavam os países em desenvolvimento não produtores de petróleo – os Nopeps como eram chamados, que precisavam pagar mais caro pelo combustível. As nações em desenvolvimento, importadoras de petróleo, pegaram empréstimos que totalizavam US$200 bilhões entre 1974 e 1980, em parte para pagar pelo produto da Opep, que depositava os ganhos nos bancos internacionais, os quais, por sua vez, eram emprestados de volta aos países em desenvolvimento para que eles pudessem comprar petróleo. Esse era apenas um aspecto dos empréstimos feitos pelo Terceiro Mundo, mas enfatiza como as tendências da década de 1970 não eram sustentáveis.

Os empréstimos não eram somente para pagar o petróleo. Muitos exportadores da *commodity* – em especial aqueles com populações substanciais, como

México e Indonésia – também exploravam com sucesso sua nova riqueza, da qual se utilizavam para tomar empréstimos paralelos de grande volume. O principal objetivo dos novos empréstimos em quase todos os países era, na verdade, sustentar o desenvolvimento industrial. Dezenas de bilhões de dólares em dinheiro emprestado tinham como destino a construção de usinas de aço no Brasil, de estaleiros na Coréia do Sul e de usinas petroquímicas no México. A maioria dos empréstimos ia para uma dúzia de países em melhor situação, de Brasil e México a Coréia do Sul e Turquia; os banqueiros privados não tinham interesse nas nações mais pobres do sul da Ásia e África. De 1973 a 1981, os principais tomadores de empréstimos ampliaram e aperfeiçoaram as bases de seus setores manufatureiros. Grande parte dos novos investimentos era financiada com dívidas a serem pagas em moeda estrangeira. Dessa forma, os governos dos países recém-industrializados precisavam aumentar as exportações de manufaturados. Isso era fácil para os NICs de orientação exportadora do Leste Asiático, mas levou economias tradicionalmente fechadas, tais como o Brasil, a incentivar as exportações. De 1967 a 1981, os doze grandes tomadores de empréstimos aumentaram as exportações de manufaturados de US$15 bilhões para US$190 bilhões. Isso trouxe bons resultados para esses países e para seus credores, mas inundava as nações industrializadas de importados baratos e acirrava a competição pelas importações de setores industriais, como o do aço, o automobilístico, o têxtil e o da indústria de calçados. As conquistas desse grupo de exportadores provocaram um aumento dos conflitos comerciais na OCDE.

O mundo decaiu em uma polarização ainda maior. A competição geopolítica entre o Oriente e o Ocidente se acirrou. Tropas soviéticas instalaram um governo comunista no Afeganistão; soldados vietnamitas ocuparam o Camboja; e uma violenta revolução islâmica antiocidental tomou o poder no Irã. Os regimes pró-soviéticos consolidaram seu poder nas antigas colônias portuguesas da África. Em Angola, por exemplo, contaram com a ajuda de milhares de soldados cubanos. Um governo de esquerda assumiu na até então neutra Rodésia – atual Zimbábue. No Caribe, quintal norte-americano, revolucionários derrubaram ditadores pró-Estados Unidos em Granada, na Nicarágua e ameaçavam outros na Guatemala e em El Salvador. A polarização se espalhou para ambos os lados: a China, agora partidária dos norte-americanos, voltou-se para reformas ao estilo ocidental. A União Soviética também era ameaçada pela explosão de novas greves na Polônia, que, por fim, levaram ao reconhecimento do Solidariedade, o primeiro sindicato independente em um país comunista.

Os mercados financeiros internacionais passavam pela mesma instabilidade. A administração Carter tentou estimular a economia, mas só conseguiu debilitar a confiança no dólar norte-americano, que caiu cerca de 30% em relação ao iene e ao marco alemão. Durante os quatro anos da administração Carter, bancos e empresas norte-americanas praticamente triplicaram seus investimentos no exterior, que passaram a somar US$530 bilhões. Em parte, tal aumento podia ser explicado pelo receio em relação ao futuro da economia do próprio país. Os investidores buscavam freneticamente um porto seguro, aumentando o valor do ouro para mais de US$300 a onça, no verão de 1979, e para mais de US$800 no inverno – 20 vezes o preço da época de Bretton Woods. Os membros da União Européia, no que pareceu uma tentativa desesperada de se protegerem da crise, criaram o Sistema Monetário Europeu (SME) para administrar suas moedas em conjunto e evitar o pânico que afetava o dólar.

O mundo enfrentou tempos difíceis entre 1973 e o início da década de 1980. O crescimento diminuiu, os preços subiram, as recessões se proliferaram e o desemprego aumentou. Os governos, acostumados ao crescimento e à prosperidade dos últimos 30 anos, pareciam incapazes de lidar com o ciclo de crises e seus conflitos decorrentes. Dessa forma, injetavam capital no problema. Os governos dos países capitalistas avançados investiam o dinheiro que imprimiam ou pegavam emprestado em gastos sociais, benefícios para desempregados, subsídios comerciais e a criação de empregos públicos. Os governos dos países em desenvolvimento em melhor situação aplicavam na industrialização o dinheiro que tomavam emprestado no exterior. Ambas as estratégias ajudaram a evitar problemas mais graves, mas nenhuma se sustentaria.

O contrachoque de Volcker

Em 6 de agosto de 1979, os Estados Unidos mudaram de direção. A crise e a polarização crescente foram transformadas em mudanças e determinação. Naquele dia, o presidente Jimmy Carter concedeu a Paul Volcker o comando do Federal Reserve. Volcker, que tinha participado da equipe do governo de Nixon como presidente do Federal Reserve Bank de Nova York, era intimamente ligado a Wall Street e gozava da confiança da comunidade financeira internacional. Ele era pragmático e consciente das pressões políticas e do empresariado, mas acreditava firmemente na livre movimentação de mercadorias e capital, além de se opor com veemência à inflação e aos déficits orçamentários.

Paul Volcker não podia retirar as tropas cubanas de Angola ou devolver à Grã-Bretanha a paz social. Entretanto, ele acalmou os mercados financeiros modificando a política econômica dos Estados Unidos. Algumas semanas depois de tomar posse no FED, Volcker comprometeu o Banco Central norte-americano com o que fosse necessário fazer para baixar a inflação. O Federal

Reserve forçou a alta das taxas de juro de curto prazo de cerca de 10% para 15% e, finalmente, para mais de 20%. Manteve os juros norte-americanos nesse extraordinário patamar por quase três anos, até o fim de 1982. Isso levou a economia a duas recessões consecutivas, reduziu a produção e a renda média familiar em 10% e elevou o desemprego a quase 11%. Contudo, o choque de Volcker trouxe a inflação para menos de 4% e a manteve nesses índices, ou abaixo, durante os 20 anos seguintes. Nas palavras de um economista, essa foi "talvez a ação de política monetária mais importante desde o catastrófico fracasso do FED em resistir ao colapso monetário da década de 1930".[7]

O choque econômico de Volcker forçou a alta das taxas de juros reais (depois da inflação) de curto prazo, de próximo de zero ou menos para 10%. Isso aniquilou a inflação e, sob uma análise mais ampla, deslocou o equilíbrio de forças na direção dos investidores. A inflação e as taxas de juros reais negativas haviam sido o maior fardo da comunidade financeira. Os juros mais altos fizeram crescer o retorno do capital, e os investidores, que mal conseguiam se manter durante a inflação da década de 1970, agora embolsavam os maiores lucros já vistos.

A partir de 1979, a política favoreceu fortemente a comunidade financeira e os investidores. Embora a classe média e a trabalhadora também estivessem cansadas da inflação e tivessem apreciado sua derrocada, o preço pago foi alto. O fim da espiral inflacionária forçou as empresas a adotar medidas linha dura em relação aos salários. Antes, quando os preços e os salários subiam constantemente, as empresas podiam repassá-los aos consumidores, seguros de que essa seria uma tendência geral que não prejudicaria seus negócios. Agora que a inflação fora derrotada, a experiência mostrava que as empresas não poderiam mais elevar os preços ao seu bel-prazer e que precisavam controlar os pagamentos. Além do mais, o aumento nos custos dos empréstimos forçou as empresas a economizar em outros aspectos, como na mão-de-obra, por exemplo. Os salários reais dos norte-americanos caíram mais de 10% entre 1978 e 1982, e continuaram em queda mesmo quando a economia retomou o crescimento. Os salários reais dos trabalhadores norte-americanos não voltaram a subir por dez anos – em 1993, estavam 15% abaixo dos níveis de 1978.[8]

As altas taxas de juros se alastraram rapidamente pelo restante dos países capitalistas avançados. Os outros governos não podiam ignorá-las, pois os juros norte-americanos atraíam capital do mundo inteiro. Os investidores não comprariam títulos alemães a 7%, enquanto os títulos do governo norte-americano estivessem a 15%. Os governos, entretanto, tinham outras opções. Podiam manter os juros baixos, permitir que o dinheiro fluísse para fora de suas economias e evitar a recessão. Isso forçaria a desvalorização da moeda nacional, quando os investidores se livrassem dela, e também implicaria a continuidade da inflação. Tal curso, contudo, colocaria os governos em desacordo com banqueiros e investidores, que abominavam tanto a desvalorização quanto a inflação.

Altas taxas de juros e política de inflação baixa em geral estavam ligadas a uma orientação política de direita. Na Grã-Bretanha, o novo governo conservador de Margaret Thatcher, que assumiu poucos meses antes de Volcker, adotou a nova linha. Um ano e meio depois da indicação de Volcker por Carter, em meio à recessão causada pelo FED, Ronald Reagan foi eleito e promoveu uma mudança no gabinete, propondo uma agenda conservadora semelhante à de Thatcher. Em 1982, os democratas-cristãos da Alemanha chegaram ao poder, derrotando os socialdemocratas pela primeira vez em quase 15 anos.

As novas realidades macroeconômicas se impuseram mesmo onde não havia corrente ideológica clara. França e Espanha elegeram seus primeiros governos socialistas em quase 50 anos; e a Itália, pela primeira vez, teve um primeiro-ministro socialista. Contudo, os governos de esquerda e centro-esquerda enfrentaram duras escolhas: suas metas sociais estavam em crescente desacordo com a austeridade global e com sua participação no Sistema Monetário Europeu (SME), que atrelava as moedas ao marco alemão. Ao mesmo tempo em que os alemães e seus companheiros membros do SME (Benelux e Dinamarca) imitavam os norte-americanos e elevavam as taxas de juros, França e Itália precisavam decidir se ficariam com seus parceiros da União Européia ou se seguiriam sozinhas. Empresários e outros interessados nos mercados europeus e internacionais pressionavam os governos para que seguissem o exemplo alemão, enquanto os comunistas e a ala socialista de esquerda, incluindo a maior parte dos movimentos trabalhistas, se opunham a essa tendência. Em 1983, depois de dois anos de conflito, o governo socialista francês optou pelo SME e pela austeridade, e, em 1985, os italianos o seguiram. Um país após o outro se alinhou aos Estados Unidos, fazendo vigorar o que o chanceler alemão Helmut Schmidt chamou duramente de "as taxas de juros reais mais altas desde o nascimento de Cristo".[9] O crescimento desacelerou e o desemprego subiu em toda parte.

As nações endividadas do mundo em desenvolvimento continuavam precisando tomar empréstimos de bilhões. Mas a elevação das taxas de juros iniciada por Volcker impulsionou, em dois anos, a taxa básica de empréstimo de 10% para 20%, às quais as dívidas comerciais dos países em desenvolvimento estavam atreladas. Entre 1974 e 1980, as taxas de juros reais das dívidas dos países menos desenvolvidos mal acompanhavam a inflação. As mesmas, no entanto, dispararam, chegando a 6% em 1981 e a 8% em 1982, quando se estabilizaram. Como a dívida existente era indexada aos juros norte-americanos, cada aumento de 1% nas taxas dos Estados Unidos custava aos devedores do Terceiro Mundo US$4 bilhões ou US$5 bilhões ao ano em pagamentos adicionais de juros. Dois outros choques fizeram parte do impacto causado pela política norte-americana no Terceiro Mundo: a subida dos preços do petróleo em 1979 e 1980 aumentou os custos de importação para todos os países menos desenvolvidos que não produziam a *commodity*, enquanto a recessão no Ocidente reduziu a demanda pelas exportações dos produtos desses países. Esses três fatores – aumento nas taxas de juros, alta dos preços do petróleo e recessão na OCDE – aumentaram a demanda por capital estrangeiro, mesmo que sua disponibilidade estivesse cada vez menor. Os devedores estavam ávidos por novos financiamentos para quitar as contas do petróleo e pagar os juros sobre os empréstimos anteriores. Na última metade de 1981, a América Latina chegou a pegar empréstimos da ordem de US$1 bilhão por semana, principalmente para pagar as dívidas já existentes.

No verão de 1982 o carrossel parou. O México anunciou que estava sem dinheiro e, em semanas, os empréstimos privados para os países em desenvolvimento secaram. O fluxo de recursos se deslocou abruptamente do sul para o norte. Em 1981, na América Latina, entraram US$20 bilhões a mais do que o valor que saiu; em 1983, como os empréstimos haviam acabado e os governos tiveram dificuldade em pagar suas dívidas, um volume líquido de US$20 bilhões se movimentou para fora desses mercados. A última onda de empréstimos a países em desenvolvimento parou subitamente, com o abalo.

Isso indicava uma crise da dívida nas proporções daquela dos anos 1930.[10] Como as que a precederam na década de 1930 e ao longo do século XIX, a crise da dívida da década de 1980 se auto-alimentava. Como numa crise de pânico bancário, quando quem emprestava temia não receber mais dos governos dos países pobres, os empréstimos cessaram, deixando esses países sem proteção financeira alguma. Em desespero, os governos dos países em desenvolvimento pararam de pagar seus credores e, dessa maneira, assustaram ainda mais os banqueiros internacionais. Quanto mais os países ficavam sem dinheiro, menos os banqueiros emprestavam, e quanto menos emprestavam, mais os países ficavam sem dinheiro. Em semanas, algumas das economias que cresciam mais rapidamente tiveram seus empréstimos cortados pelos bancos com os quais contavam havia 10 ou 15 anos.

Um depois do outro, os principais governos devedores lutavam para gerar moeda estrangeira e as receitas governamentais necessárias para pagar seus credores até que, finalmente, suas economias entraram em colapso. Até 1983, 34 países socialistas ou em desenvolvimento estavam renegociando formalmente suas dívidas e mais alguns passavam por problemas sérios. A América Latina estava gastando aproximadamente metade dos seus ganhos em exportações para pagar os juros e o capital de suas dívidas no exterior, sobrando pouco para comprar os produtos importados de que precisava. Os credores se organizaram para proteger seus interesses, criando um formato-padrão para a renegociação da dívida. O devedor devia procurar o Fundo Monetário Internacional para esboçar um programa de estabilização macroeconômica e ajustes econômicos. O FMI e o devedor acordariam metas de inflação, gastos governamentais, déficits orçamentários e outros. Se o FMI estivesse convencido de que o governo modificaria as políticas, ele emprestaria um pequeno volume de recursos, em prestações, que poderiam ser interrompidas se o governo falhasse com suas obrigações. Os banqueiros privados internacionais consideravam o acordo com o FMI um selo de aprovação e exigiam que os devedores buscassem o Fundo antes de renegociar suas dívidas.

A maioria das economias dos países devedores permaneceu enfraquecida por anos. Para a América Latina, 1980 foi a década perdida: a renda por pessoa caiu cerca de 10%; os salários reais, pelo menos 30%; e os investimentos caíram ainda mais, enquanto a inflação ultrapassava os 1.000% em muitos países.[11]

Essa década perdida testemunhou dois acontecimentos surpreendentes. O primeiro foi a onda de democratização. Em 1980, havia dois governos civis eleitos na América do Sul; até 1990, não havia restado nenhum ditador. A crise levou a uma gestão mais democrática em dezenas de outros países fora da América Latina – da Coréia do Sul à Tailândia, das Filipinas à Zâmbia. Até certo ponto, isso era um reflexo da tendência em eliminar qualquer governo que estivesse no poder durante a crise. A democratização também pode ter resultado da reação do povo, dos empresários e da classe média ao mau uso dos recursos emprestados pelos regimes autoritários isolados e da esperança de que governos representativos evitassem esses erros mais crassos.

O segundo resultado da crise foi o abandono do processo de industrialização por substituição de importações por parte dos países mais endividados. Os empréstimos estrangeiros haviam ajudado a manter a ISI em funcionamento ao financiar bens de capital importados, matérias-primas, subsídios e investimentos públicos necessários para sustentar o desenvolvimento industrial doméstico. Quando os empréstimos cessaram, os governos não podiam mais rolar seus déficits orçamentários, tendo que interromper assim os custosos subsídios aos industriais. Os países que não podiam tomar emprestado para cobrir seus déficits comerciais e tinham que gerar mais moeda estrangeira para o serviço da dívida não tiveram outra escolha a não ser aumentar as exportações. De cinco a dez anos a partir de 1982, os países em desenvolvimento, um após o outro, liberalizaram o comércio, desregulamentaram as atividades bancárias, privatizaram empresas públicas, elevaram os impostos, cortaram gastos e integraram suas economias aos mercados mundiais.

Depois da mudança para a austeridade antiinflacionária na OCDE e do desvio da substituição de importações nos países em desenvolvimento, veio a maior mudança de todas: o colapso do comunismo. As condições na China, na Europa Central e do Leste, e na União Soviética eram péssimas, mas já estavam assim havia muito tempo. Os problemas econômicos do fim da década de 1970 e início da de 1980, entretanto, levaram a um terremoto socioeconômico, no rastro do qual esses países se despediram da planificação econômica em nome dos mercados internacionais.

As primeiras mudanças ocorreram na China e no Vietnã, que viviam em uma realidade econômica inteiramente diferente do resto do bloco socialista. Os dois estavam entre os países mais pobres do mundo e contavam com minúsculos setores industriais perdidos em um mar de camponeses, cujo padrão de vida pouco mudara ao longo do século. Até o fim da década de 1970, ambos enfrentaram sérios problemas econômicos e, em 1979, se lançaram em reformas voltadas para o mercado de maneira quase simultânea. O primeiro passo, nos dois casos, foi uma reforma radical na agricultura, por meio de uma retomada efetiva da propriedade familiar.

Cerca de 80% da economia desses países era rural. Assim, reformas simples na agricultura trouxeram, de uma só vez, o capitalismo e os mercados à maioria da população. Em menos de cinco anos, bilhões de fazendeiros chineses estavam completamente engajados na agricultura capitalista, e a renda real da família camponesa média havia dobrado. As reformas rurais viraram um trampolim para o lançamento de empreendimentos privados e semiprivados que viriam a seguir. Vilarejos agrícolas, propriedades privadas, coletividades rurais e urbanas, além de outros grupos fora do controle central do Estado, estabeleceram empreendimentos não agrícolas que, como as fazendas, funcionavam com base em princípios de mercado. Menos de dez anos depois das medidas originais para a agricultura, um milhão e meio desses empreendimentos operavam nas cidades e nos vilarejos, com 50 milhões de empregados. Entre a agricultura privada, a coletiva, os negócios locais e o número crescente de empresas estrangeiras, quase toda a economia havia deixado o setor público. Mesmo na indústria, último reduto dos negócios estatais, o governo central não respondia mais nem pela metade da produção.[12] O governo chinês não atacou os pilares remanescentes do sistema planificado; em vez disso, os superou com o sucesso de projetos de base mercadológica. As empresas controladas pelo Estado passaram por reestruturações graduais à medida que os gerentes mais retrógrados acordavam para as oportunidades apresentadas pela economia de mercado da China.

Pequim impulsionou vigorosamente a economia para os mercados globais. Instituiu áreas econômicas especialmente orientadas para a exportação nas regiões costeiras, facilitando o caminho dos investimentos estrangeiros, e se endividou pesadamente junto aos mercados internacionais. Em menos de uma década, entre 1978 e 1988, as exportações chinesas passaram de menos de US$10 bilhões para quase US$50 bilhões, e sua dívida externa, de menos de US$1 bilhão para US$42 bilhões. A China, com seu capitalismo recém-implantado e efetivo, tornou-se um dos países mais atuantes da economia mundial. Os resultados da economia doméstica não eram nada menos que surpreendentes. Em 20 anos, entre 1958 e 1978, o produto por pessoa havia crescido mais de 30%. Nos dez anos subseqüentes, enquanto o país se voltava para os mercados doméstico e internacional, o produto por pessoa dobrava. Havia problemas: o aumento da distância entre ricos e pobres, e entre as regiões mais prósperas e as mais atrasadas; e o aumento da resistência à influência estrangeira e à ascensão de uma oligarquia pós-comunista. Entretanto, era difícil criticar um aumento de cinco ou seis vezes na taxa de crescimento de um país cujo maior problema, havia muito tempo, era a estagnação econômica.

Enquanto a China se expandia de forma acelerada, a União Soviética estagnava. O produto por pessoa soviético cresceu 75% entre 1958 e 1978, o dobro da expansão alcançada pela China; mas nos dez anos seguintes, enquanto a economia chinesa dobrou de tamanho, a soviética cresceu apenas 7%. Esse fato não podia ser ignorado por Moscou, não apenas pelas razões econômicas óbvias, mas também porque a China era um dos seus maiores adversários militares. O sucesso econômico da China e as relações cada vez mais próximas da rival oriental com o mundo capitalista do Ocidente forçaram os soviéticos a repensar sua estratégia.

A URSS começou a mudar depois da morte de Brezhnev, em 1982. Após a morte de dois governantes interinos, Mikhail Gorbachev assumiu o poder em 1985. Quase imediatamente, ele anunciou a necessidade urgente de abertura política (*glasnost*) e de reestruturação econômica (*perestroika*). Gorbachev traçou seu caminho pelos resistentes interesses consolidados ao longo de décadas e pôs em vigor até as medidas mais radicais de reforma econômica, sustentando seu objetivo de modernizar o socialismo em vez de retornar ao capitalismo. Ele também tentou aliviar as tensões com o Ocidente, deixando claro que não iria mais intervir nos assuntos domésticos de seus aliados na Europa oriental. Os comunistas que controlavam a Polônia, depois a Hungria e o resto do Comecon, deixaram o poder tranqüilamente e sem violência em todos os casos, exceto na Romênia. Em 1989, o Muro de Berlim foi aberto, logo depois destruído e, em 1990, as duas Alemanhas foram reunificadas.

Em 1991, enquanto Gorbachev lutava para administrar o que agora seria uma transição clara para o estilo ocidental de economia e democracia, a URSS entrou em colapso. O regime comunista, a política autoritária, a planificação econômica e a Guerra Fria haviam chegado ao fim, muito mais rápida e pacificamente do que qualquer um poderia ter previsto. Em meio à desordem socioeconômica, ainda faltava desmontar os sistemas político e econômico e construir uma nova ordem capitalista. Entretanto, a transformação do mundo comunista estava completa, da mesma forma como ocorrera anteriormente no mundo capitalista avançado e nos países em desenvolvimento.

A crise da década de 1970 guiou as economias de toda parte na direção dos mercados domésticos e internacionais; quanto maior a transformação, mais tarde ela tinha início. Entre 1979 e 1985, os países industriais avançados deixaram a conflituosa e tumultuada década de 1970 rumo à ortodoxia financeira e à integração econômica. Começando em 1985, aproximadamente, os países em desenvolvimento deixaram para trás 50 anos de substituição de importações e, de forma agressiva, se puseram no caminho das exportações, da abertura dos mercados, das privatizações e da desregulamentação. As economias socialistas (com a exceção de China e Vietnã) vieram por último, depois de 1990, mas desistiram da planificação econômica e adotaram orientações capitalistas a uma velocidade que variava de rápida a perigosa.

Globalismo

Aqueles que representavam a integração dos mercados nacionais, globais e o mercado de forma geral triunfaram. Mas o controle da inflação e a alta das taxas de retorno dos investimentos indicavam um ponto de inflexão e não o fim da linha. Na OCDE, mal se havia vencido a inflação quando a onda de gastos começou a crescer de forma tão rápida que fazia a onda de déficits da década de 1970 parecer uma marola. O governo Reagan nos Estados Unidos seguia na liderança, com a maior dívida pública em tempos de paz da história do país. Reagan reduziu impostos e diminuiu, imediatamente, a taxa marginal* máxima de 70% para 50%, e para 38% poucos anos depois. Reagan também deu velocidade à expansão dos gastos militares iniciada no governo Carter. Cortes drásticos nos impostos, aumentos nos gastos militares e taxas de juros mais altas tornaram os déficits inevitáveis. O orçamento federal apresentou superávits de 1978 a 1981 (sofreu ajustes para absorver o impacto dos ciclos econômicos e da inflação), mas ao longo dos dois mandatos de Reagan e no único de seu sucessor, George H. W. Bush, este orçamento entrou numa crise deficitária em que os valores médios se aproximavam dos US$200 bilhões ao ano – mais de 3% do PIB.

---

* A taxa marginal é aquela paga em cima de uma unidade a mais de rendimento. (N.E.)

Os presidentes Reagan e Bush aumentaram a dívida do governo federal de menos de US$1 trilhão para mais de US$4 trilhões em 12 anos. Eles mais que dobraram a dívida federal por pessoa, um índice que vinha diminuindo ao longo de todo o período pós-guerra. Eles também dobraram a dívida federal como percentual do PIB, de 33% em 1981 para 66% em 1993.[13] O que mais contribuiu para isso foram os cortes de impostos, que mesmo depois de revertidos seguidamente deixaram o governo federal com cerca de US$100 bilhões a menos a cada ano, em relação ao cenário anterior. A experiência foi extraordinária, tanto por seu significado econômico quanto pela incongruência das administrações conservadoras que pregavam, simultaneamente, as virtudes dos governos pequenos e a rolagem de déficits enormes e asfixiantes.

Os déficits da era Reagan-Bush tiveram raízes políticas claras. As reduções de impostos eram imensamente populares entre os eleitores ricos e de classe média alta, cuja lealdade era disputada ferrenhamente por democratas e republicanos. O aumento dos gastos militares também era popular, tanto entre os membros das instituições políticas que mais enfatizavam a segurança, quanto entre os segmentos do país e da economia que dependiam fortemente dos gastos com defesa. Alguns membros do governo acreditavam que os cortes de impostos se pagariam na forma de uma taxa alta de crescimento, o que não aconteceu. Alguns conservadores partidários de Reagan consideravam "seus" déficits uma maneira de limitar os programas governamentais que desaprovavam. Se os próximos governos estivessem sobrecarregados com dívidas, eles não conseguiriam expandir os gastos.

Paul Volcker observava o processo com desânimo e mais tarde ponderou:

> Os sonhadores reaganistas mais ferrenhos afirmavam que a redução de impostos produziria uma espécie de elixir mágico para a economia, que faria os déficits sumirem, ou pelo menos perderem importância ... Mas alguns de seus argumentos me fizeram perguntar por que afinal devemos então arrecadar qualquer tipo de imposto. Os conselheiros mais realistas (tudo é relativo) pareciam pensar que o risco de um déficit crescente era um preço razoável a ser pago pela aprovação de seu programa radical; qualquer dano poderia ser reparado mais tarde, com a ajuda de uma teoria recente, segundo a qual o caminho para manter os gastos baixos não seria afirmar que os impostos eram adequados para pagar por isso, e sim assustar o Congresso e o povo norte-americano com déficits.[14]

David Stockman, diretor do Gabinete de Gestão e Orçamento do governo Reagan, alarmado com a atenção cada vez menor dada a ambos os elementos que compunham seu departamento, comentou a experiência de forma dura alguns anos depois:

> O que tínhamos era US$1,5 trilhão em déficits acumulados; uma deterioração radical da nossa saúde financeira interna e externa; e um sistema político que se tornou enfraquecido, prejudicado, esgotado e ensangüentado pela repetição dessa situação, ano após ano, que agora funciona como um parlamento de uma república de bananas.[15]

Os déficits de Reagan fizeram parte de uma expansão internacional de déficits orçamentários. No fim de 1980, o crescimento na América do Norte, na Europa e no Japão havia se restabelecido, a inflação estava baixa e continuava a cair. Porém, os déficits orçamentários continuavam muito altos: representavam tipicamente 3% ou 4% do PIB nos países maiores; 5% no Canadá, na Holanda e na Espanha; 9% na Irlanda; e 11% na Grécia e na Itália. Os governos eram especialmente atraídos pelo gasto deficitário por duas razões. A primeira seria um elemento básico de política macroeconômica: as políticas fiscal e monetária podem substituir uma à outra. Um governo podia tentar estimular a economia liberando recursos ou rolando déficits (ou ambos). Em meados da década de 1980, os governos da OCDE pararam de tentar influenciar suas economias com políticas monetárias inflacionárias. Entretanto, continuaram a usar políticas fiscais: cobrança de impostos, empréstimos e gastos. O declínio da política monetária ativa veio acompanhado de uma utilização maior da política fiscal. Isso ficou claro em especial nos países da União Européia que atrelaram suas moedas ao marco e cederam suas políticas monetárias ao Banco Central alemão. Os governos irlandês, holandês e italiano não podiam alterar suas próprias taxas de juros, mas podiam pegar milhões em empréstimos para manter suas economias em funcionamento. A experiência norte-americana foi semelhante: a política monetária enfatizava a baixa inflação, mas a política fiscal ainda estava disponível para os governos que quisessem angariar apoio político.

O crescimento dos mercados financeiros mundiais facilitou os gastos mediante déficits, outro fator que contribuiu para os déficits das décadas de 1980 e 1990. Em 1973, o capital disponível nos mercados internacionais (*offshore*) era de US$160 bilhões, sendo que uns US$35 bilhões eram emprestados todo ano. Na época, esses números eram impressionantes, pois durante quase meio século não haviam sido concedidos empréstimos internacionais. Porém, no início da década de 1980, os mercados de capital internacionais estavam cerca de dez vezes maiores, com US$1,5 trilhão, e os empréstimos giravam em torno de US$300 bilhões anualmente. O sistema financeiro global continuava a crescer e, no início da década de 1990, movimentava mais de US$5 trilhões e emprestava mais de US$1 trilhão por ano.

Os governos da OCDE podiam financiar seus gastos deficitários de forma muito fácil a partir desse enorme *pool* de capital. Anteriormente, nas economias fechadas, os déficits precisavam ser sanados com empréstimos internos, e o que era emprestado aos governos se tornava indisponível para o setor privado. Os empréstimos governamentais elevavam as taxas de juros, aumentavam o custo do capital para os negócios e assustavam os investimentos privados. Um governo como o da Irlanda, cujas necessidades de empréstimos muitas vezes ultrapassavam 15% do PIB, não poderia obter esses recursos apenas no mercado interno. Agora, os governos podiam sacar de um grande *pool* de capitais estrangeiros, e os gastos deficitários não pesavam sobre investimentos privados ou financiamentos domésticos. Com o dinheiro disponível prontamente, não havia necessidade de taxas de juros mais altas. O país podia comer sua fatia do bolo e, ao mesmo tempo, guardá-la por meio de empréstimos estrangeiros que cobriam seus déficits. Em meados da década de 1980, havia um fluxo de entrada nos Estados Unidos de US$100 bilhões ao ano, em sua maioria na forma de empréstimos ao governo norte-americano. Durante o ano de 1988, pela primeira vez desde a Primeira Guerra Mundial, os Estados Unidos se tornaram devedores líquidos do resto do mundo. A economia norte-americana dependia dos gastos deficitários, que por sua vez estavam sujeitos aos recursos internacionais.

No fim das contas, a dívida teria de ser paga. Entretanto, para um político isso ainda levaria muito tempo – certamente mais tempo que a próxima eleição. Apesar disso, enquanto os déficits cresciam, aumentava a preocupação – em especial da comunidade financeira – de que os empréstimos do governo estivessem virando hábito. Os investidores começaram a reclamar, alegando que os déficits contínuos eram insustentáveis e advertindo os governos de que estes precisavam "pôr ordem na casa". Os governos, que tinham gastado um grande capital político para recuperar a confiança dos investidores durante a luta contra a inflação, enfrentavam agora novos protestos em relação aos déficits.

A dependência dos Estados Unidos em relação aos recursos estrangeiros produziu algumas conseqüências domésticas negativas. O dinheiro que entrava no país vindo do exterior aumentou a demanda pela moeda norte-americana. Estrangeiros emprestavam ao governo norte-americano por meio da compra de títulos do Tesouro, o que significava comprar dólares. Isso fez com que o valor do dólar aumentasse 50% em apenas cinco anos. O dólar forte de 1981 a 1986 permitiu que os norte-americanos comprassem mercadorias estrangeiras baratas, mas arruinou industriais e produtores agrícolas do país, que passaram a enfrentar a concorrência de bens importados bem mais baratos. Em 1980, a indústria norte-americana exportava 26% do que produzia, enquanto 20% dos bens manufaturados consumidos eram importados – um superávit comercial correspondente a 6% do PIB. Cinco anos depois, as exportações de manufaturados norte-americanos caíram para 18% da produção, e as importações chegaram a 32% do consumo – um déficit de 14% do PIB. Em cinco anos, a participação das importações no consumo de uma ampla variedade de produtos duplicou – como foi o caso de calçados, máquinas, ferramentas, roupas, computadores, aparelhos domésticos e móveis. Enquanto o emprego, em geral, cresceu 10%, o número de postos de trabalho na indústria caiu 5%. Os pedidos formais por proteção comercial dobraram, à medida que industriais e fazendeiros norte-americanos reclamavam que não podiam mais competir com um dólar tão alto.[16] Os governos estrangeiros manifestaram seu medo de que a alta do dólar desestabilizasse os mercados financeiros. Os efeitos do dólar forte ajudaram a convencer o governo dos EUA de que era necessário cooperar com outras forças econômicas para baixar o dólar e de que era desejável atacar os déficits orçamentários norte-americanos.

Os países desenvolvidos começaram a reduzir seus déficits no início da década de 1990, aumentando impostos e cortando gastos. Em muitos casos, o aperto fiscal parecia, e às vezes era, um ataque ao Estado de bem-estar social dos socialdemocratas. Os governos cortaram alguns programas sociais, mas o efeito final era estabilizar, e não diminuir, a participação do governo. No fim da década de 1990, um governo típico de um país industrial ainda gastava mais de 40% do PIB; mas os déficits orçamentários tinham sido reduzidos a uma fração dos níveis anteriores, e muitos países – incluindo os Estados Unidos – administravam superávits substanciais em seus orçamentos.

Houve três fases macroeconômicas distintas nos 30 anos depois do fim de Bretton Woods. A década de 1970 contou com inflações altas e crescentes. Na década de 1980, os países desenvolvidos derrotaram a inflação, mas contraíram enormes déficits orçamentários. Durante a década de 1990, os governos reduziram, ou zeraram, seus déficits. Antes do fim do século, a maior parte dos países desenvolvidos tinha inflação baixa, déficits orçamentários pequenos – quando estes existiam –, setores públicos consideráveis e uma ampla rede de programas sociais.

Regionalismo e globalismo

Enquanto revisavam suas políticas macroeconômicas, os países desenvolvidos também intensificavam a integração à economia mundial. No início, houve uma renovação da integração regional. Nas décadas de 1980 e 1990, a União Européia (UE) incorporou novos membros do sul e do norte – Grécia, Espanha, Portugal, Áustria, Suécia e Finlândia, o que aprofundou a integração econômica no Velho Continente. No começo da década de 1980, com a Europa atolada no pessimismo e na paralisia, os membros da UE começaram a planejar uma fusão radical de seus mercados. Governos e grandes empresários concordavam que um mercado europeu completamente integrado era necessário para ajudar a rejuvenescer a economia européia. Esse consenso transpunha ideologias e era liderado pelo governo de centro-direita da Alemanha, pelo governo socialista da França e pelo regime conservador da Grã-Bretanha. Os setores econômicos que dispunham de tecnologia, organização ágil e vislumbravam a economia mundial esperavam pela retomada da integração regional.

Os membros da UE aprovaram então o Ato Único Europeu em 1986 e, no mesmo ano, começaram a botá-lo em prática gradualmente, até 1992. Os planos para um mercado único evoluíram de forma mais rápida do que o previsto. Com poderosos interesses econômicos por trás do processo, todos os tipos de barreiras caíram. A união eliminou ou harmonizou a regulamentação de investimentos, migração, padrões de produtos e processos de fabricação, licenciamento profissional e muitas outras atividades econômicas. Antes de 1993, a UE era, em alguns aspectos, uma unidade mais integrada que os estados norte-americanos ou as províncias canadenses, já que os membros da UE abriram mão de muitos dos poderes que as unidades federativas norte-americanas continuavam a possuir.

O *momentum* econômico e político criado pela formação de um mercado único impulsionou os membros da UE em direção a uma proposta ainda mais ambiciosa, a unificação das moedas. Em 1991, os membros da UE adotaram o novo Tratado da União Européia, em geral conhecido como Tratado de Maastricht, devido à pequena cidade holandesa onde foi assinado. O documento exigia mais cooperação em várias dimensões, entre elas uma política externa liberal e um aumento do peso político do Parlamento Europeu (organismo eleito como poder Legislativo da UE). A peça central do Tratado de Maastricht, contudo, era a união monetária. Em 1999, o novo Banco Central europeu introduziu uma moeda comum – o euro. Três países permaneceram fora da zona do euro: Reino Unido, Suécia e Dinamarca. Apesar disso, a União Européia tinha então todas as indicações de um país: mercado único; moeda e Banco Central unificados; política comercial comum; e regulamentação econômica compartilhada em temas-chave, como regulação antitruste e de meio ambiente. Para todos os propósitos econômicos, a Europa ocidental era uma unidade econômica – na verdade, segundo várias estatísticas, a maior unidade econômica mundial, maior que os Estados Unidos e mais de duas vezes o tamanho do Japão. Além disso, ao redor de suas fronteiras havia mais de uma dúzia de países em vários estágios de acesso, da Estônia a Malta, da República Tcheca à Turquia.

As empresas norte-americanas também viam a integração regional como forma de melhorar seu posicionamento competitivo. Primeiramente, os Estados Unidos criaram a Iniciativa da Bacia do Caribe, que concedeu aos países da região e seu entorno acesso privilegiado ao mercado norte-americano. O próximo passo foi dado em direção ao norte: Estados Unidos e Canadá já possuíam uma sólida relação de comércio e investimentos e, em 1987, assinaram um tratado de livre comércio que os colocou no caminho para um mercado único ao estilo europeu, ainda que sem as mesmas implicações de políticas interna e externa.

Cinco anos mais tarde, o México se uniu a eles e, em 1994, o Tratado Norte-Americano de Livre Comércio (o Nafta, da sigla em inglês para *North American Free Trade Agreement*) foi efetivado. Durante os dez anos seguintes, o Nafta removeu praticamente todas as barreiras à movimentação de bens, capitais e serviços entre os três países. O resultado foi a criação progressiva de um mercado único norte-americano, embora a imigração tivesse sido excluída dessa liberalização. O Nafta foi pioneiro em unir países desenvolvidos e em desenvolvimento em uma área de livre comércio. Muitos países da América Latina desejavam se filiar ao Nafta e alguns chegaram a adotar o dólar em substituição às suas moedas. Havia perspectivas sérias de extensão do Nafta a países no interior e no entorno da Bacia do Caribe e em outras partes da América Latina.

Ao mesmo tempo, na América do Sul se formava o terceiro maior bloco comercial do mundo. Entre 1985 e 1990, Brasil e Argentina negociaram uma área de comércio que, por fim, passou a incluir Uruguai e Paraguai como membros plenos, e Chile e Bolívia como associados.* O Mercado Comum do Sul (Mercosul) foi posto em prática até o ano de 1994. Os quatro membros e os dois associados reúnem 250 milhões de pessoas, com um produto combinado de quase US$2 trilhões – quarta força comercial do mundo depois de UE, Nafta e Japão. Como na UE e no Nafta, os governos e empresários de Brasil e Argentina estavam ansiosos para interligar seus mercados e assim ter uma base de partida para a competição nos mercados mundiais. Por meio da combinação de forças, os membros do Mercosul também esperavam atrair mais investimentos estrangeiros, visto que as companhias globais estavam mais interessadas nos extensos mercados combinados do que em qualquer um de seus membros isoladamente. Como no mundo desenvolvido, o Mercosul marcou a vitória definitiva daqueles interesses econômicos que viam o seu futuro nas exportações, nos empréstimos estrangeiros ou em parcerias com empresas estrangeiras.

Com a integração regional funcionando como uma sala de espera para uma liberalização mais ampla, as longas negociações da Rodada do Uruguai fo-

* No momento em que este texto está sendo editado, discute-se a possibilidade de integração da Venezuela como membro efetivo do bloco. (N.E.)

ram concluídas em 1994. Os acordos mais recentes estenderam a liberalização do comércio para novas questões e atraíram futuros membros entre as nações em desenvolvimento e as ex-comunistas. A Rodada do Uruguai também criou uma nova instituição, a Organização Mundial do Comércio, que substituiu o Gatt. A OMC, diferentemente do Gatt, é um organismo permanente dotado de poderes próprios, dedicado, principalmente, à mediação de disputas, e sua criação consolidou o sistema de livre comércio.

Crises financeiras globais e nacionais

À medida que o comércio era liberalizado, os governos dos países desenvolvidos removeram as últimas barreiras à livre circulação de dinheiro e capital. Além disso, muitos países em desenvolvimento também reduziram os controles sobre os investimentos além-fronteiras. No fim da década de 1990, as atividades financeiras internacionais estavam tão interconectadas com os mercados domésticos que, para todos os objetivos e propósitos, havia um sistema financeiro global que incluía todos os países desenvolvidos, muitas nações em desenvolvimento e ex-comunistas. Pensionistas e pequenos investidores passaram a incluir de forma rotineira ações de empresas estrangeiras e fundos de títulos de dívida em suas carteiras de investimentos, até mesmo quando esses títulos eram de países como Chile, República Tcheca ou Coréia. A maioria dos países também liberalizou as atividades bancárias internas, levando a uma onda de fusões das principais instituições financeiras mundiais.

De fato, os internacionalistas passaram a dominar a economia global, na medida em que os países em desenvolvimento e ex-comunistas agora participavam plenamente do mercado mundial. As nações em desenvolvimento e em transição se integraram ao ambiente econômico internacional e reduziram a participação governamental em seus mercados internos. Apesar das dificuldades enfrentadas com a estabilização macroeconômica, os ajustes, as reformas econômicas, a liberalização do comércio e a privatização, a maior parte dos governos continuou nesse caminho. As administrações públicas em toda a Europa Central e do Leste, América Latina, África e Ásia reduziram as barreiras comerciais, acolheram os investimentos estrangeiros, implantaram medidas austeras para baixar a inflação e reduzir déficits orçamentários, e privatizaram empresas estatais.

Em meados da década de 1990, um grupo de nações com geração de receitas intermediárias – países como México, Brasil, Hungria, Lituânia, Coréia e Tailândia – havia convergido na busca da internacionalização de suas economias e mercados. Quase todas também estavam sob regimes democráticos civis. A retomada dos empréstimos por parte dos países em transição e em desenvolvimento determinou o sucesso dessas nações; os países altamente endividados trabalharam uma década para superar a crise que começou em 1982 e agora recuperavam o acesso aos empréstimos estrangeiros.

O mundo dos financiamentos livres da década de 1990 se distanciava tremendamente daquele de 1970, quando alguns poucos países menos desenvolvidos em melhor situação e algumas economias planificadas negociavam grandes empréstimos com um pequeno grupo de bancos internacionais gigantescos. Os novos governos e corporações das economias de transição e em desenvolvimento mergulharam diretamente no turbilhão do sistema financeiro internacional. Fundos mútuos, trustes de investimentos e bancos dos países ricos colocaram pequenos investidores, aposentados e fundos de pensão de sindicatos – qualquer um, mesmo com economias modestas – em contato direto com ações e títulos da dívida de Bancoc a Budapeste e Buenos Aires, de Seul a São Petersburgo e São Paulo. Uma legião de países da América Latina e do Leste Asiático, promovidos de pobres a menos desenvolvidos, depois a países em desenvolvimento e recentemente industrializados, eram agora simples mercados emergentes, com o mesmo apelo que teria um novo produto. O mesmo se podia dizer das antigas economias planificadas, que passaram a economias de transição e depois, novamente, a emergentes.

Agora era comum para os investidores internacionais incluírem grupos de países da América Latina, do Leste Asiático e da Europa Central e do Leste em suas carteiras de investimentos, pois esses países tinham conquistado algo próximo da associação plena à ordem econômica global. Agora, os fundos mútuos e de pensão podiam considerar México, Hungria e Coréia em suas carteiras de investimentos tão rotineiramente quanto, por exemplo, a Siemens e a Unilever. O livre comércio e a OMC, a integração financeira e a ascensão dos mercados emergentes refletiam a consolidação de uma nova realidade econômica: a aceitação geral dos mercados globais de bens e capitais – ou *globalização*, no jargão comum.

Apesar disso, algumas vezes, o movimento de livre comércio, recursos e finanças pendia para crises econômicas de tamanho e velocidade assustadores. Os países e empresas firmemente ligados aos mercados mundiais eram mais suscetíveis às forças financeiras internacionais. Afinal, governos e empresas estavam sujeitos a padrões globais mais rigorosos que os de costume. Com centenas de bilhões de dólares circulando ao redor do globo em minutos, as avaliações dos investidores sobre a credibilidade de países ou de corporações se tornaram essenciais. Governos e administradores tinham de se preocupar muito mais do que antes com a maneira pela qual seus atos seriam interpretados pelos investidores domésticos e internacionais – que poderiam ficar agitados e inconstantes.

A competição internacional enfraqueceu alguns dos principais sistemas bancários. As crises que afetaram a poupança e os créditos dos Estados Unidos foram exemplos claros. Pequenas instituições financeiras faziam empréstimos de alto risco, na concorrência feroz com contrapartes internacionais muito maiores; enquanto reguladores e políticos postergavam qualquer medida mais severa contra os banqueiros, tão influentes politicamente. Por fim, o setor de poupança e crédito se desintegrou, exigindo um aporte de pelo menos US$200 bilhões em dinheiro do contribuinte. Países da Escandinávia e o Japão, entre outros, sofreram o impacto de crises semelhantes em seus sistemas financeiros antes protegidos.

A crise de dívida que envolveu os países em desenvolvimento, no início da década de 1980, acabou somente como um sinal de quão rápida e completamente os mercados financeiros modernos podiam passar da euforia ao colapso. O epicentro da nova rodada de crises, que começou com um ataque ao mercado cambial durante a unificação monetária da Europa, foram as taxas de câmbio. Desde 1985, aproximadamente, a maioria dos membros da União Européia vinha mantendo seu câmbio fixo contra o marco alemão. Novos membros da UE – como Espanha e Portugal –, membros observadores – como Suécia, Noruega e Finlândia – e europeus relutantes – como o Reino Unido – tinham todos se unido ao bloco liderado pelo marco, e caminharam em direção a uma moeda única depois do Tratado de Maastricht. Contudo, quanto mais nações européias se uniam à União Econômica e Monetária (UEM) e ao grupo de moeda comum, mais a aparente estabilidade do acordo monetário estava ameaçada.

Com a Alemanha unificada, as autoridades monetárias alemãs passaram a temer que os pesados gastos estatais da parte oriental pudessem levar o país à inflação, e então aumentaram as taxas de juros de forma rápida e abrupta. Isso forçou outros países europeus, cuja moeda estava atrelada ao marco alemão, a aumentarem suas taxas de juros também, medida que os lançou numa recessão gerada na Alemanha. A política alemã impunha uma escolha difícil aos governos europeus: continuarem membros do bloco do marco alemão ou evitarem a recessão. Os demais países da Europa estavam atolados na recessão e no desemprego de dois dígitos, e havia pouco apoio político para mais medidas austeras. Para piorar a situação, em junho de 1992, os eleitores dinamarqueses disseram "não" ao referendo que ratificava o Tratado de Maastricht na UEM, e as pesquisas de opinião pública indicavam que havia chances de o povo francês fazer o mesmo em setembro. Se o Tratado de Maastricht estivesse acabado, os governos teriam menos motivos para manter suas moedas fixas diante do marco alemão.

No verão de 1992, os operadores das mesas de câmbio começaram a prever que a Grã-Bretanha e a Itália não mais manteriam suas moedas fixas no marco alemão. Investidores venderam seus lotes dessas moedas, o que só serviu para aumentar a especulação de que a libra esterlina e a lira seriam desvalorizadas. Os governos britânico e italiano aumentaram os juros, mas no fim das contas, o custo parecia extremo e ambos desvalorizaram suas moedas. Os operadores estrangeiros atacaram outras moedas nos meses que se seguiram. Os governos tentaram segurar o vínculo com o marco alemão – em um determinado ponto, o Banco Central sueco levou as taxas de juros a 500% –, mas o preço foi alto demais.[17] Por fim, Irlanda, Espanha, Portugal, Suécia, Noruega e Finlândia desvalorizaram suas moedas e parecia que o progresso em direção a uma união monetária havia sofrido um revés.

A crise européia não durou muito, e as economias da região se recuperaram após terem se desvinculado da política monetária alemã. Os danos ao processo de unificação monetária foram superados de forma rápida e efetiva para que continuassem avançando em direção ao euro. Entretanto, os enormes recursos dos mercados financeiros internacionais foram mobilizados para apoiar as críticas às moedas consideradas inseguras e para forçar os países a desvalorizar e modificar outras políticas.

Em menos de um ano o problema afetou o México.[18] Com a implantação do Nafta, o governo mexicano queria manter o peso fixo no dólar. Além disso, na corrida para uma eleição presidencial altamente polêmica, o governo queria manter o peso forte e as receitas elevadas. A economia crescia acelerada e captou investimentos estrangeiros de mais de US$30 bilhões em 1993, mas, em janeiro de 1994, uma rebelião explodiu no sul do país, e, em março, o candidato do governo, líder na corrida presidencial, foi assassinado. No início do ano eleitoral de 1994, o governo lutava para sustentar seu compromisso em relação ao peso, tanto para manter sua reputação quanto pelo fato de que o peso forte aumentava o poder de compra dos consumidores mexicanos.

Os operadores das mesas de câmbio, entretanto, não acreditavam que o governo manteria suas promessas. Os investidores começaram a ficar cada vez mais agitados e a vitória apertada do partido do governo – o Partido Revolucionário Institucional – na eleição presidencial de 1994 não tranqüilizou ninguém. O secretário geral do PRI foi assassinado em setembro, assustando ainda mais os investidores. Quando o novo governo assumiu, em dezembro, os operadores de câmbio sentiram que poderiam fazer uma "aposta única" contra o peso; caso a moeda fosse desvalorizada, eles venceriam, e, se não fosse, eles não sairiam perdendo. À medida que os especuladores se livravam da moeda, o governo gastava bilhões. Porém, poucos dias antes do Natal, deixou o peso flutuar, o que o fez despencar prontamente. Mais uma vez, um país foi obrigado a desvalorizar sua moeda.

O México, diferentemente da Europa, foi atingido por uma crise bancária resultante do choque cambial. Quando o peso estava forte, muitos bancos e empresas tomavam grandes empréstimos em dólar, mas sua desvalorização desencadeou uma onda de falências, quando o custo real das dívidas em dólares disparou. O peso despencou no espaço de um mês, de 30 centavos, aproximadamente, para cerca de 15 centavos de dólar; assim, o encargo real de uma dívida estrangeira de US$1 milhão que uma empresa mexicana tivesse contraído, por exemplo, dobrou de 3,3 para 6,6 milhões de pesos. Muitas empresas endividadas entraram em crise, seguidas pelos banqueiros mexicanos e, em semanas, o país passava pelo pânico financeiro. O México imergiu em uma crise profunda, com queda de 6% da produção e alta da inflação, que chegou a mais 50%. Uma catástrofe ainda maior só foi evitada quando os países credores, liderados pelos EUA, juntamente com o FMI e outras instituições financeiras internacionais, vieram ao auxílio com dezenas de bilhões de dólares em empréstimos de emergência para arrancar o México do fundo do poço. Mesmo abafada, a crise do México, apelidada de "efeito tequila", foi sentida em toda a América Latina, que mergulhou numa recessão.

O ciclo seguinte de crises cambiais e financeiras foi o mais dramático. A maior parte dos países do Leste Asiático, em especial Coréia, Tailândia, Malásia e Indonésia, eram modelos de ortodoxia financeira e políticas sociais conservadoras: inflação mínima, déficits orçamentários pequenos, índices baixos de gastos sociais e poucos direitos para os trabalhadores. Em 1997, as economias da região estavam em grande expansão. Seu potencial, que parecia inesgotável, atraía capitais estrangeiros: a dívida externa da Tailândia triplicou, de cerca de US$30 bilhões para US$90 bilhões nos três anos antes de 1996, enquanto a da Indonésia dobrou, de US$25 bilhões para US$50 bilhões. Nos primeiros anos da década de 1990, cerca de US$50 bilhões dos mercados financeiros globais entravam todos os anos no Leste Asiático, e outras dezenas de bilhões vinham como investimentos diretos de empresas multinacionais. A prosperidade trouxe consigo preços altos, que tornaram menos rentáveis as exportações. Dessa forma, grande parte dos investimentos – como é normal em períodos de euforia financeira – passou a se concentrar em imóveis, comércio e em finanças propriamente ditas. Em 1996 e início de 1997, as exportações desaceleraram, a inflação subiu e os bancos contraíam cada vez mais dívidas. Logo os investidores previram as desvalorizações e começaram a vender suas moedas do Leste Asiático.

Apesar das garantias dos governos, do FMI e de outras lideranças financeiras internacionais, os investidores continuaram a sair da Ásia. Numa espiral então familiar, o fluxo virou uma chuva, depois um dilúvio e então um pânico generalizado. A necessidade de se desfazer das moedas locais se alastrou da Tailândia e das Filipinas à Indonésia e à Malásia, e então a Taiwan e à Coréia. A dimensão e eficiência dos mercados internacionais pareciam facilitar os ataques, por tornarem extraordinariamente fácil aos investidores especular contra as tentativas governamentais de defender suas moedas. Joseph Stiglitz, então economista-chefe do Banco Mundial, descreveu bem o processo:

> Considere um especulador que vai a um banco tailandês, toma um empréstimo de 24 bilhões de bahts, os quais, pela taxa de câmbio original, podiam ser convertidos em US$1 bilhão. Uma semana depois, a taxa de câmbio cai; em vez de 24 bahts para um dólar há agora 40 bahts. Ele pega US$600 milhões, converte de volta em bahts, obtendo 24 bilhões de bahts para pagar o empréstimo. Os US$400 milhões restantes são o seu lucro – um retorno significativo para uma semana de trabalho e um investimento de uma pequena quantidade de seu dinheiro ... Quando crescem as expectativas de uma desvalorização, as chances de fazer dinheiro se tornam irresistíveis, e os especuladores de todo o mundo se amontoam para tirar proveito da situação.[19]

Semanas após o choque inicial, as moedas de Coréia, Filipinas e Malásia tinham caído cerca de 40%, a da Tailândia, aproximadamente 50%, e a da Indonésia, por volta de 80%. O dinheiro saía dessas economias tão rapidamente quanto tinha entrado: o fluxo de entrada anual de US$50 bilhões, do início da década de 1990, se transformou em um fluxo de saída de mais de US$230 bilhões entre 1997 e 1999. Os preços das ações despencaram 80%, 90% e mais ainda durante o *boom* do mercado imobiliário; no fim de 1997, as ações do setor imobiliário da Tailândia estavam 98% abaixo do valor do pico atingido em 1993.[20] Depois de anos de um crescimento extraordinário – 10% ao ano fora comum –, as economias de Indonésia, Tailândia e Malásia encolheram 15%, 10% e 8%, respectivamente, em questão de meses. Levaria anos até que recuperassem seus níveis anteriores à crise. Finalmente, a corrente levou a Rússia e o Brasil a crises semelhantes.

As lideranças financeiras mundiais viam as crises na América Latina, no Leste Asiático, na Rússia e na Turquia, entre outras da década de 1990, como ameaças à ordem econômica internacional. As organizações financeiras internacionais e os governos credores mobilizaram mais de US$50 bilhões para o México, em 1995; quase US$120 bilhões para as três nações asiáticas com problemas maiores (Indonésia, Coréia e Tailândia), em 1997 e 1998; e outros US$170 bilhões para Rússia e Brasil em 1998 e 1999. Críticos alegavam que os contribuintes estavam sendo forçados a pagar para livrar investidores tolos e maus governos, mas as lideranças insistiam na necessidade de uma resposta rápida para evitar o contágio.

Com todos esses problemas, o fim do século foi semelhante ao seu início, dominado por mercados abertos à globalização. A economia mundial havia se reintegrado após uma jornada tortuosa de quase cem anos. O comércio havia se tornado duas vezes mais importante para as economias nacionais do que era na virada do século. Os investimentos estrangeiros eram incomensuravelmente maiores e os mercados nacionais afundavam na imensidão dos fluxos financeiros globais. Mercadorias e capital se movimentavam ao redor do mundo mais rapidamente do que em qualquer época anterior e em quantidades muito maiores. Era o retorno do capitalismo global do início do século.

17

A vitória dos globalizantes

Em meados de 1997, a Malásia enfrentou a crise econômica mais séria de sua história, e o primeiro-ministro Mahathir bin Mohamad acusou os financistas internacionais. Em 24 de julho, Mahathir os culpou amargamente: "Qualquer um com alguns bilhões de dólares é capaz de destruir todo o progresso que fizemos." O problema era um comprometimento indevido com a globalização, que deixava os mercados de câmbio aptos a atacarem o valor da moeda do país – o ringgit. Sobre isso, o primeiro-ministro afirmou:

> Eles nos dizem que devemos nos abrir, que os negócios e o comércio devem ser totalmente livres. Livres para quem? Para os especuladores trapaceiros. Para os anarquistas que, em sua cruzada pelas sociedades abertas, querem destruir os países fracos e forçar nossa submissão à ditadura dos manipuladores internacionais.[1]

Os problemas começaram quando a moeda da Tailândia se tornou objeto de pressões especulativas. Em 2 de julho, depois de várias medidas desesperadas, as autoridades tailandesas desvalorizaram a moeda. Em poucos dias, Filipinas, Malásia, Cingapura e Indonésia se viram diante de ataques às suas moedas; e, finalmente, Vietnã, Hong Kong, Taiwan e Coréia se juntaram à lista das vítimas. Em setembro de 1997, quando o Banco Mundial e o FMI realizaram sua reunião anual, em Hong Kong, todo o Leste e Sudeste Asiáticos tinham sido engolidos por uma crise econômico-financeira que ameaçava décadas de desenvolvimento.

Mahathir levou seu caso a uma reunião do FMI e do Banco Mundial: "A sociedade precisa ser defendida desses exploradores inescrupulosos", disse às delegações e aos financistas. "Estou dizendo que as transações de câmbio são desnecessárias, improdutivas e imorais. Deveriam ser impedidas. Deveriam ser decretadas ilegais." O país que ele liderava desde 1981 havia alcançado avanços econômicos consideráveis naquele período. O tamanho da economia triplicou; o produto por pessoa dobrou. Essas conquistas estavam sob o ataque dos "grandes administradores de fundos que agora passaram a decidir quem deve ou não prosperar".[2]

A raiz da questão, segundo Mahathir, era a submissão dos países em desenvolvimento aos caprichos dos mercados globais. Ele reclamou:

> Durante todo o tempo tentamos nos adequar aos desejos dos ricos e dos poderosos ... Fizemos tudo o que mandavam. Mas quando os grandes fundos usaram seu enorme peso para fazer com que as ações flutuassem à vontade, e para gerar lucros gigantescos com tais manipulações, seria esperar demais que os recebêssemos de braços abertos, em especial quando seus lucros geram perdas enormes para nós.

A abertura financeira foi longe demais e serviu somente a um propósito: "Os operadores nas mesas de câmbio ficaram ricos, muito ricos, riquíssimos, empobrecendo ainda mais os outros."[3]

O primeiro-ministro Mahathir deu nomes aos impessoais mercados internacionais que tentavam arruinar a economia que ele administrava. Acusou a imoralidade de George Soros, um dos financistas de maior destaque. "A população carente desses países vai sofrer", afirmou Mahathir, "e são esses pobres que deviam ser protegidos por George Soros, que tem tanto dinheiro e poder, mas é completamente imprudente."[4] Por meses, Mahathir atacou Soros e outros "ultra-ricos", cuja "riqueza só poderia vir do empobrecimento alheio, da usurpação do que os outros tinham para o seu próprio enriquecimento".[5]

O alvo dos ataques do primeiro-ministro da Malásia respondeu às acusações no dia seguinte: "A sugestão de ontem do Dr. Mahathir de banir as operações de câmbio", disse o especulador Soros, "é tão imprópria que não merece nem ser levada em consideração. Interferir na convertibilidade dos capitais em um momento como esse é a receita do desastre. O Dr. Mahathir é uma ameaça ao seu próprio país."[6] Soros falou em nome do capital global:

> Não pode haver dúvidas de que a integração global trouxe benefícios extraordinários. Não somente os benefícios da divisão internacional do trabalho, que são tão claramente provados pela teoria da vantagem comparativa, mas também outros como a economia de escala e a rápida difusão de inovações de um país para outro ... Igualmente importantes são os ganhos não-econômicos, como a liberdade de escolha associada ao movimento internacional de mercadorias, capitais, pessoas e a liberdade de pensamento associada ao movimento internacional das idéias.[7]

Soros, no entanto, era apenas um administrador de fundos de investimentos, enquanto Mahathir era chefe de Estado e uma liderança proeminente do Movimento dos Não-Alinhados do Terceiro Mundo. Durante o ano seguinte, Mahathir tomou o rumo do nacionalismo. Em setembro de 1998, demitiu o ministro das finanças, vice-primeiro-ministro e sucessor Anwar Ibrahim, em função de seu apoio à integração financeira. Mahathir impôs controles cambiais e de movimentação de capitais sobre a economia do país e continuou dirigindo seus ataques aos financistas internacionais. Acusou Anwar de uma estranha série de práticas de corrupção e comportamento homossexual, e o desaventurado foi condenado um mês depois.

Em outros tempos, as farpas trocadas por Mahathir e Soros, e a retórica nacionalista do primeiro-ministro, podiam ser o presságio de medidas duradouras que afastassem a economia dos mercados globais. Contudo, em poucos anos o episódio já havia sido esquecido por todos. Depois de uma recessão severa, a economia da Malásia começou a crescer novamente. Apesar dos controles monetários e de capitais, o país continuou dependendo fortemente da economia internacional. Mahathir foi realmente cuidadoso, a fim de evitar que o capitalismo global condenasse de forma generalizada o país. "Queremos adotar uma posição sem fronteiras", ele disse, e "sempre demos boas-vindas aos investimentos estrangeiros, incluindo a especulação." O problema é que "precisamos nos proteger dos trapaceiros que só visam a si mesmos e do banditismo internacional".[8] Apesar da veemência do nacionalismo econômico de Mahathir, ele nunca questionou realmente o objetivo da abertura econômica. Apesar do grande choque sofrido pelos mercados internacionais no Leste Asiático e da onda de crises que esses choques causaram, o avanço da integração econômica quase não foi afetado. Como e por que os mercados internacionais superaram sua associação com "os trapaceiros que só visam a si mesmos" e com as crises devastadoras para serem aceitos por praticamente todos os governos do planeta?

Novas tecnologias, novas idéias

As impressionantes mudanças técnicas do fim do século XX fortaleceram os que apoiavam a integração econômica mundial. Inovações nos transportes e nas telecomunicações diminuíram os custos das trocas internacionais. Superpetroleiros e contêineres baratearam o despacho de cargas por via marítima, e bens, cujos custos de travessia do Pacífico ou do Atlântico eram proibitivos, tornaram-se cargas comuns. O preço de embarque de uma tonelada de carga caiu até 75% ao longo do século, e a melhoria dos sistemas de refrigeração e de transporte aéreo permitiu aos produtores viabilizar economicamente a travessia oceânica de framboesas e rosas. A partir de 1970, com a adoção do jumbo – avião a jato capaz de carregar mais de 400 pessoas – e a conseqüente desregulamentação das rotas aéreas, o ato de voar deixou de ser considerado um luxo e virou despesa comum para muitos do mundo industrializado; o custo real das passagens aéreas caiu 90% de 1930 até 2000. Satélites e cabos de fibra ótica reduziram os custos das comunicações de longa distância a uma fração dos anteriores. Em 1920, um trabalhador médio norte-americano teria que trabalhar três semanas para pagar por uma chamada telefônica de Nova York a Londres; em 1970, a mesma chamada custava oito horas de trabalho, e em 2000, cerca de quinze minutos. A internet ofereceu a centenas de milhões de usuários de computador acesso instantâneo a informações do mundo inteiro. Telefones celulares e outros dispositivos sem fio tornaram possível o contato constante entre colegas de trabalho, familiares e amigos.

Os avanços mais impressionantes do último quarto do século XX ocorreram na microeletrônica. Em 1950, produtores e consumidores se maravilhavam com o transistor, componente menor que um selo de postagem que substituiu as antigas válvulas na base do funcionamento dos aparelhos elétricos. Rádios transistorizados, televisores e equipamentos industriais passaram a encerrar, em invólucros mínimos, potências antes inimagináveis. E tudo isso não foi nada se comparado ao microchip, uma camada de silício na qual transistores e outros componentes eram dispostos na forma de circuitos integrados, inventados no fim da década de 1960. Em meados da década de 1970, uns poucos milímetros quadrados podiam empregar dois mil transistores, viabilizando a produção de máquinas calculadoras portáteis com mais capacidade do que a armazenada nos computadores a válvula da década de 1940, que ocupavam uma sala inteira. No fim do século, cada microchip já suportava mais de um bilhão de transistores e um computador pessoal de mil dólares era mais potente que qualquer equipamento disponível para as grandes empresas e governos na década de 1970 – a cerca de um centésimo do preço.[9] A miniaturização viabilizou telefones celulares, computadores portáteis e aparelhos de comunicação, entre outras poderosas máquinas de pequeno porte.

A computação e as telecomunicações modernas favoreceram a integração econômica internacional, pois reduziram os custos das transações comerciais e dos investimentos e também os custos de monitoração dos interesses estrangeiros. Além disso, alguns dos elementos mais importantes do setor de alta tecnologia eram intangíveis – softwares e programação, por exemplo –, e seria tecnicamente difícil impedir transações internacionais que os envolvessem. Finalmente, a indústria de alta tecnologia veio a requerer um grande volume de pesquisa e desenvolvimento, entre outras demandas relacionadas, indicando que a rentabilidade passaria a depender de produção ou distribuição em larga escala, o que tipicamente só era alcançado por meio dos mercados globais.

As novas invenções causaram um impacto globalizante ainda mais poderoso nas finanças. O poder dos computadores e o barateamento das telecomunicações tornaram mais fácil e veloz a movimentação de recursos ao redor do globo e mais difícil para os governos controlar esses fluxos. As telecomunicações modernas agilizaram o acesso aos mercados externos, permitindo um crescimento astronômico das transações financeiras internacionais. No fim do século, o volume diário de operações em moeda estrangeira era de US$1,5 trilhão; muitas dessas operações eram puramente especulativas, provocando a ira de críticos, como o primeiro-ministro Mahathir, e levando a críticas como a da autora britânica Susan Strange, que escreveu sobre o "capitalismo de cassino".[10] O enorme aumento das transações, em geral, era um aspecto da expansão mundial das finanças internacionais. Os banqueiros e investidores internacionais faziam amplo uso das novas tecnologias, o que ajudava a entrelaçar os mercados financeiros globais. As transações financeiras além das fronteiras e transoceânicas ficaram tão fáceis quanto as operações domésticas.

Por um lado, esses avanços não alteraram de maneira fundamental as condições do comércio e dos investimentos internacionais praticadas desde o início do século XX. De uma certa forma, o telégrafo havia possibilitado uma comunicação quase instantânea entre os mercados, e os transportes terrestres e marítimos contavam com aproximadamente a mesma velocidade em 1900 e 2000. Entretanto, os custos de transportes e de telecomunicações caíram de maneira significativa. A internet cresceu a níveis astronômicos; até 2001, mais informação podia ser transmitida, por segundo, através de um único cabo, do que era enviada por toda a internet em um mês em 1997.[11] Essas mudanças tecnológicas tornaram as relações econômicas internacionais muito atrativas e viraram argumentos de defesa contra o retorno do protecionismo.

As mudanças tecnológicas, por si só, não podiam assegurar o comprometimento nacional com os mercados mundiais, pois o crescimento contínuo da economia internacional era importante para a integração global. Os grandes avanços tecnológicos do período entreguerras não adiaram o mergulho autárquico da década de 1930; o apelo do automóvel, da vitrola e do rádio não podia impedir o colapso da economia e dos investimentos mundiais. Durante os primeiros e, justamente, os piores anos da Grande Depressão, de 1928 a 1933, quando o comércio mundial foi reduzido pela metade, a abertura econômica não atraía ninguém ou era evidentemente perigosa. Mesmo os países que tentaram manter suas relações econômicas internacionais nadavam contra a corrente.

Apesar disso, durante as problemáticas décadas de 1970 e 1980, o comércio e as finanças internacionais cresceram mais rápido que as economias nacionais. As economias estagnaram na década de 1970, mas o comércio mundial triplicou entre 1973 e 1979, mesmo considerando a inflação – e esses foram aumentos consideráveis. O crescimento das finanças e dos investimentos internacionais foi ainda mais surpreendente. Em 1930, os empréstimos e investimentos além-fronteiras cessaram. No entanto, do começo da década de 1970 ao início da de 1980, os novos investimentos estrangeiros de empresas multinacionais dispararam, de cerca de US$15 bilhões para US$100 bilhões anualmente; enquanto os empréstimos internacionais saltaram de US$25 bilhões para algo em torno de US$300 bilhões. Os mercados financeiros internacionais cresceram de US$160 bilhões, em 1973, para US$3 trilhões, em 1985. A disponibilidade de quantias impensáveis, com centenas de bilhões de dólares em empréstimos a cada ano, levou a maioria dos países a se interessar pelos benefícios da abertura econômica.

A experiência financeira internacional da América Latina na década de 1970 foi radicalmente diferente daquela dos anos 1930, quando realmente não havia investimentos novos na região, fossem provenientes de companhias multinacionais ou de financiadores internacionais. Durante os anos de crise entre o início da década de 1970 e o começo da de 1980, no entanto, os novos empréstimos internacionais para a América Latina ganharam velocidade, passando de US$0,5 bilhão para US$15 bilhões por ano; a dívida da região com investidores privados passou de menos de US$30 bilhões, em 1973, para mais de US$300 bilhões em 1983. Os novos investimentos de multinacionais na América Latina cresceram também, de US$1 bilhão para US$5 bilhões anuais. As condições da década de 1930 tornaram inútil manter os vínculos internacionais, já que não havia praticamente nada com o que se relacionar. Mas as tentações oferecidas na década de 1970 pela economia mundial eram mais sedutoras do que nunca nos 50 anos anteriores; elas atraíram os governos em direção à integração econômica, mesmo nas economias em desenvolvimento e nas de planejamento central, cujos compromissos com a abertura econômica eram fracos, na melhor das hipóteses.

Sozinhas, no entanto, as novas tecnologias e as prósperas transações financeiras e comerciais internacionais não seriam capazes de confrontar as ideologias, as posições políticas e os interesses há muito consolidados. Afinal de contas, desde 1945, o consenso dominante nos países menos desenvolvidos que praticavam a ISI, nas economias planificadas, semi-autárquicas e mesmo nas socialdemocracias do Ocidente industrializado era, sem dúvida, proteger-se do entusiasmo dos mercados. Os defensores do aumento significativo da integração econômica enfrentavam as mesmas velhas objeções daqueles que adotavam as restrições de mercado como meio desejável para atingir objetivos políticos e sociais.

Na década de 1980, porém, uma nova ideologia varreu o mundo. Políticos, analistas e grupos de interesses passaram a atacar o envolvimento dos governos na economia depois de gerações de aprovação. As políticas macroeconômicas preferidas desses grupos estavam unidas, com freqüência, em torno da rubrica do "monetarismo". Eles também fizeram pressões pela privatização e pela desregulamentação das empresas públicas. A corrente contra o envolvimento do Estado na economia foi associada aos governos conservadores de Ronald Reagan e Margaret Thatcher e à confiança no que Reagan chamava de "a mágica do mercado".

A nova visão tinha preceitos claros e clamava por medidas enérgicas para derrotar a inflação. Tal hostilidade estava associada ao crescente destaque dos monetaristas no meio acadêmico, que sustentava o argumento de que a única causa da elevação contínua dos preços era a impressão, por parte do governo, de mais dinheiro do que o necessário. Os monetaristas assim retomavam os argumentos pré-keynesianos de que a manipulação da oferta monetária pelo governo poderia ter no máximo um impacto positivo a curto prazo, mas no longo prazo só levaria a preços maiores. O argumento dos acadêmicos era mais sutil e as diferenças em relação ao keynesianismo menos evidentes, pois ambos os enfoques permitiam aos governos utilizar a política monetária para reduzir o impacto de eventos adversos como recessões e depressões, mas enquanto os keynesianos aceitavam o gerenciamento da macroeconomia pelo governo, monetaristas ganhadores do Prêmio Nobel, como Milton Friedman, eram contrários a esse tipo de iniciativa. Friedman, entre outros monetaristas, desejava que os governos aumentassem a base monetária somente para sustentar o crescimento econômico, em vez de usar a medida para tentar aliviar problemas econômicos temporários. Essa corrente rejeitava as frouxas políticas monetárias da década de 1970, quando os governos permitiam o crescimento da inflação por temerem que a alternativa – alto desemprego – fosse pior. Sustentava que a inflação em si era corrosiva e exigia um novo governo, comprometido em trazer a inflação para baixo.

A verve antiinflacionária estava ligada à convicção de que era possível lidar com os problemas econômicos afastando o governo da economia, em vez de impondo uma maior intervenção macroeconômica. O consenso anterior aceitava a regulamentação de programas públicos e governamentais, mas a nova visão defendia impostos menores, diminuição de gastos e menos regulamentação. Nos EUA, os que apoiavam a economia de base monetária defendiam que as reduções de impostos iriam aumentar tanto o crescimento que isso na verdade faria crescer a receita do governo, já que uma fatia menor da torta maior é melhor que uma fatia maior de uma torta menor.

O novo cenário tornava urgentes a privatização e a desregulamentação de grandes áreas da economia. Os governos do mundo industrializado venderam centenas de empresas que detinham havia muitos anos – o equivalente a US$1 trilhão em privatizações durante a década de 1990. O poder público da Europa ocidental vendeu, para novos sócios particulares, US$400 bilhões em empresas telefônicas, usinas de aço, concessionárias de eletricidade, bancos e outras empresas. Ao mesmo tempo, revisou drasticamente seu controle sobre os empreendimentos privados. O movimento de desregulamentação teve início nos Estados Unidos, em meados da década de 1970 e, durante os dez anos seguintes, os governos Carter e Reagan cortaram em 2/3 a parcela da economia sujeita a controles regulatórios rigorosos: transportes aéreo, ferroviário e rodoviário; telecomunicações; petróleo e gás natural; bem como as finanças. Outros países industriais seguiram o caminho dos EUA, desregulamentando tudo, de companhias telefônicas e aéreas a corretagem de ações.

No fim da década de 1990, as economias industriais estavam mais livres do controle do governo do que desde a década de 1930. Isso promoveu uma extraordinária consolidação das grandes empresas privadas. No ano 2000, US$3,5 trilhões em fusões foram anunciados ao redor do mundo, cerca de metade delas nos EUA e o restante quase todo na Europa ocidental. Isso era cerca de cinco vezes o nível de 1990, considerado o mais alto da época.[12] As fusões, antes quase sempre restritas às fronteiras nacionais, estavam se internacionalizando cada vez mais; em 2000, por volta de 1/4 de todas as fusões atravessavam fronteiras. A aquisição da Mannesmann (Alemanha) pela Vodaphone (Reino Unido) por US$203 bilhões, em 2000, envolveu a mesma quantia que todas as fusões e aquisições internacionais realizadas em 1991, 1992 e 1993 juntas.[13]

Desregulamentação e privatização eram causa e conseqüência das mudanças tecnológicas e da integração econômica global. As indústrias mais comumente desregulamentadas ou privatizadas – finanças, telecomunicações e transportes – passaram por grandes avanços tecnológicos, ganharam muito mais importância nos mercados globais, ou ambos. As novas tecnologias tornaram obsoletos os setores mais antigos, regulados ou controlados pelo governo, e o mercado global apresentava perspectivas promissoras para as empresas nacionais, anteriormente isoladas. No setor bancário, por exemplo, o crescente aumento da atividade financeira global das décadas de 1960 e 1970, acompanhado por rápidas mudanças técnicas, levou os governos a desregulamentar e a privatizar os sistemas financeiros nacionais nas décadas de 1980 e 1990. Os revigorados mercados financeiros, por sua vez, redobraram os esforços em direção à integração internacional e à inovação tecnológica.

O novo ponto de vista, cujo nome variava – livre mercado, neoliberalismo ou ortodoxia –, adotava a austeridade antiinflacionária, cortes de impostos e gastos, privatização e desregulamentação. O "Consenso de Washington", como foi rotulado pelo economista John Williamson, logo se tornou o princípio para a organização da maioria das discussões sobre política econômica.[14] O Consenso de Washington repercutia com força crescente no mundo em desenvolvimento, durante a luta dos países contra as crises da dívida e de crescimento dos anos 1980 e também no mundo comunista, que se afastava do planejamento central dos anos 1990. No fim do século, havia mais concordância em torno da doutrina econômica do que em qualquer outra época desde 1914. Alternativas à ortodoxia, fossem elas comunistas, radicais, desenvolvimentistas ou populistas, eram fracas ou inexistentes. Era difícil encontrar partidários do planejamento, da substituição de importações ou da ampla propriedade estatal em qualquer lugar do planeta. Havia divergências "dentro de casa" entre os pensadores voltados para o mercado, mas poucos colocavam em dúvida a superioridade geral dos mercados como mecanismos de alocação econômica.

Interesses globalizantes

A ortodoxia de mercado que varreu o globo pode ter parecido um furacão ideológico, mas sua orientação teve origens políticas e econômicas tangíveis. As idéias mudaram mais como *resultado* do que como causa; as mudanças conceituais seguiram as transformações materiais. A vitória do monetarismo sobre o keynesianismo é um exemplo de como a ideologia pode mascarar motivações mais pragmáticas. Em outubro de 1979, quando o presidente do Federal Reserve Paul Volcker anunciou que o Banco Central norte-americano passaria a trabalhar com metas de base monetária, em vez de metas de taxa de juros, a medida foi considerada uma vitória pelos defensores da teoria monetarista. Eles viam a taxa de crescimento da base monetária como o alvo principal de sua política econômica. Entretanto, os motivos de Volcker eram, de longe, mais realistas. Modificar as técnicas operacionais do FED para "dar prioridade ao controle da base monetária" era, ele mesmo explicou, "uma maneira de dizer ao público que a ênfase era nos negócios", com o objetivo de "afetar o comportamento das pessoas comuns". Ninguém no Banco Central tinha ilusões acadêmicas sobre o que a mudança dos procedimentos significaria na prática. "A mensagem básica que tentamos transmitir foi a simplicidade em si", disse Volcker. "Nós pretendemos assassinar o dragão da inflação" mesmo que isso signifique taxas de juros extremamente altas e uma economia desacelerada.[15] Mas a tendência monetarista ostensiva deu uma aura intelectual para o que era, de fato, uma simples mas também dramática mudança na política monetária. As discussões populares sobre as novas medidas de austeridade eram apimentadas com referências ao "monetarismo", encaradas como uma luta severa contra a inflação, mas isso não tinha a menor relação com a teoria elaborada no meio acadêmico – o que não significa dizer que as idéias econômicas não tinham resultado, mas somente que é difícil entender as mudanças de política nas décadas de 1980 e 1990 a partir de transformações na teoria econômica.

A política econômica mudou em função de transformações políticas. Dois avanços foram especialmente importantes. Em primeiro lugar, houve um aumento no tamanho e na coordenação das firmas e das indústrias que pretendiam se integrar à economia internacional, e que queriam uma mudança no envolvimento dos governos nas economias nacionais. Em segundo, havia a crescente preocupação popular com fatos como desemprego alto, crescimento lento e inflação, o que deixava o eleitorado, entre outros, aberto às novas políticas.

No começo da década de 1980, uma grande parcela do eleitorado havia perdido a paciência com o aumento dos preços. As populações da Europa ocidental e da América do Norte não tinham vivido a inflação durante os primeiros 25 anos do pós-guerra, e quando ela começou a subir lentamente, no começo da década de 1970, muitos foram pegos de surpresa. Quando o nível de preços dobrou, no começo da década de 1980, as economias e os rendimentos foram corroídos, as preocupações aumentaram. A milícia antiinflacionária, representada em especial por bancos e comunidades de investidores, sempre vira a inflação como uma ameaça econômica das mais importantes. Agora, a inflação degradava o padrão de vida da classe média, e segmentos fundamentais do eleitorado – profissionais liberais, pequenos empresários, aposentados – queriam que ela fosse controlada. Muitos britânicos e norte-americanos deram o benefício da dúvida às políticas antiinflacionárias de linha dura dos governos Thatcher e Reagan. No auge de Bretton Woods, quase ninguém teria considerado baixar a inflação a menos de 10% ao custo de elevar o desemprego em 10%, mas, na década de 1980, as políticas de recessão que pareceriam impensáveis dez ou 15 anos antes foram adotadas por uma série de países. O eleitorado pareceu concordar que valia a pena, já que reelegeu quem combatia a inflação. Ainda que a batalha contra a alta dos preços viesse em um pacote de austeridade fiscal e compromisso redobrado com negócios e investimentos globais, essa mesma batalha gozava de apoio político surpreendente.

Poderosos interesses econômicos nas indústrias mais competitivas e tecnologicamente avançadas também lutavam pela liberalização e pela integração econômica. Os progressos tecnológicos aumentaram a importância da economia global para muitas empresas líderes mundiais. Novos produtos e técnicas de produção se tornaram o núcleo de um setor de alta tecnologia que atuava principalmente nos países industriais. Em 1979, 18 das 25 maiores corporações norte-americanas eram do ramo industrial ou do petróleo; e apenas três atuavam em alta tecnologia e telecomunicações. Vinte anos depois, 13 das 25 maiores empresas atuavam em áreas de alta tecnologia e telecomunicações, com somente duas do setor petrolífero e industrial. Além do mais, as novas empresas de alta tecnologia eram gigantes perto das companhias anteriores: em 1999, a maior empresa, Microsoft, valia sozinha, em *termos reais* (ou seja, depois da correção pela inflação), tanto quanto a *soma* das 25 maiores de 20 anos antes. Em 1979, a companhia número 25, Yahoo!, que tinha somente seis anos de funcionamento, valia mais em dólares ajustados pela inflação do que as três maiores empresas de petróleo do país combinadas (Exxon, Amoco e Mobil).[16] Empresas de tamanhos antes inimagináveis, cujos negócios sem a microeletrônica seriam impensáveis – Microsoft, Intel e America Online –, agora dominavam a economia norte-americana e a dos países industriais.

A maior parte dessas empresas de alta tecnologia só era viável com mercados globais. O caso do telefone celular é típico. No ano 2000, foram vendidos cerca de 400 milhões de aparelhos, e a líder do mercado, Nokia, vendeu aproximadamente 1/3 deles. Os 5 milhões de consumidores da matriz finlandesa da empresa respondiam por apenas uma pequena parte dos 128 milhões de telefones vendidos, e mesmo o mercado europeu não era suficiente nem de longe. Somente um mercado realmente global poderia sustentar as imensas despesas em pesquisa, desenvolvimento e marketing necessárias para que a Nokia pudesse manter sua posição de líder da indústria.[17]

Essa facilidade com que o dinheiro podia se movimentar de um local para outro deu aos interesses econômicos internacionalistas uma razão extra para desejarem mais integração econômica internacional. A explosão da mobilidade do capital facilitou: a captação de empréstimos, por parte das empresas dinâmicas; o deslocamento de recursos dos usos menos produtivos para os mais produtivos, pelos investidores; e a compra ou substituição de empresas mais lentas, pelas companhias bem-sucedidas. Esses grupos também pressionavam os governos a adotarem políticas amigáveis em relação aos investidores internacionais.

Walter Wriston, do Citibank – talvez o banqueiro internacional mais poderoso da década de 1980 –, via a mobilidade de capitais e das telecomunicações como parte da evolução de um "padrão informação" que permitia aos mercados monitorar os governos:

> O padrão ouro, que foi substituído pelo padrão câmbio-ouro e, posteriormente, pelos acordos de Bretton Woods, foi agora substituído pelo padrão informação. O dinheiro só vai onde é desejado, só fica onde é bem tratado e uma vez que o mundo todo está amarrado por meio das telecomunicações e da informação, o jogo acabou. O padrão informação é mais draconiano do que qualquer padrão ouro. E achava-se que o padrão ouro era severo. Tudo o que se tinha que fazer em relação

ao padrão ouro era renunciar a ele; nós provamos isso. Não se pode renunciar ao padrão informação; ele exerce uma disciplina sobre os países do mundo.

O resultado foi uma enorme influência dos investidores internacionais sobre os governos e suas políticas:

> Não existe dinheiro suficiente no mundo para manter uma moeda se as gestões fiscal e monetária forem estúpidas. Há 60 mil e tantos computadores lá nas salas de negociação do mundo, e esses sujeitos são tão sentimentais quanto um bloco de gelo. Politicamente, o novo mundo é um mercado integrado do qual ninguém mais sai com o que costumava sair. Não se pode controlar o que seu pessoal escuta, nem o valor de sua moeda ou os fluxos de capital.[18]

A economia globalizada permitiu que as economias recentemente industrializadas tirassem proveito de sua mão-de-obra barata para produzir aço, roupas, maquinário simples e outros bens industriais básicos para os mercados mundiais. As corporações internacionais podiam combinar o gerenciamento de alta tecnologia, pesquisa e desenvolvimento do norte com a industrialização a baixo custo do sul.

Contudo, as novas indústrias globais ameaçavam as velhas indústrias do norte com uma competição não desejada. A Europa estava afundada na estagnação econômica, com altos índices de inflação em muitos países e desemprego elevado em toda parte. Nos Estados Unidos, a subida vertiginosa do valor do dólar, depois da década de 1980, atraiu importações baratas que colocaram os produtores norte-americanos na defensiva. As vendas do Japão para os Estados Unidos cresceram, de menos de US$6 bilhões em 1970, para mais de US$30 bilhões em 1980 e US$80 bilhões em 1986. A concorrência atacou algumas das indústrias mais fortes e tradicionais, bem como grandes firmas exportadoras; em apenas dez anos a partir de 1975, as importações de automóveis passaram de US$12 bilhões para US$65 bilhões.

As antigas indústrias da Europa e da América do Norte reagiram à maré alta de importações com uma forte reação protecionista. Aço, automóveis, têxtil e outras manufaturas gritavam por socorro, e muitas conseguiram ajuda. Os governos europeus e da América do Norte forçaram os produtores japoneses a limitarem suas vendas, subindo o custo de um carro médio em centenas de dólares, a fim de dar uma folga para a indústria automotiva na Europa e na América do Norte, ambas altamente pressionadas. As importações de semicondutores do Japão e de aço de vários países industrializados ou recém-industrializados foram restringidas severamente. Uma sucessão de novos bloqueios às importações – barreiras não-tarifárias (BNTs) – burlou compromissos anteriores e manteve os bens estrangeiros fora dos mercados europeu e norte-americano. A Europa se voltou para dentro, e a administração Reagan, apesar da retórica de livre mercado, adotou as medidas protecionistas mais abrangentes desde a década de 1930.

Porém, o novo protecionismo fazia surgir uma poderosa tendência de compensação. Os produtores dos países industrializados, que pressionavam por proteção comercial, enfrentavam as demandas contrárias dos investidores com posições no exterior e das corporações internacionalizadas ávidas pelo acesso às autopeças brasileiras, aos programas de computador indianos e aos componentes eletrônicos coreanos. Muitas empresas na Europa e na América do Norte passaram a ver os mercados nacionais não-interligados como insuficientes, pois precisavam de uma oferta mais ampla e diversificada de clientes e fornecedores. As grandes empresas européias demandavam bases de operação maiores do que a França ou a Dinamarca podiam oferecer. As indústrias de alta tecnologia da Europa, entre outras, precisavam de acesso à mão-de-obra barata do sul, aos trabalhadores do norte altamente qualificados e aos mercados financeiros londrinos. As companhias e os bancos norte-americanos orientados globalmente, embora tivessem uma base natural maior, também se irritavam diante das restrições impostas. Enquanto as indústrias mais tradicionais clamavam por proteção contra a concorrência, com sucesso, os empreendimentos multinacionais e bancos internacionais na América do Norte e na Europa ocidental tateavam novos caminhos no sentido de construir e manter posições fortemente competitivas. Isso envolvia tanto derrotar os protecionistas quanto encontrar novas maneiras de avançar rumo a uma integração mais ampla.

Durante a década de 1970 e início da de 1980, houve conflitos políticos furiosos na Europa e na América do Norte. Nos Estados Unidos, nacionalistas e internacionalistas econômicos se enfrentavam para dominar a política econômica. Muitos trabalhadores e produtores norte-americanos tinham mudado seu posicionamento no início da década de 1970, da defesa do livre mercado ao pleito por proteção contra os competidores estrangeiros. Quando Richard Nixon flexibilizou o dólar em relação ao ouro e baixou uma sobretaxa de 10% nas importações, parecia que o país seguiria direto no caminho da depressão e do fechamento da economia. Mas as grandes empresas norte-americanas, que dependiam da exportação de seus produtos, da importação de insumos estrangeiros e de financiamentos e investimentos internacionais, reagiram. Bancos internacionais, companhias de petróleo e empresas de alta tecnologia se agruparam e formaram *lobbies* como o Emergency Committee for American Trade, para enfrentar o crescente sentimento protecionista. Os executivos do comitê se reuniam com políticos, intelectuais, bem como pessoas influentes da Europa e do Japão de posição semelhante na Comissão Trilateral – um fórum transnacional que pretendia salvaguardar a cooperação econômica internacional.

Os poderosos defensores de uma integração global mais ampla bateram de frente com adversários influentes. As comunidades financeiras lutavam por medidas linha dura contra a inflação e contra os movimentos de trabalhadores, horrorizados com o aperto monetário que levou o desemprego a patamares que não se viam desde a década de 1930. Os ricos pressionavam pela redução de impostos e os pobres lutavam para proteger seus programas sociais dos cortes de gastos. O empresariado apoiava a privatização e a desregulamentação, enquanto os sindicatos tentavam bloquear o que viam como tentativas dissimuladas de cortar salários e postos de trabalho. Alguns consideravam as ondas de fusão de empresas e consolidação de setores como sinal do renascimento de um setor privado vibrante, ao mesmo tempo em que outros viam o mesmo processo como uma volta aos tempos de pilhagem da nobreza.

Caso a caso, em um país após o outro, os defensores da globalização derrotaram seus adversários. Eles forçaram o recuo dos que apoiavam o nacionalismo econômico, o trabalhismo, a esquerda e os compromissos com políticas sociais extensivas. Em parte, isso foi resultado de atritos e do clima de dificuldade econômica que abateu as empresas e as indústrias mais vulneráveis. Ao longo do tempo, simplesmente foi diminuindo o número de oponentes ao novo capitalismo global. Ao mesmo tempo, o crescimento do comércio e dos investimentos fortaleceu empresas e indústrias de viés internacionalista.

O progresso técnico, as tendências macroeconômicas, a explosão das finanças internacionais e as mudanças na forma como os negócios eram realizados fortaleceram aqueles que desejavam uma integração econômica ainda maior. Enquanto os tempos difíceis incitavam o sentimento protecionista e levavam muitos a exigir dos governos prioridade aos problemas domésticos, no fim, a década de agruras entre o início dos anos 1970 e o fim dos 1980 levou a uma globalização econômica redobrada. O mundo se movia rapidamente em direção a níveis cada vez mais impressionantes de intercâmbio comercial, financeiro e de investimentos para além das fronteiras.

George Soros cria mercados

Quando o primeiro-ministro da Malásia Mahathir bin Mohamad acusou duramente George Soros de ser a fonte das dificuldades de seu país, o argumento pareceu natural, mesmo para aqueles que apoiavam Soros. Afinal, o investidor representava o mercado global, na medida em que suas atividades financeiras pareciam capazes de derrubar moedas e governos. Ao mesmo tempo, atuava também no cenário político, ao investir bilhões de dólares na tentativa de influenciar governos ao redor do mundo, usando sua força financeira e política para moldar as bases da organização da economia mundial.

Tudo isso exigiu muito do filho de um advogado de Budapeste, nascido Dzjchdzhe Shorash, em 1930.[19] Como a maioria dos judeus húngaros mais ricos, a família cosmopolita e incorporada foi forçada a se esconder do fascismo e do Holocausto. Como resultado da guerra, o adolescente mudou-se para Londres, passou a se sustentar trabalhando como garçom e pintor, além de colher maçãs. Também estudou filosofia, sem grande sucesso. Depois de um período vendendo bolsas, trabalhou em uma série de bancos de investimentos britânicos e alguns anos depois foi morar em Nova York.

Em Wall Street, Soros fez uso de seus vários idiomas, seus contatos na Europa e seu tino comercial para alavancar uma carreira na então minúscula comunidade de investimentos estrangeiros. Tornou-se funcionário de um banco internacional que pertencia a Arnhold e S. Bleichröder, uma associação duplamente apropriada. Por um lado, a empresa, que tinha sido agente dos Rothschild em Berlim desde 1830, acolheu refugiados do nazismo em 1937, e foi assim que Soros passou a trabalhar em um ambiente pesado, cheio de imigrantes da Europa central. Por outro, o gabarito da empresa prenunciava o próprio caminho de Soros. O patriarca dos Bleichröder, Gerson, era um consultor financeiro extraordinariamente poderoso e amigo íntimo do chanceler alemão Otto von Bismarck, no fim do século XIX. O mais velho dos Bleichröder, que foi o primeiro judeu a herdar um título de nobreza na Prússia, era conhecido como o homem mais rico da Alemanha e tinha acesso privilegiado aos mais poderosos estadistas da Europa.[20]

Mais tarde, Soros seguiria os passos de Bleichröder, mas começou de forma prosaica, com os lucros que obtinha durante o renascimento das finanças globais. Arnhold e S. Bleichröder reagiram à imposição de controles ao capital pelos norte-americanos, em 1963, por meio da internacionalização de grande parte de seus negócios. Em 1967, Soros fundou sua primeira firma de investimentos; dois anos depois implementou um sistema inovador, com base no paraíso fiscal caribenho de Curaçao, livre dos controles governamentais e dos impostos sobre ganhos de capital. O Double Eagle era um fundo primário de *hedge*, uma empresa de investimentos privados parcamente regulada e aberta apenas a indivíduos ricos que desejassem assumir riscos maiores do que os financistas tradicionais. O fundo foi tremendamente bem-sucedido – os mil dólares investidos na sua criação se tornaram US$4 milhões em 2000, um retorno médio anual de mais de 30% – e Soros o fechou por iniciativa própria em 1973. No início da década de 1980, ele foi chamado de "o maior administrador de dinheiro do mundo" pela revista *Institutional Investor*, da comunidade financeira internacional.

Em 1992, a reputação de Soros foi às alturas, com uma aposta bem-sucedida de bilhões de dólares contra o governo britânico. Londres havia anunciado que manteria a libra esterlina fixa no marco alemão, como parte de uma estratégia de crescimento da União Monetária Européia. Entretanto, a tentativa foi impopular na Grã-Bretanha, e Soros achou que a mesma não duraria muito tempo: ele estava certo e o governo britânico cedeu, desvalorizando a libra em setembro de 1992. A especulação de Soros contra a libra lhe rendeu um bilhão de dólares, e investimentos especulativos contra outras moedas européias o fizeram ganhar mais um bilhão.

Para muitos, pareceu que um próspero investidor tinha, com uma única manobra, forçado um governo importante a mudar o curso da sua economia. Mas acreditar que aquele havia sido um movimento isolado de Soros seria um exagero, pois a especulação contra a libra foi generalizada. Todavia, quanto ao episódio, Soros ressaltou o fato de que os governos estavam sob forte pressão para satisfazer os investidores internacionais, mesmo se os custos políticos internos fossem altos. E enquanto Soros seguiu perdendo dinheiro em apostas parecidas, ao longo da década de 1990 – de forma notável na Rússia, onde pode ter perdido US$2 bilhões – ele também ganhou em outras ocasiões em que apostou contra governos.

Suas atividades de investidor o tornaram particularmente controverso em países como a Malásia, abalada por uma crise cambial. Quando o primeiro-ministro Mahathir acusou Soros de prejudicar a economia do país, ele expressava uma visão amplamente difundida de que os mercados globais tinham ido longe demais na restrição às políticas governamentais. A troca de farpas entre ambos às vezes abrangia questões sérias, tais como se a responsabilidade pelos problemas de um país como a Malásia deveria recair sobre políticas malfeitas ou especuladores amorais. Mas havia algo também como um nacionalismo conspiratório presente na ofensiva, como na ocasião em que Mahathir invocou a origem judaica de Soros como parte de suas acusações:

> Na verdade, foi um judeu que disparou a precipitação da moeda e, coincidentemente, Soros é judeu. Também é coincidência que a Malásia tenha maioria muçulmana. Na verdade, os judeus não ficam felizes em ver o progresso dos muçulmanos. Se fosse na Palestina, os judeus iriam roubar os palestinos. E é isso que estão fazendo com o nosso país.

Mahathir não estava sozinho em sua convicção de que o florescimento das finanças judaicas internacionais era incompatível com a dignidade de outras nações; os nacionalistas ucranianos também atacaram Soros, referindo-se a ele como "membro de um grupo que se demonstrou hostil ao sucesso do Estado ucraniano e que na verdade tem seu principal interesse no colapso econômico da Ucrânia".[21] A tensão entre as finanças globais – seja de que religião – e o nacionalismo aparecia mais uma vez.

As atividades extracurriculares de Soros iam além das de um simples banqueiro. Em 1979, começou a investir dinheiro na resistência aos governos comunistas no Leste Europeu. Ele o fez aos poucos, comprando, por exemplo, algumas centenas de máquinas copiadoras para instituições húngaras que driblavam a censura à literatura proibida. Durante a década de 1980, gastou centenas de milhões de dólares para apoiar dissidentes na Europa Central e do Leste e na União Soviética; em 1990, fundou uma nova Universidade da Europa Central, com bases em Praga e Budapeste. As atividades financeiras e filantrópicas de Soros o colocavam numa posição ímpar para encorajar o desenvolvimento do capitalismo e da democracia nos antigos países de regime comunista. Seu *Open Society Institute**continuou esse trabalho ao longo da década de 1990, ao ritmo de centenas de milhões de dólares ao ano. Soros também patrocinou programas tão variados quanto campanhas pela legalização da maconha nos Estados Unidos, pelo melhor tratamento dos ciganos no Leste Europeu e pela promoção da democracia no Haiti e na Mongólia.

De um líder financeiro se podia esperar a promoção de sociedades de mercado, mas a filantropia de Soros também premiou a democracia política e os direitos humanos. Seu comprometimento era genuíno: o primeiro presidente do *Open Society Institute* foi o norte-americano Aryeh Neier, antigo líder da União Americana pela Liberdade Civil e da Human Rights Watch (entidade internacional de defesa dos direitos humanos), muito conhecida por sua luta pelos direitos humanos. Essa ênfase na justiça social certamente reflete as peculiaridades de Soros, mas também representa a preocupação de que o capitalismo global não pode ser mantido se grandes contingentes humanos estiverem excluídos das tendências da vida política e econômica. "O sistema capitalista global", segundo Soros, "gerou um campo de atuação muito desigual. A distância entre ricos e pobres está aumentando. Isso é um perigo, pois um sistema que não oferece alguma esperança e benefícios aos perdedores corre o risco de ver-se dilacerado por atos de desespero."[22] Soros foi um forte defensor das sociedades abertas, tanto em termos teóricos quanto pragmáticos, e acreditou que a nova ordem econômica internacional necessitava de um comprometimento com a justiça social.

O investidor afirmava com veemência que o capitalismo global só estaria a salvo se a devida atenção fosse dada aos assuntos nacionais e sociais.

---

* Instituição de pesquisa de Soros que promove estudos sobre temas como democracia e pretende influenciar governos a formularem políticas. (N.T.)

A economia internacional, acreditava, exigia infra-estrutura social e política de melhor qualidade e novas instituições internacionais. Também insistiu em uma regulamentação mais efetiva dos investimentos internacionais e de seus efeitos. Sobre isso afirmou:

> Há uma combinação péssima entre as condições políticas e econômicas que prevalecem no mundo atualmente. Temos uma economia global, mas os arranjos políticos ainda estão firmemente arraigados na soberania do Estado. Isso não seria causa de preocupação se fosse possível contar com os mercados livres para atender a todas as necessidades; mas esse claramente não é o caso.

Soros propôs que as instituições internacionais se reunissem num só barco para tentar lidar com esses problemas globais, incluindo a revigorada Organização das Nações Unidas, que assumiria o papel de um governo global. Mais próximo de seus interesses, ele declarou: "Agora que temos mercados financeiros globais também precisamos de um Banco Central global e de algumas outras instituições financeiras internacionais cuja missão explícita seja manter os mercados financeiros em equilíbrio."[23]

Apesar da estranha exigência de mais regulação vinda de um especulador financeiro internacional e da preocupação com justiça social, por parte de um próspero investidor, havia um sentido implícito na posição de Soros. Os mercados, em especial os precários como os financeiros, geralmente precisam de governos que os estabilizem; o colapso do período entreguerras tinha tornado isso definitivo para os ambientes financeiros nacionais. Até o momento, não havia um governo mundial adjacente aos mercados mundiais, e isso explicava os temores de Soros. Ele e muitos de seus parceiros nas finanças internacionais apoiavam os esforços governamentais de estabilização e regulação dos mercados nos quais operavam. Eles acreditavam nos mercados internacionais mas, para se assegurarem, também queriam evitar os conflitos políticos e sociais que haviam causado problemas para as finanças internacionais no passado. Soros transformou-se na voz das ações governamentais no sentido de garantir um mundo seguro para os mercados globais, assim como tinha sido um poderoso defensor da redução da intervenção dos governos da Europa Central e do Leste, a fim de torná-la hospitaleira às sociedades de mercado.

No fim do século XX, Soros representava tanto as conquistas quanto as angústias das finanças internacionais. O sistema financeiro global mantinha trilhões e movimentava centenas de bilhões de dólares ao redor do mundo, com velocidade e eficiência extraordinárias. Nem governos, nem cidadãos podiam ignorar as opiniões e as ações dos investidores internacionais, e o mercado global de capitais gerou restrições à economia e à política no mundo todo. Embora houvesse uma tendência ao descontentamento social, ao nacionalismo e às preocupações com a instabilidade financeira, esses eram problemas do triunfo recente do capitalismo global, que tinha superado a planificação econômica, o isolamento econômico e o protecionismo ressurgente e podia seguir adiante na tarefa de completar a integração da economia mundial.

Comércio sem barreiras

Soros provavelmente ficou feliz com a abertura econômica da Europa Central e do Leste, da China e do mundo em desenvolvimento. Quando a China abandonou a planificação econômica, e a Índia diminuiu a substituição de importações, 1/3 da população mundial foi arrancada de décadas de isolamento econômico e arremessada na corrente da economia global. Evoluções semelhantes, no antigo bloco soviético e na América Latina, afetaram mais um bilhão de pessoas. Do ponto de vista histórico e humano, esses foram os principais avanços do último quarto do século XX.

Do ponto de vista econômico, porém, a América do Norte e a Europa ocidental definiram o curso mundial. Essas duas regiões, com um 1/10 da população do planeta, respondiam por metade da economia internacional e por 2/3 da atividade comercial realizada no mundo. Quando, entre 1985 e 2000, aceleraram a integração dos investimentos e das atividades comerciais, financeiras e monetárias, o impacto alcançou o restante da economia mundial.

Os caminhos nesse sentido foram controversos e indiretos. Depois de resistir às crises dos anos 1970 e início dos anos 1980, os defensores da integração econômica na América do Norte e na Europa ocidental passaram a enfocar os novos acordos *regionais* de comércio. Os europeus ocidentais transformaram a União Européia em um mercado único de fato, dentro do qual bens, serviços, capitais e pessoas se movimentam livremente e, então, se mobilizaram para criar uma moeda única européia – o euro. Estados Unidos, Canadá e México criaram o Nafta, outra enorme área de livre comércio entre seus membros. No fim do século, a Europa ocidental era uma entidade econômica única em praticamente todas as dimensões, e a América do Norte estava perto de se tornar algo semelhante. Outros acordos de comércio regional proliferaram em toda parte, nas regiões desenvolvidas e em desenvolvimento.

Duas grandes áreas de comércio emergiram. A União Européia liderava uma delas, que incluía a Europa Central e do Leste, a antiga União Soviética e as ex-colônias européias na África e na Ásia. Os Estados Unidos estavam à frente da segunda, que compreendia o hemisfério ocidental. Alguns temiam que o novo regionalismo levasse, como tinha ocorrido com o antigo regionalismo na década de 1930, a um fechamento geral do comércio internacional. Outros viam os blocos comerciais como precursores de uma liberalização mais ampla. Na frase do economista Robert Lawrence, a questão de fato era se os acordos de comércio regionais seriam "auxílios" ou "obstáculos" a uma economia mundial integrada.[24] Os vários esforços da UE geraram rumores sobre a ameaça de uma nova Europa fortificada. Preocupações similares, sobre os novos esforços de integração que levaram ao Nafta e ao Mercosul, eram muito comuns na Ásia.

O novo regionalismo tornou-se algo muito diferente daquele dos sistemas imperiais da década de 1930. Os principais proponentes dos acordos comerciais eram internacionalistas e não protecionistas tradicionais tentando se estabelecer em mercados regionais protegidos. Os empresários estavam muito felizes em dispor de acesso privilegiado aos grandes mercados domésticos que os novos blocos representavam, mas o verdadeiro atrativo dos novos arranjos regionais era a oportunidade de fortalecer os negócios diante da competição global. Os acordos mais amplos tornavam a produção para exportação mais barata, permitiam o crescimento das empresas, facilitavam a atração de investimentos estrangeiros e incentivavam a consolidação de bancos e corporações. Mercados regionais mais amplos significavam mais economias de escala, companhias maiores e melhor posicionamento na cada vez mais aquecida competição internacional por clientes e capital. A dinâmica do Nafta e da UE talvez pudesse ser mais bem-vista por meio da observação de seus adversários internos, que se concentravam em indústrias decadentes desesperadas por proteção contra importações de produtores com custos mais baixos no México e no sul da Europa, respectivamente. A derrota dos oponentes do Nafta e da integração européia foi uma vitória dos defensores da ampla integração econômica internacional.

A consolidação regional da década de 1990 tornou-se peça importante no processo geral de globalização econômica. O mercado comum europeu, com uma moeda única e regulação unificada, causou a maioria dos efeitos econômicos que seus empresários patrocinadores haviam previsto. Cinco trilhões de dólares em fusões e aquisições criaram uma horda de empresas gigantes. A posição de mercado dos principais bancos e empresas européias melhorou tanto que parecia uma festa. Além disso, eles também compravam fora da Europa e, no fim da década de 1990, apenas nos Estados Unidos investiam mais de US$150 bilhões por ano. A integração redobrada aumentou a pressão sobre as empresas e setores menos eficientes, muitos dos quais deixaram os negócios ou foram comprados por líderes regionais. Contudo, a integração européia, em geral, fortaleceu os mercados europeus e os grandes negócios da Europa no mundo.

O Nafta também teve conseqüências poderosas. Entre 1993 e 2000, o comércio norte-americano com os parceiros do Nafta cresceu duas vezes mais que com o resto do mundo, de menos de US$300 bilhões para mais de US$650 bilhões. Os investimentos também aumentaram muito, já que as empresas canadenses e norte-americanas agora podiam produzir no México, onde os salários eram menores, sem se preocupar com os custos de pôr o produto de volta nos seus mercados. A economia mexicana, a menor e menos desenvolvida das três, foi a mais afetada. Até o ano 2000, o país já tinha passado pelas crises cambial e bancária, pela reestruturação do sistema financeiro e por uma reorientação do comércio, além de ter sua economia firmemente vinculada à norte-americana. A América do Norte estava exatamente no caminho de formar uma entidade econômica integrada.

Mesmo o Mercosul, mais recente e menos ambicioso, teve conseqüências impressionantes sobre seus membros. No fim do século, já era um bloco econômico reconhecido; empresas estrangeiras e nacionais faziam planejamentos de produção e de investimentos no Mercosul como um todo, em vez de considerar somente os ambiente nacionais. No decorrer de uma década, o comércio entre os membros do Mercosul quintuplicou, passando de 1/12 para 1/4 do volume total comercializado. No fim da década de 1990, o bloco era o destino mais importante para os investimentos estrangeiros dos países em desenvolvimento, atraindo cerca de US$20 bilhões anuais de empresas multinacionais e muitos bilhões a mais em empréstimos estrangeiros.

Os avanços na integração econômica regional foram parte do sucesso generalizado dos defensores do internacionalismo econômico. Depois de 15 anos de batalhas árduas, do princípio da década de 1970 até meados da de 1980, a iniciativa foi tomada por interesses, políticos e ideologias associadas à integração econômica. Ao longo da década de 1990, a questão foi decidida em favor dos patrocinadores da integração global. Não havia um consenso universal sobre o livre comércio, mas as políticas oficiais passaram a aceitá-lo com naturalidade.

Nos últimos anos do século XX, as forças pelo capitalismo global se provaram extremamente poderosas, como tinham sido no fim do século XIX. Os globalistas econômicos daquela época tiveram de lidar com a Grande Depressão de 1873-1896, com suas movimentações populistas em massa e crises recorrentes de dívida. O recente curso da globalização sobreviveu à recessão global, ao desemprego que persistia elevado na Europa, à desintegração social dos países saídos do comunismo e às contagiosas crises na Ásia e na América Latina. Os progressos tecnológicos, o poder dos interesses econômicos internacionalistas e as tendências na política global reforçaram o curso da globalização.

Os avanços no mundo industrial criaram mercados continentais na Europa e na América do Norte. Os países em desenvolvimento desmantelaram a substituição de importações e o desenvolvimentismo. O antigo mundo comunista se voltou para os mercados domésticos e internacionais. Os interesses e as idéias favoráveis à globalização econômica dominaram a economia e a política mundiais. O globo era mais uma vez capitalista, e o capitalismo era novamente global.

18

Os que correram atrás

Em 1961, Seul, capital da Coréia do Sul, era uma visão deplorável. Um visitante norte-americano fez uma descrição da cidade na época:

> Os habitantes vivem em barracos miseráveis, feitos de qualquer maneira, e poucos conseguem arranjar emprego. Mendigos, alguns aparentando apenas dois ou três anos de idade, são comuns, bem como vendedores ambulantes, que ficam sentados por horas nas calçadas, oferecendo a quem passa cigarros, chicletes, pentes, bijuterias, brinquedos, apitos, ábacos e cachorros vivos. Os cachorros latem o tempo todo e também parecem famintos.[1]

Nos anos que se seguiram ao término da Guerra da Coréia, a Coréia do Sul era uma ditadura empobrecida e instável. Um regime autoritário foi tirado do poder à força em 1960, mas menos de um ano depois, mais um golpe militar levou outro general ao poder. A nova ditadura de Chung Hee Park governava uma nação desprovida do mínimo.

A miséria de Seul contrastava com o brilhante progresso promovido pelo antigo dominador do outro lado do Mar do Japão. John Lie nasceu em 1959 na Coréia do Sul e mudou-se para o Japão logo depois, mas sua família voltava freqüentemente ao país para visitar parentes. Era fácil para ele comparar as duas nações:

> Seul, no início da década de 1960, era a idéia do atraso que eu tinha quando criança. Ao mesmo tempo em que ficava maravilhado com os engarrafamentos de Tóquio, me horrorizava com os carros de boi que cambaleavam pelas ruas poeirentas de Seul. Tóquio parecia in-

> discutivelmente moderna, com aqueles arranha-céus internacionais, brinquedos eletrônicos, vasos sanitários com descarga, aparelhos de ar-condicionado e geladeiras. Seul, ao contrário, parecia antiga, com sua arquitetura japonesa do período colonial, brinquedos de madeira, banheiros sem descarga nem papel higiênico e, na melhor das hipóteses, ventiladores elétricos e cubos de gelo. Tóquio era dinâmica – novos edifícios pipocavam por toda parte, as prateleiras das lojas transbordavam com novos produtos; Seul era estagnada, presa à tradição. Em Tóquio, eu devorava balas e chocolates vendidos em lojinhas bem arrumadas; em Seul, me entupia de gafanhotos grelhados vendidos nas ruas. Ao freqüentar restaurantes na Coréia do Sul, mal podia acreditar que em certos dias não se servia arroz ... devido às restrições do governo.[2]

Realmente, a Coréia do Sul era um dos países mais pobres do mundo no início dos anos 1960. A maioria das nações da África Subsaariana, recentemente independentes, estava em condições melhores, e a América Latina tinha o triplo da riqueza. A renda per capita da Coréia do Sul era, segundo alguns cálculos, mais baixa que a da Coréia do Norte. As perspectivas de melhoria pareciam pequenas. O país dependia fortemente da ajuda dos patronos norte-americanos, e os EUA estavam cada vez mais irritados com a sucessão de governos letárgicos e corruptos.

Vinte e cinco anos depois, o país havia se transformado. Após o retorno do jovem John Lie para a Coréia, no fim da década de 1980, ele escreveu:

> Vi donas-de-casa de classe média alta se divertindo com a alta costura e jovens ricos levando a vida com uma opulência odiosa. Cafeterias limpas e bem iluminadas haviam substituído os sujos cafés; McDonald's e Pizza Hut substituíram os restaurantes baratos e as lojas que vendiam noodles ... O que impressiona em todas essas mudanças e contrastes é que eles aconteceram ao longo apenas de uma geração.[3]

Quando a Coréia do Sul foi sede dos Jogos Olímpicos de 1988, o mundo tomou conhecimento do progresso do país. Um novo sistema democrático estava em consolidação e um presidente eleito pelo povo compartilhava o poder com um Legislativo controlado pela oposição. Além das mudanças políticas e das grandiosas instalações esportivas, o desenvolvimento econômico geral do país estava exposto em toda parte. As mudanças eram notáveis. O marxista britânico Perry Anderson escreveu, admirado:

> Seul é agora a terceira maior cidade do mundo – maior que Tóquio ou Pequim. Tamanho não é garantia de modernidade, como atestam as desigualdades e a violência irremediáveis das duas maiores concentrações urbanas, São Paulo e Bom-

baim. No entanto, este ainda é o Terceiro Mundo. Seul não é parte dele. O que um londrino percebe primeiro são os diversos aspectos em que a cidade é mais adiantada que a sua própria.

A experiência da Coréia não tinha precedentes, escreveu Anderson:

Nenhuma outra sociedade no mundo tinha se industrializado profundamente de modo tão rápido. Um processo histórico que levou pelo menos três gerações no Japão, aqui foi completado em uma. O tempo de mudança não tem precedentes. Nos últimos 20 anos, o êxodo da agricultura foi três vezes maior que na Itália, quatro vezes maior que no Japão, cinco vezes maior que na França e sete vezes maior que na Alemanha. A proporção da população que vive nas cidades com mais de um milhão de habitantes é atualmente a mais alta do planeta.[4]

Até 1996, passados 30 anos do início da transformação da Coréia, a OCDE já havia reconhecido a realidade coreana e promovido o país a membro do clube dos países ricos. A Coréia do Sul tinha "se graduado" do mundo em desenvolvimento para o desenvolvido, passado de um patamar de desenvolvimento mais baixo que o das Filipinas e da Tailândia, de Gana e do Congo, para um mais alto que o da Grécia ou de Portugal, comparável ao de Espanha, Nova Zelândia ou Irlanda. No começo da década de 1960, havia um veículo motorizado para cada 830 coreanos, e um telefone para cada 250; 30 anos depois, havia um carro para cada cinco coreanos, e um telefone para cada dois. No início da década de 1960, uma jovem coreana tinha menos de três anos de estudo; em meados de 1990, mais de nove anos.[5]

Os observadores só erraram ao considerar único o caso coreano. Taiwan, Cingapura e Hong Kong cresceram tão rápido quanto a Coréia do Sul, ou ainda mais. E uma segunda geração de "tigres" do Leste Asiático não ficou muito atrás: Tailândia, Malásia e até mesmo a China. Em todos esses casos, o ritmo extraordinário de equiparação econômica estava diretamente relacionado aos vínculos com a economia internacional. A integração da economia mundial, na última parte do século XX, criou grandes oportunidades de especialização e crescimento. Governos e empresas dos países pobres podiam se beneficiar das demandas dos países ricos por produtos baratos e oportunidades de investimento lucrativas. Podiam orientar sua produção para centenas de milhões de consumidores ricos e atrair o capital dos mais prósperos bancos mundiais, de corporações e investidores. Muitos fizeram apenas isso, levando a uma explosão de crescimento em partes do mundo em desenvolvimento.

O capitalismo global do fim do século XX, como aquele dos 50 anos que precederam a Primeira Guerra Mundial, ofereceu incentivos poderosos a pessoas, grupos, empresas e países. A oportunidade de vender e de tomar empréstimo de qualquer nação, e não somente de um país, permitiu às empresas se especializarem em suas atividades mais lucrativas. Durante o período de industrialização via substituição de importações, o México falhou na criação de uma indústria automotiva viável, mas depois o país foi pego na tempestade dos mercados globais de autopeças. Fazendeiros da Argentina e da Nova Zelândia fizeram fortunas vendendo frutas e vegetais de inverno para consumidores do hemisfério norte; uma oportunidade que só foi possível com o mercado global de framboesas. Empresas da Tailândia e da Turquia, antes limitadas pela dificuldade em obter empréstimos domésticos, agora tinham acesso a financiamentos estrangeiros baratos e abundantes. Esses países e seus cidadãos conseguiram se beneficiar dos mercados globais para se especializar, acelerando o seu crescimento econômico.

Com as oportunidades dos mercados globais, vinham também as restrições. Os proprietários dos enormes *pools* de capitais podiam esquadrinhar o globo atrás dos mercados mais atrativos. Quer buscassem mão-de-obra barata, abundância de recursos naturais, técnicos experientes, regulamentações favoráveis ou grandes mercados, os investidores tinham acesso a praticamente todos os países. Se os investidores não apreciassem as políticas de um governo ou o balanço patrimonial de alguma empresa, o fluxo do dinheiro sairia daquela economia da mesma forma como havia entrado – só que mais rápido. Se os consumidores perdessem o interesse por uma novidade tecnológica, por algum estilo ou cortassem despesas devido à recessão, as fábricas, nações e regiões produtoras podiam ter de fechar as portas. Os mercados globais expandiram tanto as possibilidades disponíveis para seus participantes quanto as regras impostas a eles.

Produção global e especialização nacional

A produção tornou-se global nos últimos 25 anos do século XX. As empresas terceirizavam os componentes necessários para fabricar seus produtos, deixando esses insumos a cargo das indústrias de vários países diferentes. No fim do século, o comércio mundial era duas ou três vezes mais importante para os países desenvolvidos do que havia sido na década de 1960, e isso facilitou a distribuição, pelas empresas, de produtos e serviços em várias localidades. As firmas podiam estabelecer atividades como pesquisa e desenvolvimento, marketing, produção e montagem a milhares de quilômetros de distância umas das outras, por motivos econômicos, políticos ou regulatórios; e, então, podiam embarcar o produto final para consumidores do mundo todo. Sobre isso, o economista Robert Feenstra ressaltou "a integração do comércio e a desintegração da produção", uma possibilitando a outra.[6]

Nos anos 1990, era notavelmente fácil dispersar a produção ao redor do globo. Antes, a atenção pública havia se concentrado nas empresas multinacionais do começo da década de 1970, quando estas investiam US$10 bilhões anuais no exterior, dos quais US$2 bilhões iam para países em desenvolvimento. Em 2000, o investimento direto estrangeiro das empresas multinacionais (EMNs) girava em torno de US$1 trilhão ao ano, dos quais US$250 bilhões se destinavam às economias em desenvolvimento; um aumento de mais de 100 vezes. Outras formas de investimento internacional se expandiram ainda mais rápido. No fim de 1990, os financiamentos internacionais privados e outros investimentos (além daqueles das EMNs) também giravam ao redor de US$1 trilhão anual. Esse volume de investimento internacional significava que qualquer proposta razoável de estabelecer uma mina, usina ou shopping atrairia o interesse de investidores.

Os produtos incluídos no comércio mundial eram cada vez mais internacionais, tanto em relação à origem quanto ao mercado. A boneca Barbie era o exemplo mais perfeito do fenômeno que, em meados dos anos 1990, era a quintessência do produto global.[7] Sua produção começou com os moldes que a Mattel, dos Estados Unidos, colocou à disposição de fábricas no sudeste da Ásia. Taiwan e Japão forneciam o plástico e o cabelo. Empresas chinesas supriam o tecido de algodão para os vestidos. As bonecas eram montadas na Indonésia, Malásia e China e depois despachadas para Hong Kong, e de lá para os consumidores da Mattel nos EUA e em vários outros países. A maioria das empresas mais importantes era global: 60% das vendas da IBM eram realizadas fora dos Estados Unidos, e 80% das da Volkswagen eram feitas fora da Alemanha.

Mesmo que a produção globalizada fosse organizada dentro ou fora das redes das corporações multinacionais, os fatores de produção fluíam dos usos e locais menos rentáveis para os mais rentáveis. Trilhões de dólares dos mercados financeiros internacionais buscavam continuamente oportunidades de lucro, onde quer que se encontrassem. Milhares de empresas de uma dúzia de países brigavam por empréstimos de baixo custo para expandirem suas operações. Como resultado, surgiram novas indústrias na Indonésia, foram estabelecidos novos negócios no Vale do Silício, e construídos novos edifícios no Brasil e novas estradas na Hungria. Os financiamentos, investimentos e as tecnologias internacionais aceleraram a globalização da produção, enquanto os recursos em busca de lucros eram movimentados de um local a outro, em quantidades e velocidades cada vez maiores.

Essa redistribuição contínua da produção levou a uma especialização mais ampla nos países e nas regiões. Bens antes produzidos em um país podiam ser divididos agora em várias partes, cada uma fabricada em uma nação diferente. As empresas podiam desagregar a produção em pequenas partes e ajustar os investimentos de forma a se beneficiar dos locais mais vantajosos. A produção global permitiu às companhias reduzir seus custos e deu oportunidade aos países em desenvolvimento de ocupar nichos econômicos rentáveis.

As forças globalizantes impulsionaram e atraíram diferentes regiões do mundo para uma divisão de trabalho ainda mais eficiente. Áreas com melhores níveis de educação se especializaram em operações de administração e controle, pesquisa e desenvolvimento, e outras atividades relacionadas. Aquelas com profissionais bastante capacitados se concentraram em processos que exigissem habilidades específicas. Países com contingentes de trabalhadores sem especialização construíram vantagem comparativa com mão-de-obra barata, assim como aqueles com recursos naturais abundantes exploravam estes recursos. O capitalismo global atraiu centenas de milhões de pessoas do Leste Asiático, da América Latina e de todos os cantos do mundo para uma produção que visasse aos mercados globais.

Uma especialização mais ampla podia ser tanto uma bênção quanto uma maldição. Seus atrativos eram marcados pelo fato de o fenômeno ter tornado algumas antigas linhas de negócio obsoletas, aumentando a competição a ser enfrentada por empresas e países. A Europa e a América do Norte não podiam competir com a China e o México na produção de itens que consumissem grande volume de mão-de-obra não-especializada, e as tradicionais indústrias do norte encolheram à medida que as do sul se expandiram. Nos países desenvolvidos, os empregos na indústria caíram de 27% da força de trabalho, no começo da década de 1970, para menos de 18% no fim da de 1990. Enquanto em 1970 havia dois trabalhadores norte-americanos no setor de serviços para cada trabalhador da indústria, no ano 2000 a proporção era de cinco para um.

As regiões com mão-de-obra semi-especializada ou não-especializada foram atraídas para a economia global. Elas começaram assumindo a produção de bens que demandassem uso intensivo desse tipo de força de trabalho. A indústria do aço foi um caso típico. Em 1975, praticamente não havia usinas de aço no mundo em desenvolvimento e as que operavam tinham de contar com proteção e subsídios pesados por parte dos governos. A produção de aço bruto no mundo em desenvolvimento não chegava a representar 1/5 do volume daquela da Europa ocidental e da América do Norte; todos os países em desenvolvimento juntos produziam menos da metade do aço que os EUA geravam. Vinte e cinco anos depois, as siderúrgicas mais competitivas estavam localizadas principalmente na América Latina e na Ásia. Os fabricantes de aço nos países em desenvolvimento produziram, no ano 2000, muito mais aço bruto que a Europa ocidental e a América do Norte juntas. Na verdade, os seis maiores fabricantes – China, Coréia do Sul, Brasil, Índia, México e Taiwan – produziram juntos três vezes mais aço que os EUA.[8] Ao longo dos últimos 25 anos do século XX, ocorreu uma intensa redistribuição da produção industrial dos países ricos para os países em desenvolvimento.

O crescimento da indústria nas nações em desenvolvimento do sul foi análogo à expansão experimentada em uma época anterior. No fim do século XIX e início do XX, a globalização levou a um crescimento econômico expressivo em muitas áreas do Novo Mundo, da África e da Ásia. As regiões que cresciam rapidamente inundaram o mundo desenvolvido com produtos agrícolas baratos e matérias-primas, o que provocou um *boom* no consumo final e também no consumo de insumos importados pelos fabricantes europeus. Mas isso também abriu caminho para a devastação da agricultura européia tradicional. No fim do século XX, os países recentemente industrializados inundaram o mundo desenvolvido com produtos manufaturados baratos. Isso favoreceu os consumidores e os produtores da Europa ocidental e da América do Norte que usavam os manufaturados importados a baixo custo, mas arrasou a indústria tradicional dessas regiões. Ambos os processos foram efeitos inevitáveis da especialização na economia integrada internacionalmente: os fazendeiros suecos e italianos de 1900 não podiam fazer frente aos baixos custos dos fazendeiros das Grandes Planícies e dos pampas; assim como os trabalhadores não-capacitados, em 2000, não podiam competir com os de países como China e México. A agricultura européia daquela época sofreu de forma semelhante à deterioração da indústria na Europa ocidental e na América do Norte no período posterior. Assim como a produção de produtos primários no Novo Mundo e em outras regiões se expandiu muito antes de 1914, a manufatura básica no Leste Asiático e na América Latina, entre outros, cresceu rapidamente depois de 1973.

Crescimento via exportações nos extremos da Europa e da Ásia

Um exemplo espantoso de recuperação econômica envolveu os quatro países mais pobres da Europa ocidental. Na década de 1950 e começo da de 1960, ditaduras militares brutais governavam as nações mais atrasadas da região, como Espanha e Portugal. A frágil democracia não menos retardatária da Grécia entrou em crise em 1967. A Irlanda, embora democrática, era quase tão pobre quanto essas nações. Nesses quatro países periféricos da Europa ocidental, a renda per capita em 1950 representava menos da metade da renda da França ou da Alemanha, bem abaixo dos valores do Chile e da Argentina. Segundo padrões europeus, as condições econômicas e sociais também eram extremamente ruins nessas quatro nações, que tinham alguns dos piores níveis de pobreza do mundo dito industrializado.

Os quatro países começaram a modernizar suas economias por volta de 1960. A Irlanda o fez primeiro, em 1958, desviando da substituição de importações e seguindo em direção à produção para exportação. O governo buscou vigorosamente as empresas estrangeiras, principalmente as norte-americanas, que poderiam ganhar com a mão-de-obra educada, barata e que dominava o inglês. Quando a Irlanda ingressou na União Européia em 1973, os investimentos estrangeiros e o crescimento econômico ganharam força. A nação insular finalmente mudou, da manufatura mal paga às atividades de alta especialização e tecnologia. Logo, a Irlanda produziria um em cada três computadores comprados na Europa. Em 2000, o "tigre celta", com uma população de menos de 4 milhões de pessoas, superou os Estados Unidos como o líder mundial nas exportações de softwares, e sua renda per capita ultrapassou a de seu antigo colonizador, a Grã-Bretanha.[9] Naquele ano, Dublin era uma das cidades mais prósperas da Europa.

Espanha, Portugal e Grécia tiveram mais dificuldades que a Irlanda para ajustar suas engrenagens, pois precisavam superar os legados econômicos do fascismo. Contudo, uma vez que as ditaduras desses países deixaram o poder, eles se orientaram na direção da integração européia: a Grécia se juntou à União Européia (UE) em 1981; Espanha e Portugal em 1986. Isso acelerou a abertura econômica dessas nações. Embora em 1980 os dois países ibéricos negociassem muito menos com a UE do que com o restante do mundo, em 1990 o intercâmbio comercial com a UE havia praticamente quintuplicado e passou a ser duas vezes mais representativo que todas as outras atividades comerciais dessas nações. De fato, Irlanda, Espanha e Portugal estavam entre os participantes mais entusiasmados com a criação da União Econômica e Monetária (a Grécia ingressou mais tarde, a tempo para o lançamento do euro, em 2002). Os quatro países atraíram muitas empresas multinacionais e bancos e, no fim das contas, receberam algo em torno de 10 mil afiliadas e subsidiárias de companhias estrangeiras. Na verdade, nos 15 anos a partir de 1985, o investimento direto estrangeiro nas quatro nações passou de US$25 bilhões para US$210 bilhões. Cerca de 1/10 de todos os investimentos nesses países vinha de estrangeiros.

Até o fim do século, Espanha, Portugal e Grécia eram inequivocamente desenvolvidos e europeus, com uma renda per capita que se aproximava da de países como a Itália e a Suécia e era o dobro da do Chile. O avanço social dessas nações foi ainda mais impressionante. Em 1970, a taxa de mortalidade infantil em Portugal era de 61 óbitos para cada 1.000 nascimentos, bem semelhante à do México e da Malásia; em 2000, apresentava índices menores que seis mortes para cada 1.000 nascimentos, melhor que a dos Estados Unidos. No fim dos anos 1960, havia somente um telefone e um aparelho de televisão para cada 20 portugueses; já no ano 2000, havia um telefone e uma televisão para cada dois residentes e um carro para cada três – números semelhantes aos do restante dos países da Europa ocidental. Assim como a transformação de Portugal, do atraso à modernidade, foi particularmente rápida, outras nações no entorno da Europa ocidental também evoluíram de forma igualmente impressionante.

Esse ritmo de crescimento só foi possível devido ao acesso aos mercados e capitais da Europa e do mundo. As empresas nacionais foram liberadas das restrições dos pequenos mercados domésticos e agora estavam aptas a vender para centenas de milhões de europeus, se é que não para o mundo inteiro. O acesso ao capital estrangeiro possibilitou o financiamento de investimentos que os capitalistas locais não podiam ou não queriam fazer. As indústrias se especializaram e a produtividade avançou, levando a alguns dos crescimentos mais rápidos já registrados. Mesmo que nações periféricas da Europa ocidental sejam dificilmente comparáveis com países em desenvolvimento, muitos elementos de seu avanço viriam a ser repetidos pelos países recém-industrializados: produção para exportação; atração de capital estrangeiro; investimentos pesados em capacitação da força de trabalho local; e desenvolvimento da infra-estrutura.

Os países pobres do Leste Asiático foram os seguidores mais marcantes da periferia européia no caminho da convergência. Quatro deles em particular – Coréia do Sul, Taiwan, Hong Kong e Cingapura – foram tão bem-sucedidos que se "graduaram", deixando para trás o mundo em desenvolvimento. Em 2000, Hong Kong e Cingapura tinham um produto interno per capita acima da maioria dos países da Europa ocidental, enquanto Taiwan se aproximava e a Coréia do Sul seguia somente um pouco atrás. Todos os quatro tinham características incomuns: os dois primeiros eram cidades-Estado situadas em ilhas (e Hong Kong não era nem mesmo um Estado). Já Taiwan e Coréia do Sul eram partes de nações divididas e protetorados militares dos Estados Unidos. Apesar disso, eram suficientemente parecidos com os outros países em desenvolvimento a ponto de suas experiências não serem descartadas como anomalias.

Coréia do Sul e Taiwan começaram quase do zero, em meados dos anos 1950, depois de guerras civis devastadoras. Por uma década ou mais, adotaram políticas típicas de substituição de importações, mas sem a longa experiência de independência da América Latina. Além disso, os novos setores industriais das nações do Leste Asiático eram mais fracos e menos comprometidos com o protecionismo. Ao fim da década de 1960, Coréia do Sul e Taiwan começaram a incentivar seus capitalistas a produzirem bens industriais para consumidores estrangeiros, em especial para os norte-americanos. Esses governos utilizaram técnicas variadas para impulsionar as exportações, como empréstimos a custo baixo e isenção de impostos para os exportadores, e uma moeda muito fraca para tornar os produtos coreanos e taiwaneses artificialmente baratos. Ambos os governos continuaram a proteger suas indústrias, mas deram destaque à produção para exportação. Diferentemente da maior parte da América Latina e da África, as duas economias do Leste Asiático – bem como, e até mais, Hong Kong e Cingapura – tinham menos recursos naturais exportáveis e menos escolha a não ser se beneficiar dos baixos salários para produzir manufaturados simples e vendê-los no exterior. A nova estratégia de desenvolvimento de industrialização orientada para a exportação (IOE) promoveu e subsidiou a manufatura voltada para os mercados estrangeiros.

No fim da década de 1970, Coréia do Sul e Taiwan inundavam os mercados mundiais com brinquedos, roupas, móveis e outros manufaturados simples. As exportações coreanas saltaram de US$385 milhões, em 1970, para US$15 bilhões, em 1979, sendo 90% delas de bens manufaturados. Os bancos e as empresas internacionais consideravam os exportadores do Leste Asiático cada vez mais atraentes. Eram ditaduras estáveis apoiadas pelos EUA, e seu forte desempenho exportador assegurava um fluxo constante de dólares para pagar seus credores internacionais. Os dois países pegaram empréstimos volumosos e usaram os recursos na construção de suas bases industriais. O governo da Coréia seguiu firmemente no desenvolvimento da indústria pesada, por meio do patrocínio de usinas siderúrgicas modernas, indústria química e um novo setor automotivo. No início da década de 1980, o país tinha o maior estaleiro privado e a maior indústria de maquinário do mundo. Diferentemente da maioria dos países em desenvolvimento, os reguladores e empresários decidiram tentar estabelecer uma indústria automobilística sem multinacionais. Na década de 1970, o governo auxiliou as empresas locais a tomar empréstimos no exterior e a comprar tecnologias e *expertise* internacionais. Logo os carros fabricados pela Hyundai, Daewoo e Kia eram vendidos no mundo todo.

Quando veio a crise da dívida, em 1982, Coréia do Sul e Taiwan foram muito menos afetados que a América Latina. Seus negócios estavam voltados para o exterior e ambos podiam aumentar as exportações rapidamente para manter em ordem os débitos. Depois de alguns anos difíceis, os "tigres asiáticos" retomaram o crescimento rápido, a substituição de bens manufaturados simples por complexos – de brinquedos a computadores, de roupas e calçados a bicicletas e carros. Essa progressão repercutiu os rumos do desenvolvimento industrial japonês, com uma defasagem de 20 anos; assim como o Japão tinha passado dos manufaturados simples e baixos salários, na década de 1950, ao maquinário mais complexo e utensílios para consumidores, em 1970, as ex-colônias japonesas fizeram praticamente o mesmo entre 1970 e 1990.

Logo, Coréia do Sul e Taiwan vendiam produtos industriais sofisticados de mercado intermediário. Os carros coreanos foram um sucesso particular: em 2000, o país fabricava por volta de 3 milhões de veículos anualmente, cerca da metade para exportação. A Coréia do Sul também era líder mundial em chips, aparelhos de TV e eletrônicos; Taiwan era o terceiro maior fabricante mundial de produtos de informática, atrás apenas dos Estados Unidos e do Japão. Na virada do século, os dois países tinham padrões de vida praticamente iguais aos de Espanha e Portugal. No decorrer da década de 1990, eles também se democratizaram, parecendo contradizer as críticas de que o modelo do Leste Asiático precisava dos regimes ditatoriais para reprimir a classe trabalhadora e manter a mão-de-obra barata.

Os asiáticos pareciam liderar o caminho, à frente do resto do mundo em desenvolvimento ou dos países em transição, numa época em que a substituição de importações havia perdido a força, e a planificação econômica, se desintegrado. O caminho da industrialização voltada para a exportação significava abertura à economia mundial, atração de investimentos e financiamentos estrangeiros, além de produção para os mercados externos. Significava uma integração irrestrita à divisão global do trabalho. Isso ia de encontro a décadas de teoria e prática desenvolvimentista, mas, em poucos anos, a nova estratégia seria adotada por quase todas as nações do Terceiro Mundo.

O Leste Asiático e a América Latina seguem o exemplo

Os vizinhos próximos aos quatro tigres asiáticos se voltaram rapidamente para a promoção de exportações. Tailândia, Malásia, Filipinas e Indonésia, quatro países caracteristicamente agrários, tinham falhado na industrialização por meio da substituição de importações. Mesmo que esses governos tenham continuado a apoiar o empresariado nacional e a protegê-lo da concorrência internacional, eles abandonaram a ISI em favor da industrialização orientada para a exportação, e em uma questão de anos todos se tornaram grandes exportadores industriais.

Os mais novos exportadores asiáticos se beneficiaram do sucesso de seus quatro predecessores. Como Coréia do Sul, Taiwan, Hong Kong e Cingapura haviam se desenvolvido, seus padrões de vida e seus salários subiram tão rapidamente que essas nações acabaram perdendo a atratividade para as manufaturas mais intensivas em mão-de-obra. As indústrias que deixaram Cingapura e Taiwan pelos custos excessivos encontraram mão-de-obra barata na

Tailândia, Malásia e Indonésia, cujos governos pareciam ser tão habilidosos em administrar a economia quanto em controlar (e reprimir) a agitação política. O capital estrangeiro inundou as três economias do sudeste da Ásia, chegando finalmente às Filipinas, país mais instável politicamente, e logo as exportações de manufaturados explodiram. Como as quatro primeiras economias do Leste Asiático, as quatro nações do sudeste eram aliadas próximas dos Estados Unidos e temiam insurgências comunistas. Essas realidades estratégicas, sem dúvida, tornavam mais interessante para esses países se integrarem à economia mundial liderada por Washington.

Nenhuma análise geopolítica racional, no entanto, pode explicar as duas transformações asiáticas mais notáveis: a China comunista e o Vietnã. A China, no fim da década de 1970, e o Vietnã, em meados de 1980, seguiram vigorosamente a direção da economia internacional. A guinada do Vietnã foi chocante, dadas as décadas de luta contra o Ocidente, mas a penúria colocou o país na direção das reformas de mercado e da globalização. Do isolamento econômico quase total do início dos anos 1980, o Vietnã, em 2000, exportou US$1 bilhão em camarão, US$1 bilhão em arroz e US$5 bilhões em bens manufaturados. Depois de décadas de guerra e estagnação, em 15 anos a economia vietnamita triplicou de tamanho.

A transformação chinesa foi, de longe, a mais importante, por se tratar da nação mais populosa do mundo. O governo chinês devolveu as propriedades agrícolas aos fazendeiros particulares, afastou o governo central da maioria das atividades econômicas, estabeleceu áreas especiais de produção para exportação e acolheu as corporações internacionais. O produto nacional quadruplicou em 20 anos, e o padrão de vida triplicou. Em 1992, a China superou o Japão como a segunda maior economia mundial.

A explosão de crescimento da China esteve intimamente relacionada à sua integração à economia mundial. As exportações chinesas subiram de US$20 bilhões para US$200 bilhões em 20 anos. As exportações de manufaturados, de menos de US$10 bilhões para mais de US$170 bilhões. No fim da década de 1990, as empresas estrangeiras investiam US$35 bilhões anuais no gigante asiático. A China, cujo papel na economia mundial tinha sido pequeno antes da Primeira Guerra Mundial, e trivial durante os 50 anos de guerra civil e planejamento centralizado, estava naquele momento à beira de se tornar uma das maiores economias exportadoras do planeta.

A comparação entre a China e a Índia era impactante. No fim da década de 1970, os produtos per capita dos dois países eram próximos, mas em 2000 o da China atingiu o dobro do da Índia. Em parte como resultado dessa percepção desfavorável, o comprometimento indiano com uma economia fechada finalmente se rendeu à investida asiática. Em 1990, o governo começou a liberalizar tanto a economia doméstica quanto o comércio e os investimentos internacionais. O sucesso retumbante da indústria de software se aproveitou de alguns aspectos incomuns da vantagem comparativa indiana. As excelentes universidades, os empregos insuficientes para os universitários recém-graduados e o inglês muito falado tornaram a Índia o lugar ideal para recrutar engenheiros de software. Muitos foram para a América do Norte trabalhar, mas a maioria ficou no país para escrever os códigos digitais de firmas indianas ou de outros países do mundo. Antes do fim do século, a exportação de softwares da Índia era só uma de suas principais atividades econômicas e trazia mais de US$6 bilhões anualmente ao país, o dobro da venda de roupas indianas no exterior.

A Ásia foi o primeiro bloco na renovada corrida pelo capitalismo global e pelos mercados mundiais, mas a América Latina não ficou muito atrás. A guinada da América Latina rumo à globalização teve o Chile como pioneiro, na década de 1970, sob a ditadura militar de Augusto Pinochet. O país havia sido um dos mercados mais protegidos do mundo, com tarifas de 250% ou mais. Os generais chilenos associaram o modelo de industrialização via substituição de importações ao desenvolvimentismo populista que ajudou a esquerda a ganhar as eleições e, poucos anos depois do golpe de 1973, a ditadura havia praticamente eliminado a proteção comercial e aberto as portas do mercado financeiro chileno. A economia seguiu aos trancos e barrancos durante a crise da dívida, mas, depois de 1985, o regime militar voltou ao caminho da integração econômica. Naquele momento, o Chile gozava de uma vantagem de dez anos em relação ao resto da América Latina, com privatizações, abertura do comércio e integração financeira; adotando variantes comparativamente radicais da nova ortodoxia, tais como a eliminação dos fundos públicos de pensão em favor de um sistema de seguro social privado. Com a eleição democrática de um governo civil, em 1989, a desconfiança com que muitos latino-americanos viam o exemplo chileno foi superada. Quando a coalizão de centro-esquerda optou por dar continuidade às políticas voltadas para os mercados, a má fama de tais políticas – devido à sua associação com o regime sanguinário de Pinochet – foi amenizada.

A manobra do Chile em direção às exportações começou a render frutos na década de 1990, quando a economia dobrou de tamanho; em 2000, o Chile era o país mais rico da América Latina. Esse crescimento se deveu aos laços formados com o restante da economia mundial: no fim do século, o comércio internacional do país somava US$30 bilhões ao ano e os investimentos estrangeiros outros US$5 bilhões; muitas vezes os valores anteriores. O novo Chile globalizado se aproveitou dos transportes e das comunicações a longa distância para se especializar em alguns nichos pouco usuais. A costa do país, extensa e irregular, mostrou-se perfeita para a criação do salmão e, começando do zero, em 1986, o Chile se transformou rapidamente no segundo maior exportador mundial do peixe, fornecendo mais da metade do salmão comprado pelos experientes consumidores japoneses. A localização do país, no hemisfério sul, e o clima temperado são ideais para o cultivo de frutas de verão durante o inverno norte-americano e europeu, e ao longo de 20 anos o país triplicou as terras dedicadas ao cultivo das frutas, triplicando também o rendimento dessas terras. Os consumidores dos países ricos passaram a considerar natural comprar uvas e pêssegos chilenos no mês de dezembro. Em 2000, o Chile estava ganhando cerca de US$4 bilhões por ano, vendendo produtos desenvolvidos recentemente no país. O processo serviu como parâmetro de como a integração econômica estimula a especialização: as possibilidades de exportação levaram os agricultores a expandir a produção de frutas e os empreendedores a se lançar na indústria da criação do salmão.

Em menos de dez anos, o restante da América Latina seguiu o exemplo do Chile e ingressou nos mercados mundiais. O México, segunda economia da região depois do Brasil, liberalizou o comércio e as políticas de investimento depois de 1985. Durante a década de 1990, as mudanças na política doméstica e a criação do Nafta transformaram o México de um país auto-suficiente, que substituía importações, em uma nação de mecanismos livres e livre comércio, parte integrante da economia da América do Norte. Em apenas dez anos, o comércio total do país praticamente quadruplicou; as vendas de manufaturados no exterior dispararam de cerca de US$10 bilhões para US$120 bilhões, enquanto os investidores estrangeiros despejavam US$20 bilhões ao ano no membro do Nafta que pior remunerava seus trabalhadores. Enquanto a metamorfose era particularmente edificante no caso do México, virtualmente toda a América Latina seguiu o exemplo.

O sociólogo marxista assume o poder

Fernando Henrique Cardoso tornou-se ministro da Fazenda do Brasil em 1993, depois de décadas de teorização, produção escrita e debates sobre desenvolvimento. Ele foi iniciado na política praticamente desde o seu nascimento, em 1931 – seu avô e seu pai foram influentes generais brasileiros, e sua família incluía vários líderes políticos –, mas, ainda jovem, Fernando Henrique escolheu a vida acadêmica e adotou o marxismo e o socialismo em vez do nacionalismo brasileiro tradicional de sua família.[10]

Fernando Henrique dedicou-se à pesquisa acadêmica depois da faculdade, na década de 1950, e estudou sociologia no Brasil e na França. Sua tese de doutorado examinou as relações raciais no Brasil, e depois, em um de seus principais projetos, ele investigou o comportamento político dos capitalistas brasileiros. Foi membro fundador do mais famoso grupo brasileiro de estudos marxistas e, depois do golpe militar de 1964, aos 33 anos, fugiu do país para o Chile, onde escreveu uma série de estudos de grande influência para o desenvolvimento da América Latina. Depois de um período na Universidade de Paris, retornou ao Brasil em 1968 para lecionar na Universidade de São Paulo, a USP, até ser obrigado, pela ditadura militar, a deixar o cargo. Com o apoio da Fundação Ford, FHC e vários outros acadêmicos desempregados fundaram em São Paulo um respeitado centro de pesquisa de ciências sociais. No começo da década de 1970, Fernando Henrique era conhecido no mundo todo como um estudioso do desenvolvimento – e como um intelectual quase sem envolvimento com a prática política. Na verdade, Fernando Henrique Cardoso aderiu a um marxismo radical que praticamente rejeitava e com certeza não se engajava no ambiente político dominante na América Latina.

O marxismo de FHC era revolucionário – "a questão relevante", escreveu, "é como construir caminhos para o socialismo"[11] –, mas diferentemente de muitos outros da esquerda, ele acreditava que o Terceiro Mundo poderia se desenvolver. FHC representava um dos lados dos violentos debates da década de 1960 e 1970, entre marxistas e neomarxistas. De um lado, os linha-dura, adeptos da teoria da dependência, para os quais o atraso do Terceiro Mundo era uma conseqüência da ordem econômica dominada pelo imperialismo norte-americano e europeu. Segundo eles, o colonialismo havia retardado o desenvolvimento da África, Ásia e América Latina, e o imperialismo das corporações multinacionais atrasava o crescimento dessas regiões de maneira semelhante. A única alternativa seria uma revolução socialista enérgica, embora alguns admitissem que o nacionalismo extremo e o fechamento da economia pudessem ajudar.

Ao mesmo tempo em que FHC concordava que as opções dos países em desenvolvimento eram limitadas, ele sustentava a existência de mais margem de manobra do que os teóricos linha-dura imaginavam: "A dependência", afirmava, "não impede o desenvolvimento." Para aqueles que viam o socialismo como a única alternativa para o subdesenvolvimento, FHC acreditava que um governo modernizador poderia ter o apoio da classe média, dos capitalistas progressistas e dos trabalhadores. A base do seu estudo sobre a sociedade e os empresários brasileiros seria a idéia de que os governos podiam criar economias capitalistas locais que não fossem simples apêndices do império norte-americano. Em tudo isso, FHC foi fortemente influenciado pela experiência da ditadura brasileira. A partir de 1967, a economia do país triplicou de tamanho em menos de 15 anos. FHC não duvidava que o país estivesse se desenvolvendo, apesar das imperfeições da natureza antidemocrática do Estado brasileiro e da comunidade empresarial.

Enquanto alguns encaravam o contato com a economia mundial como um obstáculo a ser superado pelos países em desenvolvimento, FHC afirmava que esse era um aspecto fundamental do crescimento e rejeitava a visão dos comunistas e de outros da esquerda de que os capitalistas locais fossem membros nacionalistas de uma aliança antiimperialista. Ele sustentava que:

> As classes dominantes, dada a crescente internacionalização da produção, são forçadas a negociar com os que representam os interesses externos e a reorganizar o sistema interno de exploração econômica de forma a competir em condições de igualdade dentro da nova realidade.[12]

Na maior parte da América Latina, escreveu: "O Estado abraça a aliança entre os interesses dos setores internacionalizados da burguesia e aqueles das burocracias públicas e empresariais. A burguesia local se relaciona com esses setores."[13] Essa aliança pode ter tendências autoritárias ou outras tendências retrógradas, mas também poderia impulsionar os países pobres para um desenvolvimento rápido.

Os acontecimentos logo deram a FHC a oportunidade de testar sua teoria: de que o governo certo, com as políticas certas, poderia curar algumas das enfermidades do subdesenvolvimento. Até o início da década de 1980, a má gestão econômica havia conduzido o Brasil à hiperinflação crônica e à crise, embora a elite empresarial parecesse ávida por mudanças e a ditadura militar, antes orgulhosa, estivesse abandonando o poder, ainda que de forma desorganizada. Em 1978, beneficiando-se da abertura política, FHC concorreu ao Senado pelo estado de São Paulo como candidato da oposição. Ficou em segundo e quando o vencedor se tornou governador do estado, em 1982, as leis brasileiras o fizeram senador. Perdeu um duro embate na campanha pela Prefeitura da cidade de São Paulo, em 1985, mas continuou como senador proeminente e foi líder da Assembléia Constituinte que redigiu a nova Constituição democrática do país. Posteriormente, FHC tentaria transformar suas idéias radicais em reformas políticas:

> Sou favorável à abolição do sistema de exploradores e explorados! Mas essa é uma questão de fé, que talvez tenha uma importância biográfica ou moral. O importante é desenvolver uma atitude política, e não moralista. O importante é saber quais forças se movimentam numa dada direção, para introduzir o ato de fé na realidade da situação atual.[14]

A avaliação de FHC sobre a "realidade da situação atual" o levou a exigir que o Brasil se livrasse do protecionismo e do estatismo. Ele discursou no Senado, em janeiro de 1988:

> Escolher o desenvolvimento implica um processo que, por falta de um nome melhor, chamarei de "modernização", mas que na verdade é a "globalização" da economia ... O Brasil não pode se isolar anacronicamente, com uma política autárquica obsoleta, que corre o risco de transformá-lo num imenso Camboja.[15]

Enquanto isso, o sistema político brasileiro estava em crise. O primeiro governo civil não conseguiu resolver os problemas econômicos do país. Em 1990, Fernando Collor de Mello, na época um político provinciano e pouco conhecido, foi eleito presidente. Dois anos depois de tomar posse, Collor sofreu um *impeachment* por corrupção, desonestidade e incompetência. Alguns anos antes, FHC ajudara a criar o novo Partido da Social Democracia Brasileira (PSDB) e os socialdemocratas participaram do governo após o *impeachment*. FHC tornou-se ministro das Relações Exteriores, em 1992, e, em 1993, foi nomeado ministro da Fazenda. O político ingressou no governo em um momento crítico: a inflação estava acima de 2.000%, a produção industrial havia caído quase 20% em três anos e o comércio brasileiro estava estagnado. Uma sucessão de planos de governo para controlar a crise fracassou e o característico otimismo do país estava no fim.

Em 1994, como ministro da Fazenda, FHC apresentou mais um plano, chamado Plano Real em função da nova moeda, fixada no valor de um para um em relação ao dólar. O plano foi bem-sucedido onde outros haviam falhado, já que diferentemente dos anteriores, FHC desejava impor medidas austeras. A inflação caiu rapidamente e a economia permaneceu forte. Em meio à euforia inicial do Plano Real, FHC foi eleito presidente do Brasil. Uma vez no cargo, apressou as reformas econômicas, reduziu as barreiras comerciais, intensificou o comprometimento do país com a união aduaneira do Mercosul com Argentina, Paraguai e Uruguai e vendeu uma centena de bilhões de dólares em empresas públicas, incluindo empreendimentos emblemáticos, como companhias elétricas, empresas de telecomunicações, siderúrgicas e ferrovias. Em quatro anos a inflação estava abaixo de 10%, o comércio brasileiro havia dobrado, a economia crescia e parecia um ímã para os investidores estrangeiros, atraindo dezenas de bilhões de dólares a cada ano.

Os antigos companheiros de esquerda de FHC criticaram duramente a opção dele pelo comércio e pelos investimentos internacionais, bem como o seu entusiasmo em desmantelar grande parte do setor público. O presidente rejeitou as críticas como: "Pura pose, em um plano puramente ético ... Eles não enxergam a realidade, não enxergam os padrões sociais reais, não enxergam o que está mudando. Eles não enxergam nem mesmo os fatos. Isso impede a ação política."[16] FHC insistia na necessidade de se adaptar às mudanças de realidade, mesmo mantendo seus princípios. "Devemos continuar sendo, dessa forma, socialistas", disse ele, em 1997, "preocupados com o social. Mas isso não pode ser feito de uma forma antiquada, como se fosse possível por um ato de vontade política, apertar um botão e fazer as coisas acontecerem."[17]

Fernando Henrique foi um mestre da prática política. Tornou-se o primeiro presidente eleito, em 40 anos, a completar o mandato; e em 1998 conseguiu um segundo período no governo. Em 1998-1999, as crises cambiais ameaçaram a gestão econômica do governo, mas o professor de sociologia marxista teve êxito onde tantos outros haviam falhado. O governo FHC domou a inflação e um setor público desgovernado, destruiu barreiras comerciais e pôs a economia do país na direção dos mercados mundiais. O presidente abandonou sua convicção de que suas ações políticas deviam ser coerentes com seus compromissos teóricos, afirmando que ele:

> Estava permitindo que os setores mais avançados do capitalismo prevalecessem ... Esse certamente não é um regime a serviço do capitalismo monopolista nem do capitalismo burocrático, mas serve àquele capitalismo competitivo diante das novas condições de produção. Ele é, nesse sentido, socialmente progressista.[18]

Depois da "década perdida" de 1980, com a crise da dívida, a depressão econômica, a hiperinflação e a desorganização política, o Brasil de FHC havia se transformado em menos de dez anos. O governo de Fernando Henrique desmantelou o papel dominante do Estado na produção e eliminou a maioria dos controles sobre o comércio exterior. As empresas brasileiras entraram nos mercados do globo com um entusiasmo nunca visto desde o *boom* do café da década de 1920, ao passo que os investimentos estrangeiros inundavam o país com o mesmo vigor. O Brasil deu um salto; do quase isolamento econômico para um vigoroso engajamento, liderando o terceiro maior bloco comercial do mundo. Era muito cedo para confirmar a hipótese do professor marxista – de que um bom governo e a globalização poderiam levar ao desenvolvimento econômico –, mas o Brasil passou a ser uma parte incontestável da divisão internacional do trabalho em progresso.

A Europa oriental se une à ocidental

Depois da queda do muro de Berlim, muitos se perguntavam se algum dia as antigas nações comunistas da Europa Central e do Leste alcançariam a parte ocidental do continente, do ponto de vista econômico. A resposta para essa pergunta é ambígua por várias razões. Primeiro, não é fácil avaliar as estatísticas, tanto aquelas da era da planificação econômica quanto as posteriores, de fluxos incrivelmente rápidos. Até o fim do século, não se havia chegado a resultados precisos. Além disso, é difícil comparar os padrões de vida numa economia planificada com os de uma economia de mercado; como podemos comparar a seguridade social do berço à tumba do comunismo com a liberdade de consumo e trabalho do capitalismo? Por fim, as experiências das economias em transição variaram muito: entre 1990 e 2000, a Europa central e os Estados bálticos se saíram muito melhor do que a maioria das repúblicas que formavam a antiga União Soviética.

A década de 1990 foi tremendamente difícil para toda a Europa Central e do Leste e, em especial, para a antiga URSS. Os otimistas apontam uma série de países que obtiveram grandes conquistas: Polônia, Hungria, República Tcheca, Eslováquia e Eslovênia, juntamente com o país báltico da Estônia. Mesmo entre essas vitrines do capitalismo, a Polônia foi o único caso inquestionável de melhoria; sua economia cresceu mais de 30% entre 1990 e 2000. No restante da região, em 2000, o produto per capita mal alcançava os níveis de 1989. As medidas convencionais de crescimento econômico não mostraram evidências claras de que esses países em transição estivessem convergindo para o padrão de vida da parte ocidental.

Entretanto, os países da Europa central (e talvez os bálticos) começaram a se equiparar à Europa ocidental de diversas formas. Uma delas foi política, com a consolidação da democracia e dos Estados de bem-estar social ao estilo europeu. A outra foi institucional, na medida em que o trabalho de estabelecer bases legais e políticas já havia sido completado pelo capitalismo. Sistemas financeiros, redes comerciais e gestões regulatórias se desenvolveram para promover as novas economias. Por fim, e talvez o aspecto mais importante, esses países entraram na órbita econômica da União Européia, reorientaram suas economias no sentido oposto ao da União Soviética e de seus aliados e se lançaram entusiasticamente no mercado único da Europa ocidental. Depois de negociarem os termos de uma eventual entrada na UE, as nações mais avançadas da Europa central implementaram políticas européias e se prepararam para uma associação plena à União. Buscaram meios de aproveitar suas características geográficas e econômicas para atrair investimentos estrangeiros e vender seus produtos nos mercados ocidentais.

Alguns países da Europa central tinham uma vantagem. Hungria, Polônia e Eslovênia haviam sofrido reformas substanciais durante o período da planificação econômica e já estavam familiarizadas com o ambiente empresarial competitivo – ainda que não tão competitivo quanto o do verdadeiro capitalismo. A antiga Tchecoslováquia tinha experiência industrial de longa data, pois a região fora uma das principais áreas fabris da Europa durante aproximadamente um século, e alguns dos seus produtos permaneceram bem cotados, mesmo durante o período comunista. A Estônia, com afinidades lingüísticas e culturais com seus irmãos finlandeses, era uma espécie de passagem para o Ocidente mesmo sob o domínio soviético.

Ainda assim, os céticos duvidavam da capacidade do povo da Europa central de se adaptar a uma ordem social capitalista com a qual somente os mais velhos tinham qualquer experiência. Especulavam se as realidades sociais e culturais da região iriam desacelerar a movimentação dos mercados. Entretanto, essa primeira série de países da Europa central deu um rápido salto para a economia de mercado e para os mercados do globo. Isso ocorreu mesmo quando as eleições democráticas levaram os antigos comunistas de volta ao poder, como aconteceu na Polônia e na Hungria. A esquerda se refez, no papel de garantir a socialdemocracia no capitalismo com um lado humano, e concluiu as privatizações, entre outros elementos da trilha dos mercados. Estabilidade política, progresso das reformas, trabalho capacitado e barato e comunidades de negócios ativas tornaram essas economias atraentes para os investimentos corporativos multinacionais. Isso valia tanto para as firmas que desejassem acessar os crescentes mercados consumidores da Europa central e oriental, quanto para as que quisessem usar os países em transição como plataformas para fabricação de produtos baratos para exportação e venda no Ocidente. Ao longo da década de 1990, a Hungria, com uma população de 10 milhões de pessoas, atraiu US$20 bilhões em investimento direto estrangeiro, mais do que a Rússia, com seus 200 milhões de habitantes. A Polônia recebeu US$30 bilhões de empresas estrangeiras e a República Tcheca, US$15 bilhões.

As empresas chegaram à região aos bandos. As da Europa ocidental se movimentaram rapidamente para reconstruir as relações comerciais que tinham sido interrompidas por décadas e para desencavar locais de produção e mercados nas distantes terras da UE, agora redescobertas. As empresas norte-americanas e asiáticas, que buscavam trampolins de baixo custo para o mercado europeu, também agarraram a oportunidade. A Daewoo gastou US$1,5 bilhão para construir duas fábricas de automóveis na Polônia; a Sony estabeleceu fábricas de alta tecnologia de aparelhos eletrônicos para ganhar consumidores na Hungria; a Goodyear comprou uma fábrica de pneus polonesa; a Volkswagen fortaleceu a respeitada indústria automobilística Skoda, da República Tcheca. A sueca Electrolux, líder mundial na produção de utensílios de cozinha, transformou um refrigerador obsoleto produzido pelo Estado húngaro em um modelo para esta indústria.

As empresas da Europa ocidental estavam especialmente ansiosas para comprar as fábricas existentes ou erguer novas unidades na Europa central na tentativa de melhorar sua posição competitiva global. A antiga região comunista de trabalhadores capacitados e mal pagos tornou-se um lugar natural para produzir peças e componentes para a economia industrial integrada da Europa. Em 1991, por exemplo, a Thomson – conglomerado francês cuja divisão de eletrônicos de consumo vendia sob nomes como GE, RCA e Telefunken – arrendou uma fábrica de televisores falida, na Polônia, que mal produzia 100 mil tubos de imagem por ano. Pouco tempo depois, as instalações da Thomson Polkolor, já incrivelmente eficientes, passaram a produzir quase 5 milhões de tubos, 2/3 deles para venda no exterior. No total, a Polônia exportava meio bilhão de dólares em aparelhos de televisão e muito mais em componentes, e metade das exportações do país vinha das afiliadas locais de empresas multinacionais.

No fim do século, a Europa central havia se tornado crucial para a economia européia como principal supridora local de mão-de-obra barata e altamente preparada. As empresas da região forneciam eixos para a Volvo, móveis para a Ikea e equipamentos eletrônicos para a Philips. Os produtos da Europa central eram indispensáveis para os fabricantes europeus, conscientes dos custos necessários para competir com a América do Norte e a Ásia. Assim como o México e a Bacia do Caribe foram atraídos para um complexo de produção integrada na América do Norte, os europeus dos países centrais e orientais estabeleceram uma posição vital na economia industrial européia. Em 1990, quando o Muro de Berlim veio abaixo, poucos teriam previsto que, em 2000, as nações da Europa central estariam integradas à economia da UE.

A nova divisão internacional do trabalho

Legiões de países em desenvolvimento e em transição se puseram em marcha rumo à nova divisão internacional do trabalho, se agrupando segundo as características econômicas com maior probabilidade de sucesso. Os primeiros quatro tigres asiáticos – Coréia do Sul, Taiwan, Hong Kong e Cingapura – usaram os baixos salários para determinar logo no início sua pretensão de produzir manufaturados intensivos em mão-de-obra, como roupas, calçados e móveis. Como o sucesso industrial fez os salários subirem e os tirou desses mercados, os tigres se mobilizaram para se beneficiarem das despesas com mão-de-obra ainda modestas, dos trabalhadores relativamente capacitados e da já considerável experiência fabril. Esses países atingiram um nível industrial considerado médio e passaram a fabricar eletrônicos domésticos e computadores.

Essa nova onda de nações do Leste Asiático – Tailândia, Indonésia e a China, em especial – rapidamente preencheu o lugar no mercado que o grupo anterior havia deixado vago. No ano 2000, havia nações do Leste Asiático adaptadas a todas as categorias da escala de divisão regional do trabalho, desde a mais pobre até a mais rica, das atividades mais intensivas em mão-de-obra até as de mais alta tecnologia, dos trabalhadores menos capacitados aos mais especializados – em outras palavras, da China, passando por Taiwan e Coréia, ao Japão. O Japão era o líder financeiro e tecnológico. Coréia do Sul e Taiwan dispunham de trabalhadores especializados, técnicos e administradores e se concentravam na fabricação de bens sofisticados, como computadores, automóveis e equipamentos eletrônicos. Os que se industrializaram um pouco mais tarde, como a China, em especial, dominavam o mercado de produtos intensivos em mão-de-obra.

Os países em desenvolvimento de todo o mundo buscavam estratégias de sucesso para se converterem em locais de investimento e plataformas de exportação. A localização era um atributo valorizado. A proximidade do México com o mercado norte-americano abria portas para que o país montasse produtos para reexportação, um processo que o resto da Bacia do Caribe tentava imitar. A Europa central apostou em sua habilidade de servir de anexo ao mercado único europeu. Chile e Nova Zelândia transformaram outro aspecto relacionado à localização – o fato de estarem situados no hemisfério sul – numa vantagem para a produção de alimentos frescos fora de época no norte.

Recursos naturais e humanos também serviram de trampolins para o sucesso. Os salários na China eram baixos, assim como ocorria em outros países pobres da Ásia. Brasil e Indonésia contavam com os minerais; Tailândia e Vietnã dispunham da agricultura tropical e aqüicultura. A grande riqueza da Índia, os engenheiros bem treinados que falavam inglês, forneceu a base para uma das principais indústrias do mundo no ramo de softwares.

Os países tragados pela implacável rivalidade dos mercados mundiais eram levados a aguçar suas habilidades competitivas e a se concentrar no que produziam de melhor. Ao fazerem isso, suas economias se tornaram mais eficientes e cresceram rapidamente. Esses foram casos de sucesso, argumentos para a defesa do capitalismo global. As conquistas dessas nações foram reais, em termos de crescimento econômico, de padrão de vida e até – na maioria dos casos – de melhor desenvolvimento social. Alguns discordavam, em função dos custos da transição: crescente vulnerabilidade à volátil economia internacional ou maior penetração das influências estrangeiras. Porém, os entusiastas da globalização do Leste Asiático e da América Latina compartilharam do rápido crescimento econômico do fim do século XX.

19

Os que ficaram para trás

Em 1965, ao comemorar a criação de um novo Estado, a população da Zâmbia tinha motivos para estar otimista. O país era uma das ex-colônias africanas em melhor situação – não era rica, mas era próspera e promissora. Zâmbia e Coréia do Sul apresentavam níveis de desenvolvimento semelhantes, mas a Zâmbia tinha muitas reservas de cobre e seu governo era honesto e gozava de credibilidade, enquanto a Coréia do Sul não tinha nenhum recurso extraordinário, e seus líderes eram desprezados e ridicularizados. A colônia britânica que antes se chamava Rodésia do Norte era uma grande produtora de cobre havia mais de 20 anos, e o presidente recém-eleito na época, Kenneth Kaunda, era popular no país e respeitado no exterior por sua inteligência e seriedade.

Trinta anos depois, a renda do zambiano médio não chegava nem à metade da verificada na época da independência, e Kaunda, desacreditado, foi derrotado nas eleições. Na mesma época, a Coréia do Sul já podia ser considerada 18 vezes mais rica que a Zâmbia, e um zambiano levava, em média, um ano para produzir o que um coreano fabricava em três semanas de trabalho. A Coréia do Sul estava a ponto de ser incluída no mundo desenvolvido, mas a economia de países como a Zâmbia, entre outras semelhantes, havia fracassado tão miseravelmente que foi preciso inventar uma nova categoria: o "Quarto Mundo", países menos desenvolvidos ou "Estados falidos".

A Zâmbia não era um caso isolado. Em meio às promessas de paz e prosperidade típicas do capitalismo global, as últimas décadas do século foram cruéis para os pobres. Os países mais pobres do mundo, em especial os da África Subsaariana, não passaram por melhorias significativas do padrão de vida, e sim por declínios consideráveis em muitos casos. Vários dos países que anteriormente adotavam a planificação econômica central acabaram mais pobres do que antes da transição para o capitalismo. Mesmo entre as nações com melhores resultados, crises de câmbio e de dívida interromperam os avanços econômicos, e as histórias de sucesso da década de 1980 acabaram se revelando menos impressionantes no final. Até o ano 2000, a pobreza afligia cerca de 1/3 dos 5 bilhões de habitantes dos países em desenvolvimento, o que representava alguma melhora desde 1985, pois a parcela da população mundial que vivia na pobreza tinha diminuído, mas o número de indivíduos pobres tinha aumentado em 100 milhões – alcançando 1,6 bilhão.[1]

Os benefícios da integração econômica global não pareciam ter chegado aos bilhões de pessoas que ficaram muito para trás em relação aos ricos. E o fato ainda mais alarmante era que centenas de milhões de indivíduos haviam sofrido quedas reais de padrão de vida: além de não acompanharem os residentes dos países em crescimento, ficaram em situação ainda pior. De 1973 até o fim do século, o produto per capita dobrou nos países capitalistas avançados e triplicou nas nações asiáticas que cresciam rapidamente. Nas economias da África, da Ásia estagnada, da América Latina, da Europa oriental e da antiga União Soviética, chamadas pelo economista Angus Maddison de as 168 "economias estacionárias", o mesmo produto caiu 10%.[2] Esses países abrigavam mais de 1/3 da população mundial e nenhum deles havia feito nada mais interessante do que se agarrar à base da pirâmide do desenvolvimento.

As falhas dos países mais pobres, cujo crescimento no fim do século foi insignificante, praticamente não causaram impacto na ordem econômica mundial, pois essas economias representavam parcelas mínimas do comércio, do investimento e da produção mundiais. Mesmo que as estimativas fossem infladas de forma generosa para refletir um poder de compra real, a África, da Argélia ao Zimbábue, não responderia nem por 3% do produto mundial. A nação mais populosa da África, a Nigéria, com 110 milhões de habitantes, tinha uma economia menor que a da Suíça, com 7 milhões de pessoas. O continente, com sua população de 800 milhões, quase igual à de todos os países industriais da Europa ocidental, América do Norte e Japão somados, tinha uma economia menor que a da Itália ou da Califórnia. Até os eventos econômicos mais terríveis numa proporção tão diminuta da economia global causavam um impacto direto mínimo no restante do mundo.

Apesar disso, a grave situação de 1/4 da humanidade despertava preocupação por dois motivos. O primeiro era moral: não se podia falar seriamente em progresso econômico global enquanto houvesse mais crianças subnutridas na África e no sul da Ásia, em 2000, do que em 1975. O segundo era pragmático: o abismo cada vez maior entre ricos e pobres representava uma séria ameaça até mesmo para os ricos. O ressentimento político entre aqueles que atribuíam seus males sociais ao capitalismo global poderia se converter em hostilidade contra o Ocidente. E de forma mais patética, as sociedades que sofriam com o desastroso atraso corriam o risco de descambar para o caos e a desordem, com conseqüências assustadoras para a saúde e a segurança de seus vizinhos. A acintosa distância entre ricos e pobres exigia atenção mundial – embora raramente conseguisse resposta.

A decepção causada pela transição e reformas

Na virada do novo século, o caminho para o crescimento parecia passar inevitavelmente pela globalização, ainda que esse caminho fosse coberto de decepções. Um grande número de países comunistas e em desenvolvimento havia abandonado o protecionismo e a planificação econômica e seguido os rumos do mercado, ainda que poucos tivessem obtido melhorias substanciais nos padrões de vida. As razões desses desempenhos frustrantes abrangeram desde políticas ruins e deficiências de implementação até falta de sorte e problemas políticos. As decepções revelaram que não havia soluções simples para os problemas do desenvolvimento e que, para se obter sucesso, às vezes era necessário enfrentar obstáculos assustadores.

A resistência à adoção de novas políticas explica algumas dessas decepções. Muitos países demoraram e relutaram em aceitar, mesmo que parcialmente, que a substituição de importações e as estratégias a ela relacionadas não estavam funcionando. O Egito, por exemplo, começou pelo desmantelamento do seu "socialismo árabe" antes de 1980, mas as transformações foram, no máximo, provisórias. A maioria dos esforços egípcios no sentido da liberalização foi incompleta e muitos desses esforços foram revertidos antes de sua implementação total. A questão era política: reformas comerciais e industriais significavam ataques a interesses especiais de burocratas e empresários, enquanto reformas orçamentárias implicavam cortes de programas sociais – processo que alimentava os movimentos de oposição dos radicais islâmicos. O resultado de 20 anos de reformas econômicas apáticas foi um país com 70 milhões de pessoas pouco acima da estagnação econômica.

Do outro lado do mundo, decepções semelhantes se seguiram aos protestos em massa do Movimento Popular das Filipinas, que tirou Ferdinando Marcos do poder, em 1986. O país deu início a uma nova etapa de reformas, e os governos democráticos prometeram desmantelar o "capitalismo de camaradagem"* do regime de Marcos. No caso das Filipinas, as mudanças também

* Termo pejorativo que se refere a relações de favorecimento entre empresários e instituições políticas. (N.T.)

foram difíceis politicamente e implementadas de forma muito lenta, sem nenhum vigor. Os resultados foram tão medíocres quanto no Egito: até o ano 2000, a renda per capita mal alcançava a da época da ditadura de Marcos. O desempenho da nação insular foi particularmente sombrio: em 1980, Filipinas e Tailândia tinham padrões de vida semelhantes, mas até o ano 2000, a Tailândia alcançou uma renda per capita três vezes maior que a das Filipinas.

A região que antes representava o bloco soviético apresentou casos surpreendentes de reformas incompletas e de desencantamento econômico. Ninguém esperava que fosse fácil superar décadas de planificação e de isolamento econômico. Os problemas técnicos e organizacionais envolvidos no estabelecimento de uma economia de mercado eram agravados por obstáculos políticos e sociais. As economias em transição eram caracterizadas por interesses há tempos solidificados. Burocratas, gerentes de fábricas e outros privilegiados sabiam como fazer o sistema trabalhar a seu favor e se utilizavam disso enquanto tudo se desmantelava. Esses grupos bloqueavam as transformações econômicas desfavoráveis, reservando posições monopolistas para si e para suas empresas, além de adquirir o controle dos ativos mais valorizados das companhias que imaginavam que pudessem vir a ser privatizadas.

Enquanto os membros dos antigos grupos dominantes bloqueavam e perturbavam as mudanças econômicas, a população, em geral, demonstrava cautela em relação à economia de mercado. Os habitantes do bloco soviético se tornaram dependentes da estabilidade social do comunismo, do pleno emprego, da educação e dos serviços baratos e à disposição. Com o capitalismo veio o risco, a ameaça da pobreza e até mesmo a fome. O povo não ia se lançar na economia de mercado sem uma rede de proteção, e os governos enfrentavam demandas insistentes por serviços sociais mesmo quando estavam sem recursos. Esses fatores desaceleraram as reformas econômicas em toda a ex-União Soviética e nas nações mais atrasadas dos Bálcãs – Albânia, Bulgária, Romênia e a antiga Iugoslávia.

Foram poucos os que previram o colapso econômico resultante da transição do socialismo para o capitalismo. No ano 2000, na ex-União Soviética, a renda real por pessoa mal atingia a metade do valor verificado uma década antes. Na faixa ao sul da antiga URSS, uma região com 80 milhões de pessoas que se espalhavam de Moldávia, Ucrânia, Armênia, Azerbaijão e Geórgia até a Ásia Central, a economia recuou, chegando a menos de 35% do volume de 1989. Nesses países, o padrão de vida era comparável com o predominante antes da Segunda Guerra Mundial; o colapso do período de transição provocou um retrocesso de mais de 50 anos. Na Rússia e Bielo-Rússia, na Lituânia, na Letônia e em partes da Ásia Central, o produto per capita passou a girar em torno de 50% dos valores pré-reforma, aproximadamente o mesmo patamar de 1960.

Ao longo da década de 1990, na maior parte da antiga União Soviética, a proporção de habitantes vivendo na pobreza passou de 2% para mais de 50%, o que era particularmente chocante se comparado ao histórico de um sistema socialista que oferecia, mesmo com algumas falhas, uma rede de seguro social efetiva, que protegia os cidadãos do horror do empobrecimento. Isso incomodava principalmente o cidadão médio, que passou a conviver com uma miséria galopante, ao mesmo tempo em que butiques de alto nível, boates exclusivas e concessionárias de carros de luxo surgiam aos montes em Moscou, São Petesburgo e Kiev, para servir a uma nova geração de milionários da privatização, os ladrões da nobreza do novo capitalismo.

As condições sociais e de saúde se deterioraram de forma alarmante, em especial na ex-União Soviética. Talvez o aumento do abismo entre ricos e pobres tivesse sido inevitável, já que o sistema socialista do país desmoronava e o mercado crescia como força dominante. Entretanto, o tamanho do abismo e a rapidez com que cresceram as desigualdades entre ricos e pobres chocavam a todos: a Rússia, que tinha uma distribuição de renda praticamente tão igualitária quanto a dos países escandinavos, passou a ter, depois de apenas dez anos, classes sociais tão polarizadas quanto nações da África Subsaariana, como a Zâmbia por exemplo. Até 1998, os 10% mais ricos da população tinham participação duas vezes maior na receita russa do que dez anos antes, enquanto a renda dos mais pobres, cerca de 50% da população, caiu pela metade.[3] Os reveses econômicos afetaram o setor de saúde do país, em parte, porque os gastos na área diminuíram 60%. A expectativa de vida masculina despencou, no início da década de 1990, chegando a 57 anos – índice comparável ao do Paquistão. Em 1999, a taxa global de mortalidade na população de homens era mais de 20% maior que em 1990, um fenômeno sem precedentes nos países modernizados, exceto em épocas de guerra.

Diante da queda brusca do padrão de vida, uma década depois de a antiga União Soviética e seus aliados começarem a jornada para o capitalismo, a opinião pública não demonstrava nenhum entusiasmo com o caminho escolhido. Governos liderados pelo antigo Partido Comunista foram eleitos em diversos países da ex-URSS e do Leste Europeu, muitos com uma nova roupagem socialdemocrata ao estilo ocidental. Contudo, o fato de países como Lituânia, Polônia, Ucrânia e Hungria elegerem governos comunistas por livre escolha poucos anos depois da queda do Muro de Berlim era surpreendente. O apoio desses países aos comunistas de outrora, em todo o antigo bloco soviético, refletia em larga medida algumas convicções: que a transição para o capitalismo tinha sido dura demais; que seus custos sociais eram altos demais; e que os comunistas iriam restabelecer o equilíbrio entre os mercados e as políticas sociais.

A Estônia e o Uzbequistão foram os dois únicos países do antigo bloco soviético cujas economias praticamente haviam recuperado os níveis de 1989. Os dois representavam extremos: a Estônia era a mais européia das repúblicas soviéticas, e o Uzbequistão, um dos países com maior influência muçulmana; a Estônia havia passado por um processo de reformas e redemocratização dos mais complexos, e o Uzbequistão era um dos regimes mais autoritários e com menos mudanças na economia. As causas do relativo sucesso de ambos – se é que uma árdua batalha de dez anos pela sobrevivência pode ser considerada um sucesso – eram diametralmente opostas: a Estônia foi bem-sucedida por ter reformado quase tudo, e o Uzbequistão foi bem-sucedido por ter reformado quase nada. No entanto, os dois países eram exceções, pois o resto do que foi a União Soviética seguia tropeçando no caminho das mudanças políticas e econômicas incompletas e perdendo cada vez mais terreno em relação ao Ocidente.

As condições no restante do bloco soviético não eram tão terríveis, tampouco animadoras. Os países da Europa Central e do Leste adotaram a economia de mercado com veemência; suas economias perderam menos força e se recuperaram mais rapidamente, de forma que até o ano 2000, o padrão de vida havia retornado aos níveis anteriores, ou até os superado em alguns casos. As economias mais atrasadas dos Bálcãs, que sofreram menos reformas, estavam, em média, 25% mais pobres do que durante a era comunista. Assim como ocorria na antiga URSS, os extremos de prosperidade e pobreza proliferavam. Muitos achavam difícil aceitar que levaria décadas para se aproximarem do padrão de vida predominante a poucas centenas de quilômetros de distância, do outro lado do Danúbio. Milhões de europeus fugiram do leste para o lado ocidental, juntando-se aos turcos e aos imigrantes do norte da África na busca por subempregos em cidades como Madri ou Berlim.

Desesperados, indivíduos de toda a região também aderiam em bandos a fundos de investimentos do tipo faça-fortuna-rápido. Só na Romênia havia 600 redes desse tipo; a maior delas, Caritas, prometia dobrar o dinheiro do investidor em três semanas e atraiu 20% da população antes de falir, deixando mais de US$1 bilhão em dívidas irrecuperáveis. Na Albânia, o país mais pobre da região, as pirâmides captaram metade da população, chegando a se equiparar com a economia nacional. Quando faliram, como era inevitável, o pânico financeiro resultante, a crise política e o descontentamento nas ruas forçaram o governo albanês, que tinha muitos membros e adeptos envolvidos com os esquemas, a cobrir alguns investimentos a um custo equivalente a 3/4 do orçamento anual. A facilidade com que esses esquemas clássicos atraíram os russos, tchecos e búlgaros refletia um misto de decepção diante da realidade das sociedades de mercado com a ilusão do que uma economia de mercado podia oferecer.

Ao mesmo tempo, na América Latina, o clima também era de decepção, pois a globalização gerou menos resultados tangíveis do que seus defensores esperavam. A maior parte da região seguiu os conselhos do Ocidente com mais lealdade do que os adeptos do Consenso de Washington ousariam esperar. No entanto, muitas economias regionais estavam estagnadas ou em recessão. Depois de 15 anos de estabilização, ajustes e reformas econômicas, só um país da América Latina, o Chile, tinha um produto per capita indiscutivelmente maior em 2000 do que em 1980. Alguns países podiam ter crescido um pouco, mas de uma forma geral só se via decadência. Isso foi desgastante para nações como o México e a Argentina, considerados modelos no processo de privatização, na liberalização do comércio e na integridade macroeconômica. Depois da terrível "década perdida" de 1980, ambos implementaram reformas radicais que prometiam um crescimento revigorado, mas a realidade decepcionou: se é que a década de 1990 obteve algum crescimento, ele foi erodido pelas crises e recessões recorrentes.

Alguns dos problemas da América Latina foram causados devido à adoção de novas políticas de forma incompleta ou insuficiente. Por exemplo, alguns países abriram as portas para as finanças internacionais impulsivamente, sem antes modernizar estruturas financeiras e regulamentações internas. Algumas vezes, os fluxos de capitais resultantes sobrecarregavam o sistema bancário nacional e ajudavam a deflagrar crises bancárias devastadoras. Em outros locais, os governos se encontravam num impasse entre a ambição de manter a moeda forte para controlar a inflação e a vontade conflitante de desvalorizar a moeda para estimular exportações. Isso levou a crises cambiais – México, em 1994; Brasil, em 1998-1999; e Argentina em 2001-2002 – que interromperam o crescimento. A transformação da região levou as indústrias locais a melhorias de qualidade e a avanços tecnológicos, aumentando as opções para o consumidor. Além do mais, a experiência do Chile, onde as reformas só renderam frutos 15 anos mais tarde, enchia de esperança o restante da região. Mesmo assim, a decepção permeava a América Latina no início do novo século.

A experiência da década de 1990 demonstrou o sofrimento e as dificuldades de décadas de falta de dedicação a políticas econômicas. As relações econômicas, políticas e sociais tinham se desenvolvido sob a velha ordem da substituição de importações e da planificação econômica centralizada, e era complicado desfazer tais políticas. Mesmo os países que contavam com um relativo apoio interno para implementar reformas e transformações políticas, como em grande parte da América Latina e da Europa central, o crescimento foi lento ou negativo. Na maior parte da antiga União Soviética e dos Bálcãs, onde havia menos entusiasmo com as reformas e menos disposição para os sacrifícios que exigiam, havia o risco de uma estagnação a longo prazo. Na virada do século XXI, a globalização continuava sendo apenas uma promessa para muitas das economias em transição e dos países em desenvolvimento que haviam optado por ela.

Desastres do desenvolvimento

Enquanto as experiências econômicas da América Latina e do extinto bloco soviético decepcionaram, em outras partes do mundo em desenvolvimento ocorreu um verdadeiro desastre. As catástrofes econômicas se deram principalmente na África Subsaariana e no Oriente Médio, com alguns outros casos isolados na Ásia e na Bacia do Caribe. Regiões do mundo em desenvolvimento caíram em um abismo de pobreza e desespero extremos.

O declínio mais assustador ocorreu na África, mas nem todos os países do continente tiveram performances desastrosas. As nações do sul – como África do Sul, Suazilândia, Botsuana e Namíbia – e alguns países mediterrâneos do norte – como o Gabão e o Congo, dois minúsculos produtores de petróleo – estavam em condições três ou quatro vezes melhores que a média das outras economias. Entretanto, as 43 nações restantes juntas, ou seja, meio bilhão de africanos, eram as mais pobres do mundo e continuavam empobrecendo; entre 1980 e 2000, a renda média nessas regiões caiu 25%. O entusiasmo e o otimismo das nações africanas que haviam conquistado a independência na década de 1960 transformaram-se em um fracasso sem precedentes, já que a maioria delas chegou ao fim do século mais pobre do que era na época da independência.

Essas nações empobrecidas da África seguiram caminhos diversos para o retrocesso econômico. Algumas puderam alegar fatores além de seu controle. O aumento do preço mundial do petróleo criou sérios problemas para os países dependentes desse tipo de importação, e o mesmo efeito teve o declínio nos preços das principais *commodities* de exportação, entre elas o cacau e o cobre. Alguns acadêmicos afirmam que o clima e as doenças tornavam os trópicos particularmente desfavoráveis para as atividades econômicas modernas; doenças infecciosas como a malária são de difícil controle e o calor extremo aliado a chuvas torrenciais tornam as condições de trabalho adversas. Outros enfatizam as dificuldades inerentes em termos de transportes, agravadas pelas estranhas fronteiras impostas pelos colonizadores. O fato é que a maioria dos países africanos é tropical, sem saída para o mar, ou ambos.[4] Por mais que o desenvolvimento desses países miseráveis fosse desanimador diante das condições enfrentadas, as experiências vividas foram bastante variadas. Podemos comparar, por exemplo, os casos de países parecidos em que o primeiro se saiu bem e o outro fracassou: Botsuana-Zâmbia; Gabão-Zaire; Tailândia-Burma. Muitos países conseguiram se ajustar ao ambiente de alta nos preços das importações ou de queda nos preços das exportações. O fato de alguns países terem se saído melhor que outros, embora tivessem se especializado nos mesmos produtos, leva a crer que a condenação à penúria não pode ser explicada por limitações geográficas.

Os conflitos regionais do período pós-colonial – fossem políticos, étnicos ou de outra natureza – tiveram um preço. Angola foi assolada pela guerra civil imediatamente após a independência de Portugal, em 1975, quando facções regionais, ideológicas e étnicas lutavam pelo controle do país. Apesar dos extraordinários recursos naturais – petróleo, diamantes, café –, 25 anos de guerra condenaram o país a terminar o século 60% mais pobre do que na época da independência. No outro extremo do continente, a população da Etiópia mal teve tempo de comemorar a derrubada de Haile Selassie, em 1974, pois o país mergulhou em conflitos que duraram 15 anos – primeiro ao longo do novo regime militar e depois entre o governo e grupos rebeldes. A vitória dos rebeldes, em 1991, instaurou a paz por alguns anos, mas em seguida estourou a guerra contra a Eritréia. Nações como Angola e Etiópia, entre vários outros países pobres, investiram tanto tempo, energia e dinheiro em conflitos civis e militares que o simples fato de ter restado pouco para o desenvolvimento econômico não gera qualquer surpresa.

E, por fim, havia a nova categoria dos "Estados falidos", países que deixaram de ser entidades organizadas. A denominação foi controversa, mas nações como Afeganistão, Somália, Libéria, Iêmen e Serra Leoa mergulharam em algo muito próximo da anarquia por longos períodos. Não havia governos estabelecidos, apenas terror e falta de leis; um colapso da ordem social sem qualquer perspectiva de superação. O lento crescimento econômico não era nada se comparado ao assassinato de centenas de milhares de civis por bandos de saqueadores ou ao genocídio que destroçou Ruanda.

Apesar disso, não é possível afirmar que essas tragédias determinaram os desastres econômicos dos países menos desenvolvidos. As deficiências econômicas em geral foram as *causas*, não as conseqüências, de guerras civis e derrubadas de governos, dado que a incapacidade das lideranças de garantir as necessidades básicas às populações levava ao colapso constante da autoridade. O fato de países como Gana, Haiti, Sudão, Libéria, Afeganistão e El Salvador serem mais pobres em 1980 do que 20 anos antes foi a principal fonte dos conflitos que assolaram essas e outras nações após 1980. Quais foram as causas dos desastres de desenvolvimento do fim do século XX? Os acontecimentos externos e as incontroláveis lutas internas influenciaram, mas as crises foram produzidas por fracassos de governo, não pela força das circunstâncias.

A jornada da Zâmbia

Kenneth Kaunda levou a Zâmbia à independência e continuou no comando do país por quase 30 anos. Apesar de sua eficácia política durante a luta pela libertação e de uma dedicação aparentemente sincera ao bem-estar da população, Kaunda presidiu um fracasso econômico de proporções catastróficas.

A triste saga teve um início movimentado. Kaunda era o oitavo filho de um pastor presbiteriano. Veio de uma região onde hoje é o Maláui. Quando nasceu, em 1924, seus pais eram missionários na colônia britânica da Rodésia do Norte (atual Zâmbia). A década de 1920 foi marcada por dois importantes desenvolvimentos: primeiro, o término da concessão da Companhia Britânica da África do Sul na Rodésia do Sul (atual Zimbábue) e a tomada do controle da colônia independente pelos colonizadores brancos; e, depois, a descoberta de cobre na Rodésia do Norte. Até o início da década de 1940, o setor de cobre da Rodésia do Norte crescia rapidamente, e a Rodésia do Sul contava com uma agricultura próspera, controlada pelos brancos. Kenneth Kaunda formou-se na única escola secundária da colônia que aceitava africanos e começou a trabalhar como professor, tornando-se muito atuante em grupos assistenciais e em organizações de luta pela independência.

Ao longo da década de 1950, os ativistas africanos anticolonialistas passaram a lutar contra os colonos brancos e contra o governo britânico, que desejavam unificar a Rodésia do Sul, a do Norte e a Niassalândia (atual Maláui) numa só federação controlada pelos colonizadores. Kaunda e outros africanos se opuseram ao plano com fervor, em grande parte sob a liderança do Congresso Nacional Africano (CNA). Após a criação da federação, em 1953, ele se tornou secretário-geral do CNA. Nos cinco anos seguintes, foi um dos principais líderes da organização, promovendo desde boicotes a lojas que praticassem a segregação racial até a desobediência civil. Como editor da revista do CNA, Kaunda foi preso por dois meses. Por fim, entrou em conflito com a ala moderada do CNA e criou um grupo próprio, o Congresso Nacional Africano da Zâmbia. Foi preso novamente pelos britânicos, em 1959, e quando saiu da cadeia passou a liderar o recém-criado Partido Unido da Independência Nacional. Em 1964, com a divisão da federação – a Niassalândia virou Maláui, a Rodésia do Norte se tormou Zâmbia e a Rodésia do Sul passou a ser comandada pelos brancos –, Kaunda venceu as eleições livres e tornou-se presidente do país.

A Zâmbia tinha tudo para prosperar: extraordinárias riquezas minerais e uma liderança hábil e comprometida. O cinturão do cobre se estendia por mais de 160 quilômetros, ao longo da fronteira com o Congo, e abrigava uma série de cidades e povoados prósperos dedicados à mineração. Como era dito, o novo país havia "nascido em berço de cobre".

Mas os estáveis ganhos provenientes das minas de cobre tiveram conseqüências perversas sobre o desenvolvimento da economia a longo prazo. O governo, prevendo que o dinheiro do cobre continuaria fluindo para a economia do país, não sofria pressões para desenvolver outros setores produtivos. Os lucros fáceis gerados pelo cobre encorajavam os zambianos a investir grande parte do seu tempo no metal. Os mineiros esperavam altos salários, os moradores das cidades queriam empregos bem remunerados no governo e comida barata, e os zambianos, em geral, contavam com os programas sociais e a proteção política. Como filhos de pais ricos, que se dedicam a gastar a herança em vez de descobrir como ganhar o próprio dinheiro, os zambianos gastaram o dinheiro fácil da mineração em vez de planejar um futuro econômico que não dependesse exclusivamente dessa riqueza mineral.[5]

Nos dez primeiros anos após a independência, aproximadamente, o novo governo tomou as rédeas da sociedade zambiana com segurança. Kaunda expôs uma abordagem equilibrada do desenvolvimento econômico ao público inglês, um ano depois da fundação do país:

> O principal objetivo do nosso programa de desenvolvimento econômico é tornar a economia menos dependente dos minerais e, ao mesmo tempo, garantir uma evolução econômica o mais abrangente possível. Mas não podemos fazer isso interrompendo o desenvolvimento das atividades minerais, pois precisamos desses lucros para obter moedas estrangeiras. E o estímulo à produção mineral deve ser feito com equilíbrio; pois de outra maneira estaríamos agregando apenas um diferencial de receita aos ingressos já excessivos.[6]

O governo de Kaunda incentivou o desenvolvimento do setor de cobre enquanto tentava controlar as operações das empresas mineradoras estrangeiras que feriam os sentimentos nacionalistas.[7] As empresas de mineração eram obrigadas a empregar zambianos em cargos de gerência e a pagar mais impostos ao governo. As novas políticas garantiam empregos à população, que crescia rapidamente, ao passo que o governo passou a gastar mais em programas sociais, educação e saúde.

A Zâmbia, como a maioria dos países em desenvolvimento no fim da década de 1960, não queria mais que os estrangeiros controlassem a produção de matérias-primas. Como a maior parte dos líderes africanos, Kaunda acreditava que um controle rígido da economia era pré-requisito para o progresso social do país. O presidente passou a promover, então, um humanismo que chamou de "diretriz filosófica" da Zâmbia. Adotou o socialismo como "instrumento para a construção de uma sociedade humanista".[8] Com o objetivo, de acordo com suas próprias palavras, de levar o país "do capitalismo ao humanismo, por meio do socialismo",[9] Kaunda lançou uma nova orientação econômica em 1968 durante um discurso em Mulungushi, próximo à capital Lusaka. Sob o novo programa, o Estado assumiu o controle das minas de cobre e, em poucos anos, o presidente havia nacionalizado diversas empresas de outros setores importantes da economia: indústria, comércio, transporte, construção e outros.

O fundador do humanismo zambiano, no entanto, não acreditava na planificação econômica imposta pelo Estado. Kaunda partia do seguinte pressuposto:

> O setor público irá coexistir pacificamente e cooperar efetivamente com o setor privado. Mas à medida em que a economia for se expandindo cada vez mais, o setor público irá se engajar no estabelecimento de indústrias importantes para a nação, em especial nas áreas onde o setor privado não quer ou não pode participar por qualquer motivo.[10]

O cerne das reformas de Mulungushi era nacionalista, e não socialista. Devido ao tamanho das imensas empresas estrangeiras e do pequeno setor privado da Zâmbia, seria necessário, segundo Kaunda, "conceder aos empreendimentos zambianos certas áreas onde pudessem operar sem a competição das empresas expatriadas". O objetivo era:

> Retirar a dominação estrangeira de nossas vidas econômica, por meio do controle da maioria dos meios de produção e dos serviços mais importantes, estabelecendo, ao mesmo tempo, uma base sólida para o desenvolvimento dos negócios genuinamente zambianos.[11]

Como em toda parte do mundo em desenvolvimento, o governo promoveu a industrialização com base na substituição de importações, protegendo a indústria local com barreiras comerciais fortíssimas.

As minas de cobre nacionalizadas passaram a gerar uma renda enorme para o governo. O cobre era responsável por mais de 90% das exportações, metade da receita do governo e mais de 30% do produto total da economia. O governo gastava a riqueza do cobre livremente para expandir o setor educacional, qualificar os nativos para o funcionalismo público, melhorar a saúde do povo e fortalecer os serviços públicos. Os lucros do mineral também possibilitaram rendimentos mais altos aos poderosos donos de minas do país, que haviam estado à frente do movimento de independência liderado por Kaunda. Os recursos oriundos do cobre permitiram ao governo conceder altos salários aos trabalhadores urbanos e subsidiar os preços da cesta básica. O governo não precisava se preocupar com a falta de competitividade das novas indústrias da Zâmbia, uma vez que o cobre fornecia praticamente todos os ganhos das exportações.

O dinheiro do cobre permitiu à administração de Kaunda solidificar sua base de apoio entre empresários, mineiros, servidores públicos e eleitores em geral. Em 1972, o presidente decretou que, dali por diante, o Estado teria um único partido, com o seu Partido Unido da Independência Nacional (Unip, na sigla em inglês) no poder. O partido concedia proteção em troca de apoio político, dando prioridade aos seus membros e defensores na disputa por empregos no imenso setor público, na concessão de empréstimos baratos e nos serviços públicos; e negando acesso aos transportes, mercados e assistência médica àqueles que não contribuíssem com o partido. Créditos agrícolas eram utilizados para construir a base de apoio do partido e, como disse um filiado, o objetivo era "transformar os melhores homens do partido em agricultores, pois não podemos sustentar quem não pertence ao Unip".[12] As lideranças do grupo se isolaram e expulsaram as alas opositoras, consolidando o controle sobre o sistema político, a burocracia e a mídia.[13] "Até 1975", escreveu o estudioso Michael Bratton, "o Unip havia se transformado de um partido de participação em um partido de controle".[14]

O sucesso de Kaunda começou a desmoronar mesmo com a consolidação do seu Estado de partido único. Os preços do cobre subiram depois da independência e, até 1974, haviam dobrado em relação a 1964. Porém, baixaram consideravelmente depois de 1975, apresentando quedas em alguns anos e, em outros, mal acompanhando a inflação. Preços estagnados se tornaram sinônimo de receitas governamentais estagnadas, mas a base de apoio do governo continuava a exigir privilégios. Logo, a rede de apoio à sua administração começou a se desintegrar, uma vez que o governo não dispunha mais de recursos financeiros para mantê-la unida. Com a depreciação dos preços do cobre, as empresas de mineração do Estado tentaram conter os salários, mas o sindicato dos trabalhadores das minas era poderoso o suficiente para bloquear essa medida. E enquanto as receitas do cobre caíam, o governo precisava aumentar a produção para exportação, mas as manufaturas não tinham a menor condição de competir nos mercados internacionais. O descaso em relação à agricultura havia baixado a produtividade, de forma que 25% da comida do país precisava ser comprada no exterior – mesmo diante da escassez de moeda estrangeira para pagar por essas importações. O inchado setor público, que era responsável por 75% dos empregos formais, precisava ser reduzido, mas os empregados do governo eram altamente sindicalizados, além de serem fundamentais para a manutenção do partido no poder.

As escolhas feitas nos primeiros anos passaram a assombrar Kaunda. O governo havia usado o dinheiro do cobre para comprar o apoio político e a condescendência de mineiros, indústrias protegidas, beneficiários dos serviços públicos, consumidores de alimentos subsidiados e os funcionários públicos. Porém, quando os lucros do cobre diminuíram, a administração de Kaunda precisou reduzir o que repassava aos mineiros, funcionários públicos e outros clientes tradicionais da generosidade governamental. O governo da Zâmbia havia se tornado refém político de sua base de apoio – e não conseguia mais satisfazê-la.[15]

À medida que o governo de Kaunda falia, era forçado a deixar de lado seus compromissos com o desenvolvimento e o bem-estar social. Em outubro de 1985, com a economia em crise e sofrendo pressões do FMI e do Banco Mundial, o governo se voltou para as reformas, liberalizando vários preços, abandonando os controles sobre a moeda, limitando os salários dos funcionários públicos, despedindo empregados do governo e reduzindo os subsídios que mantinham os preços dos alimentos artificialmente baixos – em especial o valor do principal alimento do país, o fubá.

As medidas geraram descontentamento e revoltas populares no cinturão do cobre, além de uma série de greves que por pouco não provocaram a paralisação do país. Em maio de 1987, enfrentando problemas como a degradação contínua do apoio popular e o descontentamento crescente no próprio partido, Kaunda rejeitou as reformas e inverteu o curso. Mas o governo não dispunha dos recursos necessários para satisfazer seus adversários ou mesmo para manter sua base de apoio. Quando os salários ficaram defasados em relação aos preços, as greves e revoltas populares ressurgiram. Frederick Chiluba, o chefe do sindicato dos trabalhadores da federação, aproveitava qualquer oportunidade para atacar o governo e insistia no fim do regime de partido único. Em junho de 1990, ocorreram novas revoltas por causa dos alimentos, e o preço do fubá subiu de novo. Enquanto isso, a já desestabilizada vida política do país ficou ainda mais frágil, em função da epidemia de Aids que assolava a África. Até 1991, mais de 30% de todas as mulheres grávidas que viviam nas cidades eram soropositivas e, segundo as estimativas, 20% dos adultos zambianos estavam contaminados. O governo de Kaunda não apenas dirigiu o colapso da economia, como também teve certa responsabilidade pelas mortes terríveis de grande parcela da população.

O presidente finalmente concordou com a realização de eleições multipartidárias. Em outubro de 1991, o Movimento pela Democracia Multipartidária (MMD, em inglês), comandado pelo líder sindicalista Chiluba, venceu o partido de Kaunda com o triplo dos votos. No cinturão do cobre, Chiluba teve 90% dos votos, mas a derrota foi esmagadora em toda parte; das nove províncias da Zâmbia, Kaunda só venceu em uma. Depois de quase 40 anos como líder nacional, primeiro na luta pela independência e depois como seu único presidente, Kenneth Kaunda deixou o cargo. A Zâmbia havia se tornado bem mais pobre do que na época da independência e uma reviravolta não seria nada fácil.

A catástrofe africana

A Zâmbia não estava sozinha no rol dos colapsos econômicos e das instabilidades políticas. Administrações longas e sistematicamente ruins levaram vários países a ficar para trás. Somente pressões políticas e sociais muito poderosas podiam fazer com que os governos insistissem em políticas tão destrutivas. Por motivos políticos, os governos se empenharam em desestimular os produtores da África a fazerem o que melhor sabiam fazer. Em uma tentativa de deixar para trás o passado e o presente agrários, os governantes passaram a discriminar a agricultura e a favorecer a indústria; tributavam as terras produtivas, levando muitos fazendeiros a abandonar a atividade, mas subsidiavam fortemente os investidores que estabeleciam fábricas de produção invendável nos mercados.

A Tanzânia é um triste exemplo das punições impostas à agricultura e das deficiências da industrialização dirigida. O proeminente líder africano de libertação Julius Nyerere comandou o país direta ou indiretamente da independência, em 1961, até 1990. Nyerere, em seu plano de transformar a tradicional base econômica do país, tentou uma série de iniciativas rurais inovadoras, mas que não puderam superar o extraordinário viés antiagrícola das políticas governamentais para o desenvolvimento, que diminuíram drasticamente os lucros obtidos com o campo. Esse seria um desastre desnecessário para um país que era 90% rural e tinha um potencial considerável para exportar produtos como café, caju e chá.

Enquanto isso, os contribuintes e doadores estrangeiros despejavam dinheiro em empreendimentos industriais que não valiam nada. A fábrica de calçados Morogoro recebeu financiamentos de US$40 milhões do Banco Mundial e foi inaugurada em 1980, com grande estardalhaço. Deveria ser uma das maiores fábricas de sapatos do mundo, com capacidade de produção de 4 milhões de pares por ano, dos quais 3 milhões seriam exportados. As exportações permitiriam que a estatal pagasse o Banco Mundial e gerasse lucros. Contudo, nem o governo nem o Banco Mundial levaram em conta o elevadíssimo custo da energia elétrica na Tanzânia, a baixa qualidade do couro local, as altas tarifas sobre insumos importados e a escassez de mão-de-obra capacitada para trabalhar nas modernas linhas de montagem. Além disso, a fábrica não havia sido concebida para o clima tropical da Tanzânia, com seus pilares de aço, paredes de alumínio e ventilação insuficiente. O empreendimento foi um desastre: a fábrica nunca ultrapassou 4% de sua capacidade, fabricando no máximo poucas centenas de pares por dia; nunca exportou um par de sapatos sequer, pois os produtos da empresa, na verdade, valiam menos que os caríssimos insumos utilizados na produção; e em meados de 1980, a empresa já perdia meio milhão de dólares ao ano, isso sem contar o custo do serviço da dívida do Banco Mundial. Foi dito a um visitante, que conheceu a fábrica no início da década de 1990, que o gerente estava ausente devido a uma depressão causada, em parte, pelo estresse do fluxo constante de pessoas interessadas em visitar um fracasso tão espetacular.[16] A empresa foi vendida para investidores privados no início da década de 1990, mas quem comprou não pôde vencer a insensatez de construir uma indústria de sapatos sobre bases tão frágeis, e a fábrica logo foi fechada.

Projetos industriais ainda piores surgiram por toda a África, incapazes de operar, mesmo com investimentos governamentais de bilhões de dólares. A Morogoro foi praticamente nada se comparada a outros elefantes brancos. A pretensão era transformar a siderúrgica de Ajaokuta, na Nigéria, em um empreendimento emblemático na África, com um contingente de 10 mil trabalhadores. A tarefa devorou mais de US$ 4 bilhões em 20 anos, não chegando a produzir aço algum; estima-se que metade do dinheiro foi parar nos bolsos de sucessivas gerações de figuras públicas e privadas do país. Até o fim do século, cabras e bois perambulavam pela área quase deserta, mesmo quando o governo prometeu despejar mais meio bilhão de dólares no projeto, em mais um esforço de completá-lo.[17] Tudo isso para um suposto benefício de 10% ou 15% da população que vivia nas cidades, enquanto a agricultura afundava cada vez mais na penúria.

Essas políticas governamentais aparentemente perversas tinham por base uma lógica que era originada na abundância de recursos, nas instituições políticas e sociais e nas condições econômicas dos países. As economias políticas coloniais se baseavam nas exportações de produtos primários para as metrópoles: cobre do Congo para a Bélgica, café do Quênia para a Grã-Bretanha, cacau da Costa do Marfim para a França, petróleo de Angola para Portugal. Naturalmente, os adversários do colonialismo eram contra esses laços de exportação e contra quem se beneficiasse deles. Os governos da maioria dos países de independência recente viam as atividades econômicas tradicionais como aviltantes, ao contrário da produção industrial, por exemplo.

O desejo de industrializar países como Tanzânia ou Gana era compreensível, mas ao tentar fazer isso, os governos tiraram o sangue dos fazendeiros. Os preços dos produtos agrícolas foram contidos para que a população urbana pudesse contar com alimentos baratos, enquanto o valor dos produtos e serviços oferecidos nas cidades era altíssimo. Tudo isso acabou provocando o esmagamento dos lucros da agricultura. Afinal, as cidades eram empórios da modernidade, além de constituírem as principais bases políticas dos governos pós-coloniais, incluindo exércitos e burocracias. Nesse cálculo, os novos líderes africanos pensavam exatamente como os defensores da substituição de importações da América Latina, os promotores da industrialização forçada na União Soviética ou os protecionistas norte-americanos do fim do século XIX: a política deveria canalizar recursos para a economia urbana a fim de industrializar os países. Entretanto, a África era muito menos desenvolvida do que qualquer uma dessas sociedades quando começou sua jornada rumo ao desenvolvimento: 90% ou mais da população de vários países vivia no campo ou exercia atividades rudimentares nos setores industrial e urbano. Forçar a queda artificial dos preços dos produtos agrícolas em países como México ou Turquia era uma coisa – pois metade dessas economias era agrícola e metade urbana –, mas quando os agricultores representam 90% de uma nação, o impacto é completamente diferente. Em 1960, uma economia africana média era comparável a países da América Latina ou à Rússia um século antes. Quando foi dada a partida da industrialização soviética e latino-americana, na década de 1930, eles já eram muito mais avançados que a África pós-colonial.

No contexto africano, sugar o campo para modernizar as cidades foi uma prática que gerou praticamente apenas efeitos negativos. Causou o empobrecimento dos fazendeiros e quase não afetou o desenvolvimento industrial; simplesmente havia muito pouca infra-estrutura para começar qualquer coisa. A rede de energia elétrica da Nigéria era tão inadequada que os donos das fábricas menores gastavam, em média, três vezes mais na compra de seus próprios geradores do que todo o investimento em bens de capital. Em vez de melhorar a infra-estrutura econômica, os serviços prestados pelo governo ou os serviços sociais, o dinheiro tomado dos agricultores acabou inflando os salários do setor público, enriquecendo os prósperos e poderosos de forma ilícita ou recompensando os defensores do regime. À medida que os governos impunham regras que transformavam atividades econômicas lucrativas em empreendimentos desvantajosos ou ilegais, o emprego público passava a ser a única opção dos moradores das cidades; cerca de 75% da força de trabalho de Gana trabalhava para o governo.[18]

Após 1960, as economias africanas cresceram por alguns anos, mas a partir de 1975, aproximadamente, os problemas se multiplicaram. A agricultura e a mineração, que antigamente eram os pilares da economia no continente, estavam esgotadas. As indústrias eram fracas e ineficientes demais para oferecer empregos ou oportunidades de crescimento econômico. Os governos gastavam cada vez mais, incluindo fundos de ajuda, para manter os regimes ditatoriais no poder, ou apenas para enriquecer os ditadores. De meados da década de

1970 até o fim do século, a África Subsaariana foi a única região do planeta a vivenciar um crescimento econômico negativo em praticamente todas as dimensões.

Os impressionantes recursos naturais do continente pareciam não ser de grande valia. Pelo contrário, para alguns, foram os fatores que mais contribuíram para o desastre africano. Os governos dos países mais ricos em recursos tinham pouco incentivo para estimular ou empreender os difíceis esforços necessários para garantir a produtividade e a competitividade da agricultura e da indústria, já que podiam simplesmente vender diamantes ou petróleo e viver dos lucros. O fluxo constante de lucros resultantes das minas de cobre ou de plantações de cana-de-açúcar enriqueceu os governantes, recompensou seus partidários e subornou potenciais oponentes. O dinheiro fácil dos produtos primários reduziu a pressão por políticas de desenvolvimento mais modernas e dinâmicas. Enquanto os governos da Coréia do Sul ou de Taiwan não tinham praticamente nenhum recurso natural – e portanto sem alternativa a não ser incentivar os negócios e a educação –, as lideranças do Zaire e de Angola tinham à disposição minerais exploráveis para venda no exterior e pouco incentivo para empreender as difíceis medidas de fomento ao crescimento econômico e ao desenvolvimento de longo prazo. Parecia haver uma "maldição dos ricos em recursos" que arrastava os países para o fundo do poço.

As histórias de horror proliferavam, com casos de projetos e países inteiros fadados ao fracasso. Uma das maiores nações da região, e uma das mais abundante em recursos, o Zaire (hoje República Democrática do Congo), foi virtualmente comandada desde a independência por Joseph Mobutu, cuja extraordinária venalidade gerou um novo termo, *cleptocracia*. Até o início da década de 1980, ele tinha acumulado uma fortuna avaliada em US$4 bilhões – o equivalente a dez anos de exportações do país – e mansões em todo o mundo. Até sua derrubada, em 1997, a população de cerca de 50 milhões de pessoas de um país com dimensão comparável à de nações da Europa ocidental estava entre as mais pobres do globo – possivelmente mais pobre do que cem anos antes.

A experiência do Congo estava mais para regra do que para exceção. Os países da África Subsaariana entraram em uma espiral de colapsos econômicos, sentindo o peso de políticas sofríveis e políticos terríveis. A geografia, os recursos naturais e a história podem ter criado obstáculos para os governos, mas nenhum desses desastres estava fadado a acontecer. Praticamente todos resultaram de pressões políticas poderosas – interesses corporativos, militares, de funcionários do governo ou de partidos dominantes – que tiraram os governos do caminho da promoção do desenvolvimento econômico e social, direcionando-os no sentido de garantir sua própria sustentação no poder. Qualquer governo se preocupa com sua sobrevivência, é claro; mas parece que, ao longo das catastróficas décadas do período pós-colonial na África Subsaariana, as lideranças, ávidas por prolongar suas trajetórias políticas, se tornaram o principal obstáculo à sobrevivência e à prosperidade dos africanos.

Calamidade, privação e desespero

Os insucessos do desenvolvimento em regiões como a África e o Oriente Médio, entre outras, e os escassos atos de caridade do Ocidente reservaram um sofrimento assustador para centenas de milhões de pessoas. As conseqüências da ruína econômica foram sentidas de maneira mais imediata e aguda pelos mais fracos – jovens, velhos e doentes. Em muitos países africanos, uma em cada cinco crianças morria antes de completar cinco anos.[19] Na virada do século XXI, entre 30 e 50% das crianças do sul da Ásia e da África Subsaariana eram subnutridas, cerca de 150 milhões de crianças no total. Metade das mulheres das duas regiões e 1/3 dos homens eram analfabetos, e havia muitos países nos quais o analfabetismo feminino girava em torno de 90%. Mais de 50% da população dessas regiões vivia com menos do que o estabelecido pela linha internacional de pobreza, e em todo o mundo havia 1,6 bilhão de pessoas vivendo abaixo dessa linha.

Os resultados mais impressionantes do fracasso socioeconômico da África Subsaariana foi a epidemia de Aids, comparável às pragas medievais. Em um ambiente em que o estado nutricional e a saúde pública eram precários e o governo negligente, a doença pôde se alastrar com uma velocidade extraordinária durante a década de 1990. No fim do século, quase 30 milhões de africanos estavam infectados pelo HIV; no sul do continente, 25% de todos os adultos eram soropositivos, sendo que em algumas cidades, cerca de 50% das mulheres grávidas testadas estavam infectadas, com risco de metade delas transmitir o vírus aos seus bebês. Doze milhões de africanos morreram de Aids no decorrer da década de 1990 e, quando o novo século começou, mais de 2 milhões morriam da doença por ano, incluindo meio milhão de crianças. Aproximadamente 4/5 de todas as mortes decorrentes da Aids no mundo ocorreram na África e a epidemia gerou mais de 12 milhões de órfãos na região; só na Zâmbia, cerca de 1 milhão de crianças perderam pelo menos um dos pais por causa da Aids.

A África Subsaariana, embora fosse a região do planeta que mais impressionasse por causa da miséria, não estava sozinha. Em dezenas de países, em todos os cantos do mundo em desenvolvimento, o sustento das pessoas se deteriorou consideravelmente nas últimas duas décadas do século passado. A maioria já era pobre e chegou ao fim do século mais pobre ainda. O colapso econômico levou à má nutrição e à desintegração da saúde pública e da educação. Foi também responsável por duros conflitos políticos, incluindo guerras civis e genocídios.

Os fracassos econômicos acarretaram um imenso sofrimento humano, uma crise humanitária monumental. No fim do século passado, um bilhão de pessoas no mundo em desenvolvimento não tinham acesso à água limpa, e mais de 800 milhões estavam subnutridas. Um bilhão vivia em habitações que não atendiam aos padrões mínimos das Nações Unidas. Praticamente um bilhão não tinha acesso a nenhum tipo de serviço de saúde. Esse foi o impacto humano da disparidade entre os muito pobres e o restante da população mundial. No ano 2000, a parcela formada por aqueles que faziam parte do grupo dos 1% mais ricos ganhava consideravelmente mais do que a metade mais pobre da população. Na verdade, a soma das fortunas dos 200 indivíduos mais ricos do planeta – mais de US$1 trilhão – era maior que a receita anual total da metade mais pobre da população mundial.

O montante de recursos necessário para dar um basta a essa privação era, pelos padrões dos países industriais, insignificante. Especialistas estimavam que US$8 bilhões por ano seriam suficientes para oferecer a cada habitante do mundo em desenvolvimento cestas básicas, assistência médica, educação, água e esgoto. Esse montante era irrisório; três centavos de cada dez dólares da receita dos países ricos do globo; menos de cem dólares anuais para um habitante médio do mundo desenvolvido, ou menos de 8% da soma da riqueza dos dois indivíduos mais ricos do mundo. O preço de se garantir alimentação básica e saúde para todos no mundo representava menos do que os norte-americanos e europeus gastavam por ano, em média, com a comida de seus animais de estimação.

Nem assim esse auxílio para os terrivelmente pobres era iminente. A ajuda estrangeira para os países pobres sofreu reduções contínuas. Isso pôde ser verificado claramente nos cálculos dos recursos enviados como percentual das economias industriais. Em 1970, a maioria dos países desenvolvidos concordava em ajudar com recursos equivalentes a 0,7% do PIB. Até 1990, o montante enviado tinha chegado a 0,35%, mas em 2000 já tinha caído para somente 0,2% do PIB das nações desenvolvidas. A ajuda também diminuiu em volume de dólares. Em termos reais, descontada a inflação, os US$53 bilhões doados em 2000 eram quase 1/3 menores que as doações do ano de 1990. Além disso, as doações para os países muito pobres caíram ainda mais rapidamente que a média dos donativos globais.

As implicações morais da pobreza opressiva desses países, da prosperidade crescente dos países ricos e dos níveis insignificantes de doações não são ambíguas. Em muitos casos, a ajuda humanitária não chegava aos beneficiários pretendidos, ela acabava, em vez disso, nos bolsos da classe alta dos países em desenvolvimento, confirmando a acusação tão comum de que os governos dos países ricos estariam cobrando impostos dos menos favorecidos para beneficiar os mais privilegiados nos países pobres. Também surgiram evidências de que a entrega de ajuda humanitária para governos incompetentes, venais ou corruptos reduziria seu empenho na direção de melhorias; afinal, eles se acomodariam ao contar com doações de estrangeiros para remediar suas piores deficiências. Muitos governos lançaram mão de suas posições geopolíticas para obter ajuda que só se destinava a enriquecê-los e a seus aliados. Mobutu, o líder do Zaire, por exemplo, foi perito em usar o Ocidente capitalista e o Oriente comunista, jogando um contra o outro. Da mesma forma, norte-americanos e soviéticos durante muito tempo submeteram as questões econômicas e morais da África à geopolítica da Guerra Fria – mesmo que isso significasse aprovar ou patrocinar políticas que aprofundassem a miséria das massas.

Só o desenvolvimento sustentável poderia resolver esses problemas definitivamente. E isso era de responsabilidade das próprias populações dos países pobres. Ainda assim, era difícil justificar os níveis irrisórios de ajuda do Ocidente e fácil encontrar bons motivos para ajudar. Contudo, enquanto a África declinava numa espiral descendente, os países desenvolvidos pouco fizeram. O fim da Guerra Fria deslocou a África para uma posição ainda menos privilegiada na agenda do Ocidente, pois a região havia perdido sua principal vantagem perante os governos ocidentais – seu papel na disputa contra a União Soviética. Os lamentáveis níveis da ajuda vinda do norte, na próspera década de 1990, evidenciaram a falta de disposição do mundo rico em oferecer apoio humanitário nem sequer para os países mais pobres do mundo.

Os que não consideravam argumentos morais como justificativa para uma assistência maciça aos pobres do planeta podem ter sido convencidos por argumentos mais pragmáticos. O grupo de países com os indicadores econômicos mais desanimadores – aqueles que figuravam nas piores posições do ranking do Índice de Desenvolvimento Humano (IDH) das Nações Unidas – incluía aqueles que passaram pelos conflitos políticos e civis mais brutais: Ruanda, Burundi, Serra Leoa e Etiópia. Independentemente dos imperativos morais, era dado como certo que os custos para colocar esses países em ordem depois dos conflitos seriam ainda maiores do que aqueles necessários para evitá-los.

Ao mesmo tempo, as guerras e os genocídios na África não representavam uma ameaça à segurança dos países industrializados. Entretanto, não se podia afirmar o mesmo em relação a outras regiões pobres e problemáticas. Os piores desempenhos econômicos do mundo incluíram berços de extremistas violentos com fortes convicções antiocidentais ou onde esses radicais estabeleciam seus quartéis-generais. Na década de 1990, a anarquia se espalhou por partes do mundo islâmico, da antiga Ásia Central soviética, através do Afeganistão e

Paquistão, e até no Iêmen, no Sudão e na Somália. Praticamente todos esses países estavam nas últimas posições, ou quase, de qualquer lista de desenvolvimento social e humano, e o fracasso econômico levou a um desarranjo mais amplo dessas sociedades e desses Estados. A inquietação social aumentou e os governos foram ainda menos capazes de prover as necessidades básicas da população. Em alguns casos, como na Somália e no Afeganistão, não havia mais aparato governamental em funcionamento. Mesmo nos países onde o governo manteve o poder, como no Egito e no Paquistão, ao falharem em proteger os pobres da estagnação econômica, os líderes deixaram um vácuo que poderia ser preenchido pelos radicais islâmicos, por meio da prestação dos serviços sociais tão necessários. A essa lista de desastres do desenvolvimento no mundo muçulmano seria possível adicionar Irã, Iraque e Síria, embora suas deficiências econômicas tivessem relação com suas posições como párias da política internacional. Nesses países, os que se sentiam ameaçados ou esquecidos pela globalização se uniam aos barulhentos grupos de protesto contra o Ocidente.

No fim do século XX, 400 milhões de pessoas da região que abrangia do Egito ao Paquistão e da Ásia Central à Somália viviam em condições de estagnação econômica e privação social. Essas condições provocaram fortes sentimentos contra os ocidentais e alimentaram movimentos violentos, cujo tema principal era a rejeição à integração econômica e cultural proposta pelo Ocidente. Uma onda de ataques terroristas promovidos pelo radicalismo islâmico varreu o Ocidente, chamando a atenção para décadas de declínio econômico e social vivenciadas em grande parte do mundo muçulmano, algo que os governos ocidentais puderam ignorar somente ao seu próprio risco.

O êxito no desenvolvimento econômico era desejável não apenas em bases morais e humanitárias, mas como meio de ajudar a resolver algumas das questões políticas e militares mais complicadas do mundo. Entretanto, as realidades sociais e políticas constituíram obstáculos poderosos ao sucesso do desenvolvimento em muitas partes do mundo, e mesmo os governos que tentavam corrigir seus rumos encontravam um ambiente diplomático e econômico altamente restritivo, e até hostil. Enquanto uma parcela significativa da população mundial se lançou na direção do crescimento econômico, em especial na China e na Índia, outras centenas de milhões de pessoas ficariam muito para trás à medida que o século passado se aproximava do fim.

20

Capitalismo global em apuros

Os delegados indicados para a Terceira Conferência Ministerial da Organização Mundial do Comércio (OMC) se reuniram em Seattle, Washington, em 29 de novembro de 1999. A agenda previa questões diplomáticas delicadas e assuntos complexos do ponto de vista técnico, como, por exemplo, a abertura de uma nova rodada de negociações comerciais; a redução de barreiras ao comércio de bens agrícolas e de serviços; a revisão da definição de *dumping* para a instituição; e a inclusão de padrões ambientais e trabalhistas nos acordos comerciais. Preparados para negociações difíceis e desgastantes entre as delegações comerciais, os representantes dos Estados Unidos, da Europa, do Japão e dos países em desenvolvimento convergiram para Seattle.

Totalmente despreparados, no entanto, estavam para o que iriam encontrar na cidade norte-americana naquela segunda-feira chuvosa. Dezenas de milhares de ativistas antiglobalização os aguardavam. Na véspera da cerimônia de abertura, milhares de manifestantes cercaram o local de recepção dos representantes e seguiram para uma área nas redondezas, onde haveria uma enorme manifestação. No porto, os manifestantes organizaram a Festa do Chá de Seattle, uma referencia à Festa do Chá de Boston de 1773*. Sob o slogan "Não à globalização sem representação", lançaram no mar uma série de produtos que consideravam repugnantes: aço chinês, como símbolo das práticas comerciais injustas; carne bovina tratada com hormônios; e camarões capturados

* Protesto dos norte-mericanos contra os colonizadores britânicos no qual foram destruídas diversas caixas de chá de navios ancorados no porto de Boston. (N.T.)

em redes que ameaçavam tartarugas marinhas, representando os produtos suspeitos de danificar o meio ambiente, cujo comércio a OMC não permitia restrições.[1]

Na manhã seguinte, os manifestantes aceleraram a marcha, bloqueando os cruzamentos do caminho que levava ao centro da cidade onde os eventos seriam realizados. Como a polícia tentou dispersar os protestos, os sindicalistas se reuniram no Memorial Stadium, a menos de dois quilômetros dali. "A OMC", discursava James Hoffa, presidente do sindicato dos caminhoneiros, para 20 mil trabalhadores sindicalizados, "é um erro ... Os direitos dos trabalhadores devem se tornar parte da agenda de cada uma dessas reuniões."[2] Líderes trabalhistas norte-americanos acusavam a OMC de ignorar os direitos dos trabalhadores por não impor restrições ao comércio de bens produzidos em fábricas exploradoras ou que se utilizavam de trabalho infantil. "As regras dessa nova economia global", acusava o líder do sindicato dos operários das indústrias têxtil e de vestuário, "foram armadas contra os trabalhadores, e nós não vamos mais jogar de acordo com elas." John Sweeney, presidente da AFL-CIO – Federação Americana do Trabalho e Congresso das Organizações Industriais, concluiu: "Enquanto a OMC não tratar dessas questões, não podemos e não devemos permitir que nosso país participe de novas rodadas de negociações comerciais."[3] Hoffa discursou para a multidão: "Estamos entrando para a história. Ou ganhamos uma vaga na OMC ou iremos fechá-la."[4] Os sindicalistas saíram pelas ruas, se dirigindo para o local da cerimônia de abertura da reunião, no centro da cidade.

Outras dezenas de milhares de manifestantes também seguiram em direção ao centro. À medida que as manifestações tomaram corpo, pequenos grupos de anarquistas começaram a usar a violência. A polícia não conseguia controlar a multidão e em poucas horas, as áreas de concentração haviam sido invadidas pelo gás lacrimogêneo.

No meio da tarde, a situação no centro de Seattle estava caótica: manifestantes, policiais, gás lacrimogêneo, delegações e vândalos. Por questões de segurança, o serviço secreto norte-americano não autorizou a comitiva dos Estados Unidos a deixar o hotel, e apenas um pequeno número de representantes conseguiu chegar ao teatro Paramount para o evento de abertura, que precisou ser cancelado após muita relutância dos organizadores. O prefeito decretou toque de recolher na área ao redor dos locais de reunião, entre as 19h e as 7h30, e acionou a Guarda Nacional, enquanto isso a polícia usava gás lacrimogêneo, bombas de efeito moral, spray de pimenta e balas de borracha para dispersar os manifestantes.

Na manhã de 1º de dezembro, finalmente, a reunião ministerial pôde começar. As negociações foram um fracasso; as delegações não chegaram a nenhum acordo sobre as questões mais importantes. Em todo o mundo, as manchetes deram mais ênfase aos protestos do que às conversações que os manifestantes postergaram. Ao se dirigir à reunião, o presidente dos Estados Unidos Bill Clinton chamou de "saudáveis" os protestos pacíficos e se referiu a eles para sustentar seus argumentos por uma abordagem social mais consciente das relações entre comércio, direitos dos trabalhadores e questões ambientais. "O comércio não é mais apenas do interesse dos presidentes das empresas e dos grupos de interesses organizados que lidam com líderes políticos e econômicos", disse Clinton. "Todo esse processo está sendo democratizado e precisamos construir um novo consenso a respeito de que tipo de política comercial desejamos implementar, discutindo-o em profundidade com toda a sociedade."[5]

A batalha de Seattle representou um desafio geral à ordem econômica mundial. As instituições internacionais, que havia muito trabalhavam na obscuridade, tinham se tornado verdadeiros bodes expiatórios dos que se opunham ao movimento de integração global. Uma das coalizões que liderou os protestos explicou por que a OMC merecia um ataque dessas proporções:

> A idéia central da OMC diz que o livre comércio – na verdade, os valores e os interesses das corporações globais – deve se sobrepor a todos os outros valores. Quaisquer obstáculos ao comércio global são encarados como suspeitos. Na prática, esses "obstáculos" são as leis dos Estados nacionais que protegem o meio ambiente, os pequenos negócios, os direitos humanos, os consumidores e os trabalhadores, assim como a soberania nacional e a democracia. A OMC vê esses elementos como possíveis impedimentos para o "livre comércio", o que os torna passíveis de objeções dentro das salas de negociação ... *Obrigando* os países a adotar as regras da OMC para não enfrentar sanções severas.[6]

A opinião pública impôs muitos desafios ao capitalismo global do fim do século. Em manifestações de Seattle a Praga, de Washington a Gênova, milhões de ativistas protestaram contra as reuniões da OMC, do Banco Mundial, do FMI, do grupo dos sete países mais industrializados e de outras instituições da economia internacional – encontros estes que antes não chamavam a atenção de ninguém. Algum tempo depois do impacto da reunião ministerial da OMC e dos protestos de Seattle, Naomi Klein, autora de livros antiglobalização e ativista, escreveu que as manifestações "refletiram um confronto direto ... entre duas visões radicalmente diferentes de globalização: uma monopolizou o cenário mundial nos últimos dez anos e a outra acabou de ter sua festa de inauguração".[7]

Fragilidade financeira e a trindade impossível

Os protestos antiglobalização representavam desafios externos à ordem econômica, mas as ameaças mais sérias vinham de dentro do próprio sistema. O componente mais "globalizado" da economia internacional, as finanças, parecia ser o elo mais fraco, uma vez que o sistema financeiro global era constantemente atingido por ondas de crises bancárias e cambiais. Começando na Europa, em 1992, os choques passearam pelos continentes: México, Leste Asiático, Rússia, Brasil, Turquia, Argentina, entre outros. Cada rodada envolvia centenas de bilhões de dólares, afetando instituições internacionais, investidores privados e governos nacionais e ameaçando a estabilidade da economia internacional. Governos de países tão diferentes quanto Grã-Bretanha, Tailândia, Brasil e Turquia tentavam desesperadamente proteger suas moedas, enquanto investidores sacavam bilhões de dólares das economias desses países. Até que, por fim, os governos eram obrigados a desistir e a deixar a taxa de câmbio cair – muitas vezes com efeitos desastrosos para a economia local. Como uma das maiores promessas do capitalismo global, a abertura internacional dos mercados de capitais, se transformou em sua maior ameaça?

A resposta para essa pergunta nos leva a um local improvável: o Canadá da década de 1950. Naquela época, o país enfrentava problemas que o resto do mundo viria a enfrentar. A economia canadense estava intimamente ligada à dos Estados Unidos. O dinheiro fluía livremente através da fronteira entre os países, e o comércio com os norte-americanos era crucial para o Canadá – uma situação que gerava dilemas semelhantes aos que se apresentariam, mais tarde, para as economias globalizadas. Os canadenses desejavam estabilidade e previsibilidade da taxa de câmbio do dólar canadense em relação à moeda norte-americana para facilitar investimentos, comércio e viagens, mas queriam também que seu governo controlasse a política monetária, de forma a manter baixas as taxas de desemprego e a reduzir a inflação quando fosse preciso. Os dois objetivos eram incompatíveis, pois com a possibilidade de trocar livremente um dólar canadense por um dólar norte-americano e a liberdade de movimentar os recursos do Canadá para os Estados Unidos, quaisquer que fossem as taxas de juros norte-americanas, elas deveriam ser iguais às do Canadá. Caso os juros canadenses fossem mais baixos, os investidores tirariam o dinheiro do país para investi-lo nos Estados Unidos até que as taxas subissem. Dessa maneira, o Canadá ficou tão integrado à economia dos Estados Unidos que, com uma taxa de câmbio fixa, o país teria uma política monetária tão independente quanto a do estado de Illinois, por exemplo. Dessa forma, os canadenses tiveram que optar entre o que consideravam mais importante: uma taxa de câmbio estável ou uma política monetária independente. Na década de 1950, escolheram a segunda alternativa; e, em 1962, retornaram à primeira.

As controvérsias do país sobre como lidar com essa experiência de "globalização" precoce despertaram o interesse de Robert Mundell, um jovem economista canadense do FMI. No começo da década de 1960, Mundell sistematizou o problema canadense e o caracterizou como o dilema de uma economia aberta aos fluxos financeiros internacionais. Ressaltou que um país, ao manter vínculos financeiros com outras economias, teria de escolher entre uma política monetária própria e uma moeda estável (com taxa de câmbio fixa) – não era possível manter as duas coisas. Se o Canadá atrelasse seu dólar ao norte-americano, precisaria adotar a política monetária dos Estados Unidos; ou se quisesse traçar uma política monetária independente, teria que permitir a flutuação do câmbio.

O teorema de Mundell, algumas vezes chamado de a "trindade impossível", demonstrou que os países só poderiam obter duas das três características econômicas em geral desejadas: mobilidade de capitais, taxa de câmbio estável (fixa) e independência monetária (controle sobre a taxa de juros). Se o capital estivesse livre para entrar e sair de uma economia, fixar a moeda desse país à de outro significaria adotar o dinheiro do segundo, o que era sinônimo de aceitar sua política monetária. A análise de Mundell foi particularmente relevante para o Canadá das décadas de 1950 e 1960, pois o dinheiro fluía facilmente pela fronteira com os Estados Unidos. Dada a integração financeira do Canadá, o país tinha que escolher entre as duas opções restantes: estabilidade cambial ou independência monetária.

Na época, o dilema canadense era uma raridade. Em toda parte, exceto na fronteira entre Estados Unidos e Canadá, os fluxos financeiros eram fortemente regulados pelos controles de capital e de câmbio. Os países podiam dispor tanto da estabilidade cambial quanto da sua própria autonomia política sem muitas dificuldades.

Na década de 1990, o dilema de Mundell já não era mais uma curiosidade teórica e havia se tornado a principal realidade dos recursos e das finanças internacionais. A análise de Mundell foi vital para o entendimento do capitalismo global – e para o reconhecimento do acadêmico com o Prêmio Nobel da Economia de 1999. Nesse período, a maioria dos países já estava integrada aos mercados financeiros internacionais e, portanto, o dilema canadense era praticamente universal: ou se desistia do controle nacional da política monetária ou da moeda estável (fixa). O problema podia ser qualquer coisa menos teórico para os que se encontravam nesse impasse. Para os argentinos, em 1999, por exemplo, a escolha foi dura: permanecer no curso e manter a relação peso-dólar de 1 para 1, ao custo de falências bancárias e desemprego geral, ou desvalorizar a moeda para salvar a economia nacional, ao custo de fortes crises financeiras e cambiais. A questão não era enigmática nem acadêmica para os indivíduos *tão* ávidos por uma moeda estável *quanto* por políticas próprias e que eram forçados a optar por uma das duas.

A renovação do mercado financeiro mundial, observada depois da década de1960, criou as condições que levaram às crises cambiais e bancárias endêmicas das décadas de 1980 e 1990. Os governos das economias globalizadas precisavam de moedas estáveis, mas também necessitavam desvalorizar a moeda para reagir às condições nacionais. O problema era remanescente dos conflitos do padrão ouro, entre os compromissos internacionais relativos ao sistema e as questões econômicas internas.

A crise da dívida enfrentada pelos países em desenvolvimento na década de 1980 mal havia sido resolvida quando uma crise cambial gigantesca se abateu sobre os membros da União Européia em processo de unificação monetária. Em 1992, os membros da UE que tinham vinculado suas moedas ao marco alemão foram obrigados a aceitar taxas de juros altíssimas, recessão e mais desemprego. Os governos tinham a intenção de manter suas moedas fixas no marco alemão, mas também precisavam evitar que mais alguns milhões de pessoas fossem parar nas filas do desemprego. O conflito entre os dois objetivos tornou-se forte demais para ser ignorado e, por fim, a maioria dos governos europeus desvalorizou suas moedas. Em 1994, o governo do México também ficou dividido. O peso forte era o símbolo da decisão do governo de controlar a macroeconomia, mas uma moeda valorizada encarecia os produtos mexicanos, prejudicando sua competitividade no mercado norte-americano e forçando a alta das taxas de juros para segurar o dinheiro no país. Nenhuma das duas opções seria coerente com a meta do governo de pôr a economia mexicana na direção de seus parceiros do Nafta e de estimular investimentos por meio de juros baixos. Defender a moeda implicava abandonar outros objetivos importantes, e uma combinação de pressões políticas e econômicas não deixaria o governo ignorar essas metas conflitantes.

Países do Leste Asiático, Brasil, Rússia, Turquia e Argentina enfrentaram os solavancos e as contradições do novo cenário de dilemas descrito por Mundell. Isso ocorreu porque precisavam desesperadamente de mobilidade de capitais para atrair investimentos para suas economias, mas temiam o sofrimento causado pelo abandono da independência monetária. Quanto mais essas nações incorporavam suas economias ao sistema financeiro global, mais suas políticas econômicas nacionais eram tolhidas. Os governos dos mercados emergentes sofriam pressão para adotar medidas conflitantes: prosseguir com a integração financeira, sustentar uma política monetária independente, manter a estabilidade da moeda, garantir taxas de câmbio baixas para estimular as exportações, e manter altas as taxas de câmbio para minimizar o encargo das dívidas. Quando algo dava errado nas tentativas de equilíbrio, as conseqüências eram graves demais.

A maioria das crises cambiais também causou pânicos bancários. Os bancos locais tomavam empréstimos em grande quantidade e emprestavam esses recursos às empresas nacionais a taxas atraentes. Isso deu certo por um tempo, mas era óbvio que se o valor da moeda do país baixasse, os encargos das dívidas no exterior aumentariam: se o peso valia 5 centavos de dólar, uma dívida externa de US$1 milhão de dólares equivalia a 20 milhões de pesos; mas se o peso fosse desvalorizado, chegando ao valor de 4 centavos de dólar, a dívida cresceria de 20 para 25 milhões de pesos. Quando uma crise cambial se abatia sobre uma nação, ela podia arruinar grande parte do setor privado, levar à falência os bancos domésticos e causar um pânico financeiro nacional.

Essas crises ameaçavam a própria estabilidade do sistema financeiro internacional. Os maiores bancos e investidores do mundo emprestavam valores astronômicos a alguns poucos países, e as maiores perdas podiam disparar uma onda de corridas aos bancos. No início da crise da década de 1980, o valor que os cinco maiores devedores da América Latina deviam aos bancos norte-americanos era maior que a soma do capital de todo o sistema bancário dos Estados Unidos. Por cinco anos, os bancos credores, seus governos e o FMI administraram as crises para impedir a quebra do sistema financeiro global. Os bancos assumiram algumas perdas, os governos credores concederam subsídios e outros tipos de assistência para acalmar as correntes financeiras, e as nações devedoras finalmente pagaram suas dívidas. O impacto sobre os países que enfrentaram crises da dívida foi severo, mas a crise foi contida e os mercados financeiros internacionais continuaram a crescer. Nas crises subseqüentes, coalizões semelhantes reunindo bancos internacionais, governos de países credores, o FMI e outras instituições financeiras internacionais desembolsaram bilhões de dólares na tentativa de evitar um pânico financeiro internacional.

O mercado financeiro internacional passou assim a coexistir com as moedas nacionais. Enquanto os governos tentavam manter a estabilidade do câmbio, os investidores globais buscavam moedas para atacar. Grupos poderosos faziam pressão pela integração das finanças e pela estabilidade cambial, enquanto outros advogavam pela independência monetária e financeira. Os devedores exigiam uma moeda forte, ao passo que os exportadores insistiam em mantê-la fraca. Em geral, as pressões globais e nacionais se encontravam em equilíbrio, mas quando entravam em conflito direto alguém saía perdendo – muitas vezes algum país desafortunado tinha que desvalorizar a sua moeda. As crises recorrentes ameaçavam a economia internacional, da mesma forma como ocorrera antes de 1914 e na década de 1930.

As pressões do sistema financeiro internacional indicavam problemas básicos. Como alguns argumentavam, havia uma crise de governança econômica causada pelo descompasso entre mercados financeiros *internacionais* e regulamentações e controles *nacionais*. Alguns afirmavam que o capitalismo global pedia uma administração econômica global, uma nova arquitetura econômica com o FMI na função de autoridade monetária e financeira global. O FMI poderia funcionar como um Banco Central mundial para neutralizar os sobressaltos financeiros e cambiais. No entanto, a concessão de tanto poder ao FMI contava com o apoio de apenas um pequeno grupo de banqueiros e acadêmicos. Na falta de reguladores globais encarregados das finanças e dos mercados globais, a gestão das crises acabava nas mãos de governos nacionais, que se viam às voltas com conflitos de interesses e opiniões divergentes.

As finanças globais realçaram os dilemas da integração econômica internacional. Os mercados financeiros mundiais permitiram a governos, empresas, bancos e indivíduos de todo o mundo obter empréstimos muito maiores do que seria possível no passado. No entanto, assim como direcionavam incontáveis bilhões para favorecer países e empresas, os mercados globais tiravam ainda mais recursos daqueles considerados sem atrativo. A velocidade e o volume dos mercados financeiros internacionais tornaram esses fluxos extremamente voláteis. A integração financeira mundial podia transformar as épocas prósperas ainda melhores e prejudicar ainda mais as ruins. Isso ameaçava não apenas os países abandonados pelos financiadores, já que o colapso de uma nação podia ser transmitido para outras, para uma região inteira, ou para todo o planeta. Afinal, a instabilidade financeira havia prolongado e aprofundado a Grande Depressão da década de 1930 e talvez, no século XXI, o mundo não estivesse mais bem preparado do que em 1929 para lidar com uma crise de grandes proporções. As crises cambiais e bancárias da década de 1990 demonstraram que o maior e mais eficiente sistema financeiro internacional da história tinha uma razão: seu tamanho e velocidade lhe conferiam um potencial desestabilizador que poderia afetar toda a economia mundial.

"As três palavras mais temidas"

Outra ameaça ao capitalismo global veio de sua própria essência: a concorrência. Como muitos países vieram a fazer parte da economia global, as pressões competitivas passaram a ameaçar diversos interesses poderosos. A ameaça era simbolizada pela reentrada dos maiores países do mundo na economia globalizada.

"O preço chinês", conforme reportagem da *Business Week*, havia se tornado "as três palavras mais temidas pela indústria norte-americana."[8] Os salários nas fábricas norte-americanas eram pelo menos 30 vezes mais altos do que nas chinesas – mais de US$ 800 por uma semana de trabalho de 40 horas, contra US$25 pela mesma carga horária – e, enquanto os trabalhadores norte-americanos eram mais produtivos, havia muitas empresas e indústrias que simplesmente não podiam compensar essas enormes diferenças. Isso provocou temores de que a economia global pudesse "nivelar por baixo", forçando condições cada vez piores até encontrar o menor denominador comum predominante nas nações pobres. Será que os salários na América do Norte e na Europa ocidental poderiam ser comprimidos até os níveis dos da China ou do Brasil? Será que pressões parecidas poderiam desgastar as políticas de bem-estar social e as regras de proteção ao meio ambiente e à mão-de-obra?

A teoria neoclássica do comércio internacional realmente prevê um achatamento dos salários nos países industriais, em função da integração econômica internacional. O comércio incentiva a equalização ao reduzir a diferença nos preços dos fatores produtivos entre os países (terra, mão-de-obra, trabalho especializado e capital). A remuneração do trabalhador não-qualificado é muito baixa nos países pobres, onde esse tipo de mão-de-obra é abundante. Como os países abundantes em mão-de-obra não-qualificada costumam exportar produtos intensivos em mão-de-obra não-qualificada, isso aumenta a demanda doméstica por trabalhadores e gera um aumento de salários. Nos países ricos, porém, um processo semelhante opera *contra* os trabalhadores não-qualificados. Essas economias exportam bens que empregam muito capital e pouquíssima mão-de-obra não-qualificada, de forma que a demanda por esse tipo de trabalhador diminui e os salários caem. De acordo com a teoria do comércio, a atividade comercial reduziria as diferenças salariais entre os países ricos e pobres porque os salários aumentariam nos países pobres e diminuiriam nos ricos. A integração econômica implica uma concorrência direta entre trabalhadores das nações ricas e pobres.

Richard Freeman, economista especializado em trabalho, resumiu as pressões de forma sucinta. "Os seus salários", perguntou em um artigo famoso, "são estabelecidos em Pequim?"[9] A resposta à pergunta de Freeman foi debatida intensamente. Os salários reais dos norte-americanos não-qualificados estagnaram ou decaíram na maior parte do fim do século XX. Alguns analistas atribuíram a tendência às mudanças tecnológicas, em especial à importância crescente da microeletrônica e dos computadores, que prejudicavam os trabalhadores que não dominam as novas tecnologias. Contudo, a concorrência acirrada dos trabalhadores pouco qualificados e mal pagos de outros países seria responsável ao menos por parte do péssimo desempenho dos trabalhadores norte-americanos não-capacitados. O impacto na Europa foi diferente: devido aos salários mínimos europeus, muito mais altos, e aos controles rigorosos sobre as demissões, tal efeito foi sentido com a queda do número de vagas criadas, em vez da queda dos salários. A concorrência gerada pela entrada de importações baratas pode explicar o achatamento dos salários reais dos trabalhadores norte-americanos menos capacitados a partir de 1973, e o aumento de cerca de 10% do desemprego na Europa entre 1980 e 2000. A lógica era clara: os trabalhadores não-qualificados dos Estados Unidos e da Europa foram prejudicados pela concorrência dos trabalhadores não-qualificados do Marrocos ou do México.

Assim como a integração permitiu às empresas escolher os países com os salários mais baixos, também lhes deu a chance de optar pelas nações com regulamentações mais favoráveis e impostos menores. Isso poderia criar situações perigosas em relação às políticas e regulamentações sociais, provocando a fuga dos empreendimentos da América do Norte e da Europa ocidental, caracterizados por impostos elevados, políticas sociais generosas, controles rigorosos sobre a poluição ambiental, a saúde, a segurança e os direitos dos trabalhadores. No norte da União Européia, as questões preocupantes eram o "*dumping* social" e a debandada de empresas e empregos da Escandinávia e de outras socialdemocracias, países de severos controles regulatórios, para Estados mais liberais como a Espanha e a Grécia. Esse medo só cresceu com a entrada da Europa Central e do Leste na UE. A abertura do mundo em desenvolvimento para o comércio e para os investimentos internacionais aumentou a expectativa de um *dumping* social de escala global.

Ao longo da década de 1990, sindicatos de trabalhadores, estudantes e outros ativistas se mobilizaram contra a ameaça de que a integração econômica pudesse corroer salários e políticas sociais. Dessa forma, eles formaram um novo movimento antiglobalização que explodiu em 1999, na batalha de Seattle. O interesse do movimento trabalhista ia além: evitar a concorrência desleal de trabalhadores mal remunerados e desprovidos de direitos e padrões mínimos. Como a AFL-CIO declarou: "A economia global e o nivelamento por baixo achataram o padrão de vida das famílias dos trabalhadores, ao mesmo tempo que enriqueceram ainda mais o mundo rico."[10] O primeiro alvo era a capacidade dos capitalistas de fugir dos países ricos em busca de regiões mais amistosas:

> Hoje, as corporações multinacionais podem mandar o capital para locais a milhares de quilômetros com o clique de um mouse e transferir empregos para o outro lado do mundo, com a velocidade que os números levam para viajar pelo cabo de fibra ótica. Essas empresas – muitas delas norte-americanas – vasculham o globo em busca do menor custo possível de mão-de-obra e das legislações ambientais mais frouxas.[11]

As exigências dos sindicatos em relação a controles mais rígidos quanto à "exploração dos trabalhadores" nos países em desenvolvimento refletiam tanto a solidariedade da classe trabalhadora quanto um desejo mais prosaico de reduzir a pressão competitiva.

Os ativistas de direitos humanos e os ambientalistas também viam a integração econômica com apreensão. Assim como as empresas podiam procurar salários mais baixos, elas podiam também buscar regimes que não respeitassem o meio ambiente, geridos por ditadores que violassem os direitos humanos e outros vilões. Para os críticos, integração econômica global significava "livre comércio para as corporações mas controles rígidos sobre nações e cidadãos que tentam proteger sua segurança alimentar, seus empregos, seus pesquenos negócios e sua natureza". Para eles também, a globalização "homogeneíza as culturas e os valores globais".[12]

Nas palavras de uma campanha européia para "moralizar" a indústria de vestuário:

> Os incentivos para os investidores estrangeiros incluem não apenas salários, mas também a suspensão de certas regulamentações sobre locais de trabalho e meio ambiente. Se um governo tentar impor essas regulamentações à força, pode apostar que muitos investidores irão fazer as malas rapidamente e partir para países menos rigorosos e mais hospitaleiros.[13]

Uma coalizão de grupos militantes norte-americanos antiglobalização rotulou o fenômeno de "uma conspiração contra o meio ambiente ... uma conspiração para liberar as empresas das leis democráticas que regulam seus excessos".[14]

As queixas em relação à globalização também abordavam aspectos culturais, como a supressão da diversidade, uma conseqüência do nivelamento da economia mundial e de tendências norte-americanizadoras.

> Com a globalização econômica, [escreveu uma organização] a diversidade está desaparecendo rapidamente. O objetivo da economia global é homogeneizar todos os países ... A globalização econômica e as instituições como o Banco Mundial e a OMC promovem um tipo específico de desenvolvimento homogeneizador, que libera as maiores corporações do mundo para investir e operar em todos os mercados, em todos os lugares. Para essas agências e corporações, a diversidade não é um valor essencial: a eficiência, sim. A diversidade é um inimigo, pois implica necessidades diferenciadas. O que as empresas adoram é criar valores iguais, gostos únicos, usando os mesmos anúncios, vendendo os mesmos produtos e expulsando os pequenos concorrentes locais. Os marqueteiros de massa preferem consumidores homogêneos.[15]

O novo movimento antiglobalização era amorfo, e seus objetivos variavam. Alguns esforços se concentravam em empresas ou indústrias específicas e se utilizavam do ativismo dos acionistas ou do boicote dos consumidores para convencê-las a aceitar códigos de conduta sobre mão-de-obra ou meio ambiente. Outros enfatizavam a necessidade de afetar as políticas dos governos dos países industriais – por exemplo, por meio de sanções aos governos dos países em desenvolvimento que desrespeitassem os direitos humanos ou trabalhistas. Freqüentemente, esses esforços eram conflitantes com as instituições internacionais que foram criadas em Bretton Woods justamente para administrar o comércio, as finanças e os investimentos mundiais. As iniciativas mais comuns, como as tentativas de restringir as importações de países que supostamente violassem os direitos humanos, os direitos dos trabalhadores ou os princípios ambientais, faziam uso das barreiras comerciais, indo de encontro às regras de comércio internacional existentes.

Os militantes trabalhistas, ambientais e de direitos humanos se viram no centro dos confrontos com o Gatt e com a sua sucessora, a OMC. O Gatt havia atuado contra a tentativa dos Estados Unidos de banir a importação de atum capturado em redes que podiam aprisionar golfinhos. A OMC proibiu as restrições européias à importação de gado tratado com hormônios. Além disso, as regras do sistema internacional de comércio não permitiam sanções aos bens produzidos sob condições exploratórias ou que utilizassem trabalho infantil. O sindicato dos trabalhadores da indústria têxtil e de vestuário dos Estados Unidos argumentou: "As empresas não podem tratar o mundo como se fosse seus operários explorados. Medidas rigorosas para proteger o meio ambiente e os direitos dos trabalhadores devem ser incluídas em todos os acordos de comércio internacional." Contudo, protestou: "As regras atuais da economia global foram definidas por empresas e políticos que apóiam os interesses empresariais."[16] As manifestações de Seattle, em novembro/dezembro de 1999, foram apenas as primeiras de uma série de mobilizações antiglobalização. Antes disso, instituições como o Gatt, a OMC, o G-7, entre outras, eram praticamente desconhecidas. A partir daquele momento, milhões de pessoas passaram a ir às ruas para protestar contra as leis do comércio mundial ou para pedir reformas na natureza burocrática das negociações comerciais, temas dos quais, dez anos antes, apenas meia dúzia de indivíduos havia ouvido falar.

As reclamações dos países em desenvolvimento, muitas vezes, eram análogas, mas opostas àquelas dos países industrializados. Enquanto os ativistas do norte estavam particularmente interessados em melhorar os padrões trabalhistas, sanitários e ambientais dos países pobres, os governos e empresários das nações em processo de industrialização eram normalmente contra tais padrões, por considerá-los proteções comerciais disfarçadas, argumentando que a discussão em torno dos padrões eram o último recurso para manter os produtos asiáticos ou latino-americanos fora dos lucrativos mercados do norte. Muitos ativistas dos países em desenvolvimento também acreditavam que o uso de medidas comerciais ou outras medidas econômicas para forçar alterações de políticas no Brasil ou na Índia era um exercício de neocolonialismo. Até mesmo muitos simpatizantes das críticas contra o capitalismo global de África, Ásia e América Latina ficavam preocupados com a facilidade com que os movimentos antiglobalização da Europa e da América do Norte se alimentavam daquilo que os países pobres consideravam protecionismo dissimulado ou neo-imperialismo.

Para alguns representantes e militantes dos países em desenvolvimento, os ativistas norte-americanos e europeus atuavam como ferramentas de seus próprios governos. Eles argumentavam que o incentivo à inclusão de padrões trabalhistas e ambientais na agenda do comércio tinha partido da própria administração Clinton. Consideravam suspeito o fato de, em Seattle, os manifestantes e o presidente Clinton terem concordado em forçar os países em desenvolvimento a adotar políticas sociais, trabalhistas e ambientais formuladas nos Estados Unidos. Como um dos desdobramentos das reuniões de Seattle, o respeitado jornalista e porta-voz indiano Chakravarthi Raghavan escreveu que havia:

> Poucas dúvidas de que a Casa Branca de Clinton havia planejado um "protesto de rua" controlado, liderado por membros de organizações trabalhistas e por grupos de "ambientalistas", a fim de "persuadir" a conferência a aceitar as "demandas" norte-americanas por padrões trabalhistas e ambientais na OMC.

O jornalista foi motivado pelo fato de que, conforme escreveu, "as nações em desenvolvimento não se deixaram intimidar por manifestações de rua ou por protestos de sindicatos e de grupos ambientais organizados e incentivados pela administração norte-americana".[17]

No mundo em desenvolvimento, muitos concordavam com os movimentos antiglobalização quando estes pregavam que o capitalismo global minava a autonomia nacional. A economia mundial era, como eles faziam questão de dizer, dominada pelos países industriais, que a controlavam de forma autocrática e hipócrita. Autocrática, porque União Européia, América do Norte e Japão haviam escrito e reescrito as regras do jogo econômico internacional como bem entendiam, sem nenhuma contribuição dos restantes 4/5 da humanidade. Hipócrita porque, apesar da retórica tão difundida sobre economias abertas e livre comércio, o norte continuava a impor obstáculos às exportações do sul. E o maior escândalo era que norte-americanos, europeus e japoneses investiram pesadamente em programas caríssimos para proteger e subsidiar os agricultores de seus países enquanto pregavam as maravilhas do mercado para as economias em desenvolvimento. A proteção agrícola fechou os mercados para competidores de toda parte, e o *dumping* dos produtos em excesso nos mercados mundiais forçou a queda dos preços, o que representou um verdadeiro desastre para centenas de milhões de agricultores dos países em desenvolvimento, cuja esperança de avanços econômicos residia na exportação de bens agrícolas para os países desenvolvidos. Os defensores do mundo em desenvolvimento calculavam que a abertura dos mercados do norte aos seus produtos agrícolas lhes traria mais dinheiro do que toda a ajuda oferecida pelos paises desenvolvidos, bem mais que US$50 bilhões ao ano para programas de desenvolvimento.

A insatisfação com a ordem mundial era agravada pelo fato de que, mesmo em alguns dos países mais bem-sucedidos, os frutos do sucesso eram mal distribuídos. A China era uma das economias que crescia mais rapidamente, e a pobreza caíra depressa no gigante asiático. Ainda assim, o abismo entre ricos e pobres – em especial entre as cidades e o campo – se alargou à medida que a nação cresceu. No ano 2000, uma família média da cidade gerava uma renda três vezes maior que uma família do campo, um múltiplo muito maior que em 1985. Xangai era um dos maiores centros comerciais e industriais da China e contava com a presença de mais da metade das 500 maiores empresas listadas pela revista *Fortune*. Contudo, ainda havia cerca de 200 milhões de chineses vivendo na pobreza. A sensação de que a voz dos governos dos países em desenvolvimento era pouco ouvida nas questões globais era um reflexo da percepção de que os pobres também não eram ouvidos nas questões dos países em desenvolvimento.

A princípio, as críticas dos ativistas do norte e dos governos do sul não causaram grande impacto na estrutura da ordem econômica mundial, mas pelo menos aqueceram os debates sobre a natureza das políticas econômicas internacionais. A batalha de Seattle não foi relevante para as negociações da reunião ministerial da OMC, contra a qual os protestos eram dirigidos; o encontro falhou devido a discordâncias entre membros das delegações e não por causa das manifestações. Apesar disso, a fúria do público mostrou que o capitalismo global e a estrutura das instituições internacionais agora seriam alvo de críticas globais e debates. Com certeza surgiriam novos conflitos envolvendo restrições internacionais sobre aspirações nacionais. Com o início do século XXI, não se podia mais garantir que os ventos políticos continuariam soprando a favor da globalização.

Mercados globais: desgovernados ou indesejados?

A instabilidade financeira e os protestos políticos evidenciaram as tensões entre o internacional e o nacional; entre o mercado e o social. A volatilidade dos recursos e das finanças, com as recorrentes crises cambiais e de dívida, levou os promotores da globalização a reivindicar instituições efetivamente globais para evitar mais pânico. A palavra de ordem seria *governança*, novas instituições políticas para administrar as dificuldades dos mercados globais. Os militantes antiglobalização, por sua vez, acusavam o sistema também de se esquivar das obrigações sociais e de destruir as oportunidades dos países pobres. Aqui, a palavra de ordem seria *responsabilidade*, novas instituições políticas para permitir um controle mais amplo dos mercados globais por todo o mundo.

Os debates eram semelhantes aos do fim do século XIX, quando os países industriais evoluíram para mercados nacionais integrados. Por muito tempo as economias e as empresas eram locais, e os governos locais eram responsáveis por regulá-las. No decorrer do século XIX, companhias e economias se nacionalizaram e não se sabia mais quem era responsável por elas. A nova geração de empresários queria governos nacionais que assegurassem e supervisionassem os mercados dos países, pois havia muito o que pedir a essas modernas administrações centrais. Os movimentos de oposição – como os socialistas da Europa e os populistas da América – que ambicionavam políticas nacionais de controle, e não a simples autorização ou monitoramento das empresas nacionais, tiveram muitas reivindicações atendidas pelo Estado de bem-estar social moderno. O avanço dos mercados, de locais a nacionais, impulsionou a demanda por governança e responsabilidade política nacionais. E, posteriormente, no fim do século XX, a transição dos mercados, de nacionais a globais, estimulou as exigências de governança e responsabilidade política globais.

O que poderia ser feito para aliviar as tensões entre o capitalismo global e a política global? Os partidários do sistema afirmavam que a solução seria alinhar a política com os mercados. Por exemplo, as atividades bancárias internacionais precisariam de reguladores e supervisores com autoridade internacional, já que a cooperação entre os governos nacionais não era suficiente. Os mercados globais requeririam governança global – se não fosse possível um governo global, que houvesse, pelo menos, instituições econômicas globais que possibilitassem o tranqüilo funcionamento da economia mundial.

Os críticos da globalização também se concentravam nas divergências entre os mercados globais e as políticas globais, argumentando que a globalização tinha ido longe demais e que a política deveria dominar os mercados e não fortalecê-los ainda mais. Os militantes antiglobalização alegavam que o capitalismo global tinha fugido ao controle social. As instituições econômicas internacionais representavam apenas os interesses das empresas do norte. Os governos nacionais tinham cedido poderes à OMC e ao FMI ou os mercados internacionais tinham se apropriado desses poderes. Era preciso realinhar a economia mundial com as necessidades políticas, e as estruturas políticas nacionais e globais deveriam refletir os interesses das populações e assegurar a autoridade sobre os mercados globais. Os ativistas queriam limitar e controlar os mercados internacionais e amenizar seus efeitos.

Tanto os críticos quanto os defensores da globalização identificavam o descompasso entre os mercados internacionais e as políticas nacionais. Os dois grupos estavam convencidos de que os problemas econômicos mundiais exigiam soluções políticas amplas, mas escolheram caminhos diferentes para resolver o problema. As políticas ambicionadas pelos defensores da globalização se destinavam a facilitar a operação da economia internacional, enquanto as desejadas por seus opositores serviam para restringir, neutralizar ou aliviar os efeitos da economia internacional.

O século terminou como havia começado: o capitalismo se tornara global novamente e o mundo era, mais uma vez, capitalista. No entanto, apesar da aparente marcha triunfal do capitalismo global, de continente a continente, os desafios à globalização persistiam. Alguns eram intrínsecos à operação dos mercados internacionais, tais como a volatilidade do sistema financeiro, que ameaçava o ritmo e a natureza da integração econômica. Outros eram externos, provenientes de grupos onde a globalização não era consenso, ativistas lutando pelos direitos humanos, pelos direitos dos trabalhadores e pelo meio ambiente. A história mostrou que o apoio à integração econômica internacional era dependente da prosperidade. Se o capitalismo global deixasse de promover o crescimento econômico, seu futuro seria incerto.

Conclusão

A partir de 1850, a economia mundial produziu níveis de crescimento econômico e de transformação social sem precedentes. Levou a sociedade industrial, antes restrita apenas à Europa ocidental e ao norte da Europa, para o resto do continente, para a América do Norte e, nas últimas décadas, para grande parte do Leste Asiático e da América Latina.

A economia internacional transformou empresas, países e regiões inteiras. A Nokia, antes uma pequena fábrica de galochas na área rural da Finlândia, fez uso do acesso aos mercados internacionais para se transformar na maior produtora mundial de telefones celulares. Na década de 1950, Taiwan e Coréia do Sul eram tão pobres que a própria sobrevivência dos dois países suscitava dúvidas; em 1990, os dois passaram para o rol das nações industriais mais avançadas do mundo. Milhares de empresas precisam contar com clientes e fornecedores estrangeiros para obter lucros; milhões de empregos dependem de empresas estrangeiras.

A economia internacional fez com que países se desenvolvessem, reduzissem os níveis de pobreza, melhorassem as condições sociais, aumentassem a expectativa de vida e implementassem reformas sociopolíticas. A melhor saída para as massas empobrecidas da Ásia e da África é o acesso às oportunidades que a economia mundial tem a oferecer.

O capitalismo global, entretanto, também tem outro lado, o qual pode ser visto nas siderúrgicas da cidade de Homestead, que um dia já fora referência para a indústria norte-americana. Cerca de 20 mil empregados trabalhavam nessas instalações da US Steel, a alguns quilômetros de Pittsburgh, na Pensilvânia, e a usina havia estabelecido um grande complexo industrial ao longo do Vale de

Monongahela. Hoje, a antiga usina foi transformada em um shopping center. A população da cidade de Homestead, que um dia já chegou a 20 mil habitantes, hoje não passa de 3.500; a população da cidade de Pittsburgh não é nem metade da que era em seus anos de glória industrial. Para a decadente região, a única esperança para as antigas usinas seria o governo federal transformá-las em um monumento histórico para atrair turistas.

A concorrência estrangeira fechou as portas de dezenas de milhares de fábricas e pôs fim a dezenas de milhões de postos de trabalho nas indústrias da Europa ocidental e da América do Norte. As fábricas dos países ricos não conseguem competir com os manufaturados vindos da Ásia, América Latina ou Europa oriental, onde os salários correspondem a 10% dos praticados na Europa ou nos Estados Unidos. Os empregos atravessam fronteiras, e as empresas contratam indianos ou filipinos para programar softwares, digitar documentos e atender telefonemas de clientes insatisfeitos.

As nações em desenvolvimento, no entanto, têm as suas próprias dificuldades. Devem mais de US$1 trilhão a credores estrangeiros, e as incertezas do sistema financeiro têm levado Tailândia, Argentina, Indonésia e Brasil a crises profundas. À medida que esses países lutam para honrar suas dívidas, governos demitem funcionários públicos, liquidam ativos governamentais, reduzem gastos sociais e aumentam impostos. O sucesso de se produzir roupas, móveis e aço para os mercados mundiais entra em conflito com os efeitos provocados por práticas exploratórias, utilização de trabalho infantil e exigências por direitos trabalhistas. Na história mais bem-sucedida de todas, a da China, o abismo entre ricos e pobres aumentou mesmo diante dos progressos feitos pelo país.

Os benefícios do capitalismo global não surgem sem custos. Empresas podem pegar empréstimos a juros baixos nos mercados financeiros internacionais, o que as expõem às exigências dos investidores estrangeiros. O comércio permite aos consumidores comprar produtos estrangeiros baratos, o que traz uma competição indesejada para produtores domésticos. As corporações multinacionais introduzem novas tecnologias e métodos, o que expulsa as firmas nacionais do mercado. A dívida externa permite aos governos gastar mais do que arrecadam, o que pode gerar crises cambiais asfixiantes. Governos abrem suas fronteiras à economia mundial e oferecem a alguns cidadãos o potencial para alcançar riqueza e sucesso, o que pode condenar outros cidadãos a condições difíceis e dolorosas.

Não há comércio sem concorrência, finanças sem riscos, investimentos sem obrigações. Não há como evitar os efeitos negativos inerentes ao capitalismo global. E não há como medir se o sofrimento de um trabalhador cujo emprego foi perdido por causa da globalização deve valer mais que os benefícios gerados a um trabalhador por um emprego que depende da globalização.

O capitalismo global é desejável? Vai durar? Deve durar? A história da economia mundial do século XX nos ajuda a entender questões como essas.

A integração econômica internacional em geral expande as oportunidades econômicas e é positiva para a sociedade. As grandes alternativas à integração econômica fracassaram. As tentativas de isolar países do resto da economia mundial na década de 1930 foram um desastre. Alemanha, Itália e Japão fecharam suas economias e se viram às voltas com regimes ditatoriais, guerras e conquistas. Os países pobres e as ex-colônias que criaram economias fechadas nas décadas de 1930 e 1940 se desintegraram, passando a enfrentar a estagnação econômica, o descontentamento social, crises e ditaduras militares, durante as décadas de 1970 e 1980. Poucos foram os países que progrediram economicamente sem acesso à economia internacional.

No entanto, insistir na globalização a qualquer custo seria igualmente equivocado. Durante a Era de Ouro do capitalismo global anterior a 1914, os governos se comprometeram com a integração econômica internacional e nada mais. Os defensores do livre comércio, do padrão ouro e das finanças internacionais queriam que os governos limitassem a atuação para a preservação de tais medidas e de suas propriedades. Esses governos ignoraram os argumentos daqueles prejudicados pela globalização. À medida que as classes média e trabalhadora cresciam, elas também passaram a exigir reformas sociais para melhorar as condições dos milhares de desempregados, pobres, crianças e idosos. O choque entre a ortodoxia clássica e esses novos movimentos sociais se transformou em duros conflitos, por vezes violentos, em especial após a eclosão da Grande Depressão. As tentativas de seguir no curso do capitalismo global sem prestar assistência aos maltratados pelos mercados mundiais levaram sociedades à polarização e ao conflito.

Após a Segunda Guerra Mundial, a nova ordem de Bretton Woods significou uma tentativa de evitar os fracassos das autarquias e do *laissez-faire* do padrão ouro. O sistema, marcado pelo padrão dólar-ouro, por uma gradual liberalização do comércio e por instituições internacionais, firmou compromissos entre a integração econômica e o Estado de bem-estar social. Dessa forma, os governos ocidentais se tornaram capazes de combinar doses moderadas de políticas de bem-estar social e graus moderados de integração econômica internacional.

A rápida recuperação da economia internacional erodiu os acordos de Bretton Woods. Os desenfreados mercados financeiros internacionais e os governos nacionais que gastavam sem impedimentos passaram a ser forças conflitantes. A ordem econômica do pós-guerra entrou em colapso no início da década de 1970 e foi substituída por 15 anos de inflação, orçamentos deficitários e estagnação econômica.

Na década de 1990, o capitalismo global estava novamente a pleno vapor. Assim como ocorrera antes de 1914, o capitalismo era mundial; e o globo, capitalista. A história do capitalismo global de seu primeiro momento de glória até o declínio após 1914, passando por sua melhora gradual desde 1970, ilustra os testes de fogo que determinariam o futuro da integração econômica internacional. Antes de 1914, os globalizadores evitavam medidas de proteção social e reformas, o que contribuiu para o colapso mais sério do sistema. Os governos do período entreguerras rejeitaram a economia mundial, o que acabou determinando a desintegração deles. Após 1945, as nações ocidentais optaram por uma pequena dose de integração combinada a uma pequena dose de reforma social, o que provou ser apenas uma solução temporária.

A história da economia mundial moderna demonstra dois aspectos. Primeiro, as economias funcionam melhor quando estão abertas ao mundo. Segundo, economias abertas funcionam melhor quando seus governos tentam aplacar as fontes de insatisfação com o capitalismo global.

O desafio do capitalismo global no século XXI é combinar integração internacional com governos politicamente reativos e socialmente responsáveis. As diferentes ideologias contemporâneas – pró e antiglobalização, progressistas e conservadores, pró-mercados e panfletários – argumentam que tal combinação é impossível ou indesejável. Entretanto, a teoria e a história indicam que a coexistência entre globalização e políticas comprometidas com melhorias sociais é possível. Fica a cargo dos governos e indivíduos transformar a possibilidade em realidade.

Notas

Introdução: Rumo ao século XX (p.17-26)

1. Citado em Viner (1948).
2. Adam Smith (1937), livro quatro.
3. Maddison (1995), p.38. Para uma excelente pesquisa sobre o período, ver Marsh (1999).
4. Stamp (1979); Bairoch (1989), p.56; Maddison (2001), p.95.
5. O'Rourke e Williamson (1999), p.209.
6. Calculado em Friedman e Schwartz (1982), p.122-37. Os índices de preço são deflatores implícitos.
7. Calculado em Gallman (1960), p.13-43; a variante A é utilizada para construção.
8. Uma leitura essencial sobre o padrão ouro encontra-se em Eichengreen e Flandreau (1997).
9. A plataforma encontra-se em Hicks (1931), p.439-44.
10. Ibid., p.316-17 e p.160.
11. Cain e Hopkins (1993a) oferecem um panorama do período.

1. Capitalismo global triunfante (p.29-43)

1. A plataforma encontra-se em Hicks (1931), p.439-44.
2. *Times*, 9 de julho de 1896.
3. Ibid.
4. *Times*, 10 de julho de 1896.
5. *Times*, 4 de novembro de 1896.
6. Os números utilizados estão em termos reais –, ou seja, consideram as diferenças dos preços tanto entre países quanto ao longo do tempo. Fonte: Maddison (2001).
7. Wilde (1985), p.144.
8. Veja, por exemplo, Estevadeordal et al. (2003) e López-Córdova e Meissner (2003).
9. Bordo e Rockoff (1996), p.389-428.
10. Eichengreen (1992); Eichengreen e Flandreau (1997). A apresentação nesses textos é bastante simplificada. Os governos normalmente tentam administrar as economias no sentido de evitar grandes fluxos de ouro. Isso poderia envolver uma tentativa de reter o ouro pelo aumento da taxa de juros, o que tenderia a manter o dinheiro no país para tirar vantagem das taxas mais altas de retorno. Ou, então, poderia envolver uma tentativa de conter os salários, preços e lucros domésticos, com o objetivo de tornar as exportações

mais competitivas. No entanto, essas políticas tiveram origem nas pressões que a adoção do ouro exercia sobre economias e governos.

11. Maddison (1995), p.64.
12. O'Rourke e Williamson (1999), p.43-53. Veja também Capie (1983).
13. O'Rourke e Williamson (1999), p.208-12.
14. Lloyd Reynolds (1985), p.87.
15. Solberg (1987) oferece um excelente estudo sobre as duas economias do trigo.
16. Bairoch (1975), p.52 e 15.
17. Adam Smith (1937), p.4-5.
18. Maddison (1995), p.36 e 249.

2. Defensores da economia global (p.44-71)

1. Keynes (1920), p.11-12.
2. Ibid., p.12.
3. Um maravilhoso relato do processo encontra-se em Irwin (1996), p.75-98.
4. John Nye questiona até mesmo isso, afirmando que a Inglaterra simplesmente cobrava impostos indiretos sobre bens de luxo para conseguir um equivalente funcional da proteção comercial. Nye (1996), p.90-112.
5. O que se segue foi retirado em princípio do estudo clássico da família, Niall Ferguson (1998). Veja também estudos em Heuberger (1994).
6. Strouse (1999), p.173; Niall Ferguson (1998), p.872-73.
7. Niall Ferguson (1998), p.866; trata da crise do Barings nas p.863-72. Veja também Cain e Hopkins (1993a), p.288-311, para as histórias mais gerais de Argentina, Brasil e Chile.
8. *Economist* LXV (9 de novembro de 1907), p.1925.
9. Niall Ferguson (1998), p.927-29. A crise de 1907 é tema de uma quantidade substancial de literatura acadêmica. Veja, em especial, Eichengreen (1992).
10. Niall Ferguson (1998), p.947.
11. Sobre os Rothschild na África do Sul, veja Niall Ferguson (1998), p.876-94, Cain e Hopkins (1993a), p.369-81, e Flint (1974).
12. Niall Ferguson (1998), p.884.
13. Ibid., p.892.
14. Um argumento clássico, para um período mais anterior, está em Gourevitch (1977).
15. Para uma excelente pesquisa, veja Bairoch (1989), p.69-160.
16. Citações retiradas de James e Lake (1989), p.18-21.
17. Cain e Hopkins (1993a), p.178.
18. Mitchell (1998b) para ver os números; Knudsen (1977) para ler a discussão.
19. Holtfrerich (1999).
20. Lake (1988), p.76.
21. Davis e Huttenback (1986), p.81-8. Os primeiros valores são deles, baseados no trabalho de Michael Edelstein; os últimos usaram a amostra de empresas britânicas de Davis e Huttenback. Em ambos os casos, é feita a comparação entre investimentos externos não-imperiais e investimentos britânicos. Como explicitam Davis e Huttenback, as taxas de retorno dentro do Império não eram normalmente tão altas quanto as dos países estrangeiros. Os dados originais de Edelstein estão em Edelstein (1982). Medidas da taxa de retorno confundem-se com inúmeros problemas complexos, sobre os quais ambos os livros tratam em detalhe.
22. Cain e Hopkins (1993a), p.178.
23. Citado ibid., p.216.

24. Jeffrey Williamson (1995).
25. Cain e Hopkins (1993a), p.181-201, apresentam um resumo judicioso do debate.
26. Ibid., p.217.
27. Feis (1930), p.23, utilizando as estimativas contemporâneas de Paish. Feis continua sendo a melhor fonte não-técnica de informações sobre os investimentos europeus no exterior durante esse período.
28. Goldin (1994).
29. O'Rourke e Williamson (1999), Tabelas 8.1 e 8.3.
30. Ibid.

3. Histórias de sucesso da Era de Ouro (p.72-95)

1. Morand (1931), p.74.
2. Ibid., p.76.
3. Ibid., p.65-6.
4. Ibid., p.75.
5. Mandell (1967), p.111.
6. Morand (1931), p.79.
7. Ibid., p.76-7.
8. Ibid., p.78-9.
9. Ibid., p.79.
10. Mandell (1967), p.84.
11. Morand (1931), p.80.
12. Ibid.
13. Rostow (1978), p.52-3.
14. Todos apresentam uma produção manufatureira per capita 20% maior que a dos Estados Unidos. A Itália é limítrofe, com o Norte obviamente industrializado, mas o Sul talvez mais atrasado do que Espanha e Portugal. W. Arthur Lewis (1978), p.163.
15. O resumo clássico dos aspectos tecnológicos do processo está em Landes (1969), p.231-358.
16. Um bom resumo é Falkus (1972), em especial p.44-84, que cobre grande parte da literatura disponível.
17. Rostow (1978), p.422-3.
18. Landes (1969), p.241. Neste ano, de acordo com Landes, as exportações japonesas de fios e tecidos eram maiores do que as alemãs e 40% das do Reino Unido.
19. Rostow (1978), p.196-7; p.210 apresenta os dados utilizados aqui.
20. Landes (1969), p.300, sobre a Alemanha; dados norte-americanos de Kerry Chase.
21. Esse foi o argumento que ficou conhecido por causa de Gerschenkron (1962). É ainda controverso e, na melhor das hipóteses, está apenas parcialmente correto; mas é provável que haja nele alguma verdade.
22. Sandberg (1978, 1979).
23. Citado em Irwin (1996), p.127.
24. Ibid., p.126.
25. Ibid., p.125.
26. Bairoch (1989), p.76 e 139.
27. Falkus (1972), p.44-84.
28. Bairoch (1989), p.139.
29. Webb (1977, 1980).
30. Bairoch (1989), p.134-5.

31. Maddison (1995), p.38, fornece valores de exportação como parcela do PIB representativos; Bairoch (1989), p.88-90, discute o processo de forma mais geral.
32. A parte oeste da América do Norte e o sul da América Latina foram exceções parciais, apesar de as estruturas sociais preexistentes serem demasiadamente pequenas e superficiais para que o impacto fosse mais duradouro. As populações indígenas também quase não tiveram efeito algum.
33. Douglass North, em North (1989), p.1319-32, destaca a distinção entre americanos do norte e do sul e britânicos e ibéricos, o que pode se justificar numa perspectiva comparativa. No entanto, as diferenças nessa dimensão entre Argentina e Canadá desvanecem em comparação com aquelas entre, por exemplo, Argentina e Indochina.
34. W. Arthur Lewis (1978), p.188-93, discute o fato, cerne de sua interpretação do desenvolvimento subseqüente das áreas tropicais.

    As duas características estão relacionadas. O fato de as populações indígenas serem relativamente pequenas nas áreas de assentamento mais recente foi um dos fatores que geraram os padrões predominantes de produtividade e produção agrária. O baixo nível de produtividade agrária das regiões temperadas fora da Europa tornou impossível a existência de populações densas nessas regiões. Por outro lado, se as populações não-européias fossem consideravelmente maiores (como na América Central ou na África ocidental, por exemplo), isso significaria que as terras concentravam riquezas mais aparentes e, portanto, os europeus as teriam explorado antes.
35. Calculado a partir de W. Arthur Lewis (1978), p.292-7; a Europa ocidental exclui a Alemanha, que é considerada, de forma mais adequada, parte da Europa Central e do Leste no que diz respeito à produção agrária.
36. John Foster Fraser (1914), p.27 e 70.
37. O valor atribuído à produção industrial foi retirado de Rostow (1978), p.496; os dados sobre o consumo de tecidos podem ser encontrados em David Reynolds (2000), p.100; os valores de produto per capita foram, como todos os outros utilizados aqui, retirados de Maddison (1995).
38. Villela e Suzigan (1977), p.294.
39. Pode-se encontrar uma boa análise da economia política das experiências dos dois países em Bates (1997), p.26-89.
40. Hopkins (1973) é a fonte mais importante e demonstra de maneira convincente a interação dos interesses econômicos europeus e locais no processo colonial.
41. David Reynolds (2000), p.205.
42. Gerald K. Helleiner (1966), Hogerdorn (1975).
43. Reynolds (2000), p.158.
44. Michael Adas, citado por Elson (1992), p.144.
45. Essa é a questão central de O'Rourke e Williamson (1999).

4. Desenvolvimentos fracassados (p.96-121)

1. Phipps (2002), p.164.
2. Maddison (2001), p.264-65.
3. O material usado aqui foi retirado de Hochschild (1998), Kennedy (2002) e Phipps (2002).
4. Phipps (2002), p.21.
5. Citado ibid., p.17.
6. Hochschild (1998), p.180-81.
7. Citado ibid., p.164.
8. Ibid., p.193.

9. Phipps (2002), p.159.
10. Ibid., p.162.
11. Citação ibid., p.171.
12. Zwick (1992).
13. Citado em Slinn (1971), p.371.
14. A comparação com Uganda, onde os agricultores indígenas tiveram muito mais sucesso no cultivo de produtos rentáveis para exportação, é instrutiva. Hickman (1970), p.178-97.
15. Um tratamento primoroso das experiências irlandesa e argelina (e israelense) pode ser encontrado em Lustick (1993).
16. W. Arthur Lewis (1978), p.214.
17. Bairoch (1975), p.160 fornece estimativas de empregos por setor.
18. Latham (1978), p.20.
19. Mitchell (1998 a, b e c), *passim*.
20. David Reynolds (2000), p.320.
21. É difícil categorizar e medir o Império Otomano. Incluía algumas regiões relativamente mais avançadas, mas, de maneira geral, era bastante subdesenvolvido. Era enorme, mas o que fazia ou não parte do Império era passível de debate. É provável que sua população fosse superada em número somente pela China e pela Índia, mas não é possível afirmar com certeza.
22. Tomlinson (1979), p.1-29, traz uma excelente análise da experiência indiana.
23. Feuerwerker (1995a), p.181. Os estudos detalhados encontram-se nas p.165-308. Veja também Feuerwerker (1995b) e Philip Richardson (1999). Uma visão mais geral pode ser encontrada em Spence (1990). O ponto de vista mais otimista de Waley-Cohen (1999) se concentra nas visões mais progressistas dos reformadores, enquanto sua própria argumentação explicita que a implementação de políticas baseadas em tais visões era, via de regra, impedida pelos grupos dominantes.
24. Essa é uma conseqüência da Teoria do Produto Principal (*staple theory*) desenvolvida por pesquisadores canadenses, focada no produto principal – *staple* – da região. Schedvin (1990) apresenta uma análise útil e essa abordagem foi aplicada e desenvolvida por Engerman e Sokoloff (1997).
25. Por exemplo, De Graaff (1986).
26. Stover (1970) apresenta um bom resumo dos movimentos de preço e de quantidade das exportações tropicais durante este período.
27. Norbury (1970), p.138-42.
28. Bates (1997), p.56.
29. Stover (1970), p.50.
30. Ibid., p.57.
31. Tampouco foi assim tão determinante como apresentado aqui. Nugent e Robinson (1999) argumentam de maneira convincente que fatores políticos influenciaram na organização das economias de café, mostrando que em El Salvador e na Guatemala os regimes oligárquicos levaram ao surgimento de fazendas de café com produção em larga escala. Já na Costa Rica e na Colômbia os regimes mais inclusivos geraram o cultivo em pequenas propriedades. A discussão é mais sobre tendências do que sobre certezas.

5. Problemas da economia global (p.122-40)

1. Kindleberger (1964), p.272-73.
2. Bairoch (1989), p.83-8; Cain e Hopkins (1993a), p.202-25. Marrison (1983) fornece uma análise bastante útil sobre os defensores e os opositores da proteção no meio industrial.

3. Citado em Cain e Hopkins (1993a), p.211.
4. A análise definitiva sobre a economia política dessa eleição pode ser encontrada em Irwin (1994).
5. Cain e Hopkins (1993a), p.181-201, e Kindleberger (1996), p.125-48, fornecem uma análise breve sobre os debates e as evidências.
6. Kindleberger (1978), p.224.
7. Citado em E. L. Jones (1996), p.704.
8. Rogowsky (1989) traz uma excelente apresentação e aplicação. O teorema de Stolper-Samuelson é mais utilizado para prever o apoio à proteção do comércio, mas explica também, obviamente, o apoio à liberalização comercial.
9. Przeworski (1980).
10. Citado em Hicks (1931), p.316, 317.
11. Moreton Frewen, citado em Stanley Jones (1964), p.14.

6. "Tudo o que é sólido se desmancha no ar..." (p.143-71)

1. Evans e Geary (1987), p.73; ver também: http://www.livcoll.ac.uk/pa09/europetrip/brussels/kollwitz.htm
2. Carr (1939).
3. Noyes (1926), p.436-7.
4. Cooper (1976), p.215.
5. Ibid., p.219-21.
6. Lamont (1915), p.112.
7. Nearing e Freeman (1925), p.273.
8. Carr (1939), p.234.
9. A fonte principal é Feldman (1993); esses dados são das p.782-5. Ver também Aldcroft (1977), p.128 e 138.
10. Ernest Hemingway, "*German Inflation, 19 September 1922*", em *Eyewitness to History*, ed. John Carey (Cambridge: Harvard University Press, 1987), p.497-501.
11. Meyer (1970).
12. Eichengreen (1992), p.125-52, discute o episódio; ver também Costigliola (1976).
13. Citado em Feldman (1993), p.855.
14. Ibid., p.858.
15. Nove (1992), p.94.
16. Aldcroft (1977), p.98 e 102.
17. Maddison (1995), p.238-9.
18. Um estudo clássico sobre o processo está em Maier (1975).
19. Cleona Lewis (1938), p.341.
20. Frieden (1988), p.66.
21. Cleona Lewis (1938), p.377.
22. Aldcroft (1977), p.238-67; ver também Kindleberger (1973), p.31-82.
23. Maddison (1995).
24. Villela e Suzigan (1977), p.133.
25. Essa interpretação, ainda que prevista por outros na década de 1930, foi de fato apresentada pela primeira vez de forma sucinta por Kindleberger (1973), p.291-308.
26. Eichengreen (1987). A apresentação completa dessa interpretação, em oposição às falhas do padrão ouro do período entreguerras, está em Eichengreen (1992).

27. Flandreau (1997), p.757. Apesar de Flandreau argumentar contra uma variante da visão cooperativa, os fatos que apresenta, em especial para o período que vai de 1870 a 1914, indicam a centralização da colaboração internacional; ver p.755-60.
28. Broz (1997).
29. Forbes (1981), p.125.
30. Maltz (1963), p.204-5.
31. Feis (1950), p.14.
32. Eichengreen (1989b); a citação está na p.58.
33. Frieden (1988), p.65.
34. A discussão apresentada aqui está baseada, a não ser quando se especifica o contrário, na magistral biografia autorizada, Skidelsky (1983, 1992, 2000).
35. Skidelsky (1992), p.181.
36. Skidelsky (1983), p.239.
37. Ibid., p.84.
38. Ibid., p.227.
39. Ibid., p.319.
40. Ibid., p.370.
41. Ibid., p.371.
42. Ibid., p.391.
43. Skidelsky (1992), p.205.
44. Ibid., p.133.
45. Jensen (1989) e Sachs (1980) apresentam duas discussões gerais; um estudo transnacional detalhado está em Bernanke e Carey (1996).
46. Skidelsky (1992) p.156.
47. Ibid., p.192.
48. Ibid., p.204.
49. Ibid., p.194.

7. O mundo de amanhã (p.172-90)

1. Zim, Lerner e Rolfes (1988), p.71.
2. Edmund Gilligan, *Report of a Subway Explorer of His Trip to a Magic City*, reproduzido em Zim, Lerner e Rolfes (1988); a citação encontra-se na p.44.
3. Ibid., p.43-4.
4. Citado em Rydell et al. (2000), p.93.
5. Maddison (1995), p.41; a medida utilizada é simplesmente PIB por hora trabalhada.
6. Rostow (1978), p.756.
7. Landes (1969), p.246-439. Os valores dos salários são de Liesner (1989), p.98.
8. Landes (1969), p.443.
9. Chandler e Tedlow (1985), p.408.
10. Valores de Kerry Chase.
11. Coffey e Layden (1996).
12. A história clássica está em Chandler (1977). Ver também Chandler (1969).
13. Mowery e Rosenberg (1989), p.59-97.
14. Calculado a partir de Ibid., p.68-9.
15. Chandler e Daems (1980) apresenta um bom conjunto de artigos comparativos.
16. Daems (1980), p.222.
17. Frieden (1988), p.64.
18. Landes (1969), p.446.

19. Poulson (1981), p.525.
20. Sassoon (1996), p.27-82, apresenta um excelente resumo.

8. O colapso da ordem estabelecida (p.191-213)

1. Orwell (1958), p.85-6.
2. Watkins (1999), p.57.
3. Os primeiros valores são de Kindleberger (1973), p.71; os seguintes de Eichengreen (1992), p.224. Grande parte do relato apresentado aqui foi retirado dessas duas fontes essenciais.
4. Temin (1989) desenvolve essa explicação de propagação por impulso da relação entre os Estados Unidos e o resto do mundo.
5. Kindleberger (1973), p.143 e 188.
6. Os preços de material de construção e de produtos agrícolas foram calculados a partir de Warren e Pearson (1935), p.30-2; bens de consumo duráveis a partir de Shaw (1947), p.290-5.
7. Eichengreen (1992), p.251.
8. Friedman e Schwartz (1963), p.306.
9. Rostow (1978), p.220.
10. Costigliola (1972) é um excelente panorama.
11. Stögbauer e Komlos (2004) e van Riel e Schram (1992).
12. A questão ainda é controversa. Veja Eichengreen (1989a) para obter uma avaliação aproximada.
13. Maddison (1995), p.69.
14. Bernanke (1983), p.260.
15. Ibid., p.260; Alston (1983), p.888; a taxa do período de 1928 a 1934 é a soma das taxas anuais de execuções de hipotecas, o que provavelmente leva a uma pequena superestimativa porque algumas fazendas podem ter sido tomadas mais de uma vez no período.
16. Conforme citado em DeLong (1991), p.11. Por uma questão de justiça, Robbins mais tarde repudiou sua opinião de 1935, considerando-a um "conceito errôneo". Temin (1989), p.xiii.
17. Citado em DeLong (1991), p.6.
18. Thomas Ferguson (1984) discute as diferenças no âmbito da indústria norte-americana; O'Brien (1989) argumenta a favor da motivação da manutenção do consumo na rigidez dos salários nominais.
19. Esses valores são de Jensen (1989), p.558-9; valores um pouco diferentes, mas ainda assim comparáveis, estão em Margo (1993), p.43.
20. Bernanke e James (1991), p.51-3.
21. Henrik Ibsen, *The League of Youth* (1869), Ato 4.
22. Bernanke (1983), p.259.
23. Ibid.; Calomiris (1993).
24. Eichengreen e Temin (2000), p.199.
25. Citado em Kindleberger (1973), p.152.
26. Bernanke e James (1991), p.50-7; o valor dos depósitos estrangeiros na Alemanha é de Eichengreen (1992), p.272.
27. Eichengreen e Temin (2000), p.201.
28. Ferguson e Temin (2003) apresentam um resumo e uma avaliação, enfatizando o componente câmbio da crise alemã.
29. Kindleberger (1989), p.173-8; Cain e Hopkins (1993b), p.80-1.

30. Kindelberger (2000), p.15-31.
31. Rostow (1978), p.220-3.
32. Díaz Alejandro (1983), p.6-11.
33. Citado em Temin (1989), p.95.
34. Eichengreen (1992), p.294-6.
35. Calculado a partir de Warren e Pearson (1935), p.30-32, e Shaw (1947), p.290-5.
36. Kindleberger (1973), p.197.
37. Ibid., p.219.
38. Ibid., p.202.
39. Eichengreen (1992), p.xi.
40. Citado em DeLong (1991), p.12.
41. Keynes (1932).
42. Ibid.
43. Skidelsky (1992), p.477.
44. Citado em Eichengreen e Temin (2000), p.202.
45. Blum (1970), p.49.
46. Departamento de Agricultura dos Estados Unidos (1949), p.53; Kindleberger (1973), p.222-3.
47. Romer (1992), p.759; Romer (1993), p.35.
48. Bernanke e James (1991), p.35-45.

9. Em direção à autarquia (p.214-48)

1. Simpson (1969), p.16.
2. Nurkse (1962), p.134-5.
3. As informações que se seguem são de Mühlen (1938), Schacht (1955), Simpson (1969) e Weitz (1997).
4. Aparentemente, ele ainda estava confuso quando escreveu sua dissertação (Schacht [1955], p.86), incapaz de compreender que o examinador estava tentando fazer com que ele discorresse mais sobre os atributos abstratos dos objetos.
5. Ibid., p.45.
6. Ibid., p.148-9.
7. Weitz (1997), p.117.
8. Simpson (1969), p.78.
9. Ibid., p.78-80.
10. Ibid., p.80.
11. Weitz (1997), p.139.
12. Ibid., p.135 e 197.
13. Schacht (1955), p.303.
14. Hitler (1953), p.350.
15. Overy (1982), Overy (1994), p.37-89; Karl Hardach (1980), p.56-64; James (1986), p.367-87.
16. Simpson (1969), p.87.
17. Citado em James (1986), p.353.
18. Citado em Feldman (1993), p.855.
19. Kaiser (1980), p.325-7, e Neal (1979), p.397; essas são variações não-ponderadas.
20. Overy (1994), p.16; Overy (1982).
21. Simpson (1969), p.131.
22. Ibid., p.123.

23. Weitz (1997), p.220.
24. Overy (1994), p.57; James (1986), p.355-7.
25. Clough (1964), p.383.
26. Nove (1992), p.250.
27. Neal (1979).
28. A comparação (para duplicação) é feita com o ponto mais baixo, normalmente 1932. Os valores de produção manufatureira estão abertos a discussão, em especial devido às rápidas mudanças de preços no período. Tais mudanças, que têm somente o intuito de ilustrar, são de Overy (1982), p.29; Rostow (1978), p.222-23; Díaz Alejandro (1983), p.9; e Teichova (1985), p.230.
29. Em Blinkhorn (1990), p.161 (traduzido novamente pelo autor).
30. Stephen J. Lee (1987) e Berend e Ránki (1977), p.77-141, são pesquisas excelentes.
31. Merkl (1980), p.765.
32. Os artigos encontrados em Blinkhorn (1990) cobrem a maioria dos aspectos da colaboração.
33. Sarti (1971), p.104-33; Gregor (1979), p.153-71; Ciocca e Toniolo (1984). Cohen (1988) desbanca de maneira convincente as alegações de Gregor de que o fascismo italiano seguiu um plano desenvolvimentista metódico, mas não discute a eventual importância do Estado na economia.
34. Teichova (1985), p.286 e 309.
35. Overy (1982), p.34 e 60.
36. Radice (1986), p.31; Hauner (1985), p.83.
37. Berend e Ránki (1977), p.94-5.
38. Nakamura (1983), Nakamura (1998), Lockwood (1968), G. C. Allen (1972) e Barnhart (1981).
39. Nove (1992), p.150 e 174.
40. Esses e outros valores usados aqui (a não ser quando se especifica o contrário) foram retirados do reconhecido Davies, Harrison e Wheatcroft (1994), p.269.
41. Nove (1992), p.186.
42. Gregory e Stuart (1986), p.115.
43. Esse sistema está muito bem resumido em Nove (1969), p.263-7; uma discussão mais detalhada pode ser encontrada em Gregory e Stuart (1990), p.155-265.
44. Nove (1969), p.204.
45. Todos os valores são de Davies, Harrison e Wheatcroft (1994).
46. Maddison (1995), p.194-200.
47. Robert C. Allen (1998).
48. Bairoch (1975), p.124; Felix (1987), p.23.
49. Blumer-Thomas (1998), p.77; ver também Maddison (1989), p.57.
50. Thorp (1984), p.331; C. H. Lee (1969), p.143.
51. Thorp e Londoño (1984), p.94.
52. Elson (1992), p.186-91.
53. C. H. Lee (1969), p.152-3.
54. Owen e Pamuk (1999), p.38-44.
55. Kai-Ming e Barber (1936).
56. Feuerwerker (1983).
57. Villela e Suzigan (1977), p.138 e 356.
58. Owen e Pamuk (1999), p.16 e 244.
59. C. H. Lee (1969), p.150.
60. Palma (1984), p.70-2.
61. Ocampo (1984), p.134 e 139.

62. Tomlinson (1979), p.32. Ver também Dewey (1978).
63. Meredith (1975), p.495.
64. Dixon (1999), p.61-67; Phongpaichit e Baker (1995), p.249-66.
65. Cain e Hopkins (1993b), p.188-94; A. D. Gordon (1978).
66. Tomlinson (1979), p.119-46.
67. Citado em Hopkins (1973), p.267.
68. Elson (1992), p.192.

10. A construção da socialdemocracia (p.249-71)

1. Keynes (1933).
2. Söderpalm (1975).
3. Citado em Berg e Jonung (1998), p.11.
4. Carlson (1993), p.174.
5. Ibid., p.178.
6. Jorberg e Kranz (1989), p.1082. Ver também Jonung (1981), p.302-03, e Esping-Andersen (1985), p.199-204.
7. Tilton (1990), p.113.
8. Jorberg e Kranz (1989), p.1085-103.
9. Mabbett (1995), p.87.
10. Benner (1997), p.76.
11. Gourevitch (1986), p.134.
12. Citado em Poulson (1981), p.610.
13. Wallis (1986); Harrington (1998), p.314-26. A citação de Roosevelt está na p.322.
14. Rucker e Alston (1987).
15. Troy (1965), p.1-2.
16. Wallis (1986), p.18.
17. Esping-Andersen (1985), p.41-88.
18. Katzenstein (1985), p.136-190; Luebbert (1991), p.234-305.
19. Colton (1996), p.93.
20. Ibid., p.92-197.
21. Keynes (1936), p.383.
22. Ibid. Nessa interpretação, e devo ressaltar que as interpretações de Keynes são ainda controversas, ver em especial Leijonhufvud (1968).
23. Keynes (1932).
24. Keynes (1936), p.378.
25. Skidelsky (1992), p.511
26. Ibid., p.507.
27. Ibid., p.573-4.
28. Laidler (1999) é um exemplo convincente.
29. Barber (1996), p.83-5.
30. Skidelsky (1992), p.506.
31. Barber (1996), p.86.
32. Os textos em Hall (1989) descrevem a influência das idéias de Keynes em vários países, principalmente depois da Segunda Guerra Mundial. São decididamente céticos com relação ao impacto independente dessas idéias na política.
33. Esping-Andersen (1985), p.195.
34. Harrington (1998).
35. Ibid.

36. Tilton (1990), p.131.
37. Troy (1965), p.1-2.
38. Citado em Swenson (1997), p.80.
39. Ibid., p.78.
40. Ibid., p.72. Esses pontos são controversos. Para uma discussão mais abrangente, ver Domhoff (1986), Colin Gordon (1994) e Thomas Ferguson (1984).
41. Swenson (1989), p.42-53.
42. Swenson (1997), p.85.
43. Kindleberger (1989); Simmons (1994), p.174-274.
44. Eichengreen (1992), p.374-82; a citação está na p.380. Ver também Clarke (1977) e Kindleberger (1993), p.385-89.
45. Warren (1937), p.71.
46. *Proceedings of the Academy of Political Science* 17 (1) (Maio de 1936), p.113.

11. A reconstrução do Oriente e do Ocidente (p.275-299)

1. Leon Fraser (1940), p.56-7. Sobre o planejamento do início da guerra, ver Oliver (1971), p.6-22, e Shoup e Winter (1977), p.117-87.
2. Richard Gardner (1980), p.9. Esse estudo clássico é a fonte principal de grande parte do que vem a seguir.
3. Otto Maller, citado em Eckes (1975), p.37.
4. Hull (1948), p.355-6.
5. Citado em Richard Gardner (1980), p.19.
6. Ibid., p.40-68; as citações de Welles estão na p.49. Ver também Penrose (1953), p.11-31.
7. Citado em van Dormael (1978), p.93-4.
8. Ibid., p.95.
9. Ibid., p.255.
10. Citado em Eric Helleiner (1994), p.164.
11. Feis (1930), p.469.
12. Staley (1935), p.495.
13. Eckes 91975), p.135-64; Richard Gardner (1980), p.110-44; van Dormael (1978), p.240-65.
14. *Financial Times*, 15 de março de 2003, p.Weekend: III.
15. Richard Gardner (1980), p.xvii.
16. Skidelsky (2000), p.465.
17. Ansel Luxford, citado em Richard Gardner (1980), p.xv.
18. Os dados gerais são de Maddison (1995), com exceção da produção industrial alemã. Para tais dados ver Milward (1977), p.335.
19. Milward (1977), p.346. Milward apresenta também valores para o Império britânico, que aparentemente incluem os territórios.
20. DeLong e Eichengreen (1993).
21. Maddison (1995) e Mitchell (1998a, 1998b).
22. Irwin e Kroszner (1999) apresentam e defendem intensamente a idéia.
23. Para obter detalhes biográficos de Acheson, ver McLellan (1976) e Chace (1998).
24. Acheson (1969), p.267-75.
25. Citado em Block (1977), p.40.
26. Lloyd Gardner (1970), p.219.
27. Richard Gardner (1980), p.251; McLellan (1976), p.94.

28. Chace (1998), p.166.
29. Valores de Milward (1984), p.46-7, 96-7.
30. Ibid., p.224, 257 e 356; Gerd Hardach (1987); Karl Hardach (1980), p.90-109, 160-78.
31. DeLong e Eichengreen (1993).
32. Eichengreen (1993), p.44-53, acredita que o impacto da desvalorização das importações foi substancial.
33. Acheson (1969), p.727.
34. Sassoon (1996), p.83-136, apresenta um panorama excelente.
35. David Reynolds (2000), p.13.
36. Linz (1985).
37. Radice (1986) e Brus (1986).
38. Ritschl (1996), p.508-11; Roesler (1991), p.47-51.
39. Notel (1986), p.230-6; Brus (1986), p.572-6.
40. Notel (1986), p.238-41. Um nonilhão para os franceses e para os norte- americanos é o mesmo que um quintilhão para os britânicos; em ambos os casos trata-se de dez seguido de trinta zeros.
41. Brus (1986), p.608-41, traz um excelente resumo do período.
42. Ibid., p.626; valores em Maddison (1995), p.200-1, embora seja um pouco mais fragmentado, indica uma recuperação similar no período de 1949 a 1951.

12. O sistema de Bretton Woods em ação (p.300-23)

1. Monnet (1978), p.228.
2. Maddison (1995).
3. As três exceções que testaram a regra (Espanha, Portugal e Grécia) seguiram rapidamente nessa direção durante a década de 1970.
4. Boltho (1975), Hasegawa (19960, Nathan (1999), Morita (1986), Smith (1995), Tanaka (1991), Sakiya (1982), Togo (1993), Dower (1999) e Reingold (1999).
5. Maddison (1995); a Europa ocidental inclui Irlanda, Espanha, Portugal e Grécia, mas não a Turquia. As taxas gerais de crescimento aqui, assim como em outros lugares, a não ser quando mencionado explicitamente, se referem ao PIB per capita.
6. Maddison (1996), p.36.
7. Van Ark (1996), p.117. Essa questão foi defendida por Temin (2000).
8. Branson (1980).
9. As informações contidas nessa parte foram extraídas de Monnet (1978), Duchêne (1994) e Moravcsik (1998), p.86-237.
10. Pruessen (1982), p.309.
11. Irwin (1995) é um excelente resumo.
12. Jackson (1989), p.53.
13. Maddison (1989), p.32.
14. Rostow (1978), p.669.
15. Todos os valores foram calculados a partir de Maddison (1995).
16. Ibid.
17. Bordo (1993) e Eckes (1975), p.211-71, são trabalhos excelentes.
18. Dados de Bordo (1993), p.7-11.
19. Wilkins (1974); Dunning (1983); Branson (1980); Lipsey (1988).
20. Bergsten, Horst e Moran (1978); United Nations Commission on Transnational Corporations (1978).

21. United Nations Commission on Transnational Corporations (1978), p.263-73; Wilkins (1974), p.403.
22. Lipsey (1988), p.504.
23. Wilkins (1974), p.360-405; Rostow (1978), p.670-1; Hu (1973), p.19-29.
24. Hu (1973), p.28-38.
25. Sicsic e Wyplosz (1996), p.235.
26. Hu (1973), p.100.
27. Ruggie (1982), em um artigo influente, fala de um sistema integrado que chama de "liberalismo incrustado" (*embedded liberalism*), combinando os dois.
28. Kohl (1981), p.310.
29. Olsson (1990), p.114-20.
30. Eichengreen (1993), p.89.
31. Baldwin (1990), p.138.
32. Cameron (1978) foi provavelmente a primeira análise explícita da relação, desenvolvida com detalhes em Katzenstein (1985).
33. Sassoon (1996), p.140.
34. Baldwin (1990), p.116.
35. Karl Hardach (1980), p.140-60.
36. Gallarotti (2000), p.26-7.
37. Atkinson (1999); ver também Kraus (1981).

13. Descolonização e desenvolvimento (p.324-43)

1. Bresser-Pereira (1984), p.2 e 74.
2. Maddison (1995), p.38.
3. Kaufman (1990) sumariza a experiência.
4. Frieden (1991), p.101 e 189; Villarreal (1977), p.73. Os números são para proteção eficaz, o que inclui o impacto da proteção nos insumos.
5. Baer (1989), p.70.
6. Mitchell (1998a e 1998b); United Nations Center for Human Settlements (1997).
7. Hong Kong também poderia estar qualificado, mas os britânicos nunca reclamaram a soberania sobre a maior parte do território da cidade. E, após 1965, apesar de o Zimbábue (depois a Rodésia) ter se tornado independente sob o governo de uma minoria branca, tal independência não foi reconhecida pela comunidade internacional até que o poder fosse entregue à maioria negra em 1980.
8. Kahler (1984), p.265-315, é uma excelente pesquisa.
9. Kunz (1991) traz uma análise detalhada.
10. Citado em Love (1980), p.52.
11. Prebisch observou também que a força de trabalho da atividade manufatureira era, via de regra, sindicalizada, logo os salários eram menos flexíveis, contribuindo para a rigidez dos preços industriais.
12. Bates (1981) é uma declaração clássica.
13. Citado em Mukerjee (1986), p.8.
14. Ibid.
15. Citado em Audichya (1977), p.111.
16. Tomlinson (1993), p.184; esse trabalho é uma fonte essencial para o período.
17. Johnson (1983), p.136.
18. Khan (1989), p.76.
19. Vaidyanathan (1983) é uma boa pesquisa.

20. Tomlinson (1993), p.156-213; Johnson (1983), p.132-44.
21. Hassouna (1955), p.154-5.
22. Todos os dados são de Maddison (1995).
23. Brown (1997), p.67; Hossain, Islam e Kibria (1999), p.29.
24. Hansen (1991).
25. Fieldhouse (1986), p.152-3.
26. Hansen (1991), p.99 e 173; Owen e Pamuk (1999), p.244-51.
27. Owen e Pamuk (1999), p.131; Fieldhouse (1986), p.139.

14. Socialismo em muitos países (p.344-60)

1. A Mongólia, aliada/satélite da União Soviética, foi uma exceção parcial, embora nem mesmo os soviéticos considerassem esse país de dois milhões de nômades realmente socialista.
2. Brus (1986), p.3-39.
3. Filtzer (1993).
4. Hutchings (1982), p.83-4.
5. Brus (1986), p.64.
6. Nove (1992), p.303-11 e 342-8.
7. Millar (1971).
8. Brus (1986), p.131 e 79-82.
9. Goldman (1975), p.39.
10. Gregory e Stuart (1990), p.146-51; Nove (1992), p.378-86; Keizer (1971), p.107-40; Goldman (1975).
11. Korbonski (1975), Lavigne (1975), Grossman (1966), Selucky (1972), Nove (1977), p.288-322 e Brus (1986), p.160-85.
12. Eckstein (1975); Perkins (1975).
13. Essa discussão sobre agricultura foi retirada de Eckstein (1975), Chao (1970) e Perkins (1969).
14. Wheelwright e McFarlane (1970).
15. Citado em Spence (1990), p.579.
16. Riskin (1988); Pyle (1997), p.41-5.
17. Crook (1975).
18. Todos os dados foram calculados a partir de Maddison (1995).
19. Mesa-Largo (1974); Mesa-Largo (1981); Pérez (1988).
20. Lampe (1986); Turnock (1986).

15. O fim de Bretton Woods (p.361-83)

1. A não ser quando se especifica o contrário, a história apresentada aqui foi retirada de Safire (1975), p.509-28.
2. Citado em Gowa (1983), p.165.
3. Citado ibid., p.68.
4. Safire (1975), p.514-5.
5. Wells (1994), p.73.
6. Citado em Eckes (1975), p.266.
7. A discussão aqui apresentada está baseada em Block (1977), p.139-202; Eckes (1975), p.236-71; Eichengreen e Kenen (1994); Garber (1993); Gowa (1993); e Solomon (1977).
8. Citado em Eckes (1975), p.250.

9. Citado em BARTLEBY.COM, no site: http://www.bartleby.com/63/9/309.html.
10. G. C. Allen (1972), p.170; Kindleberger (1996), p.196-99.
11. Servan-Schreiber (1968), p.3-7, 285 e 189.
12. Sigmund (1980).
13. Soskice (1978).
14. Um bom resumo é Eliana Cardoso e Helwege (1992), p.84-99.
15. Díaz Alejandro (1965).
16. Bresser-Pereira (1984), p.42; Baer (1989), p.317 e 355.
17. Taylor e Bacha (1976).
18. Baer (1989), p.87; Urrutia (1991), p.51, 32 e 44-5.
19. Todos os valores são de Maddison (1995).
20. Kaufman (1990), p.130.
21. Nove (1977), p.161-71 e 188-90; Hutchings (1982), p.239-48; Gregory e Stuart (1990), p.402-17.

16. Crise e mudança (p.387-416)

1. Yergin (1991), p.615-7, 655 e 662-3.
2. Koopman et al. (1984).
3. Solomon (1977), p.292; Koopman et al. (1984).
4. Sassoon (1996), p.707-13. Essa é uma fonte básica de informação sobre trabalho e políticas socialistas no período.
5. Henrekson, Jonung e Stymne (1996), p.269; van Ark, de Haan e de Jong (1996), p.318.
6. Eichengreen e Kenen (1994), p.41. Sobre a experiência latino-americana, ver Frieden (1991).
7. Mussa (1994), p.111; esse trabalho é uma excelente investigação sobre o período.
8. *Economic Report of the President*, várias edições. Esses valores são referentes ao ganho semanal médio em dólares inalteráveis.
9. Volcker e Gyohten (1992), p.181.
10. Díaz Alejandro (1984), Sachs (1985) e Sachs (1989) figuram entre os vários estudos respeitáveis.
11. Eliana Cardoso e Helwege (1992).
12. Naughton (1995), Naughton (1996), Pyle (1997).
13. *Economic Report of the President*, várias edições. Esses valores diferem um pouco daqueles apresentados por Poterba (1994).
14. Volcker e Gyohten (1992).
15. Feldstein (1994), p.270.
16. Frankel (1994) e J. David Richardson (1994) contêm informações úteis sobre o episódio, assim como Destler e Henning (1989).
17. Gros e Thygesen (1998), p.95-101 e 191-236.
18. Edwards e Naím (1997) é uma boa investigação sobre a experiência.
19. Stiglitz (2002), p.94-5.
20. *Bank for International Settlements* (vários anos); Fundo Monetário Internacional (vários anos); Corsetti, Pesenti e Roubini (1999).

17. A vitória dos globalizantes (p.417-38)

1. *Foreign Policy Bulletin* 8, número 5 (setembro – outubro de 1997), p.100.
2. *Foreign Policy Bulletin* 8, número 6 (novembro – dezembro de 1997), p.26 e 24.

3. Ibid., p.25.
4. *Wall Street Journal*, 5 de setembro de 1997, p.C1.
5. *Foreign Policy Bulletin* 8, número 6 (novembro – dezembro de 1997), p.24.
6. Ibid., p.28.
7. Ibid., p.27.
8. *Foreign Policy Bulletin* 8, número 5 (setembro – outubro de 1997), p.100; *Foreign Policy Bulletin* 8, número 6 (novembro – dezembro de 1997), p.25.
9. DeLong (2000); Triplett (1999).
10. Strange (1986).
11. United Nations Development Program, *Human Development Report* (2001).
12. Dados retirados de *The Merger Yearbook* (New York: Securities Data), várias edições.
13. Evenett (2003).
14. John Williamson (1990).
15. Volcker e Gyohten (1992), p.167-8.
16. *Business Week* (7 de fevereiro de 2000), p.40. Inclui a produção de químicos empregados na indústria e nos serviços (equipamentos e exploração) em petróleo.
17. *Business Week* (22 de janeiro de 2001), p.66-72.
18. Citado em Frieden (1987), p.114-5.
19. O que vem a seguir foi retirado de Slater (1996), bem como de artigos de *Salon* (27 de março de 2001), e do *New York Times*, 6 de dezembro de 1998.
20. Stern (1977) é um relato clássico.
21. Mahathir é citado em: http://warisan_ku.tripod.com/pembohongan_pas.htm; o discurso de denúncia ucraniano é de Lubomyr Prytulak e consta nos arquivos ucranianos: http://www.ukar.org/
22. Discurso no World Forum on Democracy, Varsóvia, 25 de junho de 2000.
23. Ibid.
24. Lawrence (1991).

18. Os que correram atrás (p.439-60)

1. *The New Yorker* (27 de maio de 1961), p.49-50.
2. Lie (1998), p.1.
3. Ibid., p.3-4.
4. Perry Anderson, "Diary", *London Review of Books* (17 de outubro de 1996).
5. United Nations Development Program (1998), capítulo 3.
6. Feenstra (1998).
7. Descrito ibid., p.35-6.
8. Os dados foram retirados de várias edições do *Steel Statistical Yearbook* do International Iron and Steel Institute.
9. *Financial Times*, 10 de agosto de 2001, p.2.
10. Ver Goertzel (1999) para a maior parte dos detalhes biográficos.
11. Fernando Henrique Cardoso e Faletto (1979), p.xxiv.
12. Fernando Henrique Cardoso (1979), p.55.
13. Fernando Henrique Cardoso e Faletto (1979), p.210.
14. Retirado do site de Goertzel, STILL A MARXIST.
15. Goertzel (1999), p.94.
16. Retirado do site de Goertzel, STILL A MARXIST.
17. Goertzel (1999), p.160.
18. Retirado do site de Goertzel, STILL A MARXIST.

19. Os que ficaram para trás (p.461-82)

1. Chen e Ravallion (2001).
2. Maddison (2001), p.129.
3. Chen e Ravallion (2001); World Bank (vários anos).
4. Os argumentos mais influentes desse tipo são os de Jeffrey Sachs e de seus co-autores. Ver, por exemplo, Sachs e Bloom (1998) e Sachs e Warner (2001).
5. Um excelente estudo sobre a experiência da Zâmbia está em Shafer (1994), p.49-93.
6. Kaunda (1988), p.11.
7. O estudo clássico sobre as empresas estrangeiras de cobre está em Sklar (1975).
8. Citado em Ihonvbere (1996), p.52.
9. Kaunda (1988), p.ix.
10. Kaunda (1968), p.37.
11. Kaunda (1988), p.41 e 65.
12. Bratton (1980), p.259.
13. Mushingeh (1994).
14. Bratton (1980), p.227.
15. Sobre a crise político-econômica do país, ver Bates e Collier (1993) e Bratton (1994).
16. Pritchett (sem data específica), p.1.
17. "Nigéria confronts corruption". BBC News/World, 11 de novembro de 1999, disponível no site: http://news.bbc.co.uk/hi/english/world/africa/newsid_515000/515788.stm.
18. Os dados sobre os geradores nigerianos e sobre os empregos públicos de Gana são de Collier e Gunning (1999), p.10-1.
19. Os dados dessa seção foram retirados da excelente edição anual do *Human Development Report* da United Nations Development Program.

20. Capitalismo global em apuros (p.483-98)

1. A maior parte dos relatos sobre os eventos de Seattle foi extraída da cobertura feita pelo *New York Times*.
2. *Seattle Post-Intelligencer*, 1º de dezembro de 1999.
3. *New York Times*, 1º de dezembro de 1999.
4. *Seattle Post-Intelligencer*, 2 de dezembro de 1999.
5. Ibid., 1º de dezembro de 1999.
6. www.turnpoint.org
7. *New York Times*, 2 de dezembro de 1999.
8. *Business Week* (6 de dezembro de 2004), p.104.
9. Freeman (1995), que continua sendo uma excelente análise dessa literatura volumosa.
10. http://www.aflcio.org/globaleconomy/index.htm.
11. http://www.aflcio.org/globaleconomy/meaning.htm
12. Extraído das declarações sobre *Global Monoculture* e *Invisible Government* do *Turning Point Project*, disponíveis na internet no site www.turnpoint.org.
13. http://www.cleanclothes.org/intro.htm#7.
14. www.turnpoint.org.
15. Ibid.
16. http://www.uniteunion.org/sweatshops/action/action.html.
17. Chakravarthi Raghavan, "*US, Moore Rebuffed, WTO Ministerial Ends in Failure*", *SUNS: North-South Development Monitor*, 7 de dezembro de 1999. Também no site http://www.twnside.org.sg/title/rebuff-cn.htm.

Comentários sobre dados e fontes

Todos os dados estão expressos em dólares norte-americanos, a não ser quando for explicitado o contrário. Quando são apresentados números absolutos, serão normalmente expressos em dólares correntes, isto é, sem correção de inflação. No entanto, quando eu uso os valores para fins de comparação – como em taxas de crescimento, tamanho relativo das economias ou renda per capita relativa – baseio-me em termos de Paridade do Poder de Compra (PPC) constante do dólar. Esses cálculos levam em consideração a inflação e as diferenças nos níveis de preços nacionais para tentar captar o verdadeiro poder de compra dos diferentes valores monetários. Os dados utilizados são quase todos provenientes da imensa pesquisa realizada por Angus Maddison e seus colaboradores da OCDE, como publicado numa série que culmina em Maddison (2001).

Citei somente fontes de língua inglesa para que fossem acessíveis ao público de língua inglesa em geral. Praticamente cada página poderia gerar um levantamento bibliográfico com textos em várias línguas. Senti que seria mais relevante referir-me diretamente apenas a textos que o leitor interessado pudesse consultar.

Referências bibliográficas

ACHESON, Dean. *Present at the Creation*. Nova York, Norton, 1969.

ALDCROFT, Derek H. *From Versailles to Wall Street 1919-1929*. Berkeley, University of California, 1977.

ALLEN, G. C. *A Short Economic History of Modern Japan 1867-1937*. Londres, George Allen and Unwin, 1972.

ALLEN, Robert C. "The Standard of Living in the Soviet Union 1928-1940", in *Journal of Economic History*, 1998, vol. 58, n. 4, p.1063-89.

ALSTON, Lee. "Farm Foreclosures in the United States during the Interwar Period", in *Journal of Economic History*, 1983, vol. 43, n. 4, p.885-903.

ATKINSON, A. B. "The Distribution of Income in the UK and OECD Countries in the Twentieth Century", in *Oxford Review of Economic Policy*, 1999, vol. 15, n. 4, p.56-75.

AUDICHYA, Janardan. *Economic Ideas of Jawaharlal Nehru*. Jodhpur, Jain Brothers, 1977.

BAER, Werner. *The Brazilian Economy: Growth and Development*. Nova York, Praeger, 1989.

BAIROCH, Paul. *The Economic Development of the Third World since 1900*. Berkeley, University of California, 1975.

_____. "European Trade Policy, 1815-1914", in Peter Mathias e Sidney Pollard (orgs.), *The Cambridge Economic History of Europe*. Cambridge, Cambridge University, vol. 8, 1989.

BALDWIN, Peter. *The Politics of Social Solidarity: Class Bases of the European Welfare State, 1875-1975*. Nova York, Cambridge University, 1990.

BANK FOR INTERNATIONAL SETTLEMENTS. *Relatório anual*. Vários anos. Basel, Suíça, Bank for International Settlements.

BARBER, William. *Designs within Disorder: Franklin D. Roosevelt, the Economists, and the Shaping of American Economic Policy, 1933-1945*. Cambridge, Cambridge University, 1996.

BARNHART, Michael. "Japan's Economic Security and the Origins of the Pacific War", in *Journal of Strategic Studies*, 1981, vol. 4, n. 2, p.105-24.

BATES, Robert. *Markets and States in Tropical Africa*. Berkeley, University of California, 1981.

_____. *Open-Economy Politics: The Political Economy of the World Coffee Trade*. Princeton, Princeton University, 1997.

_____ e Paul Collier. "The Politics and Economics of Policy Reform in Zambia", in Bates e Anne Krueger (org.), *Political and Economics Interactions in Economic Policy Reform*. Cambridge, Blackwell, 1993.

BENNER, Mats. *The Politics of Growth: Economic Regulation in Sweden 1930-1994*. Lund, Arkiv förlag, 1997.

BEREND, Iván e György Ránki. *East Central Europe in the 19th and 20th Centuries*. Budapeste, Akadémiai Kiadó, 1977.

BERG, Claes e Lars Jonung. "Pioneering Price Level Targeting: The Swedish Experience 1931-1937", in *SSE/EFI Economics and Finance Working Paper 290*. Estocolmo, Stockholm School of Economics, 1998.

BERGSTEN, C. Fred, Thomas Horst e Theodore Moran. *American Multinationals and American Interests*. Washington D.C., Brookings Institution, 1978.

BERNANKE, Ben. "Nonmonetary Effects of the Financial Crisis in the Propagation of the Great Depression", in *American Economic Review*, 1983, vol. 73, n. 3, p.257-76.

_____. "The Macroeconomics of the Great Depression: A Comparative Approach", in *Journal of Money*, Credit and Banking, 1995, vol. 27, n. 1, p.1-28.

_____ e Harold James. "The Gold Standard, Deflation, and Financial Crisis in the Great Depression: An International Comparison", in Glenn Hubbard, *Financial Markets and Financial Crises*. Chicago, University of Chicago Press, 1991.

_____ e Kevin Carey. "Nominal Wage Stickiness and Aggregate Supply in the Great Depression", in *Quarterly Journal of Economics*, 1996, vol. 111, n. 3, p.853-83.

BLINKHORN, Martin (org.). *Fascists and Conservatives: The Radical Right and the Establishment in Twentieth-Century Europe*. Londres, Unwin Hyman, 1990.

BLOCK, Fred. *The Origins of International Economic Disorder.* Berkeley, University of California, 1977.

BLUM, John Morton. *Roosevelt and Morgenthau*. Boston, Houghton Mifflin, 1970.

BOLTHO, Andrea. *Japan: An Economic Survey 1953-1973*. Londres, Oxford University, 1975.

BORDO, Michael. "The Bretton Woods International Monetary System: A Historical Overview", in Michael Bordo e Barry Eichengreen (orgs.), *A retrospective on the Bretton Woods System*. Chicago, University of Chicago, 1993.

_____ e Hugh Rockoff. "The Gold Standard as a Good Housekeeping Seal of Approval", in *Journal of Economic History*, 1996, vol. 56, n. 3, p.389-428.

BRANSON, William. "Trends in United States International Trade and Investment since World War II", in Martin Feldstein (org.), *The American Economy in Transition*. Chicago, University of Chicago, 1980.

BRATTON, Michael. *The Local Politics of Rural Development: Peasant and Party-State in Zambia*. Hanover, University Press of New England, 1980.

_____. "Economic Crisis and the Political Realignment in Zambia", in Jennifer Widner (org.), *Economic Change and Political Liberalization in Sub-Saharan Africa*. Baltimore, Johns Hopkins University, 1994.

BRESSER-PEREIRA, Luiz Carlos. Development and Crisis in Brazil 1930-1983. Boulder, Westview, 1984. [Ed. bras. *Desenvolvimento e crise no Brasil entre 1930 e 1967*. Rio de Janeiro, Jorge Zahar, 1968.]

BROWN, Ian. *Economic Change in South-East Asia, c.1830-1980*. Kuala Lumpur, Oxford University Press, 1997.

BROZ, Lawrence. "The Domestic Politics of International Monetary Order: The Gold Standard", in David Skidmore (org.), *Contested Social Orders and International Politics*. Nashville, Vanderbilt University, 1997.

BRUS, Wlodzimierz. "The Economic History of Eastern Europe 1919-1975", in M.C. Kaser (org.), *Intitutional Change within a Planned Economy*. Oxford, Clarendon, vol. 2, 1986.

BULMER-THOMAS, Victor. "The Latin American Economies, 1929-1939", in Leslie Bethell (org.), *Latin America: Economy and Society since 1930*. Cambridge, Cambridge University, 1998.

CAIN, J. P. e A. G. Hopkins. *British Imperialism: Innovation and Expansion*, 1688-1914. Londres, Longman, 1993a.

_____ e _____. *British Imperialism: Crisis and Deconstruction, 1914-1990*. Londres, Longman, 1993b.

CALOMIRIS, Charles. "Financial Factors in the Great Depression", in *Journal of Economic Perspectives*, 1993, vol. 7, n. 2, p.61-85.

CAMERON, David. "The Expansion of the Public Economy: A Comparative Analysis", in *American Political Science Review*, 1978, vol. 72, n. 4, p.1243-61.

CAPIE, Forrest. "Tariff Protection and Economic Performance in the Nineteenth Century", in John Black e L. Alan Winters (orgs.), *Policy and Performance in International Trade*, Nova York, St. Martin's, 1983.

CARDOSO, Eliana e Ann Helwege. *Latin America's Economy: Diversity, Trends, and Conflicts*. Cambridge, MIT Press, 1992. [Ed. bras.: *A economia da América Latina*. São Paulo, Ática, 1993.]

CARDOSO, Fernando Henrique. "On the Characterization of Authoritarian Regimes in Latin America", in David Collier (org.), *The New Authoritarianism in Latin America*. Princeton, Princeton University, 1979.

_____ e Enzo Faletto. *Dependency and Development in Latin America*. Berkeley, University of California, 1979. [Ed. bras. *Dependência e desenvolvimento na América Latina*. Rio de Janeiro, Civilização Brasileira, 2004.]

CARLSON, Benny. "The Long Retreat: Gustav Cassel and Eli Heckscher on the 'New Economics' of the 1930s", in Lars Jonung (org.), *Swedish Economic Thought*. Londres, Routledge, 1993.

CARR, E. H. *The Twenty Years' Crisis, 1919-1939*. Londres, Macmillan, 1939. [Ed. bras. *Vinte anos de crise: 1919-1939*. Brasília, UNB, 2001.]

CHACE, James. *Acheson: The Secretary of State who Created the American World*. Nova York, Simon & Schuster, 1998.

CHANDLER, Alfred D. "The Structure of American Industry in the Twentieth Century: A Historical Overview", in *Business History Review*, 1969, vol. 43, n. 3, p.255-98.

_____. *The Visible Hand: The Managerial Resolution in American Business*. Cambridge, Harvard University, 1977.

_____ e Herman Daems (orgs.). *Managerial Hierarchies: Comparative Perspectives on the Rise of the Modern Industrial Enterprise*. Cambridge, Harvard University, 1980.

_____ e Richard Tedlow. *The Coming of Managerial Capitalism*. Homewood, Richard D. Irwin, 1985.

CHAO, Kang. *Agricultural Production in Communist China, 1949-1965"*. Madison, University of Wisconsin,1970.

CHEN, Shaohua e Martin Ravallion. "How Did the World's Poorest Fare in the 1990's?" Artigo não publicado, Banco Mundial, Washington D.C, 2001.

CIOCCA, Pierluigi e Gianni Toniolo. "Industry and Finance in Italy, 1918-1940", in *Journal of European Economic History*, 1984, vol. 13, n. 2, p.113-36.

CLARKE, Stephen V. O. "Exchange Rate Stabilization in the Mid-1930's", in *Princeton Studies in International Finance*. Princeton, International Finance Section, Department of Economics, vol. 41, 1977.

CLOUGH, Shepard. *The Economic History of Modern Italy*. Nova York, Columbia University, 1964.

COFFEY, Frank e Joseph Layden. *America on Wheels: The First 100 Years, 1896-1996*. Los Angeles, General Publishing, 1996.

COHEN, Jon S. "Was Italian Fascism a Developmental Dictatorship? Some Evidence to the Contrary", in *Economic History Review*, 1988, vol. 41, n. 1, p.95-113.

COLLIER, Paul e Jan Willem Gunning. "Why Has Africa Grown Slowly?", in *Journal of Economic Perspectives*, 1999, vol. 13, n. 3, p.3-22.

COLTON, Joel. *Léon Blum: Humanist in Politics*. Nova York, Alfred A. Knopf, 1966.

COOPER, John Milton. "The Command of Gold Reversed", in *Pacific Historical Review*, 1976, vol. 45, n. 2, p.209-30.

CORSETTI, Giancarlo; Paolo Pesenti e Nouriel Roubini. "The Asian Crisis: An Overview of the Empirical Evidence and Policy Debate", in Pierre Richard Agenor, Marcus Miller, David Vines e Axel Weber (orgs.), *The Asian Financial Crisis: Causes, Contagion and Consequences*. Cambridge, Cambridge University, 1999.

COSTIGLIOLA, Frank. "The Other Side of Isolationism: The Establishment of the First World Bank, 1929-1930", in *Journal of American History*, 1972, vol. 59, n. 3, p.602-20.

_____. "The United States and the Reconstruction of Germany in the 1920's", in *Business History Review*, 1976, vol. 50, n. 4, p.477-502.

COX, Charles C. "Monopoly Explanations of the Great Depression and Public Policies toward Business", in Karl Brunner (org.), *The Great Depression Revisited*. Boston, Kluwer-Nijhoff , 1981.

CROOK, Frederick. "The Commune System in the People's Republic of China, 1963-1974", in *Joint Economic Committee before U.S. Congress on China: A Reassessment of the Economy*. Washington, D.C.: U.S. Government Printing, 1975.

DAEMS, Herman. "The Rise of the Modern Industrial Enterprise: A New Perspective", in Alfred D. Chandler Jr. e Herman Daems (orgs.), *Managerial Hierarchies: Comparative Perspectives on the Rise of the Modern Industrial Enterprise*. Cambridge, Harvard University, 1980.

DAVIES, R. W.; Mark Harrison e S. G. Wheatcroft. *The Economic Transformation of the Soviet Union, 1913-1945*. Cambridge, Cambridge University, 1994.

DAVIS, Lance E. e Robert A. Huttenback. *Mammon and the Persuit of Empire: The political Economy of British Imperialism, 1860-1912*. Cambridge, Cambridge University, 1986.

DE GRAAFF, J. *The Economics of Coffee*. Wageningen, Pudoc, 1986.

DELONG, J. Bradford. "'Liquidation' Cycles and the Great Depression". Artigo não publicado, 1991.

_____. "What Went Right in the 1990's? Sources of American and Prospects for World Economic Growth". Artigo não publicado, 2000.

_____ e Barry Eichengreen. "The Marshall Plan: History's Most Successful Structural Adjustment Programme", in Rüdiger Dornbusch, Wilhelm Nölling e Richard Layard (orgs.), *Postwar Economic Reconstruction and Lessons for the East Today*. Cambridge, MIT, 1993.

DESTLER, I. M. e C. Randall Henning. *Dollar Politics: Exchange Rate Policymaking in the United States*. Washington, D.C., Institute for International Economics, 1989.

DEWEY, Clive. "The End of the Imperialism of Free Trade: The Eclipse of the Lancashire Lobby and the Concession of Fiscal Autonomy to India", in Clive Dewey e A. G. Hopkins (orgs.), *The Imperial Impact: Studies in the Economic History of Africa and India*. Londres, Athlone, 1978.

DÍAZ ALEJANDRO, Carlos. "On the Import Intensity of Import Substitution", in *Kyklos*, 1965, vol. 18, n. 3, p.495-511.

_____. "Stories of the 1930's for the 1980's", in Pedro Aspe Armella, Rudiger Dornbusch e Maurice Obstfeld (orgs.), *Financial Policies and the World Capital Market: The Problem of Latin American Countries*. Chicago, University of Chicago.

_____. "Latin American Debt: I Don't Think We Are in Kansas Anymore", in *Brookings Papers on Economic Activity*, 1984, p.335-403.

DIXON, Chris. *The Thai Economy: Uneven Development and Internationalization*. Nova York, Routledge, 1999.

DOMHOFF, G. William. "Corporate-Liberal Theory and the Social Security Act", in *Politics and Society*, 1986, vol. 15, n. 3, p.297-329.

_____. "The Wagner Act and the Theories of the State", in *Political Power and Social Theory*, 1987, n. 6, p.159-85.

DOWER, John. *Embracing Defeat: Japan in the Wake of World War II*. Nova York, Norton, 1999.

DUCHÊNE, François. *Jean Monnet*. Nova York, Norton, 1994.

DUNNING, John. "Changes in the Level and Structure of International Production: The Last One Hundred Years", in Mark Casson (org.), *The growth of International Business*. Londres, George Allen and Unwin, 1983.

ECKES, Alfred E. *A Search for Solvency: Bretton Woods and the International Monetary System, 1941-1971*. Austin, University of Texas, 1975.

ECKSTEIN, Alexander. *China's Economic Development*. Ann Arbor, University of Michigan, 1975.

Economic Report of the President. Várias datas. Washington, D.C., U.S. Government Printing Office.

EDELSTEIN, Michael. *Overseas Investment in the Age of High Imperialism: The United Kingdom 1850-1914*. Nova York, Columbia University, 1982.

EDWARDS, Sebastian e Moisés Naím (orgs.). Mexico 1994: *Anatomy of an Emerging-Market Crash*. Washington, D.C., Carnegie Endowment for International Peace, 1997.

EICHENGREEN, Barry. "Conducting the International Orchestra: Bank of England Leadership under the Classical Gold Standard", in *Journal of International Money and Finance*, 1987, vol. 6, n. 1, p.5-30.

_____. "The political Economy of the Smoot-Hawley Tariff", in *Research in Economic History*, 1989a, n. 12, p.1-43.

_____. "House Calls of the Money Doctor: The Kemmerer Missions to Latin America 1917-1931", in Guillermo Calvo, Ronald Findlay, Pentti Kouri, e Jorge Braga de Macedo (orgs.), *Debt, Stabilization, and Development: Essays in Memory of Carlos Díaz-Alejandro*. Cambridge, Blackwell, 1989b.

_____. *Golden Fetters: The Gold Standard and the Great Depression, 1919-1939*. Nova York, Oxford University Press, 1992.

_____. *Reconstructing Europe's Trade and Payments: The European Payments Union*. Manchester, Manchester University, 1993.

_____ e Marc Flandreau (orgs.). *The Gold Standard in Theory and History*. Nova York, Routledge, 1997.

_____ e Peter Kenen. "Managing the World Economy under the Bretton Woods System: An Overview", in Peter Kenen (org.), *Managing the World Economy*. Washington, D.C., Institute for International Economics, 1994.

_____ e Peter Temin. "The Gold Standard and the Great Depression", in *Contemporary European History*, 2000, vol. 9, n. 2, p.183-207.

ELSON, Robert. "International Commerce, the State, and Society: Economic and Social Change", in Nicholas Tarling (org.), *The Cambridge History of Southeast Asia*. Nova York, Cambridge University, 1992.

ENGERMAN, Stanley e Kenneth Sokoloff. "Factor Endowments, Institutions, and Differential Paths of Growth among New World Economies", in Stephen Haber (org.), *How Latin America Fell Behind: Essays on the Economic History of Brazil and Mexico, 1800-1914*. Stanford, Stanford University,1997.

ESPING-ANDERSEN, Gøsta. *Politics against Markets: The Social Democratic Road to Power*. Princeton, Princeton University Press, 1985.

ESTEVADEORDAL, A.; B. Frantz e A. M. Taylor. "The Rise and Fall of World Trade, 1870-1939", in *Quarterly Journal of Economics*, 118, maio de 2003, p.359-407.

EVANS, Richard e Dick Geary (orgs,). *The German Unemployed*. Londres, Croom Helm, 1987.

EVENETT, Simon. "The Cross Border Mergers and Acquisitions Wave of the Late 1990's", in *NBER Working Paper 9655*. Cambridge, National Bureau of Economic Research, 2003.

FALKUS, M. E. *The Industrialization of Russia 1700-1914*. Londres, Macmillan, 1972.

FEENSTRA, Robert C. "Integration of Trade and Disintegration of Production in the Global Economy", in *Journal of Economic Perspectives*, 1998, vol. 12, n. 4, p.31-50.

FEIS, Herbert. *Europe the World's Banker 1870-1914*. New Haven, Yale University Press, 1930.

_____. *The Diplomacy of the Dollar: First Era 1919-1932*. Baltimore, Johns Hopkins University, 1950.

FELDMAN, Gerald. *The Great Disorder: Politics, Economics, and Society in the German Inflation, 1914-1924*. Nova York, Oxford University, 1993.

FELDSTEIN, Martin (org.). *American Economic Policy in the 1980's*. Chicago, University of Chicago Press, 1994.

FELIX, David. "Alternative Outcomes of the Latin American Debt Crisis: Lessons from the Past", in *Latin American Research Review*, 1987, vol. 22, n. 2, p.3-46.

FERGUSON, Niall. *The World's Banker: The History of the House of Rothschild*. Londres, Weidenfeld and Nicolson, 1998.

FERGUSON, Thomas. "From Normalcy to New Deal: Industrial Structure, Party Competition, and American Public Policy in the Great Depression", in *International Organization*, 1984, vol. 38, n. 1, p.41-94.

_____ e Peter Temin. "Made in Germany: The German Currency Crisis of July 1931", in *Research in Economic History*, 2003, n. 21, p.1-53.

FEUERWERKER, Albert. "Studies in the Economic History of Late Imperial China", in Ann Arbor, *Center for Chinese Studies*, University of Michigan, 1995a.

_____. "The Chinese Economy, 1870-1949", in Ann Arbor, *Center for Chinese Studies*, University of Michigan, 1995b.

FIELDHOUSE, D. K. *Black Africa 1945-1980*. Londres, Allen and Unwin, 1986.

FILTZER, Donald. *The Khrushchev Era: De-Stalinisation and the Limits of Reform in the USSR, 1953-1964*. Londres, Macmillan, 1993.

FISCHER, Stanley e Ratna Sahay. "Economies in Transition: Taking Stock", in *Finance and Development*, 2000, vol. 37, n. 3, p.2-6.

FLANDREAU, Marc. "Central Bank Cooperation in Historical Perspective: A Skeptical View", in *Economic History Review*, 1997, vol. 50, n. 4, p.735-63.

FLINT, John E. *Cecil Rhodes*. Boston, Little, Brown, 1974.

FORBES, John Douglas. *J. P. Morgan, Jr.* Charlottesville, University of Virginia, 1981.

FRANKEL, Jeffrey. "The Making of Exchange Rate Policy in the 1980's", in Martin Feldstein (org.), *American Economic Policy in the 1980's*. Chicago, University of Chicago, 1994.

FRASER, John Foster. *The Amazing Argentine: A New land of Enterprise*. Londres e Nova York: Funk and Wagnalls, 1914.

FRASER, Leon. "Trade Barriers and World Peace", in *Proceedings of the Academy of Political Science*, 1940, vol. 19, n. 1, p.56-57.

FREEMAN, Richard. "Are Your Wages Set in Beijing?", in *Journal of Economic Perspectives*, 1995, vol. 9, n. 3, p.15-31.

_____. "Spurts in Union Growth: Defining Moments and Social Processes", in Michael Bordo, Claudia Goldin, e Eugene White (orgs.), *The Defining Moment: The Great Depression and the American Economy in the Twentieth Century*. Chicago: University of Chicago Press, 1998.

FRIEDEN, Jeffry A. *Banking on the World: The Politics of American International Finance*. Nova York Harper & Row, 1987.

_____. "Sectoral Conflict and U.S. Foreign Economic Policy, 1914-1940", in *International Organization*, 1988, vol. 42, n. 1, p.59-90.

_____. *Debt, Development, and Democracy: Modern Political Economy and Latin America, 1965-1985*. Princeton, Princeton University, 1991.

FRIEDMAN, Milton e Anna Schwartz. *A Monetary History of the United States, 1867-1960*. Princeton, Princeton University, 1963.

_____ e _____. *Monetary Trends in the United States and the United Kingdom*. Chicago, University of Chicago, 1982.

FULLERTON, Don. "Inputs to Tax Policy-Making: The Supply-Side, the Deficit, and the Level Playing Field", in Martin Feldstein (org.), *American Economic Policy in the 1980's*. Chicago, University of Chicago, 1994.

GALLAROTTI, Giulio. "The Advent of the Prosperous Society: The Rise of the Guardian State and Structural Change in the World Economy", in *Review of International Political Economy*, 2000, vol. 7, n. 1, p.1-52.

GALLMAN, Robert. "Commodity Output, 1839-1899", in *Trends in the American Economy in the Nineteenth* Century, Studies in Income and Wealth. Princeton, Princeton University, vol. 24, 1960.

GARBER, Peter. "The Collapse of the Bretton Woods Fixed Exchange Rate System", in Michael Bordo e Barry Eichengreen (orgs.), *A Retrospective on the Bretton Woods System*. Chicago, University of Chicago, 1993.

GARDNER, Lloyd. *Architects of Illusion*. Chicago, Quadrangle, 1970.

GARDNER, Richard. *Sterling-Dollar Diplomacy in Current Perspective: The Origins and Prospects of Our International Economic Order* (edição ampliada). Nova York Columbia University, 1980.

GEARY, Dick. *European Labour Politics from 1900 to the Depression*. Atlantic Highlands, Humanities, 1991.

GERSCHENKRON, Alexander. *Economic Backwardness in Historical Perspective*. Cambridge, Harvard University, 1962.

GOERTZEL, Ted. *Fernando Henrique Cardoso: Reinventing Democracy in Brazil*. Londres, Lynne Rienner, 1999.

GOLDIN, Claudia. "The Political Economy of Immigration Restriction in the Unites States, 1890-1921", in Claudia Goldin e Gary Libecap (orgs.), *The Regulated Economy: A Historical Approach to Political Economy*. Chicago, University of Chicago, 1994, p.223-58.

GOLDMAN, Marshall. *Détente and Dollars*. Nova York, Basic Books, 1975.

GORDON, A. D. "Businessmen and Politics in Developing Colonial Economy: Bombay City, 1918-1933", in Clive Dewey e A. G. Hopkins (orgs.), *The Imperial Impact: Studies in the Economic History of Africa and India*. Londres, Athlone, 1978.

GORDON, Colin. *New Deals: Business, Labor, and Politics in America 1920-1935*. Cambridge, Cambridge University, 1994.

GOUREVITCH, Peter. *Politics in Hard Times: Comparative Responses to International Economic Crises*. Ithaca, Cornell University, 1986.

_____. "International Trade, Domestic Coalitions, and Liberty: Comparative Responses to the Crisis of 1973-1896", in *Journal of Interdisciplinary History*, 1977, vol. 8, n. 2, p.281-313.

Gowa, Joanne. *Closing the Gold Window: Domestic Politics and the End of Bretton Woods*. Ithaca, Cornell University, 1983.

Gregor, A. James. *Italian Fascism and Developmental Dictatorship*. Princeton, Princeton University, 1979.

Gregory, Paul e Robert Stuart. *Soviet Economic Structure and Performance*. Nova York, quarta edição, Harper and Row, 1990.

Gros, Daniel e Niels Thygesen. *European Monetary Integration*. Harlow, Longman, segunda edição, 1998.

Grossman, Gregory. "Economic Reforms: A Balance Sheet", in *Problems of Communism*, 1966, vol. 15, n. 6, p.43-55.

_____. "Economic Reform: The Interplay of Economics and Politics", in R. V. Burks (org.), *The Future of Communism in Europe*. Detroit, Wayne State University Press, 1968.

Hall, Peter (org.). *The Political Power of Economic Ideas: Keynesianism across Nations*. Princeton, Princeton University, 1989.

Hansen, Bent. *Egypt and Turkey*. Oxford, Oxford University para o Banco Mundial, 1991.

Hardach, Gerd. "The Marshall Plan in Germany, 1948-1952", in *Journal of European Economic History*, 1987, vol. 16 n. 3, p.433-85.

Hardach, Karl. *The Political Economy of Germany in the Twentieth Century*. Berkeley, University of California, 1980.

Harrington, Michael. "Trade and Social Insurance: The Development of National Unemployment Insurance in Advanced Industrial Democracies", in Dissertação de Mestrado, University of California, Los Angeles, 1998.

Hasegawa, Harukiyo. *The Steel Industry in Japan: A Comparison with Britain*. Londres, Routledge, 1996.

Hassouna, Mohamed Abdel Khalek. "The First Asian-African Conference Held at Bandung, Indonesia". Relatório entregue à League of Arab States. Cairo, League of Arab States, 1955.

Hauner, M. "Human Resources", in M. C. Kaser e E. A. Radice (org.), *The Economic History of Eastern Europe 1919-1975*. Oxford, Clarendon, 1985, vol.1.

Helleiner, Eric. *States and the Reemergence of Global Finance: From Bretton Woods to the 1990's*. Ithaca, Cornell University, 1994.

Helleiner, Gerald K. *Peasant Agriculture, Government, and Economic Growth in Nigeria*. Homewood, Richard D. Irwin, 1966.

Henrekson, Magnus; Lars Jonung e Joakin Stymne. "Economic Growth and the Swedish Model", in Nicholas Crafts e Gianni Toniolo (orgs.), *Economic Growth in Europe since 1945*. Cambridge, Cambridge University, 1996.

Heuberger, Georg (org.). *The Rothschilds: essays on the History of a European Family.* Rochester, Boydell and Brewer, 1994.

Hickman, Bryan D. "Kenya and Uganda", in W. Arthur Lewis (org.), *Tropical Development 1880-1913*. Londres, George Allen and Unwin, 1970.

Hicks, John. *The Populist Revolt*. Minneapolis, University of Minnesota, 1931.

Hitler, Adolf. *Hitler's Secret Conversations 1941-1944*. Nova York, Farrar, Straus, and Young, 1953.

Hochschild, Adam. *King Leopold's Ghost*. Boston, Houghton Mifflin, 1998.

Hogerdorn, Jan S. "Economic Initiative and African Cash Farming", in Peter Duignan e L. H. Gann (orgs.), *Colonialism in Africa 1870-1960*. Cambridge, Cambridge University, vol. 4, 1975.

Holtfrerich, Carl-Ludwig. *Frankfurt as a Financial Centre: From Medieval Trade Fair to European Banking Centre*. Munich, Beck, 1999.

Hopkins, A. G. *An Economic History of West Africa*. Nova York, Columbia University Press, 1973.

Hossaim, Moazzem; Iyanatul Islam e Reza Kibria. *South Asian Economic Development*. Londres, Routledge, 1999.

Hu, Y. S. *The Impact of U.S. Investment in Europe: A Case Study of the Automotive and Computer Industries*. Nova York, Praeger, 1973.

Hull, Cordell. *The Memoirs of Cordell Hull*. Nova York, Macmillan, 1948.

Hutchings, Raymond. *Soviet Economic Development*. Oxford, Basil Blackwell, segunda edição, 1982.

Ihonvbere, Julius O. *Economic Crisis, Civil Society, and Democratization: The Case of Zambia*. Trenton, Africa World, 1996.

International Monetary Fund. Vários anos. *World Economic Outlook*. Washington, D.C., International Monetary Fund.

Irwin, Douglas A. "The Political Economy of Free Trade: Voting in the British General Election of 1906", in *Journal of Law and Economics*, 1994, vol. 37, n. 1, p.75-108.

_____. "The GATT's Contribution to Economy Recovery in Post-war Western Europe", in Barry Eichengreen (org.), *Europe's Post-war Recovery*. Cambridge, Cambridge University Press.

_____. *Against the Tide: An Intellectual History of Free Trade*. Princeton, Princeton University, 1996.

_____ e Randall S. Kroszner. "Interests, Institutions, and Ideology in Securing Policy Change: The Republican Conversion to Trade Liberalization after Smoot-Hawley", in *Journal of Law and Economics*, 1999, n. 42, vol. 2, p.643-73.

Jackson, John. *The World Trading System*. Cambridge, MIT, 1989.

James, Harold. *The German Slump: Politics and Economics 1924-1936*. Oxford, Clarendon Press, 1986.

James, Scott e David Lake. "The Second Face of Hegemony: Britain's Repeal of the Corn Laws and the American Walker Tariff of 1846", in *International Organization*, 1989, vol. 43, n. 1, p.1-29.

Jensen, Richard J. "The Causes and Cures to Unemployment in the Great Depression", in *Journal of Interdisciplinary History*, 1989, vol. 29, n. 4, p.553-83.

Johnson, B. L. C. *Development in South Asia*. Nova York, Penguin, 1983.

Jones, E. L. "Venetian Twilight: How Economies Fade", in *Journal of Economic History*, 1996, vol. 56, n. 3, p.704.

Jones, Stanley. *The Presidential Election of 1896*. Madison, University of Wisconsin, 1964.

Jonung, Lars. "The Depression in Sweden and the United States: A Comparison of Causes and Policies", in Karl Brunner (org.), *The Great Depression Revisited*. Boston, Kluwer-Nijhoff, 1981.

Jorberg, Lennart, e Olle Kranz. "Economic and Social Policy in Sweden, 1850-1939", in Peter Mathias e Sidney Pollard (orgs.), *The Cambridge Economic History of Europe*. Cambridge, Cambridge University, 1989, vol. 8, p.1048-105.

Kahler, Miles. *Decolonization in Britain and France*. Princeton, Princeton University Press,1984.

Kai-Ming, Frank e Alvin Barber. "China's Tariff Autonomy, Fact or Myth" *Far Eastern Survey*, 1936, vol. 5, n. 12 (junho), p.115-22.

Kaiser, David. *Economic Diplomacy and the Origins of the Second World War*. Princeton, Princeton University, 1980.

KASER, M. C. e E. A. Radice (orgs.). *The Economic History of Eastern Europe 1919-1975*. Oxford, Clarendon, vol. 2, 1986.

KATZENSTEIN, Peter. *Small States in World Markets: Industrial Policy in Europe*. Ithaca, Cornell University, 1985.

KAUFMAN, Robert. "How Societies Change Developmental Models or Keep Them: Reflections on the Latina American Experience in the 1930's and the Postwar World", in Gary Gereffi e Donald Wyman (orgs.), *Manufacturing Miracles: Paths of Industrialization in Latin America and East Asia*. Princeton, Princeton University, 1990.

KAUNDA, Kenneth David. *Zambia's Guideline for the Next Decade*. Lusaka, Zambia Information, 1968.

_____. *State of the Nation*. Lusaka, Kenneth Kaunda Foundation, 1988.

KEIZER, Willem. *The Soviet Quest for Economic Rationality: The Conflict of Economic and Political Aims in the Soviet Economy 1953-1968*. Rotterdam, Rotterdam University, 1971.

KENNEDY, Pagan. Black Livingstone: *A True Trade of Adventure in the Nineteenth-Century Congo*. Nova York, Viking, 2002.

KEYNES, John Maynard. *The Economic Consequences of the Peace*. Nova York Harcourt, Brace and Howe, 1920. [Ed. bras. *As conseqüências econômicas da paz*. Brasília, UNB, 2002.]

_____. "The World's Economic Outlook", in *Atlantic*, 1932, vol.1 (maio), p.521-26.

_____. "National Self-Sufficiency", in *Yale Review*, 1933, vol. 22, n. 4, p.755-69.

_____. "The General Theory of Employment, Interest, and Money". Nova York, Harcourt, Brace, 1936. [Ed. bras. *Teoria geral do emprego, do juro e da moeda*. São Paulo, Nova Cultura, 1998.]

KHAN, Mohammad Shibbir. *Jawaharlal Nehru: The Founder of Modern India*. Nova Delhi, Ashish Publishing, 1989.

KINDLEBERGER, Charles P. *Economic Growth in France and Britain: 1851-1950*. Nova York, Clarion, 1964.

_____. *The World in Depression 1929-1939*. Berkeley, University of California, 1973.

_____. *Economic Response: Comparative Studies in Trade, Finance, and Growth*. Cambridge, Harvard University Press, 1978.

_____. "Commercial Policy Between the Wars", in P. Mathias e S. Pollard (orgs.), *The Cambridge Economic History of Europe*. Cambridge, Cambridge University, vol. 8, 1989.

_____. *A Financial history of Western Europe*. Nova York, Oxford University, segunda edição, 1993.

_____. *World Economic Primacy 1500-1990*. Nova York, Oxford University Press, 1996.

_____. *Comparative Political Economy: A Retrospective*. Cambridge, MIT Press, 2000.

KNUDSEN, P. H. *Agriculture in Denmark*. Copenhagen, Agricultural Council of Denmark, 1977.

KOHL, Jürgen. "Trends and Problems in Postwar Public Expenditure Development in Western Europe and North America", in Peter Flora e Arnold Heidenheimer (orgs.), *The Development of Welfare States in Europe and America*. New Brunswick, Transaction Books, 1981.

KOOPMANN, Georg; Klaus Matthies e Beate Reszat. *Oil and the International Economy*. Hamburg, Hamburg Institute for Economic Research, 1984.

KORBONSKI, Andrzej. "Political Aspects of Economic Reforms in Eastern Europe", in Zbigniew Fallenbuchl (org.), *Economic Development in the Soviet Union and Eastern Europe*. Nova York, Praeger, 1975, vol. 1.

KRAUS, Franz. "The Historical Development of Income Inequality in Western Europe and the United States", in Peter Flora and Arnold Heidenheimer (orgs.), The Development of Welfare States in Europe and America. New Brunswick, Transaction Books, 1981.

KUNZ, Diane. *The Economic Diplomacy of the Suez crisis*. Chapel Hill, University of North Carolina, 1991.

LAIDLER, David. *Fabricating the Keynesian Revolution*. Cambridge, Cambridge University, 1999.

LAKE, David. *Power, Protection, and Free Trade: International Sources of U.S. Commercial Strategy, 1887-1939*. Ithaca, Cornell University Press, 1988.

LAMONT, Thomas. "The Effects of the War on America's Financial Position", in *Annals of the American Academy of Political and Social Science*, 1915, vol. 60 (julho), p.106-12.

LAMPE, John. *The Bulgarian Economy in the Twentieth Century*. Londres, Croom Helm, 1986.

LANDES, David. *The Unbound Prometheus: Technological Change and Industrial Development in Western Europe from 1750 to the Present*. Cambridge, Cambridge University, 1969.

LATHAM, A. J. H. *The International Economy and the Undeveloped World 1865-1914*. Londres, Croom Helm, 1978.

LAVIGNE, Marie. "Economic Reforms in Eastern Europe: Ten Years After", in Zbigniew Fallenbuchl (org.), *Economic Development in the Soviet Union and Easter Europe*. Nova York, Praeger, vol.1, 1975.

LAWRENCE, Robert Z. "Emerging Regional Arrangements: Building Blocs or Stumbling Blocks?", in Richard O'Brien (org.), *Finance and the International Economy*. Nova York, Oxford University, vol. 5, 1991.

LEE, C. H. "The Effects of the Depression on Primary producing Countries", in *Journal of Contemporary History*, 1969, vol. 4, n. 4, p.139-55.

LEE, Stephen J. *The European Dictatorships 1918-1945*. Londres, Routledge, 1987.

LEIJONHUFVUD, Axel. *On Keynesian Economics and the Economics of Keynes*. Nova York, Oxford University, 1968.

LEWIS, Cleona. *America's Stake in International Investments*. Washington D.C., Brookings, 1938.

LEWIS, W. Arthur (org.). *Tropical Development 1880-1913*. Londres, George Allen and Unwin, 1970.

_____. *Growth and Fluctuations 1870-1913*. Londres, George Allen and Unwin, 1978.

LIBECAP, Gary. "The Great Depression and the Regulating State: Federal Government Regulation of Agriculture, 1884-1970", in Michael Bordo, Claudia Goldin, e Eugene White (orgs.), *The Defining Moment: The Great Depression and the American Economy in the Twentieth Century*. Chicago, University of Chicago, 1998.

LIE, John. *Han Unbound: The Political Economy of South Korea*. Stanford, Stanford University, 1998.

LIESNER, Thelma. "One Hundred Years of Economic Statistics". Londres, Economist, 1989.

LINZ, Susan. "World War II and Soviet Economic Growth, 1940-1953", in Susan Linz (org.), *The Impact of World War Two on the Soviet Union*. Totowa, Rowman and Allanheld, 1985.

LIPSEY, Robert E. "Changing patterns of Interantional Investment in and by the United States", in Martin Feldstein (org.), *The United States in the World Economy*. Chicago, University of Chicago, 1988.

LOCKWOOD, William. *The Economic Development of Japan*. Princeton, Princeton University, 1968.

LÓPEZ-CÓRDOVA, J. Ernesto e Christopher M. Meissner. "Exchange-Rate Regimes and International Trade: Evidence from the Classical Gold Standard Era", in *America Economic Review*, 2003, vol. 93, n. 1, p.344-53.

Love, Joseph L. "Raul Prebisch and the Origins of the Doctrine of Unequal Exchange", in *Latin American Research Review*, 1980, n. 15, vol. 3, p.45-72.

Luebbert, Gregory. *Liberalism, Fascism, or Social Democracy: Social Classes and the Political Origins of Regimes in Interwar Europe*. Nova York, Oxford University, 1991.

Lustick, Ian. *Unsettled States, Disputed Lands: Britain and Ireland, France and Algeria, Israel and the West Bank*. Nova York, Cornell University, 1993.

Mabbett, Deborah. *Trade, Employment, and Welfare: A Comparative Study of Trade and Labour Market Policies in Sweden and New Zeland, 1880-1980*. Oxford, Clarendon, 1995.

Maddison, Angus. "Macroeconomic Accounts for European Countries", in Bart Van Ark e Nicholas Crafts (orgs.), *Quantitative Aspects of Post-War European Economic Growth*. Cambridge, Cambridge University, 1996.

_____. *The World Economy in the Twentieth Century*. Paris, OECD, 1989.

_____. *Monitoring the World Economy 1820-1992*. Paris, OECD, 1995.

_____. *The World Economy: A Millennial Perspective*. Paris, OECD, 2001.

Maier, Charles. *Recasting Bourgeois Europe: Stabilization in France, Germany and Italy in the Decade after World War I*. Princeton, Princeton University, 1975.

Maltz, Mary Jane. The many Lives of Otto Kahn. Nova York, Macmillan, 1963.

Mandell, Richard D. *Paris: 1900: The Great World's Fair*. Toronto, University of Toronto, 1967.

Margo, Robert A. "Employment and Unemployment in the 1930's", in *Journal of Economic Perspectives*, 1993, vol. 7, p.41-59.

Marrison, A. J. "Businessmen, Industries, and Tariff Reform in Great Britain, 1903-1930", in *Business History*, 1983, vol. 25 n. 2, p.148-78.

Marsh, Peter. *Bargaining on Europe: Britain and the First Common market 1860-1892*. New Haven, Yale University, 1999.

McLellan, David S. *Dean Acheson: The State Department Years*. Nova York Dodd, Mead, 1976.

Meredith, David. "The British Government and Colonial Economic Policy, 1919-39", in *Economic History Review*, 1975, vol. 28 n. 3, p.484-99.

Merkl, Peter. "Comparing Fascist Movements", in Stein Ugelvik Larsen, Bernt Hagtvet e Jan Petter Myklebust (orgs.), *Who Were the Fascists: Social Roots of European Fascism*. Bergen, Universitetsforlaget, 1980.

Mesa-Largo, Carmelo. *Cuba in the 1970's*. Albuquerque, University of New Mexico, 1974.

_____. *The Economy of Socialist Cuba*. Albuquerque, University of New Mexico,1981.

Meyer, Richard. *Banker's Diplomacy*. Nova York, Columbia University, 1970.

Millar, James (org.). *The Soviet Rural Community*. Urbana, University of Illinois, 1971.

Milward, Alan. *War, Economy and Society 1939-1945*. Berkeley, University of California, 1977.

_____. *The Reconstruction of Western Europe 1945-1951*. Londres, Methuen, 1984.

Mitchell, B. R. *International Historical Statistics: The Americas, 1750-1993*. Londres, Macmillan, 1998a.

_____. *International Historical Statistics: Europe, 1750-1993*. Londres, Macmillan,1998b.

_____. *International Historical Statistics: Africa, Asia, and Oceania, 1750-1993*. Londres, Macmillan, 1998c.

Monnet, Jean. *Memoirs*. Garden City, Doubleday, 1978.

Morand, Paul. *1900 A.D.* Nova York, W. F. Payson, 1931.

Moravcsik, Andrew. *The Choice for Europe*. Ithaca, Cornell University Press, 1998.

Morita, Akio. *Made in Japan: Akio Morita and Sony*. Nova York, Dutton, 1986.

Mowery, David e Nathan Rosenberg. *Technology and the Pursuit of Economic Growth*. Cambridge, Cambridge University, 1989.

Mühlen, Norbert. *Hitler's Magician: Schacht*. Londres, George Routledge, 1938.

Mukerjee, Hiren. *The Gentle Colossus: A Study of Jawaharlal Nehru*. Delhi, Oxford University, 1986.

Mushingeh, Chiponde. "'Unrepresentative Democracy': One-Party Rule in Zambia, 1973-1990", in *Transafrican Journal of History*, 1994, vol. 23, p.117-41.

Mussa, Michael. "U.S. Monetary Policy in the 1980's", in Martin Feldstein (org.), *American Economic Policy in the 1980's*. Chicago, University of Chicago Press, 1994.

Nakamura, Takafusa. *Economic Growth in Prewar Japan*. New Haven, Yale University, 1983.

_____. "Depression, Recovery, and War 1920-1945", in Michael Smitka (org.), *Japanese Economic History 1600-1960*. Nova York, Garland, 1998.

Nathan, John. *Sony: The Private Life*. Boston, Houghton Mifflin, 1999.

Naughton, Barry. *Growing out of the Plan: Chinese Economic Reform, 1978-1993*. Cambridge, Cambridge University, 1995.

_____. "Distinctive Features of Economic Reform in China and Vietnam", in John McMillan e Barry Naughton (orgs.), *Reforming Asian Socialism*. Ann Arbor, University of Michigan, 1996.

Neal, Larry. "The Economics and Finance of Bilateral Clearing Arrangements: Germany, 1934-8", in *The Economic History Review*, 1979, vol. 32, n. 2, p.391-404.

Nearing, Scott e Joseph Freeman. *Dollar Diplomacy*. Nova York, B. W. Huebsch, 1925.

Norbury, Frederick. "Venezuela", in Arthur W. Lewis (org.), *Tropical Development 1880-1913*. Londres, George Allen and Unwin, 1970.

North, Douglass C. "Institutions and Economic Growth: An Historical Introduction", in *World Development*, 1989, vol. 17, n. 9, p.1.319-32.

Notel, R. "International Credit and Finance", in M. C. Kaser (org.), *The Economic History of Eastern Europe, 1919-1975*. Oxford, Clarendon, vol. 2, 1986.

Nove, Alec. *The Soviet Economic System*. Londres, George Allen and Unwin, 1977.

_____. *An Economic History of the USSR 1917-1991*. Nova York, Penguin, 1992.

Noyes, Alexander Dana. *The War Period of American Finance*. Nova York, Putnam, 1926.

Nugent, Jeffrey e James Robinson. "Are Endowments Fate? On the Political Economy of Comparative Institutional Development". Não publicado, 1999.

Nurkse, Ragnar. *Problems of Capital Formation in Underdeveloped Countries*. Nova York, Oxford University, 1962.

Nye, John. "The Scale of Production in Western Economic Development: A Comparison of Official Industry Statistics in the United States, Britain, France, and Germany, 1905-1913", in *Journal of Economic History*, 1996, vol. 56, n. 1, p.90-112.

O'Brien, Anthony Patrick. "A Behavioral Explanation for Nominal Wage Rigidity during the Great Depression", in *Quarterly Journal of Economics*, 1989, vol. 104, n. 4, p.719-36.

Ocampo, José Antonio. "The Colombian Economy in the 1930's", in Rosemary Thorp (org.), *Latin America in the 1930's: The Role of the Periphery in World Crisis*. Londres, Macmillan, 1984.

Oliver, Robert W. "Early Plans for a World Bank", in *Princeton Studies in International Finance, Princeton, International Finance Section, Department of Economics*, 1971, vol. 29.

Olsson, Sven E. *Social Policy and Welfare State in Sweden*. Lund, Sweden, Arkiv, 1990.

O'Rourke, Kevin e Jeffrey Williamson. *Globalization and History: The Evolution of a Nineteenth-Century Atlantic Economy*. Cambridge, MIT, 1999.

ORWELL, George. *The Road to Wigan Pier*. Nova York, Harcourt, Brace, 1958.

OVERY, R. J. *The Nazi Economic Recovery, 1932-1938*. Londres, Macmillan, 1982.

_____. *War and Economy in the Third Reich*. Oxford, Clarendon, 1994.

OWEN, Roger e Sevket Pamuk. *A History of Middle East Economies in the Twentieth Century*. Cambridge, Harvard University, 1999.

PALMA, Gabriel. "From an Export-Led to an Import-Substituting Economy: Chile 1914-39", in Rosemary Thorp (org.), *Latin America in the 1930's: The Role of the Periphery in World Crisis*. Londres, Macmillan, 1984.

PENROSE, E. F. *Economic Planning for the Peace*. Princeton, Princeton University, 1953.

PÉREZ, Louis. *Cuba: Between Reform and Revolution*. Nova York, Oxford University, 1988.

PERKINS, Dwight. *Agricultural Development in China 1368-1968*. Chicago, Aldine, 1969.

_____. "Growth and Changing Structure of China's Twentieth-Century Economy", in Dwight Perkins (org.), *China's Modern Economy in Historical Perspective*. Stanford, Stanford University, 1975.

PETERSON, Edward Norman. *Hjalmar Schacht for and against Hitler: A Political-Economic Study of Germany 1923-1945*. Boston, Christopher Publishing, 1954.

PHIPPS, William. *William Sheppard: Congo's African American Livingstone*. Louisville, Geneva, 2002.

PHONGPAICHIT, Pasuk e Chris Baker. *Thailand: Economy and Politics*. Oxford, Oxford University, 1995.

POTERBA, James. "Federal Budget Policy in the 1980's", in Martin Feldstein (org.), *American Economic Policy in the 1980's*. Chicago, University of Chicago, 1994.

POULSON, Barry. *Economic History of the United States*. Nova York, Macmillan, 1981.

PRITCHETT, Lant. "The Tyranny of Concepts: CUDIE (Cumulated, Depreciated, Investment Effort) Is Not Capital". Trabalho não publicado (sem data.).

PRUESSEN, Ronald. *John Foster Dulles: The Road to Power*. Nova York, Free, 1982.

PRZEWORSKI, Joanne Fox. *The Decline of the Copper Industry in Chile and the Entrance of North American Capital, 1870-1916*. Nova York, Arno, 1980.

PYLE, David. *China's Economy: From Revolution to Reform*. Londres, Macmillan, 1997.

RADICE, E. A. "General Characteristics of the Region between the Wars", in M. C. Kaser e E. A. Radice (orgs.), *The Economic History of Eastern Europe 1919-1975*. Oxford, Clarendon, vol. 1, 1986.

REINGOLD, Edwin. *Toyota: People, Ideas, and the Challenge of the New*. Nova York, Penguin, 1999.

REYNOLDS, David. *One World Divisible: A Global History since 1945*. Nova York, Norton, 2000.

REYNOLDS, Lloyd. *Economic Growth an the Third World, 1850-1980*. New Haven, Yale University Press, 1985.

RICHARDSON, J. David. "U.S. Trade Policy in the 1980's: Turns – and Roads Not Taken", in Martin Feldstein (org.), *American Economic Policy in the 1980's*. Chicago, University of Chicago, 1994.

RICHARDSON, Philip. *Economic Change in China*, c. 1800-1950. Nova York, Cambridge University, 1999.

RISKIN, Carl. *China's Political Economy: The Quest for Development since 1949*. Nova York, Oxford University, 1988.

RITSCHL, Albrecht. "An Exercise in Futility: East German Economic Growth and Decline, 1945-89", in Nicholas Crafts e Gianni Toniolo (orgs.), *Economic Growth in Europe since 1945*. Cambridge, Cambridge University, 1996.

ROESLER, Jörg. "The Rise and Fall of the Planned Economy in the German Democratic Republic, 1945-89", in *German History*, 1991, vol. 9, n.1, p.46-61.

ROGOWSKI, Ronald. *Commerce and Coalitions*. Princeton, Princeton University, 1989.

ROMER, Christina. "What Ended the Great Depression?", in *Journal of Economic History*, 1992, vol. 52, n. 4, p.757-84.

_____. "The Nation in Depression", in *Journal of Economic Perspectives,* 1993, vol. 7, n. 2, p.19-39.

ROSTOW, W. W. *The World Economy: History and Prospect*. Austin, University of Texas, 1978.

RUCKER, Randall e Lee Alston. "Farm Failures and Government Intervention: A Case Study of the 1930's", in *American Economic Review*, 1987, vol. 77, n. 4, p.724-30.

RUGGIE, John. "International Regimes, Transactions, and Change: Embedded Liberalism in the Postwar Economic Order", in *International Organization*, 1982, n. 36, vol. 2, p.379-415.

RYDELL, Robert; John Findling e Kimberly Pelle. *Fair America: World's Fairs in the United States*. Washington D.C., Smithsonian Institution, 2000.

SACHS, Jeffrey. "The Changing Cyclical Behavior of Wages and Prices: 1890-1976", in *American Economic Review*, 1980, vol. 70, n. 1, p.78-90.

_____. "External Debt and Macroeconomic Performance in Latin America and East Asia", in *Brookings Papers on Economic Activity*, 1985, vol. 2, p.523-73.

_____ (org.). *Developing Country Debt and Economic Performance*. Chicago, University of Chicago, 1989.

_____; David Bloom. "Geography, Demography, and Economic Growth in Africa", in *Brookings Papers on Economic Activity*, 1998, vol. 2, p.207-950.

_____ e Andrew Warner. "The Curse of Natural Resources", in *European Economic Review*, 2001, vol. 45, maio, p.827-38.

SAFIRE, William. *Before the Fall: An Inside View of the Pre-Watergate of the White House*. Garden City, Doubleday, 1975.

SAKIYA, Tetsuo. *Honda Motor: The men, the Management, the Machines*. Tokyo, Kodansha International, 1982.

SANDBERG, Lars. "Banking and Economic Growth in Sweden before World War I", in *Journal of Economic History*, 1978, vol. 38, n. 3 p.650-80.

_____. "The Case of the Impoverished Sophisticate: Human Capital and Swedish Economic Growth before World War I", in *Journal of Economic History*, 1979, vol. 39, n. 1, p.225-41.

SARTI, Roland. *Fascism and the Industrial Leadership in Italy, 1919-1940*. Berkeley, University of California, 1971.

SASSOON, Donald. *One Hundred Years of Socialism: The West European Left in The Twentieth Century*. Nova York, New Press, 1996.

SCHACHT, Hjalmar. *My First Seventy-six Years*. Londres, Allan Wingate, 1955.

SCHEDVIN, C. B. "Staples and Regions of *Pax Britannia*", in *Economic History Review*, 1990, vol. 43, n. 4, p.533-59.

SELUCKY, Radoslav. *Economic Reforms in Eastern Europe: Political Background and Economic Significance*. Nova York, Praeger, 1972.

SERRIN, William. *Homestead: The Glory and Tragedy of an America Steel Town*. Nova York, Vintage, 1993.

SERVAN-SCHREIBER, J. J. *The American Challenge*. Com Prefácio de Arthur Schlesinger, Jr. Traduzido do francês por Ronald Steel. Nova York, Atheneum, 1968. [Ed. bras.: *O desafio americano*. Rio de Janeiro, Expressão e Cultura, 1968.]

SHAFER, D. Michael. *Winners and Losers: How Sectors Shape the Developmental Prospects of States*. Ithaca, Cornell University Press, 1994.

SHAW, William. *Value of Commodity Output since 1869*. Nova York, National Bureau of Economic Research, 1947.

SHOUP, Laurence e William Minter. *Imperial Brain Trust: The Council on Foreign Relations and United States Foreign Policy*. Nova York Monthly Review Press, 1977.

SICSIC, Pierre e Charles Wyplosz. "France, 1945-92", in Nicholas Crafts e Gianni Toniolo (orgs.), *Economic Growth in Europe since 1945*. Cambridge, Cambridge University, 1996.

SIGMUND, Paul. *Multinationals in Latin America*. Madison, University of Wisconsin, 1980.

SIMMONS, Beth. *Who Adjusts? Domestic Sources of Foreign Economic Policy during the Interwar Years*. Princeton, Princeton University, 1994.

SIMPSON, Amos E. *Hjalmar Schacht in Perspective*. Paris, Mouton, 1969.

SKIDELSKY, Robert. *John Maynard Keynes*. Nova York, Penguin, vol. 1, 1983.

_____. *John Maynard Keynes*. Nova York Penguin, vol. 2, 1992.

_____. *John Maynard Keynes*. Nova York, Viking, vol. 3, 2000.

SKLAR, Richard L. *Corporate Power in an Africa State: The Political Impact of Multinational Mining Companies in Zambia*. Berkeley, University of California, 1975.

SLATER, Robert. *Soros: The Life, Times, and Trading Secrets of the World's Greatest Investor*. Nova York, Irvin Professional Publishing, 1996.

SLINN, Peter. "Commercial Concessions and Politics during the Colonial Period", in *African Affairs*, 1971, vol. 70, n. 281, p.365-84.

SMITH, Adam. *An Inquiry into the Nature and Causes of the Wealth of Nations*. Nova York, Modern Library, 1937 (1776). [Ed. bras.: *A Riqueza das Nações*. São Paulo, Martins Fontes, 2003.]

Smith, Dennis B. *Japan since 1945: The Rise of an Economic Superpower*. Londres, Macmillan, 1995.

SÖDERPALM, Sven Anders. "The Crisis Agreement and the Social Democratic Road to Power", in Steven Koblik (org.), *Sweden's Development from Poverty to Affluence, 1750-1970*. Minneapolis, University of Minnesota, 1975, p.258-78.

SOLBERG, Carl. *The Prairies and the Pampas: Agrarian Policy in Canada and Argentina, 1880-1930*. Stanford, Stanford University, 1987.

SOLOMON, Robert. *The International Monetary System 1945-1976: An Insider's View*. Nova York, Harper and Row, 1977.

SOSKICE, David. "Strike Waves and Wage Explosions, 1968-70: An Economic Interpretation", in C. Crouch e A. Pizzorno (orgs.), *The Resurgence of Class Conflict in Western Europe*. Londres, Macmillan, 1978, vol. 2.

SPENCE, Jonathan. *The Search for Modern China*. Nova York Norton, 1990.

STALEY, Eugene. *War and the Private Investor*. Garden City, Doubleday, Doran, 1935.

STAMP, A. H. *A Social and Economic History of England from 1700 to 1970*. Londres, Research Publishing Co., 1979.

STERN, Fritz Richard. *Gold and Iron: Bismark, Bleichröder, and the Building of the German Empire*. Nova York, Alfred A. Knopf, 1977.

STIGLITZ, Joseph. *Globalization and Its Discontents*. Nova York, Norton, 2002. [Ed. bras. *A globalização e seus malefícios: a promessa não-cumprida de benefícios globais*. São Paulo, Futura, 2003.]

STÖGBAUER, Christian e John Komlos. "Averting the Nazi Seizure of Power: A Counterfactual Thought Experiment", in *European Review of Economic History*, 2004, vol. 8, n. 2, p.173-99.

STOVER, Charles C. "Tropical Exports", in W. Arthur Lewis (org.), *Tropical Development 1880-1913*. Londres, George Allen and Unwin, 1970.

STRANGE, Susan. *Casino Capitalism*. Oxford, Blackwell, 1986.

Strouse, Jean. *Morgan*. Nova York, Random House, 1999.
Swenson, Peter. *Fair Shares: Unions, Pay, and Politics in Sweden and West Germany*. Ithaca, Cornell University, 1989.
_____. "Arranged Alliance: Business Interests in the New Deal", in Politics and Society, 1997, vol. 25, n. 1, p.66-116.

Tanaka, Norihito. *The Postwar Economy of Japan*. Manila, De la Salle University Press, 1991.
Taylor, Lance e Edmar Bacha. "The Unequalizing Spiral: A First Growth Model for Belindia", in *Quarterly Journal of Economics*, 1976, vol. 90, n. 2, p.197-218.
Teichova, Alice. "Industry", in M. C. Kaser e E. A. Radice (orgs.), *The Economic History of Eastern Europe 1919-1975*. Oxford, Clarendon, vol. 1, 1985.
Temin, Peter. *Lessons from the Great Depression*. Cambridge, MIT Press, 1989.
_____. "The Golden Age of European Growth Reconsidered". Artigo não publicado, 2000.
Thorp, Rosemary (org.). *Latin America in the 1930's: The Role of the Periphery in World Crisis*. Londres, Macmillan, 1984.
_____ e Carlos Londoño. "The Effect of the Great Depression on the Economies of Peru and Colombia", in Rosemary Thorp (org.), *Latin America in the 1930's: The Role of the Periphery in World Crisis*. Londres, Macmillan, 1984.
Tilton, Tim. *The Political Theory of Swedish Social Democracy*. Oxford, Clarendon, 1990.
Togo, Yukiyasu. *Against All Odds: The Story of the Toyota Motor Corporation and the Family that Created it*. Nova York, St. Martin's, 1993.
Tomlinson, B. R. *The Political Economy of the Raj 1914-1947*. Londres, Macmillan, 1979.
_____. *The Economy of Modern India, 1860-1970*. Cambridge, Cambridge University, vol. 3, 1993.
Triplett, J. E. *Computers and the Digital Economy*. Washington D.C., Brookings, 1999.
Troy, Leo. "Trade Union Membership, 1897-1962", in NBER, occasional paper, vol. 92. Nova York, *National Bureau of Economic Research*, 1965.
Turnock, David. *The Romanian Economy in the Twentieth Century*. Londres, Croom Helm, 1986.

Unger, Irwin. *The Greenback Era: A Social and Political History of American Finance, 1865-1879*. Princeton, Princeton University, 1964.
United Nations Centre for Human Settlements. *Human Settlements Basic Statistics*. Nairobi, Nações Unidas, 1997.
United Nations Commission on Transnational Corporations. *Transnational Corporations in World Development: A Re-examination*. Nova York, Nações Unidas, 1978.
United Nations Development Program. *Korean Human Development Report 1998*. Seoul, UNDP Korean Office, 1998.
_____. *Human Development Report*. Nova York, UNDP. Vários anos.
United States Department of Agriculture. *Statistical Bulletin 85: Feed Statistics Including Wheat, Rye, Rice*. Dezembro, 1949.
Urrutia, Miguel. "Twenty-five Years of Economic Growth and Social Progress, 1960-1985", in Miguel Urrutia (org.), *Long-Term Trends in Latin American Economic Development*. Washington D.C., Banco Interamericano de Desenvolvimento, 1991.

Vaidyanathan, A. "The Indian Economy since Independence", in Dharma Kumar (org.), *The Cambridge Economic history of India*. Cambridge, Cambridge University, vol. 2, 1983.
Van Ark, Bart. "Sectoral Growth Accounting and Structural Change in Post-War Europe", in Bart Van Ark e Nicholas Crafts (orgs.), *Quantitative Aspects of Post-War European Economic Growth*. Cambridge, Cambridge University, 1996.

_____; Jakob de Haan e Herman de Jong. "Characteristics of Economic Growth in the Netherlands during the Postwar Period", in Nicholas Crafts e Gianni Toniolo (orgs.), *Economic Growth in Europe since 1945*. Cambridge, Cambridge University, 1996.

_____ e Nicholas Crafts (orgs.). *Quantitative Aspects of Post-War European Economic Growth*. Cambridge, Cambridge University, 1996.

Van Dormael, Armand. *Bretton Woods: Birth of a Monetary System*. Nova York, Holmes and Meier, 1978.

Van Riel, Arthur e Arthur Schram. *Weimar Economic Decline, Nazi Economic Recovery and the Stabilization of Political Dictatorship: An Application of Public Choice Theory in Politico-economic History*. Amsterdam, University of Amsterdam, Dept. of Economics, 1992.

Villarreal, René. "The Policy of Import-Substituting Industrialization, 1929-1975", in José Luis Reyna e Richard S. Weinert (orgs.), *Authoritarianism in Mexico*. Philadelphia, Institute for the Study of Human Issues, 1977.

Villela, Annibal e Wilson Suzigan. "Government Policy and the Economic Growth of Brazil, 1889-1945". Rio de Janeiro, Ipea/Inpes, 1977. [Ed. bras. Política do governo e crescimento da economia brasileira, 1899 – 1945. Brasília, Ipea, 2001.]

Viner, Jacob. "Power versus Plenty as Objectives of Foreign Policy in the Seventeenth and Eighteenth Centuries", in *World Politics*, 1948, vol. 1, n. 1, p.1-29.

Volcker, Paul e Toyoo Gyohten. *Changing Fortunes*. Nova York, Times Books, 1992.

Waley-Cohen, Joanna. *The Sextants of Beijing*. Nova York, Norton, 1999.

Wallis, John Joseph. "Why 1933? The Origins and Timing of National Government Growth, 1933-1940", in Robert Higgs (org.), *The Emerging Modern Political Economy*. Greenwich, JAI, 1986, p.1-51.

Warren, George e Frank Pearson. *Gold and Prices*. Nova York, John Wiley and Sons, 1935.

Warren, Robert. "The International Movement of Capital", in *Proceedings of the Academy of Political Science*, 1937, vol. 17, n. 3.

Watkins, T. H. *The Hungry Years: A Narrative History of The Great Depression in America*. Nova York, Henry Holt, 1999.

Webb, Steven. "Tariff Protection for Iron Industry, Cotton Textiles and Agriculture in Germany, 1879-1914", in *Jahrbucher fur Nationalokonomie und Statistik*, 1977, vol. 192, p.336-57.

_____. "Tariffs, Cartels Technology and Growth in the German Steel Industry, 1879 to 1914", in *Journal of Economic History*, 1980, vol. 2, n. 40, p.309-29.

Weinstein, Michael M. "Some Macroeconomic Impacts of the National Industrial Recovery Act, 1933-1935", in Karl Brunner (org.), *The Great Depression Revisited*. Boston, Kluwer-Nijhoff, 1981.

Weitz, John. *Hitler's Banker: Hjalmar Horace Greeley Schacht*. Boston, Little, Brown, 1997.

Wells, Wyatt C. *Economist in an Uncertain World: Arthur F. Burns and the Federal Reserve, 1970-78*. Nova York, Columbia University, 1994.

Wheelwright, E. L. e Bruce McFarlane. *The Chinese Road to Socialism*. Nova York, Monthly Review, 1970.

Whiting, Susan. "Contract Incentives and Market Discipline in China's Rural Industrial Sector", in John McMillan e Barry Naughton (orgs.), *Reforming Asian Socialism*. Ann Arbor, University of Michigan Press, 1996.

Wilde, Oscar. *The Importance of Being Earnest and Other Plays*. Nova York, NAL Penguin, 1985. [Ed. bras. *A importância de ser prudente*. Rio de Janeiro, Civilização Brasileira. 1998.]

WILKINS, Mira. *The maturing of Multinational Enterprise: American Business Abroad from 1914 to 1970*. Cambridge, Harvard University, 1974.

_____ e Frank Ernest Hill. *American Business Abroad: Ford on Six Continents*. Detroit, Wayne State University, 1964.

WILLIAMSON, Jeffrey. "The Evolution of Global Labor Markets since 1830: Background Evidence and Hypotheses", in *Explorations in Economic History*, 1995, vol. 32, n. 2, p.141-96.

WILLIAMSON, John. "What Washington means By Policy Reform", in John Williamson (org.), *Latin American Adjustment: How Much Has Happened?* Washington, D.C., Institute for International Economics, 1990.

WILLIAMSON, Oliver. "The Modern Corporation: Origins, Evolution, Attributes", in *Journal of Economic Literature*, 1981, vol. 19, n. 4, p.1.537-68.

WORLD BANK. *World Development Indicators*. Washington, D.C., World Bank. Vários anos.

YERGIN, Daniel. *The Prize: The Epic Quest for Oil, Money and Power*. Nova York, Simon & Schuster, 1991.

ZIM, Larry; Melvin J. Lerner e Herbert Holfes. *The World of Tomorrow: The 1939 New York World's Fair*. Nova York, Harper and Row, 1988.

ZWICK, Jim (org.). *Mark Twain's Weapons of Satire: Anti-Imperialist Writings on the Philippine-American War*. Syracuse, Syracuse University, 1992.

Agradecimentos

Dezenas de pessoas generosas e talentosas me ajudaram a escrever este livro. Entre elas, meus assistentes de pesquisa, que atenderam a meus incessantes pedidos com bom humor e empenho. Elizabeth Foster, Geoffrey Hamilton e Daniel Michalow me ajudaram com a maior parte da pesquisa do original. Também foi de grande valor a ajuda de Danielle Buckley, Elizabeth Burden, Siyu Cheng, Larry Lee, Boris Nenchev, Jumana Poonawala e Michael Spence.

Vários colegas de trabalho, amigos e familiares foram muito gentis ao ler meus rascunhos, alguns capítulos ou todo o trabalho. Seus comentários me ajudaram a melhorar o original. Nesse grupo incluo Brian A'Hearn, Jonathan Aurthur, Lawrence Broz, Marc Busch, Anabela Costa, Robert Dallek, John Ehrenberg, Barry Eichengreen, Nancy Frieden, Ken Frieden, Tom Frieden, Richard Grossman, Max Holland, Charles Kindleberger, Gary King, Susan Lilly, Harry Margolis, James Robinson, George Scialabba, Peter Temin, Harvey Teres e Michael Wallerstein. Meu editor na W. W. Norton, Steve Forman, foi uma fonte constante de apoio e dicas, isso sem falar da pressão para que eu terminasse. Roby Harrington, também da W. W. Norton, me deu bons conselhos em um momento crucial do meu trabalho. As falhas que restaram, evidentemente, são de minha responsabilidade.

Índice remissivo

Este livro foi composto por Letra e Imagem em Fairfield
e Vectora e impresso por Geográfica Editora em maio de 2008.